KB259980

판사님 배당에 이의가 있습니다

■ (주)고려원북스는 우리들의 가슴속에 영원히 남을 지혜가 넘치는 좋은 책을 만들겠습니다.

판사님 배당에 이의가 있습니다

초판 1쇄 | 2011년 3월 21일

지은이 | 김동희
펴낸이 | 이용배
펴낸곳 | (주)고려원북스
편집주간 | 설응도

판매처 | (주)북스컴, Bookscom, Inc.

출판등록 | 2004년 5월 6일(제16-3336호)
주소 | 서울시 광진구 능동 279-3 길송빌딩 701호
전화번호 | 02-466-1207
팩스번호 | 02-466-1301

ISBN : 978-89-94543-22-2 13320

저자와의 협의에 의해 인지는 붙이지 않습니다.
잘못 만들어진 책은 구입처나 본사에서 교환해 드립니다.

판사님 배당에 이의가 있습니다

· 김동희 지음 ·

(주)고려원북스

배당이란 어둠을 밝혀주는
등불과 같은 것이다
배당 속에 부자가 되는 길이 숨어 있기 때문이다

간혹 배당은 법원이나 자산관리공사의 배당실무자에게만 필요한 것이고 그 이외의 일반인들은 알 필요가 없다고 딱 잘라 이야기하는 용기있는 사람들이 있다. 이는 배당의 속성과 진실을 이해하지 못한 무지에서 비롯한 것이라 일축하고 싶다. 배당을 권리분석과 분리해서 해석하는 사람들의 이야기로 그들의 말에 의하면 권리분석은 중요하고 배당은 몰라도 된다는 말이다.

그러나 필자가 배당을 연구하면 할수록 깨닫게 되는 것이 권리분석과 배당은 분리되어 있는 것이 아니라 하나의 줄기로 이어져 내려가는 것이라는 생각을 갖게 한다.

권리분석은 어둠속에서 보이지 않는 길을 조심스럽게 찾아가는 과정으로 그 목적을 달성했을 때 몸에 상처가 나지 않는다면 그 사람은 권리분석을 잘한 것이 된다. 그러나 몸에 상처가 난다면 그는 권리분석을 잘못한 것이 되고 그 상처의 정도에 따라 대가를 치루게 되는데 그것이 배당이라고 이해하면 된다. 그래서 배당에 관한 책임에도 권리분석의 중요성을 인식, 권리분석과 배당을 함께 한 줄기로 엮어서 기술하게 된 동기이다.

그러면 상처가 두려워서 부동산에 하자가 있는 물건을 피하기만 한다고 피해질 수 있을까!

이 책을 통하여 그 상처가 발생되도 치료할 수 있는 처방약을 찾을 수 있다면 즉 권리가 복잡한 물건 또는 하자있는 물건들을 일반매매나 경매, 공매 등으로 취득해서 그 하자를 치유하는 방법이 정상적인 물건에서 얻을 수 있는 기대수익보다 많은 이익을 얻을 수 있다고 판단된다. 그리고 정상적인 물건이라 믿고 취득한 것에서 혹시나 하자가 발생되는 경우에도 대처할 수 있는 힘을 키울 수 있을 것이다.

부동산을 담보로 대출하는 금융기관과 부동산에 관련된 기관 등에서도 자신의 채권을 안전하게 지키기 위해서 상당한 주의가 요구되고 사고가 발생시 대응방법을 사전에 숙지한다면 그 사고(채권의 손실을 가져오게 되는)를 사전에 예방할 수 있게 될 것이다.

그래서 배당은 어둠을 밝혀주는 등불로 표현한 것이다.

우리 삶 속에서 부동산은 이미 중요한 부분을 차지하고 있다.

어떻게 투자하느냐 또는 이용하느냐에 따라 인생이 풍요로워질 수도 있고 그 반대가 될 수도 있다.

이처럼 삶과 밀접한 관계인 부동산을 이용하는 형태에 따라 나누어보면, 직접 매수(일반매매 또는 경매·공매 등)해서 주거용이나 상업용 또는 농업용 등으로 이용하는 경우가 있고, 다른 사람의 부동산을 임차(임대차계약 등)하여 사용하는 경우가 있다.

여기에 또 부동산을 담보로 대출하는 금융기관(은행 등의 채권관리)이나 이와 관련된 직종에 종사하는 사람들도 있다.

부동산과 관련된 일을 하다 보면 여러 가지 문제가 심심치 않게 발생한다.

그렇기 때문에 평생투자의 관심 대상인 부동산에 대해 적절한 시간을 들여 연구하는 것은 매우 바람직한 일이라고 생각한다.

첫째, 내가 매수 또는 임차한 부동산이나 대출한 부동산이 경매되거나 공매될 경우에 소유권 보전이나 배당(배분) 금액이 어떻게 되는지 등을 판단할 수 있는 능력을 사전에 갖추어야 할 것이다. 요컨대 부동산 매매계약서 또는 임대차계약서를 작성할 때 유의할 점이라든가, 금융기관 대출시 금전적 채권을 보전하고 채권자의 권리를 안전하게 지키기 위한 방법, 또 채권을 회수하기 위해 어떠한 안전대책(근저당설정, 담보가등기, 소유권이전등기, 전세권설정등기, 주임법상 또는 상임법상 대항 요건을 갖추고 확정일자를 받아서 우선변제효력을 갖추는 방법 등)을 세워두어야 하는지에 대한 철저한 사전지식을 갖추어야 한다는 것이다.

특히나 경매나 공매 절차에서는 배당받을 수 있는 선순위 채권액에 나의 금전적인 채권과 권리 등이 포함되는지 등을 분석할 수 있어야 되는데, 대부분의 일반인은 그렇지 못하고 권리분석을 오랫동안 공부한 사람이라 해도 이것들을 잘 알고 활용하는 것 같지 않다.

두 번째로 알아두어야 하는 것은, 경매·공매 절차에서 입찰에 참여하는 사람은 대항력 있는 임차인이 있는지, 대항력 있는 임차인의 배당금과 미배당금이 얼마인지 등을 반드시 확인해야 한다는 것이다. 이는 미배당금을 낙찰자가 인수해야 되기 때문이다.

이 밖에도 채권자로서 등기부에 등기된 채권자나 등기되지 않은 임차인 등의 권리자의 배당금액은 얼마인지, 또 왜 배당금이 전액 배당되지 못하고 일부 또는 아예 없는 것인지 등을 파악하는 것도 중요하다.

실제로 배당금이 있어야 마땅한데도 배당표가 잘못 작성돼 배당금을 받지 못하는 경우가 왕왕 있는데, 이 얼마나 허망한 일인가!

배당에 대해서 조금만 알았더라면 배당 절차에서 이의를 제기하여 이러한 손실을 미연에 방지했을 것이고 자신의 권리를 보다 안전하게 지켜냈을 것이다.

어떠한 목적으로 부동산을 이용하든지 간에 부동산의 시세(가치)를 정확히 파악하는 일은 아주 중요하다.

따라서 부동산 관련 문제가 발생했을 때(경매·공매 등) 현명하게 대처하기 위해서는 사전에 부동산의 가치는 물론 그 부동산 위의 선순위채권자를 정확히 파악해서 내 권리를 안전하게 보호받는 것이 중요하다.

보통 경매나 공매가 진행되면 주거용인 경우 아파트는(아파트에 따라 다소 차이가 있겠지만) 시세의 80퍼센트 선에서 낙찰되고, 단독·다가구 주택은 70퍼센트 선에서 낙찰되는 경우가 대부분이고, 그 주택에 하자가 있다면(유치권·가처분·예고등기 등의 제한권리가 있거나 오래된 주택으로 큰 수선을 요하는 경우) 더 낮은 가격으로 낙찰되기도 한다.

따라서 주거용인 경우 아파트를 '선순위채권 + 나의 채권금액(임차보증금 또는 금융기관 등의 대출금액)'이 60퍼센트를 초과하지 않도록 하는 것이 좋고, 단독·다가구 주택은 50퍼센트 범위에서 '선순위채권 + 나의 채권금액'이 유지되도록 하는 것이 안전하게 내 권리를 지키는 방법이다.

왜냐하면 다가구주택에서는 대항 요건(주민등록과 주택인도)과 확정일자를 먼저 갖춘 경우라도 주택의 나머지 부분에서 선순위, 즉 소액임차인이 발생되면 그만큼의 최우선변제금 등으로 인해서 자신의 채권, 즉 임차보증금의 손실을 가져올 수도 있기 때문이다.

특히 등기부에 기재된 채권 외에 임차인이나 조세채권 등이 있을 수 있으므로 전입세대를 열람하고, 보증금 내역을 확인하고, 국세나 지방세도 열람하여 이들의 채권을 함께 산정해야 보다 정확한 선순위채권을 계산할 수 있다.

공매는 대부분 조세·공과금에 의해서 진행된다는 점을 고려할 때 이러한 주의는 더욱 중요해진다.

상가나 기타 토지 등의 가치는 주택보다 부동산 시세가 유동적일 수 있고 그것이 분양 물건이라면 더더욱 그러할 수 있다(분양가는 주변 상가 시세보다 높게 책정되는 경향이 있다)는 가능성을 인지하고, 시세를 잘 파악해서 부동산 가치의 50퍼센트 이내에서 임차하거나 대출하는 방법이 내 채권을 안전하게 지키는 방법이다.

어쨌든 나와 관련한 부동산(임차 또는 대출한 물건) 등이 앞에서 설명한 바와 같은 상황에 놓이게 된다면 어떻게 대처해야 되겠는가!

부동산에 접근하는 우리의 목적은 일반 매매를 위한 것이냐, 임대를 위한 것이냐, 금융기관 등의 대출을 위한 것이냐, 경매나 공매 입찰을 위한 것이냐에 따라 조금씩 다르겠지만 모두가 나의 권리를 안전하게 지키고자 한다는 점에서는 똑같을 것이다.

이렇게 부동산에 접근할 경우, 계약 단계나 대출 또는 경매나 공매입찰 단계에서 사전지식을 가지고 유념해서 접근한다면 안전하게 그 목적을 달성할 수 있고, 만일 경매나 공매 등으로 매각되는 경우가 발생된다 해도 채권액을 전액 배당받을 수 있을 것이다. 경매나 공매에 입찰하는 경우도 마찬가지다. 충분한 지식이 있다면, 낙찰자의 부담이 증가되어 손실을 보는 경우를 미연에 방지할 수 있다.

물론 주의를 기울이지 못한 부동산이 경매나 공매 등으로 매각되는 경우, 나의 채권 손실은 증가되거나 보장받을 수 없게 될 수도 있다.

그렇다면 경매나 공매 등으로 부동산이 매각될 경우 안전하게 내 권리를 지키는 방법은 무엇일까!

경매나 공매 등이 진행되면 그 매각대금으로 각 채권자들에게 배당을 하게 되는데 채권자에는 최우선변제권자뿐만 아니라 특별우선채권자, 우선채권자, 일반채권자 등이 있고, 이들에게 법에서 정한 우선순위대로 배당을 실시하게 된다. 물론 이 중에는 배당요구를 하지 않아도 당연히 배당받는 채권자도 있지만 반드시 배당요구를 해야만 배당에 참여하게 되는 채권자(예컨대 경매나 공매 개시 이후에 등기부에 기재된 채권자나 등기부에 기재되지 않은 부동산 위의 임차인이나 조세·공과금·임금채권자 등)도 있다. 이들은 반드시 경매에서는 배당요구 종기시까지, 공매에서는 배분표 작성 전까지 배분요구를 하여야 배당에 참여할 수 있다.

이렇게 배당에 참여할 수 있다 하더라도 배당표가 잘못될 수도 있으므로 배당기일 3일 전부터 배당표 원안을 열람하여 올바르게 작성되었는지 확인하는 절차가 필요하다.

배당표가 잘못되었는데도 이의를 제기하지 않았을 경우는 동의한 것으로 보기 때문에 그만큼의 채권 손실을 불러올 수 있다.

배당기일 내에 참여하고 배당이의를 제기했는데도 정정이 받아들여지지 않는 경우에는 소송을 제기해서 법원의 판결을 받은 뒤에 배당표를 정정해야 한다.

필자는 이러한 종합적인 것들, 즉 계약(매매·임대차계약)이나 대출 단계의 초기 시점부터 후일에 발생될 하자 등을 예견해서 방지하고자, 또 주의를 기울였지만 부주의로 인해 경매나 공매로 내 재산이 매각되는 경우 어떻게 내 권리를 지켜야 하는지, 입찰자가 경매나 공매 절차에서 어떻게 권리분석을 해야 하는지, 적확한 예상배분표를 작성하여 낙찰자의 부담과 손실을 방지하기 위해 이 책『판사님! 배당에 이의가 있습니다』를 저술하게 되었다.

이 책을 읽고 부동산을 이용하는 분들이 계약 단계에서부터 주의를 기울여 사고를 예방하게 되길 바란다. 필자는 경매·공매에 입찰하는 분들이 제대로 된 권리분석으로 재산 손실이나 낙찰자의 부담이 커지는 사례가 발생되지 않고 부동산 투자의 기대수익이 증가될 수 있도록 하기 위해 권리분석과 배당을 함께 배울 수 있도록 기술했다.

당신의 투자가 손실을 가져올 거라는 사실을 사전에 안다면, 정말로 투자할 용기가 나지 않겠는가!

저자 김동희

CONTENTS

CHAPTER 3
부동산 상의 권리와 등기부 상의 권리관계 등에 대한 분석 & 경매 사례별 배당 연습

01_권리분석에서 기본적으로 이해해야 하는 사항

02_부동산 상의 권리관계

주택임대차보호법에 대한 권리분석과 배당사례

04_ 배당순위가 평등한 관계와 충돌하는 경우에 배당표 작성을 위한 기본연습

경매물건에 대한 배당절차에서 우선순위와 유의사항

배당순위가 평등관계에 있는 채권자에 대한 배당방법(채권액에 비례 안분배당)

배당순위가 평등한 채권자와 후순위의 채권자가 병존(안분배당후 흡수배당) • 591

CHAPTER 4
공매의 절차와 배분절차에 관한 전반적인 설명

01_공매와 국세징수법상 진행되는 공매절차, 경매와의 차이점

공매와 관한 설명과 공매의 종류, 이들 간의 차이점

국세징수법상 진행되는 압류공매의 진행절차

공매와 경매의 차이점 분석

04_KAMCO공매대행시 공매비용과 이용기관재산의 공매시 공매비용, 계산방법과 배분표 작성방법

KAMCO와 이용기관재산 공매시 공매비용 계산방법

KAMCO 공매절차에서 배분순위에 따른 배분표 작성방법 • 697

CHAPTER 5
공매물건 입찰 사례를 통한 권리분석과 배분표 작성방법

01_공매와 경매가 동시에 중복 진행되는 경우 공매절차에서 권리분석과 예상배분표를 작성하고 입찰에 참여하여 낙찰받은 사례연구

물건분석표

종합적인 물건분석과 권리분석 후 배분표 작성

02_ 대항력 있는 임차인의 미배분금을 낙찰자가 인수하고 양도시 취득가액으로 인정받기 위한 방법

공매물건내역 • 708

공매물건에 대한 분석 및 배분표 작성 • 708

낙찰자의 인수금액 확인절차와 양도세 신고시 취득가액에 포함하기 위한 조건

03_ 최선순위 전세권자가 매각 당시 배분요구 하지 않은 경우와 매각 이후에 배분요구한 경우의 사례분석

물건분석표 • 712

공매물건에 대한 권리분석 및 배분표 작성

11_공매로 낙찰받고 나서 매각결정서 수령 후 대금 납부하기 전 채무자 요청으로 매각결정 취하에 동의해준 경우의 배분사례

12_지분압류공매절차에서 낙찰받은 후에 공유자 우선매수 신청이 있는 경우

13_이용기관 등의 재산공매절차와 실제 입찰사례에서 낙찰받은 후의 계약체결 및 대금 납부 후 소유권이전등기까지

CHAPTER

1

판사님 배당에
이의가 있습니다!

권리분석의 필요성과 배당(배분)이의

일반적으로 부동산을 거래할 때 어떻게 해야 내 권리를 안전하게 보호받을 수 있는가에 대해 많은 사람들이 궁금해하고 이에 대한 대응책을 필요로 한다. 이러한 생각을 가지고 있는 분들은 부동산 거래시에 필요한 절반 이상의 권리분석은 하였다고 보아도 무방하다. 권리분석은 관심만 가진다면 거래시 발생하는 문제의 70~80퍼센트는 누구라도 해결할 수 있다.

왜냐하면 거의 모든 일이 기본적인 문제에서 일어나기 때문이다. 기본적인 문제에 대해서 의문을 갖고 그에 대해 질문을 던진다면 해결하지 못할 문제는 없다. 그러나 나머지 20~30퍼센트에 해당되는 문제는 권리분석 등에 학습 없이 혼자서 해결하기란 어렵고 따라서 전문가의 손길이 필요하다. 어쨌든 문제가 발생하기 전에 막을 수 있다면 그보다 더 좋은 방법은 없을 것이다.

"호미로 막을 일을 가래로 막는다"는 우리 속담이 있다. 권리분석을 설명하는 데 이보다 더 적절한 말은 없어 보인다.

사전에 조금만 더 주의를 기울이면 충분히 실패를 방지할 수 있었는데도 본인 스스로 배워서 해결할 생각은 하지 않고 주변 사람들의 이야기만 듣고 결정했다가 낭패를 보는 경우가 아주 많다.

주변 사람들 대부분은 부동산 전문가가 아니다. 따라서 일반인으로서 그들의 판단은 투자에 별 도움이 되지 못한다. 몸이 아프면 의사를 찾아가야지 주변 사람에게 문의한다고 병이 나을 리 없다.

부동산은 이렇게 가볍게 판단할 수 있는 것이 결코 아니라는 점을 명심해야 한다. 부동산의 가치는 작은 것이 아니다. 한 번의 잘못된 판단을 만회하는 데 수년 수십 년의 시간이 걸릴 수도 있고, 오랜 시간을 투자해 얻은 재산을 한순간에 날려버릴 수도 있기 때문이다. 조금만 냉정하게 판단한다면 '묻지 마'식의 투자는 선택하지 않을 것이다.

부동산에 대해 철저히 분석할 수 있는 역량을 키우려는 노력 없이 남보다 나은

부동산 투자를 바라는 것은 누가 보아도 문제가 있다. 과욕을 부린 부동산 투자로 손실을 보게 된다면 그 책임은 고스란히 자신의 몫이 된다. 따라서 부동산 투자는 자신이 아는 만큼만 투자해야 손실을 막을 수 있다. 그러므로 기본적인 학습이 반드시 필요하다. 부동산 연구에 할애하는 시간을 낭비로 보는 것은 분명 잘못된 생각이다. 왜냐하면 부동산은 우리의 평생투자의 관심대상이기 때문이고, 따라서 적당한 시간을 들여 부동산을 연구하는 것은 당연하다.

이 책에서 필자는 본인이 투자한 부동산이나 임차한 부동산이 경매나 공매될 경우, 어떻게 내 소유권을 보전하고 배당(배분)받을 수 있는지를 설명하고자 한다. 이러한 지식은 부메랑이 되어 돌아오는데, 요컨대 부동산을 매수하거나 임차하는 경우에 매매계약서나 임대차계약서의 작성, 금융기관 대출 등의 각 단계에서 채권자의 권리를 안전하게 지키는 법과 채권을 회수하기 위해서 어떠한 안전대책(근저당설정, 담보가등기, 소유권이전등기, 전세권설정등기, 주임법상 또는 상임법상 대항요건을 갖추고 확정일자를 받아서 우선변제효력을 갖추는 방법 등)이 필요한지까지 판단할 수 있게 될 것이다.

경매나 공매에서는 배당을 받는 선순위 채권액에 자신의 금전적인 채권과 권리 등이 포함되는지 등을 분석할 수 있어야 한다. 그러나 대부분의 사람들은 그렇지 못한 형편이고, 권리분석을 오랫동안 공부한 사람마저도 이에 자유롭지는 못한 것 같다.

입찰자는 입찰에 참여하기 전에 대항력 있는 임차인이 있는지, 있다면 그 임차인의 배당금과 미배당금이 얼마인지를 파악해야 한다. 왜냐하면 미배당금은 낙찰자가 인수하는 것이기 때문이다.

대항력 있는 임차인이 배당요구 시 낙찰자인수금액 [대법 2000다30165 판결]

대항력과 우선변제권을 겸유하고 있는 임차인이 보증금 전액을 배당받지 못한 경우, 경락인에게 대항할 수 있는 보증금 잔액의 범위(=보증금에서 올바른 배당순위에 따른 배당이 실시될 경우의 배당액을 공제한 나머지 금액)

주택임대차보호법상의 대항력과 우선변제권의 2가지 권리를 겸유하고 있는 임차인이 먼저 우선변제권을 선택하여 임차주택에 대해 진행되고 있는 경매절차에서 보증금 전액에 대해 배당요구를 하였으나 그 순위에 따른 배당이 실시될 경우 보증금 전액을 배당받을 수 없었던 때에는 보증금 중 경매절차에서 배당받을 수 있었던 금액을 공제한 잔액에 관하여 경락인에게 대항하여 이를 반환받을 때까지 임대차 관계의 존속을 주장할 수 있는바, 여기서 경락인에게 대항할 수 있는 보증금 잔액은 보증금 중 경매절차에서 올바른 배당순위에 따른 배당이 실시될 경우의 배당액을 공제한 나머지 금액을 의미하는 것이지 임차인이 배당절차에서 현실로 배당받은 금액을 공제한 나머지 금액을 의미하는 것은 아니라 할 것이고, 따라서 임차인이 배당받을 수 있었던 금액이 현실로 배당받은 금액보다 많은 경우에는 임차인이 그 차액에 관하여는 과다 배당받은 후순위 배당 채권자를 상대로 부당이득의 반환을 구하는 것은 별론으로 하고 경락인을 상대로 그 반환을 구할 수는 없다고 할 것이다.

이 밖에 등기부에 등기된 채권자나 등기되지 않은 임차인 등의 권리자가 받는 배당금액이 얼마인지 알아야 한다. 즉, 왜 배당금이 전액 배당되지 않는 건지, 왜 일부만 받거나 아니면 전혀 받지 못하는지 그 이유를 이해하는 것도 중요하다. 실제로 배당금이 있어야 마땅한데도 배당표가 잘못 작성되어서 배당금을 못 받는 경우가 발생되었다면 이 얼마나 허망한 일인가!

배당에 대해서 조금이라도 이해했다면 배당절차에서 배당이의를 제기하여 이러한 손실은 발생되지 않았을 것이고 자신의 권리를 보다 안전하게 지킬 수 있었을 것이다. 즉, 이러한 문제를 방지하기 위해 마련된 제도가 배당이의 제도인데 법원경매절차뿐만 아니라 자산관리공사의 공매절차에서도 배분이의 제도가 시행되고 있다.

대법원 판례에서는 낙찰자가 대항력 있는 임차인에게 인수해야 되는 금액을 배당표로 정한다. 이에 대한 대법원 판례(21쪽 미리 알아두기 참조)가 있다.

따라서 배당표가 잘못되었는데도 배당이의를 제기하지 않아 배당금을 적게 받게 되었다면 그만큼은 낙찰자의 부담이 아니라 임차인의 손실이 되는 것이다.

이는 대항력 있는 임차인이더라도 낙찰자 입장에서는 올바르게 배당표가 작성되었을 경우에 해당되는 보증금만 인수 대상이지 잘못 작성된 배당표를 가지고 인수금액을 결정하는 것이 아니라는 말이다. 낙찰자는 경매나 공매에 입찰하기 전에 예상배당표를 작성하여 인수금액을 예상하고 참여해야 한다. 법원의 과실이나 잘못 작성된 배당표에 대한 배당이의를 하지 않은 임차인의 권리까지 인수하게 된다면 낙찰자가 입찰 전에 판단할 수 없는 추가적인 부담액이 늘어날 수도 있기 때문이다.

경매절차에서 배당기일에 배당금 지급절차

법원사무관 등은 배당에 참석한 이해관계인(채권자 및 채무자 등) 등에게 배당표를 나누어주고 이해관계인 등은 배당표를 확인하는 절차를 거친다. 그 후 배당담당판사가 배당에 관한 사건번호를 호칭하고 참석한 이해관계인이 있는 경우 배당담당판사 앞으로 나오게 하여 배당기록에 참석자를 기재하고 이 사건 배당에 이의가 있는 부분이 있으면 이의를 제기하라고 하여 그 배당이의가 정당하다고 인정되거나 다른 방법으로 합의한 때에는 배당표를 경정하여 배당금을 지급하고, 이에 해당되지 않으면 배당이의 소송을 진행하게 되는데 이 경우 배당금 지급을 보류시키고 이의가 없는 부분만 배당을 실시한다.

배당을 실시하게 되면, 즉 법원사무관 등은 배당금 출급사유가 발생하면 법원보관금 출급명령서를 작성하여 배당수령채권자에게 교부 → 배당수령채권자는 교부받은 법원보관금 출급명령서를 보관금취급자에게 제출 → 보관금취급자는 법원보관금 출급(환급)지시서를 교부 → 배당수령채권자는 보관금취급점(취급은행)에 출급지시서를 제출하고 보관금을 수령하게 된다.

이와 같이 이해관계인 등의 이의가 없으면 배당표는 확정되고 배당기일에 참석하지 않은 채권자는 배당실시에 관하여 동의한 것으로 본다[법 153조 1항].

채무자가 이의서면을 제출하지 않고 배당기일에도 출석하지 않았다면 이에 동의한 것으로 보아야 한다.

배당표에 대한 이의가 있는 채권자는 배당기일에 참석하여 배당에 대해서 이의를 할 수 있고, 그 부분에 대해 배당은 확정되지 않으며[법 152조 4항], 법원이 이의가 정당하다고 인정하거나 다른 방법으로 합의한 때에는 배당표를 경정하여 배당표를 확정하고 배당을 실시한다[법 152조 2항].

그러나 이에 해당되지 않으면 이의를 한 채권자나 채무자는 이의가 있는 날로부터 일주일 이내에 소 제기증명을 제출해야 하는데 소 제기증명으로는 소 제기증명서, 변론기일통지서 등이 있다.

소 제기증명서가 접수되면 법원은 이의가 있는 금액에 대해 전부가 소가 제기되어 있는지를 조사하고 일부가 소가 제기되어 있다면 제소되지 않은 금액에게 대해서는 배당을 실시하게 된다.

배당이의신청이 있은 후 소 제기증명을 제출기한까지 제출하지 않은 경우에는 이의를 취하한 것으로 간주하고 법원은 유보되었던 배당을 실시해야 한다. 그리고 이의를 한 채권자가 서면 또는 말로 이의를 취하할 수 있는데 이 경우 법원은 유보되었던 배당을 실시해야 한다.

배당이의 소송절차에서 원고가 승소 시 배당방법

배당이의 소송의 심리결과 피고(배당받을 채권자)에 대한 배당이 부당하다고 하여 그 배당을 취소할 경우에는 그로 인하여 생기는 배당액은 배당이의를 하지 아니한 다른 채권자의 채권액을 고려할 필요없이 원고(배당이의 신청자)의 채권액 범위 내에서만 전액 원고에게 귀속시키며 만일 원고에게 추가로 배당하고 남는 돈이 있다면 이는 피고에게 그대로 남겨두고[대법98다3818참조], 이는 이의신청 하지아니한 다른 채권자 가운데 원고보다 선순위의 채권자가 있다고 하여도 달라지는 것은 아니다[대법2000다41844참조]

자산관리공사의 공매절차에서 배분기일에 배분금 지급절차

공매집행기관은 배분기일 3일 전부터 이해관계인 등에게 배분표를 열람 및 비치(실무상으로 2일 전에 열람 가능)해야 되고, 배분기일에 배분을 실시하게 되는데 배분에 대한 이의가 없으면 배분이 확정되어 배분금을 지급하게 된다.

배분기일에 배분금 지급절차를 살펴보면 다음과 같다.

배분 담당자는 배분기일에 참석한 이해관계인(채권자 및 채무자 등) 등에게 배분표를 나누어주고 이해관계인 등은 배분표를 확인하는 절차를 거친다. 그 후 배분담당자는 이 사건 배분에 이의가 있는 부분이 있으면 배분 이의를 제기하라고 하고, 이의가 있으면 이의가 있는 부분은 배분금 지급을 보류시키고, 이의가 없는 부분만 배분금을 지급한다.

이때 배분받을 채권자는 5가지 서류를 준비해 제출하며 과정은 다음과 같다.

① 채권원인 서류 제출

② 배분금 지급 받을 통장사본 제출

③ 배분금 지급동의서(권리내역, 배분금액, 배분금 수령은행명, 배분금 수령 계좌번호 등을 기재)에 괄호 안의 내용을 기재한 후 서명날인 하여 제출

④ 수령증(배분계산서, 부기문, 채권원인서류 원본, 설정계약서 등 수령 여부 표시)

⑤ 배서환부 신청서(선순위임차인이 미배분금이 있는 경우, 채권자의 채권 잔여금이 있는 경우 등)에 서명날인 후 채권원인증서에 배분금 수령금액을 기재하고 채권원인서류 원본 인수

이 절차를 모두 마치고 나면 배분금 지급은 1시간에서 2시간 이내에 배분금 수령 채권자의 입금계좌로 이체된다.

이와 같이 이해관계인 등의 이의가 없으면 배분표는 확정되고 배분기일에 참석하지 않은 채권자는 배분실시에 관하여 동의한 것으로 본다. 그러나 배분 내용에 대한 이의가 있는 경우 배분기일에 참석하여 구두로 이의신청을 하고 '배분이의에 대한 안내문'을 제출해야 하며 배분기일로부터 7일 이내에 '이의신청서나 소 제기 접수증명원'을 한국자산관리공사에 제출하면 된다. 이때 소송 상대방은 처분청(위임기관)이 된다.

이 경우 배분이의가 없는 것은 배분이 확정되고, 이의가 있는 부분은 별도 배분이의소송을 제기하여 확정될 때까지 위임관서 등의 보관계좌에 입금하여 보관하게 된다.

실무에서는 배분에 대한 이의가 있을 때 이의일로부터 7일 이내에 이의에 관한 사유서(입증자료), 즉 '이의신청서나 소 제기접수증명원'을 제출해야 되고 미제출시 기각처리한다. 사유서가 제출되면 이의가 있는 배분금을 위임기관의 보관금 계좌에 이관시키게 되는데 이는 공사가 재결권이 없으므로 공사에서는 검토의견서를 첨부해서 위임기관에 이첩한다.

따라서 이의 신청자는 위임기관 등과 다투게 되고 이의가 받아들여지면 이의대로 배분이 실시되고 받아들여지지 못하면 별도로 법원에 소송절차를 진행해야

된다.

개정안은 세무서장 등은 제기된 이의신청을 심사한 후 배분계산서를 확정해야 되는데 이 확정된 배분계산서에 대한 불복은 사법기관에 제기하도록 하는 내용으로 2012. 1.1부터 시행될 예정이다.

공매와 경매에서의 권리 찾기

앞에서 설명한 바와 같이 부동산에 관련한 문제가 발생되기 전에 대비하는 방법이 무엇인지, 또 문제가 생긴 경우라도 즉 경매나 공매가 진행되는 경우에도 자신의 권리를 찾는 방법을 아는 것이 무엇보다 중요하다.

2장에서는 경매절차와 배당절차에 관한 전반적인 설명을 기술하고, 3장에서는 부동산 위의 권리와 등기부상의 권리관계 등에 대한 분석과 그 권리와 함께하는 경매 사례별 배당 연습에 대해서, 4장에서는 공매절차와 배분절차에 관한 전반적인 설명을, 5장에서는 공매물건 입찰사례를 통한 권리분석과 배분표 작성방법 등을 기술했다.

책 제목에 쓴 '배당'은 어떤 특정 직업을 가리키는 것이 아니다. 경매나 공매에서 매각대금을 나누는 과정을 배당 또는 배분이라 하는데 이를 대명사 '배당'으로 통칭한 것이다. 또한 '판사님'은 권리분석에 상당한 주의를 기울여야 한다는 의미로 기술한 것이지 특정 직업과는 연관이 없음을 밝혀두는 바이다.

마지막으로 일반 대중이 계약서 작성단계(임대차계약)나 부동산 취득단계(매매계약), 이 밖에도 금융기관 등의 대출단계에 필요한 철저한 권리분석 등을 익혀서 부동산에서 발생하는 하자(채권의 손실을 가져오게 되는 것)를 미연에 방지하고, 발생시에 슬기롭게 대처했으면 하는 바람이다. 이 책이 경매나 공매에 입찰하고자 하는 분들에게 많은 도움이 되었으면 한다.

CHAPTER
2

경매절차와 배당절차에 관한 전반적인 설명

경매에 관한 설명과 진행절차

❖ 경매에 관한 설명

법원경매는 집행법원이 민사집행법에 의해 공개경쟁으로 매각하는 방식이다.

이러한 법원경매는 담보물권자([근]저당권자, 담보가등기권자, 전세권자[집합건물] 등)나 집행권원(확정된 종국판결, 가집행의 선고가 있는 종국판결, 확정된 지급명령, 집행증서, 소송상의 화해조서, 청구의 인낙조서 등)이 있는 채권자 등이 변제기가 도래했음에도 채무자 등이 채무변제의 의무를 이행하지 아니할 경우 변제받고자 하는 채권자가 관할법원에 채무자 등(물상보증인 또는 연대보증인)의 소유부동산을 강제로 매각하여줄 것을 신청하는 절차이다.

경매는 담보물권자 등이 경매신청을 하는 임의경매가 있고, 이 밖에 채권자 등이 집행권원에 의해 채무자 등의 소유부동산에 경매를 신청하는 강제경매가 있다.

부동산경매는 채무자나 물상보증인 소유의 부동산을 압류, 환가하여 그 매각대금으로 채권자의 금전채권의 만족을 얻을 목적으로 행하는 부동산에 대한 강제집행의 일종으로 자력구제가 아닌 합법적인 법 집행절차에 의해 채권자의 채무변제가 이루어지도록 하는 행위이다.

❖ 민사집행법상 경매진행절차

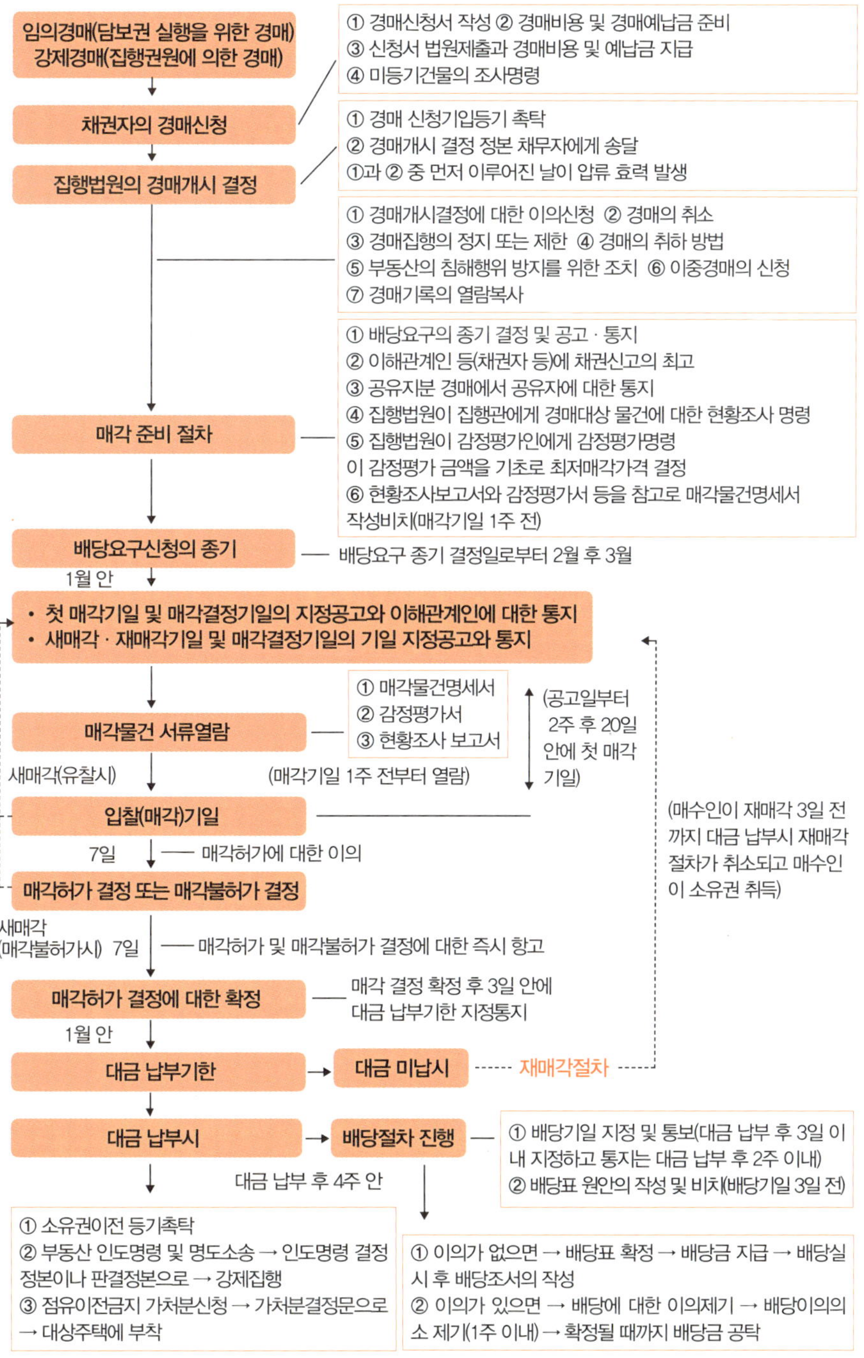

경매 · 공매 입찰 참여절차와 진행절차 차이점의 비교분석

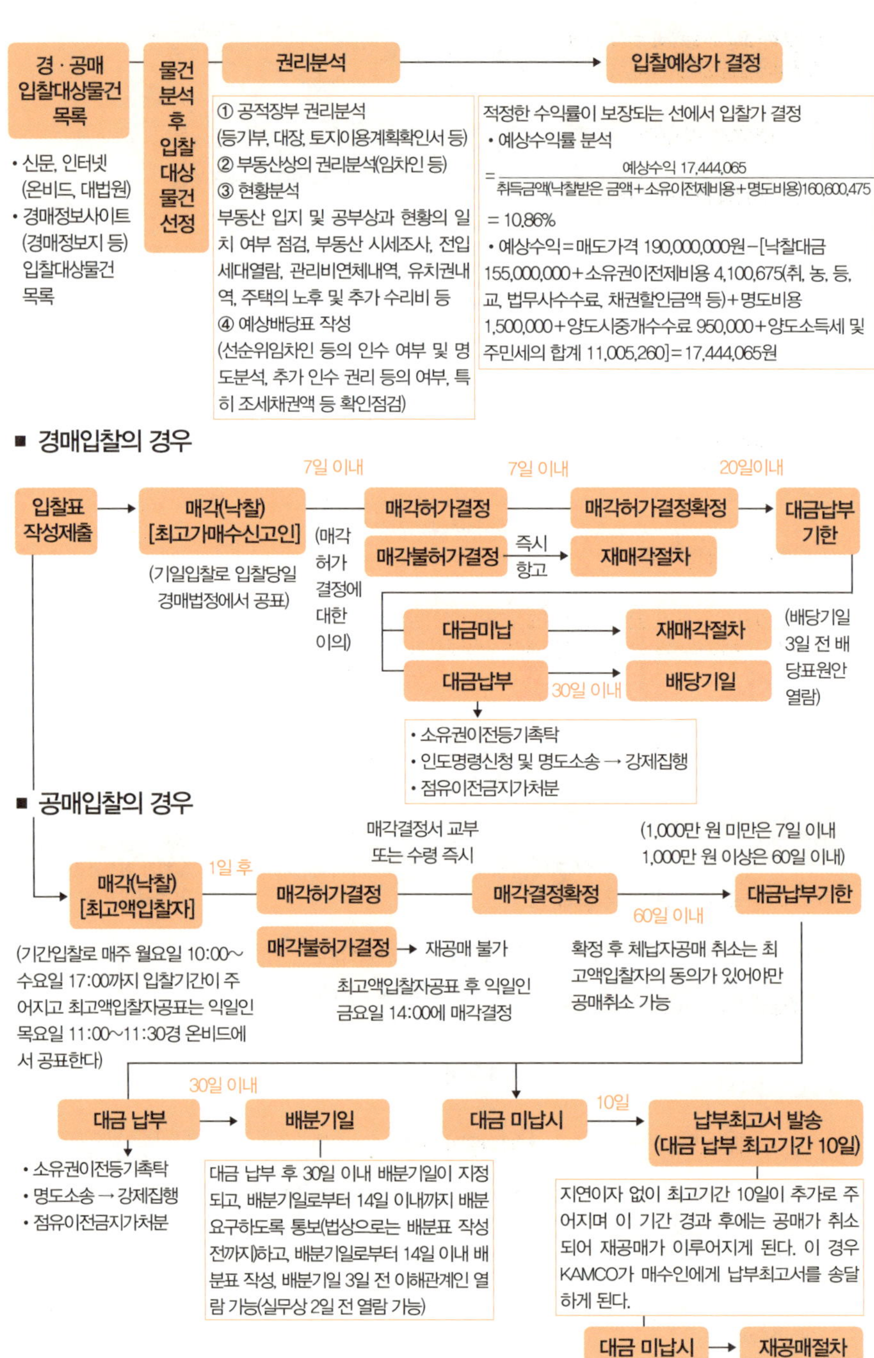

배당절차

❖ 경매절차에서의 배당

매각대금이 지급되면 법원은 배당에 참여한 각 채권자들에게 민법, 상법과 그 밖의 법률에 따른 우선순위에 따라 배당을 실시하게 된다[민사집행법 제145조].

즉, 집행법원은 배당요구권자들에 대해 민법, 상법, 민사집행법, 주택임대차보호법, 상가임대차보호법, 근로기준법, 국세기본법, 지방세법, 기타 법률에 의거해 일반채권자들보다 우선하여 배당(배분)하도록 규정된 채권에 대해서는 우선순위에 따라 배당(배분)한다.

이와 같이 우선권을 가진 채권자 등에게 우선배당하고도 배당재단이 남는 경우 또는 우선권을 가진 채권자 등이 없는 경우, 우선권이 없는 채권자들 사이에서는 동순위로서 각 채권자의 채권액에 비례하여 안분배당하게 된다.

즉, 경매절차에서는 가압류채권, 강제경매신청채권, 경매목적 부동산의 소유자를 채무자로 하는 집행권원이 있는 채권(확정된 판결문, 공증된 약속어음 등) 등이 모두 배당요구가 가능하며 배당절차에서 이들의 순위는 모두가 동순위로 안분배당을 받게 된다는 것이 국세징수법상 압류공매절차에서의 배분 방법과 차이가 있다.

여기서 배당해야 할 매각대금이란 매각대금에서 경매 집행비용(공매집행비용)을 공제한 금액이다.

주택가액이란 낙찰대금(매각대금)에서 입찰보증금에 대한 배당기일까지의 이자와 몰수된 입찰보증금 등을 포함한 금액에서 집행비용을 공제한 실제 배당할 금액이다[대법 2001다8974].

배당절차는 경매절차에서 최고가 매수인이 결정된 후 일주일 후에 매각허가 결정이 있고, 그 후 일주일 동안 이해관계인 등이 즉시 항고를 제기하지 않으면 매각허가 결정이 확정된다. 이날로부터 1월(30일) 이내에 낙찰자의 대금 납부기한이 정해지고 대금 납부가 완료되면 법원은 4주 이내에 배당기일을 지정한다. 배당기일 3

일 전 배당표를 작성하고, 이해관계인의 각 채권액의 우선순위에 따라 배당을 실시한다. 배당에 이의가 있는 경우 배당이의의 소로 배당액을 확정한 후 순위에 따라 배당을 실시하면 된다. 배당에 대해 이의가 없는 경우 배당을 확정하게 되고, 이해관계인의 각 채권액의 배당순위에 따라 배당을 실시한다.

❖ 배당기일의 지정 및 통지

배당기일의 지정[법 146조]

매수인이 매각대금을 지급하면 법원은 배당에 관한 진술 및 배당을 실시할 기일을 정해야 한다. 대금 지급 후 3일 안에 배당기일을 지정하되 대금 지급 후 4주 이내로 해야 한다[재민 91−5]. 그러나 매수인이 채무인수신청[법 143조 1항]이나 차액지급신청[법 143조 2항]을 한 경우 대금지급 기한을 지정할 필요 없이 바로 배당기일을 지정한다.

재매각을 명한 뒤 전매수인의 대금지급이 있는 경우(재매각 3일 이전까지) 재매각절차를 취소하고 바로 배당기일을 정하게 된다.

배당기일의 통지

① 집행법원은 배당기일을 정하고 이해관계인과 배당요구채권자에게 이를 통지해야 한다[법 146조]. 법원사무관 등의 명의로 작성한 배당기일통지서를 송달하는 방법으로 한다.
② 배당기일의 통지는 각 채권자와 채무자에 대해서는 늦어도 배당기일 3일 전에 도달해야 한다.
③ 배당기일의 통지는 민사집행법상의 통지이므로 규칙 제8조 4항의 통지생략 규정은 적용되지 않고 배당기일의 통지를 생략해서는 아니 된다(통지받은 사람이 외국에 있거나 있는 곳이 불분명한 경우에도 통지를 생략할 수 없다). 그러나 채무자가 외국에 있거나 있는 곳이 불분명할 경우 통지하지 않는다[법 146조 단서].

④ 공시송달: 채권자 중에 있는 곳이 분명하지 않아 기일통지가 불가능하게 되면 직권으로 공시송달하게 된다.

⑤ 매수신고인 통지: 매수인에게는 배당기일 통지를 할 필요는 없으나 매수인이 채무인수신청 또는 차액지급신청을 한 때에는 통지해야 한다.

⑥ 배당기일의 통지 누락에 대한 불복은 집행에 관한 이의로 다툴 수 있다.

❖ 배당요구를 할 수 있는 시기와 종기

시기

경매신청의 압류효력 발생시 이후라 할 것이다(즉, 채무자에게 경매개시결정 송달시와 경매개시 결정등기시 중 먼저 도래한 때).

종기

배당요구의 종기는 첫 매각기일 이전으로 집행법원이 정한 때이다[법 84조 1항].

❖ 경매절차에서 권리신고와 배당요구

권리신고

이해관계인이 자기 권리를 증명하기 위해서 하는 것으로 권리신고를 하게 되면 이해관계인의 지위를 갖게 된다[법 90조 4항]. 그러나 권리신고를 하였다 하여 당연히 배당되는 것이 아니고 별도로 배당요구 종기일까지 배당요구를 해야 한다[법 148조].

배당요구

다른 채권자가 경매를 신청하였을 경우 그 부동산의 이해관계인이 경매절차에 참여하여 자기 채권을 변제받고자 하는 의사표시이다. 이와 같이 채권자의 채권만족수단은 다른 채권자의 강제집행절차에 편승하여 배당요구를 하는 방법과 그 이외에 자신이 직접 경매신청을 하여 채권을 회수하는 방법이 있다.

배당요구 방식

① 서면신청: 배당요구는 채권(이자, 비용, 그 밖의 부대채권을 포함한다)의 원인과 액수를 적은 서면으로 해야 한다.

② 배당요구서 제출 시기: 법원이 정한 배당요구의 종기까지 제출해야 한다.

③ 배당요구서에 적어야 할 내용: 원금, 이자, 비용, 부대채권.

배당요구시 유의사항

이 밖의 조세의 경우에는 세목과 발생 시기를 구분하여 적어야 한다. 그 밖의 국세징수법 적용을 받는 공과금도 이와 같다. 여기서 비용은 매각대금에서 우선변제를 받는 집행비용뿐만 아니라 우선변제가 인정되지는 않지만 매각대금에서 변제받을 수 있는 비용을 말한다. 부대채권은 지연손해배상채권, 소송비용결정절차에 의해 확정된 본안소송비용 등을 말한다.

④ 첨부서류: 집행력 있는 정본 또는 사본, 그 밖의 배당요구의 자격을 소명하는 서면을 붙여야 한다. 즉, 주택임차인의 경우 임대차계약서 사본 1부와 주민등록등본 1부, 근로자임금채권인 경우는 근로감독관청의 확인서, 세무원천징수자료, 회사경리장부 사본 1부.

배당요구 채권자의 권리와 배당요구시 소멸시효 중단의 효력

배당요구 채권자는 경매절차에서 이해관계인이 되고 매각대금으로부터 채권의 우선순위에 따라 배당을 받을 권리, 배당기일을 통지받을 권리, 배당기일에 출석하여 배당표에 대한 의견을 진술할 수 있는 권리 등을 가지고 있다.

집행정본을 가진 채권자가 한 배당요구는 민법 제168조 제2호의 압류에 준하는 것으로서 배당요구에 관련된 채권에 관하여 소멸시효를 중단하는 효력이 생긴다.

❖ 경매절차에서 배당받을 수 있는 채권자

배당요구가 필요 없는 채권자(배당요구가 없어도 배당받을 수 있는 채권자)

① 첫 경매개시 결정기입등기 전에 등기된 가압류채권자[법 제148조 3호].

② 저당권·전세권·조세채권자(기타 공과금채권자), 임차권등기권자, 기타 우선변제 권자로서 경매개시 전에 등기가 되어 있고 매각으로 소멸되는 권리를 가진 채권자는 배당요구가 없더라도 당연히 배당받을 수 있다[법 제148조].

③ 용익물권인 지상권·지역권·전세권·등기된 임차권 등이 경매개시 전에 등기되어 있고 말소기준권리보다 후순위로 매각으로 소멸되는 권리는 별도의 배당요구가 없어도 배당요구를 한 것과 동일한 효력이 있다. 여기서 최선순위의 전세권은 배당요구를 하지 않으면 배당받을 수 없고, 따라서 그 권리는 소멸되지 않고 매수인에게 인수된다.

등기된 임차권의 경우 후순위인 경우에는 배당받거나 받지 못하는 경우에도 소멸 대상이다. 그러나 최선순위의 임차권등기는 민법 제621조에 의해 임대인의 협력을 얻어서 임대차등기가 된 경우는 존속적인 임차권으로서 등기된 전세권과 같이 배당요구하지 않으면 낙찰자의 인수대상이 된다. 주택(상가)임대차보호법상 임차권등기명령에 의한 등기는 법원의 촉탁에 의해 이루어진 것이므로 임차인이 배당요구를 하지 않아도 배당요구를 한 것으로 보고 배당받게 된다.

④ 저당권 설정 등의 가등기가 되어 있는 경우 그 가등기는 당연히 소멸되고 별도의 배당요구가 없어도 순위에 따라 배당받을 수 있다. 부동산등기법 2조에 규정된 소유권, 지상권, 지역권, 전세권, 근(저당권), 권리질권, 임차권의 설정·이전·변경 또는 소멸청구권을 보전하려할 때 하는 등기가 가등기이다.

⑤ 가등기담보권자: 경매개시 기입등기 전에 등기되어 있는 가등기권자가 담보가 등기인 경우에는 법원의 최고에 따라 담보가등기권자로 채권신고 한 경우에만 배당받을 수 있고 별도의 배당요구는 요하지 않는다. 만일 담보가등기권자임에도 담보가등기권자로 채권신고를 하지 않은 경우 추후에 담보가등기로 밝혀진 경우 배당받지 못하고 매각으로 소멸될 수 있다. 이 경우 낙찰자 인수대상이 아

니다. 담보가등기가 채권신고를 하지 않아 배당 못 받고 소멸되어도 말소기준 권리로는 인정된다는 사실이다.

⑥ 조세채권자 또는 각종 공과금채권자 등이 국세징수법상 체납절차에 의해 경매개시 결정 전에 압류 및 보전압류등기가 되어 있는 경우 별도의 배당요구가 불필요하고 이것이 곧 교부청구의 효력이 있다. 그러나 경매개시 결정등기 후에 체납처분에 의한 압류등기가 되거나 하지 않은 경우에는 배당요구의 종기까지 배당요구로서 교부청구를 해야만 배당받을 수 있다.

⑦ 배당요구 종기일까지 경매신청(진행)한 이중압류채권자(이중경매신청인)[법 제148조 1항] 배당요구 종기까지 이중경매를 신청한 채권자는 별도의 배당요구가 없어도 배당을 받을 수 있다.

⑧ 기타 이 밖의 종전의 등기부상의 권리로서 경매개시 전에 등기된 권리자 등이 있다.

배당요구가 필요한 채권자(배당요구가 있어야만 배당받을 수 있는 채권자)

경매개시 결정기입등기 이후에 등기부에 설정등기 되어 있는 채권자

① 첫 경매개시 결정기입등기 후에 등기된 권리 즉 저당권, 전세권, 등기된 임차권 등은 첫 경매개시 결정 후에 등기되었기 때문에 민사집행법 제148조 4호에 따라 당연히 배당받을 수 있는 채권자에 해당되지 않는 채권자이다. 이들은 배당요구 종기까지 배당요구가 있어야만 배당받을 수 있다.

② 첫 경매개시 결정기입등기 이후에 등기된 가압류채권자.

③ 먼저 이루어진 경매개시 결정사건이 진행되거나 정지 상태에 있는 경우에 이후 이중경매 개시결정이 있다고 해도 첫 경매개시 결정기입등기 이후에 설정되었고, 이중경매개시 전에 설정된 권리자라 하더라도 배당요구의 종기까지 배당요구를 하지 않으면 배당받을 수 없다. 그러나 첫 경매개시 결정이 취하 또는 취소된 경우에는 뒤의 이중경매사건의 경매개시 결정등기가 첫 경매개시 결정등기가 되므로 그 전에 등기를 한 채권자는 배당요구를 하지 않아도 당연히 배당받을 채권자가 된다.

④ 첫 경매개시 결정등기 후에 설정된 이중경매 개시결정을 배당요구 종기 전까지 신청한 경우에는 별도의 배당요구가 없어도 배당받을 수 있다[법 제148조 1항]. 그러나 배당요구 종기 후의 후행경매신청자(이중경매신청자)는 배당에 참여할 수 없다.

⑤ 이러한 압류(경매개시 결정) 후에 설정된 권리자들도 민사집행법 제88조 1항에 따라 배당에 참여할 수 있고, 배당요구가 적법한 이상 저당권 등의 담보물권이나 기타의 권리취득 후에 압류나 배당요구를 한 채권자에 대해서 우선변제권이 인정될 뿐만 아니라 위와 같은 권리취득 전에 압류나 가압류를 한 채권자가 민법, 상법 기타의 법률에 의해 우선변제권을 가진 채권자가 아닌 경우라면 그 채권자와 평등한 지위에 있다고 보아야 한다.

등기부에 설정등기 되지 않은 채권자

① 제3취득자의 필요비, 유익비 청구.

② 주택임대차보호법과 상가임대차보호법상의 최우선변제금 및 확정일자부 임차인의 우선변제권[주임법 제3조의 2, 제8조, 상임법 제5조, 제14조]: 이들은 권리신고를 한 경우에도 배당요구로 볼 수 없으므로 배당요구 종기까지 배당요구를 해야만 배당받을 수 있다.

③ 근로자의 임금, 퇴직금, 재해보상금 등의 최우선변제금 또는 임금, 퇴직금의 우선변제금[근로기준법 제38조]으로 경매개시 전 압류를 하지 않은 경우.

④ 조세채권, 기타 공과금으로 경매개시 전 압류등기를 하지 않은 경우[국세기본법 제35조, 지방세법 제31조].

　ⓐ 조세채권: 국세 · 지방세 · 관세 · 임시수입부가세와 이에 관계되는 가산금 및 체납처분비 등을 말한다.

　ⓑ 조세채권 등의 교부청구(공과를 주관하는 공무소에 대한 최고): 민사집행법 제84조 4항에 따라 법원사무관 등은 조세, 그 밖의 공과금을 주관하는 공공기관에 대해 채권의 유무, 그 원인 및 액수(원금, 이자, 비용, 그 밖의 부대채권을 포함)를 배당요구의 종기까지 법원에 신고하도록 최고해야 한다. 이에 따라 경매법

원은 등기부상의 현재 소유자를 부동산의 소유자로 취급하고, 국세인 경우 경매할 부동산의 채무자(소유자)의 주소지를 관할하는 세무서, 지방세인 경우에는 부동산 소재지를 관할하는 시·군·구청에 최고하여 조세, 기타 공과금 등의 교부청구를 하도록 하고 있다. 이와 같은 공과를 주관하는 공무소에 대한 최고는 집행법원의 조세, 기타 공과를 주관하는 공무소에 대해 경매 부동산에 대한 채권의 유무와 한도를 배당요구의 종기까지 통지하도록 최고한다. 이는 우선채권인 조세채권의 유무와 최저매각가격으로 압류채권자의 채권에 우선하는 부동산의 모든 부담과 절차비용을 변제하고도 남을 가망이 있는지 여부를 확인함과 동시에 주관공무소로 하여금 조세 등에 대한 교부청구의 기회를 주기 위함이다. 그리고 가압류(압류) 집행 후 소유권이 제3취득자에게 이전되었다면 제3취득자가 현 소유자가 된다. 조세채권 등의 교부청구는 배당요구와 같은 성격을 갖는 것이므로 제3취득자 앞으로 소유권이 이전되기 전까지 사전에 미리 보전압류 등으로 보전조치를 하지 않은 전 소유자의 조세채권 등은 교부청구를 할 수 없다. 이는 전 소유자의 일반채권자들도 마찬가지로 소유권이 이전되기 전까지 보전조치를 하지 않은 일반채권자는 처분에 대항할 수 없으므로 결국 가압류(압류)권자 이외의 자들에 대해 그 부동산이 제3취득자의 것이 되고, 이는 조세채권에 대해서도 마찬가지이다.

ⓒ 공과금채권: 국세징수법이 규정하는 체납처분 방식에 의해 징수할 수 있는 채권 중 조세채권 이외의 것을 말하는 것으로 국가, 공공단체가 그 국민 또는 구성원에게 강제적으로 부과하는 공적부담으로 조세는 아니지만 사실상 조세처럼 강제적으로 징수되고 그 종류도 많다. 이러한 국세징수법상의 조세 기타 체납처분 예에 따라 징수할 수 있는 공과금채권 등은 배당요구의 종기까지 압류, 참가압류, 또는 교부청구를 해야만 배당받을 수 있다. 이러한 공과금채권에는 일반채권보다 우선변제 받는 것도 있고 일반채권과 동순위인 채권도 있다.

㉠ 일반채권에 우선하는 공과금채권: 국민건강보험료, 국민연금보험료, 고

용·산재보험료 등이 있다. 이 공과금채권은 다음 일반채권에 항상 우선하고, 조세채권에는 항상 후순위이다. 담보물권과는 공과금의 납부기한과 담보물권의 설정등기일자와 비교하여 우선순위가 결정된다.

ⓛ 일반채권과 동순위인 공과금채권: 지방자치단체의 대부료, 사용료, 수수료, 면허료, 가산금, 연체료와 과태료(행정관청에 의해 부과된 채 확정된 과태료채권), 이 밖에 수도료, 가스료, 시청료 등이 있다. 이들 또한 국세징수법에 의한 체납처분의 징수절차에 의하나 조세에 관한 우선징수의 원칙이나 압류선착주의가 적용되지 않고 일반채권과 동일한 순위로 안분배당을 받게 된다.

⑤ 상법상 회사 사용인의 우선변제권[상법 제468조]과 선박우선특권[상법 제861조]상법상 회사 사용인의 우선변제권은 근로자의 임금채권에 관한 규정이고, 선박우선특권은 선박에 관한 특정채권에 관하여 선박과 그 부속물에 대하여 다른 채권자보다 우선변제권이 있는 권리이다.

이들은 우선변제권이 인정되고 있으나 등기가 되어 있지 아니하여 배당요구를 하지 아니하면 그 채권의 존부나 액수를 알 수 없는 채권을 가진 자들은 반드시 배당요구를 하여야만 배당받을 수 있다.

⑥ 일반채권자 등의 배당요구

ⓐ 집행력 있는 정본을 가진 자: 경매목적 부동산의 소유자를 채무자로 또는 보증인으로 하는 집행권원이 있는 채권(즉, 확정판결에 의한 금액이 확정된 채권, 공증받은 약속어음채권, 채권에 대한 공정증서 있는 일반채권) 등은 배당요구 종기일까지 배당요구를 해야만 배당받을 수 있다. 이들은 경매개시 전 가압류(압류), 개시 후 가압류(압류)채권과 동순위로 안분배당하게 된다. 채권자 중에서 물권과 같이 우선변제권이 없는 채권자들끼리는 설정시간에 관계없이 모두가 평등하다.

이들은 직접 경매를 신청하든가 아니면 제3자 경매신청시 배당요구 종기일까지 배당을 요구해야만 배당에 참여할 수 있다. 배당요구시 집행력 있는 정본을 붙일 필요는 없고 그 사본을 붙이는 것도 허용된다[규칙 48조 2항, 1항].

그러나 주의할 점은 채권액에 대해 공증이나 확정판결을 받지 않은 차용증서 등을 소지한 채권자는 배당에 참여할 수 없다. 또한 확정일자 없는 임차인(소액임차인의 소액보증금 중 일정액 제외), 주택(상가)임대차보호법상 적용 대상이 아닌 건물의 임차인 등은 경매목적 부동산에 그 보증금에 상당하는 가압류등기를 하지 않았거나 보증금에 대한 집행권원이 없다면 배당잉여금이 있더라도 배당절차에 참여할 수 없다. 이 경우에는 또다시 배당잉여금에 대한 가압류신청을 하여 배당절차에서는 배당받지 못하더라도 배당잉여금에 대해서는 받을 수 있을 것이 예상되나 잉여금이 있기란 상당히 어려울 것이다.

ⓑ 지방자치단체의 대부료, 사용료, 수수료, 면허료, 가산금, 연체료와 과태료(행정관청에 의해 부과된 채 확정된 과태료 채권), 법원의 과태료 등: 이들 채권도 배당요구 종기까지 배당요구를 해야만 배당받을 수 있는데 이들은 일반채권자와 동순위로 안분배당을 받는다.

❖ 배당요구의 철회 및 대위변제

배당요구의 철회

배당요구는 채권자가 자유롭게 철회할 수 있으나 다만 배당요구에 따라 매수인이 인수해야 할 부담이 바뀌는 경우 배당요구를 한 채권자는 배당요구의 종기가 지난 뒤에 이를 철회하지 못한다[법 88조 2항]. 매수인이 인수해야 할 부담이 바뀌는 경우는 인수해야 할 부담이 새로 생기는 경우와 부담이 증가하는 경우 모두가 포함된다.

예를 들어 전자는 최선순위전세권자나 최선순위의 대항력을 갖춘 임차권자가 배당요구를 하여 매수인이 이러한 채권액을 인수할 필요가 없었으나 배당요구를 철회함에 따라서 매수인이 인수해야 되는 경우와 후자는 선순위의 대항력을 갖춘 임차인이 배당요구하여 소액보증금 중 일정액을 우선 배당받고 나머지 보증금만을 매수인이 부담하면 되었는데 임차인이 배당요구를 철회함에 따라 소액보증금 중 일정액까지 추가로 매수인이 인수하게 되는 경우이다. 어느 경우든 배당요구 종기가 지난 후에는 철회가 불가능하고 철회하더라도 집행법원은 배당요구가 있는 것으로 취급하여 배당하고 필요한 경우 말소촉탁 또는 변경등기의 촉탁도 해야 한다.

대위변제와 대위변제자의 배당요구

대위변제

후순위 임차인이 잔금 납부 전에 선순위저당권을 대위변제하여 저당권의 소멸된 경우라면 후순위 임차인은 이로 인하여 최선순위가 되어 임차인의 대항력이 발생하게 된다. 이와 같이 후순위 임차인이 대위변제로 대항력을 획득하여 매수인(낙찰자)에게 매수부동산에 대한 부담이 현저히 증가되는 경우 매수인은 매각결정 취소를 구할 수 있다. 따라서 이러한 대위변제를 예상하여 대금 납부 전 매각부동산의 등기부등본을 열람하여 확인함과 동시에 공매집행기관이나 경매법원에 대위변제 등을 확인하고 대금을 납부해야 한다.

대위변제자의 배당요구

타인의 채권을 대위변제하였거나 공동저당권자에 대한 이시배당의 결과 차순위 채권자가 대위하는 경우에 대위권자는 피대위권자와는 별도로 배당요구를 해야 하는가에 대해서는 원칙적으로 피대위권자가 배당받기 위해 배당요구가 필요한 경우에는 대위할 범위에 관하여 대위권자만이 배당요구해도 되고 배당요구 없이 당연히 배당되는 경우는 대위한 자는 배당요구하지 않아도 되고 배당기일까지 대위권자임을 소명하면 된다.

❖ 배당표의 작성 및 비치열람

경매에서 배당절차

배당은 경매절차상에서 최고가 매수인이 결정된 후 일주일 후에 매각허가 결정이
있고, 그 후 일주일 동안 이해관계인들이 즉시 항고를 제기하지 않으면 매각허가
결정이 확정된다. 이날로부터 1월(30일) 이내에 낙찰자의 대금 납부기한이 정해지
고 대금 납부가 완료되면 법원은 4주 이내에 배당기일을 지정한다. 배당기일 3일
전 배당표를 작성하고, 이해관계인의 각 채권액의 우선순위에 따라 배당을 실시한
다. 배당에 이의가 있는 경우 배당이의의 소로 배당액을 확정한 후 순위에 따라 배
당을 실시하면 된다. 배당에 대해 이의가 없는 경우 배당을 확정하게 되고, 이해관
계인의 각 채권액의 배당순위에 따라 배당을 실시한다.

배당표 원안의 작성

채권자들이 제출한 계산서와 기록을 기초로 하여 집행법원이 채권자들에 대한 배
당액 그 밖의 배당실시를 위하여 필요한 일정사항을 적은 문서로서 배당기일에 채
권자들로 하여금 배당에 관한 의견을 진술시키는 기초가 되는 것을 배당표 원안이
라 한다.
이 배당표는 작성하는 것으로 확정되는 것이 아니고 배당기일에 채권자들 사이에
합의가 이루어졌거나 이의가 없을 때 비로소 확정된다.
채권자가 계산서를 제출하지 않은 때에는 집행기록에 나타난 담보권이나 가압류
의 내용, 배당요구서나 집행력 있는 정본의 취지와 그 증빙서류에 따라 법원이 채
권자들의 채권을 계산하여 배당표 원안을 작성하게 된다.
이와 같이 이해관계인 등의 이의가 없으면 배당표는 확정되고 배당기일에 참석하
지 않은 채권자는 배당실시에 동의한 것으로 본다[법 153조 1항]. 채무자가 이의서
면을 제출하지 않고 배당기일에도 출석하지 않았다면 이에 동의한 것으로 보아야
한다.

① 배당할 금액(배당재단): 대금(매각대금을 말하며 매수보증금을 포함한다), 지연이자, 항고보증금, 전 매수인의 매수보증금, 배당기일까지 사이에 발생한 보관금이자 등이 배당할 금액에 포함된다.

② 집행비용: 강제집행에 필요한 비용은 채무자가 부담하여야 하는데 그 집행에 의하여 우선적으로 변제받는다[법 53조 1항]. 실무상으로는 경매신청채권자가 부담하고 경매절차상에서 배당재단으로부터 우선변제받는다. 이때 집행비용은 집행권원 없이도 배당재단으로부터 우선하여 배당받는다.

③ 실제 배당할 금액: 매각금액에서 집행비용을 공제한 잔액을 말한다.

④ 매각부동산

⑤ 채권자

⑥ 채권금액: 원금, 이자(지연손해금포함) 및 비용, 채권최고액의 일부만 청구하는 경우 그 채권금액이 된다. 여기서 비용은 우선변제받는 집행비용을 제외한 비용으로 배당요구신청비용, 이중경매신청비용, 저당권자가 대납한 화재보험료 등을 말한다. 이러한 비용은 배당금 중에서 원금, 이자보다 우선하여 변제받아야 하므로 배당표에 기재하여야 한다. 따라서 배당에 있어서 변제충당순서는 매각대금을,

ⓐ 비용 → ⓑ 이자(지연손해금) → ⓒ 원금의 순서로 변제에 충당한다. 예를 들어 저당권이 가지는 원금, 이자, 위약금, 손해배상금, 실행비용 등이 있는 경우 매각대금으로 변제받는데 전액 만족시키지 못하면 변제충당순서는 ⓐ 실행비용 → ⓑ 손해배상금 → ⓒ 위약금 → ⓓ 이자 → ⓔ 원금 순으로 충당하게 된다.

⑦ 배당순위: 매각절차과정에서 매각대금으로 배당에 참여한 각 채권자들에게 법원의 배당순위 결정은 민법, 상법 그 밖의 법률에 의한 우선순위에 따라 정하여 진다[법 145조 2항].

⑧ 이유: 이유란에는 배당순위를 결정하는 근거를 적고(국세, 지방세, 공과금, 종물, 근저당권자, 전세권자) 압류권자, 가압류채권자, 배당요구채권자인가를 표시한다.

> ⑨ 채권최고액
>
> ⑩ 배당비율, 배당액
>
> ⑪ 잔여액
>
> ⑫ 공탁번호(공탁일): 배당액이 법 160조에 의하여 공탁될 경우 공탁번호 및 공탁일
> 을 적게 된다.

배당표 원안의 비치와 열람

배당기일 3일 전까지 배당표 원안을 작성하여 이를 법원에 비치해야 한다[법 149조 1항]. 배당표는 법원사무관 등의 사무실에 비치하면 된다.

❖ 배당기일에 배당실시방법

미리 작성한 배당표 원안은 배당기일에 출석한 이해관계인과 배당요구채권자들에게 열람시키고 그들을 심문하여 그 의견을 듣고, 필요한 경우에는 즉시 조사할 수 있는 증거들을 조사한 다음 이에 기하여 배당원안에 추가 · 정정할 것이 있으면 추가 · 정정하여 배당표를 확정하게 된다[법 149조 2항, 150조].
배당이의가 없으면 배당표는 확정되게 된다.

　배당표에 대해 이의가 있으면 그 부분에 대해서는 배당이 확정되지 않으며, 이의가 없는 부분에 대해 먼저 배당을 실시한다. 이때 배당기일에 참석하지 않은 자는 배당실시에 관하여 동의한 것으로 본다.

배당절차

배당기일 지정 및 통보(대금 납부 3일 이내에 지정하고 통지는 대금 납부 후 2주 이내) → 배당표 원안의 작성 후 비치 열람(배당기일 3일 전까지) → 배당기일(이해관계인 열람 및 그들을 심문하여 의견 청취)

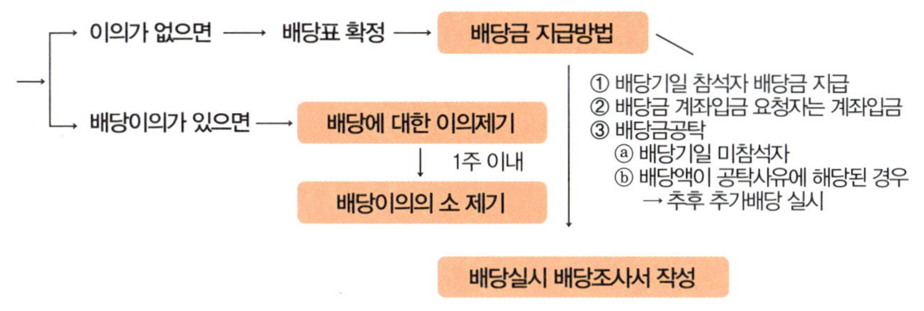

배당금의 지급방법

배당기일에 출석한 채권자

배당재단금이 법원보관금인 경우의 배당절차는 배당기일에 출석한 채권자들에 대해 배당액을 지급한다.

배당금이 공탁금인 경우

배당채권자가 공탁물수령자임을 증명하는 증명서를 교부할 경우 법원사무관 등은 공탁사무처리규칙에 따라 배당금지급증 3통, 공탁금출금청구서 2통을 전산에서 출력하여 교부해야 한다[재민 2001-4 예규]. 배당금수령권자는 이들을 공탁공무원에게 제출하여 공탁금을 출금받는다.

배당금의 계좌입금방법

배당기일에 출석하지 않은 자가 배당액을 입금할 입금계좌를 신고한 때에는 법원사무관 등은 법 160조 2항의 규정에 따른 공탁에 갈음하여 배당액을 그 예금계좌에 입금할 수 있다[규칙 82조 2항].

배당액의 공탁 사유가 발생하는 경우

① 채권에 정지조건 또는 불확정기한이 붙어 있는 때에는 조건의 성취, 기한도래에 의해 지급 또는 추가배당을 해야 한다.

② 가압류채권자의 채권인 경우.

③ 강제집행의 일시정지, 담보권 실행을 일시 정지하도록 명한 재판의 정본문서가
　제출된 경우.

④ 배당이의의 소가 제기된 경우.

⑤ 배당기일에 출석하지 않은 채권자의 배당액.

⑥ 저당권자의 저당권부채권 압류 또는 가압류된 경우.

⑦ 저당권에 대해 처분금지 가처분이 되어 있는 경우.

⑧ 배당금 또는 잉여금 수령의 압류, 가압류, 전부명령, 추심명령이 발령된 경우.

　위와 같은 배당액 등의 공탁은 배당기일로부터 10일 이내에 각 채권자별로 공탁서 2통을 작성하여 공탁공무원에게 공탁한다.

추가배당

공탁된 배당액은 공탁사유의 소멸로 배당을 실시함에 있어서 배당에 이의를 하지 않은 채권자를 위하여 배당표를 바꾸어야 한다.

　당해채권자에게 배당할 수 없게 되어 이의 여부와 관계없이 모든 채권자를 대상으로 배당순위에 따라 배당하게 된다.

　이는 추가배당해야 할 금액만을 배당재단으로 하는 배당절차로서 집행법원은 추가배당기일을 정하여 이를 각 채권자들에게 통지해야 한다.

잉여금의 처리방법

각 채권자들에게 배당 후 잔여금이 있는 경우 소유자(제3취득자)에게 지급해야 한다. 그러나 소유자의 잉여금채권이 압류, 가압류된 경우 지급할 수 없고 법원에 공탁하여 별도의 재배당절차를 거쳐야 한다.

배당표에 대한 이의방법

배당기일에 참석한 채무자, 채권자들이 배당표의 작성, 확정 및 실시와 다른 채권

자의 채권 또는 그 채권의 순위에 대해 이의를 할 수 있다.

배당표 원안을 열람한 이해관계인 및 배당요구 채권자들은 배당표에 기재된 내용에 이의가 있는 경우 반드시 배당기일에 출석하여 이의를 진술해야 하고 미리 서면으로 이의할 수 없다[법 151조 1항, 3항].

다만 채무자는 배당표 원안이 비치된 이후부터 배당기일이 끝나기 전까지 채권자의 채권 또는 그 채권의 순위에 대해 서면으로도 이의를 할 수 있다[법 151조 2항].

이와 같이 배당표에 대한 이의가 있는 채권자는 배당기일에 참석하여 배당에 대해서 이의를 할 수 있고, 그 부분에 대해 배당은 확정되지 않으며[법 152조 4항], 법원이 이의가 정당하다고 인정하거나 다른 방법으로 합의한 때에는 배당표를 경정하여 배당표를 확정하고 배당을 실시한다[법 152조 2항].

즉 배당이의가 있으면 담당관사는 심문절차를 진행하여 이의가 합당하다고 판단되거나 이의자와 배당받을 채권자 간의 합의가 이루어지면(심문절차에서 합의가 있으면) 그에 따른 배당표를 확정하고 배당금을 지급하게 된다.

그러나 이에 해당되지 않으면 이의를 한 채권자나 채무자는 이의가 있는 날로부터 1주일 이내에 소 제기증명을 제출해야 하는데 소 제기증명으로는 소 제기증명서, 변론기일통지서 등이 있다.

배당이의의 소는 배당이의를 제기한 날로부터, 즉 배당기일로부터 일주일 이내에 배당실시한 집행법원이 속한 지방법원에 해야 한다.

소 제기증명서가 접수되면 법원은 이의가 있는 금액 전부에 대해 소가 제기되어 있는지를 조사하고 일부에 소가 제기되어 있다면 제소되지 않은 금액에 대해서는 배당을 실시하게 된다. 배당이의신청이 있은 후 소 제기증명을 제출기한까지 제출하지 않은 경우는 이의를 취하한 것으로 간주하고 법원은 유보되었던 배당을 실시해야 한다. 그리고 이의를 한 채권자가 서면 또는 말로 이의를 취하할 수 있는데 이 경우 법원은 유보되었던 배당을 실시해야 한다.

배당절차에서 실제로 배당받았어야 할 채권자가 배당받지 못하고 배당받지 못할 자가 배당받은 경우, 배당을 실시하지 않은 경우는 배당받을 자에 대해 배당이의를 제기하고 배당이의의 소를 제기하는 것이 원칙이나 이미 배당을 실시하였다면 배당받은 자를 상대로 부당이득 반환 청구권을 갖는다[법 155조, 대판 2006다39546 등].

❖ 대항력 있는 임차인과 대항력 없는 임차인의 건물인도를 거절할 수 있는 시기

대항력 있는 임차인이 매수인의 인도명령신청에서 건물인도를 거절할 수 있는 시기

① **대항력 있는 임차인이 배당요구하여 전액 배당 받을 수 있는 경우**

대항력 있는 임차인이 배당요구를 하여 전액 배당받게 되는 시기(배당표가 확정되어 배당금을 전액 지급받을 수 있는 시기)까지 임차건물에 대한 인도를 거절할 수 있다. 임차인에 대한 배당표가 확정될 때까지 매수인에 대해 임차주택을 거절할 수 있다[대법97다11195]. 그러나 배당이의 소송 등으로 배당표가 확정되지 못한 경우는 확정될 때까지 거절할 수 있다.

ⓐ 보증금만 있는 경우는 위 내용과 같이 배당표가 확정될 때까지 부당이득은 성립되지 않으나 배당표가 확정되었다면 그 시기부터 부당이득이 성립된다.

ⓑ 보증금과 월차임 등이 있다면 임차인은 매수인이 대금 납부 이후 배당표가 확정될 때까지 차임을 지급해야 된다.

② **대항력 있는 임차인이 일부만 배당 받은 경우**

배당금의 일부만 배당받은 경우에는 미배당금을 매수인이 인수(지급)할 때까지 건물인도를 거절할 수 있다.

ⓐ 대항력있는 임차인이 보증금을 전액배당받지 못한 경우 그 잔액에 대하여 매수인이 지급할 때까지 주택인도를 거절할 수 있다.

ⓑ 일부 배당 받은 금액에 대해서는 배당표가 확정된 시기부터 부당이득이 성

립되어 반환의무가 있다.

③ ① ②에 대한 판례를 살펴보면 다음과 같다.

ⓐ 대법원2003다23885판결

주임법상의 대항력과 우선변제권의 두 권리를 겸유하고 있는 임차인이 우선변제권을 선택하여 임차주택에 대해 진행되고 있는 경매절차에서 보증금에 대한 배당요구를 하여 보증금 전액을 배당받을 수 있는 경우에는, 특별한 사정이 없는 한 임차인이 그 배당금을 지급받을 수 있는 때, 즉 **임차인에 대한 배당표가 확정될 때까지는 임차권이 소멸하지 않는다.** (…) 경락인이 낙찰대금을 납부하여 임차주택에 대한 소유권을 취득한 이후에 임차인이 임차주택을 계속 점유하여 사용·수익하였다고 하더라도 임차인에 대한 배당표가 확정될 때까지의 사용·수익은 소멸하지 않은 임차권에 기한 것이어서 경락인에 대한 관계에서 **부당이득이 성립되지 않는다.**

ⓑ 대법원 1998. 7. 10. 선고 98다15545 판결【건물철거 등】

임대차 종료 후 임차인의 임차목적물 명도의무와 임대인의 연체임료 기타 손해배상금을 공제하고 남은 임차보증금 반환의무와는 동시이행의 관계에 있으므로, 임차인이 동시이행의 항변권에 기하여 임차목적물을 점유하고 사용·수익한 경우 그 점유는 불법점유라 할 수 없어 그로 인한 손해배상책임은 지지 않되, 다만 사용·수익으로 인하여 실질적으로 얻은 이익이 있으면 부당이득으로서 반환해야 한다.

대항력과 우선변제권을 겸유하고 있는 임차인이 배당요구를 하였으나 보증금 중 일부만을 배당받은 후 임차목적물 전부를 계속하여 사용·수익하는 경우, 배당받은 보증금에 해당하는 부분에 대한 부당이득반환의무의 존부(적극)

(…) 보증금 전액을 배당받지 못하였다면 임차인은 임차보증금 중 배당받지 못한 금액을 반환받을 때까지 그 부분에 관하여는 임대차관계의 존속을 주장할 수 있으나 그 나머지 보증금 부분에 대해서는 이를 주장할 수 없으므로, 임차인이 그의 배당요구로 임대차계약이 해지되어 종료된 다음에도 계쟁 임대 부분 전부를 사용·수익하고 있어 그로 인한 실질적 이익을 얻고 있다면 그 임대 부분의 적정한 임료 상당액 중 임대차관계가 존속되는 것으로 보는 배당받지 못한 금액에 해당하는 부분을 제외한 나머지 보증금에 해당하는 부분에 대해서는 부당이득을 얻고 있다고 할 것이어서 이를 반환해야 한다.

대항력 없는 임차인 등의 건물인도 시기와 부당이득으로 보게 되는 시점

매수인이 매각대금을 납부하면 소유권을 취득하게 되므로 대항력 없는 임차인을 상대로 인도명령을 신청할 수 있다. 따라서 매수인의 매각대금 납부 이후부터 건물인도 시기까지를 임차인이 부당이득을 보게 되는 시기로 보아서 이 기간까지 건물 사용에 상당하는 사용료, 즉 임료를 임차인에게 부당이득금으로 청구할 수 있다고 본다.

　반면에 대항력이 있는 임차인인 경우에는 상황이 다르다. 배당표가 확정될 때까지 건물인도를 거절할 수 있으며 이 기간까지 부당이득으로 보지 않는다는 차이점이 있다.

배당절차에서의 우선순위 결정

배당절차는 목적부동산(매각 대상 부동산)을 경매, 공매 또는 기타의 방법에 의해 매각하는 방식에 의해 현금화(환가)하고 그 대금으로 채권자 등의 채권변제에 충당하는 절차이다.

매각절차 과정에서 매각대금으로 배당에 참여한 각 채권자들에게 법원의 배당순위 결정은 민법·상법 그 밖의 법률에 의한 우선순위에 따라 정해진다[민집법 제145조 2항].

❖ 조세채권의 법정기일 전에 설정된 담보권(저당권부 채권) 등이 있는 경우

0순위 집행비용

매각대금에서 경매·공매 집행비용을 최우선적으로 공제한다[민집법 제53조].

1순위 필요비, 유익비

저당물의 제3취득자나 임차권, 점유권, 유치권자가 그 부동산에 보존개량을 위하여 필요비, 유익비를 지불한 경우 매각대금에서 우선변제한다[민법 제367조].

2순위 임차인의 소액임차보증금 중 일정액과 근로자의 최종 3년분 임금·최종 3년분의 퇴직금·재해보상금

① 소액임차보증금 중 일정액[주택보호법 제8조 제1항, 상가보호법 제14조 제1항]

② 근로자의 최종 3개월분 임금[근로기준법 제38조 제2항](2010. 6. 10. 개정)

  (1987. 11. 28. 부터 저당권보다 우선 배당시행)

③ 근로자의 최종 3년간 퇴직금[근로자 퇴직급여 보장법 제11조 제2항](2010. 6. 10. 개

정) (1989. 3. 29. 근로기준법 개정으로 시행)

④ 재해보상금(산업재해보상보험법 제36조 제1항의 보험급여 종류는 요양급여, 휴업급여, 장해급여, 간병급여, 유족급여, 상병보상연금, 장의비, 직업재활급여)(2010. 5. 20. 기준 마련) (1989. 3. 29. 기준 마련)

①+②+③+④는 동순위로 안분배분을 한다.

재판예규 제692호(재민91-2 개정 1999. 3. 4.) 부동산경매에서 우선채권 간의 배당순위: 주임법 제8조의 소액보증금 중 일정액과 근로기준법 제38조 제2항의 최종 3월분의 임금, 최종 3년간의 퇴직금 및 재해보상금채권이 서로 경합하는 경우 (…) 상호 동등한 순위의 채권으로 보아 배당을 실시해야 된다.

3순위 당해세

그 부동산에 대해 부과된 국세나 지방세를 말한다(당해 부동산에 부과된 세금).

① 국세 중 당해세의 종류는 상속세, 증여세, 종합부동산세를 말한다[국세기본법 제35조 제1항 제3호]. 여기서 상속세·증여세의 당해세 요건은 상당히 제한적이다. 즉 상속, 증여세의 경우 담보권 설정 당시 설정자(채무자)에게 납세의무가 있는 상속세, 증여세만 당해세가 될 수 있다. 즉, 저당권 설정 전에 증여를 원인으로 부과된 증여세는 그 부동산 자체에 대해 부과된 것으로서 당해세이다[대법2000다47972]. 그러나 저당권이 설정되고 나서 상속·증여 등으로 소유자가 변경되었고 그 소유자에게 부과된 상속·증여세는 당해세가 아니다.

② 지방세 중 당해세는 그 부동산에 부과된 지방세로 재산세, 자동차세, 도시계획세, 공동시설세, 지방교육세(재산세와 자동차세에만 해당된다) 등이 있다[지방세법 시행령 제14조의 4항](지방당해세 시행일은 1996. 1. 1.이다).

4순위 공과금(담보권보다 공과금의 납부기한이 빠른 경우)

이 경우와 같이 공과금의 납부기한이 담보권 설정등기일보다 빠르고 담보권보다 일반조세채권의 법정기일이 늦은 경우 순환관계가 발생된다.

예) 공과금 납부기한 → 저당권 등의 담보권 → 일반조세채권의 법정기일 순으로
된 경우에는 공과금＞담보권이고, 담보권＞일반조세이고, 일반조세＞공과금이므
로 순환흡수 배분절차에 의해서 배분하게 된다.

5순위 담보권(조세채권의 법정기일 전에 설정등기 된 저당권, 전세권, 담보등기, 확정일
자임차권, 등기된 임차권)[국세기본법 제35조 제1항, 지방세법 제31조]

① 담보물권(저당권, 전세권, 담보가등기)의 기준일은 등기일이고 이들 상호간의 순위
   는 설정등기 된 순위이다. 동구인 경우는 순위번호에 의하고, 별구인 경우는 접
   수번호로 순위를 정한다.
② 확정일자부 임차권은 대항요건(주택의 인도와 주민등록)을 먼저 갖추고 나서 임대
   차계약서에 확정일자(확정일자에 의한 우선변제권은 확정일자 부여 당일에 발생)를 받으
   면 그 당일주간에 우선변제권이 발생한다. 그러나 대항요건과 확정일자를 같은
   날에 부여받았다면 익일 오전 0시에 확정일자부 우선변제권이 발생한다(왜냐하
   면 대항력이 대항요건을 갖춘 날 익일 오전 0시에 발생하기 때문이다).
③ 조세채권 확정일은 그 조세의 법정기일 및 납부기일이다.
④ 등기된 임차권은 등기일자가 아니라 그 전의 대항요건과 확정일자를 갖춘 시기
   이다. 그리고 대항요건을 갖추기 전에 임차권등기가 이루어졌다면 임차권등기
   일자에 대항력과 확정일자부 우선변제권이 발생된다.

6순위 일반임금채권(최우선변제금을 제외한 임금 · 퇴직금)

　근로기준법 제37조(임금채권 우선변제) 1항은 질권, 저당권에 의해 담보된 채권을
제외하고는 조세, 공과금 및 다른 채권에 우선하여 변제되어야 한다. 다만 질권 ·
저당권에 우선하는 조세 · 공과금에 대해서는 그러하지 않는다. 근로자 퇴직급여
보장법 제11조 퇴직금 우선변제 내용은 위와 같다.

7순위 일반조세채권(담보권보다 일반조세채권의 법정기일이 늦은 경우)

　국세, 가산금 또는 체납처분비[국세징수법 제35조], 지방세 등 지방자치단체의

징수금[지방세법 제31조].

8순위 공과금(담보권보다 공과금의 납부기한이 늦은 경우)

국세, 지방세 다음으로 징수되는 공과금(국민건강보험료, 연금보험료, 고용보험료, 산재보험료 등).

9순위 일반채권자의 채권(재산형, 과태료 및 국유재산법상의 사용료, 대부금 등)

경매절차에서는 가압류채권, 강제경매신청채권, 경매목적부동산의 소유자를 채무자로 하는 집행권원이 있는 채권(확정된 판결문, 공증된 약속어음 등) 등이 모두 배당요구가 가능하며 배당절차에서 이들의 순위는 모두가 동순위로 안분배당 받게 된다.

❖ 조세채권의 법정기일 후에 설정된 담보권(저당권부 채권) 등이 있는 경우

0순위 집행비용

1순위 필요비, 유익비

2순위 임차인의 소액임차보증금 중 일정액과 근로자의 최종 3개월분 임금 · 최종 3년간의 퇴직금 · 재해 보상금

3순위 당해세

4순위 일반조세채권(담보권보다 일반조세채권의 법정기일이 빠른 경우)

일반 조세채권 상호간에는 납세담보 된 조세채권이 있는 경우 납세담보 된 조세채권이 우선하고, 그 밖의 조세채권 상호간에는 압류선착주의가 적용되고, 교부청구된 조세채권은 동순위로 안분배분 된다.

5순위 공과금(담보권보다 공과금의 납부기한이 빠른 경우)

6순위 담보권(저당권, 전세권, 담보가등기, 확정일자 임차권, 등기된 임차권)

7순위 일반임금채권

8순위 공과금(담보권보다 공과금의 납부기한이 늦은 경우)

9순위 일반채권

❖ 매각부동산에 담보권(저당권부 채권) 등이 없는 경우

0순위 집행비용

1순위 필요비, 유익비

2순위 임차인의 소액임차보증금 중 일정액, 근로자의 최종 3개월분 임금ㆍ최종 3년간 의 퇴직금ㆍ재해보상금

3순위 일반임금채권[근로기준법 제37조](임금채권의 우선변제)

제1항은 임금, 재해보상금은 질권, 저당권에 의해 담보된 채권을 제외하고는 조세, 공과금 및 다른 채권에 우선한다.

4순위 당해세

5순위 일반조세채권

6순위 공과금

7순위 일반채권

❖ 배당순위 결정방법에 대한 종합정리

배당순위 담보물권(＝저당권부 채권) 조세ㆍ공과금채권의 법정기일(납부기한)보다 늦은 경우와 빠른 경우에 대한 종합분석

순위	배당 채권	내용
0순위	경매 집행비용	배당금＝[매각대금＋배당기일까지 이자＋몰수된 보증금]－집행비용
1순위	필요비, 유익비	제3취득자나 임차권, 점유권, 유치권자가 그 부동산의 보존개량을 위해 지불한 필요비, 유익비
2순위	1) 임차인의 소액 임차보증금 중 일정액(최우선변제금)	① 주택임대차보호법 제8조 제1항 소액보증금변천사(7차에 거쳐 변경) `84.1.1` `87.12.1` `90.2.19` `95.10.19` `01.9.15` `08.8.21` `10.7.26` → ② 상가임대차보호법 제14조 제1항 시행시기 ⓐ 2002. 11. 1.~ 2008. 8. 20.까지(1차), ⓑ 2008. 8. 21.~2010. 07. 25.까지(2차) ⓒ 2010. 07. 26.이후 현재(3차) (상가임대차보호대상 확대실시)
	2) 근로자의 최종 3월분 임금ㆍ최종 3년분의 퇴직금ㆍ재해보상금(최우선변제금)	① 임금 최종 3월분 최우선변제(1987. 11. 28부터 저당권보다 우선 배당 시행) ② 퇴직금 전액, 재해보상금의 최우선변제(1989. 3. 29. 근로기준법 개정으로 시행) ③ 퇴직금 전액이 최우선변제에서 최종 3년분의 퇴직금만 최우선변제 인정(1997. 12. 24. 이후 개정 시행되었고 그 이전 기간은 경과조치로 인정하고 있으나 그 기간은 250일 초과시 250일 기간까지만 인정받는다)
3순위	당해세	① 국세 중 당해세 상속세, 증여세, 종합부동산세단, 상속ㆍ증여세는 담보권설정 당시 납세의무가 있는 경우만 인정 ② 지방세 중 당해세 재산세, 자동차세, 도시계획세, 공동시설세, 지방교육세 (지방세, 당해세 시행일은 1996. 1. 1)
4순위	일반조세채권	① 담보권(저당권, 전세권, 담보가등기, 확정일자 임차권, 등기된 임차권)보다 조세채권 법정기일이 빠른 경우 ② 조세채권과 담보물권의 우선순위: 1등 당해세 → 2등 담보물권보다 법정기일이 빠른 일반조세채권 → 3등 담보물권 → 4등 법정기일이 늦은 조세채권 → 1차적으로 담보물권과는 이와 같이 법정기일과 설정등기일 순위에 따라 배당받고 2차적으로 1차에서 배당받은 배당금을 갖고, 일반조세채권(당해세 제외)끼리는, ⓐ 1등 납세 담보된 조세채권 ⓑ 2등 압류선착주의 적용흡수(이때 조세채권끼리는 법정기일을 따지지 않고 압류순서 적용하여 흡수절차가 진행됨) ⓒ 3등 교부청구 조세채권끼리는 동순위로 안분배당
5순위	공과금채권	담보권(저당권, 전세권, 담보가등기, 확정일과 임차권, 등기된 임차권)보다 공과금의 납부기한이 빠른 경우: 이 경우에는 5순위 공과금과 6순위 담보권과 8순위 일반조세채권 등이 동시에 혼재되어 있는 경우 5순위 공과금＞6순위 담보권이고, 6순위 담보권＞8순위 일반조세채권이고, 8순위 일반조세채권＞5순위 공과금인 관계에 있다. 따라서 이들은 순환배분절차에 의해서 배분하게 된다.

순위		내용
6순위	담보권(＝저당권부 채권)(저당권, 전세권, 담보가등기, 확정일자부 임차권, 등기된 임차권)	이들 상호간의 순위는 설정등기일, 우선변제 효력발생일, 조세채권은 법정기일, 공과금은 납부기한이 된다.
7순위	일반임금채권(최우선임금변제권 제외)	① 일반임금채권은 조세(당해세 포함), 공과금에 우선한다. ② 저당권부 채권에 대해서는 후순위이다. ③ 저당권부 채권에 우선하는 조세, 공과금보다는 후순위이다.
8순위	일반조세채권	법정기일이 저당권부 채권보다 늦은 경우이다.
9순위	공과금(건강보험, 국민연금, 고용보험, 산재보험 등)	납부기한이 저당권부 채권보다 늦은 경우이다. ① 조세채권보다 항상 후순위이다. ② 일반 임금채권보다 후순위이나 저당권부보다 우선하는 공과금인 경우 우선한다. ③ 공과금은 일반채권에 항상 우선한다. ④ 공무원·교직원의료보험과 지역의료보험은 1999. 2. 8. 이후부터이고, 직장의료보험과 국민연금보험료는 2000. 7. 1. 이후부터이고, 고용·산재보험은 2005. 1. 1. 이후부터 저당권 등의 담보물권과 우선순위는 납부기한과 설정일을 비교하여결정한다. 그 이전에는 저당권이 우선한다. 그러나 공과금 등이 먼저 압류시에는 동순위로 안분배당하여오다가 판례 변경에 따라 최근 들어 선압류 공과금이 먼저 배당받는다.
10순위	일반채권	일반가압류채권, 강제경매신청채권, 재산형, 과태료, 국유재산사용료 등, 채무명의가 있는 채권[확정된 판결문, 집행문을 부여받은 공증된 약속어음(공정증서) 등]

배당순위 담보물권(＝저당권부 채권 등)이 없는 경우

순위	배당 채권	비고
0순위	경매 집행비용	
1순위	필요비 · 유익비	
2순위	소액임차보증금 · 임금우선변제금	
3순위	일반임금채권(최우선임금변제금 제외)	일반임금채권은 조세, 공과금 및 일반채권에 우선한다. 다만 저당권, 질권 등의 우선변제권의 권리보다 앞서는 조세, 공과금에는 그러하지 않는다.
4순위	당해세	조세채권은 공과금 및 일반채권에 항상 우선한다.
5순위	일반조세채권	
6순위	공과금	공과금은 일반채권에 항상 우선한다.
7순위	일반채권	

❖ 배당절차에서 우선순위를 결정하는 근거법령 및 판례 해설

매각대금의 배당

배당에 참가한 모든 채권자를 만족시킬 없을 때에는 법원은 민법, 상법 그 밖의 법률에 의한 우선순위에 따라 배당한다[민사집행법 제145조]. 여기서 배당해야 할 매각대금이란 매각대금 중에서 경매 및 공매 절차비용(집행비용)을 공제한 금액이 된다.

주택가액이란 낙찰대금(매각대금)에서 입찰보증금에 대한 배당기일까지의 이자와 몰수된 입찰보증금 등을 포함한 금액에서 집행비용을 공제한 실제 배당할 금액이라고 하였다[대법원2001다8974].

0순위 집행비용

강제집행에 필요한 비용은 채무자가 부담하고 그 집행에 의해 우선적으로 변제를 받는다[민사집행법 제53조 1항]. 집행비용은 집행권원 없이도 배당재단으로부터 우선하여 배당받을 수 있다.

1순위 제3취득자의 필요비, 유익비 청구

① 저당물의 제3취득자(소유권자, 지상권자, 전세권자, 등기된 임차권자)가 그 부동산의 보존, 개량을 위하여 필요비, 유익비를 지출한 때에는 제203조 제1항, 제2항의 규정에 의해 저당물의 경매대가에서 우선상환 받을 수 있다[민법 제367조]. 이는 경매기입 등기 후의 제3취득자도 동일하다.

② 필요비, 유익비의 경우 그 지출된 금액이나 부동산 가액의 증가액을 배당요구 종기일까지(공매는 배분표 작성 전까지) 배당요구를 해야 한다.

③ 배당요구 종기일까지 배당요구를 하지 않았거나 소명(입증)자료가 부족하여 배당을 받지 못한 경우에는 그 권리가 상실되는 것이 아니라 그 비용 상환을 위하여 낙찰자에게 유치권을 행사할 수 있다. 유치권을 행사하여 위의 비용 변제시까지 목적부동산의 명도를 거절하고 점유할 수 있다. 다만 낙찰자의 명도청구

에 대해 유치권의 원인 채권금액과 채권내역에 관하여 입증 책임이 있다.

④ 소정의 유익비라 함은 임차인이 임차물의 객관적 가치를 증가시키기 위해 투입한 비용이고, 필요비라 함은 임차인이 임차물의 보존을 위해서 지출한 비용을 말한다[민법 제626조].

2순위 임차인의 소액임차보증금 중 일정액과 근로자의 최종 3월분의 임금 · 최종 3년간의 퇴직금 · 재해보상금

주택 및 상가건물의 소액보증금 중 일정액(최우선소액보증금)

① 최우선 소액보증금[주택임대차보호법 제8조 제1항, 제3항]

  ⓐ 1항: 임차인은 보증금 중 일정액을 다른 담보물권자보다 우선하여 변제받을 권리가 있다.

  ⓑ 3항: 최우선변제금은 주택가액(대지가액 포함)의 2분의 1 범위 내로 한다.

② 최우선 소액보증금(상가임대차보호법 제14조 제1항, 제3항)

  ⓐ 1항: 임차인은 보증금 중 일정액을 다른 담보물권자보다 우선하여 변제받을 권리가 있다.

  ⓑ 3항: 최우선변제금은 임대건물가액(임대인 소유의 대지가액 포함)의 3분의 1 범위 내로 한다.

③ 소액보증금 최우선변제 요건

  ⓐ 배당요구 종기까지 배당요구를 했을 것(공매는 배분표 작성 전까지 배분요구)

  ⓑ 보증금의 액수가 소액보증금에 해당될 것

  ⓒ 첫 경매개시 결정등기 이전(최초 공매공고일 이전)에 대항요건을 갖출 것

  ⓓ 배당요구 종기까지 대항력을 유지할 것(공매는 매각결정 시까지 대항력 유지)

  ⓔ 임차목적물이 등기된 주택이든 미등기주택이든 모두가 우선변제권이 인정된다.

  ⓕ 소액전차인의 소액보증금 최우선변제

    ㉠ 재민 84-10(주택임대차보호법 제8조에 관한 질의 회답)은 주택의 경우 전대차가 적법하고, 전대인(즉, 임차인) 자신이 우선변제권 있는 소액임차인일 경우

에 한하여 전차인도 소액임차인으로 본다.

ⓛ 전차보증금이 소액인 경우에는 전대인(임차인)이 우선변제권 있는 소액임
차인에 해당되는 경우에 한하여 전차인도 소액임차인으로 본다는 것이
다. 그러나 임차권등기 후에 주택이나 상가건물을 임차한 임차인은 소액
보증금을 우선변제 받을 권리가 없고 또는 전세권등기 후의 주택 또는 상
가건물을 임차한 임차인도 소액보증금 중 일정액을 우선변제를 받을 권
리가 없다. 참고로 이러한 경우에는 소액보증금 중 일정액뿐만 아니라
보증금 전체에 대해서도 물론 우선변제 받을 수 없다는 사실이다.

근로자의 최종 3월분 임금 · 최종 3년간 퇴직금 · 재해보상금

① 임금채권 우선변제[근로기준법 제38조 제2항]

사용자의 총 재산에서 질권 또는 저당권에 의해 담보된 채권, 조세, 공과금 및
다른 채권에 우선하여 변제되어야 한다. 여기에 해당되는 것은 ⓐ 최종 3월분의
임금, ⓑ 재해보상금에 해당한다.

② 퇴직금의 우선변제[근로자퇴직급여보장법 제11조 제2항]

최종 3년간의 퇴직금은 사용자의 총 재산에 대해 질권 또는 저당권에 의해 담보
된 채권, 조세채권, 공과금채권 및 다른 채권에 의해 우선변제 되어야 한다. 최
종 3년간의 퇴직금우선변제권은 근로자퇴직급여보장법 제11조 2항에 규정되어
있다. 이에 따라 종전 규정인 근로기준법 제37조 2항은 삭제되었다.

③ 재해보상금[산업재해 보상법 제36조 제1항]

재해보상금의 종류는 ⓐ 요양급여, ⓑ 휴업급여, ⓒ 장해급여, ⓓ 간병급여, ⓔ
유족급여, ⓕ 상병보상연금, ⓖ 장의비, 직업재활급여(2010. 5. 20. 개정) (1989. 3. 29. 기
준마련)

④ 임금 · 퇴직금 최우선변제금법 시행일[근로기준법 부칙 제13조]

ⓐ 근로자의 최종 3개월분의 임금을 저당권 등보다 최우선변제하는 시기는
1987. 11. 28. 근로기준법 개정 이후이다.

ⓑ 퇴직금과 재해보상금이 최우선변제금에 포함된 시기는 1989. 3. 29. 근로기

준법 개정 이후이다. 따라서 시행일 이전에 설정된 저당권에는 우선하지 못한다는 것에 유의해야 한다. 그러나 퇴직금은 1997. 12. 24. 이후 개정하여 최종 3년분의 퇴직금만 최우선변제하게 되어 경과조치로 1989~1997. 12. 23.까지는 퇴직금 전액, 그러나 1997. 12. 24.부터는 최종 3년분의 퇴직금으로 하는데 따라서 1990년 1월~2000년 말에 퇴사했다면(1990년 1월~1997. 12. 23까지 7년×30일=210일) 210일과 추가로 3년×30=90일로 총 300일이 된다. 그러나 퇴직금 총 산정기일이 250일 초과시에는 250일 이내로 한다. 따라서 250일 기간까지만 인정받는다.

⑤ 임금에 대한 우선변제권 인정 여부

임금 자체에 대해서만 우선변제권이 인정되고 지연손해금에 대해서는 우선변제권이 인정되지 않는다. 따라서 임금 등의 지연손해금에 대해서 우선변제권이 없으므로 임금채권자들이 집행력 있는 정본에 의해 배당요구를 하는 경우 임금 원금만 우선 배당하고 지연손해금은 일반채권자들과 동순위로서 안분배당을 한다.

부동산경매에서 우선채권 간의 배당순위

주임법 제8조의 소액보증금 중 일정액과 근로기준법 제37조 제2항의 최종 3월분의 임금, 최종 3년간의 퇴직금 및 재해보상금채권이 서로 경합하는 경우 (…) 상호 동등한 순위의 채권으로 보아 배당을 실시해야 된다.

3순위 당해세

그 부동산에 대해 부과된 국세나 지방세를 말한다(당해 부동산에 부과된 세금).

① 국세 중 당해세의 종류는 상속세, 증여세, 종합부동산세를 말한다[국세기본법 제35조 제1항 제3호]. 여기서 상속세, 증여세의 당해세 요건은 상당히 제한적이다. 즉, 상속·증여세의 경우 담보권 설정 당시 설정자(채무자)에게 납세의무가 있는 상속세, 증여세만 당해세가 될 수 있다. 상속·증여 등으로 인한 그 양수인에 부과된 상속·증여세는 당해세가 아니다.

ⓐ 국세기본법 규정에 의한 당해세[국세기본법 시행령 제18조 제1항]는 토지초과이득세, 상속세, 증여세, 종합부동산세 등이 있었으나 현재에 대법원 판례나 헌법재판소들이 인정하는 당해세는 위 2순위의 ① 주택 및 상가건물의 소액보증금 중 일정액(최우선소액보증금)과 같다.

ⓑ 토지초과이득세/재평가세

1999년 1월 택지초과 소유상한에 관한 법률이 폐지되어 위 세목이 없어졌으나 기존에 발생한 토지초과 이득세에 대해서는 목적부동산의 담보물권자([근]저당권자, 전세권자, 담보가등기권자 등)가 담보권 설정 당시 예측가능하지 않은 토지초과 이득세는 당해세가 되지 못한다. 즉, 담보권 설정등기시 이미 부과된 토지초과이득세에 대해서만 당해세로 인정될 수 있다. 재평가세의 경우도 토지초과이득세의 당해세 인정의 경우와 같다.

ⓒ 상속세/증여세의 경우

목적부동산에 담보권 설정 당시 설정자에게 납세의무가 있는 상속세/증여세는 당해세가 될 수 있다. 그러나 담보권 설정 후 상속/증여 등으로 소유권이 이전되어 그 양수인에게 부과된 상속세/증여세는 당해세가 아니다. 이와 같이 국세의 경우 사실상 당해세에 해당하는 조세는 그 요건이 엄격하여 거의 없는 실정이다.

② 지방세 중 당해세는 그 부동산에 부과된 지방세로 재산세, 자동차세, 도시계획세, 공동시설세, 지방교육세(재산세와 자동차세에만 해당) 등이 있다[지방세법 시행령 제14조의 4]. 당해세로 인정되는 것과 당해세에서 제외되는 것은 다음과 같다.

ⓐ 취득세/등록세

취득세/등록세에 대해서는 헌법규정상 당해세우선의 원칙을 적용할 수 없다[헌법재판소 결정 94. 8. 31 91헌가1]. 즉, 당해세가 아니다.

ⓑ 재산세: 당해세이다.

ⓒ 종합토지세: 분리과세 된 종합토지세는 당해세이다.

ⓓ 공통사항

당해세에 해당한다 하더라도 지방세법상 당해세우선의 원칙이 부활한 시점

인 1996. 1. 1. 이전에 설정등기 된 담보물권에 대해서는 대항할 수 없어 당
해세로서 우선할 수 없고, 다만 그 법정기일의 순위에 따라 우선순위를 정할
수 있을 뿐이다. 또 그 법정기일이 1996. 1. 1. 이전인 지방세는 당해세 해당
여부를 불문하고 당해세가 아니라고 보는 견해가 다수설이다. 1992. 1. 1. 개
정 지방세법에서 당해세 우선규정이 삭제된 후 1996. 1. 1. [지방세법 시행령
제14조의 4] 신설로 부활하였다.

ⓔ 가산금

그 본세가 당해세에 해당되는 경우에만 당해세로 본다는 것이 다수설이다.

ⓕ 지방세, 당해세는 1996. 1. 1. 이후 시행되었다. 따라서 이 기일 이전에 설
정된 근저당권에 대해서는 우선하지 못한다. 그러나 국세 중 당해세는 이
러한 제한이 없다.

③ 담보권에 우선하는 당해세의 요건(판례에 의한 유추 해석)

ⓐ 담보물권자가 담보권 설정 당시 예측 가능한 조세이어야 한다.

ⓑ 담보권설정자를 납세의무자로 하는 체납조세이어야 한다(즉, 담보권설정자로부
터 부동산을 양수받은 양수인을 납세의무자로 하여 발생한 체납조세는 당해세라 하더라도
위 담보권에 우선할 수 없다).

ⓒ 당해부동산에 부과된 것

위 ⓐ, ⓑ, ⓒ 모두를 만족시키지 못하는 조세는 당해세라 하더라도 위 담보
권자보다 우선하여 배당받을 수 없다.

④ 당해세 예외

ⓐ 저당부동산의 양도된 경우에 양수인에 대한 조세(당해세 포함)보다 저당권이
우선한다[04다51153].

ⓑ 경매 중 저당부동산이 양도된 경우에 양수인에 대한 조세(당해세 포함)보다 저
당권이 우선한다[98다24396].

ⓒ 지방세, 당해세는 1996. 1. 1. 이후 시행되었다. 따라서 이 기일 이전에 설
정된 근저당권에 대해서는 우선하지 못한다. 그러나 국세 중 당해세는 이
러한 제한이 없다.

ⓓ 관세의 경우 관세를 납부해야 할 물품에 대해 다른 조세 기타 공과금과 채권에 우선하여 그 관세를 징수한다[관세법 3조 1항].

조세채권(국세, 지방세, 관세)의 우선특권과 조세채권 상호간의 우선순위

① 국세기본법 제35조 1항은 국세·가산금 또는 체납처분비는 다른 공과금 기타의 채권에 우선하여 징수한다.

② 지방세법 제31조 1항은 지방자치단체의 징수금은 다른 공과금과 기타의 채권에 우선하여 징수한다.

③ 관세법 제3조 2항은 관세 및 그 가산금과 체납처분비는 다른 공과금 기타채권에 우선하여 징수한다.

④ 납세담보로 제공된 재산을 매각하는 때에는 압류 여부와 무관하게 다른 국세, 지방세보다 우선한다[국세기본법 제37조].

⑤ 압류선착주의(조세채권 상호간)

  ⓐ 체납처분에 의해 납세재산을 압류한 경우 다른 국세·가산금·체납처분비 또는 지방세 교부청구가 있을 때 압류에 관계되는 국세·가산금·체납처분비는 교부청구한 다른 국세·가산세·체납처분비와 지방세에 우선한다[국세기본법 제36조].

  ⓑ 압류에 관계되는 지방자치단체의 징수금은 교부청구에 관계되는 다른 지방자치단체의 징수금 또는 국세에 우선한다[지방세법 제34조 1항].

  ⓒ 그러나 국세·지방세가 당해세인 경우는 압류하지 않았어도 압류권자보다 당연히 우선한다. 그리고 납세담보인 경우에도 당해세를 제외한 나머지 배당금에서 압류채권자보다도 우선한다. 여기서 압류선착주의는 체납자 소유 부동산에 대해 체납처분의 일환으로 압류가 행해졌을 때 그 압류에 관계되는 조세채권은 당해세와 납세담보 된 조세채권을 제외하고는 교부청구한 조세채권에 우선한다는 것이다.

조세채권과 저당권부 담보물권과의 우선순위

① 조세채권과 저당권, 전세권, 확정일자부 임차인 사이의 배당은 조세는 법정기일이고, 담보물권은 설정등기일이고, 확정일자임차인은 우선변제권 효력발생일이므로 이를 기준으로 우선순위를 결정하게 된다.

② 조세채권 등은 압류를 기준으로 하는 것이 아니라 조세채권 등의 법정기일과 저당권부 채권(저당권, 담보가등기, 전세권, 확정일자임차권, 임차권등기 등) 등의 우선변제 효력발생일과 비교하여 우선순위에 따라 배당되고, 조세채권 등이 저당권부 채권과 같은 일자에 발생하면 조세채권이 우선한다는 것이 다수설이다. 동순위 조세 간에는 압류한 조세가 교부청구한 조세보다 우선한다(압류선착주의). 국세나 지방세의 법정기일은 납세의 자진신고일, 납세고지서 · 납부통지서의 발송일, 납세의무 확정일, 압류의 등기 · 등록일 중 빠른 날이 된다. 다만, 국세의 경우 국세징수법 제24조 2항에 의해 확정 전 보전압류를 한 때에는 그 보전압류 이후 발생한 국세 및 가산금은 보전압류 등기일을 법정기일로 본다[국세기본법 제35조 1항 3호, 지방세법 제31조 2항 3호, 국세징수법 제24조 2항].

③ 부동산이 제3자에게 양도된 경우: 조세채권의 압류 효력은 그 압류등기가 된 때 발생하는 것이 원칙이나 당해 재산의 소유권이 제삼자에게 이전되기 전에 법정기일이 도래한 국세의 체납액에 대해서도 그 효력이 미친다[국세징수법 제47조 1항, 2항]. 즉, 제3자에게 양도 전에 조세채권을 압류한 경우 양도 전에 법정기일이 도래한 조세채권에 대해서는 제3자에 우선하여 그 매각대금으로부터 우선변제 받을 수 있다.

조세채권과 저당권 등의 담보물권 간의 우선순위와 조세채권 상호간의 우선순위

① 1등 당해세 → 2등 담보물권보다 법정기일이 빠른 일반조세채권(당해세 제외) → 3등 저당권 등의 담보물권 → 4등 담보물권보다 법정기일이 늦은 일반조세채권으로 1차적으로 배당순위에 따라 배당된다.

② 2차적으로 조세채권 중에서 당해세를 제외하고 ⓐ에서 법정기일에 따라 배당받은 조세채권 금액을 가지고 각 조세채권자 별로 다음 순위로 흡수하거나 안분

한다. 조세채권끼리는 법정기일에 의해 배당하지 않고 압류선착주의에 따라 흡수하게 된다.

ⓐ 1등 납세담보 된 조세채권 → 2등 최초 압류조세채권자 → 참가압류 및 교부청구한 조세채권자 순으로, 참가압류한 조세채권자와 교부청구한 조세채권자가 저당권 등과 법정기일에 따라 배당받은 금액을 압류권자(최초압류권자=기 압류권자)가 채권 부족분을 이들에서 흡수하게 된다. 다만 납세담보된 조세채권은 압류선착주의 적용을 받지 않고 당해세를 제외하고는 조세채권에서는 1등이다.

ⓑ 참가압류한 조세채권자와 교부청구한 조세채권자(당해세 제외)끼리는 참가압류 또는 교부청구한 순위와 무관하게 동순위로서 안분배당한다. 법원경매절차에서는 이와 같이 최초압류권자(기 압류권자)에게만 압류선착주의가 적용되고 참가압류권자와 교청청구권자는 동순위로 안분배당하게 되나 국세징수법상 진행되는 공매절차에서는 배분 실무 예에 따라서 참가압류권자가 기 압류권자에 우선하지 못하지만, 참가압류권자 상호간에는 참가압류한 순위에 따라 압류선착주의를 적용하여 우선변제 받고, 교부청구권자에 대해서는 항상 참가압류권자로서 압류선착주의가 적용되어 우선변제 받게 된다. 그리고 교부청구권자 상호간에는 우선순위가 없어서 동순위로서 안분배분하게 된다는 차이가 있음을 CHAPTER 3 '조세채권'편에서 자세히 기술하였다.

③ 참가압류권자의 공매권한과 압류선착주의의 적용 여부 대한 법적 판단과 실무

ⓐ 법원경매절차에서는 법에서 정하고 있는 기준으로 최초압류권자에게만 압류선착주의를 적용하여 우선변제의 효력을 주고, 참가압류권자는 교부청구권자로 보아서 압류선착주의를 적용하지 않고 참가압류권자와 교부청구권자는 동순위로서 안분한다는 것이 다수설이다.

예) 갑 세금압류 → 을 세금압류 → 병 세금압류 → 정 세금교부청구

여기서 세금이 당해세가 아닌 일반세금이라면 1순위 갑 세금압류(압류선착주의 적용으로 우선변제), 2순위는 압류선착주의를 적용하지 않고, 을과 병과 정이 동순위로 안분배당하게 된다.

ⓑ 자산관리공사에서 참가압류권자의 공매권한과 압류선착주의의 적용 여부

국세징수법 제58조에서는 참가압류기관 등은 공매권한이 없는 것으로 규정되어 있는데, 자산관리공사 압류공매 실무 예에서는 참가압류권자인 세무관서 등도 예규에 의해서 자산관리공사에 공매대행을 의뢰하고 있어서 그동안은 국세징수법과 실무예규가 일치하지 않게 적용되어 시행되었으나 이는 곧 개정되어 시행될 예정이다(다음 참가압류 참조).

법원경매의 배당절차에서 참가압류권자에게 압류선착주의의 우선변제 효력이 없지만, 자산관리공사의 배분절차에서는 최초압류권자뿐만 아니라 참가압류권자에게도 압류한 순위에 따라서 순위배분하고 있다.

예) 갑 세금압류 → 을 세금압류 → 병 세금압류 → 정 세금교부청구

여기서 세금이 당해세가 아닌 일반세금이라면 1순위 갑 세금압류(압류선착주의 적용), 2순위 을 세금압류(참가압류권자도 압류선착주의 적용), 3순위 병 세금압류(참가압류권자도 압류선착주의 적용), 4순위 정 세금교부청구 순으로 압류선착주의를 적용하여 배분하게 된다.

저당권(근저당권)

민법 제356조 제1항은 채무자 또는 제3자가 점유를 이전하지 않고 채무를 담보로 제공한 부동산에 대해 다른 채권자보다 자기채권의 우선변제를 받을 권리가 있다. 물권 간의 우선순위는 설정등기일을 기준으로 하고 같은 날일 경우는 등기부상 동구(同區)인 경우 순위번호, 별구(別區)인 경우 접수번호에 따라 순위가 정해진다.

① 근저당권의 일부 이전 부기등기권자의 순위

ⓐ 채권자와 대위변제자 간의 순위

채권의 일부에 대해 대위변제가 있는 때에는 대위자는 그 변제한 가액에 비례하여 채권자와 함께 그 권리를 행사한다[민법 제483조 1항]. 대위자는 단독적으로 대위한 권리를 행사할 수 없고 채권자가 그 권리행사를 한 경우에만 채권자와 함께 그 권리를 행사할 수 있고 또 이 경우에도 변제에 관해도 채권자의 잔존 채권최고액 범위 내에서 원래의 채권자의 권리가 우선한다.

ⓑ 채권자가 피담보채권 일부를 양도한 경우에는 대위변제의 경우와는 달리 그 채권 상호간의 선순위를 부여할 수 없고 채권액의 비율에 따라 평등하게 배당받는다.

② 집합건물에만 설정된 근저당권(대지의 사용권이 분리처분이 가능한 규약 등이 없는 경우)은 대지의 매각대금에서도 배당받을 수 있다. 집합건물에 설정된 전세권(대지의 사용권이 분리처분이 가능한 규약 등이 없는 경우)도 일반주택과는 달리 토지를 포함한 전체 매각대금에서 배당받을 수 있다.

전세권

민법 제303조 제1항에 따라 전세권자는 전세금을 지급하고 타인의 부동산을 점유하여 그 부동산의 용도에 따라 사용·수익하며 그 부동산 전부에 대해 후순위권리자 기타 채권자보다 전세금을 우선변제 받을 권리가 있다. 물권 상호간의 우선순위는 설정등기일이 기준이 되고, 같은 날 설정시에는 등기부의 동구同區인 경우는 순위번호, 별구別區인 경우는 접수번호에 의해 우선순위가 정해진다.

담보가등기

담보가등기[가등기 담보 등에 관한 법률 제12조 제1항]은 담보가등기권자는 그 선택에 따라 제3조의 규정에 따라 담보권을 실행하거나 목적 부동산의 경매를 청구할 수 있다. 이 경우 경매에 관한 담보가등기권리를 저당권으로 본다.

가등기담보법 제13조(우선변제 청구권) 담보가등기가 경료된 부동산에 대해 경매 등이 개시된 경우에 담보가등기 권리자는 다른 채권자보다 자기채권의 우선변제를 받을 권리가 있다. 이도 물권이므로 우선순위는 ④, ⑤의 순위와 같다.

확정일자임차인과 임차권등기한 임차인

① 확정일자 임차권

ⓐ 주택임대차보호법 제3조 1항의 대항요건과 확정일자를 갖춘 임차인은 경매 환가대금에서 후순위 권리와 기타 채권자들보다 우선하여 변제받을 수 있다

[주택임대차보호법 제3조의 2 제2항].

ⓑ 상가임대차보호법 제3조 1항의 대항요건과 확정일자를 갖춘 임차인은 매각(환가)대금에서 후순위 권리자, 기타 채권자보다 우선하여 변제받을 수 있다[상가임대차보호법 제5조 제2항].

ⓒ 확정일자를 갖춘 임차보증금채권의 우선변제 요건

  ㉠ 대항요건인 주택의 인도와 주민등록전입, 임대차계약서가 있는데 이러한 대항요건을 갖추고 임대차계약서에 확정일자를 받아야 한다.

  ㉡ 배당요구의 종기까지 배당요구를 했을 것.

  ㉢ 배당요구의 종기까지 대항력을 유지할 것.

ⓓ 이러한 확정일자를 갖춘 임차인이 배당을 받기 위해서는 첫 경매개시결정등기 전에 대항요건을 갖춰야 하는가에 대해서는 소액보증금 중 최우선변제권의 경우와는 달리 첫 경매개시등기 이후에 대항력을 갖추고 확정일자를 받아도 된다는 것이 다수설이다. 첫 경매개시 이후에 대항요건과 확정일자를 갖춘 경우에는 그 갖춘 때를 기준으로 한 확정일자에 의한 우선변제권과 저당권 등의 담보물권 등과의 우선순위를 따져보아야 한다. 단, 주택의 점유와 주민등록의 요건은 즉, 대항요건은 배당요구 종기일까지 갖추어야 한다.

ⓔ 임차인의 우선변제권의 존속시한은 배당요구의 종기까지 유지해야 한다. 배당요구의 종기가 연기된 경우에도 연기된 배당요구의 종기까지 그 요건을 구비하고 있어야 한다. 처음 매각허가 결정이 취소되어 신경매가 진행되었거나 매각허가 결정의 확정 후 최고가 매수인이 매각대금을 납부하지 않아 재매각을 한 경우에도 배당요구의 종기일이라 함은 배당금의 기초가 되는 매각대금을 납부한 매수인에 대해 매각허가 결정을 한 마지막 배당요구 종기일로 보아야 할 것이다.

ⓕ 대항요건 및 확정일자를 잘 갖춘 임차인과 소액임차인은 임차주택과 그 대지가 함께 경매가 될 뿐만 아니라 임차주택과 별도로 그 대지만이 경매될 경우에도 그 대지의 환매대금에 대해 우선변제권을 행사할 수 있고, 임대차 성립 당시의 임대인 소유였던 대지가 타인에게 양도되어 임차주택과 대지의

소유자가 서로 달라진 경우에도 마찬가지이다[대법2004다26133 판결].

ⓖ 지분 경매의 경우: 임차인은 보증금 전액을 배당해야 한다. 보증금 중 경매지분비율에 따라 배당해서는 안 된다. 따라서 선순위임차인이 전액배당 받음으로 해서 받지 못한 후순위채권자 등은 나머지 지분권자에 대해 동시배당시 받을 수 있었던 채권액에 대해 대위청구할 수 있다. 소액임차인이 확정일자임차인을 겸한 경우에는 먼저 소액임차인으로서 배당하고, 잔여배당금이 있는 경우에는 확정일자에 의한 순위에 따라 배당하게 된다.

ⓗ 계약 갱신의 경우: 확정일자임차인의 임대차계약을 갱신하면서 갱신계약서에 확정일자를 받지 않고 그 후에 근저당권이 설정되고 이에 기한 임의경매가 이루어진 경우 1차 계약의 확정일자의 효력이 지속되는 것으로 볼 수 있다. 다만, 1차 계약의 확정일자 효력이 지속된다고 할 경우에도 인상된 보증금이 아닌 인상 전의 보증금에 한하여 대항력, 우선변제권을 인정해야 하고, 인상분에는 대항력이 인정된다고 할 것이다.

② 임차권등기[주택임대차보호법 제3조의 3 임차권등기명령]

ⓐ 제1항은 임대차가 종료된 후에 보증금을 반환받지 못한 임차인은 임차주택의 소재지를 관할하는 지방법원에 임차등기명령을 신청할 수 있다.

ⓑ 제5항은 임차권등기명령의 집행에 의한 임차권등기가 경료되면 임차인은 제3조 제1항의 규정에 의한 대항력 및 제3조의 2 제2항의 규정에 의한 우선변제권을 취득한다. 다만, 임차인이 임차권등기 이전에 이미 대항력 또는 우선변제권을 취득한 경우에는 그 대항력 또는 우선변제권은 그대로 유지되며, 임차권등기 이후에는 제3조 제1항의 대항요건을 상실하더라도 이미 취득한 대항력 또는 우선변제권을 상실하지 않는다.

ⓒ 대항요건과 확정일자의 우선변제권은 임차권등기일자가 아니라 설정등기시 기재된 전입일자와 확정일자를 기준으로 한다.

ⓓ 임차인이 아직 대항력과 우선변제권을 취득하지 못한 상태에서 임차권등기가 되면 그 등기일을 기준으로 하여 대항력과 우선변제권을 취득하게 된다.

③ 임차권등기[상가임대차보호법 제6조 임차권의 등기명령]

제6조 제5항은 임차권등기명령의 집행에 의한 임차권등기가 경료되면 임차인은 제3조 제1항의 규정에 의한 대항력 및 제5조 제2항의 규정에 의한 우선변제권을 취득한다. 다만, 임차인이 임차권등기 이전에 이미 대항력 또는 우선변제권을 취득한 경우에는 그 대항력 또는 우선변제권이 그대로 유지되며, 임차권등기 이후에는 제3조 제1항의 대항요건을 상실하더라도 이미 취득한 대항력 또는 우선변제권을 상실하지 않는다.

조세채권과 담보물권 기타 채권이 경합되는 경우

① 담보물권의 경우 설정등기일이 기준이 되고, 조세채권의 경우 법정기일, 확정일자부 임차인은 확정일자를 부여받은 날이 기준이 되고, 공과금은 납부기한을 기준으로 우선순위를 정한다. 여기서 담보물권 설정등기일과 조세채권(공과금 등)의 법정기일이 같으면 또는 확정일자 우선변제권 효력발생일이 조세채권 등의 법정기일과 같으면 조세채권과 공과금이 우선한다. 그러나 조세채권은 항상 공과금, 일반채권에 우선순위를 갖는다.

② 공과금 → 저당권 → 일반조세채권과의 관계에 있어서 조세채권이 공과금보다 항상 우선하기 때문에 다음과 같이 배당된다.
   공과금 > 저당권, 저당권 > 일반조세채권, 일반조세채권 > 공과금
   채권자들 사이에 따라 우열관계가 상대에 따라 변동되는 경우로 이들은 순환배당절차를 거치게 된다. 따라서 1차적으로 안분배당을 하고 2차적으로 순환흡수배당을 하게 된다. 이러한 관계를 순환배당이라 한다.

③ 저당부동산이 제3자에게 양도된 경우 저당권부 채권과 조세채권(당해세 포함), 공과금과의 우선순위: 저당부동산이 제3자에게 양도된 경우 조세 우선원칙에 관한 규정은 당해 저당권 설정 당시의 저당권자와 저당권 설정자와의 관계를 기본으로 하여 그 설정자의 납세의무를 기준으로 하는 것이지 새로이 양수받은 제3취득자의 조세채권의 법정기일이나 당해세 또는 새로이 상속 또는 증여받은 제3자에게 부여되는 조세채권 등이 전 소유자의 저당권보다 우선하는 것이 아니다. 따라서 전 소유자의 저당권이 우선변제를 받고 제3취득자의 우선채권 순

위에 따라 배당하면 된다.

④ 전 소유자의 가압류와 조세채권(당해세 포함), 공과금 등과의 우선순위: 가압류 집행 후 가압류목적물의 소유권이 제3자에게 이전되었을 경우 가압류채권자가 집행권원을 득하여 제3취득자가 아닌 가압류채무자를 집행채무자로 하여 그 가압류를 본압류하여 강제집행을 한 경우 그 강제집행은 가압류의 처분금지적 효력이 미치는 가압류 결정 당시의 청구금액 한도 내에서는 제3취득자에 대한 채권자는 배당에 참여할 수 없고, 가압류 청구금액을 제외한 나머지 부분에 대해서만 배당받을 수 있다. 이는 조세(당해세 포함)나 기타 우선채권도 마찬가지이다. 이와 같이 전 소유자에서 제3취득자로 소유권이 이전된 경우 전 소유자에 대한 권리를 가지고 있는 자(전 소유자를 상대로 채권 보전절차를 갖추지 않은 채권자 등)는, 즉 조세(당해세 포함), 공과금채권, 기타의 우선채권 등은 배당요구나 교부청구가 불가능하다. 따라서 배당요구할 수 있는 권리자는 제3취득자가 소유권 이전 후 설정된 근저당권이나 주택임차인, 가압류채권자의 배당요구와 제3취득자에 대한 조세(당해세 포함), 공과금 등의 교부청구만이 가능하다.

6순위 일반임금채권, 퇴직금채권(2순위의 최우선변제금을 제외한 금액)

임금채권의 우선변제[근로기준법 제38조]

제1항 임금, 재해보상금, 그 밖에 근로관계로 인한 채권은 사용자의 총 재산에 대해 질권 또는 저당권에 따라 담보된 채권 외에는 조세, 공과금 및 다른 채권에 우선하여 변제되어야 한다. 다만, 저당권에 우선하는 조세, 공과금에 대해서는 그러하지 않는다.

퇴직금의 우선변제[근로자 퇴직급여보장법 제11조]

제1항 퇴직금은 사용자의 총재산에 의해 질권 또는 저당권에 담보된 채권을 제외하고는 조세, 공과금 및 다른 채권에 우선하여 변제한다. 다만 질권 또는 저당권에 우선하는 조세, 공과금에 대해서는 그러하지 않는다.

임금채권 우선변제에 대한 경과조치[근로기준법 부칙 제13조]

① 법률 제5473호 근로기준법 중 개정법률 제37조 제2항 제2호의 개정규정에도 불구하고 같은 법 시행 전에 퇴직한 근로자의 경우에는 1989년 3월 29일 이후의 계속 근로연수에 대한 퇴직금을 우선변제의 대상으로 한다.

② 법률 제5473호 근로기준법개정법률 제37조 제2항 제2호의 개정규정에도 불구하고 같은 법 시행 전에 채용된 근로자로서 같은 법 시행 후 퇴직하는 근로자의 경우에는 1989년 3월 29일 이후부터 같은 법 시행 전까지의 계속 근로연수에 대한 퇴직금에 같은 법 시행 후의 계속 근로연수에 대해 발생하는 최종 3년간의 퇴직금을 합산한 금액을 우선변제의 대상으로 한다.

③ 제1항 및 제2항에 따라 우선변제의 대상이 되는 퇴직금은 계속 근로연수 1년에 대해 30일분의 평균임금으로 계산한 금액으로 한다.

④ 제1항 및 제2항에 따라 우선변제의 대상이 되는 퇴직금은 250일분의 평균임금을 초과할 수 없다.

일반임금채권자의 배당에서 우선순위

일반임금채권자는 저당권자보다는 항상 후순위이고 조세권자보다는 항상 선순위이지만 조세가 담보물권(저당권 등)에 우선하면 조세보다 후순위가 된다. 확정일자부 임차인도 일반임금채권보다 항상 선순위로 배당받고 경매개시 이후(최초 공매공고일 이후)에 대항요건(전입/주택의 인도)과 확정일자를 받아서 배당요구한 임차인도 그 임차인이 진실한 이상 일반 임금채권에 우선한다.

그러나 "임금채권자가 가압류(압류)등기를 한 경우 가압류(압류)등기 이후에 설정된 질권, 저당권에 대해서는 압류의 효력으로 인하여 그 저당권보다 우선할 수 있다"와 "동순위로 안분배분해야 한다"와 "후순위이다"라는 내용이 있으나, 배당실무에 있어서는 동순위로 안분하고 있는 실정이다. 이는 국세징수법 절차상으로 진행되는 공매는 물론 경매도 마찬가지다. 왜냐하면 임금채권이 압류등기 이후에 설정등기된 질권, 저당권이라면 임금채권이 선순위이기 때문이다. 근저당권의 우선변제권은 자기보다 후순위 채권에 대해 우선변제권을 갖고 있으므로 선순위 채권과 후순위물권과는 동순위로 안분하게 된다.

근로기준법상 최우선변제금의 임금시행 시기

① 1987. 11. 28. 근로기준법 개정으로 최종 3개월분의 임금에 대해 저당권 및 기타
모든 채권에 대해 우선변제하도록 하였다. 그 이전에는 저당권이 우선하던 시
기였다.

② 1989. 3. 29. 근로기준법개정으로 퇴직금 전액과 재해보상금에 대해 최우선변제
할 수 있도록 하였다. 그러나 퇴직금은 1997. 12. 24. 이후 개정하여 최종 3년분
의 퇴직금만 최우선변제하게 되어 경과조치로 1989~1997. 12. 23까지는 퇴직금
전액, 그러나 1997. 12. 24부터는 최종 3년분의 퇴직금으로 하는데 따라서 1990
년 1월~2000년 말에 퇴사했다면(1990년 1월~1997. 12. 23까지 7년×30일＝210일) 210일
과 추가로 3년×30＝90일로 총 300일이 된다. 그러나 퇴직금 총 산정기일이 250
일 초과 시에는 250일 이내로 한다. 따라서 250일 기간까지만 인정받는다.

↓ 미리 알아두기

임금채권자가 경매개시 전에 가압류한 경우 [대법2002다4870 판결]

근로기준법에 의해 우선변제 청구권을 갖는 임금채권자라고 하더라도 임의경매절
차에서 경락기일까지 배당요구를 해야만 우선배당을 받을 수 있다는 것이 원칙이
나, 경매절차 개시 전의 부동산가압류권자는 배당요구를 하지 않았더라도 당연히
배당요구를 한 것과 동일하게 취급하여 설사 그가 별도로 채권계산서를 제출하지
않았다 해도 배당표가 확정되기 전까지 그 가압류의 청구채권이 우선권 있는 임금
채권임을 입증하면 우선배당을 받을 수 있다고 해석해야 한다.

일반임금채권자와 조세채권과의 우선순위

일반조세채권(당해세 포함)은 일반임금채권(임금최우선변제대상을 제외한 것)에 뒤지는 것
이 원칙이나 그 법정기일이 담보물권(저당권, 전세권, 담보가등기, 확정일자임차권, 임차권등

기)보다 앞서는 경우나 같은 경우에는 일반조세채권(당해세 제외, 왜냐하면 당해세는 항상 저당권부 채권에 우선하기 때문)이 우선순위이다.

일반임금채권과 공과금채권과의 우선순위

공과금도 마찬가지로 일반임금채권에 뒤지는 것이 원칙이나 그 납부기한 후에 설정된 담보물권이 있는 경우 공과금(건강보험료, 국민연금, 고용·산재보험료 등)이 일반임금채권보다 우선순위가 될 수 있다.

근로자임금채권 배당요구 방법

① 임금채권 우선변제권에 기하여 경매개시 결정 전에 가압류되어 있는 경우 특별히 배당요구를 하지 않더라도 배당받을 수 있다. 그리고 근로기준법상 우선변제권이 있는 임금채권자가 경매개시 결정등기 전에 가압류를 한 경우에는 배당요구 종기까지 우선변제권 있는 임금채권임을 소명하지 않았다고 하더라도 배당표가 확정되기 전까지 그 가압류의 청구채권이 우선변제권 있는 임금채권임을 소명하면 우선 배당받을 수 있다.

② 경매개시 전에 가압류가 되어 있지 않은 근로기준법상 우선변제권이 있는 임금채권자는 배당요구의 종기까지 배당요구를 해야 배당받을 수 있다.

③ 민사소송법 제49조 1항의 규정에 따라 선정 당사자를 선정하여 배당요구 하는 사례가 많다. 이는 다수의 근로자들이 동일한 채무자에 대해 동종의 임금채권을 갖는 경우, 개별적으로 할 때는 여러 번거로움이 따르기 때문에 대표자를 선임하여 배당요구를 하는 것이다.

  ⓐ 근로기준법 제36조 제1항 소정의 임금직접지불의 원칙상 근로자가 임금채권을 양도하거나 추심을 위임하더라도 그 양수인이나 수임인은 스스로 사용자에게 임금을 청구할 수 없고, 이는 사용자의 집행재산에 대해 배당요구를 하는 경우에도 마찬가지이므로 * 그 자신의 이름으로 직접 배당요구를 해야 하고, 근로자들이 근로자 대표에게 배당요구 및 임금채권추심에 관한 일체의 권한을 위임하고 그와 같은 내용의 결의서나 위임장을 첨부하여 배당요

구를 하더라도 그 대표자 이외의 근로자에 대해서는 배당요구의 효력을 인정할 수 없다.

다만 우선변제권이 있는 임금채권을 대위변제한 자는 변제자 대위의 효과로서 직접 자신의 이름으로 배당요구를 할 수 있다.

ⓑ 실무상 근로자대표가 사용주와 약속어음공정증서를 작성하고 그 대표명의로 강제경매신청을 하거나 배당요구를 하는 경우가 종종 있는바, 이 경우 그 경매신청이나 배당요구 자체는 물론 적법이나, 임금채권으로서의 우선변제권은 인정할 수 없는 것으로 보아야 하므로 관할 노동사무소의 임금체불확인서 등 우선변제권이 있음을 증명할 수 있는 서면제출을 요구하여 임금채권으로서 구하는 취지를 명백히 하도록 유도함이 바람직하다 할 것이고, 실제 배당을 함에 있어서는 앞의 내용과 같이 보정조치를 해야 할 것이다(만약 전원명의의 배당요구서나 당사자 선정서 없이 그 대표자에게 근로자들이 받아야 할 임금총액을 배당·지급한다면 집행법원이 책임을 져야 하는 경우가 생길 수 있을 것이다).

ⓒ 선정당사자에 의한 배당요구의 경우 배당표 및 배당금출급명령서상 선정당사자를 배당요구채권자로 기재하여 그에게 배당금 전부를 지급해야 하고, 배당금 지급시 근로자 개인의 위임을 다시 요구함은 제도의 취지에 반할 뿐만 아니라 불필요하다 할 것이다. 다만 배당표에는 선정자목록과 선정자별 배당채권액을 별지로 첨부해야 할 것이다. 이 같은 내용의 통일된 업무처리지침이 요망된다.

---

* 대법원 1988. 12. 31. 선고 87다카2803 전원합의체 판결 : 다만, 우선변제권 있는 임금채권을 대위변제한 자는 변제자대위의 효과로서 직접 자신의 이름으로 배당요구를 할 수 있다[대법원 1996. 2. 23. 선고 94다21160 판결].

배당요구시 제출 서류

1. 임금채권자[근로기준법 제37조]

① 배당요구 종기까지 배당요구를 해야 배당받을 수 있다.

② 우선변제권에 기한 배당요구시 첨부할 소명자료

   ⓐ 우선변제권이 있는 임금채권이라는 판단을 내린 법원의 확정판결이나 노동 부지방사무소에서 발급한 체불임금확인서 중 하나

   ⓑ 다음 중 1항목

      ㉠ 사용자가 교부한 국민연금보험료 원천공제계산서

      ㉡ 원천징수의무자인 사업자로부터 교부받은 근로소득에 대한 원천징수 영수증

      ㉢ 국민연금관리공단이 발급한 국민연금보험료 납부사실 확인서

      ㉣ 국민건강보험공단이 발급한 국민건강보험료 납부사실 확인서

      ㉤ 위 ㉠ 내지 ㉣ 기재서면을 제출할 수 없는 부득이한 사정이 있는 때에는 사용자가 작성한 근로자명부 또는 임금대장의 사본(다만, 이 경우에는 사용자가 사업자등록을 하지 않는 등의 사유로 위 가항 내지 라항 기재서면을 발급받을 수 없다는 사실을 소명하는 자료도 함께 제출해야 함)

2. 체불임금확인서 없어도 체불근로자 배당요구 가능국민고충처리위원회는 지난 1월 법원행정처에 근로자가 배당요구기일 이전에 노동부에 체불임금확인서 등을 발급받지 못해 배당요구를 못하는 일이 없도록 관련 대법원 예규인 "근로자의 임금채권에 대한 배당시 유의사항[재민 97-11]"을 개정하라고 권고한 바 있다. 이에 대해 2007년 3월 20일 법원은 체불임금 근로자는 배당표 확정 때까지 소명할 수 있다고 봐야 하므로 고충위의 제도개선 권고대로 소명자료 제출시한을 매각허가 결정일까지로 하는 것은 수용할 수 없다고 밝혔다. 대신, 체불임금확인서가 첨부되지 않은 배당요구에 대해서 일선법원이 접수 자체를 거절하거나 배당에서 제외하지 않도록 예규의 정확한 취지를 일선 법원에 분명히 알리겠다고 밝혔다.

일반임금채권, 퇴직금채권(최우선변제금에 해당되는 퇴직금, 임금은 제외)

① 일반임금채권, 퇴직금채권은 저당권에 의해 담보되는 채권보다는 후순위이고, 당해세를 포함한 조세, 공과금, 일반채권보다는 선순위가 된다. 다만, 조세, 공과금이 저당권 등의 담보물권(저당권, 담보가등기, 전세권, 임차권등기, 확정일자부 임차인)에 우선하는 경우에는 그러하지 않는다. 즉, 조세 또는 공과금 → 저당권 등의 담보물권 → 일반임금채권 순이 된다.

② 조세채권 법정기일보다 저당권 등이 우선하는 경우: 저당권 → 일반임금채권 → 조세채권 순

③ 조세채권 법정기일보다 저당권 등이 후순위인 경우: 조세채권 → 저당권 → 일반임금채권 순

④ 조세채권 2,000만 원 중 500만 원이 당해세에 해당되고 1,500만 원이 일반조세채권인 경우에 ②의 경우를 다시 배당하면 1순위 당해세 500만 원 → 2순위 저당권 → 3순위 일반임금채권 → 4순위 조세채권 1,500만 원의 순위로 배당된다. ③의 경우를 배당하면 당해세 500만 원 → 조세채권 1,500만 원 → 저당권 → 일반임금채권 순이 된다.

⑤ 저당권 등의 담보물권이 없는 경우 일반임금채권은 조세채권(당해세 포함) 등보다 우선한다. 일반임금채권 → 당해세 → 일반조세채권 → 공과금 → 일반채권(가압류 등 집행권원에 의한 배당신청자 등) 순이 된다.

근로자의 임금채권 우선변제권과 임금채권보장법에 의한 체당금 지급과 변제자 대위

① 임금채권보장법에 의한 체당금 지급과 변제자 대위

ⓐ 노동부장관은 사업주가 파산 등 대통령령이 정하는 사유에 해당하는 경우, 퇴직한 근로자가 미지급 임금 지급 등을 청구할 때는 민법 469조의 규정에 불구하고 그 근로자의 미지급 임금 중 근로기준법 38조 2항 1호의 규정에 의한 최종 3개월분의 임금, 근로자퇴직급여보장법 11조 2항의 규정에 의한 퇴직금 및 근로기준법 46조의 규정에 의한 휴업수당(최종 3월분에 한한다)을 사업주를 대신해 지급해야 한다. 단, 대통령령이 정하는 바에 따라 근로자의 퇴

직 당시 연령 등을 고려하여 그 상한액을 제한할 수 있다.

ⓑ 이 임금채권보장법 제6조에 따라 노동부장관이 대신 지급한 임금(체당금)에 대해서는 노동부장관이 당해 사업주에 대한 당해 근로자의 미지급 임금 등의 청구권을 대위하고, 근로기준법 제38조 2항의 규정에 의한 임금채권우선변제권 및 근로자퇴직급여 보장법 제11조 2항의 규정에 의한 퇴직금채권 우선변제권은 1항의 규정에 의해 대위되는 권리에 존속한다.

ⓒ 한편 임금채권보장법 제6조의 규정에 의한 체당금의 지급과 같은 법 7조의 규정에 의한 청구권 대위와 관련된 권한의 행사의 권한은 근로복지공단에 위탁되어 있으므로 현재 체당금의 지급 및 그 지급에 의한 미지급 임금 등의 청구권 대위는 근로복지공단의 업무로 되어 있다.

ⓓ 임금채권보장법 6조 1항 및 임금채권보장법 시행령 6조에 의하면 체당금의 상한액은 임금, 물가상승률 및 기금의 재정 상황 등을 고려하여 노동부장관이 기획예산처장관과의 협의를 거쳐 퇴직 당시의 근로자의 연령에 따라 정하고, 그 내용을 관보 및 정기간행물의 등록 등에 관한 법률 7조 1항의 규정에 따라 보급 지역을 전국으로 등록한 일반 일간신문 1개 이상에 고시해야 하는데, 현재 그 상한액은 다음과 같다.

㉠ 체당금의 지급 범위

- 최종 3월분의 임금: 퇴직일 또는 사실상 근로관계의 종료일부터 소급하여 3개월간의 근로로 인하여 지급 사유가 발생한 일체의 임금
- 최종 3월분의 휴업수당: 퇴직일 또는 사실상 근로관계의 종료일부터 소급하여 발생한 3개월간의 휴업수당
- 최종 3년간의 퇴직금: 퇴직일을 기준으로 소급한 3년간의 법정퇴직금(90일분의 평균임금)

㉡ 체당금 지급 보장액

체당금의 지급 사유가 발생한 사업장에서 퇴직한 근로자가 지급받을 수 있는 임금채권의 범위는 위 '체당금의 지급 범위'에 해당되는 금액 중 미지급 금액으로서 연령에 따라 상한액이 다음과 같이 결정된다.

체당금의 상한액[임금채권보장법 6조 1항 관련]

체당금의 종류 \ 퇴직 당시의 연령	30세 미만	30세 이상 40세 미만	40세 이상 50세 미만	50세 이상 60세 미만
임금·퇴직금	150만 원	240만 원	260만 원	210만 원
휴업수당	105만 원	168만 원	182만 원	147만 원

체당금 지급 대상 근로자의 범위에 해당되는 근로자가 지급을 요청하는 경우에는 근로복지공단에서 체당금을 근로자의 계좌에 입금하게 된다.

② 일부 대위한 경우 피대위자와 대위자와의 관계

ⓐ 민법상의 채권의 일부대위인 경우 피대위자와 대위자와의 관계

일부대위인 경우 민법 483조 1항은 "채권의 일부에 대해 대위변제가 있는 때에는 그 변제한 금액에 비례하여 채권자와 함께 그 권리를 행사한다"고 정하고 있어서 대위자와 피대위자 간의 권리행사 방법에 대해 규정하고 있다. 대법원 판례는 채권자는 일부변제자에 대해 우선변제권을 가진다는 것으로 확립되어 있다. 이러한 판례는 일부변제에 의한 일부대위인 경우 본래의 채권자는 대위자가 대위한 금액 이외의 나머지 채권금액에 대해 우선적으로 우선변제권이 있고, 대위자는 그 다음 순위로 보고 있다.

ⓑ 임금채권보장법에 의한 체당금 지급과 변제자로서의 대위와 근로자의 잔여 임금채권 우선변제권과의 우열

최종 3개월분의 임금과 3년간의 퇴직금 전액을 체당금으로 대위하여 지급한 경우에는 근로복지공단의 대위권이 우선한다. 위의 최우선변제 범위의 임금채권 중 일부만 체당금으로 지급한 경우에 있어서는 나머지 최우선변제금에 달할 때까지의 채권은 근로자가 우선하고 그 밖의 임금채권에 대해서는 근로복지공단의 대위권이 우선한다.

7순위 **공과금(건강보험료, 연금보험료, 고용·산재보험료)**

공과금이란 체납처분에 의해 징수할 수 있는 채권 중 국세·관세·임시수입부가세·지방세와 이에 관계되는 가산세 및 체납처분비 이외의 것을 말한다. 즉, 조

세 · 가산금 및 체납처분비 이외의 채권이면서 국세징수법상 체납처분 예에 의해 징수할 수 있는 채권을 공과금이라 한다.

① 조세 · 가산금 및 체납처분 이외의 채권이면서 국세징수법상의 체납처분의 예에 의해 징수할 수 있는 채권을 공과금이라 부른다. 이러한 공과금에는 우선변제 특권이 있는 공과금으로 위와 같은 보험료 공과금 등이 있고, 우선변제 받을 수 있는 특권이 없는 것으로 일반채권과 동순위인 과태료와 재산형 등(다음의 8순위_ 일반채권 참조)이 있다.

② 국민건강보험법 제70조 제3항은 납부기한까지 보험료를 납부하지 아니할 때에는 국세체납처분의 예에 의해 징수할 수 있다.

③ 국민건강보험법 제73조는 국세, 지방세를 제외한 기타 채권에 우선하여 징수한다. 다만 보험료 등이 납부기한 전에 전세권, 질권 또는 저당권이 설정되어 있는 경우는 그러하지 않는다. 여기서 연금보험료, 고용 · 산재보험료 등도 이에 준한다. 이들의 배당순위는 동순위이다.

④ 압류선착주의가 공과금 상호간에도 적용되는지 여부: 국세징수법상 체납처분 예에 의해 공과금을 강제징수할 수 있다고 규정한 것일 뿐이고, 이들 상호간에 압류선착주의를 규정한 국세징수법 제35조가 준용된다고 보기는 어렵다. 따라서 압류순위와 상관없이 동순위가 된다.

⑤ 공과금은 조세채권과 일반임금채권에 후순위가 된다.

   ⓐ 공과금의 납부기한이 저당권 등의 담보물권보다 빠르고, 저당권보다 후순위인 일반조세채권이 있는 경우 배당순위는 '공과금 > 저당권', '저당권 > 일반조세채권', '일반조세채권 > 공과금'으로 순위가 서로 순환관계가 되어 순환배당하게 된다.

   ⓑ 공과금의 납부기한이 저당권 등의 담보물권보다 빠르고 저당권보다 후순위인 일반임금채권이 있는 경우 배분순위는 1순위 공과금, 2순위 저당권, 3순위 일반임금채권 순이다.

   ⓒ 공과금의 납부기한이 저당권 등의 담보물권보다 후순위인 경우, 즉 저당권 → 공과금의 납부기한 → 일반임금채권 순인 경우에 배분순위는 1순위 저당

권, 2순위 일반임금채권, 3순위 공과금 순이다.

ⓓ 공과금의 납부기한이 저당권보다 선순위인 경우와 저당권보다 후순위인 공
과금이 여러 개 있을 경우 우선순위는 갑 공과금 납부기한 → 을 저당권 설
정등기일 → 병 공과금 납부기한 → 정 공과금 납부기한 → 무 공과금 납부
기한

공과금 상호간에는 압류선착주의가 적용되지 않고 공과금끼리는 동순위이
다. 저당권 등의 담보물권보다 납부기한이 빠른 공과금은 저당권 등보다 우
선하므로 우선하여 배당하고, 저당권 등의 담보물권보다 후순위끼리는 동순
위로 안분배당하게 된다. 배당하면, 1순위 갑 공과금, 2순위 을 저당권, 3순
위 병 · 정 · 무 동순위로써 안분배당하면 된다.

⑥ 공과금 압류등기한 후에 근저당권이 설정된 경우라면 압류효력으로 인하여 그
저당권보다 우선한다.

⑦ 공과금채권인 국민건강보험료 · 국민연금보험료와 담보물권과의 우선순위 국
민건강보험료, 국민연금은 원칙적으로 조세, 저당권보다 후순위이고, 일반채권
에만 우선한다.

다만, 압류등기를 한 경우(이 경우에도 조세는 압류 여부, 법정기일과 관계없이 항상 우선
한다)에도 후순위로 저당권을 취득한 자와는 종래에는 안분배당[대법96다50063]
을 하였으나 최근 판결[대법98다26419]에 따라 저당권보다 우선한다.

국민건강보험과 국민연금보험은 담보물권의 설정등기일자가 2000. 7. 1. 이후
인 경우에는 담보물권과의 관계에 있어서 설정일자와 납부기한을 비교하여 우
선순위를 정하는데 같은 날일 경우 공과금이 우선한다. 이는 압류와는 상관이
없다.

단지 설정등기일과 납부기한을 가지고 계산하면 된다. 그렇다고 하더라도 공무
원, 교직원의료보험과 지역의료보험은 1999. 2. 8.부터 현재까지이고, 그 밖의
직장의료보험과 국민연금보험료는 2000. 7. 1.부터 현재까지 조세보다는 항상
후순위이고, 담보물권과는 설정등기일과 납부기한을 비교하여 우선순위가 결
정된다.

⑧ 공과금채권인 고용·산재보험료와 담보권자와의 우선순위

산재보험료나 고용보험료는 고용보험 및 산업재해보상보험의 보험료 징수에 관한 법률 제30조가 2005. 1. 1. 시행에 따라 이때부터 보험료 납부기한과 저당권의 설정등기일을 비교하여 우선순위가 결정된다. 따라서 이 법 개정 전인 2004. 12. 31.까지는 조세채권, 저당권 등에 우선하지 못하고 일반채권에만 우선한다. 이에 따라서 ⑦의 내용 등이 판례[대법98다26419]로 나타나게 된 것이다.

8순위 일반채권(일반채권자들끼리는 동순위로 안분배당)

일반채권(가압류채권, 집행력 있는 일반채권)

일반채권에는 강제경매신청채권, 배당요구채권(확정판결에 의해서 금액이 확정된 채권, 공증받은 약속어음채권 등), 가압류채권, 근저당에 의한 담보채권 중 채권최고액을 초과하는 금액, 법원의 과태료, 행정청의 과태료, 국유재산의 사용료, 대부료 등이 있다.

① 강제경매신청채권자(압류권자): 집행권원에 의해 채무자의 재산에 강제경매개시결정을 등기한 채권자.

② 과태료와 국유재산법상의 사용료·대부료·변상금채권 등: 지방자치단체의 대부료, 사용료, 수수료, 면허료, 가산금, 연체료와 과태료(행정관청에 의해 부과된 채 다투지 않으며 확정된 과태료채권), 이 밖에 수도료, 가스료, 시청료 등이 있다.

이와 같은 각 채권도 그 징수는 국세징수법에 의한 체납처분의 징수절차에 의하나 원칙적으로 일반채권과 동순위로 배당받는다. 조세에 관한 우선원칙이나 압류선착주의는 그 적용이 되지 않고 다만 일반채권과 동일한 순위로 안분배당하게 된다. 따라서 이들은 조세채권, 공과금채권(일반채권에 우선하는 공과금채권 등) 등에는 항상 후순위이다.

③ 재산형, 과태료 등: 벌금, 과료, 추징금, 과태료, 소송비용, 비용배상 또는 가납의 재판은 검사의 명령에 의해 집행한다[법 60조, 형소법 477조 1항]. 이 중 과태료는 법원의 과태료 재판에 의해 확정된 것이고, 이는 검사가 집행해야 할 것이다.

다른 하나는 위 ②와 같이 행정관청이 일단 부과하여 확정된 것이 있다.

④ 집행력 있는 집행권원을 소지한 자가 배당요구 종기까지 배당요구한 채권자.

⑤ 가압류채권자: 채무자의 재산에 대해 차용증서 등 기타 채권원인증서에 의해 가압류한 채권자. 이들 모두가 채권 발생시기와 배당요구 시기의 전후와 상관 없이 모두가 동순위로 안분배당하게 된다.

배당에서 제외되는 일반채권자 등

공증이나 판결을 받지 않은 차용증서 등을 소지한 일반채권자 등은 배당절차에 참여할 수 없다. 확정일자 없는 주택임차인(소액보증금 중 일정액 제외), 주택임대차보호 대상이 아닌 건물임차인도 그 보증금을 가압류등기하지 아니하거나 집행권원이 없다면 배당잉여금이 있어도 배당절차에 참가할 수 없다. 그러나 주택임대차보호 법의 적용을 받는 주택임차인은 확정일자를 받지 않았더라도 배당요구 종기시까 지만 받으면 되므로 배당요구시 확정일자를 받아서 배당요구를 하게 되면 후순위 채권자보다 우선하여 변제받을 수 있거나 선순위의 일반채권자와 동순위로 안분 배당 받을 수 있다.

현 소유자(제3취득자)의 채권자가 경매 · 공매 신청시 전 소유자의 채권자(가압류[압류], 저당권자 등)에 대한 배당

가압류채권자 등의 채권자는 경매개시 전에 등기되었든 개시 후에 등기되었든(개 시 후 등기권자는 배당요구 종기까지 배당요구시), 집행력 있는 집행권원을 갖고 배당요 구채권자, 법원의 과태료, 행정청의 과태료, 국유재산의 사용료 · 대부료 등과 항 상 동순위로서 안분배당 한다. 그러나 제3취득자의 채권자가 경매신청시, 전 소 유자의 가압류채권자는 가압류의 처분금지효가 미치는 매각대금 부분은 가압류 채권자가 우선적인 권리행사를 할 수 있고, 제3취득자의 채권자들은 이를 수인해 야 하므로 전 소유자에 대한 가압류채권자는 그 매각절차에서 당해 가압류목적 물의 매각대금에서 가압류 결정 당시의 청구금액을 한도 내에서 우선 배당받을 수 있다.

근저당권의 피담보채권액(채권최고액)을 초과하는 채권에 대한 배당 여부

① 경매절차에서는 근저당권의 채권최고액을 초과하는 채권액에 대해서 별도로 집행권원 또는 가압류하지 않으면 초과 부분은 배당절차에 참여가 불가하다.

② 국세징수법상 공매배분절차에서는 근저당권의 채권최고액을 초과하는 채권액을 가압류하지 않으면 배분절차에서 배제된다. 가압류하더라도 무조건 배분절차에 참여하는 것이 아니라 저당권부 담보물권보다 선순위이거나 동순위인 경우만 참여가 가능하다.

7순위에서 일반채권자들이 경매에서 배당참여와 공매절차에서 배당참여 가능 여부

① 경매절차에서는 가압류채권, 강제경매신청채권, 경매목적부동산의 소유자를 채무자로 하는 집행권원이 있는 채권(확정된 판결문, 공증된 약속어음 등) 등이 모두 배당요구가 가능하며 배당절차에서 이들의 순위는 모두가 동순위로 안분배당 받게 된다.

② 국세징수법상 진행되는 공매절차에서는 일반채권자들, 즉 가압류채권자, 집행력 있는 정본에 의해 압류한 강제경매신청자, 집행력 있는 정본에 의한 배분요구권자 등은 배분절차에 참여시키지 않으므로 배분받을 수 없다. 그러나 가압류채권자와 강제경매신청채권자 등이 저당권 등의 담보물권(저당권, 담보가등기, 전세권, 등기된 임차권, 확정일자부 임차권에 의한 우선변제권 등 포함)보다 먼저 설정등기 되었거나 동순위로 설정등기 된 경우에는 저당권 등의 담보물권과 이들이 동순위가 되어 안분배분을 실시한다. 이 밖에 이들이 저당권 등의 담보물권보다 후순위인 경우 배분절차에 참여할 수 없다. 뿐만 아니라 조세채권, 공과금 등만 있는 경우(저당권 등의 담보물권이 없는 경우) 압류 전이나 압류 후에 가압류, 강제경매신청등기가 있는 경우라도 배분절차에 참여하지 못하고 배분잔여금이 있으면 체납자에게 지급된다. 이는 조세채권, 공과금 등은 기타 일반채권에 항상 우선하기 때문이다.

경매 집행비용 계산방법과 배당표 원안 작성방법

❖ 경매 집행비용 계산방법

1) 경매 신청비용

		신청 청구금액이	
		1억 원	1억 5천만 원
		8,000원	8,000원
①	인지대 : 5,000원(신청서 인지 첨부) 증지대 : 3,000원(부동산 1건당)		
②	송달료(당사자 1인당 1회 송달료는 금 3,020) · (신청서상의 이해관계인 수+3)×10회분×3,020= · [예]이해관계인이 5명인 경우(5+3)×10×3,020=241,600원	241,600원	241,600원
③	등록세, 교육세 · 등록세 : 청구금액의 2/1,000[지방세법 제31조 1항 7호] · 교육세 : 등록세의 20/100[교육세법 제5조 1항]	등록세 1억×2/1,000 =200,000원 교육세 20만 원×20/100 =40,000원	등록세 1억 5천만 ×2/1,000 =300,000원 교육세 30만 원×20/100 =60,000원

2) 경매예납금(집행관이 현황조사 및 감정평가, 신문공고 및 경매진행절차에 드는 비용으로 미리 은행에 예납을 하는 것)[민집 18조]

		1억 원	1억 5천만 원
④	신문공고료 · 기본(2필지까지) 22만 원 2필지를 초과하는 경우 1필지 당 11만 원 추가(개개 부동산마다 1필지로 계산 토지와 건물의 경우 2필지로 계산)	220,000원	220,000원
⑤	부동산현황 조사료 청구금액이 500만 원 이상인 경우 63,260원 청구금액이 500만 원 이하인 경우 53,260원	63,260원	63,260원
⑥	경매수수료 1억 원 초과 3억 원까지 1,303,000원+(청구금액-1억 원)/10만 원×500원 — 10만 원까지 5,000원 3억 원 초과 5억 원까지 2,303,000원+(청구금액-3억 원)/10만 원×300원 — 10만 원 초과 1천만 원까지 5,000원+(청구금액-10만 원)/10만 원×2,000원	1,303,000원	1,553,000원

5억 원 초과 10억 원까지 2,903,000원＋(청구금액−5억 원)/10만 원×200원	1천만 원 초과 5천만 원까지 203,000원＋(청구금액−1천만 원)/10만 원×1,500원		
10억 원 초과: 3,903,000원(상한선)	5천만 원 초과 1억 원까지 803,000원＋(청구금액−5천만 원)/10만 원×1,000원		
⑦ 유찰수수료 · 6,000원(1회 유찰시) → 1회 유찰시 6,000×6회분(집행관수수료규칙 17조 2항)		6,000원	6,000원
⑧ 감정평가비용 계산방식 · 186,363,636원 이하 : 24만 원 · 186,363,636원 초과 5억까지 : [채권액×0.0011＋95,000원] ×0.8 · 5억 초과 10억까지 : (채권액×0.0009＋195,000원)×0.8 · 10억 초과 50억까지 : (채권액×0.0008＋295,000원)×0.8 · 50억 초과 9,578,571,428원까지: (채권액×0.0007＋795,000원)× 0.8 · 9,578,571,428원 초과 : 600만 원 *감정인 등 선정과 감정료 산정기준 등에 관한 예규(재일 2008−1)제정 2008. 2. 20.재판예규 제1204호(재일 2008−1)개정 2008. 2. 28.재판예규 제1211호, 시행일 2008. 3. 1. 제35조(감정료의 상하한) 동일한 감정명령에 따른 시가 등의 총감정료가 24만 원 미만인 경우 24만 원으로 하고, 600만 원을 초과시 600만 원으로 한다. 다만, 자동차 등의 동산이 감정가액이 500만 원 이하인 경우에는 10만 원으로 한다.		240,000원	240,000원
합　계		2,321,860	2,691,860

그러나 위 금액은 경매신청시 비용이고 경매물건이 매각되고 나서 배당시의 경매비용계산시에는 ⑥ 경매수수료(청구채권액 → 매각대금기준으로)와 ⑧ 감정평가비용계산(청구채권액 → 감정평가가액 기준으로)을 매각대금기준과 평가액을 기준으로 계산한다. 따라서 매각 후 배당재단에서의 집행비용계산은 경매신청시 집행비용보다 증가될 것이다.

경매총비용 ＝ 경매 신청비용 ＋ 경매예납금

	나. 경매 예납금(위 ④⑤⑥⑦⑧과 동일조건)						가. 경매 신청비용 (위 ①②③과 동일조건)			경 매 총비용
채권액	예납금 총액	경매 수수료	감정료	현황 조사료	유찰 수수료 (1회당)	신문 공고료 (기본2개)	① 인지대 · 증지대	② 송달료	③ 등록 · 교육세	합계
5천만 원	1,332,260	803,000	240,000	63,260	6,000	220,000	8,000	241,600	120,000	1,701,860
8천만 원	1,632,260	1,103,000	240,000	63,260	6,000	220,000	8,000	241,600	192,000	2,073,860
1억 원	1,832,260	1,303,000	240,000	63,260	6,000	220,000	8,000	241,600	240,000	2,321,860
2억 원	2,344,260	1,803,000	252,000	63,260	6,000	220,000	8,000	241,600	480,000	3,073,860
3억 원	2,932,260	2,303,000	340,000	63,260	6,000	220,000	8,000	241,600	720,000	3,901,860
4억 원	3,320,260	2,603,000	428,000	63,260	6,000	220,000	8,000	241,600	960,000	4,529,860
5억 원	3,708,260	2,903,000	516,000	63,260	6,000	220,000	8,000	241,600	1,200,000	5,157,860
6억 원	3,980,260	3,103,000	588,000	63,260	6,000	220,000	8,000	241,600	1,440,000	5,669,860
7억 원	4,252,260	3,303,000	660,000	63,260	6,000	220,000	8,000	241,600	1,680,000	6,181,860

❖ 경매 배당순위에 따른 배당과 배당표 원안 작성방법

소액보증금 합산액이 주택가액의 1/2 초과시와 유익비를 배당한 사례

주 소	면 적	경매가 진행과정	법원임차인 조사내역	등기부상권리관계
서울특별시 종로구 창신동 181 채무자 김수미 소유자 김수미 채권자 국민은행	대지 165㎡ (49,평) 건물 1층 99㎡ 2층 97㎡ 지하 75㎡	감정가 　200,000,000원 대지 　1억 2,000만 원 건물 　80,000,000원 최저가 1차 200,000,000원 　유찰 2차 160,000,000원 　유찰 3차 128,000,000원 　낙찰 　150,000,000원 　입찰자 10명 　2005. 7. 10.	최성식 　전입 2003. 5. 30. 　확정 2003. 7. 30. 　배당 2005. 3. 10. 　(보)16,000,000원 김갑동 　전입 2003. 8. 30. 　확정 2003. 9. 10. 　배당 2005. 3. 5. 　(보)20,000,000원 이미자 　전입 2003. 9. 9. 　확정 2003. 9. 10. 　배당 2005. 3. 15. 　(보)25,000,000원 이희숙 　전입 2003. 9. 20. 　확정 2003. 9. 29. 　배당 2005. 3. 10. 　(보)18,000,000원 김구라 　전입 2003. 6. 10. 　확정 2003. 9. 5. 　배당 2005. 3. 10. 　(보)23,000,000원	소유자 김수미 　2003. 5. 20. 근저당 국민은행 　2003. 5. 20 　65,000,000원 압류 도봉구 　2003. 10. 30. 　(법정기준일 6. 30) 가압류 기업은행 　2004. 1. 10. 　44,500,900원 가압류 김정희 　2004. 3. 10. 　33,560,000 임의경매 국민은행 　2004. 12. 10. 　청구채권금액 : 　　61,450,000원

사건내용

기일 \ 사건	2004타경43000호 부동산 임의경매		
기입등기일	2004. 12. 10.	매각대금	150,000,000원
		지연이자	0원
배당요구 종기일	2005. 3. 20.	전경매보증금	0원
		매각대금이자	50,000원
매각허가 결정일	2005. 7. 17.	항고보증금	0원
		집행비용	2,650,860원
		실제배당할금액	147,399,140원

권리분석 및 배당표 작성

이 경매사건은 말소기준권리가 2003. 5. 20. 국민은행 근저당이므로 대항력 있는
임차인이 없고 모든 임차인이 소멸 대상으로 낙찰자에게 인수되는 금액이 없다.

여기서 도봉구청 압류금액은 1600만 원이고, 임차인 최성식이 임대인과의 계약
에 의해 시설한 계약서상의 가스보일러 교체비용 45만 원이 있다.

1순위_ 최성식 450,000원(유익비)

2순위_ 최우선변제금 합계 주택가액 [(낙찰가+배당기일까지 이자+몰수된 보
증금)-집행비용]의 1/2범위 내로 한다.

$$계산방식 = 배당액 \times \frac{1}{2} \times \frac{각자최우선변제금}{최우선변제금의합계}$$

여기서 최우선변제금이 $5 \times 16,000,000 = 80,000,000$원이므로
$147,399,140 \times \frac{1}{2} = 73,699,570$원을 초과하므로 비례안분한다.

① 최성식 $= 147,399,140 \times \frac{1}{2} \times \frac{16,000,000}{80,000,000} = 14,739,914$(최우선변제 1)

② 김갑동 $= 73,699,570 \times \frac{16,000,000}{80,000,000} = 14,739,914$(최우선변제 1)

③ 이미자 $=$ 상동 $= 14,739,914$(최우선변제 1)

④ 이희숙 $=$ 상동 $= 14,739,914$(상동)

⑤ 김구라 $=$ 상동 $= 14,739,914$(상동)

3순위_ 국민은행 61,450,000원(우선변제 1)

4순위_ 도봉구청 11,799,570원(우선변제 2)의 배당으로 종결되며 낙찰자 인수대상
이 없다. 왜냐하면 말소기준권리가 2003. 5. 20. 국민은행이므로 이보다 우선하는 등
기부상의 권리나 부동산상의 권리(임차인 등)가 없기 때문이다.

이해관계인 일람표

교부 순위	교부 이유	채권자	월일일자	채권최고액	청구액	비고
3	근저당	국민은행	2003. 5. 20.	65,000,000원	원금 50,000,000원 이자 11,450,000원 합계 61,450,000원	
4	압류권자	도봉구청	법정기일 2003. 6. 30.	16,000,000원	16,000,000원	취득세
	가압류	기업은행	2004. 1. 10.	44,500,900원	44,500,900원	
	가압류	김정희	2004. 3. 10.	33,560,000원	33,560,000원	
1	유익비	최성식	전입 2003. 5. 30.		450,000원	가스보일러 시 설설치(임대차 계약서에 명기)
2	임차인	최성식	전입 2003. 5. 30.	임차보증금액 16,000,000원	16,000,000원	확정 2003. 7. 30.
2	임차인	이미자	전입 2003. 9. 9.	임차보증금액 25,000,000원	25,000,000원	확정 2003. 9. 10.
2	임차인	이희숙	전입 2003. 9. 20.	임차보증금액 18,000,000원	18,000,000원	확정 2003. 9. 29.
2	임차인	김구라	전입 2003. 6. 10.	임차보증금액 23,000,000원	23,000,000원	확정 2003. 9. 5.
2	임차인	김갑동	전입 2003. 8. 30.	임차보증금액 20,000,000원	20,000,000원	확정 2003. 9. 10.

서울동부지방법원

배당표

2004타경43○○○부동산임의경매

배당할 금액		금	150,000,000원		
명세	매각대금	금	150,000,000원		
	지연이자	금	0원		
	전경매보증금	금	0원		
	항고보증금	금	0원		
	매각대금이자	금	50,000,000원		
집행비용		금	2,650,860원		
실제 배당할 금액		금	147,399,140원		
매각부동산		서울시 종로구 창신동 181번지 토지 및 건물			

채권자		최성식	최성식	이미자
채권금액	원금	450,000원	16,000,000원	25,000,000원
	이자	0원	0원	0원
	비용	0원	0원	0원
	계	450,000원	16,000,000원	25,000,000원
배당순위		1	2	2
이유		유익비	임차인	임차인
채권최고액		450,000원	16,000,000원	25,000,000원
배당액		450,000원	14,739,914원	14,739,914원
잔여액		146,949,140원	132,209,226원	117,469,312원
배당비율		100%	92.12%	58.89%
공탁번호		금제 호	금제 호	금제 호
(공탁일)		(. .)	(. .)	(. .)

채권자		이희숙	김구라	김갑동	국민은행	도봉구청
채권금액	원금	18,000,000원	23,000,000원	20,000,000원	50,000,000원	16,000,000원
	이자	0원	0원	0원	11,450,000원	0원
	비용	0원	0원	0원	0원	0원
	계	18,000,000원	23,000,000원	20,000,000원	61,450,000원	16,000,000원
배당순위		2	2	2	3	4
이유		임차인	임차인	임차인	신청채권자	압류권자
채권최고액		18,000,000원	23,000,000원	20,000,000원	61,450,000원	16,000,000원
배당액		14,739,914원	14,739,914원	14,739,914원	61,450,000원	11,799,570원
잔여액		102,729,398원	87,989,484원	73,249,570원	11,799,570원	0원
배당비율		81.88%	64.40%	73.69%	100%	73.74%
공탁번호 (공탁일)		금제 호 (. .)	금제 호 (. .)	금제 호 (. .)	금제 호 (. .)	금제 호 (. .)

CHAPTER
3

부동산 상의 권리와
등기부 상의 권리관계 등에 대한
분석 & 경매 사례별 배당 연습

권리분석에서 기본적으로
이해해야 하는 사항

◈ 권리분석

경매나 공매에 입찰하고자 하는 경우의 권리분석뿐만 아니라 일반 매매계약이나 임대차계약, 금융기관 등의 대출 경우에도 어떻게 자신의 권리 또는 채권액을 안전하게 지킬 수 있는가 등을 분석할 수 있어야 한다.

경매나 공매로 낙찰을 받을 경우 소멸되는 권리와 인수되는 권리가 무엇인가 등을 분석하는 것이 바로 권리분석이다. 경매·공매로 낙찰을 받고 매각대금을 납부하면 소유권의 이전과 동시에 등기부에 설정되었던 권리 등이 소멸하는 것이 원칙이다. 그러나 말소기준권리보다 선순위인 부동산 상의 권리나 선순위로 부동산에 설정된 권리 등이 있을 경우, 낙찰 후 추가로 인수해야 되는 경우가 발생할 수도 있고 그로 인해 소유권까지 상실될 수도 있기 때문에 반드시 철저한 분석을 한 뒤에 입찰에 참여해야 된다.

왜냐하면 말소기준권리보다 먼저 등기부상에 설정되어 있어서 낙찰자의 인수가 되는 권리 등이 있거나, 말소기준권리보다 앞선 부동산 상上의 권리, 즉 대항요건(주민등록＋주택인도)을 갖춘 임차인 또는 기타 권리 등이 있다면 낙찰자는 이들 권리 등을 추가로 부담해야 되고, 계약기간 종료시에는 보증금 및 기타 채권금액을 상환해야 하기 때문이다.

이 밖에도 말소기준권리보다 선순위이든 후순위이든 간에 소멸되지 않고 매수인(낙찰자)에게 인수되는 법정지상권·분묘기지권·유치권·예고등기 등이 있는데 이러한 권리 등이 발생하거나 발생할 것으로 예측되는 경우에는 그 실체를 정확히 파악한 경우에만 입찰에 참가해야 하고, 파악하지 못한 경우에는 입찰 참여를 보류하는 것이 현명할 것이다.

일반 매매계약과 임대차 계약관계 또는 금융기관 대출에서도 권리분석이 필요하다.

선순위채권자나 선순위권리자(매수인과 임차인 또는 금융기관과 비교하여 선순위채권자 또는 권리자를 일컬음)가 있는 경우, 이들을 인수하고도 또는 이들을 먼저 공제하고도 공매·경매 또는 기타의 방법으로 매각되는 때에 자신의 권리 또는 채권액을 안전하게 지킬 수 있는가를 분석하는 것이다. 일반 매매계약과 임대차 계약관계 또는 금융기관 대출에서는 지금 당장에 발생되는 문제 등은 아니겠지만 매수와 임차 또는 대출하고 그 이후에 경매나 공매가 이루어진다면 소유권을 상실하거나 임차보증금이나 대출금 등을 보장받기 어려운 상황이 될 수도 있으므로 사전에 예상배당표를 작성하고 안전한 경우에만 매수와 임차 또는 대출을 해야 될 것이다.

⬇ 미리 알아두기

경매와 공매절차 및 일반거래(매매, 임대차, 금융기관 대출시 등)에서의 각 권리자 등의 대항력

1. 경매나 공매 등으로 매수인에게 소유권이 변경된 경우, 말소기준권리 이전의 권리자는 대항력이 있지만 이후의 권리자와 채권자 등은 대항력이 없어서 소멸 대상이 된다.

즉, 매각대상 부동산에 저당권, 가압류, 압류, 담보가등기 중에서 가장 빠르게 등기가 된 채권자를 기준으로 그 전까지 대항력을 구비해야 되고 이와 같은 채권자 등이 없는 경우는 경매개시 결정기입등기 또는 체납처분에 의한 압류의 효력(공매의 경우 최초 공매공고일)이 발생하기 전에 대항력을 구비하면 대항력이 있어서 매수인에게 대항할 수 있지만 그 이후에 대항력을 갖춘 경우는 소멸 대상이다.

2. 일반 거래절차, 즉 부동산이 일반매매로 소유권이 변경된 경우, 소유권이전등기 경료일 이전에 대항력을 갖추어야 하고, 순위보전을 위한 가등기나 처분금지가처분 등이 있는 경우에는 이 등기일 이전에 대항력을 갖추고 있으면 이들 권리자에게 대항력을 주장할 수 있다. 즉, 일반거래절차로 소유권이 이전되면 부동산등기부에

❖ 말소기준권리에 따른 소제주의와 인수주의

말소기준권리가 될 수 있는 권리로 민사집행법상 진행되는 경매절차는 근저당권, 가압류, 압류(조세 · 공과금채권 등), 담보가등기, 전세권(집합건물로 예외적으로 인정), 강제경매개시 결정기입등기 등이 있으나 국세징수법상 진행되는 공매절차는 근저당권, 가압류, 압류(조세 · 공과금채권 등), 담보가등기, 전세권(집합건물로 예외적으로 인정) 등이 말소기준권리가 될 수 있다. 이들 말소기준 권리들은 채권으로서 선순위로 설정되어 말소기준권리가 되든 이들 권리보다 후순위로 설정등기 되었든 간에 무조건 소멸되는 권리이다.

소제주의와 인수주의

인수되는 권리 (말소기준권리보다 앞선 권리)	가등기, 가처분, 전세권, 지상권, 환매등기, 지역권, 임차권등기, 대항력 있는 임차권(말소기준권리 이전에 대항요건을 갖춘 임차인), 법정지상권, 분묘기지권, 유치권, 예고등기
말소기준권리	저당권(근저당권), 가압류, 압류, 담보가등기, 강제경매기입등기, 전세권(집합건물로 예외적으로 인정) — 이들 권리 중에서 등기부상에서 제일 먼저 설정등기 된 권리
소멸되는 권리 (말소기준권리보다 후순위의 권리들)	가등기, 전세권, 지상권, 환매등기, 지역권, 임차권등기, 대항력 없는 임차권, 가처분(소유권 이외의 저당권 등에 관한 가처분 : 을구 기재) 다만 법정지상권, 분묘기지권, 유치권, 예고등기, 가처분(건물철거 및 토지인도 청구권보전을 위한 가처분) 등은 말소기준권리보다 후순위인 경우에도 소멸되지 않고 낙찰자 인수가 될 수 있다. 그리고 가처분(소유권에 관한 가처분 : 갑구 기재)인 경우에 낙찰자가 인수하는 경우가 발생될 수 있으니 주의해야 된다(자세한 설명은 다음의 설명을 참조).

말소기준권리

말소기준권리란 (근)저당권, 가압류, 압류, 담보가등기, 전세권(집합건물로 예외적으로 인정), 강제경매 기입등기 중 가장 앞선 권리를 말한다.

최선순위전세권은 집합건물, 즉 아파트, 다세대, 연립 등에서 최선순위전세권이 경매를 신청하였거나 타인의 경매 또는 공매매각 절차에서 배당요구를 한 경우, 말소기준권리가 될 수 있다. 그러나 배당요구를 하지 않았다면 대항력이 있어서 낙찰자가 인수해야 한다.

민사집행법 제91조 제4항 규정에 의해 말소기준권리보다 선순위의 전세권·지상권·지역권·등기된 임차권 등은 매각으로 소멸되지 않고 매수인이 인수한다.

다만 이 용익권 중 전세권의 경우에는 전세권자가 민집법 제88조에 따라 배당요구를 하면 매각으로 소멸한다. 따라서 최선순위 전세권은 배당요구하지 않으면 매수인이 인수하고, 배당요구하면 설사 미배당금이 발생해도 매수인 부담없이 소멸된다.

단독·다가구주택 등의 최선순위전세권은 배당요구를 하였더라도 말소기준권리가 될 수 없다.

그러면 이 경우의 사례에서도 전세권은 소멸될 수 있을까!

이 경매사건은 최근 인천지방법원에서 진행되었던 경매사건(2010 타경 11349)이다.

선순위로 근저당권과 전세권이 같은 날 같은 접수번호로 등기되어 있던 사건이다.

근저당권과 전세권은 동순위인데 이 경우에도 전세권은 소멸될 수 있을 것인가, 아니면 대항력이 있어서 배당요구한 경우만 소멸되는가가 화두다!

결론적으로 말하면 전세권이 배당요구를 하지 아니했으므로 대항력이 있어 낙찰자의 부담으로 남게 된다. 실제 낙찰자가 대금납부 후 확인해본 결과 전세권은 말소되지 않았다.

다음사례에서 가처분은 소멸될 수 있을까!

동일한 부동산에 대하여 동일한 순위(동일접수번호)로 등기된 가압류와 처분금지 가처분의 효력은 그 당해 채권자 상호간에 한해서는 처분금지효력을 주장할 수 없다[대법98마475].

공유물 전체가 경매가 진행될 경우 선순위로 공유지분 일부에 가압류, 근저당권 등이 등기되었다면 말소기준권리가 될 수 있을까!

말소기준권리가 되기 위해서는 매각대상 전체에 효력을 미칠 수 있어야 한다.

따라서 일부 지분에 가압류나 근저당권 등이 등기되었더라도 그 이후 주임법상 대항요건을 갖춘 임차인은 채권 불가분성의 원칙에 따라 대항력이 있어 미배당금이 발생 시 매수인의 부담이 될 수 있다.

이와 같이 말소기준권리 설정등기일자보다 후순위로 등기부에 등재된 채권자들과 후순위의 부동산상의 권리는 모두 소멸된다. 반대로 말소기준권리 설정등기일자보다 선순위로 등재된 가등기, 가처분, 전세권, 지상권, 환매등기, 지역권, 임차권 등기 권리는 경매·공매절차만으로 소멸되지 않고 낙찰자가 인수해야 한다. 여기서 임차인의 임차보증금도 전입일이 말소기준일보다 빠르면 낙찰자가 인수해야 된다. 늦다면 소멸 대상이 된다. 그러나 법정지상권, 분묘기지권, 유치권, 예고등기는 말소기준권리보다 후순위인 경우라도 소멸되지 않고 낙찰자가 인수해야 된다.

그리고 가처분의 경우에는 첫째, 소유권에 관한 가처분(갑구에 기재)과 둘째, 소유권 이외에 저당권(을구에 기재) 등에 관한 가처분 등이 있다. 두 번째에서는 가처분권자가 말소기준권리보다 선순위인 경우는 매수인이 인수해야 되나 후순위인 경우에는 소멸 대상이다. 후순위인 경우라 하더라도 말소기준권리(근저당권 등)가 가처분 대상이 되는 경우에는 말소기준권리가 달라짐에 따라(말소기준권리가 말소되면 그 이후의 임차인 등은 대항력이 발생) 후순위임차인 등의 권리가 대항력이 발생하여 낙찰자가 인수할 수 있음을 유의해야 된다.

그러나 첫 번째 경우의 소유권에 관한 가처분의 경우에서는 말소기준권리보다 선순위인 경우는 당연히 인수해야 되지만, 후순위인 경우에도 소멸되지 않고 낙찰자가 소유권을 상실하는 경우가 발생할 수 있다.

후순위가처분이므로 경매 등의 매각절차로 말소된다. 그러나 후순위가처분이 말소되더라도 소유권이전등기 말소청구소송에 따른 가처분이면 가처분이 갖는 효력, 즉 본안소송을 제기하여 소유권이전등기 말소청구소송에서 가처분권자가 승소하게 된다면 경매 등으로 인한 소유권이전등기가 말소될 수 있다. 즉, 후순위 가처분은 경매절차에서 말소되어도 가처분이 갖고 있는 효력은 살아남아서 본안 소송의 결과에 따라 매수인(대금 납부한 낙찰자)의 운명이 달라진다는 사실이다.

예를 들면 갑 소유자 → 을 근저당 → 병 세금압류 → 정 가처분(갑 소유권 말소청구에 관한 가처분) → 병의 압류공매 대행의뢰 → 무 낙찰자 → 정 가처분권자 승소시 → 정이 소유권을 취득하고 그 이후 모든 권리는 원인 무효로 소멸 대상이 되므로 무 낙찰자 역시 소유권이 상실되므로 주의해야 한다. 실무에서는 이 경우 을·병 채권자의 말소청구도 동시에 진행하고, 그에 따른 예고등기도 동시에 법원공무원이 촉탁등기를 하게 되나 조만간 예고등기제도가 없어질 예정인 점과 가처분과 예고등기를 구분한다는 점에서 위와 같이 간략하게 구분 지어서 기술한 것이다. 이러한 이유는 현행법이 부동산의 선의취득 * 을 인정하지 않고 부동산등기에는 공신력이 없기 때문이다.

셋째, 말소기준권리보다 후순위가처분은 말소되는 것이 원칙이나 후순위가처분이라도 소멸되지 않는 예외가 있다. 토지소유자가 건물소유자 을을 상대로 토지인도 및 건물철거청구권 보전을 위해 건물에 대한 처분금지 가처분등기를 완료하면 그 건물만의 경매가 진행되어 낙찰 받은 매수인은 가처분의 처분금지효력 때문에 토지소유자에게 건물소유권을 취득할 수 없다. 이러한 가처분등기는 말소기준권리 이후에 설정된 경우뿐만 아니라 경매개시 이후에 설정등기 된 경우에도 소멸되

---

* 선의취득이란 제3자가 권리의 외관만을 믿고 거래했을 때 전 소유자에게 실질적인 권리가 없었더라도 권리의 취득을 인정하는 것을 뜻한다.

지 않고 매수인의 부담으로 남게 된다.

앞의 사례와 같이 가처분이 등기부에 등기되어 있는 경우에는 대법원 사이트를 방문, '나의사건' 검색란에 사건번호와 당사자 등의 이름을 입력 후 검색하여 가처분 재판 진행내역 등을 분석하여 이상이 없다고 판단되는 경우만 입찰에 참여해야 한다.

경매나 공매물건에서 말소기준이 되는 사례

근저당권이 말소기준권리인 경우의 배당사례

주소	면적	경매가 진행과정	1) 임차인조사 2) 기타조사	등기부상의 권리관계
서울시 구로구 개봉동 ○○○ 번지 (단독주택)	대지 133㎡ 건물 1층 75㎡ 2층 75㎡ 제시 외 옥탑 15㎡	감정가격 200,000원 최저가 1차 200,000,000원 유찰 2차 160,000,000원 유찰 3차 128,000,000원 낙찰 149,100,000원	1) 임차인 ① 이현주 전입 1997. 3. 2. 확정 × 배당 2000. 8. 10. 보증 30,000,000원 ② 구만복 전입 1999. 10. 1. 확정 1999. 10. 1. 배당 2000. 8. 5. 보증 25,000,000원 ③ 신현준 전입 2000. 6. 20. 확정 2000. 6. 20. 배당 2000. 8. 10. 보증 20,000,000원	소유자 근저당 국민은행 1998. 10. 20. (50,000,000원) 근저당 이기자 2000. 5. 20. (30,000,000원) 가압류 이현민 2000. 5. 28. (15,000,000원) 임의 국민은행 청구 49,700,000원 〈2000. 7. 10.〉

이 경매사건의 말소기준권리는 근저당권자 국민은행 1998.10.20. 이 된다. 여기서 임차인 이현주의 전입일자가 말소기준보다 빨라서 대항력 있는 임차인이 되는 경우이다.

배당금액이 (149,100,000원 − 집행비용 150만 원)147,600,000원이므로 배당순위는,

1순위_ ① 이현주 1,200만 원+② 구만복 1,200만 원+③ 신현준 1,200만 원(최우선변제1)

최우선변제금 지급기준 : 국민은행과 이기자 근저당권이다(3,000/1,200만 원).

2순위_ 국민은행 49,700,000원(우선변제 1)

3순위_ 구만복 13,000,000원(우선변제 2)

4순위_ 이기자 30,000,000원

5순위_ ① 가압류 이현민=② 신현준(확정일자 우선변제권)이므로 동순위로 안분배당한다.

① 가압류 이현민=$18,900,000원 \times \frac{1,500만}{(1,500만+800만)2,300만} = 12,326,086.{}^{95} = 12,326,087원$

② 신현준=$18,900,000원 \times \frac{800만}{2,300만} = 6,573,913.{}^{04} = 6,573,913원$

여기서 대항력 있는 임차인 이현주는 3,000만 원 중 1,200만 원만 배당받아서 미배당금 1,800만 원을 낙찰자가 인수해야 하므로 낙찰자는 149,100,000+18,000,000 =167,100,000원에 실제로 구입하게 되는 것이다.

담보가등기가 말소기준권리에 해당되는 경우

주소	면적	경매가 진행과정	1) 임차인조사 2) 기타조사	등기부상의 권리관계
서울시 강서구 방화동 ○○○번지 (단독)	대지 133㎡ 건물 1층 88㎡ 2층 87㎡ 지하 35㎡	감정가 1억 7,000만 원 최저가 1차 1억 7,000만 원 유찰 2차 1억 3,600만 원 낙찰 1억 3,960만 원	1) 임차인 ① 이진규 　전입 1996. 8. 25. 　확정 1996. 8. 25. 　배당 1997. 8. 20. 　보증 35,000,000원 ② 박철순 　전입 1996. 10. 10. 　확정 1996. 10. 10. 　배당 1997. 8. 25. 　보증 20,000,000원	가등기 이철민 　1995. 10. 19. 근저당 새마을금고 　1996. 7. 19. 　(6,500만 원) 임의 새마을금고 　1997. 4. 20. 　청구 6,100만 원

이 경매사건에서 가등기권자인 이철민이 담보가등기권리자인지, 보전가등기권리자인지가 중요하다. 이와 같이 가등기 이후에 1금융, 2금융 등이 근저당권을 설정하였다면 담보가등기권자일 가능성이 높다. 만일 보전가등기권자라면 담보가치가 없어서 은행에서 대출이 이루어지지 않았을 것이기 때문이다. 이러한 경우에는 경매법원에 경매기록을 확인하여 가등기권자가 채권계산서를 제출했는지 확인하고 입찰에 참여해야 된다.

이 경매사건은 법원에 확인한 결과 담보가등기권자로 채권신고와 동시에 배당요구(채권액 3,500만 원)가 이루어진 사건이었다. 따라서 담보가등기가 말소기준권리가 된다.

배당금액이(139,600,000원－집행비용 1,600,000원) 138,000,000원으로 배당표를 작성해 보면 다음과 같이 작성될 것이다.

1순위_ 박철순 1,200만 원(최우선변제권 1)－최우선변제지급기준: 담보 가등기권자, 새마을 근저당권

2순위_ 담보가등기권자 이철민 3,500만 원(우선변제 1)

3순위_ 새마을금고 6,100만 원(우선변제 2)

4순위_ 이진규 3,000만 원(우선변제 3)

위와 같이 배당이 종결되고 낙찰자 인수 사항은 없다.

가압류가 말소기준권리가 되는 경우의 배당

주소	면적	경매가 진행과정	1) 임차인내역 2) 기타조사	등기부상의 권리관계
서울시 영등포구 문래동 ○○○ 번지 (단독)	대지 141㎡ 건물 1층 96㎡ 2층 95㎡ 지하 55㎡	감정가 200,000,000원 최저가 1차 200,000,000원 유찰 2차 160,000,000원 유찰 3차 128,000,000원 낙찰 132,000,000원	1) 임차인 ① 이순신 　전입 1996. 7. 3. 　확정 1996. 7. 3. 　배당 1998. 5. 30. 　보증 2,500만 원 ② 김인규 　전입 1996. 8. 10. 　확정 1996. 8. 10. 　배당 1998. 5. 28. 　보증 2,700만 원	소유자 이인자 가압류 김수교 1994. 10. 18. 4,000만 원 근저당 기업은행 1996. 1. 10. 6,500만 원 임의 기업은행 청구 6,100만 원 〈1998. 2. 30.〉

여기서 말소기준권리는 등기부상으로 보아 가압류권자 김수교이다. 또한 가압류 설정일(1994. 10. 18.)보다 임차인등의 전입일자가 늦어서 후순위로 배당받든 받지 못하든 간에 소멸하게 된다. 따라서 낙찰자가 인수해야 할 권리나 부담금액은 없다.

배당금이 130,100,000원(132,000,000원－집행비용 1,900,000원)

배당순위는,

1순위_ ① 이순신 1,200만 원＋② 김인규 1,200만 원(최우선변제 1)－최우선변제지

급기준: 기업은행 근저당권이다.

2순위_ ① 가압류 김수교(4,000만 원)=② 근저당 기업은행(6,100만 원)이고, ①=③ 이순신 확정일자(1,300만 원)이고, ①=④ 김인규(확정일자, 1,500만 원)로 이들은 동순위로서 1차로 안분배당한 후, 2차로 우선순위에 따라 흡수배당절차를 거쳐야 된다.

1차 안분배당을 하면(12,900만 원=4,000만 원+6,100만 원+1,300만 원+1,500만 원)

① 가압류 김수교=106,100,000원$\times \dfrac{4,000만\ 원}{12,900만\ 원}$ =32,899,224.^{80}원=32,899,225원(종결)

② 기업은행=106,100,000원$\times \dfrac{6,100만\ 원}{12,900만\ 원}$ =50,171,317.^{82}원=50,171,318원

③ 이순신=106,100,000원$\times \dfrac{1,300만\ 원}{12,900만\ 원}$ =10,692,248.^{06}=10,692,248원

④ 김인규=106,100,000원$\times \dfrac{1,500만\ 원}{12,900만\ 원}$ =12,337,209.^{30}=12,337,209원

② 신현준=18,900,000원$\times$ =6,573,913.^{04}=6,573,913원

2차 흡수배당

우선순위에 따라 흡수배당하게 되는데 선순위자 ② 기업은행이 제일 열후한 ④ 김인규을 먼저 흡수하고 그다음으로 ③ 이순신이 ④ 김인규의 나머지 배당금을 흡수하게 된다.

② 기업은행 = 50,171,318원(1차 안분액)+10,828,682원(④에서 흡수)=61,000,000원(종결)

③ 이순신 =10,692,248원(1차 안분액)+1,508,527원(④에서 흡수)=12,200,775원(종결)

따라서 ④ 김인규 =12,337,209원(1차 안분액)−10,828,682원(②에 흡수당함)−1,508,527원(③에 흡수당함)=0원(종결)

조세·공과금채권 등의 압류가 말소기준권리가 되는 경우

주소	면적	경매가 진행과정	1) 임차인내역 2) 기타조사	등기부상의 권리관계
서울시 서초구 서초동 ○○○번지 중앙연립 가동 301호 체납자자겸 소유자 : 이민규 공매위임관서: 서초세무서 공매집행기관: 자산관리공사	대지 18㎡/180㎡ 중의 건물 전용면적 65㎡	감정가 130,000,000원 최저가 1차 130,000,000원 유찰 ··· (생략) 3차(10% 저감) 104,000,000원 낙찰 105,000,000원 낙찰자 유미란	1) 임차인 ① 이경희 　전입 2009. 8. 10. 　확정 2009. 8. 10. 　배분 2011. 3. 15. 　보증 5,000만 원 ② 송정수 　전입 2010. 9. 10. 　확정 2010. 9. 10. 　배분 2011. 3. 20. 　보증 3,000만 원	소유자 이민규 압류 서초세무서 2010. 7. 18. 근저당 김희민 2010. 8. 30. 3,000만 원 압류공매 서초세무서 청구 1500만 원 부가세(법정 2009. 4. 25.) 〈공매의뢰 2011. 1. 10.〉 〈공매공고 2011. 2. 20.〉

이 사건에서 말소기준권리는 서초세무서의 압류일인 2010년 7월 18일이 된다. 따라서 대항력 여부는 이날을 기준으로 하므로 이경희만 대항력이 있어서 이경희 임차인의 미배분금이 발생하면 낙찰자의 부담으로 남게 된다.

이 사례에서 집행비용은 200만 원이므로 배당금액은 103,000,000원이 되며, 배당표는 다음과 같이 작성된다.

1순위_ ① 이경희 2,500만 원 + ② 송정수 2,500만 원(최우선변제금 1)

2순위_ 서초세무서 1,500만 원(우선변제 1)

3순위_ 이경희 2,500만 원(우선변제 2)

4순위_ 김희민 1,300만 원(우선변제 3)으로 배당된다.

낙찰자는 대항력 있는 임차인 이경희의 전액배당으로 인수금액이 없게 된다.

말소기준권리가 강제경매 기입등기일이 되는 경우의 배당

주소	면적	경매가 진행과정	1) 임차인내역 2) 기타조사	등기부상의 권리관계
경기도 안양시 만안구 박달동 ○○○번지 (단 독)	대지 85㎡ (25.71평) 건물 1층 58㎡ 2층 58㎡ 옥탑 45㎡	감정가 110,000,000원 최저가 1차 110,000,000원 유찰 2차 88,000,000원 낙찰 93,200,000원	1) 임차인 ① 김민국 전입 2000. 3. 20. 확정 2000. 3. 20. 배당 2004. 4. 10. 보증 45,000,000원 ② 우미순 전입 2001. 4. 11. 확정 2001. 4. 15. 배당 2004. 4. 20. 보증 40,000,000원 ③ 이현기 전입 2002. 3. 10. 확정 2002. 3. 10. 배당 2004. 4. 15. 보증 30,000,000원	소유자 이수미 강제경매 김민국 2003. 12. 10. 청구금액 45,000,000원

이 사건에서 말소기준권리는 담보물권이 없어서 강제경매기입등기일인 2003년 12월 10일이고 이보다 먼저 전입 신고한 임차인 등은 대항력이 있어서 배당받지 못한 임차보증금은 낙찰자의 전액 인수하게 된다. 이와 같이 전세보증금 반환청구소송으로 강제경매를 진행시키는 경우가 많이 있는데 이 경우에는 강제경매 기입등기일이 말소기준권리가 된다.

배당금액이 9,200만 원이면(경매비용 120만 원은 공제된 금액임)

1순위_ ① 우미순 1,600만 원+② 이현기 1,600만 원(최우선변제 1) → 최우선변제 지급기준일은 저당권 등의 담보물권이 없어서 배당 시점을 기준으로 현행법상 소액임차인이 결정된다(4,000만 원/1,600만 원).

2순위_ 김민국 4,500만 원(우선변제 1)

3순위_ 우미순 1,500만 원(우선변제 2)

따라서 대항력 있는 임차인 우미순의 미배당금 900만 원과 이현기의 미배당금 1,400만 원은 낙찰자가 인수하게 되고 낙찰자의 총 구입비는 93,200,000원+우미순 900만 원+이현기 1,400만 원으로 116,200,000원이 된다. 그러나 강제경매신청 채권자가 임차인이 아닌 제3자였다면 경매신청 채권자에게 돌아갈 배당잉여가 없어서(남을 가망이 없는 경우 경매는 취소된다) 경매절차는 취소될 것이다.

전세권이 말소기준권리가 되는 경우와 되지 못하는 경우를 비교하여 배당표 작성

[아파트 등의 집합건물의 전세권이 경매신청한 경우]

주소	면적	경매가 진행과정	1) 임차인 조사내역	등기부상의 권리관계
경기도 수원시 세류동 ○○○번지 삼성아파트 1동 1107호	대지 145㎡ 건물 1층 95㎡ 2층 95㎡ 지하 65㎡	감정가 240,000,000원 최저가 1차 240,000,000원 유찰 2차 192,000,000원 유찰 3차 153,000,000원 낙찰 162,000,000	1) 임차인 이칠성 전입 1998. 9. 5. 확정 1998. 10. 10. 배당 2000. 5. 30. 보증 1억 원	전세권 이칠성 1998. 9. 10. 1억 원 근저당 이민주 1999. 3. 30. 5,000만 원 가압류 박수종 1999. 4. 10. 1,500만 원 임의경매 이칠성 청구 1억 원 〈2000. 1. 30.〉

배당금액이 1억 6,000만 원(경매비용이 200만 원)이라면 이 사례는 집합건물(아파트, 연립, 다세대 등) 등의 전세권이 임의경매 신청한 경우로 전세권이 말소기준권리가 된다. 그러나 단독·다가구와 같이 토지와 건물이 별도등기 되어 있는 경우는 전세권이 건물 일부에만 설정되어 있어서 경매신청권이 없음은 당연하고 말소기준권리도 될 수 없다.

① 아파트와 같이 구분등기된 집합건물에 전세권설정을 하면 전세권에 기한 우선변제권은 건물뿐만 아니라 대지지분에까지 효력을 미친다.

② 단독·다가구주택에 전세권설정을 하면 건물 부분에만 효력이 미치어 건물매각대금에 대해서는 우선변제받을 수 있지만 토지매각대금에 대해서는 배당받지 못한다. 그러나 임대차보호법상 대항력과 확정일자를 갖추면 임대차보호법상의 보호를 받아서 확정일자에 의한 우선변제권은 주택과 대지매각 전체대금에서 배당받을 수 있다.

배당순서는,

1순위_ 전세권 이칠성 1억 원

2순위_ 이민주 5,000만 원

3순위_ 가압류 1,000만 원으로 경매절차가 종결된다.

예) 배당금액이 7,000만 원이라면 1순위 전세권 이칠성이 7,000만 원 배당받고 소멸된다. 그러나 임대차보호법상 임차인이 대항력 있어서 낙찰자가 3,000만 원을 인수해야 하므로 낙찰자 실제 총구입비용은 7,000만 원＋인수금액 3,000만 원으로 100,000,000원이 되는 것이다. 이와 같이 전세권과 주임법상 대항요건을 겸한 임차인인 경우 임차인은 선택적으로 권리를 주장할 수도 있고, 동시에 주장해서 모든 권리에서 우선변제를 받을 수 있다는 것이 대법원 판례의 입장이다. 이는 전세권의 지위와 주임법상 대항요건을 갖춘 임차인의 지위는 별개의 권리로 보기 때문이다.

[단독주택의 전세권이 설정되어 있고 경매가 진행되는 경우]

주소	면적	경매가 진행과정	1) 임차인 조사내역	등기부상의 권리관계
경기도 부천시 고강동 ○○○번지 (단독)	대지 131㎡ 건물 1층 90㎡ 2층 85㎡	감정가 1억 2천 대지 66,000,000(55%) 건물 54,000,000(45%) 최저가 1차 1억 2천만 원 유찰 2차 9,600만 원 유찰 3차 7,680만 원 낙찰 91,200만 원	1) 임차인 ① 정수민 　전입 1998. 11. 10. 　확정 1998. 11. 10. 　배당 2000. 10. 20. 　보증 4,500만 원 ② 이순재 　전입 1999. 5. 10. 　확정 1999. 5. 10. 　배당 2000. 10. 25. 　보증 3,000만 원	전세권 정수민 　1998. 10. 17. 　45,000,000원 근저당 국민은행 　1999. 1. 10. 　50,000,000원 임의 국민은행 청구 48,500,000원 〈2000. 5. 30.〉

이 사례에서 말소기준권리는 전세권이 아닌 근저당권을 가진 국민은행이 된다. 따라서 정수민에게 대항력이 있고 배당받지 못한 금액은 낙찰자가 인수해야 한다. 이는 전세권이 건물 일부에만 설정된 것으로 건물의 다른 부분까지 그 효력을 미치지 않기 때문에 말소기준권리가 되지 못하고 근저당권이 되는 것이다.

배당금액이 9,000만 원이면 배당순위는 다음과 같다.

1순위_ 이순재 1,200만 원(최우선변제 1등이다)–최우선변제금 지급기준: 국민은행 (3,000/1,200)

2순위_ 전세권배당은 건물 부분에만 설정되어 있어서 배당은 건물 매각대금에 대해서만 받는다.

	채권자	대지 49,500,000원 (55%)	건물 40,500,000원(45%)
1순위	이순재 1,200만 원	6,600,000원	5,400,000원(최우선변제금 1)
2순위	전세권 정수민 4,500만 원	0원	35,100,000원 (전세권 건물에 대해서만 우선변제권 1)
	확정일자 우선변제권 9,900,000원	9,900,000원	0원 (임대차보호법상 확정일자에 의한 우선변제권 2)
3순위	국민은행	33,000,000원	0원(건물은 배당금액 없음)

여기서 전세권자가 전입신고 없이 전세권만 설정하였다면 임대차보호법상 9,900,000원을 배당받을 수 없고 이 금액은 국민은행이 배당받았을 것이고 전세권자는 소멸 대상이다.

이 사건에서는 정수민이 대항요건과 확정일자를 갖추어서 배당실무에서는 앞에서와 같이 전세권으로 배당하지 않고, 2순위_ 확정일자 우선변제금 4,500만 원으로 배당될 것이나 배당 연습을 위해 위와 같이 작성해본 것이다. 그러나 전세권자가 전입하고 확정일자를 받지 않았다면 확정일자에 의한 우선변제금을 배당받을 수 있는가에 대해 대법원 판례에서는 전세권등기일자를 확정일자로 보고 확정일자 우선변제금을 배당하고 있다(전세권에 대법원 판례 참조).

❖ 채권과 물권의 종류와 이들 상호간의 우선순위 결정방법

채권은 광의적으로 해석하면 담보물권과 저당권부 채권(담보물권적인 효력을 가지고 있는 채권) 그리고 무담보채권으로서 우선특권이 있는 채권과 우선특권이 없는 일반채권으로 분류할 수 있고, 일반채권 중에서도 배당요구가 가능한 채권과 불가능한 채권으로 나눌 수 있다. 이렇게 분류할 수 있어야 연구하는데 조금이나마 도움이 될 것 같아서 필자가 분류한 것으로 다음과 같다.

채권(광의의 채권)의 분류

특별우선채권 – 민법상 필요비 · 유익비 상환청구권, 주임법 · 상임법상 소액보증

금 중 일정액, 근로자의 최우선변제금, 조세채권 중 당해세

담보물권 – 저당권, 전세권 등

저당권부채권 – 담보가등기(=채권을 담보로 가등기한 채권), 확정일자부 임차권(대항요건과 확정일자를 갖춘 임차인), 임차권등기(=등기한 임차권)[민법 제621조]

일반우선채권(우선특권 있는 채권) – 일반조세채권(당해세 제외), 공과금(국민건강·국민연금보험, 공용·산재보험 등), 근로자의 일반임금채권(최우선변제금 제외)

일반채권

① 배당에 참여할 수 있는 채권: 가압류, 강제경매신청채권, 집행권원에 의한 배당요구채권, 우선특권 없는 공과금채권

② 배당에 참여할 수 없는 채권

    ⓐ 집행권원이 없는 차용증 등을 소지한 채권자

    ⓑ 확정일자 없는 주택임차인(소액임차인의 소액보증금 중 일정액은 제외)

    ⓒ 주임법 및 상임법상 보호대상이 아닌 상가 또는 토지 임차인 등은 경매목적 부동산에 가압류등기를 하지 아니하거나 보증금에 대한 채권원인증서만으로 배당요구가 불가하다.

물권

특정물건을 직접적, 배타적으로 지배하여 이익을 얻을 수 있는 권리(사용, 수익, 처분할 수 있는 권리)로서 지배권이며, 대물권이다. 모든 사람에게 주장이 가능한 절대권이기 때문에 대부분 등기부에 공시된다. 물권은 설정계약에 의해서 성립되지만 법률 또는 관습법에 의해서도 발생된다. 이러한 물권의 종류에는 물건을 사용, 수익, 처분권을 모두 가지고 있는 소유권과 물건을 사실상 점유할 수 있는 점유권, 소유권을 제한할 수 있는 권리로 담보물권과 용익물권이 있다. 담보물권에는 유치권, 질권, 저당권 등이 있으며 용익물권에는 지상권, 지역권, 전세권 등이 있다. 이밖에도 관습상의 물권으로 분묘기지권과 관습법상의 법정지상권 등이 있다.

물권과 물권 간의 우선순위

동일한 물권 사이에서는 먼저 성립된 물권이 후에 성립된 권리보다 우선하지 못하는 즉 1물1권주의의 원칙상 하나의 물건상에 2개 이상의 물권이 성립되지 못한다. 그러나 제한물권은 병존적 양립이 가능하다.

동일물건에 존재하게되는 성질상 소유권과 제한물권 상호간에는 제한물권이 항상 소유권에 우선하게 된다.

동일물건에 제한물권이 병존할 수 있고 제한물권 상호간에 우선순위는 먼저 성립된 제한 물권이 우선하게 된다.

채권에 우선하는 효력(=물권우선주의)

물건 위에 물권과 채권이 함께 존재하는 경우 그 성립의 선후와 관계없이 물권이 우선하는 것이 원칙이다. 그러나 이 원칙에도 예외가 있다 이 예외는 채권에서 다루어보겠다.

채권

채권이란, 특정인(채권자)이 특정인(채무자)에 대하여 일정한 행위(=급부)를 청구할 수 있는 권리로서 상대적이고 비배타적인 권리이다. 채권은 채무자에게만 주장할 수 있는 대인적 권리로서 채무자의 행위에 의하여 권리내용이 실행되는 권리이다. 채권은 특정한 사람에게만 주장이 가능한 상대권으로 대부분 등기부에 공시되지 않는다. 이러한 채권은 계약(청약과 승낙)에 의해서 성립된다.

그리고 채무자가 임의로 그 행위를 하지 않을 경우 채권자는 법원의 청구하여 강제집행을 청구할 수 있다.

채권과 물권이 충돌하면 어떻게 될까!

'매매는 임대차를 깬다' 라는 말이 있다. 이 말은 채권과 물권이 충돌하면 물권이 우선한다는 것으로 주택임대차보호법이 도입되기 이전의 예를 들어보면 임대 중인 주택을 매매하면서 새주인이 기존 임차인을 보증금도 안 주고 내보내더라도 임차인은 새주인에게 대항할 수 없고 오로지 전 소유자(=채무자)를 상대로 청구만 가능하였다. 이는 새주인이 소유권이전등기를 하면서 물권을 취득하였는 데 반해서 임대차는 채권이기 때문이다. 이와같이 민법에서는 물권이 채권에 우선한다는 물권우선주의 원칙을 택하고 있다.

이는 채권은 물권과 같이 등기부에 등기 되지 않는 것이 대부분 이기 때문에 등기부에 등기된 물권에 우선할 수 없지만, 등기되지 않은 채권도 특별우선채권과 일반우선채권이라면 우선특권이 있어서 물권과의 관계에서 우선할 수도 있고, 우선특권이 없는 일반 채권이라도 등기된 일반채권이라면 물권과 선후 등기순위에 따라 일반채권이 선순위인 경우는 후순위 물권과 동순위로 안분배당하고, 후순위인 경우는 물권이 우선하게 된다. 이에 대한 설명은 다음 물권우선주의의 예외에서 함께 자세하게 다루었다.

물권우선주의 원칙에 대한 예외

민법상 필요비 · 유익비 상환청구권[민법626조].

주임법 및 상임법이 도입되면서 이 법의 보호를 받는 임차인 등이 대항요건(주민등록과 주택인도)만 갖춘 경우 제3취득자에 대해서 대항력을 행사할 수 있다.

그러나 경매 등으로 매각되는 경우에는 말소기준권리 이전에 대항요건을 갖춘 경우에만 대항력이 있어서 매수인에게 대항력을 주장할 수도 있고 또는 배당요구하여 배당받고 소멸되는데 미배당금이 발생하면 매수인이 인수하게 된다. 말소기준권리 이후에 대항요건을 갖춘 경우는 대항력이 없어서 배당금이 부족하거나 없어도 매수인이 인수하지 않고 소멸된다. 이러한 임차인은 대항력이 있든 없든 간에 대항요건과 계약서에 확정일자를 갖추었다면 소액보증금중 일정액과 확정일자에 의한 우선변제권으로 우선변제 받을 수 있다. 조세채권중 당해세와 일반조세채권, 공과금채권, 근로자의 임금채권으로 최우선변제금 등과 그리고 채권이 가등기한 경우(담보가등기), 임차권등기[민법626조]를 한 경우에는 물권우선주의에 대한 예외가 인정된다.

① 민법상 필요비·유익비 상환청구권[민법626조]과 임차인의 최우선변제금(저당권, 담보가등기, 전세권 설정등기시의 소액임차인에 해당되는 경우), 근로자의 최우선변제금, 당해세 등의 특별우선채권은 물권에 항상 우선한다.

② 확정일자부 임차권과 임차권등기, 일반조세(당해세제외), 공과금, 담보가등기 등의 저당권부 채권 등의 일반우선채권은 물권과의 관계에서 그들의 효력발생일시(등기일 또는 확정일자 효력발생일시, 법정기일, 납부기한 등)을 기준으로 우선순위가 정해지는 우선변제권이 있는 채권이다.

③ 일반임금채권(최우선변제금 제외)은 물권과 저당권부 채권, 그리고 이들에 우선하는 조세(당해세포함)와 공과금에는 후순위가 되나 물권과 저당권부 채권이 없다면 일반임금채권은 조세(당해세포함), 공과금, 일반채권에 우선하게 된다.

④ 우선변제권이 없는 일반채권자가 채권원인증서(차용증, 임대차계약서 등) 등을 가지고 법원에 청구하여 물건에 가압류 또는 강제경매개시결정등기(채권을 등기하면 물권우선주의에 대한 예외가 인정된다) 등을 하게 되면 그 이후에 설정등기된 물권 또는 저당권부채권과는 동순위로서 안분배당받게 되는 데 그 이유는 가압류에 의한 처분금지의 효력 때문에 그 집행보전의 목적을 달성하는 범위 내에서 가압류권자에 대한 관계에서 상대적으로 무효이므로 이 보다 후순위의 물권과 저당권부채권은 선순위가압류권자에 대하여 우선변제권을 주장할 수 없고(물권과 저당권부채권의 우선변제권은 자기보다 후순위에 대해서 우선변제가 가능하므로), 가압류권자 역시 우선변제청구권이 없는 채권이므로 동순위로 안분배당받게 된다는 것이다[대법86다카2570].

일반임금채권 역시 물권과 저당권부 채권보다 우선하지 못하지만 물권과 저당권부채권보다 선순위로 가압류 또는 강제경매개시결정등기를 한 경우라면 그 이후에 설정등기된 물권 또는 저당권부채권과는 동순위로서 안분배당받게 된다.

가압류 · 압류의 처분금지효력이 미치는 범위와 처분금지효력의 예외

가압류 · 압류의 처분금지효력이 미치는 범위

가압류는 채권을 보전하기 위한 보전처분으로 채무자는 가압류의 목적물에 대해서 매매, 증여, 질권 등의 담보권설정, 그밖에 일체의 처분행위를 할 수 없다. 이를 가압류의 처분금지효력이라 한다.

우리 구 민사소송법과 판례 등에서도 개별상대효설을 인정하고 있는데 이러한 개별상대효설에 의하면 제3취득자(=새로운 소유자, 현 소유자)는 가압류 또는 압류채권자에 대하여는 제3취득자가 그 소유권이전등기로 대항할 수 없으나 전소유자에 대한 다른 채권자(등기부에 공시되지 않은 채권자)에 대해서는 소유권이 유효하게 이전되었으므로 대항할 수가 있어서 다른 채권자 등은 경매 등의 절차에서 참여할 수 없고 배당후 잔액이 있어도 제3취득자에게 배당된다.

개별상대효를 다시 요약하면 가압류 또는 압류가 먼저 되고 그 이후에 소유권이 처분되거나 담보권 등이 설정된 경우, 가압류 또는 압류에 저촉되는 집행채무자의 처분은 절대적으로 무효가 아니라 처분행위 당사자 사이에서는 유효하고, 다만 가압류 또는 압류채권자에 대해서만 대항할 수가 없다. 이와같이 저촉처분이 소유권이전일 경우 저촉처분전의 가압류 또는 압류권자에 대항할 수가 없어서 즉 이들 채권금액에 대해서 소유권이전등기는 무효가 되므로 배당금에 대해서 현소유자의 채권자보다 우선하여 변제받으나, 저촉처분이 담보권설정일 경우에는 가압류 또는 압류권자와 동순위로 안분배당을 하게 된다는 사실이다. 따라서 저촉처분이 소유권이전일 경우보다 담보권이 더 보호를 받게된다.

이렇게 가압류보다 후순위로 저당권 등의 담보물권이 설정되면 동순위가 되므로 채무자와 저당권자 등이 담합하면 얼마든지 가압류권자가 피해를 볼 수가 있어서 가압류권자 등이 채권자취소권 또는 배당이의의 소송을 하게 되는 경우가 발생되고 있다.

가압류 · 압류의 처분금지효력의 예외

① 가압류와 압류 상호간

가압류와 압류(강제경매신청채권)는 보전행위 또는 본집행의 행위이지 처분행위가 아니므로 가압류상호간, 압류상호간, 가압류와 압류상호간에 그 결정이 이루어진 또는 그 집행이 이루어진 선후에 따라 처분금지효력을 주장할 수 없다.

이에 대한 판례를 살펴보면 가압류 상호간에 그 결정이 이루어진 선후에 따라 뒤에 이루어진 가압류에 대하여 처분금지적 효력이 있는지 여부(소극)[대법98다42615]

② 가압류 · 압류와 조세 · 공과금채권 상호간

국세 또는 지방세, 가산금 및 체납처분비는 원칙적으로 납세자의 총재산에 대하여 다른 공과금 기타 채권에 우선하여 징수한다[국기법35조1항].

가압류와 체납처분압류가 중복된 경우에 국세 · 가산금 또는 체납처분비는 가압류채권에 우선하여 징수한다. 가압류집행이 선행되었다 하더라도 국세체납처분은 아무런 장애 없이 집행할 수 있다. 즉 가압류 이후 조세 · 공과금채권이 압류를 한 경우 뿐만 아니라 압류 없이 교부청구만 한 경우도 조세 · 공과금채권이 항상 우선하게 된다.

③ 공과금 압류와 조세채권 압류 상호간 처분금지효력과 압류선착주의 적용여부

산업재해보상보험료 등 공과금에 기하여 압류된 재산에 대하여 지방세에 기해 이중압류를 하고 이중압류에 따른 매각처분을 하여 그 매각대금을 지방세에 배분한 경우, 그 매각처분의 효력은 ~ 보험료 등 공과금과 지방세 상호간에는 압류선착주의를 규정한 지방세법 제34조가 준용된다고 보기 어렵고 지방세 우선의 원칙이 적용되므로, ~ 이러한 점에 비추어 볼 때, 공매절차 담당자가 이와 같은 경우에는 이중압류가 예외적으로 허용되는 것으로 보고 이에 기하여 공매처분을 한 것이라면, 그 매각처분이 위법한 것이라 하더라도 당연무효라고 할 만한 중대하고 명백한 하자가 있다고 볼 수는 없다[대법2008다47732].

공과금이 선행해서 압류가 되고 조세채권이 후행압류 뿐만 아니라 압류하지 아니한 경우도 적법한 교부청구가 되었다면 우선특권이 있어서 항상 우선변제 받게된다.

가압류이후 저당권 등이 설정된 경우 채권자취소권의 범위

① 부동산에 대하여 가압류등기 후에 근저당권설정등기가 경료된 경우, 가압류채권자가 채무자의근저당권설정행위에 대하여 채권자취소권을 행사할 수 있는지 여부(한정 적극)

부동산에 대하여 가압류등기가 먼저 되고 나서 근저당권설정등기가 마쳐진 경우에 경매절차의 배당관계에서 근저당권자는 선순위 가압류채권자에 대하여는 우선변제권을 주장할 수 없으므로 그 가압류채권자는 근저당권자와 일반 채권자의 자격에서 평등배당을 받을 수 있고, 따라서 가압류채권자는 채무자의 근저당권설정행위로 인하여 아무런 불이익을 입지 않으므로 채권자취소권을 행사할 수 없다. 그러나 채권자의 실제 채권액이 가압류 채권금액보다 많은 경우 그 초과하는 부분에 관하여는 가압류의 효력이 미치지 아니하여 그 범위 내에서는 채무자의 처분행위가 채권자들의 공동담보를 감소시키는 사해행위가 되므로 그 부분 채권을 피보전채권으로 삼아 채권자취소권을 행사할 수 있다[대법2007다77446].

② 채권자가 가압류한 부동산에 대하여 채무자가 제3자의 채무를 담보하기 위하여 근저당권을 정하여 책임재산이 부족하게 되거나 그 상태가 악화된 경우, 가압류채권자가 그 근저당권설정행위에 대해 채권자취소권을 행사할 수 있는지 여부(적극)[대법2009다90047].

대법원 2008. 2. 28. 선고 2007다77446 판결은 채무자가 자신의 수익자에 대한 채무를 담보하기 위하여 근저당권을 설정한 사안에 관한 것으로서, 채무자가 물상보증으로 근저당권을 설정한 이 사건에 적용하기에 적절하지 아니하다. 이러한 경우 가압류채권자가 전액 채권자취소권을 행사할 수 있다고 판결한 내용이다.

일반채권의 종류

① 경매나 공매 목적 부동산에 등기된 가압류채권

경매절차에서는 모든 가압류채권자 등이 배당절차에 참여할 수 있으나 공매절차에서는 저당권부 담보물권자보다 선순위이거나 동순위인 경우에만 배분절차에 참여할 수 있다.

② 경매나 공매 목적 부동산의 소유자를 채무자 또는 보증인으로 하는 집행권원이 있는 채권(확정판결이나 공정증서가 있는 채권)

경매절차에서는 모든 집행권원이 있는 채권자 등이 배당요구 종기일까지 배당요구시에는 배당절차에 참여할 수 있지만 공매절차에서는 배분절차에서 배제되고 이 집행권원으로 압류등기 또는 강제경매신청등기를 하고 이들이 저당권부 담보물권자보다 선순위이거나 동순위인 경우만 배분절차에 참여할 수 있다.

③ 집행권원이 없는 차용증 등을 소지한 채권자

집행권원 없이 차용증만 소지한 채권자는 실무상 배당절차에 참여할 수 없다. 차용증을 가지고 부동산에 가압류해야만 배당에 참여할 수 있다. 이는 공매절차뿐만 아니라 경매절차에서도 마찬가지이다.

④ 확정일자 없는 주택임차인(소액임차인의 소액보증금 중 일정액은 제외)

확정일자 없는 주택임차인의 보증금 반환채권은 배당요구를 하더라도 소액보증금 중 일정액을 제외하고는 배당에 참여할 수 없다. 따라서 배당요구시 확정일자를 받아서 배당요구를 해야만 후순위에서도 배당 참여가 가능하다. 이는 경매절차뿐만 아니라 공매절차에서도 마찬가지이다.

⑤ 주택(상가)임대차보호법상 보호대상이 아닌 상가 또는 토지 임차인 등

경매절차에서 주택(상가)임대차보호법상 보호대상이 아닌 상가 또는 토지 임차인 등은 경매목적 부동산에 가압류등기를 하지 않거나 보증금에 대한 집행권원(확정판결, 공정증서 등)이 없다면 경매부동산의 이해관계인으로서 배당절차에 참여할 수 없다. 배당잉여금이 있어도 배당절차에 참여할 수 없다. 공매절차에서는 주택(상가)임대차보호법상 보호대상이 아닌 상가 또는 토지 임차인 등은 공매목적 부동산에 가압류등기를 하지 않거나 보증금에 대한 집행권원으로만 배분

요구가 불가하고 가압류등기 · 압류등기 · 강제경매신청기입등기를 해야 되고 이들 모두가 동시에 저당권부 담보물권자보다 선순위이거나 동순위인 경우에 만 배분절차에 참여할 수 있다.

채권과 물권 그리고 기타 권리들 간의 우선순위 결정

일반채권 간의 우선순위

원칙적으로 채권의 평등의 원칙에 따라서 우열이 없이 그 채권의 성립 시기, 효력 발생시기를 불문하고 동순위로서 안분배당(＝비율배당, 평등배당)하게 된다.

일반우선채권 간의 우선순위 결정방법

다음 효력발생일시를 기준으로 선후에 따라 우선순위가 정해진다.

① 일반우선채권 간의 순위(효력발생일을 기준으로 순위 산정)저당권, 등기된 전세권, 등기된 주택임차권, 담보가등기 등 등기를 요하는 권리는 등기접수일과 접수번 호가 효력발생일이 된다.

② 확정일자부 주택임차권은 대항요건을 갖춘 다음 확정일자를 받았다면 당일 주 간에 우선변제권의 효력이 발생되지만, 같은 날에 전입신고와 확정일자를 갖추 었든가 또는 확정일자를 먼저 갖추고 나서 전입신고를 갖추게 되면 대항력 발 생 시기, 즉 전입신고일의 익일 오전 0시에 확정일자의 우선변제권의 효력이 발 생된다. 다시 말해서 확정일자는 대항요건이 갖추어지지 않은 상태에서는 우선 변제권의 효력이 발생되지 않는다는 사실이다.

③ 당해세가 아닌 일반조세채권 등은 그 법정기일[압류등기일(조세채권확정 전 보전압류 한 경우), 납부고지서 발송일, 신고납부하는 경우 그 신고일 등]이 효력발생일이다.

④ 일반임금채권은 담보물권(저당권, 담보가등기, 낙찰로 소멸하는 등기된 전세권 등) 및 담 보물권적 효력이 있는 채권(등기된 주택임차권, 확정일자부 주택임차권 등)보다는 언제 나 후순위이다. 그러나 기타 일반임금채권(최우선변제금을 제외한 임금, 퇴직금)—근 로기준법 제38조(임금채권우선변제) 제1항은 질권, 저당권에 의해 담보된 채권을 제 외하고는 조세(당해세 포함), 공과금 및 다른 채권에 우선하여 변제되어야 한다.

다만 질권, 저당권에 우선하는 조세공과금에 대해서는 그렇지 않다.

따라서 저당권부채권에 우선하는 조세 · 공과금에 대해서는 후순위가 된다는 사실이다.

채권과 물권이 충돌하는 경우

① 물권이 채권에 우선하는 것이 원칙물권은 성립 시기에 관계없이 항상 채권에 우선하는 것이 원칙이다. 주택의 임차인은 집주인(임대인)과의 관계에서, 별도로 전세권등기나 임차권등기를 하지 않은 상태라면, 임대차보증금 반환청구권을 갖는 채권자에 불과하기에 임대주택의 주인이 매매로 바뀌거나(소유권이전=물권), 경매나 공매로 인하여 소유자가 바뀌는 경우(소유권=물권)에는 임차인은 전 주인(임대인)에 대해 갖고 있는 임대차 관계의 채권으로써 새로운 물권자인 매수인에게 대항할 수 없는 결과가 된다.

② 물권이 채권에 대한 예외(특별법우선원칙)주택임대차보호법 제3조 제2항에 의하면, 임차주택이 매매 · 상속 등으로 인하여 소유자가 바뀐 경우라도 새로운 소유자는 전 소유자(임대인)의 지위(임대차관계에 대한 권리 · 의무)를 승계한 것으로 본다고 규정하여 물권이 채권에 항상 우선한다는 원칙에 대한 예외를 인정하여 주택임차인들을 보호하고 있다.

임대차보호법은 특별법으로 일반법인 민법에 우선하기 때문이다.

③ 경매나 공매의 경우에 있어서 일반매매, 상속, 증여와는 차이가 있다. 위의 ② 와 같이 주임법 및 상임법의 적용대상 임차인 등은 일반거래절차로 취득한 제3취득자에 대해 모두가 대항력이 있어서 제3취득자가 인수해야 되나 경매나 공매절차상에 있어서 임차인이 저당권 등의 말소기준권리의 등기일보다 앞서서 전입신고 된 대항력 있는 임차인만 해당된다. 만일 후순위임차인이라면 대항력이 없어서 소멸 대상이 된다.

그러나 임차인 등이 확정일자를 받았다면 대항력은 없지만 우선변제권이 있어서 확정일자의 순서에 따라서 후순위권리자에 우선하여 우선변제 받을 수 있다.

물권과 채권 등이 혼재시 배당 연습

① 선순위 물권 → 후순위 채권 → 후순위 물권 순인 경우

갑 저당권 → 을 가압류 → 병 임차인 전입/확정일자(최우선변제금은 계산하지 않음)

1순위_ 갑 저당권

2순위_ 을 가압류＝병 임차인(확정일자 임차인)이므로 동순위로서 안분배당한다.

② 선순위 확정일자부 임차인 → 후순위 채권인 경우

갑 임차인 전입/확정일자 → 을 가압류 → 병 강제경매 신청 → 정 가압류 → 을의 강제경매 신청

배당순위

1순위_ 갑 임차인의 확정일자 우선변제권

2순위_ 을 가압류＝병 강제경매신청＝정 가압류는 동순위로서 안분배당한다.

③ 선순위 채권 → 후순위 물권인 경우

물권은 일반채권에 우선하고 물권은 우선변제권이 있으나 우선변제권은 물권보다 후순위 권리자에 해당되는 것이지 선순위로 등기된 일반채권자까지 해당되는 것이 아니므로 동순위로 안분배당한다. 일반채권자 역시 우선변제권이 없고 채권자 평등주의로 모두가 평등하다.

갑 가압류 → 을 저당권 → 병 임차인 전입/확정일자 → 을의 임의경매배당순위 : 1차 갑＝을이고, 갑＝병이므로 동순위로 안분배당하고 1차 안분배당: ① 갑, ② 을, ③ 병을 안분배당하고, 2차 흡수배당: 을은 병보다 우선순위로 을은 병의 1차 안분액 한도 내에서 을의 채권이 만족할 때까지(안분 부족액을) 흡수하는 절차를 거치게 된다.

선순위 채권 ⇒ 물권 ⇒ 채권 순 등일 경우 배당관계에 대한 판례

1. 가압류등기 후에 경료된 담보가등기의 효력 및 가압류채권자와 위 담보가등기권자와 간의 배당순위[대법 86다카2570 판결]

부동산에 대해 가압류등기가 먼저 이루어지고 이후 담보가등기를 마친 경우, 그 담보가등기는 가압류에 의한 처분금지의 효력 때문에 그 집행보전의 목적을 달성하는 데 필요한 범위 안에서 가압류채권자에 대한 관계에서만 상대적으로 무효라 할 것이고 따라서 담보가등기권자는 그보다 선순위의 가압류채권자에 대항하여 우선변제를 받을 권리는 없으나 한편 가압류채권자도 우선변제 청구권을 가지는 것은 아니므로 가압류채권자보다 후순위의 담보가등기권자라 하더라도 (…) 법원의 최고에 의한 채권신고를 하면 가압류채권자와 채권액에 비례하여 평등하게 배당받을 수 있다.

2. 가등기 → 근저당 → 강제경매 신청의 순인 경우 배당방법(대법 94마 417결정)

① 가압류 등기 후에 경료된 근저당권 설정 등기의 효력

부동산에 대해 가압류등기가 먼저 이루어지고 이후 근저당권설정등기를 마친 경우에 그 근저당권등기는 가압류에 의한 처분금지의 효력 때문에 그 집행보전의 목적을 달성하는 데 필요한 범위 안에서 가압류채권자에 대한 관계에서만 상대적으로 무효이다.

② ①의 경우 가압류채권자와 근저당권자 및 근저당권설정등기 후 강제경매신청을 한 압류채권자 사이의 배당순위

①의 경우 가압류채권자와 근저당권자 및 근저당권설정등기 후 강제경매신청을 한 압류채권자 사이의 배당관계에 있어서, 근저당권자는 선순위 가압류채권자에 대해서는 우선변제권을 주장할 수 없으므로 1차로 채권액에 따른 안분비례에 의해 평등배당을 받은 다음, 후순위 경매신청압류채권자에 대해서는 우선변제권이 인정되므로 경매신청압류채권자가 받을 배당액으로부터 자기의 채권액을 만족시킬 때까지 이를 흡수하여 배당받을 수 있다.

❖ 경매 · 공매절차상에서 하자 발생시 낙찰자의 대응방안

매각기일(최고액입찰자가 되고 나서) 이후 권리변동(대위변제, 가등기권자의 본등기, 기타 권리변동 등)에 대한 대응방안

경매절차상이나 경매절차 밖에서 대응방안

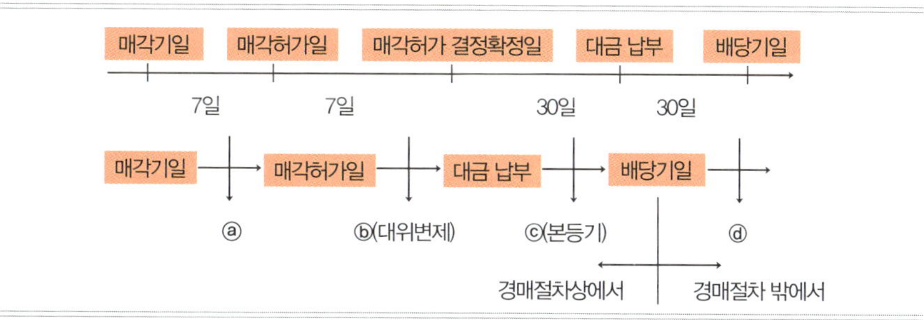

매각기일 이후에서 매각허가기일 이전에 발생한 경우

갑 전입 → 을 저당 → 을 경매신청이 ⓐ 기간 내에 알게 되었을 때

민사집행법 제121조 제5호는 매각물건명세서 작성 중 중대한 흠결이 있을 때, 즉 매각물건명세서에 임차인의 대항력 있음을 표시하지 않은 상태에서 낙찰자가 모르고 입찰에 참여하여 낙찰을 받았을 경우 낙찰자는 매각불허가 신청을 할 수 있다.

매각허가 결정기일 이후 대금 납부기한 전의 기간에 발생된 경우

낙찰자가 매각허가 결정이 되고 나서 대위변제로 1순위 저당권이 말소된 경우 → 매각허가 결정 취소신청(대금 납부 전까지 가능)

갑 저당권 → 을 임차인 → 병 저당권 → 병 경매개시 → 정 낙찰 → 갑 저당권 대위변제: ⓑ 기간 동안에 대위변제 시에는 매각허가 결정에 대한 취소신청을 할 수 있다.

대위변제로 선순위대항력을 갖추어서 선순위 임차인을 인수하게 되면 매각허가 결정을 취소 신청할 수 있다.

대금 납부 이후 배당기일 이전에 발생한 경우

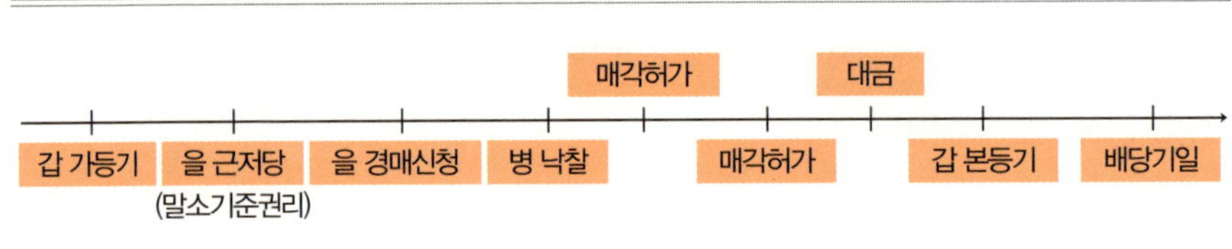

위의 그림에서 ⓒ 기간 동안에 가등기권자가 본등기로 낙찰자가 대금을 완납했음에도 소유권을 상실한 경우 → 낙찰자는 매매계약 해제 및 경매대금 반환청구를 할 수 있다. 배당표는 배당기일 3일 전에 확정되므로 배당기일 2~3일 전에 배당표 등본에 대한 교부 신청·열람·등사청구서를 확인하여 대위변제나 기타 변수 등을 확인해야 한다.

이러한 경우는 낙찰자가 가등기를 담보가등기로 해석했거나 선순위 근저당권이 있었는데 대위변제로 가등기가 선순위가 된 경우일 것이다.

배당기일 이후에 발생된 경우(말소된 가처분의 회복, 소유권 다툼의 예고등기)

경매절차 밖에서 ⓓ 기간 동안에는 가처분이 말소회복소송으로 등기가 말소된 경우 민법 제578조 경매와 매도인의 담보책임 ㉠ 채무자에게 청구하거나, ㉡ 배당받은 채권자를 상대로 별도의 소송, 즉 부당이득 반환청구 소송을 제기할 수 있다고 할 것이다.

① 낙찰자가 소유권을 상실하게 된 경우 민법 제578조(＝경매와 매도인의 담보책임) 규정에 의해 채무자에게 계약해제를 요청할 수 있다. 그러나 채무자가 자력이 없기 때문에 배당받은 채권자에게 부당이득반환청구를 할 수 있을 것이다.

② 선순위 갑저당권의 채권액이 없는 경우에 형식적 말소기준권리가 되기 때문에 말소기준권리가 될 수 없어서 후순위의 을 가처분은 경매절차상에서 소멸되었으나 경매절차 밖에서 이를 회복시켜주어야 할 것이다. 따라서 대금 납부 전 또는 배당기일 전까지는 최소한 등기부등본이나 경매·공매 기록 등을 다시 점검할 필요가 있다.

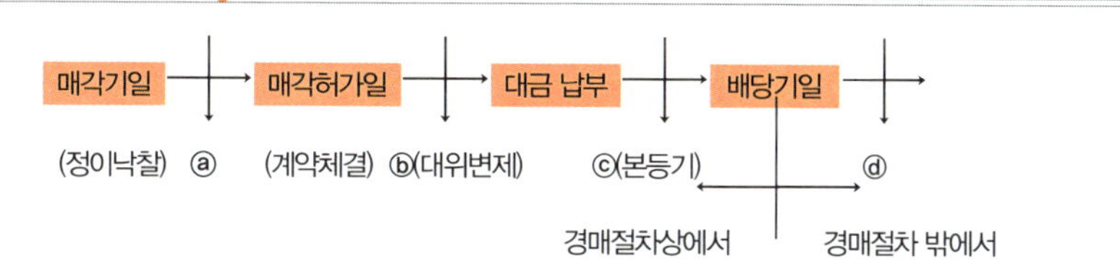

낙찰자가 매각결정 이전(ⓐ 기간) 또는 매각결정 이후(ⓑ 기간)에 대위변제로 1순위 저당권이 말소된 경우 → 매각불허가 신청 또는 매각결정 취소신청(계약취소신청)이 대금 납부 전까지 가능하다.

㉠ 갑저당권(1차 말소기준) → 을 임차인 → 병 조세채권 압류(2차 말소기준) → 병 압류 공매 의뢰 → 정 낙찰: 인수권리 없음

여기서 임차인 을이 갑 저당권 채권액을 대위 변제한 경우라면 상황이 달라진다. 말소기준권리가 병 조세채권압류가 되므로 을 임차인은 대항력이 있어서 낙찰자는 을 임차인을 인수해야 한다.

대위변제로 을 임차인이 대항력이 발생되는 경우: ⓐ · ⓑ 기간 동안에 대위변제에는 매각불허가청 또는 매각결정 취소신청을 할 수 있다. 따라서 말소기준권리의 채권액이 소액인 경우 낙찰자는 항상 대위변제를 대비해야 한다. 대위변제는 공매낙찰자가 잔금 납부를 하기 전까지 가능하므로 선순위저당권이 소액인 경우는 물론 소액이 아니더라도 최소한 대금 납부 전에 등기부등본 열람과 공매실행기관 등에 확인하여 대위변제 사실 등이 있는지 등을 확인하고 없을 경우에 대금을 납부해야 될 것이다.

따라서 낙찰자는 입찰하기 전, 대금 납부하기 전에 반드시 등기부등본을 열람하여 대위변제나 기타 사유로 인한 하자가 발생하지 않도록 확인하고 점검해야 한다.

㉡ 최우선순위 저당권이 있다 하더라도 그 채권 최고액이 소액인 경우 다음 순위 임차인이 선순위 저당채무를 채무자를 대위하여 변제한다면 임차권이 대항력을 갖게 되므로(순위상승의 원칙) 응찰자는 이렇게 될 경우도 염두에 두어야 할 것

이다. 대위변제가 입찰기일 이후 매각결정일 이전이라면 매각불허가 신청사유가 될 것이나 매각결정일 이후 대금 납부 이전이라면 매각결정의 취소신청 또는 매각대금 감액청구사유가 된다고 볼 것이다[법 제639조].

갑 가등기 → 을 저당권 → 병 세금압류 → 병의 압류공매 의뢰 → 정 낙찰자 → 대금 납부 → 갑이 본등기 → 배분기일

ⓒ 기간 동안에 가등기권자가 본등기로 낙찰자가 대금을 완납하였음에도 소유권을 상실한 경우 → 낙찰자는 매매계약 해제 및 공매대금 반환청구를 할 수 있다.

배분표는 배분기일 3일 전에 확정되므로 배분기일 2~3일 전에 배분표 등본에 대한 교부 신청·열람·등사청구서를 확인하여 대위변제나 기타 변수 등을 확인해야 한다. 이때 문제가 발생하면 매매계약해제와 대금반환청구 소송을 해야 한다.

공매절차 밖에서 ⓓ 기간 동안에는 가처분이 말소회복소송으로 등기가 말소된 경우

민법 제578조 경매와 매도인의 담보책임에 의해서 채무자에게 청구하거나, 배분받은 채권자를 상대로 별도의 소송, 즉 부당이득 반환청구 소송을 제기할 수 있다고 할 것이다.

공매의 취소 가능성

부동산 가격에 비해 공매 신청자의 채권액이 적은 경우에는 매각 후에도 매각대금 납부일까지 체납자 또는 소유자가 변제할 가능성이 크다. 이때 체납자의 공매취소 신청방법으로 첫째, 낙찰자가 매각결정서 수령 전에는 낙찰자 동의 없이 체납세액을 상환 후 취소신청이 가능하다. 둘째, 낙찰자가 매각결정서 교부 또는 수령 후에는 낙찰자의 동의가 있어야만 공매취소가 가능하다. 이 경우 공매는 취소된다. 셋째, 선순위 채권이 많아서 공매신청채권자의 실익이 없게 되면(공매신청자에게 배분 여력이 없는 경우) 공매가 취소될 수 있다.

❖ 권리분석에서 반드시 이해해야 하는 사항 및 용어

말소기준권리

① 근저당권, ② 담보가등기, ③ 가압류, ④ 압류, ⑤ 전세권(집합건물), ⑥ 강제경매 기입등기 중에서 등기부상 갑구와 을구에 가장 먼저 설정 등기된 채권이고, 이들이 말소기준권리가 되기 위해서는 매각 대상물건 전체에 대해서 영향을 미칠 수 있는 채권이고, 배당받고 소멸되는 채권이어야 한다.

최우선변제금(특별우선채권)

① 임차인의 소액보증금 중 일정액
② 근로자의 최종 3월분 임금, 최종 3년분 퇴직금, 재해보상금

최우선변제금 지급기준 권리

① 근저당권, ② 담보가등기, ③ 전세권 등, 다만 확정 일자부 임차권은 이들보다 선순위이거나 동순위인 경우에 이들에 우선하지 못하는 소액임차인보다는 우선한다.

당해세(특별우선채권)

당해 부동산에 관해서 발생된 세금으로 최우선변제금 등을 제외한 우선변제권 있는 저당권부 채권 중에서는 1등으로 우선변제를 받게 된다.
당해세는 ① 국세: 종합부동산세 · 상속세 · 증여세, ② 지방세: 재산세 · 자동차세 · 도시계획세 · 공동시설세 등이 있다.

저당권부 채권과 조세 · 공과금채권 간의 우선순위(일반우선채권)

① 근저당권 · 담보가등기 · 전세권 · 등기한 임차권은 등기설정일
② 확정일자부 임차권은 효력발생일
③ 일반조세채권은 법정기일
④ 공과금은 납부기한을 기준으로 우선순위를 정하게 된다.

특별우선채권과 일반우선채권에 대한 설명

특별우선채권

① 민법상 필요비, 유익비 상환청구권 ② 주택(상가건물) 임대차보호법상의 소액보증금 중 일정액 ③ 근로기준법상 우선변제권 있는 임금채권(3월의 임금, 3년간의 퇴직금, 재해보상금) ④ 국세, 지방세 중 당해세에 해당하는 조세채권 등이 우선하여 변제받을 수 있는 권리에는 물권으로서 우선변제권을 가지는 우선변제권과 채권으로서 우선하여 변제받을 수 있는 특권을 가진 우선특권이 있다. 이 밖에도 일반채권에는 항상 우선한다.

일반우선채권

우선하여 변제받을 수 있는 권리에는 물권으로서 우선변제권을 가지는 우선변제권과 채권으로서 우선하여 변제받을 수 있는 특권을 가진 우선특권이 있다.

① 우선변제권(물권): 근저당권, 확정일자 우선변제권, 담보가등기, 집합건물전세권, 등기된 임차권 등 이때 우선변제를 받을 수 있는 상대방은 자기보다 후순위의 저당권부채권 · 조세채권 · 공과금채권 · 일반채권자 등이 대상이 된다. 따라서 자기보다 선순위채권자에게는 우선변제권을 주장할 수 없다.

② 우선특권(채권)

    ⓐ 조세채권(당해세 제외), 공과금채권 등 이때 우선변제 받을 수 있는 상대방은 자기보다 후순위의 저당권부채권자와 일반채권자 등이 대상이 된다.

    ⓑ 일반임금채권(근로자의 최우선변제금 제외) 이때 우선변제 받을 수 있는 상대방은 조세(당해세 포함) · 공과금 · 일반채권자 등이 대상이 된다. 그러나 저당권부채권보다는 항상 후순위이며 이러한 저당권부채권보다 선순위인 조세 · 공과금채권은 일반임금채권에 우선한다.

저당권부 채권

① 근저당권, ② 전세권, ③ 담보가등기, ④ 확정일자부 임차권, ⑤ 등기한 임차권 등

조세채권 상호간의 우선순위

① 당해세 → ② 납세담보물권 → ③ 압류선착주의 → ④ 교부 청구된 조세채권끼리는 법정기일에 상관없이 동순위로 안분배분된다.

조세채권 상호간의 우선순위는 당해세를 제외하고 일반조세채권과 저당권부 채권과의 우선순위는 조세채권의 법정기일과 저당권부 채권 등의 효력발생시기를 비교하여 우선순위가 정해지고, 조세채권끼리는 1차적으로 앞에서와 같은 절차를 거쳐서 배당받고, 이 배당금액을 가지고 2차적으로 조세채권끼리는 압류선착주의에 의해서 흡수하고, 교부청구 채권끼리는 동순위로 안분배당된다.

조세채권과 공과금 및 기타 일반채권 간의 우선관계(일반우선채권)

조세채권은 다른 공과금 기타의 채권(일반채권)에 항상 우선한다. 이때 우선변제 받을 수 있는 상대방은 공과금과 일반채권자 등이 대상이다.

공과금과 기타 일반채권 간의 우선관계(일반우선채권)

공과금채권은 기타의 채권(일반채권)에 항상 우선한다. 이때 우선변제 받을 수 있는 상대방은 일반채권자 등이 대상이다.

공과금 간의 우선순위는 압류했든 압류하지 않았든 동순위이다. 공과금 상호간에는 압류선착주의가 적용되지 않는다.

일반임금채권(최우선변제금 제외)과 저당권부 채권 및 조세 · 공과금 · 기타일반채권 간의 우선관계(일반우선채권)

일반임금채권(최우선변제금 제외)은 조세(당해세포함)채권, 공과금채권, 일반채권에 우선한다. 이때 우선변제 받을 수 있는 상대방은 조세(당해세 포함) · 공과금 · 일반채권자 등이 대상이다. 그러나 저당권부 채권보다는 후순위이다.

그리고 일반임금채권은 저당권부채권보다 우선하는 조세, 공과금채권보다는 후순위이다.

임차권의 권리

대항력 주장(대항력 있는 임차인만)

잔존 계약기간 동안 주택을 사용·수익하고 → 계약기간 종료시 임차보증금을 낙찰자(제3취득자)에게 반환받을 채권자가 된다.

이때 임차보증금반환과 주택인도는 동시이행관계에 있다.

배당요구를 한 경우(대항력 있는 임차인과 대항력 없는 임차인 모두 포함)

① 소액보증금 중 일정액

임차인이 소액임차보증금에 해당되면 최우선변제금 지급기준이 되는 저당권부 채권에 우선해서 일정액을 우선변제 받는데 이 일정액이 최우선변제금이다. 이러한 일정액을 우선변제 받기 위해서 임차인은 보증금이 저당권부채권의 설정등기일 또는 효력발생일에 해당하는 구간의 소액임차보증금이 되어야 한다.

　예) 과밀억제권 지역에서는 2001년 9월 15일~2008년 8월 20일 구간에 설정등기 된 저당권부 채권이라면 소액임차보증금은 4,000만 원 이하여야 하고, 이 경우 일정액 1,600만 원을 그 구간에 설정등기 된 저당권부 채권보다 우선변제 받는다. 이때 이 구간에 설정등기 된 저당권부 채권 모두가 최우선변제금의 지급기준이 된다.

요건

- 공매는 최초공매공고일 이전(경매는 경매개시 기입등기일 이전)에 대항요건[주민등록(전입신고)+주택인도]
- 보증금의 액수가 소액임차보증금에 해당
- 배당요구를 해야 함: 경매는 배당요구 종기시까지(공매는 배분표 작성 전까지)
- 대항력 유지존속 기간: 공매는 매각결정시까지(경매는 배당요구 종기시까지)

② 확정일자 우선변제금

대항요건을 갖추고 계약서에 확정일자를 받으면 확정일자에 의한 우선변제금을 후순위권리자에 우선하여 변제받을 수 있는 권리이다.

요건

- 주민등록(전입신고) + 계약서에 확정일자

- 배분요구 종기시까지 배분요구(경매는 배당요구 종기, 공매는 배분표 작성 전)
- 대항력 유지 존속기간: 경매는 배당요구 종기시까지(공매는 매각결정시까지)
- 확정일자에 의한 우선변제금을 받기 위해서 대항요건을 갖추어야 하는 시기는 별도로 정해지지 않았으나 경매는 배당요구 종기시까지 갖추어서, 공매는 배분표 작성 전 배분요구해야만 배분받을 수 있다.

경매 또는 공매 물건에 대한 유의사항 종합정리

① 말소기준권리를 먼저 찾아라: 말소기준권리 이후의 권리 등은 소멸되고 이전의 권리는 인수해야 된다.

② 경매물건에 임차인이 있는 경우 대항력 여부와 배당요구 여부를 먼저 확인하라!

   ⓐ 대항력이 있는 경우: 배당요구하지 아니하였는가(낙찰자 인수)와 배당요구를 하였는가, 배당요구를 했다면 전액 배당인지 미배당금이 있는지 여부(미배당금은 낙찰자의 인수금액이 되기 때문이다).

   ⓑ 대항력이 없는 경우라도 배당받을 금액(소액보증금 중 일정액이라도 받을 수 있어야 명도가 쉽다)이 있는지를 파악하라. 이를 위해 예상배당표의 작성시 주의할 부분은 소액임차보증금 중 일정액(최우선변제금)과 확정일자 우선변제금이다.

③ 매각 대상 물건에 임차인이 있으면 소액임차보증금에 해당되는지 여부를 먼저 판단하라!

소액임차보증금에 해당하는 임차인이 있으면 최우선변제금을 먼저 배당하고 없으면 당해세 → 저당권부 채권(근저당권과 확정일자 우선변제권 등) 등 간의 우선순위에 따라 배당하면 된다.

④ 조세채권 등이 있다면, 1차적으로 당해세 유무, 당해세가 없으면 일반세금 등은 법정기일 등을 가지고 저당권부 채권과 우선순위를 결정하고, 저당권부채권이 없는 조세채권끼리는 압류선착주의를 적용하여 우선배당 받게 되고, 교부청구한 조세채권끼리는 배당 잔여금을 가지고 동순위로 안분배당하면 된다.

부동산 상의 권리관계

경매나 공매 물건에 대한 권리분석에는 부동산 상의 권리와 등기부등본 상의 권리가 있는데 부동산 상 권리 중의 대표적인 권리자를 보면, 주택 및 상가건물임대차보호법의 적용을 받는 임차인과 적용을 받지 못하는 기타 점유자가 있고, 이 밖에 특수한 권리자로 법정지상권, 관습법상 법정지상권, 분묘기지권, 조세 · 공과금채권, 근로자의 임금채권, 유치권, 기타의 권리자 등이 있다.

주택 및 상가건물임대차보호법의 적용을 받는 임차인은 등기부에 기재된 채권자가 아니고, 대항요건과 확정일자만 갖추고 있다면 대항력과 우선변제를 받을 수 있어서 권리분석에 있어서 유의할 것들이 많다. 이것이 권리분석 중에서 주택 및 상가 임차인에 대한 분석만 잘할 수 있으면 권리분석에 절반 이상은 성공했다고 표현하는 이유이기도 하다.

❖ 주택임대차보호법에 대한 권리분석과 배당사례

주택임대차보호법

이 법은 주거용 건물의 임대차에 관하여 민법에 대한 특례를 규정함으로써 국민의 주거생활 안정을 보장함을 목적으로 한다[주임법 제1조]. 이는 소유자, 즉 임대인에 비해 열악한 위치에 있는 주택임차인을 보호하기 위해 마련한 것으로, 주택임차인이 일정한 요건(주민등록+주택인도)을 갖추면 대항력을 갖게 되고 여기에 추가로 확정일자를 받음으로써 우선변제권을 인정받게 되어 후순위채권자들보다 우선으로 보호받도록 한 것이다. 이 법은 사법인 민법에 대한 특별법이다.

주임법의 적용을 받을 수 있는 대상

이 법은 주거용 건물의 전부 또는 일부의 임대차에 관하여 적용된다. 그 임차주택의 일부가 주거 목적 외의 목적으로 사용되는 경우에도 또한 같다[주임법 제2조].

　적용대상은 공동주택, 단독주택, 기타 주거로 인정되는 건물로 등기된 것이고, 미등기건물, 무허가건물, 가건물 등도 실제 거주의 목적으로 일상적인 생활을 하고 있으면 주택임대차 보호를 받는다.

① 이 법의 적용대상은 건물이 등기인지 미등기 여부가 중요한 것이 아니라 실제 주거용으로 사용되느냐는 것이다. 점포 · 상가 · 사무실 · 공장 등과 같이 비주거용인 경우는 적용대상에 포함되지 않는다.

② 일시적으로 사용하기 위한 임대차임이 명백한 경우에는 적용하지 않는다(일시 사용을 위한 임대차—주임법 11조).

③ 주거용 건물 판단 시기

　주거용 건물 여부를 판단하는 시기는 임대차계약 체결 시점이다. 그러나 비주거용 건물이라도 주거용 건물로서 실질적 형태를 갖추고 나서 임대차계약서를 작성한 경우 또는 임대차계약 체결시 비주거용이었으나 처음부터 주거용으로 개조하여 사용하기로 합의했거나 나중에 임대인의 승낙을 얻어 주거용으로 개조한 경우에도 이 법이 적용된다. 단 주거용으로의 개조가 임대인의 동의 없는 불법 개조인 경우에는 이 법의 적용대상이 되지 못한다.

④ 겸용주택인 경우겸용주택이란 점포가 딸린 주택 등 주택의 일부가 주거 외의 목적으로 사용되는 경우와 같이 주거용 부분과 비주거용 부분(상가 부분)을 겸한 주택을 말한다. 주거용 건물의 일부가 비주거용으로 사용되는 경우(주거용 부분 〉 비주거용 부분) 주택 전체를 주임법의 적용을 받는 주거용으로 판단하고 비과세 요건을 갖춘 경우에는 양도세를 비과세 받을 수 있으나 반대로 임차건물이 주로 비주거용으로 사용되는 경우(주거용 부분 ≤ 비주거용 부분)에는 주거 사용 부분만 비과세 대상이고 비주거용 부분(상가 부분)은 일반세율로 과세된다.

대항요건을 갖춘 임차인의 대항력은 언제 발생되는가!

주임법 제3조에서 대항요건과 대항력

① 임대차는 그 등기가 없는 경우에도 임차인이 주택인도와 주민등록을 마친 때에

는 그 익일로부터 제3자에 대해 효력이 생긴다. 이 경우 전입신고를 한 때 주민등록이 된 것으로 본다(여기서 전입이라는 대항요건은 임차인 본인뿐만 아니라 배우자나 자녀 등 가족의 주민등록도 포함된다).

② 제1항에서 제3자에 대해 효력이 생긴다는 내용은 임차주택의 양수인(기타 임대할 권리를 승계한 자를 포함)은 임대인의 지위를 승계한 것으로 본다.

③ 민법 제575조 제1항, 제3항(제한물권이 있는 경우와 매도인의 담보책임) 및 제578조(경매와 매도인의 담보책임)의 규정은 이 법에 의해 임대차의 목적이 된 주택이 매매 또는 경매의 목적물이 된 경우에도 이를 준용한다.

대항력 발생시기

① 임차인이 주택의 인도와 주민등록이라는 요건을 모두 갖춘 다음 날부터 대항력이 생긴다. 여기서 다음 날의 의미는 다음 날 오전 0시를 의미한다[대법2001다30902].

여기서 대항력이 있다는 것은 임대인이나 소유자가 바뀌더라도 임차인이 새로운 소유자에 대해 종전의 임대차의 효력을 주장할 수 있는 것에 불과할 뿐이고, 공매 · 경매절차에서까지 대항력을 주장할 수 있다는 것은 아니다. 말소기준권리 이전에 대항요건을 갖추고 있는 경우에만 대항력이 인정된다.

② 주택의 소유자가 임차인으로 지위가 바뀐 경우 새로운 소유자 앞으로 소유권등기일 다음 날 오전 0시에 대항력이 발생한다[대법99다59306, 99다70556, 2001다61500].

③ 전차인이 전입신고를 마치고 거주하던 중 임차인이 소유권을 취득하고 근저당권을 설정한 경우 전차인은 임차인이 소유권이전등기가 이루어진 다음 날 오전 0시에 대항력을 취득하게 되는 것이 아니라 소유권이전 즉시 대항력을 취득하게 되어 소유권이전등기와 동시에 설정된 은행 근저당권보다 대항력이 있게 된다.

"갑이 병 회사 소유 임대아파트의 임차인인 을로부터 아파트를 임차하여 전입신고를 마치고 거주하던 중, 을이 병 회사로부터 위 아파트를 분양받아 자기 명의로 소유권이전등기를 경료한 후 근저당권을 설정한 사안에서, 비록 임대인인 을이 갑과 위 임대차계약을 체결한 이후에, 그리고 갑이 위 전입신고를 한 이후에 위 아파트에 대한 소유권을 취득하였다고 하더라도, 주민등록상 전입신고를 한 날로부터 소유자 아닌 갑이 거주하는 것으로 나타나 있어서 제3자들이 보기에 갑의 주민등록이 소유권 아닌 임차권을 매개로 하는 점유라는 것을 인식할 수 있었으므로 위 주민등록은 갑이 전입신고를 마친 날로부터 임대차를 공시하는 기능을 수행하고 있었다고 할 것이고, 따라서 갑은 을 명의의 소유권이전등기가 경료되는 즉시 임차권의 대항력을 취득하였다고 본 사례[대법2000다58026, 58033]."

위 사건 원심의 내용 일부를 살펴보면 "주민등록은 피고가 전입신고를 마친 1996년 1월 12일부터 임대차를 공시하는 기능을 수행하고 있었다고 할 것이고, 따라서 피고는 이 사건 부동산에 관하여 장병숙 명의의 소유권이전등기가 경료되는 즉시 위 임차권의 대항력을 취득하였다고 할 것이다. 그리고 장병숙의 소유권이전등기와 위 제1순위 근저당권설정등기가 같은 날 경료되었으나, 그 접수 순서에 있어 장병숙의 소유권이전등기가 앞서므로, 피고는 위 임차권으로 이 사건 부동산의 낙찰인인 원고에게 대항할 수 있다."

④ 종전 임차인이 낙찰자와 새로이 임대차계약을 체결한 경우

경매절차에서 낙찰인이 주민등록은 되어 있으나 대항력은 없는 종전 임차인과의 사이에 새로이 임대차계약을 체결하고 낙찰대금을 납부한 경우, 종전 임차인은 당해 부동산에 관하여 낙찰인이 낙찰대금을 납부하여 소유권을 취득하는 즉시 임차권의 대항력을 취득한다고 한 사례[대법2002다38361, 38378].

⑤ 주민등록의 일시적 이탈 후 재전입 시 대항력과 확정일자 우선변제권임차인이 그 가족들의 주민등록을 그대로 둔 채 자신만 주민등록을 일시적으로 옮긴 경우에는 대항력과 우선변제권은 그대로 유지된다. 그러나 임차인과 그의 세대원 전원이 주민등록을 퇴거했다가 다시 전입신고를 한 경우에는 주민등록을 재전입신고한 다음 날 오전 0시에 대항력이 발생한다. 이 경우 퇴거하기 전에 계약서에 이미 확정일자를 받은 경우에는 또다시 확정일자를 받지 않아도 종전의 확정일자가 유용하게 적용되나 확정일자에 의한 우선변제권의 효력 발생 시기

는 재전입신고한 다음 날 오전 0시(대항력 발생시기)에 발생된다.

⑥ 공무원 등에 의해 주민등록이 직권말소 된 경우임차인의 주민등록이 직권말소
된 경우 대항력이 상실되지만 말소된 주민등록이 회복되거나 재등록이 이루어
지면 그 대항력이 소급하여 발생된다. 다만 직권말소 된 주민등록이 주민등록
법상 소정의 이의절차에 의해서 회복된 경우가 아니면 선의의 제3자에게 그 소
급효를 주장할 수 없다.

⑦ 단독 · 다가구주택에서 토지와 건물의 말소기준권리가 다른 경우 임차인의 대
항력 기준은 토지와 건물에 설정된 말소기준권리 중 가장 빠른 날짜가 되는 것
이 아니라 건물의 말소기준만을 가지고 판단하게 된다.

이는 임대차대상이 건물이고 임차인은 건물을 사용 · 수익을 목적으로 하기 때
문이다.

임차인은 토지와 건물 전체에 대해서 우선변제권을 주장할 수는 있지만 대항력
은 건물말소기준권리를 가지고 판단해야 되며 토지는 매각대금에서 우선변제
를 받을 수 있는 우선변제권만 갖게 된다고 보면 될 것이다.

임대차계약기간과 계약의 갱신

임대차계약기간

기간을 정하지 않았거나 기간을 2년 미만으로 정한 임대차는 계약 기간을 2년으로
본다.

다만 임차인은 2년 미만으로 정한 기간이 유효함을 주장할 수 있다[주임법 제4조].

계약의 갱신[주임법 제6조]

① 임대인이 임대차기간 만료 전 6월부터 1월까지 임차인에 대해 갱신거절 통지
또는 조건을 변경하지 않으면 갱신하지 않겠다는 뜻의 통지를 하지 않은 경우
에는 그 기간이 만료된 때 전임대차와 동일한 조건으로 다시 임대차한 것으로
본다.

임차인이 임대차기간 만료 전 1월까지 통지하지 않은 때도 또한 같다.

② ①의 경우 임대차의 존속기간은 정하지 않은 것으로 본다.

③ 2기의 차임에 달하도록 차임을 연체하거나 기타 임차인으로서 의무를 현저히 위반한 임차인에 대해서는 ①의 규정을 적용하지 않는다.

묵시적 갱신 경우의 계약해지[주임법 제6조의 2]

① 제6조 제1항의 경우 임차인은 언제든지 임대인에 대해 계약해지의 통지를 할 수 있다.

② 제1항의 규정에 의한 해지는 임대인이 그 통지를 받은 날부터 3월이 경과하면 그 효력이 발생한다.

③ 묵시적 갱신이 된 경우 임차인은 언제든지 계약해지 통보를 할 수 있고 계약해지 통보 후 3개월 후에 임대인은 보증금을 반환해야 한다. 이 경우 보증금 반환 의무는 3개월 이후에 발생하지만 해지 통보 후 3개월 이전에 임대인과 새로운 임차인과의 계약서가 작성되어 주택을 비워주는 경우 중개수수료는 임대인이 부담해야 된다. 왜냐하면 임차인은 해지권이 있으므로 통지 후 3개월이 지나면 보증금을 반환받고 나갈 수 있는 권리가 생기기 때문이다.

④ 묵시적 갱신의 경우 법적으로 보장되는 임대차 기간이 명시돼 있지 않아서 분쟁의 소지가 있었다. 그러나 묵시적 갱신에 따른 임대차 존속기간을 주택은 2년, 상가는 1년으로 못 박은 법무부의 관련법률 개정안이 2009년 4월 21일 국회를 통과하여 시행되게 되었다. 따라서 묵시적 갱신으로 계약이 연장되는 경우 임대인은 주택은 2년, 상가는 1년간 계약을 해지할 수 없지만 임차인은 언제든지 해지할 수 있고 해지 통보 후 3개월 후에는 보증금을 반환받을 수 있다.

차임 등의 증감청구권[주임법 제7조]

약정한 차임 또는 보증금이 임차주택에 관한 조세, 공과금 기타 부담의 증감이나 경제사정의 변동으로 인하여 상당하지 아니하게 된 때에는 당사자는 장래에 대해 그 증감을 청구할 수 있다.

차임 등 증액청구의 기준 등[주임법 시행령 제2조]

① 차임 또는 보증금의 증액 청구는 약정한 차임의 1/20의 금액을 초과할 수 없다.

② 차임 등의 증액이 있은 후 1년 이내에는 다시 하지 못한다. 그러나 임차인의 감액청구는 기간과 무관하게 청구할 수 있다.

월차임 전환시 산정률[주임법 시행령 제2조의 2]

대통령령이 정하는 비율이라 함은 연 1할 4푼을 말한다. 이는 전세를 월세로 전환할 경우의 환산 방법이다.

임차권등기명령제도 및 등기한 임차권

임차권등기명령제도[주임법 제3조의 3]

① 임대차가 종료된 뒤 보증금을 반환받지 못한 임차인은 임차주택의 소재지를 관할하는 지방법원 또는 시·군법원에 임차권등기명령을 임대인의 동의 없이 단독으로 신청할 수 있다.임차권등기명령의 집행에 의해 임차권등기가 경료되면 임차인은 종전의 대항력과 우선변제권을 취득한다[동법 제3조의 3 제5항]. 따라서 임차권등기 후 대항요건, 즉 점유와 주민등록요건을 상실해도 이미 취득한 대항력과 우선변제권은 상실하지 않는다. 임차권등기명령의 효과는 신청서 제출 시가 아니라 임차권등기를 마친 시점부터 발생한다.

② 임차권등기와 관련하여 발생된 소송비용은 임대인에게 청구할 수 있다.

③ 선순위 임차권등기는(임차권등기가 경료된 주택은 그 이후에 임차한 임차인은 소액임차인으로서의 최우선변제권이 인정되지 않는다) 후순위 임차권에 대해 우선한다.

소액임차인이라도 임차권등기가 경료되면 등기범위 안에서 최우선변제를 받을 수 없다.

임차권등기와 전세권등기 이후의 소액임차인

임차권등기명령의 집행에 따른 임차권등기와 민법 제621조에 의한 임차권등기를 마친 경우의 주택(임대차의 목적이 주택의 일부분인 경우에는 해당 부분으로 한정한다) 또는 상가를 그 이후에 임차한 임차인은 주임법 제8조(보증금 중 일정액의 보호)에 따른 우선변제를 받을 권리가 없다[주임법 제3조의 2 제6항, 상임법 제6조 제6항]. 그리고 전세권등기 이후에 주택 또는 상가를 임차한 임차인 역시 소액보증금 중 일정액을 우선변제 받을 수 없다고 보아야 된다.

④ 경매에 의한 임차권의 소멸[주임법 3조의 5]: 임차권등기는 경매에 의해 소멸된다. 그러나 보증금이 전액 변제되지 않은 대항력 있는 임차인은 전액 회수가 이루어질 때까지 소멸되지 않는다. 여기서 임차권등기는 압류등기 된 시점이 아니라 등기내용에 기재된 전입일자와 확정일자에 의해서 대항력과 우선변제권이 발생된다.

⑤ 임차권등기명령의 신청절차: 임대차 기간이 종료되었으나 임차보증금을 반환받지 못한 임차인이 신청할 수 있다. 따라서 계약기간이 남아 있는 경우는 신청할 수 없으며, 보증금 일부를 반환받지 못할 경우에는 신청할 수 있다.

⑥ 대항요건을 상실한 임차인임차인이 임대차 종료 후 임차주택에 대한 점유를 상실하였더라도 보증금을 반환받지 못한 이상 임차권등기명령을 신청할 수 있다고 보아야 할 것이다[대법2003다62255, 62262]. 이러한 경우에 임차권등기명령을 신청하면 법원은 점유개시일자 또는 주민등록일자를 공란으로 한 임차권등기명령을 하고, 임차권등기명령의 집행에 따라 임차권등기가 마쳐지면 이 등기일을 기준으로 대항력과 우선변제권을 취득하게 된다.

임차권등기(등기한 임차권)[민법 제621조 임대차의 등기]

① 임대인이 임차권등기의무자로 협조할 경우 앞에서와 같이 임대차기간 종료 후

에 임차인 단독 신청하는 것이 아니라 임차할 당시 또는 임차기간 중에 임대인
과 임차인이 공동으로 신청하며, 이러한 등기가 등기한 임차권에 해당한다.

② 이 임차권등기의 효력은 임차인이 아직 대항력과 우선변제권을 취득하지 못한
상태에서 임차권등기가 되면 그 등기시점을 기준으로 대항력과 우선변제권을
취득하게 된다. 다만 임차인이 임차권등기 이전에 주택임대차보호법상 대항요
건을 갖추고 있어서 이미 대항력과 우선변제권을 취득한 경우에는 그 대항력과
우선변제권은 그대로 유지되며 임차권등기 이후에 대항요건을 상실해도 이미
취득한 대항력과 우선변제권은 상실되지 않고 존속된다.

③ 주택임대차보호법 제3조의 3 제1항은 임차권등기명령에 의한 주택임차권등기
는 그 대상이 주택임대차에 한정되어 있고 임대인의 동의 없이 법원의 결정을
받아 단독으로 등기할 수 있으나 민법 제621조에 의한 임대차의 등기는 그 대상
이 모든 부동산에 대한 임대차이고, 당사자 간에 반대약정이 있으면 그 등기절
차에 협력할 것을 청구할 수 없다는 점 등에서 차이가 있다.

이 2가지 임차권등기 모두 경매신청권이 없다는 점에서 동일하지만 주택임대차
보호법 제3조의 3[상가건물 임대차보호법 제6조]임차권등기명령에 의한 임차권
등기와 민법 제621조에 의한 임차권등기 중에서 주택의 경우와 상임법 적용대
상 범위내에 있는 상가임차인은 임차권등기를 통해서 우선변제권이 있다고 명
시[동법 3조의 4]하여 앞의 모든 임차된 등기는 대항력과 우선변제권의 취득·
유지의 효력이 인정되지만, 앞에서 설명한 임차권등기 이외의(주택 이외, 상임법
적용대상이외건물, 토지등)민법 제621조에 의한 임차등기는 제3자에 대한 대항력만
인정되고 우선변제권은 인정되지 않는다는 차이가 있다.

최우선변제에 관한 사항과 적용대상 범위

주임법 제8조 1항의 규정을 근거로 하고 있으며 이는 주택임차보증금이 소액인임
차인을 보호하기 위해 만든 임대차보호법이다.

소액임차보증금에 해당하는 임차인 등은 대항력 있는 선순위 임차인이건 대항
력 없는 후순위 임차인이건 간에 우선변제권(근저당권, 담보가등기, 전세권, 확정일자부임

차인)을 갖는 권리와 일반채권자 등에 우선하여 보증금 중 일정액을 우선변제 받을
수 있는 권리를 말한다.

최우선 변제금[주임법 제8조 1항]

임차인은 보증금 중 일정액을 다른 담보물권자보다 우선하여 변제받을 권리가 있
다. 이 경우 임차인은 주택에 대한 경매신청등기 전(공매 최초공고일 이전)에 제3조 제
1항의 요건(대항요건)을 갖추어야 한다.

다시 말해서 임차인이 대항요건인 주민등록전입과 주택의 인도를 경매개시 기
입등기 전(공매 최초공고일 이전)에 갖추고 있을 때 보증금 중 일정액에 대해 다른 담
보물권이나 채권자들에 비해 우선적으로 변제받을 수 있는 규정이다.

김 / 동 / 희 / 의 / 강 / 의 / 노 / 트

공매공고 등기제도

개정안(2010. 8. 24. 기획재정부 2010년 세제개편안)에서 공매공고 등기제도 신설예
정이다.

1. 세무서장은 매각 예정가격 결정 후 공매개시결정하고, 공매공고 등기를 촉탁

2. 등기관은 공매개시결정 사실을 등기부에 기입

3. 공매중지(§71), 매각결정 취소(§78①1호), 압류해제시 등기 말소 촉탁

4. 적용시기—2012년 1월 1일 이후 공매개시결정 분부터 적용

(이 제도가 시행되면 공매의 경우에도 공매공고등기 전까지 대항요건을 갖추어야 한다.)

최우선 변제금의 범위와 기준[주임법 제8조 제3항]

우선변제를 받을 임차인 및 보증금 중 일정액의 범위와 기준은 주택가액(대지가액을
포함한다)의 2분의 1 범위 안에서 대통령령으로 정한다.

① 시행령 제3조 3항은 하나의 주택에 임차인이 2인 이상이고 그 각 보증금 중 일
   정액의 합산액이 주택 가액의 2분의 1을 초과하는 경우에는 그 각 보증금 중 일
   정액의 합산액에 대한 각 임차인의 보증금 중 일정액의 비율로 그 주택의 가액

의 2분의 1에 해당하는 금액을 분할한 금액을 각 임차인의 보증금 중 일정액으로 본다.

시행령 제3조 4항은 하나의 주택에 임차인이 2명 이상이고 이들이 그 주택에서 가정공동생활을 하는 경우 이들을 1명의 임차인으로 보아 이들의 각 보증금을 합산한다.

② 예를 들어 계산해보면 다음과 같다.

국민은행 근저당 2010. 8. 10.(4,000만 원) ⇒ 갑 임차인 2010. 8. 20. 전입/확정(2,000만 원) ⇒ 을 임차인 2010. 9. 15. 전입/확정(2,000만 원) ⇒ 병 임차인 2010. 9. 20. 전입/확정(3,000만 원) ⇒ 정 임차인 2010. 9. 25. 전입/확정(2,000만 원) ⇒ 무 세금압류 2010. 10. 05.(1,500만 원) ⇒ 2010. 12. 25. 국민은행의 임의경매신청 또는 무의 압류공매대행 의뢰

주택은 서울에 소재하고 배당금액이 1억 원(경매, 공매집행비용 제외금액)이고 무의 세금은 당해세가 아닌 일반세금으로 법정기일이 2010년 8월 15일인 경우에 최우선변제금 계산방법과 배당순위는,

1순위_ 최우선변제금 1등으로 최우선변제금 지급기준은 국민은행(7,500/2,500)이다.

$$ⓐ갑 = (1억 원×½)5,000만원 × \frac{25,000,000(각자\ 최우선변제금)}{1억(임차인들의\ 최우선변제금\ 합계)} = 12,500,000원$$

$$ⓑ을 = 5,000만\ 원 × \frac{25,000,000}{1억} = 12,500,000원$$

$$ⓒ병 = 5,000만\ 원 × \frac{25,000,000}{1억} = 12,500,000원$$

$$ⓓ정 = 5,000만\ 원 × \frac{25,000,000}{1억} = 12,500,000원$$

2순위_ 국민은행 4,000만 원(우선변제금 1등)

3순위_ 무 조세채권 1,000만 원(우선변제금 2등)

③ 주임법 제8조 소정의 우선변제권의 한도가 되는 주택가액의 2분의 1에서 '주택가액'이라 함은 낙찰대금에다가 입찰보증금에 대한 배당기일까지의 이자, 몰수된 입찰보증금 등을 포함한 금액에서 집행비용을 공제한 실제 배당할 금액이라

고 봄이 상당하다[대법 2001다8974 판결].

최우선변제금의 지급기준이 되는 권리(소액임차인 결정기준)

주택임대차보호법 시행령 부칙 제2조(경과조치) 이 영 시행 전에 임차주택에 대해 담보물권을 취득한 자에 대해서는 종전의 규정에 따른다. 즉, 현행법상 소액임차인에 해당되나 개정 전 기준으로 소액임차인에 해당되지 못하는 경우에 담보물권이 개정되기 전 구법 하에서 설정등기 되었다면 그 담보물권에 대해 소액임차인을 주장하여 우선변제 받을 수 없다.

새로운 대통령령(=시행령)이 아직 시행되기 전에 근저당권이 설정된 경우 다른 특별한 사정이 없는 한 구 주임법 시행령(1990. 2. 19. 개정되기 전의 것)은 신법인 위 법률의 취지에 반하지 않는 범위 내에서 새로운 대통령령이 시행될 때까지 여전히 그 효력을 유지한다고 볼 것이고, 그 이후 1990. 2. 19.부터 시행된 구 주임법 시행령(1990. 2. 19. 개정된 것)에서 아무런 경과규정을 둔 바 없다고 하여 같은 개정 시행령의 규정이 막바로 위 법률의 시행시점으로 소급하여 위와 같은 근저당권에 대하여 적용될 수는 없다[대법2001다84824, 대법92다49539판결].

부칙 제1조(시행일) 이 영은 공포한 날부터 시행한다. 즉 시행시기는 공포한 날부터 적용받게되어 배당시점을 기준으로 시행하게 된다[대구지방법원 2003가단134010판결].

① 최우선변제금의 지급기준이 되는 담보물권 등이 있는 경우

여기서 담보물권은 저당권, 담보가등기권, 전세권 등으로 보면 된다.

그리고 확정일자를 갖춘 임차인은 부동산 담보권자와 유사한 지위에 있다는 판례[대판92다30597, 92다49539, 2007다45562]를 근거로 위 주임법 시행령 부칙 제2조의 담보물권에 포함시켜야 한다는 의견에 대해서는 다양한 견해가 있다.

어떠한 견해에 의하든 담보물권(저당권, 담보가등기, 전세권 등)이 있고 이보다 선

순위나 동순위의 확정일자 우선변제권이 있는 경우에 임차인이 담보물권에 해당하는 기준시기에 소액임차인에 해당되지 못하면 담보물권보다 선순위 또는 동순위의 확정일자 우선변제권보다 소액임차인이 우선하지 못한다는 점에서는 견해가 일치한다.

그러나 담보물권보다 확정일자가 후순위이거나 담보물권 등이 없고 임차인의 확정일자만 있는 경우 또는 임차인의 확정일자와 무담보채권(조세, 공과금, 임금채권, 가압류, 강제경매신청채권, 집행권원에 의한 배당요구채권) 등만 있는 경우 이때에도 확정일자 우선변제권이 소액임차인에 우선할 수 있는가에 대해서는 다양한 견해가 있고 실무에서는 판례[대판 92다30597, 92다49539, 2007다45562]를 근거로 확정일자부 임차권을 담보물권에 포함시켜야 한다는 견해 * 가 다수설이다.

그러나 이 견해가 확정일자부 임차권을 소액임차인의 결정기준까지 확대시키는 데는 다소 문제가 있어 보인다.

만약 확정일자를 기준으로 소액우선변제금액을 지급하게 된다면, 확정일자 받은 날을 공시할 수 있는 방법이 없기 때문에, 다른 임차인들이 확정일자를 받았는지 안 받았는지, 받았다면 언제 받았는지 등을 알 수가 없고, 확정일자를 받은 임차인이 배당요구를 하느냐 하지 않느냐에 따라 소액우선변제금액이 달라지는 등 불확실한 법률관계로 인하여 혼란에 빠질 수밖에 없을 것이다. 그리고 위 담보물권 등이 없고 선순위 확정일자만 있거나, 선순위 담보물권 등을 우선배당하고 후순위 확정일자가 있는 경우에 자신의 확정일자를 기준으로 후순위 임차인이 우선배당 받게 되는 경우와 본인의 확정일자에 의해서 소액임차인의 지위가 결정되는 경우 등은 문제가 있어 보인다.

그리고 개인적인 견해이지만 주임법 시행령 부칙 제2조는 소액임차인과 담보물권을 취득한 자에 대한 관계만을 주장한 것이지 임차인의 확정일자부 임차권까지 담

---

* ⓐ 『민사집행(부동산경매)의 실무』, 윤경(부장판사), 1433쪽 참조. ⓑ 민일영 대법관의『주택 · 상가건물의 경매와 임대차』, 335쪽 참조. ⓒ 『법원실무제요 민사집행 II』, 469쪽 참조.

보물권에 포함시킨 규정은 아니라고 판단한다. 이러한 문제는 지속적인 연구가 있어야 된다고 본다.

예를 들어서 다가구주택의 임차인과 무담보채권만 있는 경우를 살펴보자!

갑 임차인 2,500만 원 1998년 전입/확정일자 → 을 가압류 3,000만 원 2000년 등기 → 병 임차인 4,000만 원 2002년 전입/확정일자 → 정 임차인 3,000만 원 2003년 전입/확정일자 → 2004년 을이 강제경매신청시(배당금액이 1억 원이고 주택은 서울에 있고, 경매 집행비용이 공제된 금액이다).

ⓐ 배당에서 확정일자를 소액임차인의 결정기준으로 보고 배당을 하면,

1순위 ㉠ 갑 임차인 1,200만 원, ㉡ 정 임차인 1,200만 원(최우선변제금 1등)—최우선변제금 지급기준은 갑의 확정일자로 3,000만 원 이하인 소액임차인 등은 1,200만 원을 최우선변제금으로 우선변제 받게 된다. → 2순위 갑 1,300만 원(확정일자 우선변제금 1등), → 3순위 ㉠ 병 임차인 1,600만 원, ㉡ 정 임차인 400만 원(최우선변제금 2등)—최우선변제금 지급기준은 병과 정의 확정일자가 된다. → 4순위에서는 을 가압류(3,000) = 병 확정일자(2,400)이고, 을 가압류 = 정 확정일자(1,400만 원)인 관계에 있어서 1차적으로 동순위로 안분배당하고, 2차적으로 병이 정보다 선순위로 흡수하는 절차를 진행하면 된다.

4순위 1차 동순위로 안분배당하면,

㉠ 을 가압류 = 4,300×3,000/6,800 = 18,970,588.23 = 18,970,588원(종결)

㉡ 병 확정일자 = 4,300×2,400/6,800 = 15,176,470.58 = 15,176,471원

㉢ 정 확정일자 = 4,300×1,400/6,800 = 8,852,941.17 = 8,852,941원

2차적으로 병이 정보다 선순위로 안분부족액을 정의 1차 안분액에서 흡수

㉡ 병 확정일자 = 15,176,471원(1차 안분액)+8,823,529원(정에서 흡수) = 24,000,000원(종결)

㉢ 정 확정일자 = 8,852,941원(1차 안분액)—8,823,529원(정에 흡수당함) = 29,412원으로 배당이 종결된다.

그런데 문제는 여기서 끝나지 않는다는 점이다. 만일 갑이 대항력을 주장하고 배

당요구를 하지 않은 경우 배당순위는 1순위 ㉠ 병 임차인 1,600만 원, ㉡ 정 임차인 1,600만 원(최우선변제금 1등)—최우선변제금 지급기준은 병과 정의 확정일자가 된다. 이와 같이 임차인이 배당요구를 하거나 하지 않거나에 따라 배당순위가 달라진다. 그리고 최우선변제금을 받기 위해서 자신의 확정일자를 기준으로 하여 소액보증금 중 일정액을 우선변제 받게 되는 상황이 발생되기도 한다. 이러한 이유 등으로 순차배당의 횟수의 증가와 순환배당절차를 거쳐야 되는 결과, 즉 갑 임차인 6,000만 원(전입/확정) 2005년 → 을 조세채권압류 2006년(법정기일 2004년, 당해세 아님) → 을의 압류공매 의뢰 2009년 → 병의 당해세 교부청구(주택이 서울 소재)의 사례가 발생되어 소액임차인의 지위를 축소시킬 수도 있다.

즉 병 당해세 1,000만원 → 을 조세채권 2,000만원 → 갑-Ⅰ(확정일자우선변제금) 4,000만원 → 갑-Ⅱ(최우선변제금) 2,000만원인 경우라고 가정하면 병은 을과 갑-Ⅰ보다 우선하고, 갑-Ⅱ보다 후순위 이다. 을은 갑-Ⅰ보다 우선하고, 병과 갑-Ⅱ보다 후순위 이다. 갑-Ⅰ은 갑-Ⅱ보다 우선하고, 병과 을보다는 후순위 이다.

갑-Ⅱ는 병과 을보다는 우선하나 갑-Ⅰ보다는 후순위가 된다.

따라서 1차 안분배당 받고 2차 흡수절차에서 갑 최우선변제금은 선순위인 갑 확정일자에서 흡수 당하고 자기보다 후순위인 병과 을에 안분부족액을 흡수하게 되는데 흡수 당한 부분을 또다시 흡수할 수 없기에 최우선변제금이 적어지게 되는 결과가 된다.

갑의 확정일자 우선변제금은 선순위인 병과 을에 흡수 당하게되어 결과적으로 자신의 확정일자로 인해서 갑이 적게 배당되는 결과를 초래하게 된다.

물론 최우선변제금과 확정일자를 동시에 주장하는 것이 임차인에 적게 배당되는 경우 임차인은 선택적으로 배당요구 할 수 있고, 선택적으로 배당요구 하지 아니한 경우라도 배당표 작성에서 임차인에게 유리하도록 배당표를 작성해야 된다는 것은 별개의 문제로 보고 설명한 것이다.

그러나 확정일자를 기준으로 하지 않았다면 1순위 갑 최우선변제금 2,000만원, 2순위 병 당해세 1,000만원, 3순위 을 조세채권, 4순위 갑 확정일자 순이 될 것이다.

이 밖에도 단독이나 다가구주택 또는 겸용주택 등을 계약할 때 기존 임차인 등의 확정일자를 확인할 수 있는 방법이 없는 이유로 이를 인지하지 못하고 임대차계약서를 작성하게 되는 경우가 대부분이라는 점을 고려할 때, 누구나 인지할 수 있는 공시 방법을 갖춘 등기부상의 저당권 등과 같이 본다는 것은 문제가 있다는 것이 개인적인 견해이다.

ⓑ 확정일자를 기준으로 하지 않고 담보물권은 저당권, 담보가등기권, 전세권 등으로만 판단한다면

1순위로 현행법상 소액임차인에 대해서 소액보증금 중 일정액을 최우선변제금으로 적용하게 되므로 배당은 1순위 ㉠ 갑 임차인 1,600만 원, ㉡ 병 임차인 1,600만 원, ㉢ 정 임차인 1,600만 원(최우선변제금 1등)—현행법상, 즉 배당 시점을 기준으로 소액임차인을 결정하게 된다. → 2순위는 갑 900만 원(확정일자 우선변제금 1등) → 3순위에서는 을 가압류(3,000) = 병 확정일자(2,400)이고, 을 가압류 = 정 확정일자(1,400만 원)인 관계에 있어서 1차적으로 동순위로 안분배당하고, 2차적으로 병이 정보다 선순위로 흡수하는 절차를 앞의 ⓐ사례의 4순위에서와 같이 진행하면 된다.

그러나 필자는 다음의 이우재 부장판사의 견해 * 에 주목하고 싶다.

확정일자를 갖춘 임차인을 배당실무에서 확정일자 한정설 정도만 적용하면 된다는 것**, 즉 저당권 등보다 선순위 또는 동순위의 확정일자 우선변제권이 있는 경우에 저당권에 대항할 수 없는 소액임차인은 확정일자 우선변제권보다 후순위로 보나, 저당권 등이 없고 확정일자 등만 또는 선순위 저당권 등을 우선배당하고 후순위 확정일자가 있는 경우, 그리고 무담보채권자(다음 ③사례)만 있다면 소액임차인의 기준은 배당 시점에서 법적 최대한의 소액임차보증금을 소액임차인으로 보게 된다(앞의 ⓑ사례)는 점만 유의해서 배당표를 작성하면 될 것이다. 이렇게 배당표를 작성하면 소액임차인의 지위도 폭넓게 인정함으로 인해서 주임법상 열악한 지위에 있는 소액임차인을 보호하는 제도와도 부합함과 동시에 배당에 있어서도 법

개정 전 같은 구간***에 설정된 저당권 등을 기준으로 소액임차인을 결정하게 되므로 순차배당의 횟수도 상당부분을 줄일 수 있게 된다는 점을 앞의 ⓐ 사례, ⓑ 사례 등과 다음 예1) 사례, 그리고 다음 19)번 예제 5번과 예제 9번, 제4절 예제 20번 순환배당사례 Ⅱ 등을 참고하여 비교해보면 확인할 수 있을 것이다.

필자가 실무담당자 등의 배당실무 사례를 조사해본 결과 법원경매나 자산관리공사 공매의 배분실무에서도 대부분이 이러한 기준 등이 적용되고 있었다. 필자 또한 이 기준을 가지고 배당표를 작성할 것이다. 이 기준으로 또다시 다음과 같이 혼합된 사례의 배당표를 작성해보자.

예1) 갑 임차인 2,500만 원 1998년 전입/확정일자 → 을 근저당 3,000만 원 1999년 설정등기 → 병 임차인 4,000만 원 2,000년 전입/확정일자 → 정 임차인 3,500만 원 2002년 전입/확정일자 → 2003년 을이 임의경매신청 시 (배당금액이 1억 원이고 주택은 서울이다).

---

* 저자 이우재(부장판사)의 개인적인 견해(『배당의 제문제』 649쪽)로, 확정일자를 갖춘 임차인을 배당 실무에서 확정일자 한정설 정도만 적용하면 된다.

** 동·선순위제외설은 동순위 또는 열위의 저당권자와 적어도 일군으로 배당 받게 되는 확정일자임차 인이나 조세채권, 가압류채권자의 배당액에 대해서는 그 이후의 소액임차인이 우선권을 주장할 수 없다는 견해이다.

그러나 확정일자한정설은 동·선순위제외설에서 저당권자에 대한 동·선순위 배당권자 중 가압류채 권자는 물론 명시적인 조세법규(국기법 제35조, 지방세법 제31조 참조)에 따라 조세채권까지 배제하 여 오로지 확정일자인에 한정한다는 견해. 즉 주임법 제3조의 2 제②항 ~대항요건과 임대차계약증 서상의 확정일자를 갖춘 임차인은 「민사집행법」에 따른 경매 또는 「국세징수법」에 따른 공매를 할 때 에 임차주택(대지를 포함)의 환가대금에서 후순위권리자나 그 밖의 채권자보다 우선하여 보증금을 변 제받을 권리가 있다는 확정일자임차인의 우선변제규정을 근거로 확정일자 임차인보다 후순위인 저 당권 등에 대항할 수 없는 소액임차인을 확정일자 임차인보다 열위로 규정된 후순위로 본다는 견해.

*** 그동안 주임법 제8조 제1항에서 주택임차인의 소액임차보증금과 일정액의 우선변제금액이 7기에 거 쳐서 개정되었다. 그러므로 소액임차인을 결정할 때는 개정 전 또는 개정 후에 해당 여부를 가지고 판단해야 된다. 여기서 법 개정 전 같은 구간이란 2010년 7월 26일. 현재를 기준으로 한다면, 2008년 8월 21일~2010년 7월 25일 구간에 일군으로 설정된 저당권 등을 말한다.

1순위_ 갑 1,200만 원(최우선변제금 1)

2순위_ 갑 1,300만 원(확정일자 우선변제금 1)

3순위_ 을 근저당 3,000만 원(우선변제금 2)

4순위_ ① 병 임차인 1,600만 원, ② 정 임차인 1,600만 원(최우선변제금 2)

―현행법상, 즉 배당 시점을 기준으로 소액임차인으로 결정하게 된다.

5순위_ 병 1,300만 원(확정일자 우선변제금 3)으로 배당이 종결된다.

② 전세권의 최우선변제금의 지급기준

ⓐ 집합건물의 전세권은 주택을 사용·수익할 수 있는 용익물권이면서 담보물권적 성격을 가지고 있어서 임의경매를 신청하였거나 배당요구를 하여 소멸되는 전세권은 우선변제권이 전체 매각대금(대지권포함)에서 인정되어 말소기준권리가 될 수 있음은 물론 최우선변제금의 지급기준이 될 수 있다. 이는 이론적으로 최우선변제금 지급기준이 될 수 있으나 아파트나 다세대 등의 집합건물에 전세권이 설정되었다면 그 효력은 전유 부분 전부에 미치기에 전세권 설정 후 새로운 임차인이 발생되는 경우는 쉽지 않을 것이다. 뿐만 아니라 전세권등기나 임차권등기 후 제3자에게 임대인이 또다시 임차하였고, 그 임차인이 소액임차인에 해당된다고 해도 소액보증금 중 일정액을 우선변제 받을 수 없다.

ⓑ 단독주택, 다가구주택과 같이 구분등기 되지 않은 건물의 일부에 전세권을 설정한 경우, 토지 및 전세권등기가 되지 않은 다른 임차인들의 임차부분 건물에는 그 효력이 미치지 않는다. 이 전세권은 최선순위인 경우에도 말소기준권리가 될 수 없다. 이와 같이 건물 일부에 설정된 전세권이라도 우선변제권은 토지매각대금에서는 우선변제권이 없지만 건물 전체 매각대금에 대해서는 후순위채권자보다 우선변제를 받을 수 있다.

㉠ 다가구주택의 일부에 전세권만 설정되고 주임법상 대항요건을 갖추지 못한 경우

다른 임차인과의 소액보증금 중 일정액과의 우선순위에서 다른 임차인 등이 전세권에 우선하는 소액임차인에 해당되지 못하는 경우에는 토지와 건물의 감정평가비

을 매각대금에 곱하여 토지와 건물배당금액을 정하고 건물배당금액에서 전세권의 채권액을 우선변제하고 나서, 토지(최초배당금액)와 건물(선순위전세권 배당 후의 잔여금) 배당금액에서 소액보증금 중 일정액(선순위전세권에는 우선하지 못하나 후순위채권자 등에 우선하는 경우)을 우선하여 배당하면 된다.

ⓛ 다가구주택의 일부에 전세권과 임대차보호법상 대항요건과 확정일자를 갖춘 경우

전세권자로 배당요구가 아닌 주임법상 우선변제권을 주장하게 될 것이므로 앞에서와 같은 사례는 발생되지 않을 것이다. 왜냐하면 주임법상 우선변제권은 건물과 토지 전체매각대금에 대해서 우선변제 받을 수 있기 때문이다. 그리고 주임법상 대항요건만 갖추고 확정일자를 받지 못한 경우도 전세권 설정등기가 이루어지면 전세권 설정등기일을 확정일자가 갖춘 것으로 보아 주임법상 확정일자에 의한 우선변제를 받을 수 있다는 것이 대법원 판례이다.

③ 담보물권 등의 우선변제권 있는 권리 등이 없는 경우

가압류채권 · 강제경매 신청채권 · 집행권원에 의한 배당요구채권 등의 일반채권자와 조세 · 공과금채권 · 일반임금채권 등의 우선특권이 있는 채권도 주임법 시행령 부칙 제2조 담보물권에 포함되는 우선변제권이 있는 담보물권자가 아닌 무담보채권자 * 이므로 최우선변제금 지급기준권리가 될 수 없다. 이와 같이 선순위 담보권자를 우선배당하고 또는 담보권자가 없는 경우는 민사집행법상 진행되는 경매의 경우 배당표 작성 시점의 현행법상 규정을 적용하고 있다[대구지방법원2003가단34010]. 경매부동산에 담보물권자 등의 우선변제권을 가지는 권리가 없어서 이들의 지위를 침해할 권리가 없기 때문이다. 공매의 경우도 이와 다를 바 없이 배분표 작성 시점의 현행법상 규정을 적용하고 있다.

④ 최우선변제금 지급기준에 대한 설명

1995. 10. 19. 이후 기업은행	정수자	이영미 2001. 9. 14. 이전	이정민 2002. 05. 10.
(근저당)	2,500(전입/확정)	(담보가등기)	3,000(전입/확정)

최우선변제금 지급기준은 기업은행 근저당권과 이영미 담보가등기가 모두 기준이

된다. 즉 소액임차인에 해당되면 그 기간(1995. 10. 19.~2001. 9. 14.)에 해당되는 담보물권자보다 우선하여 소액보증금 중 일정액(최우선변제금)을 변제받게 된다.

↓ 미리 알아두기

임차인이 주임법상의 지위와 전세권자의 지위를 함께 가지고 있는 경우

주택임차인이 그 지위를 강화하고자 별도로 전세권설정등기를 마치더라도 주택임대차보호법상 임차인으로서 우선변제를 받을 수 있는 권리와 전세권자로서 우선변제를 받을 수 있는 권리는 근거규정 및 성립요건을 달리하는 별개의 권리라고 할 것인 점 등에 비추어보면, 주임법상 임차인으로서의 지위와 전세권자로서의 지위를 함께 가지고 있는 자가 그중 임차인으로서의 지위에 기하여 경매법원에 배당요구를 하였다면 배당요구를 하지 않은 전세권에 관하여는 배당요구가 있는 것으로 볼 수 없다. [대법 2009다40790 판결]

TIP

개정법률 시행시기와 소액임차인 결정기준

주임법 시행령 부칙 [제20971호, 2008.8.21]

제1조(시행일) 이 영은 공포한 날부터 시행한다.

제2조(경과조치) 이 영 시행 전에 임차주택에 대하여 담보물권을 취득한 자에 대하여는 종전의 규정에 따른다.

주임법 시행령부칙 [제22284호, 2010.7.21]

제1조(시행일) 이 영은 2010년 7월 26일부터 시행한다.

제2조(경과조치) 이 영 시행 전에 임차주택에 대하여 담보물권을 취득한 자에 대해서는 종전의 규정에 따른다.

---

* 확정일자한정설은 동·선순위제외설에서 저당권자에 대한 동·선순위 배당권자 중 가압류채권자는 물론 명시적인 조세법규(국기법 제35조, 지방세법 제31조 참조)에 따라 조세채권까지 배제하여 오로지 확정일자인에 한정한다는 견해가 있다. 따라서 조세·공과금채권 등이나 일반채권 등은 항상 소액임차인보다 열우로 보고 소액임차인에게 우선배당하면 될 것이다.

주택임차인의 소액보증금 중 일정액(최우선변제금) (주택 매각대금의 1/2)

담보물권 설정일	지역	보증금 범위	최우선변제액
주택소액임차인 최우선변제금			
1984. 6. 14. ~1987. 11. 30.	특별시, 직할시	300만 원 이하	300만 원까지
	그 밖의 지역	200만 원 이하	200만 원까지
1987. 12. 1. ~1990. 2. 18.	특별시, 직할시	500만 원 이하	500만 원까지
	그 밖의 지역	400만 원 이하	400만 원까지
1990. 2. 19. ~1995. 10. 18.	특별시, 직할시	2,000만 원 이하	700만 원까지
	그 밖의 지역	1,500만 원 이하	500만 원까지
1995. 10. 19. ~2001. 9. 14.	특별시, 광역시, 군지역 제외	3,000만 원 이하	1,200만 원까지
	그 밖의 지역	2,000만 원 이하	800만 원까지
2001. 9. 15. ~2008. 8. 20.	수도권 과밀억제권역	4,000만 원 이하	1,600만 원까지
	광역시(인천광역시, 군지역 제외)	3,500만 원 이하	1,400만 원까지
	그 밖의 지역	3,000만 원 이하	1,200만 원까지
2008. 8. 21. ~2010. 7. 25.	수도권 과밀억제권역	6,000만 원 이하	2,000만 원까지
	광역시(인천광역시, 군지역 제외)	5,000만 원 이하	1,700만 원까지
	그 밖의 지역	4,000만 원 이하	1,400만 원까지
2010. 7. 26. ~현재	① 서울특별시	7,500만 원 이하	2,500만 원까지
	② 수도권 과밀억제권역(서울시 제외)	6,500만 원 이하	2,200만 원까지
	③ 광역시(수도권 과밀억제권역과 군지역은 제외), 안산시, 용인시, 김포시, 광주시(경기)	5,500만 원 이하	1,900만 원까지
	그 밖의 지역	4,000만 원 이하	1,400만 원까지

※ 수도권 과밀억제권역(수도권 정비계획법 시행령 제9조 별표1-개정 2009. 1. 16. 대통령령 제21268호)
– 서울특별시, 의정부시, 구리시, 하남시, 고양시, 수원시, 성남시, 안양시, 부천시, 광명시, 과천시, 의왕시, 군포시, 시흥시(반월특수지역을 제외), 남양주시(호평동 · 평내동 · 금곡동 · 일패동 · 이패동 · 삼패동 · 가운동 · 수석동 · 지금동 및 도농동만 해당), 인천광역시(강화군, 옹진군, 서구 대곡동 · 불로동 · 마전동 · 금곡동 · 오류동 · 왕길동 · 당하동 · 원당동, 인천경제자유구역 및 남동 국가산업단지는 제외한다).
※ 참고로 안산시 · 용인시 · 김포시 · 광주시 등은 과밀억제권역이 아니다.

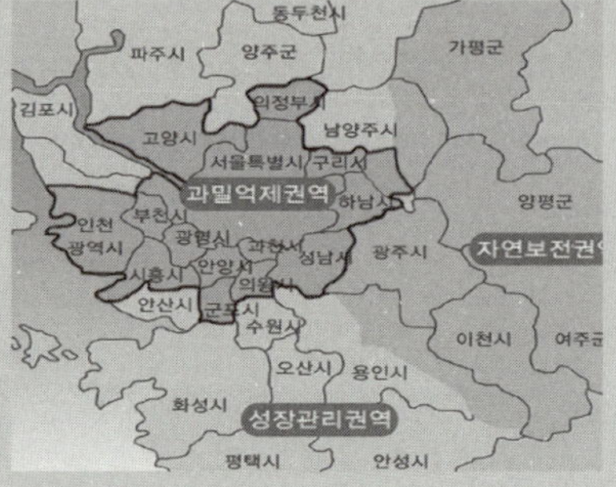

수도권 과밀억제권역(서울 제외) 내에서 인천광역시가 수도권정비계획법 개정으로 개정 전 수도권 과밀억제권역 내에 위치하고 있었던 지역이 현재에도 과밀억제권역에 해당되는 지역[이 지역은 개정 후 ② 수도권 과밀억제권역(서울 제외) 지역에 포함된다]과 현재는 과밀억제권역에 해당되지 않는 지역(강화군, 옹진군, 서구 대곡동·불로동·마전동·금곡동·오류동·왕길동·당하동·원당동, 인천경제자유구역 및 남동 국가산업단지는 제외한다)으로 세분화되었고[이 지역은 개정 후 ③ 광역시(수도권 과밀억제권역과 군 지역은 제외) 지역에 포함된다. 그러나 강화군·옹진군은 ④ 그 밖의 지역에 포함된다], 이 밖에도 과밀억제권역은 아니지만 개정 후 ③번 권역에 새롭게 포함된 지역으로 안산시, 용인시, 김포시, 광주시(경기) 등이 있다.

그리고 개정 전부터 수도권 과밀억제권역, 광역시(인천광역시, 군지역 제외) 지역에 해당되지 않았던 지역과 개정 후 ③번 권역에 새롭게 포함된 지역으로 안산시, 용인시, 김포시, 광주시(경기) 지역을 제외한 모든 지역은 ④ 그 밖의 지역에 포함된다.

주임법상 소액임차보증과 일정액(최우선변제금)

주택임대차보호법의 적용대상인 임차인이 소액임차인에 해당되면 소액보증금 중 일정액을 최우선변제금의 지급기준이 되는 담보물권(근저당권, 담보가등기권, 전세권 등)에 우선하여 변제받을 수 있다. 이러한 소액임차인에 해당되려면 앞쪽에 기재된 각 구간에 해당되는 소액보증금에 해당되어야만 그 구간에 설정등기 된 담보물권보다 소액보증금 중 일정액을 우선변제 받을 수 있다.

확정일자에 의한 우선변제권[주임법 제3조의 2 제2항]

제3조 제1항의 대항요건과 임대차 계약서상의 확정일자를 갖춘 임차인은 경매 또는 공매 시 후순위 권리자 기타 채권자보다 우선하여 보증금을 변제받을 권리가 있다. 주택임대차보호법 제3조 제1항의 대항요건인 주택의 인도(점유)와 주민등록(전입신고)을 갖춘 임차인이 확정일자를 갖추었다면 주택이 경매나 공매로 매각되는 과정에서 후순위 제3채권자들에 우선하며 보증금을 변제받을 수 있는 우선변제권을 갖

는다.

여기서 확정일자에 의한 우선변제권 효력은 반드시 대항요건을 갖추어야 효력이 발생한다.

확정일자의 기능

우선변제권의 요건으로 임대차계약증서상의 확정일자를 갖추도록 한 것은 당해 임대차의 존재 사실을 제3자에게 공시하기 위한 것이 아니라, 임대인과 임차인 사이의 담합으로 보증금의 액수를 사후에 변경함으로써 다른 권리자를 해하는 것을 방지하기 위한 것이다[대법 99다7992].

① 확정일자 인으로 인정되는 것은,

 ⓐ 공증인 사무소, 법무법인 또는 공증인가 합동법률사무소 등에서 임대차계약서를 공정증서로 작성한 경우. ⓑ 임대차계약서를 동사무소(주민센터), 법원등기과 또는 등기소, 구청 등의 관공서, 위 ⓐ의 공증기관 등에서 확정일자인을 받은 경우. ⓒ 임대차계약서 자체에 확정일자를 받지 않았더라도 임대차계약서에 대해 사서증서의 인증을 받은 경우.

② 확정일자 및 확정일자 있는 증서의 의미[대법98다28879]

 확정일자란, 증서에 대해 그 작성한 일자에 관한 완전한 증거가 될 수 있는 것으로 법률상 인정되는 일자를 말하며, 당사자가 나중에 변경하는 것이 불가능한 확정된 일자를 가리키고, 확정일자 있는 증서란, 위와 같은 일자가 있는 증서로서 민법 부칙 제3조 소정의 증서를 말한다.

③ 법무법인에 의한 사서증서 인증절차를 마친 임대차계약서가 민법 부칙 제3조 제1항에서 규정하는 공증인의 확정일자인 있는 사문서에 해당하는지 여부

 법무법인이 사서증서인 임대차계약서에 대해 공증인법의 규정에 따라 사서증서의 인증절차를 마쳤다면, 그 인증일자가 곧 확정일자이므로, 인증을 받은 임대차계약서는 민법 부칙 제3조 제1항에서 말하는 공증인의 확정일자인 있는 사문서에 해당한다.

입주와 주민등록을 마친 당일 또는 그 이전에 확정일자를 갖춘 경우

주임법 제3조의 2 제1항에 규정된 확정일자를 입주 및 주민등록과 같은 날 또는 그 이전에 갖춘 경우에는 우선변제적 효력은 대항력과 마찬가지로 인도와 주민등록을 마친 다음 날을 기준으로 발생한다[대법97다22393, 98다26002, 99다67960].

이 경우 다음 날 오전 0시에 대항력과 우선변제권이 발생된다.

대항력이 없는 확정일자는 확정일자인의 효력은 있으나 주임법상 확정일자에 의한 우선변제권은 발생되지 않고, 대항력을 갖추게 되는 시점에서 우선변제권이 발생하게 된다는 점이다.

그러나 대항요건을 갖춘 다음 날에 확정일자가 이루어졌다면 확정일자를 받은 당일 주간에 우선변제적 효력이 발생된다.

주택 및 상가건물임대차보호법상의 소액보증금 중 최우선변제요건과 확정일자에 의한 우선변제요건

주택(상가건물)임대차보호법상의 소액보증금 중 최우선변제요건

① 배당요구의 종기까지 배당요구를 했을 것: 국세징수법상의 공매진행절차는 배분표 작성 전까지 배분요구가 가능하므로 이 기간까지 배분요구를 했을 것
② 보증금의 액수가 소액보증금에 해당할 것
③ 첫 경매개시 전에 대항요건을 갖출 것국세징법상 공매절차는 최초 공매공고일 이전(공매공고 등기제도가 도입되면 이 등기일 이전)에 대항요건을 갖출 것
④ 배당요구의 종기까지 대항력을 유지할 것: 국세징법상 공매절차는 매각결정 시까지로 대항력을 유지해야 한다는 것이 국제심판원 입장[2006부1228(2006. 7. 10)—매각결정일까지 대항요건을 유지해야 소액임차보증금을 국세에 우선하여 배분받을 수 있다고 결정한 사례]
그러나 공매절차도 첫 입찰기간 이전에 배분요구 종기제도가 2012. 1. 1부터 시행될 예정인데 이 제도가 시행되면 배분요구종기 시까지 대항력을 유지하면 된다.
⑤ 임차목적물이 등기된 주택이든 미등기된 주택이든 모두에 대해서 우선변제권

이 인정된다.

⑥ 소액전차인의 소액보증금 최우선변제재민 84-10(주택임대차보호법 8조에 관한 질의 회답)은 주택의 경우 전대차가 적법(전대차 계약이 임대인 동의하에 이루어질 경우)하고, 전대인(즉 임차인) 자신이 우선변제권 있는 소액임차인일 경우에 한하여 전차인도 소액임차인으로 본다. 그러나 다음의 경우와 같이 임차권등기 후의 주택 또는 상가건물을 임차한 임차인이나 전세권설정등기 후의 주택 또는 상가건물을 임차한 임차인은 소액보증금 중 일정액을 우선변제 받을 권리가 없다.

⬇ 미리 알아두기

대법원 2004다26133 전원합의체 판결
미등기 주택임차인이 대지 환가대금에서의 우선변제권
(…) 다만, 소액임차인의 우선변제권에 관한 같은 법 제8조 제1항이 그 후문에서 '이 경우 임차인은 주택에 대한 경매신청의 등기 전에' 대항요건을 갖추어야 한다고 규정하고 있으나, 이는 소액보증금을 배당받을 목적으로 배당절차에 임박하여 가장 임차인을 급조하는 등의 폐단을 방지하기 위하여 소액임차인의 대항요건의 구비시기를 제한하는 취지이지, 반드시 임차주택과 대지를 함께 경매하여 임차주택 자체에 경매신청의 등기가 되어야 한다거나 임차주택에 경매신청의 등기가 가능한 경우로 제한하는 취지는 아니라 할 것이다. 대지에 대한 경매신청의 등기 전에 위 대항요건을 갖추도록 하면 입법 취지를 충분히 달성할 수 있으므로, 위 규정이 미등기 주택의 경우에 소액임차인의 대지에 관한 우선변제권을 배제하는 규정에 해당한다고 볼 수 없다.

확정일자를 갖춘 임차보증금채권의 우선변제요건

① 대항요건인 주택인도와 주민등록, 임대차계약서가 있는데 이러한 대항요건을 갖추고 임대차계약서에 확정일자를 받아야 한다.

② 경매는 배당요구 종기까지 배당요구를 했을 것
   국징법상 공매는 배분표 작성 전(배분요구 종기제도가 시행되면 이 배분요구 종기시)까

지 배분요구

③ 경매는 배당요구 종기까지 대항력을 유지할 것

국징법상 공매는 매각결정시까지 대항력 유지(배분요구 종기제도가 시행되면 이 배분
요구 종기시까지 대항력 유지)

④ 이러한 확정일자를 갖춘 임차인이 배당을 받기 위해서는 첫 경매개시결정기입
등기 전(최초 공매공고일 이전 또는 공매공고 등기제도가 도입되면 이 등기분 이전)에 대항
요건을 갖춰야 하는가에 대해서는 소액보증금 중 최우선변제권의 경우와는 달
리 첫 경매개시등기 이후에 대항력을 갖추고 확정일자를 받아도 된다는 것이
다수설 * 이다. 첫 경매개시등기(최초 공매공고일) 이후에 대항요건과 확정일자를
갖춘 경우에는 그 갖춘 때를 기준으로 한 확정일자에 의한 우선변제권과 저당
권 등의 담보물권 등과의 우선순위를 따져보아야 한다.

⑤ 임차인의 우선변제권의 존속시한을 배당요구의 종기까지(국징법상 공매는 매각결
정시까지) 유지해야 한다. 배당요구의 종기가 연기된 경우에는 연기된 배당요구
의 종기까지 그 요건을 구비하고 있어야 한다.

처음 매각허가 결정이 취소되어 신경매가 진행되었거나 매각허가 결정의 확정
후 최고가 매수인이 매각대금을 납부하지 않아 재경매를 한 경우에도 배당요구
의 종기일이라 함은 배당금의 기초가 되는 매각대금을 납부한 매수인에 대해 매
각허가 결정을 한 마지막 배당요구 종기일로 보아야 할 것이다.

임차권 양도

임차권 양도는 임차권이 그 동일성을 유지하면서 이전하는 계약으로서 임차권의 양도인은 임차인의 지위를 벗어나고 양수인은 임차인으로서의 권리의무를 취득하게 된다.

임차권의 전대차

임차권의 전대는 임차인 자신이 임대인이 되어 그의 임차물을 다시 전차인으로 하여금 사용·수익하게 하여 임차인이 종전의 임차인으로서 계약상의 지위를 계속적으로 유지하면서 별도로 전차인과의 사이에 새로운 임대차관계를 성립시키는 것이다.

민법은 임대차의 양도나 전대차 모두 임대인의 동의를 얻은 경우에만 허용

① 주임법 제3조 제1항에 의한 대항력을 갖춘 주택임차인이 임대인의 동의를 얻어 적법하게 임차권을 양도하거나 전대한 경우에 있어서 양수인이나 전차인이 임차인의 주민등록퇴거일로부터 주민등록법상의 전입신고기간 내(14일 이내)에 전입신고를 마치면 대항력을 유지한다.

② 주택임차인이 임차주택을 직접 점유하여 거주하지 않고, 간접 점유하여 자신의 주민등록을 이전하지 않은 경우라 하더라도 임대인의 승낙을 받아 임차주택을 전대하고 그 전차인이 주택을 인도받아 자신의 주민등록을 마친 때에는 그때로부터 임차인은 제3자에 대해 대항력을 취득한다[대법 94다3155 판결].

③ 임대인의 동의는 특별한 방식이 필요하지 않고 명시적·묵시적으로도 가능하며 사후 동의도 가능하다. 그러나 추후 법률적으로 확실히 하기 위해서는 임대차 양도 양수계약서 임대인 동의 확인란에 서명을 받거나 양도통지(내용증명으로)를 해야 한다.

　전대차계약서의 경우 계약서 특약서 난에 동의확인 서명을 받는 방법이 좋다.

④ 임대인의 동의가 없어도 양도·전대의 당사자 계약 자체는 유효하며 단지 임대

인 또는 기타 제3자에게 이를 대항할 수 없을 뿐이다.

임대인의 동의가 얻어 전대차한 경우 전차인의 권리

① 전차인의 권리의 확정[민법 제631조]

  임차인이 임대인의 동의를 얻어 임차물을 전대한 경우에는 임대인과 임차인의 합의로 계약을 종료한 때에도 전차인의 권리는 소멸하지 않는다.

② 해지통고의 전차인에 대한 통지[민법 제638조] 제1항 임대차약정이 해지의 통고로 인하여 종료된 경우에 그 임대물이 적법하게 전대되었을 때에는 임대인은 전차인에 대해 그 사유를 통지하지 않으면 해지로써 전차인에게 대항하지 못한다. 제2항 전차인이 전항의 통지를 받은 때에는 제635조 제2항의 규정을 준용한다.

③ 전차인의 임대청구권, 매수청구권[민법 제644조] 제1항 건물 기타 공작물의 소유 또는 식목, 채염, 목축을 목적으로 한 토지임차인이 적법하게 그 토지를 전대한 경우에 임대차 및 전대차의 기간이 동시에 만료되고 건물, 수목, 기타 지상시설이 현존한 때에는 전차인은 임대인에 대해 전전대차와 동일한 조건으로 임대할 것을 청구할 수 있다. 제2항 전항의 경우에 임대인이 임대할 것을 원하지 않는 때에는 제238조 제2항의 규정을 준용한다.

④ 전차인의 부속물 매수청구권[제647조] 제1항 건물 기타 공작물의 임차인이 적법하게 전대한 경우에 전차인이 그 사용의 편익을 위하여 임대인의 동의를 얻어 이에 부속한 물건이 있는 때에는 전대차의 종료시에 임대인에 대해 그 부속물의 매수를 청구할 수 있다. 제2항 임대인으로부터 매수하였거나 그 동의를 얻어 임차인으로부터 매수한 부속물에 대해서도 전항과 같다.

임차권의 승계[주임법 제9조]

임차인이 상속권자 없이 사망한 경우

그 주택에서 가정공동생활을 하던 사실상의 혼인관계에 있는 자는 임차인의 권리와 의무를 승계한다. 이 경우는 상속권자가 없는 경우에만 적용되는 것으로 이 경우 사실상의 혼인관계에 있는 자는 단독적으로 임차인의 권리와 의무를 승계한다.

임차인 사망 당시 상속권자가 그 주택에서 가정공동생활을 하지 않은 경우

가정공동생활을 하던 사실상의 혼인관계에 있는 자와 2촌 이내의 친족이 공동으로 임차인의 권리와 의무를 승계한다. 그러나 상속권자가 사실상의 혼인관계에 있는 자와 그 주택에서 가정공동생활을 하고 있었을 경우에는 민법상 상속규정에 따라 상속권자만 승계한다.

임차권의 승계를 사망 후 1개월 내에 임대인에 반대의사를 표시한 경우

① 임차권의 승계시 제1항, 제2항에서 임차인이 사망한 후 1개월 이내에 임대인에 반대의사를 표시한 때는 그러하지 않는다. 채권보다 채무가 많을 경우는 상속을 포기할 수도 있기 때문이다.

따라서 임차인의 사망 사실을 알았든 몰랐든 1월이 지나면 승계를 포기할 수 없고 당연히 취득하게 되므로 임차인이 채무가 많은 경우 주의해야 한다.

승계 포기시 배우자만 해서는 안 되고 상속대상자 모두가 함께 해야지 배우자만 한 경우 그 채권 · 채무가 자녀에게는 승계되는 경우가 발생할 수 있다.

② 제1항 및 제2항의 경우에 임대차관계에서 생긴 채권 · 채무는 임차인의 권리를 승계한 자에게 귀속한다.

김 / 동 / 희 / 의 / 강 / 의 / 노 / 트

임차보증금 증액 또는 감액으로 재계약시 유의사항과

소액임차보증금의 적용시기

임차보증금 증액으로 재계약서를 작성하는 경우

① 등기부등본을 확인하여 추가로 설정된 근저당권 또는 변동된 권리관계(압류, 가압류, 가등기, 가처분 등) 등이 있는지 등을 먼저 확인해야 한다.

② 특별한 하자가 없는 경우, 즉 추가로 설정등기 된 권리 등이 없거나 증액하더라도 전체 보증금을 안전하게 보장받을 수 있는 한도 이내라고 판단되면 보증금 증액 계약서를 작성하고 증액보증금 지급은 반드시 임차인의 계좌로 이체해야 한다. 다

른 방법으로 지급하는 경우 지급내역의 정확성을 위해서 증빙서류를 가지고 있어야 한다.

③ 보증금이 증액된 경우는 ②와 같이 증액된 계약서를 다시 작성하고 주민센터, 읍 · 면사무소 등에서 확정일자를 받는다. 그래야만 증액된 계약서상의 권리(증액된 확정일자에 의한 우선변제권 등)를 보장받을 수 있다.

④ 보증금 증액 등으로 계약서를 재작성할 때에는 증액된 금액을 포함한 전체 금액을 기재하고 특약사항란에 전세보증금 ○○○○원을 증액하면서 기존 계약을 연장하기로 한다는 내용(또는 기존 전세계약기간 만료로 인한 보증금 증액 및 기한연장에 따른 재계약서 작성임) 등을 기재하고 반드시 확정일자를 받아두어야 증액된 부분에 대해서도 대항력 및 확정일자에 의한 우선변제권이 발생한다. 이와 같이 재작성해야 하며, 기존 계약서에 증액 금액만을 기재해서는 안 된다.

이 경우에도 기존 계약서와 재계약된 계약서를 함께 보관해야 한다. 그래야만 기존 계약서에 의한 보장과 증액된 계약서에 의한 대항력과 확정일자에 의한 우선변제권을 동시에 보장받을 수 있다.

임차보증금 감액으로 재계약서를 작성하는 경우

① 이 경우에는 계약서를 다시 작성하지 않고 기존 계약서 특약사항란에 감액한 보증금액을 기재하고 임대인과 임차인이 서명날인해도 될 것이다.

② 그러나 임대차계약서를 다시 작성해야 되는 경우는 특약사항란에 기존 전세계약 만료로 인한 보증금 감액 및 기한 연장에 관한 재계약임을 기재하고 확정일자를 받아두어야만 후일 분쟁의 소지에 대비할 수 있을 것이다. 이 경우에도 임대인 입장에서는 감액한 보증금을 임차인 계좌로 이체(추후 분쟁대비 입금내역의 증빙자료 보관)하고, 임차인 입장에서는 재계약된 계약서와 기존 계약서를 함께 보관하고 있어야 한다.

소액 임차보증금의 적용시기

① 증액 또는 감액하기 전의 보증금을 기준으로 하는 것이 아니라 증액 또는 감액

한 보증금이 기준이 된다.

따라서 증액하기 전에는 대상이 되었으나 증액 후 소액보증금을 초과한 경우에는 대상이 되지 못한다.

반대로 감액으로 인해서 대상이 된다면 소액보증금 중 일정액을 우선변제 받을 수 있다.

ⓐ 임대차관계가 지속되는 동안 임대차보증금의 증감·변동이 있는 경우, 소액임차인에 해당하는지 여부의 판단 기준(배당시의 임대차보증금)(대구지방법원 2003 가단134010)

임대차관계가 지속되는 동안 임대차보증금의 증감·변동이 있는 경우, 소액임차인에 해당하는지 여부의 판단 시점은 원칙적으로 배당시로 봄이 상당하고, 따라서 처음 임대차계약을 체결할 당시 임대차보증금의 액수가 적어서 소액임차인에 해당한다고 하더라도 그 후 갱신과정에서 증액되어 그 한도를 초과하면 더 이상 소액임차인에 해당하지 않게 되고, 반대로 처음에는 임대차보증금의 액수가 많아 소액임차인에 해당하지 않는다 하더라도 그 후 갱신과정에서 감액되어 한도 이하로 되었다면 소액임차인에 해당한다.

이 사건내역을 자세히 살펴보면 다음과 같다.

주택임대차보호법 부칙(1989. 12. 30.) 제3항, 같은법시행령 부칙(1995. 10. 19.) 제2항은 우선변제권이 있는 임차인의 소액보증금의 액수를 개정함에 있어서 소액보증금 액수가 변동되기 전에 담보물권을 취득한 자에 대하여는 종전의 규정에 의하도록 하는 경과규정을 두고 있다.

따라서 원고가 1995. 6. 1. 담보물권을 취득한 피고에게 배당절차에서 소액임차인의 지위로서 대항할 수 있는지 여부는 1995. 6. 1. 시행 중인 법령에 따라야 하고, 당시 소액임차인은 임대차보증금 20,000,000원 이하의 임차인이므로, 결국 원고가 임대차보증금 20,000,000원 이하인 소액임차인에 해당하는지 여부를 결정하여야 한다.

한편, 임대차관계가 지속되는 동안 임대차보증금의 증감·변동이 있는 경우, 어느 시점의 임대차보증금을 비교의 기준으로 삼아야 하는지 문제된다. 결론적으로 소액임차인에 해당하는지 여부의 판단시점은 원칙적으로 배당시로 봄이 상당하다(민일영, 민법주해 [XV], 266면 참조). 따라서 처음 임대차계약을 체결할 당시 임대차보증금의 액수가 적어서 소액임차인에 해당한다고 하더라도 그 후 갱신과정에서 증액되어 그 한도를 초과하면 더 이상 소액임차인에 해당하지 않게 되고, 반대로 처음에는 임대차보증금의 액수가 많아 소액임차인에 해당하지 않는다 하더라도 그 후 갱신과정에서 감액되어 한도 이하로 되었다면 소액임차인에 해당한다.

원고는 담보권자의 담보설정 당시 임대차보증금이 1,500만 원이므로 이를 기준으로 소액임차인에 해당하는지 여부를 판단해야 한다고 주장한다. 그러나 원칙적으로 법률의 해석·적용은 현재의 사실관계를 기초로 해야 한다. 소액임차인에 해당하는 기준금액의 변동이 있는 경우 변동되기 전에 담보물권을 취득한 자에 대해서는 종전의 규정에 의하도록 하는 경과규정은 담보물권자가 예상하지 못한 손해를 입게 되는 결과를 방지하려는 입법적 배려일 뿐이고, 이를 근거로 과거의 사실관계를 기초로 한 법률적용의 정당성을 일반화할 수는 없다. 우선권 있는 소액임차인으로서 담보권자에게 대항할 수 있는 임차인의 범위는 담보권 설정 당시 이미 확정되어 있고, 더군다나 담보권은 등기에 의해 공시되고 있으므로, 임차인이 새로운 임대차계약을 체결하거나 종전 임대차계약을 갱신하는 방법으로 임대차보증금을 증액하여 소액임차인으로서의 지위를 상실하게 되는 것은 전적으로 임차인의 지배영역 하에 있는 일로서 임차인에게 불측의 손해를 가할 우려가 없다. 그리고 법률관계는 시간의 경과에 따라 역동적인 양상을 띠게 되는데 과거에 형성된 법률상 지위가 여러 사정 변경에도 불구하고 그대로 유지된다고 할 수는 없다. 과거에 한 번 소액임차인이기만 하면 그 후 임대차보증금이 어떻게 변경되든 소액임차인의 지위를 유지한다는 주장은 자의적일 뿐이다.

따라서 원고가 피고와의 관계에서 우선변제권이 인정되는 소액임차인에 해당하는지 여부는 배당 시의 임대차보증금을 기준으로 1995년 6월 1일 당시 법령에 의해 인정되는 소액임차인(임대차보증금 2,000만 원 이하)에 해당하는지 여부에 따라야 할 것인데, 원고의 주장에 따른 배당시의 임대차보증금은 3,000만 원이므로, 원고 주장 자체에 의하더라도 원고는 소액임차인에 해당한다고 할 수 없다.

ⓑ 소액임차권자에 해당하지 아니한 자라 하더라도 후에 계약내용을 변경하여 소액임차권자가 된 경우에는 그 계약내용이 탈법적인 의사없이 진정한 의사로 적법하게 이루어진 경우에는 소액임차권자로 보호하여 주어야 한다[광주지법 86가단4111 판결].

그러나 경매개시결정의 기입등기 후에 소유자와의 합의에 의하여 보증금을 소액보증금의 범위내로 변경한 경우에는 우선변제권이 인정되는 소액임차인에 해당하지 않는다고 판시 하였다[서울민사지방법원 93나31602].

ⓒ 임대차보증금의 감액으로 주택임대차보호법상 소액임차인에 해당하게 된 경우에 소액임차인으로서 보호받을 수 있는지 여부(원칙적 적극)

실제 임대차계약의 주된 목적이 주택을 사용·수익하려는 것인 이상, 처음 임대차계약을 체결할 당시에는 보증금액이 많아 주임법상 소액임차인에 해당하지 않았지만 그 후 새로운 임대차계약에 의해 정당하게 보증금을 감액하여 소액임차인에 해당하게 되었다면, 그 임대차계약이 통정허위표시에 의한 계약이어서 무효라는 등의 특별한 사정이 없는 한 그러한 임차인은 같은 법상 소액임차인으로 보호받을 수 있다[대법2007다23203].

앞의 판결내용 등은 소액임차인의 보증금의 변경 등으로 인한 소액임차인 해당 여부의 판단 시점은 배당시점에서 소액임차인 여부 등을 판단해야 한다는 판결 내용이다.

그리고 이에 대한 보충설명으로 "소액임차인에 해당하는 판단시점을 원칙적으로 배당시이다. 비록 처음 임대차계약을 체결할 당시에는 보증금의 액수가 적어서 소액임차인에 해당되더라도 그 이후 갱신 과정에서 증액되어 소액임차보증금을 초과하게 되면 더 이상 소액임차인에 해당하지 않는다. 반대로 처음에는 보증금이 많아 소액임차인에 해당되지 않았는데 갱신과정에서 보증금액이 줄어 배당시에는 소액임차보증금 이하가 되는 경우는 소액임차인에 해당한다고 보고 있다. 뿐만 아니라 행정구역의 개편으로 소액임차인에 해당여부가 바뀌는 경우도 배당시의 행정구역을 기준으로 소액임차인 여부를 결정하면 된다(민일영, 주택·상가건물의 경매와 임대차, 2009. 1월 출간, 309쪽)

다만 소액임차인으로서 우선변제받기 위한 탈법수단으로 임대인과 짜고 허위로 보증금을 감액해서 작성한 사실 등이 명백하면 즉 허위로 보증금을 줄인 경우 뿐만 아니라 허위로 소액임차권을 창출하는 경우가 명백한 경우는 소액보증금중 일정액을 우선변제에서 제외 시켜야 한다[대법2001다14733]. 즉 경매개시 전 이든, 이후이든 그러한 사실 등이 명백하면 배당에서 제외 된다.

그리고 경매개시결정의 기입등기가 된 이후에 임대차계약을 갱신하여 소액보증금 이하로 낮추는 경우가 있는데 이 경우는 대부분이 허위일 가능성이 높다. 그런데 갱신계약서를 경매개시 이전으로 소급해서 작성(경매개시 이전에 주민등록자가 확정일자 없이)하거나 경매개시 이전에 주민등록만 되어 있는 자를 임차인으로 경매개시 이전으로 소급하여 임대차를 작성(창출하는 경우)하여 소액보증금중 일정액을 배당요구한 경우처럼 임대인과 임차인이 담합해서 허위로 임대차를 갱신하거나 새로이 창출하여도 이를 밝히는 것은 쉽지 않다.

이런 이유에서 집행관의 현황조사시 이러한 점을 감안해서 세심한 현황조사가 이루어져야 될 것이다.

실무에서는 담당판사가 배당요구한 채권자가 허위일 가능성이 있다고 판단되면 배당요구서류에 대한 보정명령을 내려 서류를 보정하도록 할 수 있고, 또는 배당기일에 의심이 가는 부분에 대해서 심문 후 배당을 실시하거나 채권자 등으로부터 배당이의가 있으면 심문과정에서 이의가 정당하다고 인정되거나 이의자와 채권자간의 합의가 이루어지면 그에 따라 배당표가 확정되는데, 그렇지 못 한 경우는 배당이의의 소를 제기하도록 하고 있다.

따라서 경매개시결정 기입등기 이전에 증액한 경우 뿐만 아니라 이후에 보증금을 증액하는 경우에도 소액임차인에 해당되지 아니하게 될 수 있다는 점도 유의해야 된다.

그리고 경매개시 전에 임대인과 임차인이 합의로 보증금을 감액하여 소액임차인이 된 경우에는 소액임차보증금을 배당시를 기준으로 우선변제 받을 수 있다. 다만 이러한 경우에도 다른 채권자 등으로부터 배당이의가 제기 될 수 있음을 예상하여 정확한 계약내용의 증빙서류 즉 계약서뿐만 아니라 감액으로 인하여 보증금의 일부가 임차인 계좌로 이체된 내역 등이 필요할 것으로 본다.

실무에서는 경매개시일로부터 6월 이내에 갱신된 경우에는 담당판사가 직권으로 배당신청에 대해서 보정명령 또는 심문절차를 진행하여 판단하는 경우도 있을 수 있기 때문이다.

그러나 경매개시이후에 감액하여 소액임차인이 된 경우에는 어떻게 될 것인가에 대해서는 담당판사의 심문절차 또는 다른 채권자 등의 배당이의가 제기되어 배당이의의 소송이 진행될 수 있고, 이 과정에서 소액임차인으로 우선변제받기 위한 탈법수단으로 임대인과 허위로 보증금을 감액해서 작성한 사실 등이 명백하면 즉 허위로 보증금을 줄인 경우 뿐만 아니라 허위로 소액임차권을 창출하는 경우가 명백한 경우는 소액보증금중 일정액을 우선변제받지 못할 수도 있다.

따라서 경매개시 이후에 감액으로 배당시에 소액 임차인에 해당되더라도 경매법원의 심문절차 또는 다른 채권자 등으로부터 배당이의가 제기 됨으로 인해서 소액보증금중 일정액을 우선변제받기가 어려울 것으로 예상된다.

그리고 민일영 대법관은 개인적인 사견으로 경매개시결정의 기입등기 이후에 임대차계약을 갱신 즉 앞의 내용과 같이 보증금 감액으로 소액임차인으로 배당요구한 경우에는 일단 허위로 추정하여 소액임차인의 배당에서 제외 시키고, 그에 대한 이의가 있으면 임차인으로 하여금 배당이의 신청 및 배당이의의 소를 제기하도록 하는 편이 더 낫다는 견해를 갖고 있다(민일영, 주택·상가건물의 경매와 임대차, 2009. 1월 출간, 313쪽).

실무에서도 이와 같이 진행되고 있고 더 나아가 경매개시 임박해서 갱신하여 소액임차인에 해당되는 경우도 담당판사의 보정명령 또는 심문절차를 진행하여 소액임차인으로 우선변제받기위해 허위 또는 탈법 수단으로 갱신한 사실이 명백하면 배당에서 배제시키고 있다.

② 그러나 소액보증금 중 일정액을 적용받기 위해서는 압류시를 기준으로 해야 된다는 견해도 있다.

즉 경매개시결정기입 등기 전(공매 최초 공고일 이전)에 감액한 보증금을 기준으로 하게 된다는 견해로 압류에 의하여 경매목적물의 처분제한 효과가 발생되므로 압류 이후에 감액하여 소액임차인의 지위에 있는 임차인은 압류채권자 또는 담보권자에 대하여 그 효력을 주장할 수 없다는 견해로 압류 이후에 성립한 소액임차인까지 소액임차인으로 보호를 받게 된다면 악용될 여지가 많고, 경매개시 이후 배당시점 사이에 감액 등의 사유로(경매개시이후 배당요구종기시 까지 보증금을 변경하여 배당요구시) 소액임차인이 되는 것까지 인정하게 된다면 경매 등이 개시 이후에도 임대인과 담합하여 변경되는 사정 등이 발생하여 저당권 등의 담보물권자가 불측의 손실를 당하게 되는 결과를 초래할 수가 있는 등의 문제가 발생되어 그 시기를 압류효력발생 이전까지로 한정하는 것이 타당하다고 보는 견해이다.

③ 개인적인 견해

임대차관계가 지속되는 동안 소액임차인의 판단기준과 임대차보증금의 증감·변동이 있는 경우, 소액임차인에 해당하는지 여부의 판단 기준은 배당시의 임대차보증금을 가지고 계산하는 것이 경매개시결정기입등기(압류시) 이전 보다 더 타당성이 있다고 본다.

그리고 주임법 제8조 제1항에서 경매신청의 등기 전에 대항요건을 갖추고 있으면 보증금 중 일정액에 대하여 다른 담보물권이나 채권자들에 비해 우선적으로 변제받을 수 있는 규정을 두고 있다. 따라서 경매개시결정기입등기 이전에 대항요건을 갖추고 감액된 경우는 그 진정성이 인정되는 한 소액임차인으로 인정하여 배당하면 되고, 경매신청의 등기 전에 대항요건을 갖추었으나 경매개시(압류) 이후에 감액 등으로 소액임차인의 지위에 놓이게 되는 경우는 민일영 대법관의 견해처럼 배당에서 제외시키고, 그에 대한 이의가 있으면 임차인으로 하여금 배당이의 신청 및 배당이의의 소를 제기하도록 하는 편이 더 낫다고 본다.

왜냐하면 압류효력 발생 이후의 보증금의 증·감 변동은 허위일 가능성이 대부분이고, 소액임차인을 담보권자에 우선하여 배당하는 그 자체만으로도 소액임차인은 이미 큰 보호를 받고 있는데도 불구하고 압류효력 발생 이후에 감액한 소액임차인까지 보호를 하게 된다면 압류 이후 임대인과 담합하여 소액임차인을 양산하는 결과를 초래할 수도 있기 때문이다.

↓ 미리 알아두기

업무용 오피스텔은 주택임대차보호법과 상가임대차보호법 중 어느 법에 적용되는가

주거용으로 신고하여 대항요건과 확정일자를 갖추면 주택임대차보호법이 적용된다. 따라서 1주택인 경우 비과세요건이 성립된 경우 양도세가 비과세된다.

그러나 업무용(사무용)으로 신고하고 사업자등록과 건물의 인도 그리고 확정일자를 받으면 상가임대차보호법이 적용되어서 1가구 2주택, 즉 다주택의 양도세를 피할 수 있다.

TIP

임대차계약서를 분실한 경우 대처방법

확정일자를 받아 우선변제권을 취득한 자가 그 임대차계약서를 분실한 경우나 멸실되었다고 하여 우선변제권이 소멸되었다고 볼 수 없고[대법96다12474], 다만 확정일자를 부여받은 사실을 입증하게 되면 경매 또는 공매절차에서 우선변제 받는 데는 지장이 없다고 볼 수 있다. 입증을 위한 서류로는 확정일자를 부여받은 기관(등기소, 주민센터, 구청, 공증인사무소 등) 등에서 확정일자부 또는 확정일자발급대장 사본을 교부받고 부동산중개업소에서 보관 중인 임대차계약서부본을 교부받아 법원 경매계에 제출하는 방법 등으로 소명하면 될 것이다. 계약서 사본마저 없어서 보증금의 액수를 특정할 수 없는 경우 계약서 원본의 분실신고 접수증(경찰서 등)이나 보증인의 인우보증서를 제출하고, 계약서 작성 당시의 계약금 지불방법과 지불내역 등을 소명하면 될 것이다.

임차인의 연체차임에 대한 공제 후 배당여부

경매절차가 진행되면 대부분의 임차인 등은 밀린 임료부분을 납부하지 않는 경우가 대부분인데 채무자(임대인)가 매수인이 대금 납부시까지 밀린 임료를 공제해야 된다는 취지로 배당이의를 하면 대부분의 법원은 배당기일에 밀린 임료를 공제한 금액으로 임차인의 배당금을 경정하게 되고 이 금액을 채무자에게 지급하는 것이 아니라 후순위채권자 등에게 배당하게 된다. 밀린 임료의 다툼이 있는 경우에는 배당이의의 소를 제기하여 확정된 금액으로 하게 된다.

실무상 연체차임에 대한 금액 자체도 채무자만 이해할 수 있는 부분이어서 다른 채권자 등이 주장하는 경우도 드물 뿐만 아니라 이해당사자가 되지 못하여 주장을 받아들이기가 어렵다고 본다.

왜냐하면 부동산임의경매절차에서 경매개시결정으로 인한 압류 후의 차임은 임대차보증금에서 당연히 공제되는 것이 아니라 경매절차에서 저당부동산과 함께 매각되어 환가되거나 별도로 수취된 후 피담보채권의 변제에 충당되어야 하지 이와 달리 임대차보증금에서 공제되어야 하는 것은 아니라고 할 것이므로, 따라서 채무자만이 주장하는 것이 대부분이고 채무자 역시 밀린 임료가 본인에게 배당되는 경우가 아니어서 실무에서 배당이의를 주장하는 경우가 그리 많지 않다. 연체차임에 대한 경매·공매 배당실무에서는 임차인의 보증금에서 연체차임에 대해서 공제하지 않고 임차인에게 배당하고 있으나, 채무자(소유자)가 배당이의를 제기했을 시에는 연체차임을 공제한 금액만 임차인에게 배당하게 되고, 이와 같이 공제된 연체차임에 해당되는 배당금은 채무자에게 배당되는 것이 아니라 후순위채권자 등에게 우선순위에 따라 배당되게 된다.

연체차임의 처리방법에 대한 판례[서울동부지법 2006가단62400]

1. 임의경매절차에서 저당부동산의 차임 처리방법

민법 제359조에 의하면 저당권의 효력은 저당부동산에 대한 압류가 있은 후에 저당권설정자가 그 부동산으로부터 수취한 과실 또는 수취할 수 있는 과실에 미치고, 부동산의 차임은 법정과실이므로 부동산의 차임에도 저당권의 압류의 효력이 미쳐서 저당권설정자가 이를 수취할 수 없고, 저당부동산에 포함되어 저당부동산과 함께 경매절차에서 환가되거나 수취된 후 피담보채권의 변제에 충당되어야 한다.

2. 부동산임의경매절차에서 경매개시결정으로 인한 압류 후의 차임은 임대차보증금에서 당연히 공제되는 것이 아니라 경매절차에서 저당부동산과 함께 매각되어 환가되거나 별도로 수취된 후 피담보채권의 변제에 충당되어야 한다고 한 사례.

↓ 미리 알아두기

주임법상 임차인의 지위와 최선순위 전세권의 지위를 겸한 경우 임차인의 대항력과 배당방법

주택임대차보호법상 임차인으로서의 지위와 전세권자로서의 지위를 함께 가지고 있는 자가 그 중 주임법상 임차인으로서의 지위에 기하여 경매법원에 배당요구를 하였다면 배당요구를 하지 아니한 전세권에 관하여는 배당요구가 있는 것으로 볼 수 없다. 뿐만 아니라 최선순위 전세권등기 이후 그 지위를 강화하기 위해 주임법상 임차인으로서 지위를 갖춘 경우에도 최선순위 전세권에 기한 배당요구를 하였다해도 주임법상의 지위를 상실하는 것이 아니라 주임법상의 권리를 주장할 수가 있어서 미배당금은 매수인의 부담으로 남게된다. 이에 대한 판례를 살펴보면 다음과 같다.

※ 보충설명

1.대법원 2010. 7. 26. 자 2010마900 결정

주택에 관하여 최선순위로 전세권설정등기를 마치고 등기부상 새로운 이해관계인이 없는 상태에서 전세권설정계약과 계약당사자, 계약목적물 및 보증금(전세금액) 등에 있어서 동일성이 인정되는 임대차계약을 체결하여 주택임대차보호법상 대항요건을 갖추었다면, 전세권자로서의 지위와 주택임대차보호법상 대항력을 갖춘 임

차인으로서의 지위를 함께 가지게 된다. 이러한 경우 전세권과 더불어 주택임대차
보호법상의 대항력을 갖추는 것은 자신의 지위를 강화하기 위한 것이지 원래 가졌
던 권리를 포기하고 다른 권리로 대체하려는 것은 아니라는 점, 자신의 지위를 강
화하기 위하여 설정한 전세권으로 인하여 오히려 주택임대차보호법상의 대항력이
소멸된다는 것은 부당하다는 점, 동일인이 같은 주택에 대하여 전세권과 대항력을
함께 가지므로 대항력으로 인하여 전세권 설정 당시 확보한 담보가치가 훼손되는
문제는 발생하지 않는다는 점 등을 고려하면, 최선순위 전세권자로서 배당요구를
하여 전세권이 매각으로 소멸되었다 하더라도 변제받지 못한 나머지 보증금에 기
하여 대항력을 행사할 수 있고, 그 범위 내에서 임차주택의 매수인은 임대인의 지
위를 승계한 것으로 보아야 한다.

2. 대법원 2010. 6. 24. 선고 2009다40790 판결

1) 주택임대차보호법상 임차인으로서의 지위와 전세권자로서의 지위를 함께 가지
고 있는 자가 임차인으로서의 지위에 기하여 경매법원에 배당요구를 한 경우, 전세
권에 관하여도 배당요구가 있는 것으로 볼 수 있는지 여부(소극)[대법 2009다40790]

주택임차인 대항력 · 확정일자에 의한 우선변제권, 기타 물권과의 우선변제 연습

(임차인의 최우선변제금과 경매 · 공매 집행비용 계산하지 않음)

배당 EXERCISE 1   EXERCISE

임차인 갑이 먼저 전입하였는데 이후에 근저당권이 설정되고 확정일자를 받았다.

갑 임차인(전입)(2002. 2. 12) → 을 저당권(2002. 3. 10) → 갑 확정일자(2002. 3. 10) → 을의
임의경매 신청

① 갑 임차인 대항력 발생시기 2002. 2. 13. 오전 0시 갑 임차인 확정일자에 의한 우
　선변제권 2002. 3. 10. 주간

② 을 저당권 우선변제권 2002. 3. 10. 주간 따라서 배당순위는 갑과 을이 동순위로 안분배당한다. 그러나 갑은 대항력이 있어서 전액 배당을 못 받을 경우 낙찰자 인수가 된다.

갑저당권이 먼저 설정되고 나서 임차인이 전입하고 갑이 임의경매 신청한 경우이다.

갑 저당권(2005. 1. 10) → **을(전입 및 확정일자)**(2005. 1. 10) → **갑의 임의경매 신청**

① 갑 저당권 우선변제권 2005. 1. 10. 주간

② 을 임차인 대항력 발생시기 2005. 1. 11. 오전 0시 을 임차인 확정일자에 의한 우선변제 2005. 1. 11. 오전 0시 따라서 배당순위는 갑이 배당받고 배당 잔액이 있으면 을이 받는다. 여기서 을이 후순위로 낙찰자가 인수해야 할 금액이 없을 것이다.

임차인 갑이 먼저 전입하고 근저당권 을이 저당권 설정한 경우는

갑 임차인(전입 및 확정일자)(2005. 5. 10) → **을 근저당권**(2005. 5. 11) → **을의 임의경매신청**

① 갑 임차인 대항력 2005. 5. 11 오전 0시갑 임차인 확정일자에 의한 우선변제 2005. 5. 11. 오전 0시

② 을 저당권 우선변제권 2005. 5. 11. 주간 따라서 배당순위는 갑 임차인 1순위 배당 → 을 근저당권 2순위 배당, 갑의 미배당금액이 있으면 낙찰자 인수사항이나 그렇게 되면 경매진행이 정지될 것이다. 왜냐하면 경매신청자의 배당금액이 없기 때문이다.

갑 저당권이 설정되고 나서 을 임차인 확정일자 후에 전입하고 같은 날 병이 저당권을 설정하였다면

갑 저당권(2005. 5. 9.) → 을 임차인(확정일자)(2005. 5. 10) → 을 전입(2005. 5. 11) → 병 저당권(2005. 5. 11) → 병 임의경매 신청

① 갑의 우선변제권 2005. 5. 9. 주간

② 을의 대항력 2005. 5. 12. 오전 0시 을의 확정일자 우선변제 2005. 5. 12. 오전 0시

③ 병의 우선변제권 2005. 5. 11. 주간 따라서 배당순위는 1순위 갑 → 2순위 병이 배당받고 나서 → 3순위로 을이 배당받는다. 여기서 낙찰자의 인수사항은 없다.

↓ 김동희 배당사례특강 주택임차인의 소액임차보증금 중 일정액(최우선변제금)과 확정일자 우선변제금 및 다른 채권자 등과의 배당 연습

(임차인의 최우선변제금 고려해서 배당실시)(경매 · 공매집행비용은 계산하지 않음)

2005. 5. 20. 갑 임차인이 전입(4,100만 원)하고, 2005. 5. 25. 을 근저당권설정(5,000만 원) 등기를 하였고, 2005. 5. 30. 병 임차인 전입/확정(2,500만 원)일자 받고, 2005. 6. 10. 정 임차인이 전입(1,000만 원)이었다. 그리고 무가 일반조세를 2005. 10. 20. 압류(1,000만 원, 법정기일 2005. 6. 15. 당해세가 아닌 일반세금임)하였고, 2006. 2. 20. 을이 임의경매신청 또는 무가 자산관리공사에 세금 압류공매대행을 의뢰한 경우

갑 임차인 2005. 5. 20. 전입(4,100만 원) → 을 2005. 5. 25. 근저당권(5,000만 원) → 병 임차인 2005. 5. 30. 전입/확정일자(2,500만 원) → 정 임차인 2005. 6. 10. 전입(1,000만 원) → 무 일반조세압류 2005. 10. 20.(1,000만 원 법정기일 2005. 6. 15. 당해세 아님) → 2006. 2. 20. 을이 임의경매신청 또는 무가 자산관리공사에 압류공매의뢰

여기서 서울 소재이고, 배당금액이 1억 1,000만 원이었다면

【분석】

① 갑의 대항력 5월 21일 오전 0시

② 을의 우선변제권 5월 25일 주간

③ 병의 대항력 5월 31일 오전 0시, 병의 확정일자부 우선변제권 5월 31일 오전 0시

④ 정의 대항력 6월 11일 오전 0시

⑤ 무의 우선변제 효력 6월 15일 주간

따라서 배당하면 다음과 같다.

이 사건에서 최우선변제금의 지급기준이 되는 저당권부 담보물권에는 2005. 5. 20. 설정등기 된 을 근저당권이 있고, 임차인이 최우선변제금을 우선변제 받기 위해서는 이 기간에 해당되는 소액임차보증금에 해당되면 되므로 4,000만 원 이하의 임차인인 병과 정이 을 근저당권보다 우선하여 최우선변제금을 1순위로 받게 된다.

1순위_ 병 임차인 1,600만 원＋정 임차인 1,000만 원(최우선변제금 1등)

2순위_ 을 저당권 5,000만 원(우선변제금 1등)

3순위_ 병 확정일자 우선변제 900만 원(우선변제금 2등)

4순위_ 무 일반세금 1,000만 원(우선변제금 3등)

배당잔여금이 1,500만 원이 있으나 갑이 확정일자를 받지 못하였기에 배당받을 수 없다. 이 배당잔여금은 채무자 겸 소유자에게 배당된다.

갑은 대항력 있는 임차인이므로 낙찰자가 4,100만 원을 인수해야 된다.

예1) 그러나 을이 임의경매신청 또는 무의 압류공매 대행의뢰가 2008. 8. 21.에 의뢰된 사건이거나 배당 시점이 이 기일에 해당된다면 다음과 같이 배당하게 된다.

1순위, 2순위는 위와 같다.

3순위_ 갑 임차인 2,000만 원+병 임차인 400만 원(최우선변제금 2등)

이때 최우선변제금의 지급기준일은 배당시점으로 보아야 하므로 보증금이 6,000만 원 이하인 경우 2,000만 원을 병 확정일자 우선변제권과 무 일반세금보다 우선변제 받는다.

여기서 최우선변제금의 지급기준이 되는 담보물권 등이 있는 경우,

담보물권은 저당권, 담보가등기권, 전세권 등이 있다. 그런데 주의할 점은 담보물권, 즉 저당권 등보다 선순위 또는 동순위의 확정일자 우선변제권이 있는 경우에 저당권 등에 대항할 수 없는 소액임차인은 확정일자 우선변제권보다 후순위로 보나, 저당권 등이 없고 확정일자 등만 또는 무담보채권자(조세·공과금·임금·가압류·강제경매신청채권자, 집행권원에 의한 배당요구채권자 등)만 있다면 소액임차인의 기준은 배당 시점에서 법적 최대한의 소액임차보증금을 소액임차인으로 보게 된다는 점만 유의해서 배당표를 작성하면 될 것이다.

4순위_ 병 확정일자 500만 원(우선변제금 2등)

5순위_ 무 일반세금 500만 원(우선변제금 3등)

갑은 대항력 있는 임차인이므로 낙찰자는 갑의 미배당금 2,100만 원을 인수해야 된다.

예2) 그러나 을이 임의경매신청 또는 무의 압류공매 대행의뢰가 2010. 7. 26. 이후에 의뢰된 사건이거나 배당 시점이 이 기일에 해당된다면 다음과 같이 배당하게 된다.

1순위, 2순위는 위와 같다.

4순위_ 갑 임차인 2,500만 원+병 임차인 900만 원(최우선변제금 2등)으로 배당이 이루어진다. 낙찰자는 대항력 있는 갑 임차인의 미배당금 1,600만 원을 인수해야 된다.

따라서 을이 임의경매신청을 한 경우라면 경매절차는 취소되지 않으나 무가 공매대행을 의뢰한 경우에는 무 일반세금은 배분금이 없어서 공매절차는 무잉여의 원칙(공매위임관서에게 배분금액이 남을 가망이 없는 경우 공매절차는 취소되어야 한다)에 따라 취소된다.

상기 배당순위는 주임법 시행령 부칙 제2조에서 담보물권은 확정일자를 기준으로 하지 않고, 저당권, 담보가등기권, 전세권 등으로만 판단해서 소액보증금 중 일정액을 우선변제 받게 배당한 사례이고 필자는 앞으로 배당은 이 기준을 가지고 작

성하기로 한다는 내용을 앞에서 설명하였다

　예3) 그러나 배당에서 확정일자를 소액임차인의 결정기준으로 보고 배당을 하게 되는 경우 어떻게 달라질 수 있는지를 살펴보면 다음과 같이 배당된다.

　앞의 예1)에서는

　1순위_ 병 임차인 1,600만원＋정 임차인 1,000만 원(최우선변제금 1등)

　최우선변제금의 지급기준이 되는 담보물권에는 을 저당권과 병 확정일자가 된다.

　2순위_ 을 저당권 5,000만 원(우선변제금 1등)

　3순위_ 병 확정일자 우선변제 900만 원(우선변제금 2등)

　4순위_ 갑 임차인 2,000만 원(최우선변제금 2등)

　5순위_ 무 일반세금 500만 원(우선변제금 3등)

　갑은 대항력 있는 임차인이므로 낙찰자는 갑의 미배당금 2,100만 원을 인수해야 된다.

　앞의 예2)에서 1순위~3순위는 앞의 예1)과 같다.

　4순위_ 갑 임차인 2,500만 원(최우선변제금 2등)

　5순위_ 무 일반세금 0원으로 배당금이 종결되고,

　낙찰자는 대항력 있는 갑 임차인의 미배당금 1,600만 원을 인수해야 된다.

<table>
<tr><td>배당</td><td>EXERCISE 6</td><td>EXERCISE</td></tr>
</table>

갑 가압류 1996. 5. 10.(2,000만 원) 등기부에 등재되고 나서 을 임차인 2005. 3. 10. 전입(3,000만 원)하고, 병 임차인 2005. 4. 10. 전입(4,000만 원)하고, 정 조세압류 2005. 5. 10.(3,000만 원 법정기일 2005. 3. 15.)(당해세 아님) 등기하고 나서 갑이 강제경매신청을 하였다.

【분석】

갑 가압류(2,000만 원) 1996. 5. 10. → 을 임차인(3,000만 원) 2005. 3. 10. 전입 → 병 임차인(4,000만 원) 2005. 4. 10. 전입 → 정 일반조세압류(3,000만 원) 2005. 5. 10.(법정기일 2005. 3. 15.당해세 아님) → 갑의 강제경매(2008년 10월 10일)

여기서 최우선변제금 지급기준일이 되기 위한 우선변제권이 없다. 이와 같이 저당권 등의 우선변제권 있는 채권자 등이 없는 경우 배당 시점을 기준으로 현행법상 소액보증금 중 일정액을 일반채권자에 우선하여 배당한다.

지역이 서울이고 배당금액이 1억 원이라면 배당순서는 다음과 같이 하면 된다.

1순위_ 을 2,000만 원＋병 2,000만 원(최우선변제 1등)(∵서울의 경우 2008.8.21. ～ 2010.7.25 까지 6,000/2,000만 원 소액보증금 중 일정액으로 우선변제)

2순위_ 정 3,000만 원(우선변제 1등)(조세 및 공과금은 일반채권에 항상 우선한다)

3순위_ 갑 2,000만 원(우선변제 2등)

배당잔액이 1,000만 원 있으나 을과 병이 확정일자가 없어서 우선변제권이 없다. 따라서 이 금액은 채무자에게 배당된다.

그러나 배당요구시 확정일자를 받아서 배당요구한 경우라면 3순위에서 배당잔여금 2,000만원을 가지고 갑 가압류와 을 확정일자우선변제금, 병 확정일자우선변제금이 동순위로 안분배당하고, 2차로 을의 안분부족액을 후순위인 병에서 흡수하게 된다.

배당 EXERCISE 7

배당 EXERCISE 7 · EXERCISE

소액임차인과 확정임차인간의 배당사례(주택이 서울이고 배당금액이 1억 5천만 원이었다면)

갑 임차인 2002.8.15. 전입/확정일자임차보증금 (5,000만 원)을 받고, 을 임차인은 2003.4.24. 전입/확정일자(4,500만 원) 받고, 병 임차인 2003.5.20. 전입/확정일자 (3,000만 원)를 받았다. 그 후 정 근저당권자 2004.4.5.(5,000만 원) 설정등기하였고, 무 가압류권자가 2004.5.10. 채권금액 (4,000만 원)을 가압류하였다. 그리고 정이 임의경

매 신청하였을 경우

【분석 Ⅰ】

갑 임차인(5,000만 원) 2002.8.15.(전입/확정) → 을 임차인(4,500만 원) 2003.4.24.(전입/확정) → 병 임차인(3,000만 원) 2003.5.20. (전입/확정) → 정 근저당권(5,000만 원) 2004.4.5. → 무 가압류(4,000만 원) 2004.5.10. → 정의 임의경매 신청(2004.7.30)

여기서 대항력 발생일과 우선변제권 발생일을 계산해보자.

① 갑 임차인 2002.8.16. 오전 0시 대항력 발생되고 2002.8.16. 오전 0시에 확정일자에 의한 우선변제권이 발생된다.

② 을 임차인 2003.4.25. 오전 0시에 대항력 2003.4.25. 오전 0시에 우선변제권

③ 병 임차인 2003.5.21. 오전 0시에 대항력 2003.5.21. 오전 0시에 우선변제권

④ 정 근저당권 2004.4.5. 주간에 우선변제권

⑤ 무 가압류 2004.5.10. 주간에 효력이 발생하나 일반채권으로 우선변제권은 없다.

　따라서 배당순서는 다음과 같다.

　1순위_ 병 임차인 1,600만 원(최우선변제 1)

　2순위_ 갑 임차인 5,000만 원(확정일자부 우선변제 1등)

　3순위_ 을 임차인 4,500만 원(확정일자부 우선변제 2등)

　4순위_ 병 임차인 1,400만 원(확정일자부 우선변제 3등)

　5순위_ 정 근저당권 2,500만 원(확정일자부 우선변제 4등)으로 낙찰자 인수금액이 없다.

【분석 Ⅱ】

그러나 무 가압류가 정 근저당보다 앞서고 병이 확정일자를 안 받았다면 어떻게 될 것인가.

　배당순서는 다음과 같이 변경된 것이다.

　1순위_ 병 임차인 1,600만 원(최우선변제 1등)

2순위_ 갑 임차인 5,000만 원(우선변제 1등)

3순위_ 을 임차인 4,500만 원(우선변제 2등)

여기서 병은 확정일자부우선변제권이 없어서 최우선변제 받고 소멸된다.

4순위_ 무가 선순위채권이고 정 근저당권은 물권이므로 동순위로 안분배당하게 된다.

① 무: 잔여배당금액 3천900만원 $\times \dfrac{40,000,000}{90,000,000} = 17,333,333$원

　(4,000만원＋5,000만원＝9,000만원)

② 정: 잔여배당금액 3천900만원 $\times \dfrac{50,000,000}{90,000,000} = 21,666,667$원

으로 배당이 종결되고, 대항력 있는 임차인 병의 미배당금 1,400만 원은 낙찰자의 부담으로 남는다.

EXERCISE 8　　　　　　　　　　　　　　　　　EXERCISE

국민은행이 2001.03.05. 근저당권 5,000만 원을 설정하고 나서 김미숙이 2001.03.10. 보증금 3,000만 원으로 전입하였고, 김동광은 2001.10.20. 보증금 5,000만 원으로 전입하고 확정 일자를 받았다. 그 후에 강서세무서가 2001.10.30. 조세압류를 2,000만 원 하였고 그 다음에 이철수가 2002.01.10. 보증금 4,000만 원으로 전입하고 확정일자까지 받았다. 그 다음으로 김이만이 2002.02.10. 가등기를 하고, 그 후 국민은행이 2002.04.10.에 임의경매를 신청하였다.

가등기권자 김이만은 경매집행기관에 담보가등기권자로 채권액 4,000만 원으로 권리신고 및 배당요구를 하였다.

【분석】

국민은행 근저당(5,000만 원) 2001.03.05. → **김미숙 임차인**(3,000만 원) 2001.03.10. **전입** → **김동광 임차인**(5,000만 원) 2001.10.20. **전입/확정일자** → **강서세무서 일반 조세압류**(2,000만 원) 2001.10.30.(법정기일01.03.31. 당해세 아님) → **이철수 임차인**(4,000

만 원) 2002.01.10. 전입/확정일자 → 김이만 담보가등기(4,000만 원) 2002.02.10. →
2002.04.10. 국민은행 임의경매신청

(이 주택 소재는 서울이고 배당금액은 1억6,200만 원인 경우)

이 경우 배당순서 및 금액은 다음과 같다.

1순위_ 김미숙 1,200만 원(최우선변제금 1)　　　　　1차적 최우선변제지급기준

2순위_ 국민은행 5,000만 원(우선변제 1)　　　　　(국민 3,000/1,200만 원)

3순위_ ① 김미숙 400만 원+② 이철수 1,600만 원　2차적 최우선변제지급기준

(최우선변제금 2)　　　　　　　　　　　　　　　　(김이만 담보가등기

4순위_ 강서세무서 2,000만 원(우선변제금 2)　　　　4,000/1,600만 원)

5순위_ 김동광 5,000만 원(우선변제 2)

6순위_ 이철수 1,000만 원(우선변제금 3)

낙찰자의 인수사항은 없게 되고 김미숙은 확정일자가 없어서 최우선변제만 받고
소멸된다.

최우선변제기준일이 채권자에 따라 상이한 경우와 선순위채권자가 후순위채권자
를 흡수하는 경우를 2가지 설에 따라 배당하고 이를 비교분석하여보자!

배당금액이 2억 5천만 원이고, 서울시 대방동에 위치하고 있다.

① 2008.09.19. 기업은행 근저당권 5,000만 원

② 2008.09.20. 김수철 임차인 전입(7,500만 원)

③ 2009.06.25. 이기만 근저당권 1억 원

④ 2010.03.26. 이기자 가압류 4,000만 원

⑤ 2010.08.20. 김철민(전입/확정일자)(보증금 6,500만 원)

⑥ 2010.08.23. 황해성(전입과 확정일자)(보증금 7,000만 원)

⑦ 2010.10.15. 임의경매신청

첫째, 주임법 시행령 부칙 제2조에서 담보물권은 확정일자를 기준으로 하지 않고, 저당권, 담보가 등기권, 전세권 등으로만 판단해서 소액보증금 중 일정액을 우선변제받게 배당하되 확정일자는 확정일자한정설 * 만 적용하여 배당한 사례이다.

1순위_ 기업은행 5,000만 원(우선변제 1)

2순위_ 이기만 근저당권자 1억 원(우선변제 2)

(최우선변제금 지급기준일이 2008.8.21.~2010.07.25.이므로 보증금이 6,000만 원/2,000만 원이어야 하는데 대상이 없음)

3순위_	2010.07.26.부터 현재까지는 7,500/2,500
① 김수철 임차인 2,500만 원	(3순위 이후부터는 최우선변제금 지급기준일이 되기 위한 담보물권이 없다.
② 김철민 임차인 2,500만 원	이와 같이 저당권 등의 담보물권 등이 없는 경우 배당시점을 기준으로 현행법상 소액보증금
③ 황해성 임차인 2,500만 원	중 일정액을 우선하여 배당한다.)
(최우선변제 1)	

4순위_ ① 가압류 이기자 : 4,000만 원＝② 김철민 확정일자 4,000만 원이고, ①＝③ 황해성 확정일자 4,500만 원이므로 ①＝②＝③이 되어 동순위로 안분배당한다.

---

* 확정일자한정설은 저당권 등보다 선순위 또는 동순위의 확정일자 우선변제권이 있는 경우에 저당권에 대항할 수 없는 소액임차인은 확정일자 우선변제권보다 후순위로 보나, 저당권 등이 없고 확정일자 등만 또는 선순위 저당권 등을 우선배당하고 후순위 확정일자가 있는 경우, 그리고 무담보채권자만 있다면 소액임차인의 기준은 배당 시점에서 법적 최대한의 소액임차보증금을 소액임차인으로 보게 된다.

따라서 1차 안분배당하면

① 가압류 이기자: 2,500만 원 $\times \dfrac{40,000,000}{125,000,000} = 8,000,000$원(종결)

② 김철민: 2,500만 원 $\times \dfrac{40,000,000}{125,000,000} = 8,000,000$원

③ 황해성: 2,500만원 $\times \dfrac{45,000,000}{125,000,000} = 9,000,000$원

2차 흡수절차로

② 김철민 확정일자 우선변제권 > ③ 황해성 확정일자 우선변제권이므로 김철민 채권이 만족될 때까지 흡수한다.

따라서 ② 김철민 = 800만 원(1차안분액) + 900만 원(황해성 1차안분액 흡수) = 1,700만 원. ③ 황해성 = 900만 원 − 900만 원(② 김철수에 흡수당함) = 0원으로 배당금액이 없게 된다.

최종배당결과는

ⓐ 기업은행 = 5,000만 원(1), ⓑ 이기만 = 1억 원(2),

ⓒ 김철민 = 2,500만 원(3) + 1,700만 원(4−1) = 4,200만 원

ⓓ 김수철 = 2,500만 원(3), ⓔ 황해성 = 2,500만 원(3) + 0원(4−1) = 2,500만 원,

ⓕ 이기자 = 800만 원(4−1)이 된다.

둘째, 주임법 시행령 부칙 제2조에서 담보물권은 저당권, 담보가등기권, 전세권, 확정일자 우선변제권 등으로 판단해서 소액보증금중 일정액을 우선변제받게 배당한 사례배당에서 배당을 하게 된다면 어떻게 달라질 수 있을까를 살펴보면 다음과 같이 배당된다.

1순위_ 기업은행 5,000만 원(우선변제 1)

2순위_ 이기만 근저당권자 1억 원(우선변제 2) (최우선변제금 지급기준일이 2008.8.21.~ 2010.07.25.이므로 보증금이 6,000만 원/2,000만 원이어야 하는데 대상이 없음)

3순위에서는 다음과 같이 순위가 상호모순관계에 놓이게 된다.

① 최우선변제금(김수철2,500만 원+김철민2,500만 원 +황해성2,500만 원)=7,500만 원

2010.7.26.부터 현재까지 임차보증금이 7,500만 원 이하인 소액임차인 등은 2,500만 원을 최우선변제금으로 우선변제 받을 수 있기 때문이다. 그러나 ③번 확정일자보다 우선할 수가 없어서 순위가 모순관계에 놓이지만 앞의 배당사례에서는 확정일자를 기준으로 하지 않았기 때문에 순환흡수배당절차가 진행되지 않은 이유이다.

① 최우선변제금 7,500만 원 〉 ② 이기자 가압류 4,000만 원과 ④ 황해성 확정일자 4,500만 원이고, ① 〈 ③ 김철민 확정일자 4,000만 원인 관계에 있다.

② 이기자 가압류 4,000만 원 = ③이고, ② = ④이고, ② 〈 ①인 관계가 된다.

③ 김철민 확정일자 4,000만 원 〉 ①과 ④이고, ③ = ②인 관계에 있다.

④ 황해성 확정일자 4,500만 원 = ②이고, ④ 〈 ①과 ③인 관계에 있다.

이와 같이 순위가 상호 모순관계에 있을 때 순환흡수절차를 거치면 되는데 그 방법은

1차로 안분배당하고 2차로 흡수절차를 진행하면 된다.

2차 흡수배분절차는

ⓐ 흡수순서는 흡수할 수 있는 지위에 있는 자 중에서 선순위자로부터 먼저 흡수하고 그 다음 우선순위자가 흡수한다.

ⓑ 흡수당하는 자는 제일 열후한 자(후순위자)에게서 먼저 흡수하고 부족하면 그 다음 열후한자에서 흡수한다.

ⓒ 흡수권자의 흡수액은 1차 안분배당에서 배당받지 못한 금액(안분부족액)을 한도로 하여 후순위자의 1차 안분배당금 내에서만 흡수할 수 있다.

ⓓ 흡수당했던 자가 흡수할 때 흡수당한 부분을 공제한 나머지 부분만 흡수한다(흡수당한 부분은 일단 배당받은 것이므로).

1차 안분배당

① 최우선변제금 = 1억×7,500/20,000 = 37,500,000원

② 이기자 가압류 = 1억×4,000/20,000 = 20,000,000원

③ 김철민 확정일자 = 1억×4,000/20,000 = 20,000,000원

④ 황해성 확정일자 = 1억×4,500/20,000 = 22,500,000원

2차 흡수배당절차

여기서 흡수할 수 있는 자는 ①과 ③이 있는데 이중에서 ③이 선순위이므로 먼저 흡수하고 그 다음으로 ①이 흡수 하게 된다. 그런데 ③보다 열후한 자는 ④밖에 없어서 ④의 1차 안분액을 한도로 ③의 안분 부족액(본래의 채권-1차 안분액)을 흡수한다.

③ 김철민 확정일자 = 20,000,000원(1차 안분액)+2,000만 원(④에서 흡수)=4,000만 원.

① 최우선변제금 = 3,750만 원(1차 안분액) + 2,250만 원(②에서 2,000만 원 흡수 +④에서 250만 원 흡수) = 6,000만 원이 된다. 따라서 김수철2,500만 원+김철민2,500만 원+황해성2,500만 원=7,500만 원은 6,000만 원으로 안분배당하면 각각 2,000만 원씩 최우선변제금으로 받게 된다.

최종배당결과는

ⓐ 기업은행 = 5,000만 원(1),

ⓑ 이기만 = 1억 원(2),

ⓒ 김철민 = 2,000만 원(3-1) + 4,000만 원(3-1) = 6,000만 원

ⓓ 김수철 = 2,000만 원(3-1),

ⓔ 황해성 = 2,000만 원(3-1) +0원(3-1) = 2,000만 원,

ⓕ 이기자 = 0원(3-1)이 된다.

그러면 첫 번째와 같이 배당한 경우와 두 번째와 같이 배당한 것을 비교해보면,

첫 번째에서는 임차인 등이 최우선변제금으로 2,500만 원이 확보되는 것과 이기자 가압류권자가 800만 원을 배당받을 수 있는데 반해서 김철민의 확정일자 우선변제금이 적어지는 사실을 확인할 수 있다.

두 번째에서는 임차인 등의 최우선변제금이 2,000만 원으로, 그리고 이기자 가압류권자의 배당금이 0원으로 줄어 드는 것을 확인할 수 있다. 이에 반해서 김철민의

확정일자 우선변제금이 4,000만 원으로 증가되는 것을 확인할 수 있다.

그리고 3순위에서 순위가 상호모순관계로 순환흡수절차를 거치게되어 순차배당의 횟수도 증가된다.

그러므로 첫 번째 방법으로 배당하는 편이 열악한 지위에 있는 소액임차인의 지위를 보다 강화시키는 방향이 될 수 있고, 순차배당의 횟수도 줄일 수 있는 방안니 된다.

갑 근저당권이 2006.03.25.(4,500만 원)과 을 가압류 2007.05.10.(4,000만 원)이 등기부에 등재되고 나서 병 임차인 2008.03.10. 전입(4,000만 원)하고, 정 임차인 2008.04.10. 전입(7,500만 원)하고, 무 조세압류 2009.05.10.(4,000만 원) 등기하고 나서 2010년 08월 10일에 갑이 임의경매신청 또는 무가 압류공매대행을 의뢰하였다.

【분석】

갑 근저당권 2006.03.25.(4,500만 원) →을 가압류(4,000만 원) 07.05.10. → 병 임차인(4,000만 원) 2008.03.10. 전입 → 정 임차인(7,500만 원) 2008.04.10. 전입 → 무 일반 조세압류(4,000만 원) 2009.10.10.(법정기일 2009.5.15. 당해세 아님) → 갑의 임의경매신청 또는 무의 압류공매대행의뢰(2010년 08월 10일)

지역이 서울이고 배당금액이 1억5,000만 원이라면 배당순서는 다음과 같이 하면 된다.

1순위_ 병 임차인 1,600만 원(최우선변제금) 최우선변제금 기준은 갑 근저당권으로 임차인이 보증금이 4,000만 원 이하인 경우 을 근저당권보다 1,600만 원을 우선변제 받을 수 있다.

2순위_ 을 근저당 4,500만 원(우선변제금 1등)

그러나 3순위부터는 최우선변제금 지급기준일이 되기 위한 우선변제권이 없다.

이와 같이 저당권 등의 우선변제권 있는 채권자 등이 없는 경우 배당 시점을 기준으로 현행법상 소액보증금 중 일정액을 일반채권자에 우선하여 배당한다.

3순위_ 병 900만 원＋정 2,500만 원(최우선변제 2등)

(∵ 서울의 경우 2010.7.26. 이후부터 7,500/2,500만 원 소액보증금 중 일정액으로 우선변제)

4순위_ 무 4,000만 원(조세채권 우선변제 2등)

(∵ 조세 및 공과금은 일반채권에 항상 우선한다)

5순위_ 을 가압류 1,500만 원(우선변제 4등)으로 경매절차에서는 배당이 종결된다.

그러나 자산관공사의 압류공매절차에서는 5순위로 을 가압류권자에 배분하지 않고 체납자에게 배분하게 된다.

을은 일반채권자이므로 국세징수법상 압류공매절차에서는 배분절차에서 배제된다.

일반채권자 중 가압류채권자와 강제경매개시채권자 등이 저당권부 채권자(근저당, 담보가등기, 임차인의 확정일자, 전세권 등)보다 동순위이거나 선순위인 경우만 배분절차에 참여할 수 있는데 이 경우 동순위로 안분배분받게 되고 후순위인 경우에는 배분에서 배제된다. 그리고 병과 정은 확정일자가 없어서 우선변제권이 없다.

그래서 배분잉여금 1,500만 원은 체납자에게 배분된다.

따라서 갑 가압류채권자와 병ㆍ정이 보증금을 회수하기 위해서는 배분잉여금에 대해 가압류조치를 취해야 한다.

물론 공탁금 수령을 위해서는 본안 소송을 득해서 추심절차를 진행해야 한다.

선변제권을 가지는 담보물권이나 확정일자임차인이 없는 경우 최우선변제금 계산
사례

주소	면적	경매가 진행과정	1) 임차인내역 2) 기타조사	등기부상의 권리관계
서울시 강북구 미아동 ○○○번지	대지 98㎡ 건물 58㎡	감정가 100,000,000원 최저가 1차 100,000,000원 유찰 2차 80,000,000원 낙찰 76,300,000원	1) 임차인 ① 이기동 　전입 1999. 10. 30. 　확정 × 　보증 30,000,000원 2) 기타청구 ① 강북구청 　145,000원 　(재산세 2기분) 　(법정 2002. 9. 10)	소유자 이수정 가압류 상호신협 1998. 12. 10. 50,000,000원 가압류 김기수 2002. 4. 10. 25,000,000원 강제 상호신협 청구 5,000만 원 2003. 5. 10.

　우선변제권이 없고 일반채권자들만 있는 경우에는 최우선변제권기준일은 경매
기입등기일을 기준으로 보아야 한다는 의견이 많으나 경매·공매 실무에 있어서
는 배당표 작성 시점을 기준으로 하고 있으니 이를 참고하기 바란다. 여기서는 말
소기준권리는 1998. 12. 10. 가압류가 된다.

　배당금액은 (76,300,000원 − 집행비용 850,000원) 75,450,000원이다.

　1순위_ 이기동 1,600만 원(최우선변제 1)(최우선변제금 지급기준: 배당표 작성일 당시의 소
액보증금 중 일정액)

　2순위_ 강북구청 145,000원(당해세우선변제 1)

　3순위_ ① 가압 상호신협 $=59,305,000$원$\times \dfrac{5,000만}{5,000만+2,500만}=39,536,666.\overline{66}=$
39,536,667원

　② 김기수$=59,305,000$원$\times \dfrac{2,500만}{7,500만}=19,768,333.\overline{33}=19,768,333$원

　따라서 낙찰자 인수금액이 없다.

만일 위 사례에서 근저당권이 있었다면 또 다른 상황이 발생할 수 있다.

예1) 근저당 국민은행(2,000만 원)(97.10.10) → 가압류 상호신협(5,000만 원)(98.12.10) → 이기동(3,000만 원)(전입 99.10.30. 확정 ×) → 가압류 김기수(2,500만 원)(02.4.10) → 강북구청(145,000원)(재산세)(법정 02.10.30)

배당은

1순위_ 이기동 1,200만 원(최우선변제 1)

2순위_

① 강북구청 145,000원(당해세우선변제 1)

② 국민은행 2,000만 원(우선변제 2)

③ 이기동 400만 원(최우선변제 2)

① · ② · ③는 순위가 순환관계에 있다. 즉 ①〉②이고, ②〉③이고, ③〉①인 관계에 있다.

그러나 배당금이 충분하여 모두 전액 배당받을 수 있다.

3순위_ 동순위자들끼리 잔여배당금을 갖고 안분배당한다.

① 상호신협 $= 39,305,000$원 $\times \dfrac{5,000만}{5,000만+2,500만} = 26,203,333.^{33} = 26,203,333$원

② 김기수 $= 39,305,000$원 $\times \dfrac{2,500만}{7,500만} = 13,101,666.^{66} = 13,101,667$원으로 배당이 종결되며 낙찰자의 인수금액이 없다.

최우선변제기준일이 채권자에 따라 상이한 경우와 후순위채권자들의 순위가 상호 모순관계에 따라 순환흡수배당되는 경우

주소	면적	경매가 진행과정	1) 임차인내역 2) 기타조사	등기부상의 권리관계
서울시 구로구 구로동 ○○○번지	대지 135㎡ 건물 1층88㎡ 2층87㎡ 지하65㎡	감정가 180,000,000원 최저가 1차 180,000,000원 유찰 2차 144,000,000원 낙찰 151,135,000원	1) 임차인 ① 이구열 　전입 1993. 3. 10. 　확정　× 　배당 1997. 10. 10. 　보증 30,000,000원 ② 김승열 　전입 1996. 12. 10. 　확정 1996. 12. 10. 　배당 1997. 10. 20. 　보증 35,000,000원 2) 기타청구 ① 교부청구 구로구청 　(재산세) 　법정 1997. 7. 10. 　235,000원 ② 압류건강보험 　(납부기한이 1996. 12. 15.) 　(1,550,000원)	소유자 이철진 근저당 국민은행 1990. 12. 30. (4,500만 원) 근저당 신민철 1996. 10. 10. (5,000만 원) 가압류 우순규 1996. 12. 4 (4,000만 원) 압류 건강보험료 1997. 3. 30. 임의 국민은행 청구 41,500,000원 〈1997. 5. 30.〉

배당표를 작성하여보자.

배당금이 (151,135,000원 − 집행비용 200만 원) 149,135,000원이므로

1순위_ 국민은행 41,500,000원(우선변제 1) | 1차 최우선변제기준일 시점(2,000/700만)

2순위_ ① 이구열1,200만 원(최우선변제금 1) 2차 최우선변제지급 기준(3,000/1,200만)
　　　　　　　　　　　　　　　−신민철근저당권

3순위_ 구로구청 235,000원(당해세우선변제 2)−(지방세, 당해세 시행일이 1996.1.1. 시행됨에 따라서 국민은행에 우선하지 못한다)

4순위_ 신민철 5,000만 원(우선변제 3)

5순위_ ① 가압류 우순규=② 김승열(확정일자 우선변제권)이고, ② 김승열>③ 건강보험료보다 우선변제권이 있고, ③ 건강보험료>① 가압류보다 우선변제권이 있어서 상호순위가 모순관계에 있어서 안분배당한 후 순환흡수 절차를 갖는다.

1차 안분배당

① 가압류 우순규 $=4,540$ 만 $\times \dfrac{4,000만}{7,655만(4,000+3,500+155)}=23,723,056.^{82}=23,723,057$ 원

② 김승열 $=4,540$ 만 $\times \dfrac{3,500만}{7,655만}=20,757,674.^{72}=20,757,675$ 원

③ 건강보험료 $=4,540$ 만 $\times \dfrac{155만}{7,655만}=919,268.^{45}=919,268$ 원

2차 흡수배당

② 김승열 $=20,757,675$ 원(1차 안분배당) $+919,268$ 원(③ 건강보험료 흡수) $=21,676,943$ 원

③ 건강보험료 $=919,268$ 원(1차 안분배당) $+630,732$(① 가압류 우선규에서 흡수) $-919,268$ 원(②에 흡수당함) $=630,732$ 원

① 가압류 $=23,723,057$ 원(1차안분배당) $-630,732$ 원(③에 흡수당함) $=23,092,325$ 원

따라서 최종배당결과는 다음과 같다.

ⓐ 구로구청 $=235,000$ 원(3)

ⓑ 국민은행 $=41,500,000$ 원(1)

ⓒ 이구열 $=1,200$ 만 원(2)

ⓓ 신민철 $=50,000,000$ 원(4)

ⓔ 우순규 $=23,092,325$ 원(5-1)

ⓕ 김승열 $=21,676,943$(5-1)

ⓖ 건강보험료 $=630,732$ 원(5-1)으로 배당이 끝나고 낙찰자인수금액은 없다.

배당 EXERCISE 13　　　　　　　　　　　　　　　　　**EXERCISE**

최우선변제금액이 배분금액의 2분의 1을 초과시 배분방법과 선순위근저당과 기타 채권자와의 배분에서의 우선순위

주소	면적	경매가 진행과정	1) 임차인내역 2) 기타조사	등기부상의 권리관계
서울시 구로구 개봉동 900-2번지 체납자겸 소유자: 이철희 압류공매위임관 서: 구로구청 압류공매집행기 관: 자산관리공사	대지 185㎡ 건물 1층 95㎡ 2층 90㎡ 지하 45㎡	감정가 150,000,000원 최저가 1차 150,000,000원 유찰 2차(10% 저감) 135,000,000원 유찰 3차(10% 저감) 120,000,000원 유찰 4차(10% 저감) 105,000,000원 낙찰 118,390,000원	1) 임차인 ① 최수철 전입 2003. 3. 5. 확정 2003. 3. 5. 배분 2005. 7. 10. 보증 2,000만 원 ② 송민자 전입 2003. 3. 30. 확정　× 배분 2005. 7. 15. 보증 1,500만 원 ③ 송유순 전입 2003. 5. 10. 확정 2003. 10. 10. 배분 2005. 7. 20. 보증 3,500만 원 ④ 이만기 전입 2003. 11. 10. 확정 2003. 11. 10. 배분 2005. 7. 21. 보증 3,000만 원	소유자 이철희 근저당 기업은행 2003. 3. 10. (4,500만 원) (청구 4,200만 원) 압류 구로구청 2003. 9. 30. 임차권 이만기 2004. 10. 10. (3,000 이만기) 전입 2003. 11. 10. 확정 2003. 11. 10. 2층전세 압류공매: 구로구청 취득세 청구 2,500만 원 (법정기일: 2003. 4. 30) 〈공매의뢰: 2005. 3. 30〉 〈공매공고: 2005. 5. 30〉

배분표를 작성하자.

배분금 (118,390,000원－집행비용 339만 원)115,000,000원이므로 위 사건을 말소기준권리가 기업은행이고 최우선변제금 지급기준권리도 기업은행 근저당권이다.

　그리고 최우선변제금의 합계가 63,000,000원이므로, 주택가액의 2분의 1을 초과하여 2분의 1을 갖고 안분배분해야 한다.

　주택임대차보호법 시행령 제3조 제3항에 의하면

$$(\text{배당금액} \times \tfrac{1}{2} \times \frac{\text{각자의 최우선변제금}}{\text{최우선변제금 합계}})$$

　따라서 1순위_

① 최수철 $= 57,500,000(115,000,000 \times 1/2) \times \dfrac{1,600}{6,300} = 14,603,174.\underline{60} = 14,603,175$원

② 송민자 $= 57,500,000 \times \dfrac{1,500}{6,300} = 13,690,476.\underline{19} = 13,690,476$원

③ 송유순 $= 57,500,000 \times \dfrac{1,600}{6,300} = 14,603,174.\underline{60} = 14,603,175$원

④ 이만기 $= 57,500,000 \times \dfrac{1,600}{6,300} = 14,603,174.\underline{60} = 14,603,174$원

2순위_ 최수철＝5,396,825원(우선변제 1)

3순위_ 기업은행＝42,000,000원(우선변제 2)

4순위_ 구로구청＝10,103,175원(우선변제 3)

따라서 최종배분결과는

ⓐ 최수철＝14,603,175(1)＋5,396,825(2)＝20,000,000원

ⓑ 기업은행＝4,200만 원(3)

ⓒ 송민자＝13,690,476원(1)

ⓓ 송유순＝14,603,175원(1)

ⓔ 구로구청＝10,103,175원(4)

ⓕ 이만기＝14,603,174원(1)으로 배분받고 소멸된다. 낙찰자 인수금액은 없다.

↓ 미리 알아두기

주택가액이란

주택임대차보호법 제8조 소정의 우선변제권의 한도가 되는 주택가액의 2분의 1에
서 '주택가액'이라 함은 낙찰대금에다가 입찰보증금에 대한 배당기일까지의 이자,
몰수된 입찰보증금 등을 포함한 금액에서 집행비용을 공제한 실제 배당할 금액이
라고 봄이 상당하다[대법2001다8974 판결].

↓ 김동희 배당사례특강 경매개시 이전 또는 이후에 대항요건과 확정일자를 갖춘
임차인에 대한 배당과 임차보증금을 저당권설정 이후에 증액시 배당 사례 연습

배당 EXERCISE 14　　　　　　　　　　　　　　EXERCISE

경매개시 전에 전입하고 경매개시 이후에 확정일자를 받을 경우에는 소액임차인의 경우
최우선변제금을 우선적으로 배당받고 배당받지 못한 보증금은 확정일자에 의한
우선순위에 따라 배당받게 된다. 경매기입등기 이후의 확정일자 우선변제금은 경

매개시 전 가압류권자와는 동순위로써 안분배당하게 된다. 그리고 경매개시 이후에 가압류한 채권자도 마찬가지로 경매개시 전 가압류권자와 동순위로 안분배당하게 된다.

주소	면적	경매가 진행과정	1) 임차인조사내역 2) 기타청구	등기부상의 권리관계
서울시 구로구 구로동 ○○번지	대지 142㎡ 건물 1층 86㎡ 2층 85㎡	감정가 190,000,000원 최저가 1차190,000,000원 유찰 2차152,000,000원 유찰 3차121,000,000원 낙찰143,540,000원	1) 임차인 ① 이순영 　전입 2001. 9. 10. 　확정 2004. 8. 30. 　배당 2004. 8. 30. 　보증 3,000만 원 ② 김기수 　전입 2003. 10. 30. 　확정× 　배당 2004. 8. 20. 　보증 2,000만 원	소유자 김철수 근저당 국민은행 2001. 8. 5. 85,000,000원 가압류 이영민 2003. 9. 20. 35,000,000원 임의 국민은행 청구 78,540,000원 〈2004. 3. 30.〉

배당표를 작성하기 전 대법원 판례를 알아보자[대법92다30579].

→ 경매신청기입등기가 이루어진 다음 확정일자를 받은 경우에도 별도의 채무명의 없이 배당요구할 수 있다. 다만 선순위 담보물권자나 선순위 압류·가압류채권자에 우선권을 주장할 수 없을 뿐 나머지 후순위 담보권자나 후순위 일반채권자에게는 우선한다.

선순위 가압류 채권자와는 동순위로 안분배당하게 된다.

여기서는 배당요구 종기일까지 확정일자를 받아서 배당요구를 신청하면 된다. 그러나 최우선변제권은 확정일자 없이도 가능하나 확정일자를 받아두어야 배당잔여금이 있을 때 후순위채권자에 우선할 수 있다. 이 경매사건에서도 경매진행 후에 배당요구시 확정일자를 받아서 요구한 경우이다.

배당금이 (143,540,000원－집행비용 250만 원)141,040,000원이므로 배당표를 작성해보면

1순위_ ① 이순영 1,200만 원＋② 김기수 1,200만 원(최우선변제금 1)—1차적 최우선변제금지급기준: 국민은행(3,000/1,200)

2순위_ 국민은행 78,540,000원

3순위_ ① 이순영 400만 원＋② 김기수 400만 원(최우선변제금 2)

―2차적 최우선변제금 지급기준: 현행법상(4,000/1,600)에 우선할 수 있는 담보권자 등의 우선변제권자가 없기 때문에 배당 시점을 기준으로 현행 임대차보호법상 소액임차보증금을 적용받게 된다. 이는 국세징수법상 진행되는 공매의 경우에도 배분표 작성시점을 기준으로 하고 있다.

4순위_ ① 가압류 이영민(3,500만 원)=② 이순영 확정일자(1,400만 원) 동순위로 안분배당

① 가압류 이영민=30,500,000원× $\dfrac{3,500만}{4,900만(3,500만+1,400만)}$ =21,785,714.$\underline{28}$ =21,785,714원

② 이순영 확정일자=30,500,000원× $\dfrac{1,400}{4,900}$ =8,714,285.$\underline{71}$ =8,714,286원

따라서 최종적인 배당결과는,

ⓐ 이순영=1,200만 원(1)+400만 원(3)+8,714,286원(4)=24,714,286원

ⓑ 김기수=1,200만 원(1)+400만 원(3)=1,600만 원.

ⓒ 국민은행=78,540,000원(2)

ⓓ 가압류 이영민=21,785,714원으로 배당이 종결되고 낙찰자에게는 인수금액이 없다.

배당 EXERCISE **15** EXERCISE

경매개시 등기일 이후에 전입한 확정일자부 임차인의 배당사례와 경매개시등기일 이전에 전입한 다음 경매개시 등기일 이후에 확정일자를 받은 경우 배당사례

주소	면적	경매가 진행과정	1) 임차인조사내역 2) 기타청구	등기부상 권리관계
서울시 영등포구 문래동 ○○○번지	대지 131㎡ 건물 1층 88㎡ 2층 88㎡	감정가 1억5,000만 원 최저가 1차 1억5,000만 원 유찰 2차 1억2,000만 원 낙찰 123,200,000원	1) 임차인 ① 이기자 　전입 2002. 5. 20. 　확정 2003. 11. 5. 　배당 2003. 11. 10. 　(보) 3,000만 원 ② 조현중 　전입 2003. 8. 10. 　확정 2003. 8. 10. 　배당 2003. 11. 20. 　(보) 2,000만 원	소유자 김기철 근저당 신한생명 2002. 7. 28. 7,500만 원 가압류 이수진 2003. 4. 20. 1,380만 원 임의 신한생명 청구 7,100만 원 〈2003. 7. 30.〉

이 경매사건에서는 먼저 설정된 가압류권자와 확정일자에 의한 우선변제권과 동순위로 안분배당한 사례이다. 이와 같이 경매기입등기 후에 전입하고 확정일자를 받아서 배당요구한 경우에는 경매개시 전 가압류한 것과 적용이 다르지 않고, 동순위로서 안분배당한다. 그러나 대항력이 인정되지 못하여 최우선변제금 대상은 되지 못한다.

배당금액이 (123,200,000원−집행비용 1,200만 원)122,00,000원이므로, 여기서 말소기준권리는 신한생명이고 ① 이기자는 경매개시 전 전입하고 개시 후에 확정일자를 받은 경우이고, ② 조현중은 경매개시 이후에 전입과 확정일자를 받은 경우이다.

배당표를 작성하면,

1순위_ 이기자 1,600만 원(최우선변제권 1등)그러나 조현중은 경매개시 이후에 전입하여 대항요건이 성립되지 못하여 최우선변제금은 받지 못하나 확정일자에 의한 후순위로서의 우선변제권은 받을 수 있다.

2순위_ 신한생명 7,100만 원(우선변제권 1등)

3순위_ ① 가압류 이수진 1,380만 원=② 조현중 확정일자(2,000만 원)이고, ①=③ 이기자 확정일자(1,400만 원)이므로 동순위로 안분배당한다.

✏ 김 / 동 / 희 / 의 / 강 / 의 / 노 / 트

경매 개시결정등기 이후 대항요건과 확정일자를 받은 경우의 배당

먼저 설정된 가압류권자와 확정일자에 의한 우선변제권과 동순위로 안분배당한 사례

1. 경매개시결정등기 후에 설정된 담보물권(저당권, 전세권, 등기된 임차권)과 가압류채권자등은 배당요구 종기시까지 배당요구를 해야만 배당받을 수 있다. 이는 경매개시등기 이후에 그 부동산에 대해 담보물권을 취득할 수 있다고 해도 경매법원으로서는 알 수가 없으므로 민사집행법 제268조에 의해 준용되는 민사집행법 제90조 제3호 소정의 이해관계인인 등기부에 기재된 부동산위의 권리자라고 할 수 없기 때문에 배당요구 종기시까지 배당요구를 해야 한다.

2. 경매개시결정등기 후 대항요건(전입과 주택인도)을 갖추고 확정일자를 받아서 배당에 참여할 수 있다. 이 경우 경매개시 기입등기 전 가압류권자와 동순위로서 안분배당하게 된다. 그러나 진정한 임차인이라면 모르겠지만 허위임차인이라면 가압류권자 및 기타 후순위채권자등이 배당에 대한 이의를 제기할 것이 예상 된다. 그러나 배당참여자에게 모두 배당될 수 있다면 배당이의 없이 배당에 참여하여 배당받을 수 있을 것이다.

3. 위 문제에서 2순위 국민은행이 배당받고 나서는 현행 주택임대차보호법상 소액임차보증금 중 일정액(4,000/1,600 배당 시점을 기준)에 우선하는 우선변제권이 없기 때문에 임차인 이순영, 김기수는 1,600만 원까지 최우선변제 받는데 이는 이렇게 지급하더라도 우선변제권자가 없어서 이들의 지위를 침해할 염려가 없기 때문이다. 이러한 경우 기준일은 경매 · 공매 실무에 있어서는 배당표, 배분표 작성 시점을 기준으로 현행법상 소액보증금 중 일정액을 계산하고 있고 이러한 기준이 타당하다고 보인다.

① 가압류 이수진 $= 3,500$ 만 원 $\times \dfrac{1,380\text{만}}{4,780\text{만}(1,380+2,000+1,400)} = 10,104,602.[51] = 10,104,603$ 원

② 조현중 $= 3,500$ 만 원 $\times \dfrac{2,000\text{만}}{4,780\text{만}} = 14,644,351.[46] = 14,644,351$ 원

③ 이기자 $= 3,500$ 만 원 $\times \dfrac{1,400\text{만}}{4,780\text{만}} = 10,251,046$ 원

여기서 ②가 ③보다 우선순위이므로 흡수

② 조현중 $= 14,644,351$ 원(1차 안분액) $+ 5,355,649$ (이기자 흡수) $= 20,000,000$ 원

③ 이기자 $= 10,251,046$ 원(1차 안분액) $- 5,355,649$ (조현중에 흡수당함) $= 4,895,397$ 원

경매개시 이후 대항요건과 확정일자를 갖춘 경우 최우선변제금은 배제되나 확정일자 우선변제대상

확정일자를 갖춘 임차인이 배당을 받기 위해서는 첫 경매개시결정기입등기 전(최초 공매공고일 이전)에 대항요건을 갖춰야 하는가에 대해서는 소액보증금 중 최우선변제권의 경우와는 달리 첫 경매개시등기 이후에 대항력을 갖추고 확정일자를 받아도 된다는 것이 다수설 * 이다.

즉 소액임차인이 경매개시 기입등기 전에 전입신고를 마쳤을 때에는 최우선변제금을 받지만 경매기입등기일 이후에 전입신고를 마쳤을 때에는 소액임차인으로써 우선변제권이 없는 것과는 차이가 있다. 첫 경매개시등기(최초 공매공고일) 이후에 대항요건과 확정일자를 갖춘 경우에는 그 갖춘 때를 기준으로 한 확정일자에 의한 우선변제권과 저당권 등의 담보물권 등과의 우선순위를 따져보아야 한다.

※ 대법원 2004다26133 전원합의체 판결

(…) 다만, 소액임차인의 우선변제권에 관한 같은 법 제8조 제1항이 그 후문에서 '이 경우 임차인은 주택에 대한 경매신청의 등기 전에' 대항요건을 갖추어야 한다고 규정하고 있으나, 이는 소액보증금을 배당받을 목적으로 배당절차에 임박하여 가장 임차인을 급조하는 등의 폐단을 방지하기 위하여 소액임차인의 대항요건의 구비시기를 제한하는 취지이지, 반드시 임차주택과 대지를 함께 경매하여 임차주택 자체에 경매신청의 등기가 되어야 한다거나 임차주택에 경매신청의 등기가 가능한 경우로 제한하는 취지는 아니라 할 것이다. 대지에 대한 경매신청의 등기 전에 위 대항요건을 갖추도록 하면 입법 취지를 충분히 달성할 수 있으므로, 위 규정이 미등기 주택의 경우에 소액임차인의 대지에 관한 우선변제권을 배제하는 규정에 해당한다고 볼 수 없다.

---

* 이 내용은 이우재 부장판사님의 저서 『배당의 제문제』 604쪽과 윤경 부장판사님의 저서 『민사집행(부동산경매)의 실무』 1410쪽 참조한 내용임.

그러나 이기자는 선순위 임차인으로서 배당받지 못한 금액 9,104,603원은 대항력이 있어서 낙찰자가 인수해야 한다. 따라서 낙찰자는 총 구입가격이 123,200,000원+9,104,603=132,304,603원이 된다. 경매개시 후 전입하고 확정일자 받은 조현중 임차인이 진정한 임차인임을 전제로 한 것이어서 기타 후순위채권자들이 이에 대해 진실 여부를 확인하기 위하여 배당이의를 제기할 수도 있을 것이다.

확정일자 임차인이 근저당 설정 후 임차보증금을 증액한 경우 배당사례

주소	면적	경매가 진행과정	1) 임차인조사 2) 기타조사	등기부상의 권리관계
서울시 구로구 신도림동 ○○○번지 소유자 (채무자) 김주민 채권자 국민은행	대지 198㎡ 건물 1층 98㎡ 2층 95㎡ 지하 45㎡	감정가 300,000,000원 대지 195,000,000원 건물 105,000,000원 최저가 1차 300,000,000원 유찰 2차 240,000,000원 유찰 3차 192,000,000원 낙찰 217,982,690원	1) 임차인 ① 이기대 　전입 2002. 3. 10. 　확정 2002. 3. 10. 　(보) 40,000,000원 　증액 500만 원 　확정 2004. 7. 18. 　배당요구 2005. 5. 20. ② 김철희 　전입 2003. 10. 20. 　확정 2003. 10. 20. 　(보) 40,000,000원 　증액 500만 원 　확정 2004. 8. 10. 　배당요구 2005. 5. 30. ③ 이미자 　전입 2003. 11. 10. 　확정 2003. 12. 25. 　(보) 40,000,000원 　증액 500만 원 　확정 2004. 9. 10. 　배당요구 2005. 5. 11. 2) 기타청구 ① 근저당 김미아 　31,500,000원 청구 ② 압류구로구청 　10,400,000원 　청구취득세 2004. 5. 31.	소유자 김주민 근저당 국민은행 2003. 10. 10. 45,000,000원 근저당 김미아 2003. 12. 20. 35,000,000원 가압류 이유순 2004. 5. 10. 10,000,000원 가압류 대우캐피탈 2004. 6. 10. 15,000,000원 압류 구로구청 2004. 9. 10. 임의 국민은행 청구 41,541,790원 〈2005. 1. 10.〉

여기서 말소기준권리는 국민은행근저당권이고, 2003. 10. 10.이 된다.

위 사례를 배당순서에 의해 작성하여보면

배당금액(217,982,690 – 집행비용 3,000,000)은 214,982,690원이다.

그런데 임차보증금을 4,000만 원 이상으로 증액하여 최우선변제대상은 없게 되었다.

1순위_ 이기대 40,000,000원(우선변제 1)

2순위_ 국민은행 41,541,790원(채권최고액이 4,500만 원)(우선변제 2)

3순위_ 김철희 40,000,000원(우선변제 3)

4순위_ 김미아 31,500,000원(채권최고액 3,500만 원)(우선변제 4)

5순위_ 이미자 40,000,000원(우선변제 5)

6순위_ 구로구청 10,400,000원(우선변제 6)(법정기일이 가압류 이유순 설정등기일보다 늦어도 조세채권은 일반채권보다 우선한다)

7순위_ ① 가압류 이유순(1,000만 원)=② 가압류 대우캐피탈(1,500만 원)=③ 이기대 확정일자(증액보증금 500만 원)이고, ①=②=④ 김철희 확정일자(증액보증금 500만 원)이고, ①=②=⑤ 이미자 확정일자(증액보증금 500만 원)이다. 따라서 ①, ②, ③, ④, ⑤는 동순위로서 안분배당 후 순위에 따라 흡수배당해야 할 것이다.

1차 안분배당하면

① 가압류 이유순 $= 11,540,900 \times \dfrac{1,380만}{4,780만(1,380+2,000+1,400)} = 2,885,225$원(종결)

② 가압류 대우캐피탈 $= 11,540,900 \times \dfrac{1,500만}{4,000만} = 4,327,837.^5 = 4,327,838$원(종결)

③ 이기대 $= 11,540,900 \times \dfrac{500만}{4,000만} = 1,442,612.^5 = 1,442,613$원

④ 김철희 $= 11,540,900 \times \dfrac{500만}{4,000만} = 1,442,612.^5 = 1,442,612$원

⑤ 이미자 $= 11,540,900 \times \dfrac{500만}{4,000만} = 1,442,612.^5 = 1,442,612$원

여기서 ③ 이기대>④>⑤순위이므로 ④와 ⑤에서 채권이 만족할 때까지 후순위채권자을 흡수한다.

③ 이기대=1,442,613(1차 안분액)+1,442,612(⑤번 이미자 흡수)+1,442,612(④번 김철희 흡수)=4,327,837원

④ 김철희=1,442,612(1차 안분액)−1,442,612(③에 흡수당함)=0

⑤ 이미자=1,442,612(1차 안분액)−1,442,612(③에 흡수당함)=0

따라서 최종배당 결과는

ⓐ 이기대＝4,000만 원(1)＋4,327,837(7−1)＝44,327,837원

ⓑ 국민은행＝41,541,790원(2).

ⓒ 김철희＝4,000만 원(3).

ⓓ 김미아＝31,500,000원(4)

ⓔ 이미자＝4,000만 원(5).

ⓕ 구로구청＝10,400,000원(6).

ⓖ 이유순＝2,885,225원(7)

ⓗ 대우캐피탈＝4,327,838원(7)으로 배당이 종결되면서 낙찰자인수금액이 없이 모두가 소멸 대상이다.

김 / 동 / 희 / 의 / 강 / 의 / 노 / 트

보증금 증액 또는 감액시 소액임차보증금의 적용 시기

(앞의 14) 임차보증금 증액 또는 감액 참조)

1. 증액 또는 감액하기 전의 보증금을 기준으로 하는 것이 아니라 증액 또는 감액한 보증금이 기준이 된다. 따라서 증액하기 전에는 대상이 되었으나 증액 후 소액보증금을 초과한 경우에는 대상이 되지 못한다. 반대로 감액으로 인해서 대상이 된다면 소액보증금 중 일정액을 우선변제받을 수 있다.

① 임대차관계가 지속되는 동안 임대차보증금의 증감·변동이 있는 경우, 소액임차인에 해당하는지 여부의 판단 기준(배당시의 임대차보증금)[대구지방법원 2003가단134010]

② 임대차보증금의 감액으로 주택임대차보호법상 소액임차인에 해당하게 된 경우에 소액임차인으로서 보호받을 수 있는지 여부(원칙적 적극)[대법2007다23203].

2. 소액보증금 중 일정액을 적용받기 위해서는 경매개시결정기입 등기 전 또는 공매 최초 공고일 이전에 증액되었거나 감액한 보증금을 기준으로 하게 된다는 견해

임차인이 보증금 증액에 따라 소액임차인에게도 해당되지 못하게 되어 보증금

증액전의 확정일자에 의한 우선변제금만 우선순위에 따라 우선변제 받는다. 임차인의 증액보증금은 그 자체의 확정일자에 의한 우선순위에 따라 우선변제 받을 수 있다. 그러나 순위가 늦어서 배당받지 못하게 되어도 미배당금은 대항력 없는 후순위에 해당되기 때문에 낙찰자 인수대상이 아니다. 위 사례는 보증금의 증액에 따라 증액 전에는 소액임차인이었으나 증액 후에 소액보증금(4,000/1,600만 원)에도 해당되지 못하는 것을 알 수 있었다.

↓ 김동희 배당사례특강

특수한 사례에서 임차인의 대항력과 우선변제권의 발생시기에 따른 배당사례 연습

배당 EXERCISE 17   EXERCISE

특수 주소지 변경시(전입을 먼저 하였으나 주소지 잘못기재로 경매개시 이후에 정정한 경우)와 계약서 작성시 주의해야 할 사항

주소	면적	경매가 진행과정	1) 임차인조사내역 2) 기타청구	등기부상의 권리관계
서울시 서초구 서초동 ○○○번지 중앙연립 가동 301호 채무자 소유자: 이민규 채권자: 국민은행	대지 18㎡/180 ㎡ 중의 건물 전용면적 65㎡	감정가 130,000,000원 최저가 1차 130,000,000원 유찰 2차 104,000,000원 낙찰 109,000,000원 낙찰자 유미란	1) 임차인 ① 이경희 　전입 1996. 8. 10. 　확정 1997. 8. 10. 　배당 1998. 4. 30. 　보증 25,000,000원 ② 송정수 　전입 1997. 3. 10. 　확정 1997. 3. 10. 　(동, 호수표기 정정일 1998. 2. 10.) 　배당 1998. 4. 20. 　보증 12,000,000원	소유자 이민규 근저당 국민은행 1996. 10. 18. 5,000만 원 근저당 김희민 1997. 8. 30. 3,000만 원 임의 국민은행 청구 45,000,000원 〈1998. 1. 10.〉

　여기서 집행비용이 200만 원이므로 배당금액이 107,000,000원이 되며, 배당표는 다음과 같이 작성된다.

　예1) 1순위_ 이경희 1,200만 원(최우선변제금 1)— (송정수는 동, 호수 정정일자가 경매개시 이후이므로 최우선변제대상이 아님)

2순위_ 국민은행 4,500만 원(우선변제 1)

3순위_ 이경희 1,300만 원(우선변제 2)

4순위_ 김희민 3,000만 원(우선변제 3)

5순위_ 송정수 700만 원(우선변제 4)으로 배당된다. 송정수는 동, 호수 잘못 표기로 정정일 익일 오전 0시 확정일자에 의한 우선변제권이 발생하여 후순위채권자로 전락하게 되었다. 낙찰자는 대항력 있는 임차인 이경희의 전액배당으로 인수금액이 없게 된다.

예2) 그러나 정정일자가 경매개시 기입등기일 이전에 전입하였고 배당금이 위와 같으면 즉 송정수가 1997. 12. 31. 이전에 정정한 경우라면 배당표는 아래와 같이 작성될 것이다.

1순위_ ① 이경희 1,200만 원+② 송정수 1,200만 원(최우선변제금 1)

2순위_ 국민은행 4,500만 원(우선변제 1)

3순위_ 이경희 1,300만 원(우선변제 2)

4순위_ 김희민 2,500만 원(우선변제 3)

예2)에서는 송정수가 최우선변제를 받을 수 있었으나, 예1)에서는 경매개시 이후에 주소지를 변경하여 최우선변제금을 배당받지 못하였다. 따라서 후순위 확정일자에 의한 우선변제만을 받을 수 있었다. 낙찰자 인수금액은 없다. 이와 같이 경매개시 전에 전입하고 소액임차인에 해당될 경우 최우선변제를 임대차보호법상 보호를 받을 수 있으나 경매개시 이후라면 이에 대한 대상에서 제외된다. 그러나 확정일자를 받았다면 후순위로서 확정일자에 의한 우선변제는 별도의 가압류 없이 배당요구로서 배당받을 수 있을 것이다.

임대아파트가 부도로 경매에 넘어가면 임차인들에게 우선매수청구권이 부여되는데 이 경우 배당사례

주소	면적	경매가 진행과정	임차인 조사내역	등기부상의 권리관계
서울시 강서구 화곡동 ○○○ 임대A 101동 1107호	대지 35㎡ /1115㎡ 건물 88㎡	감정가 1억 최저가 1억 1차 1억 유찰 2차 8,000만 원 유찰 3차 6,400만 원	임차인 이철민 　전입 1995. 11. 10. 　확정 1995. 11. 10. 　배당 × 　보증 4,000만 원	국민주택기금대출금 4,000만 원 1995. 10. 10. 임의 국민주택기금 〈1996. 4. 30.〉

　임대아파트가 경매에 넘어가면 임차인은 항상 후순위가 될 수밖에 없다. 국민주택기금이 1순위가 되기 때문이다. 따라서 여기서 임대아파트의 임차인들의 보호를 위하여 우선매수청구권을 임차인들에게 주고 있다. 이는 임차인 상당수가 분양을 원할 때 경매를 중단하고 임차인들에게 우선매수청구권을 주며 불가피하게 퇴거당하는 경우 국민임대주택 우선입주권을 주기로 하고 있다. 또 경매가 진행되는 경우 우선매수청구권을 행사하여 최고가 매수금액으로 우선매수권을 행사할 수 있다.

　배당순서

　1순위_ 국민주택기금 4,000만 원

　2순위_ 이철민 4,000만 원

　여기서 낙찰가가 8,000만 원이면 전액 배당받게 되지만 그 이하인 경우 보증금의 손실을 갖게 된다. 그러나 낙찰가보다 항상 시세가 높고 손실 보는 보증금을 잘 계산해 본다면 우선매수권을 행사하여 이사를 가지 않고 거주할 수 있는 아파트를 취득할 수 있게 한 제도이다.

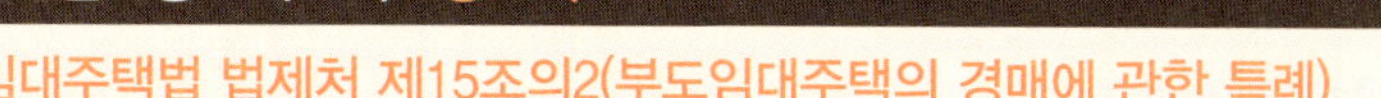

김 / 동 / 희 / 의 / 강 / 의 / 노 / 트

임대주택법 법제처 제15조의2(부도임대주택의 경매에 관한 특례)

1. 제15조 제1항의 건설임대주택을 민사집행법에 따라 경매하는 경우에는 제15조의 규정에 의해 우선분양전환 받을 수 있는 임차인은 매각기일까지 민사집행법 제113조의 규정에 따른 보증금을 제공하고 최고가 매수신고가격과 같은 가격으로 채무자인 임대사업자의 임대주택을 우선 매수하겠다는 신고를 할 수 있다.

배당 EXERCISE 19 — EXERCISE

임대아파트 전차인의 대항력 발생시기

주소	면적	경매가 진행과정	임차인 조사내역	등기부상의 권리관계
서울시 강서구 방화동 ○○○번지 △△아파트 101동 708호	대지 35㎡/ 1115㎡ 건물 105㎡	감정가 230,000,000원 최저가 1차 230,000,000원 유찰 2차 184,000,000원 낙찰 188,000,000원 낙찰자 이세민	임차인 유연선 전입 2000. 1. 5. 확정 2001. 1. 11. 배당 2002. 3. 10. 보증 6,000만 원	소유자 이철민 2001. 1. 10. 근저당 기업은행 2001. 1. 10. 8,500만 원 근저당 새마을금고 2001. 1. 10. 5,000만 원 임의 기업은행 2001. 10. 10. 청구 8,100만 원

　　임대주택법상 임대아파트에 임차인 유연선은 이철민이 소유권취득 전에 전입신고한 것으로 보아서 임대아파트의 임차인 이철민과 전대차계약에 의해 이철민에게 보증금 6,000만 원을 지급하고 거주하던 중 임차인 이철민이 임대사업자로부터 분양을 받아 소유권을 취득한 경우일 것이다. 이때 임차인으로서 주택임대차보호법상 대항력 발생 시기는 언제인가! 대법원 판례는 전차인의 임차인으로서 대항력 발생 시기는 임차인의 명의를 소유권이전 등기된 때로 보고 있다. 동일자에 등기부등본상에서 별구에 등기된 경우 접수번호에 의해 순위가 정해지는데 당연히 소유권이전등기가 근저당설정등기 접수번호보다 빠를 것이다. 따라서 임차인 유연선의 대항력은 이철민 소유권이전 즉시 발생되므로 기업은행 근저당권보다 먼저 대항력을 가지게 되어 임차인의 보증금을 전액회수 못할 경우 낙찰자인수금액으

로 돌아갈 것이다. 여기서 말소기준권리는 근저당권 기업은행이다. 유연선은 기업
은행보다 대항력이 있어서 배당금액에 따라서 인수금액이 생길 수 있을 것이다.

배당금액이 1억8천5백만 원[1억8천800만 원−300만 원(경매비용)]

1순위_ 기업은행 8,100만 원

2순위_ 새마을금고 5,000만 원

3순위_ 유연선 5,400만 원 배당으로 종결되어

대항력 있는 임차인 유연선의 미배당금액 600만 원은 낙찰자가 인수해야 될 것
이다. 따라서 낙찰자는 188,000,000원+6,000,000원으로 총구입비는 194,000,000원
이 된다.

                                    EXERCISE

전 소유자가 주택을 매도와 동시에 임차인의 지위를 갖는 경우 대항력 발생 시기와
경매절차에서 경락자가 대금 납부하기 전 기존 임차인들과 재계약을 체결한 경우
의 대항력 발생시기

주소	면적	경매가 진행과정	임차인 조사내역	등기부상의 권리관계
경기도 안양시 만안구 안양동 ○○○번지 다가구주택	대지 135㎡ 건물 1층 68㎡ 2층 68㎡ 3층 65㎡	감정가 2억5천만 원 최저가 1차 250,000,000원 유찰 2차 200,000,000원 유찰 3차 180,000,000원 낙찰 194,000,000원 낙찰자 송기복	임차인 ① 유미자 　전입 97.3.25. 　확정 01.9.10. 　배당 03.3.10. 　보증 4,500만 원 ② 이희진 　전입 01.12.10. 　확정 02.12.10. 　배당 03.3.15. 　보증 3,000만 원 ③ 유명환 　전입 02.6.10. 　확정× 　배당 03.3.10. 　보증 1,000만 원	전소유자 유미자 소유권이전 김선영 2001.9.10. 근저당 국민은행 2001.9.10. 7,500만 원 근저당 김만구 2002.3.21. 3,000만 원 가압류 유연선 2002.5.10. 1,500만 원 임의 국민은행 〈2002.10.30.〉 청구 7,000만 원

이 사건을 보면 전 소유자 유미자가 주택을 매도하고, 임차인으로서 지위를 갖
는 경우이다. 전 소유자 유미자는 2001. 9. 10. 주택을 매도하고 임대차계약을 맺어

임차인으로서 주택을 점유하고 있다면 대항력 발생시기는 소유권이전등기일 익일 9월 11일 오전 0시에 발생한다. 왜냐하면 소유자로서 전입한 시기는 주택임차인으로서 전입 신고한 것이 아니기 때문이다. 확정일자에 의한 우선변제권도 2001. 9. 11. 오전 0시에 발생한다. 따라서 말소기준권리인 국민은행 근저당권보다 후순위로 대항력이 없다.

배당금이 191,000,000원이라면(경매비용 300만 원)

1순위_ ① 이희진 1,200만 원+② 유명환 1,000만 원(최우선변제금 1) – 최우선변제금 지급기준: 국민은행 근저당권

2순위_ 국민은행 7,000만 원(우선변제권 1)

3순위_ 유미자 4,500만 원(우선변제권 2)(전 소유자로 확정일자 우선변제권 효력발생일은 9월 11일 오전 0시이다)

4순위_ 이희진 400만 원(최우선변제금 2) 2차 최우선변제지급기준: 김만구 근저당권

5순위_ 김만구 3,000만 원(우선변제권 3)

6순위_ ① 가압류 유연선 (1,500만 원)= ② 이희진(확정일자 우선변제권 1,400만 원), 동순위로 안분배당

① 유연선 $= 2{,}000만 \times \dfrac{1{,}500만}{2{,}900만(1{,}500만+1{,}400만)} = 10{,}344{,}827.^{58} = 10{,}344{,}828원$

② 이희진 $= 2{,}000만 \times \dfrac{1{,}400만}{2{,}900만} = 9{,}655{,}172.^{41} = 9{,}655{,}172원$

최종배당결과는

ⓐ 이희진 $= 1{,}200만(1)+400만(4)+9{,}655{,}172원(6)=25{,}655{,}172원$

ⓑ 유명환 $= 1{,}000만$ 원(1)

ⓒ 국민은행 $= 7{,}000만$ 원(2)

ⓓ 유미자 $= 4{,}500만(3)$

ⓔ 김만구 $= 3{,}000만$ 원(5)

ⓕ 유연선 $= 10{,}344{,}828원$으로 낙찰자 인수금액은 없다.

선행 경매절차에서 대금 납부하기 전에 기존 임차인들과 재계약을 체결한 경우 대항력 발생시기와 선행 경매절차에서 대항력 있는 임차인이 보증금을 전액 회수하지 못한 경우 후행 경매절차에서 또다시 배당요구가 가능한지 여부

주소	면적	경매가 진행과정	1) 임차인조사내역 2) 기타청구	등기부상의 권리관계
서울시 송파구 가락동 ○○○번지 다가구주택	대지 128㎡ 주택 1층 63㎡ 2층 63㎡ 3층 55㎡	감정가 270,000,000원 최저가 1차 270,000,000원 유찰 2차 216,000,000원 낙찰 231,400,000원 낙찰자 이재명	1) 임차인 ① 김인규 　전입 2000. 1. 10. 　확정 2000. 1. 10. 　배당 2006. 10. 20.(×) 　보증 1,000만 원 　(김인규는 선행경매에서 대항력 있는 임차인으로 보증금 5,000만 원 중 4,000만 원을 배당받고 미배당금 1,000만 원이 남아있는 상태에서 재계약없이 다시 경매에 들어간 상태임) ② 한별희 　전입 2003. 10. 30. 　확정 2005. 3. 10. 　배당 2006. 10. 21. 　보증 5,000만 원 　(선행경매절차에서 대항력없는 임차인이 낙찰자가 낙찰받은 후 새로 계약서를 작성하고 나서 잔금을 납부한 경우) ③ 이수진 　전입 2005. 8. 10. 　확정 2005. 8. 10. 　배당 2006. 10. 25. 　보증 3,000만 원	소유자 이미자 2005. 3. 10. 근저당 국민은행 2005. 3. 10. 1억3천만 원 가압류 대우캐피탈 2005. 7. 30. 3,800만 원 임의 국민은행 〈2006. 5. 10.〉 청구 128,000,000원 [이는 이미자가 경매로 낙찰받아 소유권을 이전하면서 국민은행에서 대출 받았는데 1년 있다가 다시 경매에 나온 사건임]

　이 사례는 2가지 측면에서 분석해보아야 하는 것으로 중요한 공부가 될 수 있다.

　첫째로 임차인 김인규는 선행경매절차에서 대항력 있는 임차인으로 배당요구하여 4,000만 원을 배당받고 1,000만 원은 낙찰자가 인수하는 경우인데 보증금 전액 회수 전에 후행경매가 진행된 경우이다. 이때 김인규는 다시 배당요구를 할 수 없고 대항력만 유지하게 되어 새로운 낙찰자에게 대항력만 주장할 수 있을 뿐이다. 따라서 위 배당요구는 받아들여지지 않았을 것이다.

둘째로 임차인 한별희는 선행경매낙찰자가 대금 납부하기 전에 계속전입을 유지한 채로 낙찰자와 임대차계약서를 작성하고 이후에 대금을 납부하고 소유권이 전하였다면 이때 대항력은 이미자의 소유권이전 즉시 발생하므로 근저당권 국민은행보다 선순위가 된다.

그렇다면 배당표는 어떻게 될 것인가?

배당금이 (낙찰금액 231,400,000원 - 집행비용 200만 원)229,400,000원이라면

1순위_ 이수진 1,600만 원(최우선변제권 1등)

2순위_ ① 한별희 5,000만 원(우선변제권 2등)(대항력이 소유권 이전 즉시 발생하지만 확정일자에 의한 우선변제권은 소유권이전일 당일 주간에 발생하기 때문이다)

② 국민은행 128,000,000원(우선변제권 2등)

3순위_ ① 가압류 대우캐피탈(3,800만 원)=② 이수진 확정일자(1,400만 원)는 동순위로 안분배당

① 가압류 대우캐피탈 $= 3,540$만 원 $\times \dfrac{3,800만}{5,200만(3,800+1,400)} = 25,869,230.\underline{76} =$ 25,869,231원(종결)

② 이수진 $= 3,540$만 원 $\times \dfrac{1,200만}{5,200만} = 9,530,769.\underline{23} = 9,530,769$원

따라서 배당금액은

ⓐ 이수진 $= 1,600$만 원(1) $+ 9,530,769$원(3) $= 25,530,769$원

ⓑ 한별희 $= 5,000$만 원(2).

ⓒ 국민은행 $= 128,000,000$원(2)

ⓓ 대우캐피탈 $= 25,869,231$원(3)으로 배당되나, 선행경매절차에서 대항력 있는 임차인 김인규의 미배당금액 1,000만 원은 후행 경매낙찰자가 인수금으로 남아 있다. 한번 임차인이 배당 요구하였다면 후행경매에서 배당요구가 불가능하며 다만 낙찰자에게 임차금을 반환받을 때까지 임대차관계의 존속을 주장할 수 있을 뿐이다. 따라서 선순위 임차인은 자신의 배당금액을 전액 배당받을 수 있는지, 아닌지도 따져보고 배당요구해야 할 것이다. 따라서 낙찰자 총구입비는 231,400,000원 + 인수금액 1,000만 원으로 241,400,000원이 된다.

예1) 그러나 위 사건에서 임차인 한별희가 확정일자가 없어서 배당요구를 하였

더라도 배당을 못 받았거나 확정일자가 늦어서 배당을 못 받았다면 임차인 한별희는 대항력이 있어서 미배당금은 낙찰자가 인수해야 한다. 또한 배당요구를 하지 않은 경우도 전액 낙찰자가 인수해야 된다.

기존 임차인이 낙찰자가 대금납부하기 전 새로이 계약을 체결하고 대금납부시 대항력 발생시기

경매로 낙찰된 주택이 다시 경매가 진행될 경우에 전 경매주택의 기존임차인이 전 경매주택의 낙찰자와 새로이 계약을 체결하였을 경우 대항력 발생시기는,

1. 경매절차에서 낙찰인이 주민등록은 전입되어 있으나 대항력은 없는 종전 임차인과의 사이에 새로이 전세계약서를 체결하고 낙찰대금을 납부한 경우, 종전의 임차인의 주민등록은 낙찰자의 소유권 취득 이전부터 낙찰인과 종전임차인 사이의 임대차관계를 공시하는 기능을 수행하고 있었으므로 종전의 임차인은 낙찰인이 낙찰대금을 납부하여 소유권을 취득하는 즉시 임차권의 대항력을 취득한다[대법 2002다38361, 3837 판결].

2. 따라서 낙찰자가 은행대출을 받고 소유권이전과 동시에 근저당권을 설정하였다 해도 이러한 임차인보다 우선할 수 없고 임차인이 대항력이 발생되며 후에 경매가 이루어진다면 낙찰자가 인수해야 될 상황이 발생할 수 있다.

대항력 있는 임차인이 임대인의 동의를 구한 후 전대차계약을 체결하고 퇴거한 경우의 대항력이 경우는 임대차의 양도나 전대차에 의한 대항력 존속기간과 임차보증금 회수방법이다.

주소	면적	경매가 진행과정	1) 임차인조사내역 2) 기타청구	등기부상의 권리관계
서울시 영등포구 영등포동 ○○○번지 다가구주택	대지 145㎡ 주택 1층 81㎡ 2층 81㎡ 3층 65㎡ (3층 주인 거주)	감정가 250,000,000원 최저가 1차 250,000,000원 유찰 2차 200,000,000원 유찰 3차 180,000,000원 낙찰 187,000,000원 낙찰자 이새한	1) 임차인 ① 김소라 　전입 1997. 5. 10. 　확정 1997. 5. 10. 　퇴거 1999. 4. 20. 　보증 4,500만 원 ② 김미선 　전입 1999. 4. 25. 　보증 4,500만 원 　(김소라와 김미선이 전대차계약 　을 맺고 임대인의 동의를 받았 　는데 배당신청을 하지 않았다) ③ 김도연 　전입 2001. 1. 30. 　확정 2001. 1. 30. 　배당 2001. 11. 20. 　보증 3,000만/20만	소유자 이민주 근저당 국민은행 1998. 10. 11. 9,400만 원 근저당 이미경 2000. 3. 30. 4,000만 원 가압류 김두현 2000. 8. 10. 3,000만 원 압류 건강보험료 2000. 12. 30. 450만 원 임의 이미경 청구 4,000만 원 〈2001. 6. 30.〉

김 / 동 / 희 / 의 / 강 / 의 / 노 / 트

임대차의 양도와 전대차에 관한 대법원 판결

주택법 제3조 제1항에 의한 대항력을 갖춘 주택임차인이 임대인의 동의를 얻어 적법하게 임차권을 양도하거나 전대한 경우에 있어서 양수인이나 전차인이 주민등록 퇴거일로부터 주민등록상 전입신고기간(14일 이내)에 전입신고를 마치고 주택을 인도받아 점유하면 양도인이나 전대인이 주민등록을 퇴거하여 대항력을 상실하더라도 임차인이 가진 임차권의 대항력은 소멸되지 않고 동일성을 유지한 채로 존속한다고 보아야 한다. 이는 민법 제629조 규정에서 보는 바와 같이 전대차는 임차인의 보증금회수를 원활하게 하기 위한 것으로 입주할 당시 근저당권이나 채권들이 없었으나 입주 후 이러한 채권들이 설정되었을 경우 새로운 임차인을 구할 수 없는 경우에 대비하여 만든 규정으로 보아야 할것이다. 임차인이 보증금을 반환 받을 때까지 전차인은 주택을 점유를 명도하여 주지 않고 임차인이 보증금을 받아서 이를 전차인에게 지급한다면 이 때 비로소 전차인은 주택을 명도하여주는 것이다.

여기서 배당금액이 185,500,000원(18,700만 원-경매비용 1,500만 원)이라면 배당표는 다음과 같이 된다.

배당순서는

1순위_ 김도연 1,200만 원(최우선변제 1)

2순위_ 국민은행 9,400만 원(우선변제 1)

3순위_ 이미경 4,000만 원(우선변제 2)

4순위_ 건강보험료 450만 원(우선변제 3)(공과금은 일반채권에 우선하기 때문)

5순위_ ① 가압류 김두현 3,000만 원=② 김도연 확정일자(1,800만 원)이므로 안분 배당한다.

$$① \; 가압류 \; 김두현 = 3,500만 \; 원 \times \frac{3,000만}{4,800만(3,000+1,800)} = 21,875,000원$$

$$② \; 김도연 = 3,500만 \; 원 \times \frac{1,800만}{4,800만} = 13,125,000원이 \; 된다.$$

여기서 김미선은 말소기준권리인 국민은행보다는 후순위로 소멸 대상이지만 ① 김미선은 김소라 임차인으로부터 전대차계약서를 작성한 전차인으로 1997. 5. 11. 오전 0시에 대항력이 발생하여 낙찰자가 4,500만 원을 인수해야 한다.

따라서 낙찰자의 총구입비용=187,000,000원(집행비용 150만 원 포함)+4,500만 원(인수금액)=2억3천2백만 원이 된다.

우리나라는 아직까지도 임대차계약서의 전대차계약이나 계약서의 양도·양수 절차가 흔하게 이루어지지 않아서 그나마 경매입찰자들에게는 다행한 일이지만 선진국들은 이 제도가 활성화되어 있고 우리도 이러한 영역이 늘어날 전망이다.

따라서 입찰자들은 후순위 임차인 임에도 불구하고 배당요구를 하지 않았다면 한 번 더 의심하고 점검해보아야 할 것이다. 이러한 점은 직접 임차인에게 물어보지 않는 한 알 수가 없기 때문이다. 하지만 배당요구를 한 임차인이라면 이러한 사항들은 경매기록을 통하여 알 수 있다. 전대인(임대인) 김소라가 배당요구를 하였다면 확정일자에 의한 우선변제권은 1997. 5. 11. 오전 0시가 되어 1순위_ 김도현 1,200만 원, 2순위_ 김소라 4,500만 원, 3순위_ 국민은행 … 순이 될 것이다.

후순위 임차인의 대위변제로 선순위 근저당권이 소멸하여 대항력 있는 임차인이 된 경우

주소	면적	경매가 진행과정	1) 임차인조사내역 2) 기타청구	등기부상의 권리관계
서울시 영등포구 영등포동 ○○○번지 다가구주	대지 115㎡ 주택 1층 65㎡ 2층 65㎡ 3층 45㎡	감정가 200,000,000원 최저가 1차 200,000,000원 유찰 2차 180,000,000원 유찰 3차 144,000,000원 유찰 4차 115,000,000원 낙찰 138,000,000원 낙찰자 구윤성	1) 임차인 ① 김국기 　전입 2001. 11. 20. 　확정 2003. 7. 30. 　배당× 　보증 5,000만 원 ② 이현숙 　전입 2002. 5. 30. 　확정 2002. 5. 30. 　배당 2004. 7. 10. 　보증 3,000만 원 ③ 국흥만 　전입 2003. 4. 30. 　확정 2003. 4. 30. 　배당 2004. 7. 11. 　보증 2,500만 원	소유자 우선명 근저당 조흥은행 2001. 10. 10. 2,500만 원 근저당 한미은행 2002. 5. 20. 7,000만 원 가압류 송기자 2003. 3. 10. 3,000만 원 임의 한미은행 청구 6,500만 원 〈2004. 3. 5.〉

　이 사건에서는 말소기준권리가 조흥은행인데 이보다 먼저 전입한 임차인이 없어서 모두가 소멸 대상이다. 그러나 1순위인 조흥은행이 소액이고 임차인 김국기가 확정일자가 늦어서 대위변제하고 선순위로서 대항력을 행사하려 할 것이다. 만일 김국기가 조흥은행 채권금액 2,500만 원을 대위변제하였고, 배당금액이 136,000,000원인 경우라면 배당순위는 다음과 같이 될 것이다.

　1순위_ ① 이현숙 1,600만 원+② 국흥만 1,600만 원(최우선변제금 1)

　2순위_ 한미은행 6,500만 원(우선변제 1)

　3순위_ 이현숙 1,400만 원(우선변제 2)

　4순위_ ① 가압류 송기자(3,000만 원)=② 국흥만(900만 원)이 동순위로 안분배당

① 가압류 송기자＝2,500만 원 $\times \dfrac{3{,}000만}{3{,}900만(3{,}000+900)}$＝19,230,769.[23]＝19,230,769원

② 국흥만＝2,500만 $\times \dfrac{900만}{3{,}900만}$＝5,769,230.[76]＝5,769,231원

　따라서 김국기는 확정일자가 늦어서 배당받기 어려우므로 조흥은행을 대위변

제한 후 선순위 임차인으로 되어 있다. 이에 따라 낙찰자는 5,000만 원을 인수해야 한다. 이렇게 대위변제로 인하여 낙찰자가 추가로 인수하게 되므로 불리한 상황이 발생할 수가 있어서 낙찰받고나서 매각허가 결정기일 전과 대금 납부 전에 반드시 등기부등본을 열람해야 할 것이다. 매각허가 결정 이전에 대위변제하면 낙찰자는 매각불허가 신청할 수 있고 매각허가 결정 이후에 대위변제하면 낙찰자는 매각허가취소를 신청할 수 있다.

대위변제란 임차인이나 물상보증인 등이 변제하여 정당한 이익이 있는 자가 채무자의 채무를 대신변제해 주고 그 대위채무에 대해서는 채권자가 채무자에 대해 가지고 있던 권리를 채권자에 대위하여 채무자에게 행사할 수 있다. 그러나 배당 잔여금이 있다면 대위변제자가 그 금액에서 배당받을 수 있지만 없다면 채무자에게 구상권을 청구할 수밖에 없는데 이는 상당히 어려운 일일 것이다. 이와 같이 채권액이 적은 선순위채권자는 항상 후순위채권자들이나 후순위임차인이 대위변제할 가능성을 염두에 두고 대비해야 손실을 방지할 수 있다. 그러나 채권액이 많다면 이러한 대위변제는 어려운 문제일 것이다. 대위변제 후 변제금액을 청구하여 받기란 쉬운 일이 아니기 때문이다.

따라서 낙찰자는 낙찰금액 138,000,000원(경매비용 200만 원 포함)＋인수금액 5,000만 원으로 실제구입비는 188,000,000원이 된다.

예1) 그러면 임차인 김국기가 배당요구한 경우와 비교하여보자.

1순위_ ① 이현숙 1,600만 원＋② 국흥만 1,600만 원(최우선변제금 1)

2순위_ 조흥은행 2,500만 원(우선변제 1)

3순위_ 한미은행 6,500만 원(우선변제 2)

4순위_ 이현숙 1,400만 원(우선변제 2)으로 종결되어 임차인 김국기에게 배당될 금액이 없다. 따라서 김국기 임차인이 선순위인 조흥은행 근저당(2,500만 원)채권액은 대위변제하면 선순위가 되고 대항력이 있어서 낙찰자가 5,000만 원을 인수해야 한다. 따라서 임차인 김국기는 대위변제로 5,000만 원－2,500만 원(대위변제)＝2,500만 원의 손실을 방지할 수 있을 것이다.

❖ 상가건물임대차보호법에 대한 권리분석과 배당사례

상가건물임대차보호법

임대인들에 비해 상대적으로 약자인 상가임차인 등을 보호하기 위해서 제정되었는데 이는 일정한 보증금범위 내에 있는 상가임차인 등을 영세상인으로 보호하고 그 중에서 열악한 소액임차인 등의 보증금 중 일정액을 최우선적으로 보장해주도록 하여 영세상인들이 보다 안정적인 생계를 유지하게 하기 위해서 2002년 11월 1일 제정되었다.

상임법의 적용 대상

상임법 제2조 제1항, 이 법은 상가건물(제3조 제1항의 규정에 의한 사업등록의 대상이 되는 건물을 말한다)의 임대차(임대차 목적의 주된 부분을 영업용으로 사용하는 경우를 포함한다)에 대해 적용한다.

다만, 대통령이 정하는 보증금을 초과하는 임대차에 대해서는 그러하지 않는다.

① 모든 상가건물이 대상이 되는 것이 아니라, 그 중에서 사업자등록의 대상이 되는 영업용건물을 말한다.

② 상가건물임대차보호법상 보호대상은 상가임차인의 보증금이 일정액 이하인 경우만 이 법의 보호대상이고 그 보호대상이 되는 보증금은 지역에 따라서 4개 지역으로 구분된다.

③ 상가임차인이 보호를 받기 위해서는 건물의 인도와 사업자등록을 신청한 임차인만이 보호대상이다.

④ 상가건물임대차보호법은 이 법 시행일 2002. 11. 1. 이후 임대차계약서를 체결하거나 기존 계약을 갱신한 임대차계약서에만 적용된다.

다만 이 법 규정 중 대항력 제3조, 확정일자 제5조, 소액보증금 최우선변제 제14조에 대한 규정은 이 법 시행 당시 계속 중인 임대차에 대해서도 적용된다.

상가건물에 대항요건을 갖춘 임차인의 대항력 발생시기

① 상임법 제3조 제1항 임대차는 그 등기가 없는 경우에도 임차인이 건물의 인도와 부가가치세법 제5조 소득세법 제168조 또는 법인세법 제111조의 규정에 의한 사업등록을 신청한 때에는 그 다음 날로부터 제3자에 대해 대항력이 발생한다.

② 제2항 임차건물의 양수인(그 밖에 임대할 권리를 승계한 자를 포함한다)은 임대인의 지위를 승계한 것으로 본다. 따라서 주택임대차보호법과 같이 대항력은 사업자등록신청과 건물의 인도(대항요건)를 갖춘 다음 날 오전 0시에 발생한다.

상가임차인의 소액보증금 중 일정액 우선변제(최우선변제권)

상임법 제14조 제1항 임차인은 보증금 중 일정액을 다른 담보권자보다 우선하여 변제받을 권리가 있다. 이 경우 임차인은 건물에 대한 경매신청의 등기 전(공매는 최초공매공고일 이전 또는 공매공고 등기제도가 도입되면 공매공고등기 이전)에 상임법 제3조 제1항의 요건을 갖추어야 한다.

① 경매신청등기 전(최초공매공고일 이전)에 대항요건을 갖춘 상가임차인은 전세의 경우 보증금을, 월세일 경우 보증금+(월세×100)으로 환산하여 그 보증금액이 각 권역별 소액임차보증금 범위 내에 있는 경우는 일정액을 담보물권자보다 우선하여 변제받을 수 있다. 즉 최우선변제권이 발생된다[제14조 제1항, 동법 시행령 제6조, 제7조].

② 상가임대차보호법 시행일 2002년 11월 1일 이전에 담보물권이 설정되었다면 최우선변제권이 인정되지 않으며 이 시행일 이후에 담보물권(저당권, 담보가등기, 확정일자부우선변제권)이 설정되었고, 소액보증금이 각 권역에 해당되는 금액 이하인 경우만 최우선변제금에 해당된다.

개정일(2010년 7월 26일) 이후에 소액임차인에 해당된다고 하여도 개정일(2002.11.1~2010.7.25.) 이전에 설정등기된 담보물건에 대해서 소액보증금 중 일정액은 우선변제 받지 못한다.

상가건물에서 최우선변제금액의 한계(임대건물 매각가액의 1/3의 한도 내)

상임법 제14조 제3항: 제1항의 규정에 의해 우선변제를 받을 임차인 및 보증금 중 일정액의 범위와 기준은 임대건물가액(임대인소유의 대지가액을 포함한다)의 3분의 1의 범위 안에서 당해지역의 경제여건, 보증금 및 차임 등을 고려하여 대통령령으로 정한다.

상임법 시행령 제7조 제3항 하나의 상가건물에 임차인이 2인 이상이고, 그 각 보증금중 일정액의 합산액이 상가건물의 가액의 3분의 1을 초과하는 경우에는 그 각 보증금 중 일정액의 합산액에 대한 각 임차인의 보증금 중 일정액의 비율로 그 상가건물의 가액의 3분의 1에 해당하는 금액을 분할한 금액을 각 임차인의 보증금 중 일정액으로 본다.

상가임차인의 확정일자 우선변제권

상임법 제5조 제2항 상가임차인이 제3조 제1항의 대항요건을 갖추고 관할세무서 장으로부터 임대차 계약서상 확정일자를 받으면 민사집행법에 의해 진행되는 경매 또는 국세징수법에 의한 공매시 임차건물(임대인소유의 대지를 포함한다)의 환가대금에서 후순위권리 그 밖의 채권자보다 우선하여 임차보증금은 변제받을 권리가 있다.

여기서 우선변제권의 취득은 상가건물 인도와 사업자등록을 마치고 임대차계약 서상에 관할 세무서에서 확정일자를 갖춘 날 발생하며 이 대항요건 존속기간은 경매는 배당요구 종기일(공매는 매각결정시 또는 배분요구 종기제도가 도입되면 배분요구 종기일)까지 유지해야 한다.

상가건물임대차보호법상 해당지역별 영세임차인 보호대상금액 및 소액임차인의 최우선변제금

상가임대차보호법의 적용대상

상가임대차는 영세상인을 보호하기 위한 것이므로 아래 ①, ②, ③, ④권역에서 환산보증금이 법 적용 기준금액을 초과시 보호를 받을 수 없고, 그 이하인 경우만 대항요건과 확정일자에 의해 후순위채권자보다 우선변제권이 발생된다. 그리고 법 적용기준은 저당권 등의 담보물권자 등과 비교하여 개정 전(2002. 11. 1.~ 2008. 8. 20.)과 1차 개정 후(2008. 8. 21.~ 2010. 7. 25.까지), 2차 개정 후(2010. 7. 26. 이후)를 기준으로 적용기준금액을 가지고 계산하면 된다.

상가건물임대차보호법 적용 대상금액				
권 역 별	2002. 11. 1.부터 ~ 2008. 8. 20.까지	2008. 8. 21.부터 ~ 2010. 7. 25.까지	권 역 별	2010. 7. 26 이후 부터 현재까지
① 서울특별시	2억4천만 원 이하	2억6천만 원 이하	① 서울특별시	3억 원 이하
② 수도권 과밀억제 권역(서울시 제외)	1억9천만 원 이하	2억1천만 원 이하	② 수도권 과밀억제권 역(서울 제외)	2억5천만 원 이하
③ 광역시 (인천, 군지역 제외)	1억5천만 원 이하	1억6천만 원 이하	③ 광역시 (수도권 과밀억제권역 과 군 지역은 제외), 안산, 용인, 김포, 광주 (경기)	1억8천만 원 이하
④ 그 밖의 지역	1억4천만 원 이하	1억5천만 원 이하	④ 그 밖의 지역	1억5천만 원 이하
비고	환산보증금	환산보증금		환산보증금

상가임대차보호법상 소액보증금 중 일정액의 우선변제

최우선변제금액은 아래 ①, ②, ③, ④권역에서 환산보증금이 소액보증금액에 해당할 때에 소액보증금 중 일정액을 우선하여 변제받을 수 있는 금액이다.

[상가임차인의 최우선변제금 합계의 한도(상가 매각대금의 1/3)]

상가 임차인의 최우선변제금					
	개정 전			개정 후	
권 역 별	2002. 11. 1.부터~ 2010. 7. 25.까지		권 역 별	2010. 7. 26. 이후 부터 현재까지	
	보증금의 범위	최우선변제금		보증금의 범위	최우선변제금
① 서울특별시	4,500만 원	1,350만 원	① 서울특별시	5,000만 원	1,500만 원
② 수도권 과밀억 제권역(서울 제외)	3,900만 원	1,170만 원	② 수도권 과밀억 제권역(서울 제외)	4,500만 원	1,350만 원
③ 광역시(인천, 군지역 제외)	3,000만 원	900만 원	③ 광역시(수도권 과밀억제권역과 지 역은 제외), 안산, 용 인, 김포, 광주(경기)	3,000만 원	900만 원
④ 그 밖의 지역	2,500만 원	750만 원	④ 그 밖의 지역	2,500만 원	750만 원
환산보증금			환산보증금		

※ 수도권 중 과밀억제권역의 범위(주임법 주임법상 소액임차보증과 일정액(최우선변제금)

　에서 과밀억제권역 참조)

환산보증금 계산법 : 임대보증금＋(월세×100)

개정 이후인 2010.7.26. 이후부터 현재까지를 기준으로 계산하면 다음과 같다.

① 서울소재 보증금 1,000만 원에 월세 40만 원이라면 1,000만 원＋(40만 원×100)4,000만 원＝5,000만 원으로 소액임차인에 해당되어 저당권 등에 우선하여 최우선변제금 1,500만 원을 받을 수 있다.

② 보증금 3,000만 원에 월세 25만 원이라면 3,000만 원＋(25만 원×100)2,500만 원＝5,500만 원으로 소액임차인에 해당되지 못 하므로 최우선변제 대상이 아니다.

③ 토지를 포함한 건물가액의 1/3범위 내에서 최우선변제금을 계산하고, 초과시에는 배당금의 1/3을 가지고 최우선변제대상끼리 안분배당하면 된다.

임차권등기명령제도[상임법 제6조]와 민법621조에 기한 임차권등기

상가건물임대차보호법 제6조 제1항 임대차가 종료된 후 보증금을 반환받지 못한 경우 임차인은 임차건물의 소재지를 관할하는 지방법원, 지방법원 지원 또는 시, 군 법원에 임차권등기명령을 임차인 단독으로 신청할 수 있는 임차권등기명령제도를 두고 있다.

　이에 비해서 민법 621조에 의한 상가임차권등기는 계약서 작성 당시 임대인의 동의를 거쳐 임차권등기를 하는 것으로 상임법의 적용범위 내의 임차인은 대항력과 우선변제권을 가지게 된다는 사실은 이미 주임법에서 임차권등기 설명시 기술한 바 있다.

상임법의 적용을 받는 임차인의 최단 계약기간

상임법 제9조 제1항은 기간이 정함이 없거나, 기간을 1년 미만으로 정한 임대차는 그 기간을 1년으로 본다. 다만, 임차인은 1년 미만으로 정한 기간이 유효함을 주장할 수 있다. 이와 같이 임대차의 최단 존속기간을 1년으로 규정하고 있으나 최대 5

년까지 계약갱신 요구권을 보장하여 실질에 있어서는 5년간의 임대차기간을 보장
하고 있다.

상가임차인의 계약갱신 요구권과 임대인의 계약갱신 거절

상임법 제10조 제1항에서 임대인은 임차인이 임대차기간 만료 전 6월부터 1월 사
이에 행하는 계약갱신요구에 대해 정당한 사유 없이 이를 거절하지 못한다. 임차
인은 계약만료 전 6월에서 1월 사이에 계약갱신을 전체임대기간 5년 내의 범위 내
에서 요구할 수 있다.

그러나 임차권이 차임액을 3기 이상 연체한 사실이 있는 경우와 임대인의 동의
없이 목적건물 전부 또는 일부를 전대한 경우와 임차인의 중대한 과실이 있는 경우
는 임대인은 계약갱신을 거절할 수 있다.

상가임차인의 차임 등의 증감청구권

상임법 제11조 제1항 차임 또는 보증금이 임차건물에 관한 조세, 공과금 그 밖의
부담의 증감이나 경제사정의 변동으로 인하여 상당하지 아니하게 된 때에는 당사
자는 장래에 대해 그 증감을 청구할 수 있다. 그러나 증액의 경우 대통령령이 정하
는 기준에 따른 비율을 초과하지 못한다. 제2항 제1항의 규정에 의한 증액청구는
임대차계약 또는 약정한 차임 등의 증액이 있은 후 1년 이내에 이를 하지 못한다.

상가는 청구당시의 차임 또는 보증금의 12/100(12%)의 금액을 초과하지 못한다.
그러나 시행령개정으로 2008. 8. 21. 이후부터는 9%로 축소되었다.

보증금을 월차임으로 전환하는 경우에 대한 제한[상임법 제12조]

① 주택은 연 14% 초과 안 된다.

② 상가는 연 15% 범위 내에서만 인정한다.

전대차의 준용(주임법의 전대차 설명 참조)

① 차임의 증감청구권, 월차임 전환시 산정률의 제한규정을 전대인과 전차인에게

도 전대차관계에 적용된다.

② 임대인의 동의하에 전대차계약을 체결한 전차인은 임차인의 계약갱신 요구권 행사기간 범위 내에서 임차인을 대위하여 임대인에게 계약갱신 요구권을 행사할 수 있다.

주택/상가건물임대차보호법 비교표

	주택임대차보호법	상가건물임대차보호법
대상건물	주거용 건물	사업용 건물(환산보증금액이 지역별, 기준금액 이하인 임대차)
대상임차인	개인	개인/법인
임대차 기간	2년	1년(최대 5년)
임차인계약갱신 청구권	×	○(최대 5년)
계약갱신	임대차기간 만료 전 6월부터 1월까지	임대차기간 만료 전 6월부터 1월까지
대항력 요건	건물인도/전입신고	건물인도/사업자등록신청
우선변제	건물인도/전입신고/확정일자	건물인도/사업자등록신청/확정일자
확정일자부여처	주민센터(구 동사무소)/등기소/공증사무실/구청	세무서
임차권등기	○	○
최우선변제금 한도	낙찰가액의 1/2 이내에서	낙찰가의 1/3 이내
임대료 인상 상한선	1/20(5%) 이하, 계약/증액 후 1년 이내 인상 금지	① 2002. 11. 1. 이후: 12% 이하, 계약/증액 후 1년 이내 인상 금지
월차임전환시 산정률	14% (2002. 6. 30.부터 시행)	② 2008. 8. 21. 이후: 9% 이하로 축소 년 15% 이하

↓ 김동희 배당사례특강 상가임차인의 소액임차보증금 중 일정액(최우선변제금)과 확정일자 우선변제금 및 다른 채권자 등과의 배당 연습

배당 EXERCISE 1   EXERCISE

상가임대차보호법 시행 전과 시행 후가 혼합된 경우

주소	면적	공매가 진행과정	법원임차조사내역	등기부상 권리관계
서울시 영등포구 문래동 000-0번지 체납자: 김희숙 소유자: 김희숙 공매 의뢰기관: 영등포구청 공매대행 집행 기관: 자산관리 공사	대지 181㎡ (54.75평) 건물 1층 108㎡ 2층 108㎡ 3층 54㎡ 지층 54㎡ ※ 참고 : ㎡을 평으로 환산하는 방법㎡ ×0.3025 = 1평	감정가 : 260,000,000원 대지 : 156,000,000원 건물 : 104,000,000원 공매진행과정 최저가 1차 260,000,000원 유찰 2차 234,000,000원 유찰 3차 208,000,000원 낙찰 (218,000,000원)	① 김종권 2,000/20만 원 사업자등록 2001. 10. 10. 확정일자 2002. 12. 10. 배분요구 2004. 08. 10. ② 김수철 3,000/30만 원 사업자등록 2002. 12. 10. 확정일자 2002. 12. 10. 배분요구 2004. 08. 15. ③ 심동준 2,000/15만 원 사업자등록 2003. 07. 10. 배분요구 2004. 08. 20. ④ 이기철 500/30만 원 사업자등록 2003. 10. 10. 배분요구 2004. 08. 15. ⑤ 최성식 2,500/20만 원 사업자등록 2004. 03. 10. 확정일자 2004. 08. 15. 배분요구 2004. 08. 15.	소유권자 김희숙 2001. 10. 01. 근저당권 기업은행 2001. 12. 10. (6,500만 원) 근저당권 이수미 2003. 05. 10. (5,000만 원) 영등포구청 압류 2003. 10. 05. (1,100만 원) (법정기일: 2003. 04. 10) 공매의뢰 영등포구청 (공매의뢰 2004. 07. 30) (공매공고 2004. 09. 10) 청구금액 11,000,000원 (당해세 아닌 일반세금)

① 등기부상권리와 부동산상의 권리를 정리하여 배분표를 작성해보기로 하자(낙찰 금액 218,000,000－공매비용 3,000,000원으로 배분금액은 215,000,000원이다).

첫째, 말소기준권리가 누가 되고 시기는 언제인가, 즉 말소기준권리인 기업은행 근저당권의 설정등기일이 2001. 12. 10.인데, 이 근저당권이 상가건물임대차보호법 시행일 이전인가 이후인가를 계산해보아야 한다. 상임법 시행일인 2002. 11. 1.이전이므로 기업은행 근저당권은 이 법의 적용대상이 아니다.

둘째, 최우선변제받을 수 있는 임차보증금의 범위 내에 있는 경우, 즉 보증금이 4,500만 원(개정전임, 그러나 개정 이후에는 5,000만 원으로 상향됨) 이하인가를 계산한다.

셋째, 보증금이 상가건물임대차보호법 적용기준 이하인가를 확인하고 적용기준 이하인 경우만 상임법을 적용받을 수 있어서 대항요건을 갖추고 확정일자를 받으면 확정일자에 의해 후순위채권자보다 우선변제권이 발생된다.

② 따라서 배분순서와 금액은 다음과 같이 하면 된다.

1순위_ 기업은행 65,000,000원(우선변제 1등)　상임법 시행 이전

2순위_ ① 김종권[환산보증금: 2,000+(20×100)　상임법 시행 이후
　　　　　=4,000만 원]=1,350만 원

　　　　② 심동준[환산보증금: 2,000+(15×100)
　　　　　=3,500만 원]=1,350만 원　　최우선변제금액 1등

　　　　③ 이기철[환산보증금: 500+(30×100)　　(최우선변제금 지급기준:

　　　　　=3,500만 원]=500만 원　　이수미 근저당권)

　　　　④ 최성식[환산보증금: 2,500+(20×100)
　　　　　=4,500만 원]=1,350만 원

3순위_ 김종권 650만 원(우선변제 2등)

4순위_ 김수철 3,000만 원(우선변제 3등)

5순위_ 영등포구청 1,100만 원(우선변제 4등)

6순위_ 이수미 5,000만 원(우선변제 5등)

6순위_ 최성식 700만 원(우선변제 6등)

대항력 있는 임차인 등이 없어서 낙찰자 인수금액이 없다.

상가임대차보호법 시행 전 시행 후의 근저당권이 있는 경우와 소액보증금 합계가 낙찰가
의 3분의 1을 초과하는 경우

주소	면적	경매가 진행과정	1) 임차인조사내역 2) 기타청구	등기부상의 권리관계
인천광역시 부평구 작전동 ○○○번지 상가건물 채무자 겸 소유자 : 김유민 경매신청채권자 : 외환은행	대지 132㎡ 건물 1층 75㎡ 2층 74㎡ 3층 74㎡	감정가 120,000,000원 최저가 1차 120,000,000원 유찰 2차(20% 저감) 96,000,000원 유찰 3차 76,800,000원 낙찰 86,700,000원	1) 임차인 ① 이경수 2,000/10만 　사업자등록 2002. 12. 10. 　확정일자 2002. 12. 10. 　배당요구 2004. 7. 20. ② 김인규 3,500만 원 전세 　사업자등록 2003. 11. 20. 　확정일자 2003. 11. 20. 　배당요구 2004. 7. 15. ③ 이수민 2,000/15만 　사업자등록 2003. 5. 16. 　확정일자　　× 　배당요구 2004. 7. 20. ④ 이철중 1,000/20만 　사업자등록 2003. 12. 15. 　확정일자　　× 　배당요구 2004. 7. 30.	소유자 김유민 근저당 외환은행 　2002. 10. 10. 　2,600만 원 근저당 이수철 　2003. 5. 10. 　1,000만 원 가압류 한순규 　2003. 10. 10. 　1,800만 원 임의 외환은행 청구 2,600만 원 〈2004. 3. 10〉

배당표를 작성하여보자.

배당금액이 85,700,000원(86,700,000원−집행비용 100만 원)이므로 첫째로 말소기준 권리를 찾아보면 외환은행이고, 이 근저당이 상가건물 임대차 보호법 시행 전이냐, 시행 후이냐 또는 시행령 개정 이후인가를 보고 이에 따라서 상가임차인이 최우선변제대상인지, 상가건물 임대차 보호법상 영세임차인의 보호대상 보증금 범위 내에 있어서 확정일자에 의한 우선변제대상인지를 알아보자.

배당순위는

1순위＿　외환은행 2,600만원(우선변제권 1)

상임법시행일
2002.11.1. 이전

2순위＿　① 이경수[환산보증금: 2,000＋(10×100)＝3,000만]
＝1,170만원(최우선변제 1)

시행일 이후이나 인천광역시지역이므로 3,900만원 이하 1,170만원이다.

② 김인규[환산보증금: 3,500＋0＝3,500만]＝
1,170만원(최우선변제 1)

③ 이수민[환산보증금: 2,000＋(15×100)＝3,500만]＝1,170만원(최우선변제 1)

④ 이철중[환산보증금: 1,000＋(20×100)＝3,000만]＝1,000만원(최우선변제 1)

이와 같이 되어야 하나 최우선변제금의 합계금액이 배당금액의 3분의 1 초과함으로써 안분배당한다.

① 이경수$=28,566,666(85,700,000\times\frac{1}{3})\times\dfrac{1,170만}{4,510만(1,170+1,170+1,170+1,000)}=$
$7,410,864.\underline{57}=7,410,865$원

② 김인규$=28,566,666\times\dfrac{1,170만}{4,510만}=7,410,864.\underline{57}=7,410,865$원

③ 이수민$=28,566,666\times\dfrac{1,170만}{4,510만}=7,410,864.\underline{57}=7,410,864$원

④ 이철중$=28,566,666\times\dfrac{1,000만}{4,510만}=6,334,072.\underline{28}=6,334,072$원

3순위_ 이경수 12,589,135원

4순위_ 이수철 1,000만 원

5순위_ ① 가압류 한순규(1,800만 원)=② 김인규 확정일자 우선변제(27,589,135원)

이므로 비례안분배당해야 한다.

① 가압류 한순규$=8,544,199$원(배당잔여금)$\times=3,373,514$원

② 김인규$=8,544,199$(배당잔여금)$\times=5,170,685$원

최종배분결과는 다음과 같다.

ⓐ 외환은행$=2,600$만 원(1).

ⓑ 이경수$=7,410,865$원(2)$+12,589,135$원(3)$=2,000$만 원

ⓒ 김인규$=7,410,865$원(2)$+5,170,685$원(5)$=12,581,550$원

ⓓ 이수민$=7,410,864$원(2).

ⓔ 이철중$=6,334,072$원(2)

ⓕ 한순규$=3,373,514$원(5).

ⓖ 이수철$=1,000$만 원(4)으로

배분이 종결되며 낙찰자인수금액은 없다.

상가임대차보호법이 시행되기 전 설정된 근저당권과 후에 설정된 것과 시행령이 1차 개정(2008. 8. 21.~2010. 7. 25.)과 2차 개정(2010. 7. 26.이후) 되고 나서 설정된 저당권 등

의 담보물권 등이 중복적으로 설정되었을 경우의 사례

서울시 동대문구 장안동에 이미자가 2002년 1월 25일 상가건물을 신축하고 같은 날 국민은행에서 근저당권을 설정하고 1억 원을 대출받았다. 그 후 정미정 상가임차인이 2004년 8월 20일 보증금 5,000만 원에 월세 100만 원을 계약하고 사업자등록을 신청과 동시에 확정일자를 받았다.

이미자 상가임차인은 2005년 12월 10일 보증금 5,000만 원 월세 200만 원으로 계약하고 세무서에 사업자신청과 동시에 확정일자를 신청하였으나 상가임대차보호 대상이 아니어서 확정일자는 받지 못하였다.

그리고 2006년 5월 30일에 김재민 상가임차인이 보증금 1억에 월세 200만 원으로 사업자등록을 하였으나 확정일자는 상임법상보호대상이 아니어서 받지 못하였다.

2007년 8월 10일 김기수 근저당권 5,000만 원 설정등기를 하였는데 2008년 9월 11일 상가임차인 이창기가 보증금 2,000만 원에 월세 20만 원에 사업자신청과 확정일자를 받았다.

이미자 상가임차인은 상임법이 1차 개정된 것을 알게 되어서 2008년 9월20일 확정일자를 받았다.

김재민 상가임차인은 상임법이 2차 개정된 것을 신문에서 확인하고 2010년 7월 26일 세무서에서 확정일자를 받았다.

상가임차인 이국민은 2010년 8월 7일에 보증금 3,000만 원에 월세 20만 원으로 사업자등록과 확정일자를 받았다.

그 후 2010년 10월 10일 국민은행이 경매를 신청하였는데 이 상가건물이 경매절차에서 3억1,000만 원에 매각되어 경매비용을 제외하고 실제 배당금은 305,250,000 원 이었다.

첫째, 배당관계를 살펴보기 위해서 말소기준권리와 그리고 상임법 적용대상인가, 적용대상이라도 개정 전 또는 개정 후 인가를 분석하여보자. 여기서 말소기준 권리는 국민은행이다. 그리고 근저당권이 설정당시 상가건물임대차보호법 시행 이전인가 이후인가를 분석하고 이전이라면 근저당권이 우선변제받고, 이후인 경우에도 1차 개정기간에 속하는지와 2차 개정 이후에 해당하는지를 파악하고 나서 그 다음으로는 최우선변제금에 해당하는 소액임차인 인지, 상임법의 적용대상으로 확정일자에 의한 우선변제를 받을 수 있는지를 분석해 보아야 한다.

둘째, 배당표 작성을 위해서 순서대로 정리하면 다음과 같이 된다.

국민은행 근저당 2002.1.25.(1억 원) → 정미정 상가임차인 2004.8.20. 사업자등록/확정(5,000/월세100만 원) → 이미자 상가임차인 2005.12.10. 사업자등록(5,000/월세200만 원)→ 김재민 상가임차인 2005.12.30.사업자등록(1억/월세200만 원) → 김기수 근저당 2007.8.10.(5,000만 원) → 이창기 상가임차인 2008.9.11. 사업자등록/확정(2,000/월세20만 원) → 이미자 확정일자 2008.9.20. → 김재민 확정일자 2010.7.26. → 이국민 상가임차인 2010.8.7. 사업자등록/확정(3,000/월세20만 원) → 국민은행 근저당권이 2010.10.10. 임의경매를 신청한 사건이다.

그러면 배당금을 배당순에 따라 작성하여보기로 하자.

1순위_ 국민은행 1억원(우선변제금 1등) ↑ (상임법이 시행되기 전이므로 국민은행 우선 배당)

2순위_ 이창기 환산보증금 [2,000+(20×100)]=1,350만 원(최우선변제금 1등)

3순위_ 정미정 확정일자 5,000만 원(우선변제금 2등)

4순위_ 김기수 근저당권 5,000(우선변제금 3등)

5순위_ ① 이국민 환산보증금 [3,000+(20×100)]=1,500만 원 (최우선변제금 2등)

② 이창기 환산보증금 [2,000+(20×100)]=1,500만 원으로 2순위에서 1,350만 원을 제외한 미배당금 = 150만 원(최우선변제금 2등)

2차 개정시기로 2010.7.26.부터 5,000만 원이하 소액임차인은 1,500만 원을 우선변제 받게 되었다. (5순위 이후부터는 최우선변제금 지급기준일이 되기 위한 담보물권이 없다. 이와 같이 저당권 등의 담보물권 등이 없는 경우 배당 시점을 기준으로 현행법상 소액보증금 중 일정액을 우선하여 배당한다.)

6순위_ 이창기 500만 원(우선변제금 4등), 7순위_ 이미자 5,000만 원(우선변제금 5등)

8순위_ 김재민 20,250,000원(우선변제금 5등)

앞의 문제에서 상가 임차인 이미자는 서울소재로 환산보증금 2억 4천만 원을 초과하여 사업자 등록 당시(2005.12.10.) 상임법상 적용대상이 되지 못하여 확정일자를 받지 못하였으나 상임법이 1차 개정된(2008.8.21.~2010.7.25.) 것을 알게 되어서 2008년 9월 20일 확정일자를 받았다.

따라서 이 시기부터 상임법상 확정일자에 의한 우선변제를 받을 수 있게 되었다.

상가임차인 김재민은 서울소재로 환산보증금 2억 4천만 원을 초과하여 사업자등록 당시(2005. 12. 30.) 상임법상 적용대상이 되지 못하여 확정일자를 받지 못하였고, 상임법이 1차 개정된 시기에도 환산보증금 2억 6천만 원을 초과하여 대상이 되지 못 하였다. 그러나 상임법이 2차 개정(2010. 7. 26. 부터)으로 즉 환산보증금이 3억 이하인 경우에 해당되어 2010년 7월 26일 확정일자를 받았다.

따라서 이 시기부터 상임법상 확정일자에 의한 우선변제를 받을 수 있게 되었다.

그리고 5순위_ 이창기와 이국민 환산보증금 $[3{,}000+(20\times100)]=1{,}500$만 원은 상임법이 2차 개정시기(2010. 7. 26.부터)에 해당되어 즉 2010. 7. 26.부터 5,000만 원이하 소액임차인은 1,500만 원을 우선변제 받을 수 있게 되었다.

상임법 시행 후(2002. 11. 1. 시행) 근저당권이 설정된 경우와 상가 영세임차인의 보호대상 보증금 범위를 초과하는 경우의 배당사례 및 상임법 시행령이 1차 개정(2008. 8. 21.~2010. 7. 25.)과 2차 개정(2010. 7. 26.이후)되고 나서 설정된 저당권 등의 담보물권 등이 중복적으로 설정되었을 경우의 사례

주소	면적	경매가 진행과정	1) 임차인조사내역 2) 기타청구	등기부상의 권리관계

서울시 마포구 아현동 ○○○번지 상가건물	대지 151㎡
	
	건물
	1층 95㎡
	2층 93㎡
		감정가격
		  200,000,000원
		
		최저가
		
		1차 200,000,000원
		유찰
		2차 160,000,000원
		낙찰 159,650,000원
			1) 임차인
			① 이형기 2,500/20만
			  사업자등록 2002. 12. 15.
			  확정일자 ×
			  배당요구 2004. 9. 10.
			② 김철민 5,000/200만
			  (1층전체)
			  사업자등록 2002. 12. 1.
			  확정일자 ×
			  배당요구 2004. 9. 15.
			③ 유길준 2,000/25만
			  사업자등록 2003. 5. 10.
			  확정일자 2003. 7. 10.
			  배당요구 2004. 9. 15.
			④ 이인규 3,000/20만
			  사업자등록 2003. 7. 10.
			  확정일자 2003. 7. 10.
			  배당요구 2004. 9. 20.
			⑤ 최기자 1억/200만
			  사업자등록 2002. 12. 1.
			  확정일자 ×
			  배당요구 2004. 9. 15.
				소유자 한수진
				  2002. 12. 10.
				근저당 국민은행
				  2002. 12. 10.
				  6,500만
				근저당 이현숙
				  2003. 5. 10.
				  3,000만
				가압류 이수철
				  2003. 6. 10.
				  3,500만
				압류 마포구청
				  2003. 8. 10.
				
				임의 국민은행
				청구 61,500,000원
				〈2004. 5. 30.〉

위 경매사건에서 마포구청압류는 재산세로 450,000원이고 법정기일은 2003.7.10. 이다. 배당금액이 157,850,000원(159,650,000−집행비용 180만 원)이므로 여기서 등기부 상의 말소기준권리가 국민은행이고 상임법 시행 이후에 설정되었다. 따라서 임차 인은 보증금환산금액이 4,500만 원 이하인 경우 1,350만 원 최우선변제금을 받고, 상가임차보증금(환산보증금)이 서울의 경우 2억4천만 원이하이면 영세임차인 보호대 상 보증금에 해당되어 확정일자에 의한 우선변제를 받을 수 있다.

배당순위는,

1순위_ ① 이형기[2,500+(20×100)=4,500만 원]=1,350만 원(최우선변제 1)

② 김철민 5,000+(200×100)=2억5천만 원이므로 소액보증금에도 해당되지 못 하고 또한 상가임대차보호법상 영세보증금보호대상인 2억4천만 원(서울기준) 초과 로 확정일자에 의한 우선변제금을 받을 수 없다.

③ 유길준[2,000+(25×100)=4,500만 원]=1,350만 원(최우선변제 1)

④ 이인규[3,000+(20×100)=5,000만 원으로 4,500만 원이 초과되어 소액임차보

증금 중 일정액을 우선변제받지 못하게 된다.

2순위_ 마포구청 450,000원(당해세 우선변제권 1)

3순위_ 국민은행 61,500,000원(우선변제 2)

4순위_ 이현숙 30,000,000원(우선변제 3)

5순위_ ① 가압류 이수철(3,500)=② 유길준(확정일자 우선변제권)(650)이고, ① 가압류 이수철=③ 이인규(확정일자 우선변제권)(3,000)로 서로 동순위가 되어 1차 안분배당 후 순위에 따라서 흡수배당해야 할 것이다.

따라서 1차 안분배당은

① 가압류 이수철 $=3,890만 \times \dfrac{3,500만}{7,150만(3,500+650+3,000)} = 19,041,958원$(종결)

② 유길준 $=3,890만 \times \dfrac{650만}{7,150만} = 3,536,363.^{63} = 3,536,364원$

③ 이인규 $=3,890만 \times \dfrac{3,000만}{7,150만} = 16,321,678.^{32} = 16,321,678원$

2차 흡수

② 유길준은 ③ 이인규보다 우선순위이므로 흡수배당한다(②는 확정일자 우선변제 효력발생일이 7월 10일이고, ③은 확정일자 우선변제 효력발생일이 7월 11일 오전 0시이기 때문이다).

따라서 ② 유길준=3,536,364원+2,963,636원(이인규에서 흡수)=6,500,000원(종결)

③ 이인규=16,321,678원-2,963,636원(유길준에 흡수당함)=13,358,042원(종결)

최종배당결과는 다음과 같다.

ⓐ 이형기=1,350만 원(1)(확정일자가 없어서 우선변제권이 없음)

ⓑ 유길준=1,350만 원(1)+6,500,000(5)=20,000,000원

ⓒ 이인규=13,358,042원(5), ⓓ 마포구청=450,000원(2)

ⓔ 국민은행=61,500,000원(3), ⓕ 이현숙=30,000,000원(4)

ⓖ 이수철=19,041,958원(5)으로 배당이 종결된다.

이 사건은 대항력 있는 임차인이 없어서 낙찰자 인수금액이 없다. 여기서 유의할 점은 ② 김철민과 ⑤ 최기자는 상임법상 영세상인의 보호대상인 2억4천만 원(서울기준) 초과로 보호를 받지 못하여 대항력과 확정일자에 의한 우선변제권도 인정되지 못한다는 것이다.

예제1) 그러나 위 경매사건이 2008.8.21. 이후에 진행되었고 김철민이 배당요구시에 확정일자를 받아서 배당요구하였다면 다음과 같이 배당될 것이다

[∵2008.8.21.(2008.8.21.~ 2010.7.25) 1차 시행령 개정에 따라 서울의 경우 영세상인보호대상금액이 24,000만 원에서 26,000만 원으로 상향조정 되었다.]

1순위_ ① 이형기 1,350만 원+② 유길준 1,350만 원−(최우선변제금 1)

2순위_ 마포구청 450,000원(당해세 우선변제권 1)

3순위_ 국민은행 61,500,000원(우선변제 2)

4순위_ 이현숙 3,000만 원(우선변제 3)

5순위_ ① 가압류 이수철(3,500)=② 유길준(확정일자)(650)이고, ①=③ 이인규(확정일자)(3,000)이고, ①=④ 김철민(확정일자)(5,000)인 관계에 있다.

따라서 ①=②=③=④인 관계가 되어 동순위로서 1차 안분배당한 후 2차도 순위에 따라 흡수배당해야 할 것이다.

1차 안분배당

① 가압류 이수철$=3,890$만원$\times \dfrac{3,500}{12,150} = 11,205,761$원(종결)

② 유길준(확정일자)$=3,890$만원$\times \dfrac{650}{12,150} = 2,081,070$원

③ 이인규(확정일자)$=3,890$만원$\times \dfrac{3,000}{12,150} = 9,604,938$원

④ 김철민(확정일자)$=3,890$만원$\times \dfrac{5,000}{12,150} = 16,008,231$원

2차 흡수배당

② 유길준$=2,081,070$원(1차 안분)$+4,418,930$원(④에서 흡수)$=6,500,000$원(종결)

③ 이인규$=9,604,938$원(1차 안분)$+11,589,301$원(④에서 흡수)$=21,194,239$원(종결)

④ 김철민$=16,008,231$원(1차 안분)$-4,418,930$원(②에 흡수당함)$-11,589,301$원(③에 흡수당함)$=0$(종결)

이와 같이 배당이 종결되고 낙찰자 인수금액이 없다.

여기서 유의할 점은 ⑤ 최기자는 상임법상 영세상인의 보호대상인 2억6천만 원(1차 개정시 서울기준) 초과로 보호를 받지 못하여 대항력과 확정일자에 의한 우선변제

권도 인정되지 못한다는 것이다.

예제 2) 그러나 위 경매사건이 2010.7.26. 이후에 진행되었고 김철민은 1차 개정시 즉 2008.8.21.에 확정일자를 받았고, ⑤ 최기자는 2차 개정시 즉 2010.7.26.에 확정일자를 받아서 배당요구하였다면 다음과 같이 배당될 것이다

[∵2008.8.21.(2008.8.21.~ 2010.7.25) 1차 시행령 개정에 따라 서울의 경우 영세상인 보호대상금액이 24,000만 원에서 26,000만 원으로 상향조정 되었다.]

그리고 2010.7.26.(2010.7.26. 이후 현재까지) 2차 시행령 개정에 따라 서울의 경우, 영세상인보호대상금액이 26,000만 원에서 30,000만 원으로 상향조정 되었고, 소액임차보증금도 4,500만 원 이하인 경우 1,350만 원에서 5,000만 원 이하인 경우 1,500만 원으로 상향조정되어 우선변제 받을 수 있게 개정되었다.

> **↓ 미리 알아두기**
>
> 1. 상가임대차보호법 부칙(제6542호, 2001. 12. 29)
>
> ① 시행일: 이 법은 2002. 11. 1.부터 시행한다. 〈개정 2002. 8. 26〉
>
> ② 적용례: 이 법은 이 법 시행 후 체결되거나 갱신된 임대차부터 적용한다. 다만 제3조·5조 및 14조의 규정은 이 법 시행 당시 존속 중인 임대차에도 적용하되 이 법 시행 전에 물권을 취득한 제3자에 대해서는 그 효력이 없다.
>
> ③ 기존 임차인의 확정일자 신청에 대한 경과조치
>
> 2. 상가임대차보호법 부칙(제20970호, 2008. 8. 21)
>
> 제1조(시행일) 이 법은 공포한 날로부터 시행한다.
>
> 제2조(경과조치) 이 영 시행 당시 존속 중인 상가건물임대차계약에 대해서는 종전의 규정에 따른다. 다만 제4조의 개정 규정은 그러하지 아니하다.

1순위_ ① 이형기 1,350만 원+② 유길준 1,350만 원－(최우선변제금 1)

2순위_ 마포구청 450,000원(당해세 우선변제권 1)

3순위_ 국민은행 61,500,000원(우선변제 2)

4순위_ 이현숙 3,000만 원(우선변제 3)

5순위_ 이인규 1,500만 원－(최우선변제금 2)—∵ 담보물권(근저당, 담보가등기, 전세권 등) 등의 우선변제권을 가지는 권리가 없어서 소액임차인의 지위를 침해할 권리가 없다. 이러한 경우에는 배당 시점을 기준으로 현행 주임법상 소액보증금 중 일정액을 우선 변제받을 수 있다(서울5,000/1,500).

6순위_ ① 가압류 이수철(3,500)=② 유길준(확정일자)(650)이고, ①=③ 이인규(확정일자)(1,500)이고, ①=④ 김철민(확정일자)(5,000)이고, ①=⑤ 최기자(확정일자) (2억)인 관계에 있다.

따라서 ①=②=③=④=⑤인 관계가 되어 동순위로서 1차 안분배당한 후 2차로 순위에 따라 흡수배당 절차(먼저 선순위 ②가 제일 열후한 ⑤를 흡수하고, 다음으로 ③이 ⑤를 흡수하고, 그 다음으로 ④가 ⑤를 흡수하면 된다. 그런데 ② · ③이 안분부족액을 흡수할 때 ⑤에서 부족하면 ④에서 흡수하게 된다)를 진행하면 될 것이다.

❖ 약정지상권 · 법정지상권 · 관습법상 법정지상권에 대한 권리분석과 배당사례

우리나라는 토지와 건물이 별개의 부동산으로 토지소유자와 건물소유자가 다른 경우가 생길 수 있는데 이 경우 건물 소유자는 타인소유 토지상에 적법하게 건물을 소유하기 위하여 그 사용권한이 있어야 한다.

지상권(민법 제279조 지상권의 내용)이란 지상권자는 타인의 토지에 기타 공작물이나 수목을 소유하기 위하여 그 토지를 사용하는 권리가 있다. 여기서 공작물이라 함은 지상공작물뿐만 아니라 지하 공작물도 포함된다. 수목은 식림의 대상이 되는 식물을 말하며 경작의 대상이 되는 식물(벼, 보리, 야채, 과수, 뽕나무 등)은 포함하지 않는다.

지상권의 종류에는 토지소유자와 지상권자와의 설정계약으로 지상권을 취득하는 약정지상권이 있고, 당사자 사이에 계약을 체결하지 않더라도 법률적으로 당연히 지상권이 설정되는 법정지상권과 관습법에 의해서 당연히 취득하게 되는 관습법상 법정지상권이 있다.

약정지상권

약정지상권은 첫째 지상권의 존속기간, 둘째 지상권의 성립범위, 셋째 지료와 그 지료 지급시기 등에 대해 지상권자와 지상권설정자간의 약정한 내용을 등기부에 등기해야 효력이 있다. 이는 토지의 사용을 목적으로 하는 것인데 이에 반해서 토지 사용목적이 아니고 단순히 금융기관의 대출시 건물이 없거나 무허가, 미등기의 건물이 있을 경우 새로운 신축을 방지하기 위해서 토지에 근저당권설정하면서 토지 위에 지상권을 동시에 설정하는 경우가 있다. 이는 담보권인 토지 근저당권을 보호하기 위하여 설정하는 것이다. 만일 토지소유자가 건물 신축 또는 멸실 후 신축하였을 경우 토지 근저당권자는 손실을 볼 수밖에 없기 때문이다.

지상권의 존속기간

① 존속기간을 약정한 지상권[민법 제280조]

제1항 계약으로 지상권의 존속기간을 정하는 경우에는 그 기간을 다음 연한보다 단축하지 못한다.

ⓐ 석조, 석회조, 연와조, 또는 이와 유사한 견고한 건물이나 수목의 소유를 목적으로 하는 때에는 30년

ⓑ 전호 이외의 건물의 소유를 목적으로 하는 때에는 15년

ⓒ 건물 이외의 공작물의 소유를 목적으로 하는 때에는 5년

제2항 전항의 기간보다 단축한 기간을 정한 때에는 전항의 기간까지 연장한다.

② 존속기간을 약정하지 않은 지상권[민법 제281조]

ⓐ 계약으로 지상권의 존속기간을 정하지 않은 때에는 그 기간을 전조의 최단 존속기간으로 한다.

ⓑ 지상권 설정당시에 공작물의 종료와 구조를 정하지 않은 때에는 지상권은 전조 제2호의 건물의 소유를 목적으로 한 것으로 본다. 즉 그 존속기간은 15

년으로 한다.

③ 갱신과 존속기간[민법 제284조]

당사자가 계약을 갱신하는 경우에는 지상권의 존속기간은 갱신한 날로부터 제
280조의 최단 존속기간보다 단축하지 못한다. 그러나 당사자는 이보다 장기의
기간을 정할 수 있다. 지상권은 토지를 본래로 하는 것이어서 공작물이 없어지
거나 멸실된 경우에도 지상권은 유효하게 존속하기 때문에 이 기간 내에서 새
로이 신축하여 사용할 수 있다.

지상권의 양도와 임대

민법 제282조 지상권자는 타인에게 그 권리를 양도하거나 그 권리의 존속기간 내
에서 그 토지를 임대할 수 있다. 이에 위반하는 계약으로 지상권자에게 불리한 것
은 효력이 없다[민법 제289조].

따라서 지상권처분금지특약은 무효이며 지상권 또한 저당권의 목적이 될 수 있
다[민법 제371조 제1항].

지료의무와 지료증감청구권

지료는 반드시 지급해야 하는 것이 아니므로 지상권의 요소는 아니다.

지상권 등기시 지료에 대한 약정하지 않은 경우, 즉 무상의 경우 지상권설정자
는 지상권자에게 지료지급을 청구할 수 없다. 지료는 당사자의 약정에 의해 지료
지급의무가 발생하며 지상권자가 2년 이상 지료를 지급하지 않으면 지상권설정자
는 지상권의 소멸을 청구할 수 있다[민법 제287조].

민법 제286조 지료가 토지에 관한 조세 기타 부담의 증감이나 지가의 변동으로
인하여 상당하지 아니하게 된 때에는 당사자는 그 증감을 청구할 수 있다.

지상권자의 계약갱신청구권과 매수청구권

① 지상권의 존속기간이 만료시 당사자계약으로 이전의 계약을 갱신할 수 있다.

② 민법 제283조는 지상권이 소멸한 경우에 건물 기타 공작물이나 수목이 현존한

때에는 지상권자는 계약의 갱신을 청구할 수 있다. 지상권설정자가 계약의 갱신을 원하지 않은 때에는 지상권자는 상당한 가액으로 현존하는 건물 기타 공작물이나 수목 등의 매수를 청구할 수 있다.

지상권소멸청구와 저당권자에 대한 통지

① 민법 제287조는 지상권자가 2년 이상의 지료를 체납한 경우에 지상권설정자는 지상권의 소멸을 청구할 수 있다. 다만 지상권이 저당권의 목적으로 되어 있는 경우 또는 그 토지에 건물, 수목이 저당권의 목적으로 되어 있는 경우에는 지상권설정자의 소멸청구는 저당권자에게 그것을 통지한 후 상당한 기간이 경과함으로써 그 효력이 생긴다[민법 제288조].

② 민법 제371조 제2항 지료를 지급하지 않는 지상권은 기간에 관한 약정의무를 묻지 않고 지상권자가 자유로이 이를 포기할 수 있다. 다만 지상권이 저당권의 목적이 된 때에는 저당권자의 동의 없이 포기하지 못한다.

③ 지상권은 물권의 일반 소멸물건인 토지의 멸실, 존속기간의 만료, 혼동, 소멸시효, 지상권에 우선하는 저당권의 실행을 위한 경매, 토지수용 등으로 소멸될 수 있다.

지상권의 소멸효과

① 지상권자는 토지를 반환할 의무를 갖는다.

② 민법 제285조 제1항 지상권이 소멸한 때에는 지상권자는 건물 기타 공작물이나 수목을 제거하여 토지를 원상회복시켜야 한다.

③ 지상물 매수청구권민법 제285조 제2항 지상권이 소멸한 때에 지상권설정자가 상당한 가액을 제공하여 그 공작물이나 수목의 매수를 청구한 때에는 지상권자는 정당한 이유없이 이를 거절하지 못한다.

④ 유익비 상환청구권민법 제626조 제2항은 지상권자가 유익비를 지출한 때에는 지상권의 소멸시에 토지소유자의 선택에 따라 지상권자가 그 토지에 관하여 지출한 금액이나 또는 현존하는 증가액을 상환하게 할 수 있고 법원은 토지소유

자의 청구에 의해 상당한 상환기간을 허용할 수 있다. 그러나 필요비(토지의 사용·수익에 필요한 상태를 유지하기 위하여 사용한 비용)의 상환은 청구할 수 없다.

약정지상권이 있는 경우 저당권과의 관계에 있어서 권리관계

① 선순위에 지상권이 있는 경우

갑 지상권 → 을 저당권 → 병 임차인 → 을 임의경매 신청 → 정 낙찰자

선순위 지상권은 낙찰자가 인수하는 것이 원칙이다. 따라서 정 낙찰자는 갑 지상권을 인수해야 한다. 갑 지상권자는 토지를 존속기간 동안 사용·수익할 수 있다.

② 후순위에 지상권이 설정되어 있는 경우

갑 저당권 → 을 지상권 → 병 가압류 → 갑의 임의경매 또는 병의 강제경매시 → 정 낙찰자

말소기준권리보다 후순위 지상권은 소멸되므로 낙찰자가 인수할 필요없이 소멸된다.

③ 나대지상에 저당권만 설정시와 나대지상에 저당과 지상권을 같이 설정한 경우

저당권자는 담보물권으로서 목적물인 토지에 교환가치만 가지나 소유자는 토지에 대한 사용 및 수익권을 가지게 되어 토지상에 건축행위 등을 하는 등 임의로 토지를 사용할 수 있다.

그러나 금융기관에서 나대지 또는 무허가건물 등이 있는 토지를 담보로 대출할 때 저당권과 지상권을 동시에 설정하는 경우가 대부분인데 이는 저당권의 권리로서 교환가치와 지상권의 권리로서 사용가치를 함께 가지게 되어 채무자(소유자)가 나대지 등의 담보물에 지상물을 신축할 경우 지상권자에게 토지사용 승낙을 받아야만 건물신축이 가능하기 때문이다. 즉 토지소유자의 사용권을 제한하는 지상권은 순수한 지상권이 아닌 담보가치의 하락을 방지하기 위하여 설정한 것이다. 이 경우 저당권 다음순위로 지상권을 설정하지만, 지상권이 선순위로 설정된 경우도 있는데, 후순위인 경우는 당연히 ①와 같이 경매절차에서 말소

되나 ②와 같이 선순위인 경우는 경매절차에서는 말소되지 않는다.

ⓐ 갑 저당권 → 갑 지상권 → 을 임차인 → 병 가압류 → 병의 강제경매 신청시

　병의 강제경매로 갑 저당권이 말소기준권리가 되고 후순위인 갑 지상권 을,
　병 모두가 소멸 대상이 된다.

ⓑ 갑 지상권 → 갑 저당권 → 을 임차인 → 병 임차인 → 갑의 임의경매 신청

　─저당권자와 지상권자가 동일인일 경우의 배당사례

주소	면적	경매가 진행과정	1) 임차인조사내역 2) 기타청구	등기부상의 권리관계
서울시 양천구 신월동 ○○○번지 단독주택	대지 　105㎡ 주택 1층 65㎡ 2층 64㎡	감정가 　140,000,000원 최저가 1차 140,000,000원 유찰 2차 112,000,000원 유찰 3차 89,600,000원 낙찰 90,000,000원 〈이순희〉	1) 임차인 ① 김혜정 　전입 1996. 10. 10. 　확정 1998. 10. 10. 　배당 1999. 12. 30. 　보증 3,000만 원 ② 문정혜 　전입 1998. 10. 20. 　확정 1998. 10. 21. 　배당 1999. 12. 15. 　보증 2,000만 원	소유자 이선미 지상권 기업은행 　1997. 3. 15. 근저당 기업은행 　1997. 3. 15. 　5,000만 원 임의 기업은행 〈1999. 5. 10.〉 청구 5,000만 원

여기서 말소기준권리는 1997. 3. 15. 기업은행근저당권이 된다. 따라서 이보다 앞선 김혜정은 대항력 있는 임차인이 된다.

배당표를 작성하여보자.

배당금액은 90,000,000원 − 집행비용 1,100,000원 = 88,900,000원이다.

1순위_ ① 김혜정 1,200만 원 + ② 문정혜 1,200만 원(최우선변제금 1)

2순위_ 기업은행 5,000만 원, 3순위_ 김혜정 14,900,000원

김혜정은 대항력이 있어서 배당받지 못한 3,100,000원은 낙찰자가 인수해야 한다.

그런데 말소기준권리보다 선순위인 기업은행 지상권은 어떻게 되는가가 문제로 남는다. 이에 대한 설명은 다음과 같다.

말소기준권리는 기업은행 저당권이 되고 기업은행 지상권은 말소기준권리보다 먼저 설정되어 있다. 말소기준권리보다 먼저 설정된 지상권은 낙찰자가 인수하지만, 이와 같이 기업은행이 지상권자와 저당권자가 동일한 경우 선순위가 지상권자라도 지상권설정목적이 타인의 토지 사용목적이 아니고 저당권을 확실하게 보전

하기 위해 설정된 것이라면 저당권이 경매결과로 소멸되면 지상권의 존속기간이 남아있어도 소멸하게 된다.

이러한 선순위 지상권은 법원의 직권말소촉탁대상이 아니고 낙찰자 명의로 소유권이전등기를 한 후 낙찰자가 지상권자로부터 지상권 말소서류를 받아 지상권을 말소등기해야 한다. 따라서 입찰하기 전에 지상권자 또는 경매계에서 낙찰 후 지상권 말소서류의 교부 등에 대해 확인하고 입찰해야 될 것이다.

이러한 지상권은 그 부종성[민법 제369조] * 으로 인하여 주권리인 저당권의 채권이 변제되면 당연히 소멸된다. 대법 2006다 586 판결을 참조하면 근저당목적물의 담보가치를 확보하는데 그 목적이 있는 지상권은 경매 등의 절차에서 주권리인 저당권이 소멸되면 그 부종성으로 인하여 선순위이든 후순위이든 소멸된다고 봐야 된다. 만약 저당채권이 전액 변제되지 않아도 마찬가지이다. 실무에서는 대출금융기관에 전화를 해서 선순위지상권말소등기를 요청하면 대부분 이에 따라 말소해주고 있으나, 말소해주지 않는 경우는 별도로 저당권의 담보가치를 확보하기 위해 설정된 지상권임을 주장하여 지상권말소청구소송을 청구하면 별다른 다툼 없이 승소할 수 있고, 이 법원판결로 말소시키면 된다.

---

* 민법 제369조(부종성) 저당권으로 담보한 채권이 시효의 완성 기타 사유로 소멸한 때에는 저당권도 소멸한다. 즉 저당권은 피담보채권이 성립, 존속해야 저당권도 성립, 존속하고 피담보채권이 소멸하면 저당권도 당연히 소멸하며 말소되지 않은 저당권등기는 원인무효의 등기가 된다. 이를 부종성이라 한다.

저당권을 보호하기 위해 지상권을 설정한 경우
대법원 2008.1.17. 선고 2006다586 판결

1. 금융기관이 대출금 채권의 담보를 위하여 토지에 저당권과 함께 지료 없는 지상권을 설정하면서 채무자 등의 사용·수익권을 배제하지 않은 경우, 위 지상권은 근저당목적물의 담보가치를 확보하는 데 목적이 있으므로, 그 위에 도로개설·옹벽 축조 등의 행위를 한 무단점유자에 대해 지상권 자체의 침해를 이유로 한 임료 상당 손해배상을 구할 수 없다고 한 사례

금융기관이 대출금 채무의 담보를 위하여 채무자 또는 물상보증인 소유의 토지에 저당권을 취득함과 아울러 그 토지에 지료를 지급하지 않는 지상권을 취득하면서 채무자 등으로 하여금 그 토지를 계속하여 점유, 사용토록 하는 경우, 특별한 사정이 없는 한 당해 지상권은 저당권이 실행될 때까지 제3자가 용익권을 취득하거나 목적 토지의 담보가치를 하락시키는 침해행위를 하는 것을 배제함으로써 저당 부동산의 담보가치를 확보하는 데에 그 목적이 있다고 할 것이고, 그 경우 지상권의 목적 토지를 점유, 사용함으로써 임료 상당의 이익이나 기타 소득을 얻을 수 있었다고 보기 어려우므로, 그 목적 토지의 소유자 또는 제3자가 저당권 및 지상권의 목적 토지를 점유, 사용한다는 사정만으로는 금융기관에게 어떠한 손해가 발생하였다고 볼 수 없다.

2. 저당부동산에 대한 점유가 저당권을 침해하는 경우

저당권은 경매절차에 의해 실현되는 저당부동산의 교환가치로부터 다른 채권자에 우선하여 피담보채권의 변제를 받는 것을 내용으로 하는 물권으로서 부동산의 점유를 저당권자에게 이전하지 않은 상태에서 설정되므로 저당권자는 원칙적으로 저당부동산의 소유자가 행하는 저당부동산의 사용 또는 수익에 관하여 간섭할 수 없다고 할 것이나, 저당부동산에 대한 소유자 또는 제3자의 점유가 저당부동산의 본래의 용법에 따른 사용·수익의 범위를 초과하여 그 교환가치를 감소시키거나, 점유자에게 저당권의 실현을 방해하기 위하여 점유를 개시하였다는 점이 인정되는

지상건물소유를 목적으로 한 토지임대차계약과 저당권과의 권리관계

① 지상건물이 경매가 된 경우

건물이 경매가 진행되어 제3자가 낙찰받은 경우에 이는 채권계약이므로 토지소
유자는 제3자 낙찰자와는 아무 상관없이 종전의 임차인간의 관계이므로 지상권
도 성립이 안 되고 권리의 승계대상도 아니다. 따라서 건물은 철거대상이 된다.
다만 토지소유자가 제3자 낙찰자와 새로운 계약을 체결해야만 되는 것이다.

② 토지가 경매가 된 경우

민법 제622조 제1항은 건물의 소유를 목적으로 한 토지임대차는 이를 등기하지
않은 경우에도 임차인이 그 지상건물을 등기한 때에는 토지에 관하여 권리를
취득한 제3자에 대해 임대차의 효력을 주장할 수 있다. 제3자에 대해서도 대항
력이 있다. 즉 건물의 소유를 목적으로 하는 토지임차인의 지상건물 매수청구
권과 토지계약갱신청구권은 임대차계약 종료 후에 임대인으로부터 토지를 취
득한 자에게도 미친다[대법96다14517 판결]. 토지낙찰자는 임차인의 위 권리를
승계해야만 한다.

따라서 토지임차인은 토지낙찰자에게 토지계약갱신청구권과 지상물매수청구
권을 행사할 수 있다.

그러나 민법 제622조 제1항의 규정은 토지임대차에 의해 건물을 소유하는 토지
임차인의 보호를 위하여 건물의 등기로서 토지임대차등기에 갈음하는 효력을

부여하는 것일 뿐이므로 임차인이 그 지상건물을 등기하기 전에 제3자가 그 토지에 관하여 물권취득의 등기를 한 때에는 임차인이 그 지상건물을 등기하더라도 그 제3자에 대해 임대차의 효력이 생기지 않는다[대법2000다65802 판결].

법정지상권 성립 여부에 대한 권리분석과 그 건물의 임차인이 토지매각대금에서 배당받을 수 있는 범위

법정지상권은 당사자 사이에 계약을 체결하지 않더라고 법률적으로 당연히 지상권이 성립되는 경우가 있다. 이는 법률규정에 의해 당연히 그 성립이 인정되는 지상권을 법정 지상권이라 한다. 즉, 건물소유자가 법에서 정한 요건만 갖추면 타인 토지를 적법하게 사용할 수 있는 권리가 당연히 발생하는 것으로써 약정지상권과는 달리 등기부상에 등기할 필요가 없다.

민법이 인정하는 법정지상권 종류

민법이 인정하는 법정지상권 종류는 다음과 같은 것이 있다.

① 건물전세권과 법정지상권

민법 제305조 제1항은 대지와 건물이 동일된 소유자에게 속한 경우에 건물에 전세권을 설정한 때에는 그 대지 소유권의 특별승계인은 전세권설정자(건물소유자)에 대해 지상권을 설정한 것으로 본다. 그러나 지료는 당사자의 청구에 의해 법원이 이를 정한다. 이는 건물에 전세권을 설정할 당시 건물과 대지가 동일인 소유였으나 그 후 토지소유자가 변경된 경우에는 건물소유자를 위하여 법정지상권이 성립된다. 이 때 법정지상권자는 전세권자가 아니라 건물소유자가 취득하게 된다.

② 저당권과 법정지상권

ⓐ 민법 제366조(법정지상권)는 저당물의 경매로 인하여 토지와 그 지상건물이 다른 소유자에게 속한 경우에는 토지소유자는 건물소유자에 대해 지상권을 설정한 것으로 본다. 그러나 지료는 당사자의 청구에 의해 법원이 이를 정한다. 또한 이 규정은 강행규정이므로 저당권 설정당시 당사자의 특약으로

법정지상권 성립을 배제하는 것은 무효이다. 다시 보충설명하면, 지상건물이 미등기건물이나 무허가건물인 경우 등기할 수가 없어서 토지에만 저당권을 설정하였고 따라서 토지만 경매가 실행되어 제3자가 낙찰받았다면 법정지상권이 성립된다. 그러나 다음 ⓑ, ⓒ의 경우에는 법정지상권이 성립되지 않는다.

ⓑ 토지와 건물에 공동저당권이 설정되었다가 지상건물을 멸실시키고 신축하여서 저당권자가 토지만 경매신청하여 토지와 건물소유자가 달라졌다면 법정지상권은 성립되지 않는다. 그러나 신축된 건물(구건물을 기준으로 그 범위 내로 신축된 경우)의 임차인은 토지 저당권자에 우선하여 소액보증금 중 일정액을 주장할 수 있다(즉 최우선변제금을 토지저당권자보다 우선하여 변제받을 수 있다).

ⓒ 나대지상(저당권 설정 당시 건물이 부존재)에서 저당권 설정 후 건물을 신축하였다면 법정지상권은 성립되지 않는다. 이 경우 신축된 건물의 임차인은 토지 저당권자에 우선하여 소액보증금 중 일정액을 주장하지 못한다.

③ 가등기 담보권과 법정지상권

토지와 지상건물이 동일 소유이고, 그 토지 또는 건물의 어느 한쪽에만 담보가등기가 설정등기된 경우에 담보가등기에 기한 본등기가 행하여진 경우 또는 담보권의 실행으로 경매절차가 진행되어서 토지소유자와 건물소유자가 서로 다르게 된 때 건물소유자가 법정지상권을 취득하게 되는 경우이다.

가담법 제10조(법정지상권) 토지 및 그 지상의 건물이 동일한 소유자에게 속하는 경우에 그 토지 또는 건물에 대하여 제4조 제2항(청산금의 지급과 소유권의 취득)의 규정에 의한 소유권을 취득하거나 담보가등기에 기한 본등기가 행하여진 경우에는 그 건물의 소유를 목적으로 그 토지 위에 지상권이 설정된 것으로 본다. 이 경우 그 존속기간 및 지료는 당사자의 청구에 의하여 법원이 정한다.

가담법 제12조(경매의 청구) 제1항 담보가등기권리자는 그 선택에 따라 제3조에 따른 담보권을 실행하거나 담보목적부동산의 경매를 청구할 수 있다. 이 경우 경매에 관하여는 담보가등기권리를 저당권으로 본다.

이 경우에도 민법 제366조의 법정지상권과 동일한 법리가 적용된다.

ⓐ 갑 명의의 토지와 건물을 을이 토지에만 담보가등기하였고 그 후 을이 본등기하여 토지와 건물소유주가 달라졌을 경우 토지소유자 을은 건물소유자 갑에게 지상권을 설정해준 것으로 본다.

ⓑ 갑 명의의 토지와 건물을 을이 건물에만 담보가등기하였고 그 후 담보권의 실행으로 경매절차가 진행되어서 토지와 건물소유주가 달라졌을 경우 토지소유자 갑은 건물소유자 을에게 지상권을 설정해준 것으로 본다.

ⓒ 갑 명의의 토지에 을이 담보가등기 한 후 갑이 건물을 신축하였다면 그 후 가등기권자 등이 본등기하여 토지와 건물소유자가 달라졌다면 건물소유자 갑은 토지에 적법한 권리를 주장하지 못한다. 즉 법정지상권이 성립되지 않는다.

⬇ 미리 알아두기

나대지상에 담보가등기후 건물을 신축한 경우 법정지상권 성립여부

대법 94다5458 판결

1. 원래 채권을 담보하기 위하여 나대지상에 가등기가 경료되었고, 그 뒤 대지소유자가 그 지상에 건물을 신축하였는데, 그 후 그 가등기에 기한 본등기가 경료되어 대지와 건물의 소유자가 달라진 경우에 관습상 법정지상권을 인정하면 애초에 대지에 채권담보를 위하여 가등기를 경료한 사람의 이익을 크게 해하게 되기 때문에 특별한 사정이 없는 한 건물을 위한 관습상 법정지상권이 성립한다고 할 수 없다.

2. '가'항의 건물에 강제경매가 개시되어 압류등기가 경료되었고, 강제경매절차가 진행 중에 그 이전에 각 대지에 관하여 설정된 채권담보를 위한 가등기에 기하여 그 본등기가 경료되었으므로 건물경락인은 각 대지에 관하여 건물을 위한 관습상 법정지상권을 취득한다고 볼 수 없다.

④ 입목에 관한 법과 법정지상권

입목에 관한 법률 제6조 제1항은 토지와 입목이 동일 소유자에게 속한 경우에 경매 그 밖의 사유로 토지와 입목이 각각 다른 소유자에게 속하게 된 때에는 입목의 소유자는 법정지상권을 취득한다.

입목에 관한 법률 제2조 제1항 입목이란 토지에 부착된 수목집단으로서 그 소유자가 이 법에 의해 소유권보존등기를 할 것. 동법 제3조 제1항은 입목은 이를 부동산으로 본다.

이 법의 적용을 받지 않는 수목집단은 입목으로 취급하지 아니한다.

이 점과 관련해서 광주고등법원 2004나9304판결 내용을 살펴보면,

입목에 관한 법률 제6조 제1항은 「입목의 경매 기타 사유로 인하여 토지와 그 입목이 각각 다른 소유자에게 속하게 되는 경우에는 토지소유자는 입목소유자에 대하여 지상권을 설정한 것으로 본다」고 규정하고 있다. 그런데, 위 법 제2조 제1항은 「이 법에서 '입목'이라 함은 토지에 부착된 수목의 집단으로서 그 소유자가 이 법에 의하여 소유권보존의 등기를 받은 것을 말한다」고 규정하고 있고, 피고가 위 수목에 관하여 위 법률에 따른 소유권보존등기를 마치지 않은 사실은 당사자 사이에 다툼이 없으므로, 피고가 위 법률에 의하여 위 각 토지에 관한 지상권을 취득한 것으로 볼 여지는 없다. 나아가, ~ 위 수목의 소유권에 관하여 명인방법이 갖추어졌다고 보기 어려울 뿐 아니라, 명인방법이 갖추어졌다고 하더라도, 위 법률에 따라 소유권보존등기를 마치지 않은 수목의 경매 등으로 인하여 토지의 소유자와 수목의 소유자가 달라진 경우 수목의 소유자가 그 토지에 관하여 당연히 지상권을 취득한다고 볼 수 있는 근거는 없다(관습법상의 법정지상권은 건물의 소유자에 대하여만 인정된다).

법정지상권의 성립요건

① 토지에 저당권(근저당권)이 설정될 때에 건물이 존재해야 한다.

건물이란 미등기건물이든 무허가건물이든(즉 4개의 기둥과 벽, 지붕이 있는 것 등으로 이동이 용이하지 않은 것으로 등기되었든 미등기이든 무허가건물이든) 모두가 인정된다.

② 토지와 건물의 소유자가 동일인이어야 한다.

③ 단독저당인 경우에만 한한다.

토지나 건물 어느 한쪽에만 저당권이 설정된 후에 경매를 통하여 토지소유자와 건물소유자가 달라졌을 것이어야 한다.

④ 경매 등으로 인하여 토지와 건물소유자가 달라져야 한다.

법정지상권의 성립 시기

저당권자의 경매신청에 의해 토지와 건물의 소유자가 달라진 때이며 민사집행법 제135조는 낙찰대금을 완납과 동시에 경매에 의한 소유권을 취득한다. 따라서 법 정지상권은 대금완납과 동시에 발생하고 이 날이 지료 청구기준일이 된다. 법정지 상권은 법률의 규정에 의해 당연히 취득하는 것으로 등기를 요하지 않는다[민법 제 187조].

법정지상권의 존속기간

법정지상권의 존속기간에 대해 지상권의 존속기간이 정함이 없는 경우를 준용하 게 되므로 최단기간이 적용된다.

① 민법 제280조 제1항 소정의 각 기간

 ⓐ 석조, 석회조, 연와조 또는 이와 유사한 견고한 건물이나 수목의 소유를 목 적으로 하는 때에는 30년

 ⓑ 전호 이외의 건물의 소유를 목적으로 하는 때에는 15년

 ⓒ 건물 이외의 공작물의 소유를 목적으로 하는 때에는 5년위 전항의 기간보다 단축한 기간을 정한 때에는 전항의 기간까지 연장한다.

② 법정지상권의 존속기간 후 계약갱신청구권과 지상물매수청구권

 법정지상권의 존속기간이 경과시 법정지상권자는 계약갱신청구권과 계약갱신 을 원하지 않으면 지상물매수청구권을 행사할 수 있다.

법정지상권이 인정되는 범위

법정지상권자의 토지사용권의 범위는 건물의 대지에 한정되지 않고 건물의 유지 와 사용에 필요한 범위 내에서 건물의 대지 이외의 주변토지까지 영향을 미친다.

지료地料

① 지료청구의 산정기준은 나대지 상태에서 판단하게 된다.

ⓐ 지료에 관하여서는 당사자 간의 합의에 의해서 정하는 것이 원칙이다.

ⓑ 당사자 간 합의가 안 되는 경우 → 지료청구소송을 제기 → 지료산정(감정평가사가 대지가격을 나대지상태의 가격으로 산정하게 되는데 감정가액의 5~7% 정도가 된다)

ⓒ 지료 연체시(법원 판결된 지료를 2년 이상 연체시, 이때 2년 연체는 연속해서가 아니라 2회 이상)에는 토지소유자는 법정지상권의 소멸을 청구할 수 있다.

ⓓ 법정지상권이 소멸되면 토지소유자는 지상건물철거 및 토지인도청구소송을 제기 토지를 반환받는다. 이와 동시에 지료연체를 이유로 한 지료판결문을 갖고 지상건물에 대해 강제경매를 청구할 수 있다.

② 지료지급에 대한 약정이 없는 경우

민법 제366조 단서의 규정에 의해 법정지상권의 경우 그 지료는 당사자의 협의나 법원에 의해 지료가 결정하도록 되어 있는데 당사자 사이에 지료에 관한 협의가 있었다거나, 법원에 의해 지료가 결정되었다는 아무런 입증이 없고 법정지상권에 관한 지료가 결정된 바 없다면, 법정지상권자가 지료를 지급하지 않았다고 하더라도 지료지급을 지체한 것으로는 볼 수 없으므로, 법정지상권자가 2년 이상의 지료를 지급하지 않았음을 이유로 토지소유자의 지상권 소멸청구는 이유가 없다는 것이 당원의 견해이다[대판 1994. 12. 2. 선고 93다52297].

김 / 동 / 희 / 의 / 강 / 의 / 노 / 트

지료결정 및 법정지상권 소멸

1. 지료 지급에 대한 당사자 간의 합의로 하고 합의가 안 될 경우 소송에 의한 판결을 얻어서 결정한다.

2. 지료에 대한 약정이 없는 경우 2기 이상 연체시에도 건물을 철거주장할 수 없다. 따라서 지료에 대한 소송을 제기하여 사전에 판결문을 받아놓아야 할 것이다. 판결문을 받으면 기산일은 소유권 취득일로 된다.

3. 월세 2기 이상 연체시는 연속해서가 아니라 계약기간 중간에 2번(2기) 이상 연체시 계약을 해지할 수 있다.

4. 토지소유자는 2년 이상 지료를 지급하지 아니할 때 법정지상권 중에 있더라도 법정지상권은 말소를 청구할 수 있다. 이 경우 법정지상권말소 및 건물철거소송을 제기하여 판결문을 득하여 건물을 철거시킬 수 있을 것이다. 이 밖에도 온전한 건물인 경우에도 채무불이행을 이유로 소송을 제기하여 판결문을 득하여 강제경매 신청할 수도 있을 것이다.

법정지상권이 성립되는 경우의 사례와 이 경우 임차인 등의 배당사례분석

① 토지에 저당권이 설정될 당시 그 지상에 건물이 존재한 경우 법정지상권 성립 여부

ⓐ 토지에 저당권이 설정될 당시 그 지상에 건물이 존재한 경우

ⓑ 토지에 저당권을 설정할 당시 그 지상에 건물이 존재하였고 그 양자가 동일인 소유였다가 그 후 저당권 실행으로 토지가 낙찰되기 전에 건물이 제3자에게 양도된 경우 양수인 제3자가 법정지상권을 성립하는지의 여부(적극)

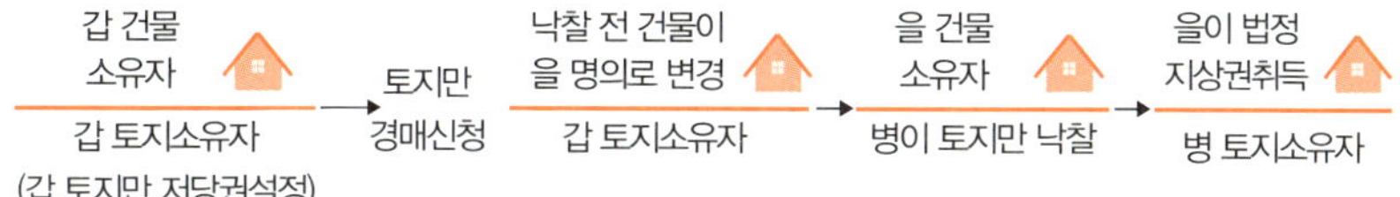

이와 같이 토지 및 건물이 동일인 갑의 소유에서 토지근저당권자가 토지만 경매신청하고 토지경매신청 후 건물소유자가 을로 변경된 상태에서 병이 토지를 낙찰받았다면 건물소유자 을은 법정지상권을 취득한다. 즉 건물 양수인 제3자 을은 법정지상권을 취득한다는 판례[대법 99다52602]

상기 ⓐ · ⓑ 경우의 사례에서는 법정지상권이 성립되고 갑 주택의 임차인 등은 토지매각대금 중에서 소액보증금 중 일정액을 토지저당권자에 우선변제 받을 수 있음과 동시에 토지저당권자와 임차인의 확정일자의 우선순위에 따라서 확정일자에 의한 우선변제도 받을 수 있다.

② 토지에 저당권 설정 당시 건물이 신축 중이거나 증축 개축시에 관련된 판례

ⓐ 법정지상권 성립 후, 증축, 개축 또는 신축된 경우에 법정지상권 성립 여부

민법 제366조(=저당물의 경매로 인하여 토지와 그 지상건물이 다른 소유자에 속한 경우에는 토지소유자는 건물소유자에 대해 지상권을 설정한 것으로 본다. 그러나 지료는 당사자의 청구에 의해 법원이 이를 정한다) 소정의 법정지상권이 성립하려면 저당권의 설정 당시 저당권의 목적이 되는 토지 위에 건물이 존재해야 하는 것이고, 저당권 설정 당시 건물이 존재한 이상 그 이후 건물을 개축, 증축하는 경우는 물론이고 건물이 멸실되거나 철거된 후 재축, 신축하는 경우에도 법정지상권이 성립한다 할 것이며, 이 경우의 법정지상권의 내용인 존속기간 범위 등은 구 건물을 기준으로 하여 그 이용에 일반적으로 필요한 범위 내로 제한된다고 할 것이다[대판 1990.7.10. 선고 90다카6399].

ⓑ 저당권 설정과 철거 후의 신축, 증축 등의 경우 법정지상권 성립 여부

법정지상권이 성립된 후에 건물을 개축 또는 증축하는 경우는 물론 건물이 멸실·철거된 후에 신축하는 경우에도 법정지상권은 성립한다. 다만, 그 법정지상권의 범위는 구건물을 기준으로 하여 그 유지·사용을 위하여 일반적으로 필요한 범위 내의 대지부분에 한정된다[94다40080, 92다9388, 92다20330, 90다카6399)].

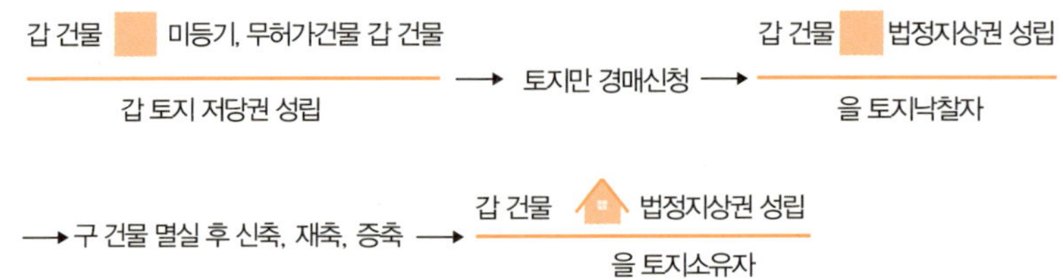

법정지상권이 성립된 건물은 멸실 후 신축, 재축, 증축의 법정지상권 존속기
간은 구 건물의 존속기간으로 산정한다. 그리고 법정지상권의 범위는 구 건
물의 기준으로 하여 그 유지, 사용을 위하여 일반적으로 필요한 범위 내의
대지 부분에 한정한다.

ⓒ 토지에 저당권 설정 당시 건축 중인 경우

(…) 토지에 저당권 설정 당시 토지소유자에 의해 그 지상에 건물을 건축 중
이었던 경우 그것이 사회관념상 독립된 건물로 볼 수 있을 정도에 이르지 않
았다 하더라도 건물의 규모·종류가 외형상 예상할 수 있는 정도까지 건축
이 진전되어 있었고 그 후 경매절차에서 매수인이 매각대금을 다 낼 때까지
최소한의 기둥과 지붕 그리고 주벽이 이루어지는 등 독립된 부동산으로서
건물의 요건을 갖추면 법정지상권이 성립하며 그 건물이 미등기라 하더라도
법정지상권의 성립에는 아무런 지장이 없다[대법2003다29043, 2004다13533].
상기 ⓐ·ⓑ·ⓒ 사례 등에서 신축, 재축, 증축된 건물 등은 법정지상권이
성립되고 신축, 재축, 증축 된 주택의 임차인 등은 토지매각대금 중에서 소
액보증금 중 일정액을 토지저당권자에 우선변제 받을 수 있음과 동시에 토
지저당권자와 임차인의 확정일자의 우선순위에 따라서 확정일자에 의한 우
선변제도 받을 수 있다.

③ 법정지상권이 있는 건물을 낙찰받을 경우 법정지상권의 승계 취득 여부(적극)

동일한 소유자에게 속하는 대지와 그 지상건물이 매매에 의해 각기 소유자가 달
라진 경우에는 특히 그 건물을 철거한다는 조건이 없는 한 건물소유자는 그 대지
위에 법정지상권을 취득하는 것이고 한편 건물소유를 위하여 법정지상권을 취
득한 자로부터 경매에 의해 그 건물의 소유권을 이전받은 경락인은 경락 후 건물
을 철거한다는 등의 매각조건 하에서 경매되는 등 특별한 사정이 없는 한 건물의
경락취득과 함께 위 지상권도 당연히 취득한다[대법원 84다카1578 판결].

여기서 토지에 법정지상권을 가질 수 있음에도 법정지상권을 주장하지 않겠다
고 협의하였을 경우 이는 당사자 간의 채권적 계약이므로 법정지상권을 배제한
다는 특약은 그 효력이 없다.

예1)

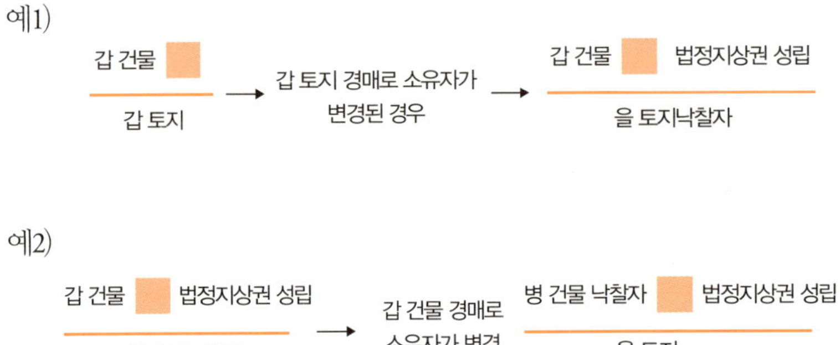

예2)

④ 공동근저당권이 설정된 후 그 건물이 다른 건물과 합동된 경우

　동일인 소유 토지와 그 지상 건물에 공동근저당권이 설정된 후 그 건물이 다른 건물과 합동되어 신건물이 생겼고 이로인해 경매가 진행되지 못함으로 토지와 건물의 소유자가 달라지게 됨에 따라 법정지상권이 성립한 경우는 그 법정지상권의 내용인 존속기간과 범위 등은 종전 건물을 기준으로 하여 그 이용에 일반적으로 필요한 범위 내로 제한된다. 이에 대한 판례로 다음과 같은 대법원 2009다66150 판결[대법2009마1385 결정 참조]이 있다.

　경매대상 건물이 인접한 다른 건물과 합동(合棟)됨으로 인하여 건물로서의 독립성을 상실하게 되었다면 경매대상 건물만을 독립하여 양도하거나 경매의 대상으로 삼을 수는 없고, 이러한 경우 경매대상 건물에 대한 채권자의 저당권은 위 합동으로 인하여 생겨난 새로운 건물 중에서 위 경매대상 건물이 차지하는 비율에 상응하는 공유지분 위에 존속하게 된다.

　동일인 소유 토지와 그 지상 건물에 공동근저당권이 설정된 후 그 건물이 다른 건물과 합동(合棟)되어 신건물이 생겼고 그 후 경매로 토지와 신건물이 다른 소유자에게 속하게 됨에 따라 신건물을 위한 법정지상권이 성립한 사안에서, 그 법정지상권의 내용인 존속기간과 범위 등은 종전 건물을 기준으로 하여 그 이용에 일반적으로 필요한 범위 내로 제한된다고 하여야 함에도 법정지상권이 신건물 전체의 유지·사용을 위해 필요한 범위에서 성립한다고 본 원심판결을 파기한 사례.

법정지상권이 성립되지 않는 경우의 사례와 이 경우 임차인 등의 배당사례분석

① 나대지상에 저당권이 설정되고 건물은 신축한 후 토지만 경매가 이루어진 경우

건물 없는 토지에 대해 저당권이 설정된 후 저당권설정자가 그 위에 건물을 건축하였다가 담보권의 실행을 위한 경매절차에서 경매로 인하여 그 토지와 지상건물이 소유자를 달리하였을 경우에는 법정지상권[민법 제366조]뿐만 아니라 관습법상의 법정지상권도 인정되지 않는다[95마1262, 78다630, 73다1485, 65다1404].

Ⓐ 토지에 1번 저당권을 설정한 자가 건물을 축조하고 다시 2번 저당권을 설정한 후 저당권이 경매실행된 경우에 법정지상권은 인정되지 않는다. 2번 저당권이 1번 저당권을 승계한다는 것이 판례의 입장이다. 1번 저당권을 승계하기 때문에 나대지 상태로 토지를 평가하기 위해서 법정지상권은 인정되지 않는다.

Ⓑ 토지만 경매가 이루어진 경우

나대지상에 저당권 설정 후 건물을 신축한 경우에 토지만 경매되었다면 법정지상권은 성립되지 않는다. 이는 관습법상 법정지상권도 인정되지 않는다. 따라서 을은 철거를 주장할 수 있다. 이 경우에 토지만 경매로 낙찰받았지 건물을 낙찰받은 것이 아니므로 주택임차인은 인수대상이 아니다.

Ⓒ 나대지상(저당권설정 당시 건물이 부존재)에서 토지만 저당권설정 후 건물을 신축하였다면 토지저당권자의 경매신청에 의해서 토지가 매각되었다면 법정지상권은 성립되지 않고 건물은 철거를 당할 수밖에 없다. 이는 건물소유자는 대지 저당권자 및 그 저당권 실행으로 낙찰받은 매수인에게 대항할 수가 없기 때문이다. 따라서 법정지상권이 성립하지 못하는 건물의 임차인 역시 저당권자에게 대항할 수 없다.

그리고 신축된 건물의 임차인은 토지저당권자에 우선하여 토지매각대금에

서 소액보증금 중 일정액은 우선변제받지 못한다. (…) 저당권 설정 후에 비로소 건물이 신축된 경우에까지 공시방법이 불완전한 소액임차인에게 우선변제권을 인정한다면 저당권자가 예측할 수 없는 손해를 입게 되는 범위가 지나치게 확대되어 부당하므로, 이러한 경우에는 소액임차인은 대지의 환가대금에 대해 우선변제를 받을 수 없다고 보아야 한다[대법99다25532].

이 경우 토지저당권자가 토지매각대금에서 1차적으로 우선변제 받고 난 다음의 경매대가(선순위 채권을 공제한 배당잔여금)에서만 소액보증금 중 일정액과 확정일자 우선변제금을 받을 수 있다.

② 나대지상에 저당권이 설정되고 건물은 신축한 후 토지와 건물이 일괄경매된 경우

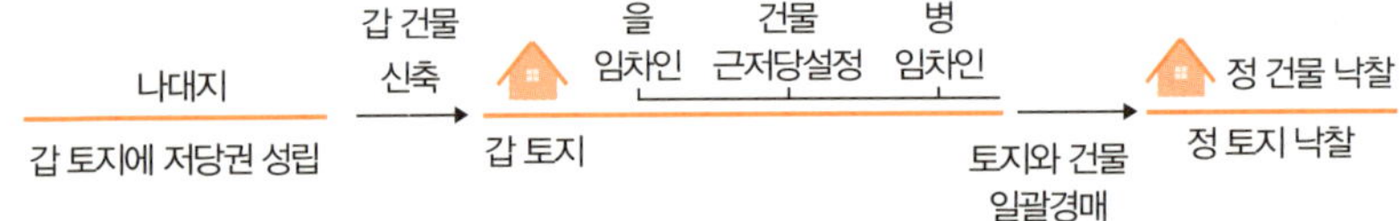

ⓐ 나대지상에 저당권 설정 후 건물이 신축된 경우에 신축된 건물에 토지저당권자에게 추가담보제공이 되지 못했지만 건물이 등기되었거나 건물이 등기되지 않았더라도 건축물대장상의 명의가 토지소유자인 경우 건축물대장 첨부하고, 미등기건물인 경우 가옥대장이 갑 명의의 건축허가 또는 건축신고 중 한 가지만 있다면 이 서류를 첨부하여 일괄 경매를 신청하면 법원은 직권으로 보존등기하고 일괄경매가 진행된다. 일괄경매 신청시 토지저당권자는 낙찰 후 토지배당금에 대해서만 배당받을 수 있다. 일괄경매신청의 경우는 토지와 건물 소유자가 동일인이므로 법정지상권을 논할 문제가 없다.

ⓑ 나대지상에 저당권 설정 후 건물을 신축한 경우에 토지저당권자에게 저당권을 설정하지 않고 제3자에게 건물만 저당권을 설정하였는데 위와 같이 갑 건물에는 선순위임차인 을과 후순위임차인 병이 있다.이와 같이 토지와 건물의 말소기준권리가 다른 경우는 임차인의 대항력은 건물저당권을 말소기준권리로 한다. 따라서 을은 대항력이 있고 병은 대항력이 없다. 이와 같이 토

지와 건물이 말소기준권리가 상이한 것은 일괄경매에서 나타난다. 이때 토지 낙찰자에게는 선순위 임차인이라도 대항하지 못하나 건물낙찰자에게는 대항력이 있다. 그러나 일괄경매시에는 낙찰자는 주택 양수인이기도 하여 선순위 임차인은 인수대상이 된다.

ⓒ 나대지 상태에서 저당권이 먼저 설정되고 그 후 건물이 신축되고 나서 토지와 건물이 일괄경매 신청된 경우는 토지매각대금에 대해서는 최우선변제금을 주장할 수 없고 건물매각대금에 대해서만 인정된다. 그러나 토지 저당권의 채권 배당금을 지급하고서도 잔여금에 대해서는 받을 수 있다. 여기에서는 확정일자에 의한 우선변제권도 후순위채권자에 우선하여 변제받을 수 있다.

ⓓ

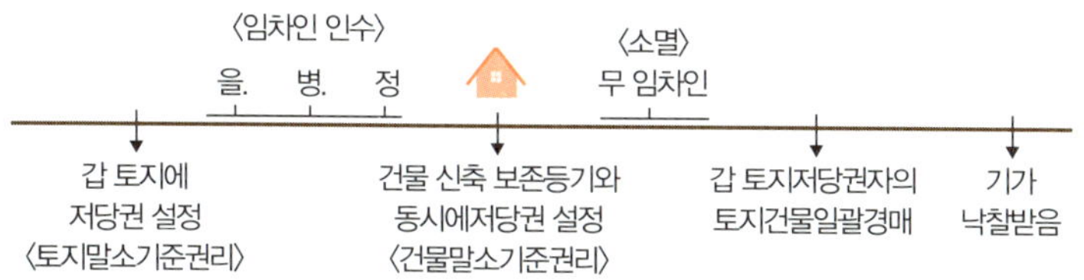

이와 같이 토지에 먼저 저당권을 설정 후 주택 신축으로 인한 일괄경매신청 시 임차인은 토지 매각대금에 대해서는 최우선변제 및 확정일자에 의한 우선변제권을 토지저당권자에 우선하여 변제받지 못한다. 다만, 건물매각대금에 대해서만 우선변제 받을 수 있다. 그러나 낙찰자는 주택 양수인이기도 하여 대항력 있는 임차인 을, 병, 정 임차인의 미배당금에 대해 인수해야 하나 무 임차인은 낙찰자에게 대항력이 없어 인수대상이 아니다. 신축된 건물의 임차인 등은 나대지상에서 설정된 토지저당권자보다 소액보증금 일정액을 우선변제 받을 수 없다.

ⓔ 저당권 설정 후에 비로소 건물이 신축된 경우에까지 공시방법이 불완전한 소액임차인에게 우선변제권을 인정한다면 저당권자가 예측할 수 없는 손해를 입게 되는 범위가 지나치게 확대되어 부당하므로, 이러한 경우에는 소액

임차인은 대지의 환가대금에 대해 우선변제를 받을 수 없다고 보아야 한다[대법99다25532].

그러나 저당권설정 당시 지상에 주택건축이 예견된 경우, 나대지 상태에서 저당권을 설정하고, 그 차용한 돈으로 그 지상에 주택을 건축할 것을 알고 대출했고, 건축 후 그 지상에 추가근저당을 설정했다면, 대지에 근저당권을 설정할 당시 그 지상건물의 규모 등을 몰랐다고 하더라도 임차인이 나중에 발생될 것이라고 예측할 수 있었기 때문에 대지만의 근저당설정과 주택의 근저당설정사이에 주택임차인이 전입신고와 주택인도, 확정일자를 모두 갖춘 경우이고 그 저당권자의 신청에 의해 토지와 건물이 일괄 매각된 경우에는 임차인은 토지매각대금에서 소액보증금중 일정액을 토지저당권자보다 우선하여 변제 받을 수 있다고 본다.

ⓑ 대지에 관한 저당권 설정 후에 비로소 건물이 신축되고 그 신축건물에 대해 다시 저당권이 설정된 후 대지와 건물이 일괄 경매된 경우, 주택임대차보호법 제3조의2 제2항의 확정일자를 갖춘 임차인 및 같은 법 제8조 제3항의 소액임차인은 대지의 환가대금에서는 우선하여 변제를 받을 권리가 없다고 하겠지만, 신축건물의 환가대금에서는 확정일자를 갖춘 임차인이 신축건물에 대한 후순위권리자보다 우선하여 변제받을 권리가 있고, 주택임대차보호법 시행령 부칙의 '소액보증금의 범위변경에 따른 경과조치'를 적용함에 있어서 신축건물에 대해 담보물권을 취득한 때를 기준으로 소액임차인 및 소액보증금의 범위를 정해야 한다[대법2009다101275].

③ **토지와 건물에 공동저당권이 설정된 이후 건물이 멸실되고 건물이 신축된 경우**

공동저당권 설정(건물과 토지에 함께 저당권 설정) 후 → 근저당 설정된 건물이 멸실되고 신축건물이 건축되었고 → 토지경매로 토지소유자와 건물소유자가 달라졌을 경우에는 법정지상권이 성립되지 않는다. 그러나 신축된 건물의 임차인 등은 건물이 멸실되어 토지에만 설정되어 있는 토지 저당권자보다 소액보증금 일정액을 우선변제 받을 수 있다.

왜냐하면 구건물과 대지에 대한 공동저당권자는 구건물의 범위 내에서는 임차인의 소액보증금 중 일정액의 제한을 예견하고 저당권을 설정했기 때문에 구건물이 멸실되고 신축되었다는 이유로 임차인의 우선변제권을 전혀 제한받지 않는다면 반대로 저당권자가 불측의 이득을 볼 수 있고 구건물 멸실로 인한 손해는 구건물과 대지소유자가 보아야 할 문제이므로 신축건물의 임차인은 소액보증금 중 일정액을 토지저당권자보다 우선변제 받을 수 있다(대법98다43601, 대법2003다1359, 1366, 1373, 대법2009다66150, 서부지법97가단37992). 유의할 점은 구건물과 상당히 다른 건축물일 경우는 그러하지 않다는 판결이 광주지법원에서 최근에 나왔다는 사실이다.(광주지법2006가단49883)

토지와 건물에 공동저당권 설정후 건물을 멸실하고 신축한 경우 법정지상권 성립 여부와 소액임차인에 대한 배당

1. 대법 98다43601판결

동일인의 소유에 속하는 토지 및 그 지상 건물에 관하여 공동저당권이 설정된 후 그 지상 건물이 철거되고 새로 건물이 신축된 경우에는 그 신축건물의 소유자가 토지의 소유자와 동일하고 토지의 저당권자에게 신축건물에 관하여 토지의 저당권과 동일한 순위의 공동저당권을 설정해 주는 등 특별한 사정이 없는 한 저당물의 경매로 인하여 토지와 그 신축건물이 다른 소유자에 속하게 되더라도 그 신축건물을 위한 법정지상권은 성립하지 않는다, 그 이유는 ~. 공동저당권자는 토지 및 건물 각각의 교환가치 전부를 담보로 취득한 것으로서, 저당권의 목적이 된 건물이 그대로 존속하는 이상은 건물을 위한 법정지상권이 성립해도 그로 인하여 토지의 교환가치에서 제외된 법정지상권의 가액 상당 가치는 법정지상권이 성립하는 건물의 교환가치에서 되찾을 수 있어 궁극적으로 토지에 관하여 아무런 제한이 없는 나대지로서의 교환가치 전체를 실현시킬 수 있다고 기대하지만, 건물이 철거된 후 신축된 건물에 토지와 동순위의 공동저당권이 설정되지 아니 하였는데도 그 신축건물을 위한 법정지상권이 성립한다고 해석하게 되면, 공동저당권자가 법정지상권이 성립하는 신축건물의 교환가치를 취득할 수 없게 되는 결과 법정지상권의 가액 상당 가치를 되찾을 길이 막혀 위와 같이 당초 나대지로서의 토지의 교환가치 전체를 기대하여 담보를 취득한 공동저당권자에게 불측의 손해를 입게 하기 때문이다.

2. 서울지법 서부지원 97가단37992판결

~, 이미 토지 위에 종전의 건물, 특히 주택이 건립되어 있어 근저당권자가 토지 및 종전 주택에 근저당권을 설정할 당시 이미 그 주택에 우선변제권이 인정될 소액임차인이 존재하리라는 것을 고려하여 그 담보가치를 정하였으리라고 보이는 특별한 사정이 있는 점에 비추어 새로 건립된 주택의 소액임차인에게 대지 부분의 배당금액에 대하여도 우선변제권을 인정하여야 한다.

3. 광주지법 2006가단49883판결

임대인이 토지와 그 지상 주택에 근저당권을 설정하였으나 임의로 주택을 멸실시키고 그 대지 위에 새로운 주택을 신축하여 신축건물에 추가 근저당권을 설정하고 이를 임대한 후 토지와 건물이 강제경매되어 일괄경매된 경우, 근저당권자가 토지 및 종전주택에 근저당권을 설정할 당시 이미 그 주택에 우선변제권이 인정될 소액임차인이 존재하리라는 것을 고려하여 그 담보가치를 정하였으리라고 보이는 특별한 사정이 있는 경우에 한해서 신축건물의 소액임차인에게도 대지의 환가대금에 대하여 우선변제권을 인정하여야 할 것이다.

그러나 이 사건에서와 같이 철거 전의 구 건물은 단층 건물인데 반해서 철거 후 신축건물은 7층 업무용 오피스텔로 종전건물과 신축건물이 그 구조가 현저히 다르고 그에 따라 소액임차인의 수도 크게 증가한 사실을 인정할 수 있는바 신축건물의 소액임차인에게 대지의 환가대금에 대한 우선변제권을 인정하게 된다면 저당권자가

④ 토지 및 건물 일괄경매 신청된 경우

이 경우에는 낙찰자는 토지와 건물 모두의 소유권을 취득하므로 법정지상권을 논할 가치가 없다.

낙찰자는 주택 양수인이 되기 때문에 대항력 있는 임차인의 보증금을 추가로 인수해야 한다. 이때 말소기준권리는 건물의 말소기준권리가 된다.

↓ 김동희 배당사례특강

법정지상권에 대한 권리분석 및 배당 연습

배당 EXERCISE 1　　　　　　　　　　　　　　　　　EXERCISE

토지와 건물의 권리가 다른 경우 배당관계
—나대지상에 기업은행이 근저당설정 후 건물이 신축된 경우

주소	면적	경매가 진행과정	1) 임차인내역 2) 기타청구	토지등기부상 의 권리	건물등기부상 의 권리
서울시 강동구 천호동 ○○○ 번지 다가구 주택 소유자 겸 체납자: 김철희 공매대행 기관: 강동구청 공매집행 기관: 자산관리 공사	대지 145㎡ 건물 1층 85㎡ 2층 85㎡ 3층 74㎡	감정가 　200,000,000원 대지 120,998,800원 　(60.4994%) 건물 79,001,200원 　(39.5006%) 최저가 1차 200,000,000원 유찰 2차 180,000,000원 유찰(10% 저감) 3차 160,000,000원 유찰(10% 저감) 4차 140,000,000원 낙찰 146,500,000원 낙찰자 우선명 (공매비용: 150만원)	1) 임차인 ① 김기수 　전입 1994. 8. 10. 　확정 1995. 12. 19 　배분 1996. 12. 10 　보증 이천만원 ② 이철희 　전입 1993. 8. 10. 　확정 1995. 12. 25. 　배분 1996. 12. 15. 　보증 2,500만원 ③ 김동희 　전입 1993. 7. 10. 　확정 1995. 12. 21. 　배분 1996. 12. 20. 　보증 3,000만원 ④ 김정렬 　전입 1992. 10. 10. 　확정 1995. 12. 24. 　배분 1996. 12. 15. 　보증 1,600만원	소유자 김철희 근저당 기업은행 　1989. 12. 10. 　27,500,000원 근저당 국민은행 　1995. 12. 10. 　4,500만원 압류 강동구청 　1995. 12. 30. 압류공매 강동구청 청구금액: 1,800만원 (취득세 법정기일: 　1995. 05. 10) 〈공매의뢰: 1996. 8. 10〉 〈공매공고: 1996. 10. 10〉 (토지, 건물 일괄경매)	소유자 김철희 근저당 국민은행 　1995. 12. 10. 　4,500만원 압류 강동구청 　1995. 12. 30. 압류공매 강동구청 청구금액:1,800만원 (취득세 법정기일 : 　1995. 05. 10) 〈공매의뢰 : 1996. 8. 10〉 〈공매공고 : 1996. 10. 10〉 (토지, 건물 일괄경 매)

① 물건분석

　이 사건은 강동구청이 압류공매를 신청한 공매사건이다. 그런데 나대지 상태에
서 기업은행이 토지에만 근저당권을 설정하고 나서 건물이 신축된 경우로 토지
와 건물에 설정된 권리 등이 상이한 경우이다. 따라서 배분방법은 최초의 감정
가격에서 건물과 토지의 비율을 계산하고 이 비율을 매각대금에 곱하여 건물과
토지 배분금을 계산하면 된다. 토지만의 매각대금에서 토지의 최선순위 저당권
자의 채권금액을 우선변제하고 나머지 공매대가(토지 선순위 채권을 공제한 금액)와
건물 최초공매대가에서 다시 비율을 정하여 후순위채권자 등의 채권액에 곱하
여 건물과 토지에서 각각 배분금을 받게 된다.

② 권리분석 및 배분표작성

　저당권이 대지에만 설정된 경우 소액임차인의 최우선변제금을 살펴보면,

　첫째 대지에 저당권설정 당시에 이미 그 지상에 건물이 존재한 경우에 대지저
당권 실행으로 경매가 진행된 경우 대지환가대금에서 대지에 설정된 저당권보
다 소액보증금을 우선변제받을 수 있다.

둘째 대지에 저당권 설정 후(나대지 상태에서)에 비로소 건물이 신축된 경우에는 소액임 차인은 대지환가대금에서 대지에 설정된 저당권자보다 우선변제를 받을 수 없다[대판99다25532].

따라서 위 사건의 배분표를 작성하기 위해서 배분금액은 (① 토지 88,631,621원－907,491원)＝87,724,130원이고, (② 건물 57,868,379원－592, 509원)＝57,275,870원이다.

토지와 건물을 감정가액비율대비로 토지와 건물매각대금에서 구분하여 배분하여보자.

순위	배당채권자	대지 87,724,130원(60.4994%)	건물 57,275,870원(39.5006%)
1순위	기업은행	27,500,000원	0원
※ 선순위채권공제 후 대지와 건물의 공매대가를 다시 계산하여 보고 그에 따른 배분비율을 정하여 보면 잔여배분금 : 117,500,000원		대지공매대가＝60,224,130원 배분비율＝$\frac{60,224,130}{117,500,000}$ (51.25458%)	건물공매대가＝57,275,870원 배분비율＝$\frac{57,275,870}{117,500,000}$ (48.74542%)
2순위	① 김기수(최우선변제금)	6,150,550원	5,849,450원
	② 이철희(최우선변제금)	6,150,550원	5,849,450원
	③ 김동희(최우선변제금)	6,150,550원	5,849,450원
	④ 김정렬(최우선변제금)	6,150,550원	5,849,450원
3순위	강서구청 1,800만원	9,225,824원	8,774,176원
4순위	국민은행 4,500만원	23,064,561원	21,935,439원
5순위	김기수 800만원	3,331,545원	3,168,455원

이와 같이 배분이 종결된다. 여기서 주택임차인들이 대항력의 기준이 되는 말소기준권리는 토지만 설정된 기업은행이 아니라 주택에 설정된 근저당권으로 국민은행 1995. 12. 10.이 된다.

단독·다가구주택에서 토지와 건물의 말소기준권리가 다른 경우 임차인의 대항력 기준은 토지와 건물에 설정된 말소기준권리 중 가장 빠른 날짜가 되는 것이 아니라 건물의 말소기준만을 가지고 판단하게 된다.

이는 임대차대상이 건물이고 임차인은 건물을 사용·수익을 목적으로 하기 때문이다.

임차인은 토지와 건물 전체에 대해서 우선변제권을 주장할 수는 있지만 대항력은 건물말소기준권리를 가지고 판단해야되며 토지는 매각대금에서 우선변제를 받을 수 있는 우선변제권만 갖게된다고 보면될 것이다.

따라서 김기수, 이철희, 김동희, 김정렬 등은 모두 선순위가 된다.

배분받지 못한 선순위 임차인 즉 김기수의 미배분금 150만 원, 이철희의 미배분금 1,300만 원, 김동희의 미배분금 1,800만 원, 김정렬의 미배분금 400만 원은 낙찰자가 인수해야 한다. 이 경우에도 법정지상권은 성립되지 않는다.

따라서 낙찰자의 실제 주택구입비는 146,500,000원＋150만 원＋1,300만 원＋1,800만 원＋400만 원으로 183,000,000원이 된다.

김 /동 /희 /의 /강 /의 /노 /트

대지와 주택에 설정된 권리가 상이할 경우 권리분석방법과 주택임차인 등에 대한 배당

1. 아파트, 연립주택, 다세대주택 등의 집합건물은 그 집합건물의 대지권을 건물과 분리해서 처분할 수 없다.

그러나 나대지상에 저당권을 설정하고 나서 집합건물을 신축한 경우는 신축된 집합건물이 나대지상에 설정된 저당권에 대항할 수 없으므로 대지권이 성립되었음에도 불구하고 대지지분이 경매처분될 수 있고 이때 법정지상권이 성립되지 않는다. 이 경우 집합건물의 소유 및 관리에 관한 법률 제7조(구분소유권 매도청구권) 대지사용권을 가지지 않은 구분소유자가 있을 때에는 그 전유부분의 철거를 구할 권리를 가진 자는 그 구분소유자에 대해 구분소유권을 시가로 매도 청구 할 수 있다. 그러나 집합건물이 아닌 단독 · 다가구주택이나 일반건물 등인 경우에는 법정지상권이 성립되지 않으면 철거만을 주장할 수 있다는 것과는 차이가 있다.

단독주택이나 다가구주택인 경우는 토지와 건물이 각각 다른 부동산이므로 분리해서 처분할 수 있다.

2. 대지와 주택에 설정된 권리가 상이할 경우에 주택임차인 등의 배당

① 주택에 설정된 권리의 내용이 다른 경우의 주택임차인등의 말소기준권리는 택에서의 말소기준권리를 갖고 대항력으로 인수냐 소멸이냐를 계산한다. 토지와 건

물의 배당절차가 다르게 진행되더라도 토지와 건물 일괄 구입하는 자는 주택 양수인이 되기 때문이다. 임대차보호법상 임차인들은 토지와 건물매각대금 전체에서 배당받는다.

이와 같이 임차인은 건물의 말소기준권리를 기준으로 대항력을 계산하는데 토지·건물 2개의 말소기준권리보다 모두 빠르면 전체낙찰가에서 우선 배당받고, 토지저당(나대지상에서 저당권을 설정한 경우) 이후에 전입한 임차인이면 건물의 낙찰대금에서 배당 받고 미배당금은 낙찰자의 인수가 된다(건물에서는 임차인이 말소기준보다 먼저 대항요건을 갖춘 경우). 그렇다고 하더라도 토지저당권자 우선배당하고, 잉여금이 있다면 토지매각대금에 대해서도 후순위로 우선 변제받게 된다.

② 토지에 근저당설정 후에 건물이 신축되었다가 토지근저당 실행으로 건물과 일괄 경매되었다면 임차인들은 토지에 대해 최우선변제금을 주장할 수 없고 1순위 저당권자(나대지 상태에서 설정된 근저당권자) 배당 후에 최우선변제금, 확정일자에 의한 우선변제권을 행사할 수 있다. 그러나 건물 매각대금에 대해서는 최우선변제금을 우선변제 받을 수 있다.

③ 토지와 건물이 공동 저당되었다가 건물이 멸실되고 신축하였거나, 토지에 근저당 설정당시에 무허가건물이나 미등기건물이 존재하여 왔거나, 이들을 멸실하고 신축한 경우라면 토지근저당권자는 충분히 이에 대한 영향을 사전에 알 수 있었기 때문에 최우선변제금을 주장할 수 있다는 것이 대법원 판례이다.

④ 토지별도등기 있는 경우 토지저당권자가 배당신청시 토지와 건물의 설정된 권리가 다를 때 배당방법으로 토지·건물 감정가액 비율로 배당금액을 환산하고 이 비율대로 토지저당권자는 토지에서만 건물저당권자는 건물에서만 배당받는데 공동저당권자(토지와 건물 모두에서 배당받을 수 있는 권리를 가진 채권자는 토지와 건물에 공동저당권을 설정한 것과 유사한 지위에 있다)는 토지·건물 모두에 대해 토지건물 배당금액 환산 비율로 배당받는다. 공동으로 배당 받을 수 있는 채권이 아닌 단독채권인 경우는 각 물건별로 별도로 계산하게 된다. 이때 임차인이 있는 경우 배당은

배당 EXERCISE 2   EXERCISE

토지에 별도등기가 되어 있는 경우 법정지상권 성립 여부

주소	면적	경매가 진행과정	1) 임차인내역 2) 기타청구	등기부상의 권리관계
서울시 강서구 방화동 ○○○ 번지 삼성빌라 000호	대지 41.05 735.80㎡ 중 건물 115㎡ (토지에 별도등기 있음)	감정가 190,000,000원 최저가 1차 170,000,000원 유찰 2차 136,000,000원 유찰 3차 108,800,000원 낙찰 121,000,000원 〈이 동 명〉	1) 임차인 ① 유승민 전입 2001. 12. 30 확정 2001. 12. 30. 배당 2002. 11. 10. 보증 4,000만원 2) 기타청구 ① 압류 건강보험료 (납부기한2002. 1. 1.~2002. 4. 30.) 60만원 ② 교부청구 강서구청 재산세 (법정기일 2001. 7. 10.) (50만원)	소유자 송만기 2001. 10. 20. 근저당 신한은행 2001. 10. 20. (5,000만원) 가압류 유미란 2002. 3. 30. 3,000만원 압류 건강보험료 2002. 5. 10. 임의경매 신한은행 청구 5,000만원 〈2002. 7. 10.〉

이 경매사건을 배당표 작성하기 전에 토지별도등기에 대해 이해하여보자.

〈토지별도 등기된 배당사례 설명〉〈대지권미등기〉

① 토지 소유자가 건축하기 전에 토지에 저당권을 설정하고 은행에서 대출받아서 건물을 건축하고 이를 변제하지 않은 경우와 기존채권자들이 채권회수를 목적으로 토지에 가압류등기를 한 경우일 것이다. 이 사건은 집합건물이라 건물과 분리해서 대지권을 처분할 수 없는 일이지만 건축이전의 토지소유자의 채무로 인해서 토지가 경매가 될 수 있을 것이다. 이때에는 법정지상권은 성립되지 않

는다.

② 토지별도등기의 경우는 경매로 매각시 낙찰자가 인수한다는 인수조건(특별매각조건)을 붙이거나 인수 조건을 붙이지 않고 토지의 저당권자로 하여금 채권신고를 하게 하여 그 중 경매대상 구분건물의 대지권비율만큼 토지저당권을 말소시키고 있다.

③ 건물완공 후 건물소유권이 보존등기가 이루어져 있어도 대지권의 지분정리 등의 시간이 오래 걸려서 그 기간 안에 건물만 경매로 나오는 경우가 있는데, 이때에는 대지권 정리가 이루어지면 당연히 집합건물의 대지권으로 등기되므로 확인하고 입찰에 들어가야 할 것이다. 이러한 경우는 토지별도등기가 아니라 대지권미등기로서 매각물건명세서에 기재하게 되는데 대지권이 감정평가에 포함되어 있는 경우이다. 단순히 필지정리에 소요되는 시간이 많이 걸리게 되어 발생하게 된 대지권미등기인 경우는 대지권이 정리되면 낙찰받은 자가 당연히 대지권도 취득할 수 있다. 이는 저당권이 종물인 대지권에도 영향을 미치기 때문이다. 그러나 ①과 같이 토지 저당권 등이나 기타 채권자들의 가압류(압류) 또는 기타의 권리제한 등으로 인하여 필지 정리가 되지 못하여 대지권이 미등기이거나 대지권이 타인 즉 제3자에게 있다면 전유부분을 경매로 낙찰받은 자나 토지별도등기 있는 전유부분 낙찰자는 대지권을 별도로 구입하지 않는 한 지료 지급의무와 이를 이행하지 않을 경우 토지 소유자가 경매를 신청할 수도 있고, 토지소유자가 그 구분소유자에 대해 구분소유권을 시가로 매도청구할 수 있다. 이는 법정지상권이 성립되지 않기 때문이다.

④ 토지별도등기는 경락자가 인수해야 한다는 특별매각조건으로 매각된 경우 배당표를 작성하여보면 배당금액 (12,100만 원－집행비용 150만 원)119,500,000원이므로

1순위_ 유승민 1,600만 원(최우선변제 1)

2순위_ 강서구청 50만 원(당해세 우선변제 1)

3순위_ 신한은행 5,000만 원(우선변제 2)

4순위_ 유승민 2,400만 원(우선변제 3)

5순위_ 건강보험료 60만 원(우선변제 4)

6순위_ 유미란 2,840만 원(우선변제 5)

이 사건에서 경락자는 토지별도등기를 인수해야 할 것이다. 따라서 낙찰자 이동명은 토지에 대한 별도등기를 인수할 것을 예상하여 입찰에 참여하였을 것으로 생각된다. 추후 토지별도등기된 즉 대지권에 설정된 저당권 등의 채권을 인수하거나 채권이 많은 관계로 경매가 진행된다면 경매절차에서 낮은 가격으로 구입하게 되면 수익이 예상된다. 이러한 경우는 법정지상권이 성립되지 않는다. 왜냐하면 토지저당권자가 나대지 상태에서 저당권 등을 설정 후 건물을 신축했기 때문이다.

근저당권 설정이 건물과 토지에 있어서 최초설정권자가 다른 경우 배당관계(토지 근저당 설정 당시 미등기건물이 존재한 경우)

(미등기건물을 보존등기한 후 토지저당권자와 다른 금융기관에서 건물만 설정한 경우)

주소	면적	경매가 진행과정	1) 임차인내역 2) 기타청구	토지등기부상 의 권리	건물등기부상 의 권리
서울시 양천구 목동 ○○○번지 단독주택 채무자·소유자 : 이항순 채권자 : 국민은행	대지 136㎡ 주택 1층 86㎡ 2층 86㎡ 〈토지와 건물 일괄경매〉	감정가 200,000,000원 대지(66.7794%) 133,558,800원 건물(33.2206%) 66,441,200원 경매가 1차 200,000,000원 유찰 2차 160,000,000원 유찰 3차 128,000,000원 낙찰 146,950,000원	1) 임차인 ① 조광민 전입 1994. 6. 10. 확정 1994. 6. 10. 배당 1997. 2. 25. 보증 3,000만원 ② 이철승 전입 1995. 10. 10. 확정 1995. 10. 10. 배당 1997. 2. 30. 보증 2,000만원 2) 기타청구 ① 교부청구 양천구청 (법정기일 1996. 9. 10.) 재산세 275,000원 ② 임금채권 선정자 이수철 (근로자최우선소액임금임) 8,875,000원 ③ 건강보험료 (납부기한 1996. 4. 10.)	소유자 이항순 근저당 국민은행 1994. 5. 10. 60,000,000원 근저당 이수민 1995. 3. 10. 30,000,000원 압류 건강보험료 1996. 6. 10. 3,800,000원 임의경매 국민은행 청구 54,000,000원 〈1996. 10. 15.〉 〈토지·건물일괄 경매〉	소유자 이항순 근저당 새마을금고 1995. 4. 10. 30,000,000원 가압류 기술신용보증 1996. 5. 3. 779만원 압류 건강보험료 1996. 6. 10. 3,800,000원 가압류 국민은행 1996. 7. 5. 3,000,000원 임의 국민은행 〈1996. 10. 15.〉

여기서 말소기준권리가 토지는 국민은행 1994. 5. 10.이고, 건물의 말소기준권리는 새마을금고로 1995. 4. 10.이 된다. 배당표를 작성하여 보자.

배당금액 (① 토지 98,132,328원－집행비용 1,001,691원)＝97,130,637원이고 (② 건물 48,817,672원－집행비용 498,309원)＝48,319,363원이다.

토지와 건물을 감정가액 비율대비로 토지와 건물 매각대금에서 구분하여 배당하여보자.

순 위	배당 채권자	토지 97,130,637원(66.7794%)	건물 48,319,363원(33.2206%)
1순위	① 임금채권 이수철선정자 (8,875,000원)	5,926,672원	2,948,328원
	② 이철승(700만원)	4,674,558원	2,325,442원
		※ 미등기건물에 전입하여도 소액보증금 중 일정액을 우선변제받는다.	
2순위	국민은행(6,000만원)	60,000,000원	0원
※ 선순위채권공제 후 대지와 건물의 경매대가를 다시 계산하여 그에 따른 배당비율을 정하여 보면		대지경매대가=26,529,407원 배당비율=(38.%)	건물경매대가=43,045,593원 배당비율=(61.%)
3순위	조광민 3,000만원	11,439,198원	18,560,802원
4순위	이수민 3,000만원	15,090,209원	0원
5순위	새마을금고 3,000만원	0원	24,484,791원
6순위	이철승확정일자1,300만원	0원	0원
7순위	양천구청당해세	0원	0원
	275,000원	∵지방세당해세는 1996.1.1. 이후 시행하여서 그 이전에 설정된 저당권부 채권에 우선할 수 없다.	
8순위	건강보험료 3,800,000원	0원	0원
9순위	① 기술신용가압류 779만원	0원	0원
	② 국민은행가압류 300만원	0원	0원

　토지와 건물의 설정등기권자가 다른 경우, 임차인의 대항력은 주택의 말소기준으로 해야 하며 여기서 주택 말소기준권리는 새마을금고이다. 따라서 대항력 있는 임차인은 조광민만 해당되나 전액 배당받아서 낙찰자 인수금액은 없다. 토지와 건물이 별개로 진행되어도 낙찰자는 주택양수인이 되기 때문에 주택 말소기준권리보다 선순위인 임차인은 인수대상이 되기 때문이다.

토지에 저당권 설정 당시 미등기건물이나 무허가건물이 있는 경우

토지의 저당권자가 토지만 경매 또는 토지 · 건물 일괄경매에서 임차인 등은 소액보증금 중 일정액을 토지매각대금에서 토지 1순위 저당권자보다 우선변제 받는다.

이때 최우선변제금 지급기준은 토지의 1순위 저당권자가 될 것이다.

토지와 건물을 공동담보근저당권을 취득하였으나 구 건물을 멸실 후 건물을 신축한 경우에 건물저당권 소멸로 토지만 경매신청한 경우(토지·건물 공동저당권 설정 후 → 구 건물 멸실 후 → 건물신축 → 토지만 경매신청)(법정지상권성립 안 된다)

주소	면적	경매가 진행과정	1) 임차인내역 2) 기타청구	등기부상의 권리관계
서울시 서초구 반포동 ○○○번지 다가구주택 채무자겸 소유자 : 이철민 경매신청채권자 : 신한은행	대지 115㎡ 건물 1층 65㎡ 2층 65㎡ 3층 45㎡	감정가 2억원 최저가 1차 2억원 유찰 2차 1억6천만원 유찰 3차 1억2,800만원 유찰 4차 1억240만원 유찰 5차 81,920,000원 낙찰 101,450,000원 낙찰자 김유민	1) 임차인 ① 이순재 전입 2000. 7. 15. 확정 2000. 7. 15. 배당 2001. 10. 1. 보증 3,000만원 ② 이경희 전입 2000. 10. 10. 확정 2000. 11. 10. 배당 2001. 10. 10. 보증 4,000만원 ③ 이수진 전입 2000. 12. 5. 확정 2000. 12. 5. 배당 2001. 10. 20. 보증 2,500만원 2) 기타청구 ① 강남구청 교부청구 재산세 법정기일 2000. 7. 10. 450,000원	구 건물 소유자 이철민 근저당 신한은행 1997. 5. 30. 1억3,000만원 건물멸실에 따른 근저당권 소멸 신축건물은 보존등기가 되지 아니한 미등기건물상태임 〈신축건물 미등기〉 대지 소유자 이철민 근저당 신한은행 1997. 5. 30. 1억3,000만원 〈토지등기부〉 건물멸실로 토지만 경매신청 청구 121,400,000원 〈2001. 5. 30〉

권리분석 및 배당표 작성

권리분석 및 배당표를 작성하기 전에 몇 가지 이해하고 넘어가자.

① 저당권이 대지에만 설정된 경우 소액임차인의 최우선변제금

  ⓐ 대지에 저당권 설정당시에 이미 그 지상에 건물이 존재한 경우에 대지 저당권 실행으로 경매가 진행된 경우 대지 환가대금에서 소액보증금을 우선변제받을 수 있다. 이는 건물이 미등기이든 무허가 건물이든 건물이 토지와 동일소유자인 경우 소액보증금 중 일정액을 토지 1순위저당권자보다 우선하여 변제받는다.

  ⓑ 토지·건물 공동저당권을 설정하고 나서 구 건물 소유자가 구 건물을 멸실

하고 새로운 건물을 신축하게 되면 구 건물에 대한 저당권이 소멸된다. 이 경우 신축주택의 임차인 등은 토지 1순위 저당권자에 우선하여 소액보증금 중 일정액을 토지매각대금에서 우선변제받을 수 있다.

ⓒ 대지에 저당권 설정된 후(나대지 상태에서)에 비로소 건물이 신축된 경우에는 소액임차인은 대지 환가대금에서 우선변제를 받을 수 없다[대판 99다25532].

② 대지만 경매가 진행된 경우 소액보증금 중 일정액 우선변제 여부

다가구용 단독주택의 대지 및 건물에 관한 근저당권자가 그 대지 및 건물에 관한 경매를 신청하였다가 그 중 건물만 경매를 취소함으로써 이를 제외한 대지 부분만이 낙찰되었다면 주택의 소액임차인은 대지의 환가대금에서 소액임차보증금을 우선하여 변제받을 수 있다[대법 96다7595 배당이의판결].

이 경매사건에서는 토지와 건물은 신한은행이 1997. 5. 30. 공동저당 설정하였다가 건물이 멸실되고 신축하였는데 미등기인 상태이므로 토지만 경매 신청한 경우이다.

여기서 배당금이 (101,450,000원 − 집행비용 200만 원)99,450,000원이므로 배당순서는

1순위_ ① 이순재 1,200만 원 + ② 이수진 1,200만 원(최우선변제금 1등)

2순위_ 강남구청 450,000원(당해세우선변제권 1)

3순위_ 신한은행 7,500만 원(우선변제권 2)

이 사건에서 건물임차인의 최우선변제금은 토지저당권 설정당시가 최우선변제금 지급기준일이 된다.

<table><tr><td>배당</td><td>EXERCISE 5</td><td>EXERCISE</td></tr></table>

토지와 건물이 공동 저당되었다가 구 건물이 멸실시키고 건물을 신축한 경우 건물저당권이 소멸되어 토지와 건물을 일괄 경매 신청한 경우 배당사례(법정지상권 성립 안 된다)

주소	면적	경매가 진행과정	1) 임차인내역 2) 기타청구	등기부상의 권리관계

서울시
강서구
가양동
○○○
번지
 	
다가구주택
〈토지 · 건물
일괄경매〉
	대지
	141㎡
	
	건물
	1층 86㎡
	2층 86㎡
	3층 75㎡
		감정가
		 300,000,000원
		대지(70%)
		 210,000,000원
		건물(30%)
		 90,000,000원
		
		최저가
		 1차
		300,000,000원
		유찰
		 2차
		240,000,000원
		
		낙찰
		255,000,000원
		〈이 대 만〉
			1) 임차인
			① 이경진
			  전입 1997. 3. 25.
			  확정 1997. 3. 25.
			  배당 1998. 10. 10.
			  보증 3,000만원
			② 김철희
			  전입 1997. 4. 10.
			  확정 1997. 4. 10.
			  배당 1998. 11. 20.
			  보증 3,500만원
			③ 김민주
			  전입 1997. 5. 30.
			  확정 1997. 5. 30.
			  배당 1998. 11. 21.
			  보증 2,500만원
			④ 이한국
			  전입 1998. 2. 10.
			  확정 1998. 2. 10.
			  배당 1998. 11. 15.
			  보증 3,000만
				소유자 이영화
				근저당 국민은행
				 1996. 5. 30.
				 1억 3,000만원
				건물멸실로 근저당권 소멸
				건물소유권보존등기 이영화
				 1997. 3. 30.
				근저당 새마을금고
				 1997. 3. 30.
				 3,000만원
				가압류 이수진
				 1998. 1. 10.
				 1,500만원
				〈건물등기부〉
				소유자 이영화
				근저당 국민은행
				 1996. 5. 30.
				 1억 3,000만원
				가압류 이수진
				 1998. 1. 10.
				 1,500만원
				〈토지등기부〉
				〈토지건물일괄경매신청〉
				임의경매 국민은행
				 〈1998. 7. 30.〉

이 사건은 1996. 5. 30.에 토지와 건물이 공동 저당되었으나 그 후 소유자가 건물을 멸실시키고 1997. 3. 30. 신축건물을 소유권보존등기하여 새마을금고에 3,000만 원을 대출받았다. 따라서 구 건물에 있었던 근저당권은 소멸된 경우이다. 토지에서 말소등기는 국민은행이고, 건물에서 말소기준권리는 새마을금고가 된다. 신축건물소유자와 토지소유자가 동일인이므로 국민은행이 일괄경매 신청하였다. 이처럼 토지와 건물의 말소기준권리가 상이할 경우 주택임차인 인수 여부는 건물의 말소기준권리를 갖고 한다.

배당금액이 (255,000,000원 − 집행비용 300만 원)252,000,000원이므로 배당표를 작성해보면 다음과 같다.

채권순위 및 금액		토지(176,400,000원 70%)	건물(75,600,000원 30%)
1순위	① 이경진 : 1,200만원	8,400,000원	3,600,000원
	② 김민주 : 1,200만원	8,400,000원	3,600,000원
	③ 이한국 : 1,200만원	8,400,000원	3,600,000원
2순위	국민은행 1억3,000만원	130,000,000원	0원
※ 선순위채권 공제 후 토지와 건물의 경매대가를 다시 계산하여 보고 그에 따른 배당비율을 정하여 보면 잔여배당금 : 86,000,000원		토지경매대가=21,200,000원 배당비율= $\frac{21,200,000}{86,000,000}$ (24.651163%)	건물경매대가=64,800,000원 배당비율= $\frac{64,800,000}{86,000,000}$ (75.348837%)
3순위	이경진 1,800만원	4,437,209원	13,562,791원
4순위	새마을금고 3,000만원	0원	30,000,000원
선순위 채권공제 후 잔여배당금 : 3,800만원		토지경매대가=16,762,791원 배당비율(44.112608%)	건물경매대가=21,237,209원 배당비율(55.887392%)
5순위	김철희 3,500만원	15,439,413원	19,560,587원
6순위	김민주 1,300만원	1,323,378원	1,676,622원

이와 같이 배당표가 작성되었으나 대항력 있는 임차인 이경진이 건물말소기준권리인 새마을금고보다 전입이 빨라서 선순위이지만 전액 배당받고 소멸되어서 낙찰자에게 인수되는 권리 없이 모두 소멸된다. 이와 같이 공동저당권 설정되었다가 건물 멸실되고 신축된 경우에는 법정지상권이 성립되지 않는다. 이 경우 토지저당권자는 토지매각대금에 대해서만 배당되고 건물채권자들은 건물매각대금에 대해서만 배당받는다. 앞의 사례에서 보았듯이 대지에 저당권 설정 당시에 이미 건물이 존재한 경우에 대지저당권 실행으로 경매가 진행된 경우 대지 환가대금에서 소액보증금 중 일정액을 우선변제 받을 수 있다.

그러나 나대지 상태에서 저당권 설정 후 신축하였다면 최우선변제금은 우선변제 받을 수 없고 토지 저당권자가 배당 후 배당잔여금에 대해서만 우선변제 받을 수 있을 뿐이다.

관습법상 법정지상권

관습법상의 법정지상권이란 동일인의 소유에 속하던 토지와 건물 중 어느 한쪽이 매매, 증여 또는 그 이외의 원인(증여, 강제경매, 국세징수법에 의한 공매 등) 등으로 각각 그 소유자를 달리하게 될 경우에 특히 그 건물을 철거한다는 특약이 없는 이상 건물 소유자가 관습법에 의해 당연히 취득하게 되는 지상권을 관습법상 법정지상권이라 한다.

그 건물이 건물로서 요건을 갖추고 있는 한 무허가 · 미등기 · 등기된 건물 등을 가리지 않고 모두가 대상이 될 수 있다.

이에 대한 판례를 살펴보면 동일인의 소유에 속하였던 토지와 건물이 매매, 증여, 강제경매, 국세징수법에 의한 공매 등으로 그 소유권자를 달리하게 된 경우에 그 건물을 철거한다는 특약이 없는 한 건물 소유자는 그 건물의 소유를 위하여 그 부지에 관하여 관습상의 법정지상권을 취득하는 것이고, 그 건물은 건물로서의 요건을 갖추고 있는 이상 무허가건물이나 미등기건물이거나를 가리지 않는다[대판 1998. 4. 12, 87다카2404].

관습법상 법정지상권의 성립요건

① 본래 토지와 건물의 소유자가 동일인이어야 한다.

처음부터 타인의 토지에 세워진 건물은 관습법상 법정지상권이 성립되지 않는다. 이와 같이 토지 사용승낙을 얻어 건축한 건물은 법정지상권이 인정되지 않는다. 이 이유는 건물소유자가 토지소유자와 다르기 때문이다.

② 토지와 건물 중 어느 한쪽이 매매, 증여, 강제경매, 국세징수법에 의한 공매 등으로 처분되어 토지와 건물소유자가 각각 달라져야 한다.

이때 주의할 점은 매매의 경우 계약체결과 잔금지급 후면 실질적 소유권은 가져왔으나 소유권이전등기는 하지 않았다면 이 기간 동안은 법정지상권이 성립되지 않는다.

이때 지상권의 판례에서는 소유권이란 명의 신탁 등 사실상 처분권을 소유권으로 인정하지 않고 등기된(공시된) 소유권이전등기여야만 한다.

③ 당사자 사이에 건물을 철거한다는 특약이 없어야 한다.

④ 등기는 성립요건이 아니다. 그러나 취득한 관습법상 법정지상권을 처분하려면 등기를 해야 한다.

등기 없이 처분한 때에는 건물의 취득자는 토지소유자에게 관습법상 법정지상권을 가지고 대항하지 못한다.

ⓐ 관습법상 법정지상권은 민법 제187조(법률규정에 의한 물권변동)에 의해 등기를 요하지 않는다. 그러나 이를 제3자에게 처분하려면 제187조 단서에 의해 등기를 해야 한다.

ⓑ 만일 관습법상 법정지상권자가 법정지상권설정등기를 경료하지 않고 제3자에게 건물을 양도한 경우, 특별한 사정이 없는 한 전득한 제3자는 채권자대위권을 행사하여 등기이행을 청구할 수 있다[대판80다2873].

↓ 미리 알아두기

법정지상권부 건물을 양수한 자의 지상권 설정등기 청구권 [대법원 80다2873 판결]

참고1) 법정지상권부건물을 양수한 자의 지상권설정등기 청구권

저당물의 경매로 인하여 토지와 그 지상건물이 소유자를 달리하게 되어 토지상에 법정지상권을 취득한 건물소유자가 법정지상권 설정등기를 경료함이 없이 건물을 양도하는 경우에 특별한 사정이 없는 한 건물과 함께 지상권도 양도하기로 하는 채권적 계약이 있었다고 할 것이므로 지상권자는 지상권설정등기를 한 후에 건물양수인에게 이의 양도등기절차를 이행하여 줄 의무가 있다. 따라서 건물 양수인은 건물양도인을 순차 대위하여 토지 소유자에 대해 건물소유자였던 법정지상권에의 법정지상권설정 등기절차 이행을 청구할 수 있다.

참고2) ④에 관한 보충설명으로

법정지상권은 법률 또는 관습법에 의해 당연히 성립하고 그 등기를 필요로 하지 않으나 그러나 이를 제3자에게 처분하려면 그 등기를 해야 한다. 법정지상권을 취득한 건물소유자가 법정지상권 설정등기를 경료함이 없이 건물을 제3자에게 양도한 경우는

ⓐ 법정지상권을 취득한 건물소유자가 건물을 양도하는 경우에는 특별한 사정이 없는 한 건물과 함께 지상권도 양도하는 것이 된다.

ⓑ 건물양수인은 양도인을 대위하여 대지소유자에 대해 법정지상권 설정등기를 양

도인에게 해줄 것을 청구할 수 있다.

ⓒ 대지소유자가 건물의 양수인에게 건물철거 및 대지 인도를 청구하는 것은 지상권의 부담을 용인하고 그 설정등기절차를 이행할 의무가 있는 자가 그 권리자를 상대로 한 청구로서 신의칙상 허용될 수 없다.

ⓓ 건물양수인은 대지를 점유할 권리가 있으므로 그 대지 사용에 관한 불법점유를 이유로 하여 손해배상을 청구할 수 없다. 그러나 점유기간 동안 차임 상당액의 부당이득 반환청구권을 가능할 것이다.

관습법상 법정지상권의 존속기간

이는 원칙적으로 일반지상권과 법정지상권 존속기간과 동일하므로 존속기간에 있어서는 존속기간을 약정하지 않은 지상권을 준용하게 되므로 일반지상권에 있어서 최단기간이 적용된다.

① 석조, 석회조, 연와조 또는 이와 유사한 견고한 건물이나 수목의 소유를 목적으로 한 때에는 30년

② 전호 이외의 건물을 소유를 목적으로 하는 때에는 15년

③ 건물 이외에의 공작물의 소유를 목적으로 하는 때는 5년

관습법상 법정지상권 내용

① 다른 특별한 사정이 없는 한 법정지상권과 동일하므로 민법의 지상권에 관한 규정에 따른다.

② 토지사용의 범위(법정지상권과 동일하다)

   ⓐ 법정지상권이 성립될 경우 법정지상권자의 토지사용권 범위는 건물의 대지에 한정되지 않고 건물의 유지 및 사용에 일반적으로 필요한 범위 내에서 건물의 대지 이외에도 미친다[대법원 77다 921 판결].

   ⓑ 그 건물의 기지만에 해당하는 것이 아니고 그 지상에 건물이 창고인 경우와 공장이 있는 경우는 그 본래의 용도인 창고와 공장으로 사용하는 데 일반적

으로 필요한 그 둘레의 기지에 영향을 미친다고 보아야 할 것이다.

③ 지료산정

당사자의 협의에 의해 결정되고 협의가 이루어지지 않을 시에는 민법 제366조 단서에 따라서 당사자의 청구에 의해 법원에 청구하여 결정한다. 이에 산정기준은 건물이 없는 나대지상태에서 산정하여 지료를 계산한다.

④ 지상권자의 갱신청구권, 매수청구권[민법 제283조]

ⓐ 지상권이 소멸한 경우에 건물 기타 공작물이나 수목이 현존한 때에는 지상권자는 계약의 갱신을 청구할 수 있다.

ⓑ 지상권 설정자가 계약의 갱신을 원하지 않는 때에는 지상권자는 상당한 가격으로 전항의 공작물이나 수목의 매수를 청구할 수 있다.

ⓒ 민법 제287조(지상권의 소멸 청구권) 지상권자가 2년 이상의 지료를 지급하지 않은 때에도 지상권 설정자는 지상권의 소멸을 청구할 수 있다. 이 경우에는 지상물 매수청구는 토지소유자에게 청구할 수 없다.

ⓓ 지상물 매수청구와 지상권 소멸청구에 대한 판례[대법원 68다1029 판결] 관습법상 법정지상권의 존속기간이 만료된 경우에는 민법 283조에 의해 지상권자가 토지소유자에 대해 건물의 매수청구권을 행사할 수 있으며, 이는 지상권자가 지료를 지급하였는지 여부와 별개의 문제이다. 다만 지상권자가 합의 또는 법원의 결정에 의해 지료를 지급할 의무가 있음에도 불구하고 2년 이상을 지급하지 않는 경우에는 토지소유자가 민법 287조에 따라 지상권의 소멸을 청구할 수 있고 이 경우에는 지상권자가 건물에 매수청구도 할 수 없다는 판례가 있다[대법원 68.8.30. 68다1029 판결].

↓ 김동희 배당사례특강

관습법상 법정지상권에 대한 권리분석 및 배당 연습

① 토지와 건물 소유자가 강제경매에 의해 소유자가 달라진 경우(건물이 미등기인 경우)

주소	면적	경매가 진행과정	1) 임차인내역 2) 기타청구	등기부상의 권리관계
서울시 성동구 마장동 ○○○ 번지 단독주택	대지 　125㎡ 건물 미등기 　1층 75㎡ 　2층 65㎡ 　제지하 45㎡ 　(토지만 　강제경매)	감정가 　토지 : 300,000,000원 최저가 　1차 300,000,000원 유찰 　2차 240,000,000원 유찰 　3차 192,000,000원 유찰 　4차 153,600,000원 낙찰 2001.12.10. 　175,000,000원 　〈유 승 기〉	1) 임차인 ① 송수진 　전입 1999. 5. 10. 　확정 1999. 5. 10. 　배당 2001. 6. 30. 　보증 5,000만원 ② 이유민 　전입 2000. 1. 10. 　확정 2000. 1. 10. 　배당 2001. 6. 15. 　보증 4,000만원 ③ 유미경 　전입 2000. 12. 30. 　확정 2000. 12. 30. 　배당 2001. 6. 15. 　보증 3,000만원 2) 기타청구 ① 압류 성동구청 　재산세 50만원 　(법정 2000. 7. 10.)	소유자 이철중 1998. 10. 10. 가압류 이경진 2000.5.5. 3,000만원 압류 성동구청 2000. 10. 10. 강제경매 유수정 2001. 3. 10. 청구금액 (3,000만원) 가압류 우명기 2001. 5. 10. (4,000만원) 배당요구 2001. 6. 20. 〈토지만 강제경매〉

　이 경매사건에서는 건물이 미등기인 관계로 토지에만 강제경매 신청한 경우이다. 이때 말소기준권리는 가압류 이경진으로 2000. 5. 5.이 된다. 토지만 강제경매로 낙찰자가 임차인 인수자가 아니고 토지만 매수하게 되는 것이다. 이러한 경우 토지소유자와 건물소유자가 달라지면 미등기건물소유자 이철중은 관습법상 법정지상권을 취득하게 된다. 이에 따른 배당을 하여보기로 하자.

　배당금이 (175,000,000 − 집행비용 3,000,000원)172,000,000원이므로

　1순위_ ① 유미경 1,600만 원, ② 이유민 1,600만 원(최우선변제 1) (토지만 경매 시에도 주택임차인은 토지매각대금에 대해서도 소액보증금 중 일정액을 우선변제 받기 때문이다. 이때 최우선변제금 지급기준은 배당 시점으로 최우선변제금 1,600만 원을 계산하면 된다.)

　2순위_ 성동구청 50만 원(당해세 우선변제 1)

　3순위_ 송수진 5,000만 원(우선변제 2)(토지와 미등기주택의 소유자가 동일인인 경우 주택이 미등기인 관계로 토지만 저당권 설정하였고, 이에 의해 토지만 경매절차가 진행된 경우에는 미등기주택임차인 등은 토지매각대금에 대해서도 확정일자

에 의한 우선순위에 따라 배당받기 때문이다.)

4순위_ 이유민 2,400만 원(우선변제 3)

5순위_ ① 가압류 이경진(3,000)=② 유미경 확정일자 임차인(1,400만 원)이고, ①=③ 강제경매 유수정(3,000)=④ 가압류 우명기(4,000)이므로 1차로 동순위로 안분배당하고 우선순위에 따라 흡수절차를 거쳐야 할 것이다.

① 이경진=65,500,000원×3,000만 원/(3,000+1,400+3,000+4,000)11,400만 원 = 17,236,842.[10]=17,236,842원(종결)

② 유미경=65,500,000원×1,400만원/11,400만원=8,043,859.[64]=8,043,860원

③ 유수정=65,500,000원×3,000만원/11,400만원=17,236,842.[10]=17,236,842원

④ 우명기=65,500,000원×4,000만원/11,400만원=22,982,456.[14]=22,982,456원

2차 ② 유미경은 우선변제권이 있어서＞③, ④이므로 ③, ④를 흡수한다.

② 유미경=8,043,860원+5,956,140원(③과 ④가 동순위로 채권액에 비례하여 안분흡수)=14,000,000원(종결)

3차로 ③, ④는 1차 안분배당금 중에서 ② 유미경에게 흡수당한 금액을 공제하고 안분배당한다.

③ 유수정=[(17,236,842+22,982,456)−5,956,140원]34,263,158×$\frac{17,236,842}{40,219,298}$ = 14,684,210.[57]=14,684,211원(종결)

④ 우명기=34,263,158×$\frac{22,982,456}{40,219,298}$ =19,578,947.[42]=19,578,947원(종결)

따라서 경매로 낙찰받은 유승기는 인수할 권리가 없다. 유승기는 토지만 매수자이기 때문이다. 그런데도 임차인이 토지매각대금에 대해서 우선변제 받을 수 있었던 것은 임대차보호법상 임차인이 대항요건과 확정일자를 갖춘 경우 토지 및 건물 매각대금에 대해 우선변제 받는다.

낙찰자는 추후 관습법상 법정지상권을 취득한 이철중에게 지료를 청구할 수 있고 지료를 지급하지 않을 경우 미등기건물에 대해 구청에서 건축허가나 건축신고서 등을 첨부해서 법원에 촉탁등기 신청하여 보존등기 후 강제경매를 신청할 수 있

다. 이 밖에도 임차인들의 전세보증금 반환청구소송을 제기하여 이와 같은 방법으로 강제경매를 청구할 수도 있을 것이다. 따라서 법정지상권이 성립되는 물건이라도 상당히 낮은 가격으로 낙찰받은 경우 수익을 얻을 수 있다. 대부분은 법원으로 가지 않고 합의로 결정되는 경우도 많다. 그러나 무허가건물로서 건축허가와 건축신고서 등이 존재하지 않는 경우는 보존등기를 할 수가 없어서 합의가 안 될 경우 지료청구소송을 법원에 제기하여 지료판결 후 2년이 지나서 지료를 지급하지 않은 사유를 원인으로 한 법정지상권소멸청구 및 건물철거소송을 동시에 진행해야 할 것이다.

② 토지와 건물소유자가 국세징수법에 의한 공매 등으로 소유자가 달라진 경우(건물이 미등기인 경우)

주소	면적	경매가 진행과정	1) 임차인내역 2) 기타청구	등기부상의 권리관계
서울시 성동구 마장동 ○○○번지 단독주택	대지 125㎡ 건물 미등기 1층 75㎡ 2층 65㎡ 제지하 45㎡ (토지만 공매 된 경우)	감정가 토지: 300,000,000원 최저가 1차 300,000,000원 유찰 2차 240,000,000원 유찰 3차 192,000,000원 유찰 4차 153,600,000원 낙찰 171,000,000원 〈유 승 기〉 〈2001. 10. 31〉 매가결정: 2001. 11. 1. 잔금납부: 2001. 12. 31. 배분표 작성일: 2002. 1. 18. 배분기일: 실무상으로 대금 납 부 후 30일 이내에 지정되고 배분기일 14일 이내에 배분표 를 작성한다.	1) 임차인 ① 송수진 전입 1999. 5. 10. 확정 1999. 5. 10. 배분신청 2001. 8. 10. 보증 5,000만원 ② 이유민 전입 2000. 1. 10. 확정 2000. 1. 10. 배분신청 2001. 8. 10. 보증 4,000만원 ③ 유미경 전입 2000. 12. 30. 확정 2000. 12. 30. 배분신청 2001. 8. 15. 보증 3,000만원 2) 기타청구 ① 압류 성동세무서 부가세 580만원 (법정 2001. 1. 25.)	소유자 이철중 1998. 10. 10. 가압류 이경진 2000. 5. 5. (3000만원) 압류 성동세무서 2001. 4. 30. 가압류 우명기 2001. 5. 10. (4,000만원) 공매신청 성동세무서 청구금액 580만원 (공고일시 2001. 8. 10.)

이 공매사건은 성동구청이 자산관리공사에 공매를 위임한 사건으로 말소기준권리는 가압류 이경진으로 2000. 5. 5.이 된다. 여기서 토지를 공매로 매각하는 것으로 낙찰자는 건물을 제외한 토지소유자가 된다.

　이러한 경우 공매로 토지 소유자와 건물소유자가 달라지면 미등기건물소유자 이철중은 관습법상 법정지상권을 취득하게 된다.

　배분금액이 (171,000,000원－공매집행비용 4,959,000원)166,041,000원이므로

　1순위_ ① 유미경 1,600만 원, ② 이유민 1,600만 원(최우선변제 1)

　(현행임대차보호법상 소액보증금 중 일정액에 우선하는 우선변제권 등이 없으므로 4000/1600만 원을 우선변제 받을 수 있기 때문이다).

배당절차에서 담보물권등의 우선변제권이 없는 경우

현행법상 소액보증금 중 일정액은 배당기일이 기준이 되고, 공매절차에 있어서도 별도로 등기하지 않고 진행하고 별도 정한기준 등이 없는 관계로 실무적으로 배분표 작성 당시 인정되는 현행법상 소액보증금 중 일정액을 우선변제 받을 수 있다.

　2순위_ 송수진 5,000만 원(우선변제 2)

　3순위_ 이유민 2,400만 원(우선변제 3)

　4순위에서는 ① 이경진 가압류(3,000만 원)＝② 유미경 확정일자 우선변제(1,400만 원)이고, ①＜③성동세무서(580만 원)이다. ②는 ②＞③이고 ②＝①이다. ③은 ③＞①이고 ③＜②인 관계에 있다. 이러한 순위가 상호 모순관계로 순환흡수 절차를 거쳐야하나 배분금이 충분하여 다음과 같이 배분된다.

　4순위_ ① 이경진 가압류＝3,000만 원, ② 유미경 확정일자 우선변제＝1,400만 원, ③ 성동세무서＝580만 원

　배분잉여금 10,241,000원은 채무자겸 소유자인 이철중에게 배분될 것이다. 국세징수법 절차상으로 진행되는 공매에서는 후순위 가압류권자, 강제경매신청채권자, 일반채권자 등은 배분에 참여시키지 않고 배제시키기 때문이다. 그러나 가압류 또는 강제경매신청채권자 등이 저당권 등의 담보물권자(확정일자부임차권 등)보다 선순위이거나 동순위인 경우라면 배분에 참여할 수 있다. 물론 후순위 저당권부채권자들과 안분배분하게 된다. 따라서 가압류권자 이경진은 저당권부채권(유미경 확정일자)보다 우선하여 배분절차 참여가 가능하나 후순위 가압류권자인 우명기는 배

분절차에 참여할 수가 없고 배분잉여금에 대해서는 소유자가 받아가게 되는데 이 배분잉여금에 대해 또다시 가압류하여 추심하는 절차를 거쳐야 채권을 회수할 수 있을 것이다.

분묘기지권에 대한 설명과 권리분석

분묘기지권이란

타인의 토지에 분묘를 설치할 때에는 그 분묘지기에 대해 지상권에 유사한 일종의 물권을 취득하게 되는데 이를 분묘기지권이라 한다.

이는 타인의 토지를 사용할 것을 내용으로 하는 관습에 의해 인정된 지상권과 유사한 물권이다. 즉, 타인의 토지에 사체 또는 유품을 묻는 곳인 분묘는 특수한 공작물을 설치한 자가 그 분묘를 소유·수호하기 위하여 그 기지를 사용할 수 있는 지상권에 유사한 물권을 말한다. 분묘기지권은 분묘 자체가 명인방법이 되기 때문에 이를 등기할 필요가 없다.

분묘기지권은 사체 또는 유품을 묻는 곳인 분묘를 소유, 수호하고 봉제사하는 목적을 달성하는 데 필요한 범위 내에서 타인의 토지를 사용할 수 있는 권리를 의미하는 것으로서[대법원 1993.7.16. 선고 93다210 판결] 타인의 토지에 합법적으로 분묘를 설치한 자는 관습상 그 토지 위에 지상권에 유사한 일종의 물권을 취득한다[민법 1962.4.26 선고 4294민상1451 판결].

분묘기지권의 성립요건

① 타인의 토지에 대해 그 소유자의 승낙을 얻어 분묘를 설치한 경우

　　(현재 시신이 안장되어 있어야 하며 봉분 등 외부에서 분묘의 존재를 알 수 있어야 하며 평장이나 암장은 분묘기지권이 성립되지 않는다.)

② 자기의 토지에 분묘를 설치하고 분묘이전을 특약으로 하지 않고 타인에게 토지를 양도한 경우

③ 타인 소유의 토지에 그의 승낙 없이 분묘를 설치한 자나 20년간 평온·공연하게 그 분묘의 기지를 점유한 경우

타인 소유의 토지에 그의 승낙 없이 분묘를 설치한 자나 20년간 평온·공연하
게 그 분묘의 기지를 점유한 경우에는 시효 취득으로 분묘기지권이 성립된다(평
온: 다투지 않음, 공연: 은밀하지 않음).

분묘기지권의 법정 성질

① 관습법상의 물권: 분묘기지권은 관습법에 의해 성립하는 물권이다.

② 지상권유사의 물권이다. 따라서 토지소유자의 변경은 분묘기지권에 아무런 영
향을 주지 못한다.

③ 분묘소유권은 관습상 종손에 속하고 처분이 금지된다. 다만 분묘는 상속재산에
서 제외되어 제사상속으로서 호주에게 승계됨에 따라 분묘기지권도 수반 승계
될 뿐이다.

④ 단속 규정(매장 및 윤리에 관한 법률)의 위반으로 형사처벌받는다 해도 분묘기지권
을 취득하는 데에는 아무런 영향이 없다.

분묘기지권자 및 분묘기지권의 범위

① 분묘기지권자는 분묘소유자에 한하고 분묘를 소유할 수 없는 자는 사실상 그
분묘를 장기간 관리하였다 해도 위 물권을 시효에 의해 취득할 수 없다.

② 분묘를 수호하고 봉사하는 목적을 달성하는 데 필요한 범위 내에서 타인의 토
지를 사용할 수 있다.

    ⓐ 그 권리의 범위는 분묘가 설치되어 있는 분봉의 묘지만이 아니고 분묘의 수
호 및 제사에 필요한 주위 공지(빈 땅)를 포함한 지역까지도 그 효력에 미치
게 된다. 이는 이미 설치되어 있는 분묘에 대한 분묘기지권이 성립되는 것이
지 기본 분묘에 합장하는 형태의 단분 또는 쌍분까지 인정되는 것은 아니다.
이를 다시 설명하면 기존 분묘 이외에 새로운 분묘를 신설할 권능은 포함되
지 않는다. 부부 중 일방이 먼저 사망해 이미 그 분묘가 설치되는 그 분묘기
지권이 미치는 범위 내에서 그 후에 사망한 다른 일방의 합장을 위해 쌍분의
형태의 분묘를 설치할 것도 인정되지 않는다.

ⓑ 그 범위는 그 분묘의 기지뿐 아니라 분묘의 설치 목적인 분묘의 수호 및 제사에 필요한 범위 안에서 분묘기지 주변의 공지空地를 포함한 지역에까지 미치는 것으로 본다[대법원 판례 85다카2496].

ⓒ 그 존속기간은 민법의 지상권 규정을 따를 것이 아니라, 당사자 사이에 약정이 있는 등 특별한 사정이 있으면 그에 따른다. 특별한 사정이 없는 경우에는 권리자가 분묘의 수호와 봉사를 계속하는 한 그 분묘가 존속하고 있는 동안은 분묘기지권이 존속한다고 해석한다[대법원 판례 81다1220].

ⓓ 분묘기지권은 종손에 속하는 것이나 분묘에 안치된 선조의 자손도 종손의 권리에 터 잡아 분묘의 기지를 사용할 수 있다[대법원 판례 78다2117]. 이상과 같이 분묘기지권이 성립하는 경우에는 그 분묘를 마음대로 이장移葬할 수 없으므로 임야 등을 경매할 때 주의깊게 살펴보아야 한다.

ⓔ 분묘기지권은 기존에 있는 분묘를 보호하는 데 그칠 뿐 새로운 분묘를 설치할 수 없다[대법원 1997.5.23. 선고 95다29086 판결].

분묘기지권의 지료지급

① 지료는 소유자의 승낙을 얻어 분묘를 설치한 경우에는 지료에 관한 약정이 있으면 그에 따르고 약정이 없는 때에는 무상이며 또한 분묘기지권을 시효취득하는 경우에도 무상이라고 해석하고 있다[대법원 1995.5.29. 선고 94다 34912 판결].

② 약정이 없는 경우 당사자의 청구에 의해 법원에서 결정할 수 있다.

분묘기지권의 존속기간

① 당사자 사이에 약정이 있는 등 특별한 사정이 있으면 그에 따르고 그러한 사정이 없는 한 권리자가 분묘의 수호와 봉사를 계속하여 그 분묘가 존속하고 있는 동안 분묘기지권은 존속한다.

② 존속기간에 대해서는 약정이 없는 경우에는 권리자가 묘지관리를 계속하고 있는 동안은 분묘기지권도 존속하나 권리자가 상당한 기간 동안 그 관리를 저버

리고 있으면 토지소유자는 묘지의 이전을 청구할 수 있다(판례의 입장임: 대법원 1982.1.26. 81다1220 판결). 따라서 무연고 분묘(즉 주인이 없는 묘지)에 있어서는 이전을 청구할 수 있다는 것이다.

분묘기지권의 소멸

토지의 멸실, 분묘의 멸실(이장, 폐장 등), 존속기간의 만료, 혼동, 분묘기지권에 우선하는 저당권의 실행에 의한 경매, 토지수용 등

① 분묘기지권자의 분묘기지권의 포기의 의사표시

지료는 시효취득시에는 무상이며, 토지소유자가 분묘 있는 상태로 매각할 때는 지가의 5%선에서 계약하게 된다. 그러나 무연고 묘지는 일정 기간 동안 개장 공고를 내어 관리자가 나타나지 않을 시에는 관청 허가 하에 개장할 수 있다[장사 등에 관한 법률 제23조 및 장사 등에 관한 법률 시행규칙 제14조].

② 저당권 설정 후에 분묘가 설치된 경우

저당권의 실행에 의한 경매, 예를 들어 묘를 쓴 지가 얼마 안 되었고 저당권 설정이 먼저 되어 있었다면 근저당권으로 인한 경매로 분묘기지권은 소멸될 수 있다. 따라서 이장할 것을 요구할 수 있다.

③ 분묘기지권을 인정받기 위한 요건

분묘는 시신이 안장되어 있고 인식할 수 있어야 한다. 따라서 시신이 안장되어 있지 않은 예장(가묘), 시신이 안장되어 있어도 외부에 인식할 수 없는 평장(평평하게 보이는 것), 암장(몰래 묘지로 사용) 경우는 분묘기지권이 인정되지 않는다[대법원 76다1359, 96다14036 판결].

④ 분묘설치 금지 지역에서의 분묘기지권의 성립

분묘설치 금지 지역(예: 군사시설보호구역, 보안림, 환경특별대책지역 등)에서의 분묘기지권의 성립에 관하여 아직 판례는 없지만 금지구역 안에서 묘지설치를 금지하고 형사처벌을 하므로 2001. 1. 27. '장사 등에 관한 법'이 시행되는 이후에는 토지소유자의 승낙을 받아 묘지를 설치한 경우라도 분묘기지권이 부정된다고 법조계에서는 보고 있다. 이미 분묘기지권을 취득한 경우는 예외이다.

⑤ 분묘지기권이 성립이 부정되는 경우

국방부장관이 군 작전상 필요하다고 인정한 지역, 도시계획법상 주거지역, 상업지역, 공업지역, 녹지지역안의 풍치지구, 상수원 보호구역, 산림법에 의한 요존 국유림, 보안림, 채종림, 등에는 분묘기지권이 성립할 수 없다.

❖ 조세채권 · 공과금채권 · 근로자의 임금채권에 대한 설명과 다른 채권자 등과의 권리분석 그리고 그와 관련된 배당사례

조세채권(국세, 지방세)

조세채권이란

조세란 일반적으로 국가 또는 지방자치단체가 그의 경비충당을 위한 재정수입을 조달할 목적으로 법률에 규정된 과세요건을 충족한 모든 자에게 직접적 반대급부 없이 부과하는 금전급부라고 정의된다. 우리나라의 조세는 국세와 지방세로 구분된다.

① **국세의 기본체계**

국세는 내국세와 관세로 구분된다. 내국세는 중앙정부의 일반적인 재정수요를 충당하기 위한 보통세와 특별한 목적의 용도에 충당하기 위해 징수되는 목적세가 있다. 보통세는 다시 직접세와 간접세로 나뉜다. 일반적인 모든 세금이 보통세에 속하고, 목적세에는 교육시설 및 교원의 처우개선을 지원하는 데 필요한 재원을 확보할 목적으로 징수하는 교육세와 도로, 지하철 등 사회간접자본의 건설을 위한 투자재원확보를 위하여 징수하는 교통세가 있고, 농 · 어업의 경쟁력 강화와 농어촌기반확충 및 농어촌지역개발사업을 위하여 농어촌특별세가 있다.

② **지방세의 체계**

지방세는 지방자치단체의 종류에 따라 도세(특별시세와 광역시세 포함)와 시 · 군세(구세 포함)로 나뉜다. 이와 같은 지방세도 지방자치단체의 일반적인 재정수요를 충당하기 위한 보통세와 특별한 목적으로 징수되는 목적세로 나뉜다.

조세채권의 우선특권

① 국세 또는 지방세에 대해서는 국세 또는 지방세, 가산금 및 체납처분비는 원칙적으로 납세자의 총재산에 대해 다른 공과금 기타 채권에 우선하여 징수한다고 하고, 관세는 다른 조세 기타 공과금과 채권에 우선하여 그 관세를 징수한다고 규정한다[국세기본법 제35조 제1항, 지방세법 제99조 제1항, 관세법 제3조 제1항]. 35조 1항단서, 다만 다음에 해당하는 공과금이나 그밖의 채권에 대해서는 그러하지 않는다.

ⓐ 국세나 지방세·공과금의 체납처분비을 할 때 그 지방세나 공과금의 가산금 또는 체납처분비

ⓑ 강제집행, 경매 또는 파산절차에 따른 재산을 매각할 때 그 강제집행, 경매 또는 파산절차에 든 비용

ⓒ 법정기일 이전에 등기된 전세권, 질권 또는 저당권에 의해 담보된 채권

ⓓ 주임법 또는 상임법상 소액보증금 중 일정액

ⓔ 근로자의 최우선 변제금(근로자의 최종 3개월분 임금, 최종 3년분 퇴직금, 재해보상금 등)

조세채권의 우월적 지위는 등기 없이 성립하고 우선한다는 점에서는 임금채권, 임차보증금채권, 선박우선특권 등 우선특권과 유사한 점이 있다.

국세기본법상 기타의 채권이란 사법상 금전채권을 말하므로 특정물의 급부를 목적으로 하는 채권(민법상 특정물 채권)은 해당하지 않는다.

우선특권 있는 조세채권의 확보를 위한다고 해도 일반 사경제에 대한 거래안전을 현저하게 해치는 것은 타당하지 아니하다는 이유에서 사채권과의 조정을 위하여 조세우선권에 대한 제한내지는 예외를 인정한다[국세기본법 제35조 제1항 단서 등].

관세법 제3조(관세징수의 우선)

제1항 관세를 납부해야 하는 물품에 대해서는 다른 조세 기타 공과금과 채권에 우선하여 그 관세를 징수한다.

제2항 국세징수의 예에 의해 관세를 징수하는 경우 체납처분의 대상이 당해 관세를 납부해야 하는 물품이 아닌 재산인 때에는 관세의 우선순위는 국세와 동일한 순위로 한다.

② 조세채권과 사채권이 경합하는 경우, 사채권이 담보물권이면 조세채권의 법정기일과 담보물권설정등기일을 비교하여 그 우열을 정하며, 또 조세채권은 무담보채권(공과금 포함)에 항상 우선한다[국세기본법 제35조 제1항, 지방세법 제99조 1항, 관세법 제3조 1항]. 조세채권과 저당권, 전세권의 피담보채권(확정일자 있는 임차권 또는 등기된 임차권 포함) 사이의 우열은 조세채권의 법정기일과 담보물권설정등기일(확정일자 있는 임차권과 등기된 임차권의 우선변제권 효력 발생일 포함)의 선후에 의해 우열을 정한다. 저당권부채권과 공과금채권과의 우선순위는 공과금의 납부기한과 비교하여 우선순위가 결정된다. 그러나 조세채권과 공과금채권간에는 공과금의 납부기한의 선후를 떠나서 항상 조세채권이 우선하게 된다.

③ 조세채권의 법정기일이 저당권 등의 설정일, 임대차보호법 등에 의한 임차보증금의 확정일자 우선변제 청구권 효력발생일과 같은 날인 경우의 우선순위에 대해 조세채권 우선설(다수설)

예) 갑 임차인 2005. 5. 1. 전입/확정 → 을 근저당 2005. 5. 2. → 정 일반세금(법정기일 2005. 5. 2.)

이 사례에서 배당순위는 1순위 정 일반세금(당해세 아님)(효력발생일시 5. 2. 당일주간) 2순위 갑임차인 (확정일자 우선변제권의 효력발생일시 2005. 5. 2.오전 0시이므로 정일반세금보다 후순위이다. 세금과의 우선관계는 법정기일 이전이므로 확정일자의 효력발생일시나 근저당권이 우선하기 위해서는 1일 이전에 효력발생 또는 설정등기돼야 한다.)

3순위의 근저당권(효력발생일시 5.2. 당일주간)

임차인은 대항력이 있어서 미배당금은 낙찰자의 부담이 된다.

④ 확정전보전압류[징수법 제24조 제2항, 지방세법 제28조 제2항 후단]는 광의의 납기 전 징수의 하나로서, 납세의무가 성립한 조세로서 납부해야 할 세액이 아직 확정되지 않았으나 납세자에게 납기 전 징수의 요건사실[징수법 제14조, 지방세법 제26조] 하나에 해당하는 등 특정요건에 해당하는 경우에는 일정 시기까지 징수의 보전조치로서 납세자의 재산을 압류할 수 있다. 이와 같이 확정 전 보전압류를 한 경우 압류등기일은 법정기일로 보아야 한다.

⑤ 국세징수법 제47조 제2항은 세무서장이 한 부동산 등의 압류의 효력은 당해 압류재산의 소유권이 이전되기 전에 국세기본법 제35조 제1항의 규정에 의하여 법정기일이 도래한 국세에 대한 체납액에 대하여도 미친다고 규정하고 있는바, 위 규정의 취지는 한번 압류등기를 하고 나면 동일한 자에 대한 압류등기 이후에 발생한 체납세액에 대하여도 새로운 압류등기를 거칠 필요없이 당연히 압류의 효력이 미친다는 것일 뿐이고, 그 압류에 의해 그 후에 발생한 국세채권에 특별한 우선적 효력을 인정하는 것은 아니며, 또 위 규정이 국세기본법 제35조 제1항 제3호의 규정을 배제하는 효력까지 있는 것은 아니므로[대법 87누827 참조], 압류 후 압류재산에 저당권, 질권 또는 전세권이 설정된 경우 그 물권과 압류 이후 새로 발생한 조세와의 우선순위는 (…) 그 설정등기일과 새로 발생한 조세의 법정기일의 선후에 따라 결정된다[대법2003두6115 판결].

⑥ 조세채권과의 우선순위에 대한 대법원 판례의 입장을 보면 조세채권의 법정기일 전에 근저당권이 설정되어 있으면 근저당권 등의 피담보채권이 조세채권 법정기일 이후에 발생한 경우라도 조세채권에 우선한다고 보고 있다. 따라서 근저당권의 채권최고금액의 범위 내에서 채권발생시기를 논하지 않고 근저당권 설정시기를 기준으로 조세채권의 법정기일과 우선순위를 정하게 된다.

조세채권 사이의 우선관계

조세채권 상호간에는 원칙적으로 평등주의가 지배된다. 즉 원칙적으로 모든 조세채권은 우열이 없이 평등하게 징수되는 것이다. 다만, 여기에는 다음과 같은 예외가 있다.

조세채권의 우선원칙은 조세채권 사이에서는 ① 비용우선원칙이 적용되고[국세기본법 제35조 제1항 단서, 지방세법 제100조 동법 99조 제1항 단서], ② 당해세우선의 원칙[국세기본법 제35조 5항, 지방세법 제99조 5항], ③ 납세담보우선의 원칙[국세기본법 제37조, 지방세법 제102조], ④ 압류선착수주의[국세기본법 제36조, 지방세법 제101조], ⑤ 국세와 지방세 동순위원칙이고, ⑥ 조세채권 · 가산금 및 체납처분비 상호간의 징수순위, 국세는 체납처분비 → 국세 → 가산금의 순이다[징수법 제4조], 지방세는 체납처분비 → 지방세 → 가산금순이다[지방세법 제62조 제1항]. 2항에서는 제1항에서 지방세의 경우 제67조(도세징수의 위임)에 따른 도세는 시 · 군세에 우선하여 징수한다.

① **비용우선원칙**

강제집행 · 경매 또는 파산절차에 의한 재산의 매각에 있어서 그 매각금액 중에서 국세 · 가산금 또는 체납처분비를 징수하는 경우에는 그 강제집행 · 경매 또는 파산절차에 소요된 비용은 국세 · 가산금 또는 체납처분비보다 우선 변제된다.

체납처부니란 국세징수법상 체납처분에 관한 규정에 의한 재산의 압류, 보관, 운반과 매각에 소요된 비용(매각을 대행시키는 경우그 수수료를 포함한다)을 말한다[국기법 제2조]. 체납처분비 중에서 공매로 매각시 매각에 소요된 비용은 앞의 비용우선원칙과 동순위이다.

② **당해세 우선의 원칙**

당해세란 매각부동산 자체에 부과된 조세와 그 가산금으로 저당권 등의 피담보채권보다 항상 우선한다[국세기본법 35조, 지방세법 99조].

ⓐ 국세 중 당해세

상속세, 증여세, 종합부동산세

ⓑ 지방세 중 당해세

재산세, 자동차세, 도시계획세, 공동시설세, 지방교육세(재산세와 자동차에 한한다) 등이 있다. 그러나 다음의 예인 경우라면,

1998년 저당권 1,000만 원 → 2000년 당해세 100만 원 → 2002년 임차인 4,000
만 원인 경우도 저당권은 임차인의 최우선변제금 1,600만 원에 우선하고, 최
우선변제금은 당해세에 항상 우선하고, 당해세는 저당권에 항상 우선하며
순환배당절차에 의해 배분하게 된다.

③ 납세담보 우선

납세담보물을 매각한 때에는 다음과 같이 조세채권에서 압류우선주의를 적용
함에도 불구하고 그 조세·가산금 또는 체납처분비는 매각대금 중에서 다른 조
세·가산금·체납처분비에 우선하여 징수한다. 따라서 담보에 관계된 조세 등
은 압류에 관계된 조세 등보다도 우선하여 징수되는데, 이것은 담보물권의 성
질상 당연한 것이다.

담보에 관계되는 조세 등 → 압류에 관계되는 조세 등 → 교부청구한 조세 등

납세담보의 종류에는 금전, 국채, 또는 지방채, 세무서장이 확실하다고 인정하
는 유가증권, 토지 보험에든 등기, 등록된 건물, 공장재단, 광업재단, 선박, 항
공기 또는 건설기계 등이 있다[국기법 29조].

ⓐ 조세채권을 피담보채권으로 저당권이 설정된 경우(납세담보) 그 피담보채권은
압류선착수주의의 적용을 받지 않고(압류 여부와 관계없이) 환가대금에서 다른
국세·가산금·체납처분비와 지방세에 우선하여 징수하며[국세기본법 제37
조], 지방세도 같다[지방세법 제102조].

ⓑ 담보 있는 국세 또는 지방세가 둘 이상인 경우에는 그 국세 또는 지방세의
우선순위는 각각의 담보권의 순위에 의하고[민법 제370조], 또한 저당권에
의해 담보된 조세와 관계에 있어서는 피담보채권의 범위에 관한 민법 제360
조(피담보채권의 범위)의 적용이 없다고 본다.

ⓒ 납세담보로 된 납세자 소유의 재산 위에 선순위의 질권·저당권 또는 담보
가등기가 설정되었지만 조세채권의 법정기일이 빠르거나 같은 경우에는 조
세채권이 우선하고, 당해세의 경우에도 조세채권이 우선한다.

④ 압류선착주의

ⓐ 체납처분에 의해 납세재산을 압류한 경우 다른 국세, 가산금, 체납처분비 또는 지방세 교부청구가 있을 때 압류에 관계되는 국세 · 가산금 · 체납처분비는 교부청구한 다른 국세 · 가산세 · 체납처분비와 지방세에 우선한다[국세기본법 제36조].

ⓑ 압류에 관계되는 지방자치단체의 징수금은 교부청구에 관계되는 다른 지방자치단체의 징수금 또는 국세에 우선한다[지방세법 제101조]. 그러나 당해세인 경우는 압류하지 않았어도 압류권자보다 당연히 우선한다. 그리고 납세담보인 경우에도 당해세를 제외한 나머지 배분금에서 압류채권자보다도 우선한다.

ⓒ 압류선착수(또는 압류선착)주의는 조세의 징수에 대해 자력집행을 용인하는 입장에서 적당하다는 취지에서의 제도이며, 지방세의 경우에도 같은 취지의 규정이 있고[지방세법 제101조], 이는 국세와 지방세의 동순위원칙의 예외이며, 집행법상 배당에 관한 평등주의의 예외를 인정한 것이다.

ⓓ 납세담보우선원칙은 저당권설정순서에 의하고, 다른 원칙들도 사채권자와 경합에 대해 별문제가 없다. 또 국세와 지방세의 동순위원칙은 징세주체가 국가인가 지방자치단체인가에 의해 우선순위에 차등을 두는 합리적인 근거가 없다는 점에서의 결론이며, 압류선착수주의는 이러한 결론이 압류를 먼저 한 행정기관 등의 징세노력에 보답한다는 측면에서 합리성을 가진다. 배당절차에서도 압류선착수주의는 평등주의와 비교하여 합리성이 있는 장점이 있다.

ⓔ 압류선착주의가 산업재해보상보험료와 지방세 상호간에도 준용되는지[대법 2008다47732]

산업재해보상보험료와 지방세 상호간에도 압류선착주의를 규정한 지방세법 제34조가 준용된다고 볼 수는 없고, 조세채권이 이중압류 또는 교부청구한 경우도 그 교부청구가 적법한 이상 조세채권이 우선한다.

산업재해보상보험료 등 공과금에 기하여 압류된 재산에 지방자치단체의 장 또는 그 위임을 받은 공무원이 지방세에 기하여 이중압류를 하고 이에 따른 매각처분을 하여 그 매각대금을 지방세에 배분한 경우, 위 보험료 등 공과금과 지방세 상호간에는 압류선착주의를 규정한 지방세법 제34조가 준용된다고 보기 어렵고 지방세 우선의 원칙이 적용되므로, 공매절차 담당자가 이와 같은 경우에는 이중압류가 예외적으로 허용되는 것으로 보고 이에 기하여 공매처분을 한 것이라면, 그 매각처분이 위법한 것이라 하더라도 당연무효라고 할 만한 중대하고 명백한 하자가 있다고 볼 수는 없다.

🖊 김 / 동 / 희 / 의 / 강 / 의 / 노 / 트

압류선착주의와 참가압류에 관한 설명

1. 압류선착주의 원칙이 공매대상 부동산 자체에 대해 부과된 조세와 가산금(당해세)에도 적용되는지 여부(소극)(대법 2007두2197 판결【공매의매각불허결정취소】).

1개 부동산에 대해 체납처분의 일환으로 압류가 행하여졌을 때 그 압류에 관계되는 조세는 국세나 지방세를 막론하고 교부청구한 다른 조세보다 우선하고 이는 선행압류 조세와 후행압류 조세 사이에도 적용되지만(압류선착주의 원칙), 이러한 압류선착주의 원칙은 공매대상 부동산 자체에 대해 부과된 조세와 가산금(당해세)에 대해서는 적용되지 않는다.

2. 국세징수법에 기한 참가압류 효력의 범위[대법 94누1944 판결]

국세징수법 제57조, 제58조는 참가압류를 한 후에 기압류기관이 압류재산에 대한 압류를 해제한 때에는 그 압류참가는 참가압류의 등기가 완료된 때로 소급하여 압류의 효력이 생기는 것으로, 같은 법 제47조는 압류의 효력은 압류등기 후에 발생한 체납액에 대해서도 효력이 미친다고 규정하고 있으므로, 참가압류의 효력은 압류의 경우와 마찬가지로 이미 발생한 체납세액은 물론 참가압류등기 후에 대상 부동산이 제3자에게 양도되기 전까지 발생한 체납액 제3자에게 양도하기 전에 발생된 체납세액 즉 양도하기 전에 법정기일이 발생된 체납세액주석 * 까지만 압류효력이 미친다.

참가압류시 과세관청이 기압류기관이나 체납자와 그 재산에 대해 권리를 가진 제3자에 대해 참가압류통지를 함에 있어 착오로 인하여 실제 체납세액보다 적게 기재하였다고 하더라도 기재된 세액에 한하여 그 효력이 미치는 것이라고 볼 수 없다.

3. 국세징수법에 의한 체납처분절차에서 압류에 관계되는 국세가 여럿 있고 공매대금 중 그 국세들에 배분되는 금액이 국세들의 총액에 부족한 경우 그 충당의 방법[대법 2005다11848]

동일 징수권자의 압류 또는 교부청구에 관계되는 국세가 여럿 있고 배분된 금액이 그 국세들의 총액에 부족한 경우 충당의 순서에 관하여는 국세징수법상 아무런 규정이 없고, 민법상의 법정변제충당에 관한 규정을 준용하도록 하는 규정도 없는데 (…) 국세징수법에 의한 체납처분절차는 세무서장이 그 절차의 주관자이면서 동시에 그 절차에 의해 만족을 얻고자 하는 채권(국세)의 채권자로서의 지위도 겸유하고 있는 점을 아울러 고려하면, 압류에 관계되는 국세가 여럿 있고 공매대금 중 그 국세들에 배분되는 금액이 그 국세들의 총액에 부족한 경우에 세무서장이 민법상 법정변제충당의 법리에 따르지 않고 어느 국세에 먼저 충당하였다고 하더라도, 체납자의 변제이익을 해하는 것과 같은 특별한 사정이 없는 한 그 조치를 위법하다고는 할 수 없다.

4. 대법원 2008.10.23. 선고 2008다47732 판결【부당이득금】

① 산업재해보상보험료 등 공과금에 기하여 압류된 재산에 대해 지방세에 기해 이중압류를 하고 이중압류에 따른 매각처분을 하여 그 매각대금을 지방세에 배분한 경우, 그 매각처분의 효력(대법2008다47732)

(…) 산업재해보상보험료 등 공과금에 기하여 압류된 재산에 지방자치단체의 장 또는 그 위임을 받은 공무원이 지방세에 기하여 이중압류를 하고 이에 따른 매각처분을 하여 그 매각대금을 지방세에 배분한 경우, 위 보험료 등 공과금과 지방세 상호간에는 압류선착주의를 규정한 지방세법 제34조가 준용된다고 보기 어렵고 지방세 우선의 원칙이 적용되므로, 압류선착주의나 지방세 우선의 원칙이 잠탈될 여지가 없는 반면, 기압류기관인 공과금 관련 기관이 매각 등의 공매절차를 지연하는 경

우 참가압류권자는 국세징수법 제58조 제3항에 의해 기압류기관에 매각처분할 것을 최고할 수 있을 뿐이고, 현행법상 장기간 공매절차가 지연되는 경우 이를 방지할 수 있는 법적인 장치가 마련되어 있지 않아, 공과금 관련 기관이 압류만 한 상태에서 장기간 그 공매절차를 지연하다가 뒤늦게 매각처분을 한 경우 지방세법 제31조 제2항 제1호의 규정에 의해 매각대금의 대부분을 공과금의 가산금 또는 체납처분비로 충당시키는 결과를 낳아 사실상 공과금에 우선권이 부여됨으로써 도리어 조세 우선의 원칙이 잠탈될 우려가 있고, 공과금과 지방세 상호간에도 압류선착주의가 적용되는 것과 같은 결과를 낳게 된다. 이러한 점에 비추어볼 때, 공매절차 담당자가 이와 같은 경우에는 이중압류가 예외적으로 허용되는 것으로 보고 이에 기하처분을 한 것이라면, 그 매각처분이 위법한 것이라 하더라도 당연무효라고 할 만한 중대하고 명백한 하자가 있다고 볼 수는 없다.

② 압류선착주의를 규정한 지방세법 제34조가 산업재해보상보험료와 지방세 상호간에도 준용되는지 여부(소극)

지방세법 제34조는 국세와 지방세 상호간 및 지방세 상호간에는 먼저 압류한 조세가 교부청구한 조세보다 우선한다는 이른바 압류선착주의를 선언함으로써 민사집행법상 평등주의의 예외를 인정하고 있고, 구 산업재해보상보험법 제76조는 산업재해보상보험료의 징수순위가 국세 및 지방세의 다음 순위임을 밝히고 있으며, 같은 법 제74조 제1항에서 산업재해보상보험료의 징수에 관하여 국세체납처분의 예에 의한다는 취지로 규정하고 있는바, 위 각 조항은 그 문언이나 법 규정의 형식상, 국세징수법 중 제3장에서 규정한 체납처분의 절차에 따라 산업재해보상보험료를 강제징수할 수 있는 자력집행권이 있음을 규정한 것일 뿐이고, 나아가 위 각 조항에 의해 산업재해보상보험료와 지방세 상호간에도 압류선착주의를 규정한 지방세법 제34조가 준용된다고 볼 수는 없다.

---

* 제3자에게 양도하기 전에 발생된 체납세액 즉 양도하기 전에 발생된 체납세액이지만 압류효력이 미친다.

⑤ 참가압류권자의 참가압류 효력과 공매권한 및 압류선착주의의 적용 여부

ⓐ 참가압류는 세무서장은 압류하고자 하는 재산이 이미 다른 기관에서 압류하고 있는 재산인 때에는 제56조의 규정에 의한 교부청구에 갈음하여 참가압류통지서를 그 재산을 이미 압류한 기관(이하 '기압류기관'이라 한다)에 송달함으로써 그 압류에 참가할 수 있다[국징법 제57조, 지세법 제65조]. 참가압류는 교부청구에 인정되는 배당요구로서의 효력을 갖게 된다.

참가압류는 선행의 압류기관이 그 부동산에 압류를 해제 한때에 비로소 압류의 효력이 발생되므로[국징법 제58조], 기압류가 존재하는 한 참가압류는 압류의 효력이 발생되지 않게 된다. 압류선착주의의 적용[국세기본법 제36조]에 있어서도 참가압류는 기압류가 해제되어 압류의 효력이 발생되기 전에는 체납처분에 의한 압류에 해당되지 못하므로 참가압류에까지 압류선착주의의 우선적 효력를 적용해서는 안 된다는 것이 다수설이다.

그리고 현행법에서는 최초 압류한 기관만 공매권한(체납처분권한)이 있었고, 참가압류한 기관은 공매권한이 없고 최초압류한 기관에게 매각최고만 할 수 있었다[국징법 제58조]. 그러나 이는 개정될 예정이다(다음 참가압류 참조).

ⓑ 참가압류의 효력은 압류의 경우와 마찬가지로 이미 발생한 체납세액은 물론 참가압류등기 후에 대상 부동산이 제3자에게 양도되기 전까지 발생한 체납액에 대해서도 미친다. 즉 양도하기 전에 법정기일이 발생된 체납세액까지만 압류효력이 미친다.

다만 참가압류 등기 후에 발생된 조세채권은 이들 법정기일과 저당된 등의 설정등기일과 비교해서 우선순위가 정해진다.

ⓒ 참가압류권자의 공매권한과 압류선착주의의 적용 여부 대한 법적 판단과 실무

㉠ 법원경매절차에서는 법에서 정하고 있는 기준으로 최초압류권자에게만 압류선착주의를 적용하여 우선변제의 효력을 주고, 참가압류권자는 교부청구권자로 보아서 압류선착주의를 적용하지 않고 참가압류권자와 교부청구권자는 동순위로서 안분한다는 것이 다수설인 듯하다.

예) 갑 세금압류 → 을 세금압류 → 병 세금압류 → 정 세금교부청구

여기서 세금이 당해세가 아닌 일반세금이라면 1순위 갑 세금압류(압류선착주의 적용으로 우선변제), 2순위는 압류선착주의를 적용하지 않고, 을과 병과 정이 동순위로 안분배당하게 된다.

ⓛ 자산관리공사에서 참가압류권자의 공매권한과 압류선착주의의 적용 여부

국세징수법 제58조에서는 참가압류기관 등은 공매권한이 없는 것으로 규정되어 있는데, 자산관리공사 압류공매실무에서는 참가압류권자인 세무관서 등도 예규에 의해서 자산관리공사에 공매대행을 의뢰하고 있어서 그동안은 국세징수법과 실무예규가 일치하지 않게 적용되어 시행되었으나 이는 곧 개정되어 시행될 예정이다(다음 참가압류 참조).

법원경매의 배당절차에서 참가압류권자에게 압류선착주의의 우선변제 효력이 없지만, 자산관리공사의 배분절차에서는 최초압류권자뿐만 아니라 참가압류권자에게도 압류한 순위에 따라서 순위배분하고 있다.

예) 갑 세금압류 → 을 세금압류 → 병 세금압류 → 정 세금교부청구

여기서 세금이 당해세가 아닌 일반세금이라면 1순위 갑 세금압류(압류선착주의 적용), 2순위 을 세금압류(참가압류권자도 압류선착주의 적용), 3순위 병 세금압류(참가압류권자도 압류선착주의 적용), 4순위 정 세금교부청구 순으로 압류선착주의를 적용하여 배분하게 된다.

⑥ 압류 이외에 교부청구한 조세채권

압류선착수주의를 취할 경우 압류권자 이외의 조세채권자는 즉 교부청구를 한 조세채권자끼리는 우열이 없이 동순위이므로 배당잔여금을 가지고 동순위로 안분배당을 하게 된다.

⑦ 조세채권만 있는 경우에 조세채권 상호간의 우선순위

당해세(당해세는 압류와 상관없이 조세채권 중 1등) → 납세담보된 조세채권 → 압류된 조세채권 → 교부청구된 조세채권

⑧ 저당권 등의 담보물권이 있는 경우 조세채권과 저당권 등의 담보물권 간의 우선순위와 조세채권 간의 우선순위 결정방법

ⓐ 1등 당해세 → 2등 담보물권보다 법정기일이 빠른 일반조세채권(당해세 제

외) → 3등 저당권 등의 담보물권 → 4등 담보물권보다 법정기일이 늦은 일반 조세채권으로 1차적으로 배당순위에 따라 배당된다.

ⓑ 2차적으로 조세채권 중에서 당해세를 제외하고 위 ⓐ에서 법정기일에 따라 배당받은 조세채권금액을 각 채권별로 다음 순위로 흡수하거나 안분한다. 조세채권끼리는 법정기일에 의해 배당하지 않고 압류선착수에 따라 흡수하게 된다.

㉠ 1등 납세담보된 조세채권 → 2등 1순위 최초 압류한 조세채권자 → 후순위 압류조세채권자(참가압류한 조세채권자)와 교부청구한 조세채권자 순으로 참가압류권자 및 교부청구한 조세채권자가 법정기일에 따라 배당받은 금액을 압류권자(최초압류권자=기 압류권자)가 흡수하게 된다(납세담보된 조세채권은 압류선착수의 적용을 받지 않고 당해세를 제외하고는 조세채권에서는 1등이다). 그런데 압류선착수주의에는 참가압류권자도 포함되는가에 대해 법원경매절차에서는 압류선착주의를 적용하지 않고 참가압류권자(후순위 압류권자)와 교부청구권자와 동순위로 보는 것이 다수설이다. 이에 반해서 자산관리공사에서는 참가압류권자에게도 참가압류한 순서에 따라서 압류선착주의를 적용하고, 교부청구한 조세채권자보다 압류선착주의가 적용되어 우선배분하고 있다는 점은 앞에서 이미 기술한바 있다. 각 사례에 따라서 배당방법이 달라질 수 있다는 점만 유의하면 된다

✎ 김 / 동 / 희 / 의 / 강 / 의 / 노 / 트

조세채권이 담보권 설정등기 이전과 이후에 법정기일을 갖추고 있는 경우 배당방법

공시를 수반하는 담보물권이 설정된 부동산에 관하여 그 설정일 이전에 법정기일이 도래한 조세채권과 설정일 이후에 법정기일이 도래한 조세채권에 기한 압류가 모두 이루어진 경우, 각 조세채권과 담보물권 사이의 우선순위(대법2005두9088)

공시를 수반하는 담보물권이 설정된 부동산에 관하여 담보물권 설정일 이전에 법정기일이 도래한 조세채권과 담보물권 설정일 이후에 법정기일이 도래한 조세채권

ⓛ 압류하지 않은 교부청구조세권자(당해세 제외)끼리는 교부청구 순위와 무관하게 동순위로서 안분배분한다.

ⓒ 국세와 지방세는 동순위가 원칙이지만 법이 예외를 인정한다. 즉 관세법 제3조 및 국세는 국세기본법 시행령 제18조, 지방세는 지방세법 시행령 제14조의 4에 의거 당해세는 조세채권 중 최선순위이며 특별한 법률이 정하는 경우를 제외하고는 공과금 기타 사채권에 우선하므로 필연적으로 사법질서와의 조정이 문제로 된다.

ⓓ 공과금이 저당권 등에 의해 담보되는 경우 당해 공과금과 조세와의 관계에 대해 징수법상 명문규정은 없으나 국세기본법 제35조 제1항의 조세채권이 공과금에 우선한다는 규정에도 불구하고 조세채권의 법정기일과 저당권의 설정일을 비교하여 그 우열을 판단해야 한다고 본다.

조세채권(국세, 지방세 등)의 우선원칙에 대한 예외로 조세채권보다 우선하여 변제받을 수 있는 비용 및 특별우선채권자, 일반임금채권자 등

국세가 공과금 기타 채권에 대해 획일적으로 우선하게 되면 담보법 질서가 심각하게 교란되고 서민생활이 침해될 위험이 있다. 이러한 부작용을 최소화하기 위해 국세기본법은 ① 직접경비의 우선, ② 주택 및 상가임대차보호법상 임차인의 소액보증금 중 일정액, ③ 근로자의 최우선변제금의 우선, ④ 피담보채권의 우선, ⑤ 일반임금채권 우선 등과 같은 예외를 인정하고 있다.

① 직접경비의 우선

강제집행·공매·경매 또는 파산절차에 의한 재산의 매각에 있어서 그 매각금액 중에서 국세·가산금 또는 체납처분비를 징수하는 경우에는 그 강제집행·공매·경매 또는 파산절차에 소요된 비용은 국세·가산금 또는 체납처분비보다 우선 변제된다. 이러한 강제집행비용 등은 매각금액을 얻기 위한 직접경비로서, 비록 특정 채권자가 지출하였다 하더라도 모든 채권자를 위한 비용이므로 우선적으로 변제하는 것이다.

② 주택 및 상가건물의 소액임차보증금 중 일정액(최우선변제금)

임대차관계에 있는 주택 또는 상가건물을 매각함에 있어서 그 매각금액 중에서 국세 또는 가산금을 징수하는 경우에 임대차보증금 중 주택임대차보호법 제8조 또는 상가건물임대차보호법 제14조의 규정에 의해 임차인이 우선 변제받을 수 있는 금액은 국세 또는 가산금보다 우선 변제된다.

③ 근로자의 최우선변제금의 우선

근로자의 최종 3월분의 임금·최종 3년간의 퇴직금·재해보상금 등은 국세 또는 가산금보다 우선변제된다. 그러나 ②와 ③도 체납처분비보다는 우선변제되지 못한다는 점에 유의해야 한다.

④ 피담보채권의 우선

국세의 법정기일 전에 전세권·질권·저당권의 설정을 등기·등록한 사실이 증명되는 재산의 매각에 있어서 그 매각금액 중에서 국세 또는 가산금(당해세, 즉 그 재산에 대해 부과된 국세와 가산금은 제외)을 징수하는 경우에는 그 전세권·질권·저당권에 의해 담보된 채권은 국세 또는 가산금보다 우선변제된다.

ⓐ 법정기일

'법정기일'이란 일반인이 국세의 존재를 확인할 수 있는 시점, 즉 국세가 공시된 것으로 볼 수 있는 시점으로서 국세기본법이 정한 다음의 날을 말하며, 압류재산의 법정기일은 담보권 설정일자와 배분에서 우선순위를 정하는 기준이 된다.

국세의 법정기일과 지방세의 법정기일은 다음과 같다.

ⓐ 국세의 법정기일

　ⓐ 과세표준과 세액의 신고에 의해 납세의무가 확정되는 국세(중간예납 하는 법인세와 예정신고 납부하는 부가가치세를 포함한다)에 있어서 신고한 당해 세액에 대해서는 그 신고일

　ⓑ 과세표준과 세액을 정부가 결정, 경정 또는 수시부과 결정하는 경우에 고지한 당해 세액에 대해서는 그 납세고지서의 발송일

　ⓒ 원천징수의무자 또는 납세조합으로부터 징수하는 국세와 인지세에 있어서는 ㉠ 및 ㉡의 규정에 불구하고 그 납세의무의 확정일

　ⓓ 제2차 납세의무자(보증인을 포함한다)의 재산에서 국세를 징수하는 경우에는 국세징수법 제12조의 규정에 의한 납부통지서의 발송일

　ⓔ 양도담보재산에서 국세를 징수하는 경우에는 국세징수법 제13조의 규정에 의한 납세통지서의 발송일이다.

　ⓕ 국세징수법 제24조 제2항의 규정에 의해 납세자의 재산을 압류하는 경우에 그 압류와 관련하여 확정된 세액에 대해서는 ㉠ 내지 ㉤의 규정에 불구하고 그 압류등기일 또는 등록일이다.

　ⓖ 중간예납이나 예정신고 납부시에는 그 신고일이지만 신고하지 않았을 경우에는 그 납세의무확정일이 된다(부가세, 법인세, 소득세, 증여세, 취득세, 상속세, 양도소득세 등은 그 납부신고일 또는 확정일이 된다).

ⓑ 지방세의 법정기일

　ⓐ 과세표준과 세액의 신고에 의해 납세의무가 확정되는 지방세(중간예납하는 농지세를 포함한다)에 있어서 신고한 당해 세액에 대해서는 그 신고일(취득세, 등록세, 사업소득세)

　ⓑ 과세표준과 세액을 지방자치단체가 결정, 경정 또는 수시 부과 · 결정하는 경우에, 고지한 당해세액에 대해서는 그 납세고지서의 발송일(주민세, 자동차세, 면허세, 재산세, 종합토지세, 도시계획세, 공동시설세, 지역개발세)

　ⓒ 특별징수의무자로부터 징수하는 지방세는 ㉠ 및 ㉡의 규정에 불구하고

그 납세의무의 확정일

  ② 지방세법 제36조 제1항의 규정에 의한 양도담보재산 또는 제2차 납세의무
   자(보증인을 포함한다)의 재산에서 지방세를 징수하는 경우에 납부통지서의
   발송일

  ⑩ 지방세법 제28조 제2항 후단의 규정에 의해 납세자의 재산을 압류한 경우
   에, 그 압류와 관련하여 확정된 세액에 대해서는 ㉠ 내지 ②의 규정에 불
   구하고 그 압류등기일 또는 등록일

ⓒ 일반 임금채권(최우선변제금 제외)의 우선

  사용자의 재산을 매각하거나 추심함에 있어서 그 매각금액 또는 추심금액
  중에서 국세 또는 가산금을 징수하는 경우에는 근로기준법 제38조의 규정에
  의한 임금 · 퇴직금 · 재해보상금 기타 근로관계로 인한 채권은 국세 또는 가
  산금에 우선하여 변제된다.

⬇ 미리 알아두기

근로기준법 제38조(임금채권 우선변제)

1. 임금 · 퇴직금 · 재해보상금 기타 근로관계로 인한 채권은 사용자의 총재산에 대
해 질권 또는 저당권에 의해 담보된 채권을 제외하고는 조세 · 공과금 및 다른 채권
에 우선하여 변제되어야 한다. 다만, 질권 · 저당권에 우선하는 조세 · 공과금에 대
해서는 그러하지 아니하다.

2. 제1항의 규정에 불구하고 다음 각 호의 1에 해당하는 채권은 사용자의 총재산에
대해 질권 또는 저당권에 의해 담보된 채권 · 조세 · 공과금 및 다른 채권에 우선하
여 변제되어야 한다.

① 최종 3월분의 임금 ② 최종 3년간의 퇴직금[근로자퇴직급여 보장법 제11조]

③ 재해보상금

국세 · 지방세 채권자가 직접 체납처분을 한 경우 또는 경매 · 공매 · 기타 청산과정에서 교부청구

조세채권의 강제적 실현방법인 광의의 징수처분에 속하는 체납처분에는 협의의 체납처분(공매), 참가압류, 교부청구 등이 있다.

① 공매처분(압류 후 공매처분)

압류란 국세체납처분의 1단계로서 체납자의 재산처분을 금지하기 위해 체납자의 재산을 압류하는 것을 말한다. 이는 세무서, 지방자치단체 등의 국세 · 지방세와 공공기관(건강보험료, 국민연금보험료, 산재 · 고용보험료 등) 등의 공과금 등이 체납된 경우 이들 조세채권 및 공과금 등을 보전하기 위하여 압류하는 절차가 대부분이다.

협의의 체납처분은 징수관청이 체납자의 재산을 압류하고 이를 환가해서 체납액에 충당함으로써 채권을 회수하는 것을 목적으로 하는 행정절차로서 재산의 압류, 압류재산의 매각, 매각대금의 충당 및 배분의 각 행정처분으로 나뉜다.

즉 체납된 조세채권 등을 징수하기 위하여 체납자의 재산을 1차적으로 압류하고 2차적으로 징수기관이 직접 또는 위탁기관(KAMCO)을 통하여 강제환가 절차를 실행하여 그 환가대금(매득금)에서 조세채권을 충당하는 절차이다.

현행 법은 최초 압류한 기관만 공매권한(체납처분권한)이 있었고, 참가압류한 기관은 공매권한이 없고 최초압류한 기관에게 매각최고만 할 수 있었다[국징법 제58조].

개정안(2010. 8. 24. 기획재정부 2010년 세제개편안)에서 압류재산 공매권자를 최초 압류한 기관과 참가압류한 기관까지로 확대 시행할 예정이다.

단, 최초 압류한 기관이 매각 최고를 받고 3개월 이내 매각에 착수하지 않는 경우 허용할 예정이다. 이 개정안은 2011. 1. 1. 이후 매각최고 분부터 적용할 예정이다.

그리고 국세징수법 제58조가 개정되게 된 또 다른 이유는 법에서는 참가압류기관 등이 공매권한이 없었지만 세무관서 등의 압류공매실무에서는 참가압류권자도 실무예규에 따라서 자산관리공사에 공매대행을 의뢰하여 압류공매가 그

동안 진행되어 왔던 것으로 국세징수법과 실무예규가 일치하지 않았으므로 이러한 개정안이 나오게 된 배경도 있다.

그러나 이 개정안은 2010. 12. 7. 국회 기획재정위를 통과했으나 2011. 1. 1 현재 국회본회의를 통과하지 못해서 추후 본회의 통과를 거쳐서 시행될 예정이다.

② 참가압류

국세징수법 제57조 1항은 세무서장은 압류하고자 하는 재산이 이미 다른 기관에서 압류하고 있는 재산인 때에는 제56조의 규정에 의한 교부청구에 갈음하여 참가압류통지서를 그 재산을 이미 압류한 기관(이하 '기압류기관'이라 한다)에 송달함으로써 그 압류에 참가할 수 있다. 체납자의 재산이 이미 다른 기관에 의해 압류된 때에 징세관서는 중복압류重複押留가 금지되는 것이 원칙이므로 그 집행기관에 대해 교부청구를 해야 한다. 그런데 교부청구는 선집행기관의 압류가 취소 또는 해제되는 경우 교부청구의 효력도 따라서 상실되어버리므로 이러한 불합리를 없애기 위하여 설정한 제도가 참가압류이다. 참가압류의 경우 기압류처분의 취소 등의 경우에 본 압류의 효력이 발생하며, 매각대금의 배분효력은 교부청구와 같다(다음 국세징수법 제57·58조 참조).

국세징수법 제57조의 참가압류의 통지를 받은 경우에도 배분(배당)요구의 효력이 인정된다.

참가압류는 기압류기관에 대해 교부청구, 즉 배당요구한 효력이 있기 때문에 별도의 교부청구 없이 배분계산서 작성 전까지 경매절차에서는 배당요구 종기일까지 세액을 증빙할 수 있는 증빙서류가 있으면 이에 의해 배당하고, 그 서류를 제출하지 않으면 압류등기촉탁서에 기재된 체납세액을 조사하여 배당하게 된다.

참가압류의 효력은 압류의 경우와 마찬가지로 이미 발생한 체납세액은 물론 참가압류등기 후에 대상 부동산이 제3자에게 양도되기 전까지 발생한 즉 양도하기 전에 법정기일이 발생된 체납세액까지만 압류효력이 미친다.

ⓐ 국세징수법 58조 1항에 의하면 참가압류를 한 후에 기압류기관이 그 재산에

대한 압류를 해제한 때에는 그 참가압류는 체납처분 대상 재산의 구분에 따라 소급하여 압류의 효력이 생긴다고 규정하고 있으므로 이를 반대해석하면 기 압류가 유지되는 한 참가압류는 압류의 효력이 없는 것이 된다.

ⓑ 민사집행절차에 의한 경매이든 협의의 체납절차이든 일단 하나가 먼저 개시 되면 그 후에는 참가압류나 교부청구를 할 수 있고, 또다시 협의의 체납처분 을 할 수 없다. 따라서 체납처분을 한 경우 통상 참가압류로 표시되지 않아 도 그 압류는 참가압류가 되는 것이다.

ⓒ 국세징수법상 체납처분절차와 민사집행법상 진행절차

국세징수법상 진행되는 공매절차와 민사집행법상 진행되는 경매절차는 별개 의 절차로서 그 절차 상호간의 관계를 조정하는 법률의 규정이 없으므로 어느 한쪽이 다른 한쪽의 진행절차에 관여할 수가 없다. 따라서 국세징수법상 공매 절차가 진행되는 과정에도 법원은 그 부동산에 대해 강제경매나 임의경매절 차를 진행할 수 있고 이와 반대로 경매절차가 진행되는 과정에서도 국세징수 법상 공매절차가 진행될 수도 있다. 이러한 경우 각 채권자 등은 서로 다른 절 차에서 정한 매각방법이나 배당요구 등의 기준에 따라 참여할 수밖에 없고 동 시에 진행되는 절차라면 두 절차 모두에 대해 그 절차에서 규정한 기준에 따 라 이해관계인으로서 권리주장 및 배당요구를 각각 해야 한다.

이와 같이 서로 다른 절차가 동시에 진행되는 절차(경매와 공매가 동시에 진행되 는 경우)에서 서로 다른 두 사람이 각 절차에서 낙찰받았다면 두 낙찰자 중 먼 저 대금 납부하고 소유권을 취득하는 자가 진정한 소유자가 된다. 이 경우 상대방의 압류 또는 경매개시 기입등기는 각 기관의 소유권이전촉탁등기절 차에서 소멸 대상으로 말소촉탁될 것이다.

즉, 그 상대방이 경매인 경우는 공매매각으로 인한 임의경매개시결정이 기 각으로 경매절차가 종결되고 임의경매개시결정기입등기는 공매절차에서 촉 탁으로 말소되게 된다. 그러나 그 상대방이 공매인 경우 또한 경매절차와 같 은 절차가 진행되는데 공매절차에서는 공매가 해제된 것으로 표시되고 공매 절차가 종결된다.

그러면 실제 공매와 경매가 중복하여 동시에 진행되었던 물건을 공매로 낙찰 받고 먼저 대금을 납부하여 소유권을 취득하였던 사례를 살펴보기로 하자!

㉠ 공매낙찰자가 대금 납부 이후 소유권이전 등기된 내용

이 공매물건은 서울시 서대문구 연희동에 위치하고 있는 다세대 주택으로 물건관리번호가 2009-16451-001이다. 이 사례를 살펴보면 공매낙찰자가 대금 납부 이후 등기부 현황 즉 낙찰자가 대금 납부 이후 소유권이전 등기된 내용과 말소기준권리 이후의 모든 권리 등이 말소된 사실 등을 다음과 같이 확인할 수 있다. 유의해서 봐야 되는 점은 공매와 경매가 중복해서 동시에 진행되고 있었으나 공매낙찰자가 소유권을 취득하게 되므로 경매절차가 기각으로 경매개시결정기입등기가 말소된 내역 등을 등기부를 통해서 확인할 수 있다.

그리고 자산관리공사가 2010. 05. 28. 경매중지요청서를 경매집행기관에 제출한 것을 법원경매진행절차에서 문서/송달 내용 등을 통해서 확인할 수 있었다.

이와 같이 공매절차에서 매수인이 매각대금을 완납하면 공매집행기관에서 경매법원에 경매중지요청서를 보내게 되고 이로 인해서 경매법원은 경매절차를 취소하게 된다.

【 갑　　　구 】　　　　　　(소유권에 관한 사항)

순위번호	등기목적	접수	등기원인	권리자 및 기타사항
1	소유권보존	2008년2월18일 제6074호		소유자 양미순 590903-2***** 강원도 속초시 조양동 1499-2 부영아파트 303-000
2	가압류	2008년4월11일 제15350호	2008년4월11일 서울북부지방법원의 가압류결정(2008카단 2339)	청구금액 금42,830,700 원 채권자 김호정 서울 도봉구 창동804 대우아파 트 102-702
3	소유권이전청구권 가등기	2008년4월21일 제17789호	2008년3월31일 매매예약	가등기권자 김철희 000000-2***** 서울특별시 마포구 신수동 455 경남이너스빌아파트103-502
4	2번가압류등기말소	2008년4월28일 제19626호	2008년4월23일 해제	
5	압류	2008년7월4일 제33786호	2008년7월3일 압류(세무1과 7740)	권리자 서울특별시서대문구
6	임의경매개시결정	2009년8월24일 제30500호	2009년8년24일 서울지방법원의임의경매 개시결정(2009 타경 14513)	채권자 인천수산업협동조합 인천 연수구 연수동 577-5 (채권관리부)
7	소유권이전	2010년5월25일 제18446호	2010년5월25일 공매	소유자 김수길 000000-2***** 서울특별시 강남구 도곡동 543-7 도곡1차아이파크 102-0000
8	5번압류, 6번임의경 매 개시결정등기말소	2010년5월25일 제18446호	2010년5월25일 공매	
9	3번가등기말소	2010년5월25일 제18446호	2010년5월25일 공매	

1. 참가압류[국세징수법 제57조]

① 세무서장은 압류하고자 하는 재산이 이미 다른 기관에서 압류하고 있는 재산인 때에는 제56조의 규정에 의한 교부청구에 갈음하여 참가압류 통지서를 그 재산을 이미 압류한 기관(이하 기압류기관이라 한다)에 송달함으로써 그 압류에 참가할 수 있다.

② 세무서장은 제1항의 규정에 의해 압류에 참가한 때에는 그 뜻을 체납자와 그 재산에 대해 권리를 가진 제3자에게 통지해야 한다.

③ 세무서장은 제1항의 규정에 의해 참가압류하고자 하는 재산이 권리의 변동에 있어서 등기 또는 등록을 요하는 것인 때에는 참가압류의 등기 또는 등록을 관계관서에 촉탁해야 한다.

2. 참가압류의 효력 등[국세징수법 제58조]

① 제57조의 규정에 의해 참가압류를 한 후에 기압류 기관이 그 재산에 대한 압류를 해제한 때에는 그 참가압류(제57조 3항의 규정에 해당하는 재산에 대해 2 이상의 참가압류가 있는 때에는 그중 가장 먼저 등기 또는 등록된 것으로 하고 기타의 재산에 대해 3 이상의 참가압류가 있는 때에는 그중 가장 먼저 참가압류 통지서가 송달된 것으로 한다)는 다음 각 호의 구분에 따라 소급하여 압류의 효력이 생긴다.

ⓐ 제57조 3항의 규정에 해당하는 재산 외의 재산에 대해서는 참가압류 통지서가 압류기관에 송달된 때

② 제57조 3항의 규정에 해당하는 재산에 대해서는 참가압류의 등기 또는 등록이 완료된 때

ⓐ 기압류기관은 당해재산에 대한 압류를 해제한 때에는 재산목록을 첨부하여 그들을 압류에 참가한 세무서장에게 통지해야 한다.

ⓑ 압류에 참가한 세무서장은 기압류기관이 그 압류재산을 장기간이 경과하도록 매각하지 않는 경우에는 이에 대한 매각처분을 기압류기관에 최고할 수 있다.

③ 교부청구권

민사집행법 제84조 제4항은 법원사무관 등은 조세, 그 밖의 공과금을 주관하는 공공기관에 대해 채권의 유무, 그 원인 및 액수(원금, 이자, 비용, 그 밖의 부대채권을 포함)를 배당요구의 종기까지 법원에 최고해야 한다. 이에 따라 경매법원은 등기부상의 현재 소유자를 부동산의 소유자로 취급 현재 소유자 주소를 관할하는 세무서와 부동산 소재지를 관할하는 지방자치단체 시·군·구청에 최고하여 공과금의 교부청구를 하도록 하고 있다.

공매절차에서도 공과금을 주관하는 공공기관에 대한 최고로 공매대상 물건소재지 관할 지자체(시·군·구청장 등)장과 체납자의 주소지 관할 세무서장 등에게 공매대행통지서를 통지하고 이때 권리신고 및 교부청구가 이루어 지게 되면 이해관계인으로 등록하고 공매통지서를 통지하게 된다.

교부청구는 타기관의 강제환가절차에 참가하여 그 배당(배분)을 받아 조세채권을 충당하는 절차로 강제집행절차기관으로부터 고지를 받고 이미 진행 중인 강제환가절차에 가입하여 체납된 조세의 배당(배분)을 요구하는 것으로 배당(배분)요구의 종기까지(공매는 배분표 작성 전까지) 교부청구[국세징수법 제56조 및 지방세법 제28조]를 하는 경우이다. 이러한 교부청구는 과세관청이 이미 진행 중인 강제환가 과정에서 체납된 조세의 배당을 구하는 것으로서 강제 집행에 있어서 배당(배분)요구와 같은 성질의 것이다.

ⓐ 국세징수법 56조는 세무서장은 납세자가 강제집행을 당한 경우에는 집행법원에 대해국세·가산금과 체납처분비의 교부를 청구해야 한다고 규정하고, 지방세의 경우도 이를 준용함으로써 지방세도 교부청구를 할 수 있다[국세징수법 56조, 지방세법 28조]. 즉, 국세징수법 제56조(교부청구)로 세무서장은 제14조 제1항 제1호 내지 제6호에 해당하는 경우에는 당해관서 공공단체, 집행법원, 집행공무원, 강제관리인, 파산관재인 또는 청산인에 대해 국세, 가산금과 체납처분비의 교부를 청구해야 한다〈개정 2002. 12. 26〉.

ⓑ 교부청구는 과세관청이 이미 진행 중인 강제환가 과정에서 체납된 조세의 배당을 구하는 것으로서 강제집행에 있어서의 배당요구와 같은 성질의 것이

다. 법원이 국세징수법 57조의 참가압류의 통지를 받은 경우에도 배당요구
의 효력이 인정된다.

ⓒ 국세, 지방세 청구시한과 교부청구가 배당요구와 같은가

세무서장이 국세징수법 제56조에 따라서 경매법원에 대해 국세의 교부를 청
구하는 것을 민사소송법에 규정된 부동산의 경매절차에서 하는 배당요구와
같은 것이므로 국세의 교부청구도 배당요구와 마찬가지로 경락기일(현 배당
요구 종기일)까지만 할 수 있다. (…) [대판96다51585].

④ 압류권자(참가압류포함)나 교부청구한 조세채권자가 배당받을 수 있는지 여부

ⓐ 첫 경매개시결정등기(공매는 최초 공매공고) 이전에 압류한 조세채권자의 경우

압류등기로서 교부청구의 효력은 배당요구 종기까지(공매는 배분표 작성 전까지)
교부청구나 그 세액을 알 수 있는 증빙서류를 제출하지 않은 경우에는 압류
에 의한 체납액을 조사하여 배당할 수 있을 뿐이고, 그 후 배당시까지의 사
이에 비로소 교부금은 배당할 수 없다.

ⓑ 첫 경매개시결정등기(최초 공매공고) 이후에 압류등기한 조세채권자의 경우

배당요구 종기까지(공매는 배분표 작성 전까지) 교부청구를 해야만 배당받을 수
있다.

그러나 자산관리공사의 공매절차에서는 최초 공매공고 이후 압류권자 일지라
도 매수인이 대금 납부하면 등기부를 새로 발급받는 절차를 통해서 새로 등기
된 채권자가 있으면 배분표 작성 전까지 배분요구을 하도록 통지하게 되고 설
령 배분요구를 하지 않더라도 배분금을 받지 못하는 것이 아니라 등기부에 기
재된 금액을 한도로 배분금이 있다면 위임관서의 계좌에 예탁되어 추후에 채
권자가 지급을 요구하면 배분받는 길이 경매절차와는 차이가 있다.

ⓒ 경매나 공매절차에서 압류를 하지 않은 조세채권자의 경우

배당요구 종기까지(공매는 배분표 작성 전까지) 교부청구한 것에 대해서만 배당
받을 수 있다.

⑤ 소유권이 제3자에게 이전된 경우나 가등기권자가 본등기를 한 경우 배당 여부

ⓐ 소유권이 제3자에게 이전된 경우 전소유자의 채권자 등의 배당 여부

가압류집행 후 소유권이 제3취득자에게 이전되었다면 제3취득자가 소유자가 된다.

전 소유자의 채권자 등이 제3취득자 앞으로 소유권이 이전되기 전까지 사전에 미리 보전압류 등으로 보전조치를 하지 않은 조세채권자나 공과금채권자뿐만 아니라 일반채권자 등도 교부청구나 배당요구를 할 수 없다. 결국 가압류권자 이외의 자들에 대해 그 부동산이 제3취득자의 것이 되어서 제3취득자의 채권자 등만 배당요구가 가능하고 배당절차에서도 제3취득자의 채권자에 우선하여 전소유자의 가압류채권자가 우선하여 배당받게 된다.

ⓑ 담보가등기 또는 보전가등기가 조세채권 법정기일 이후에 가등기가 되고나서 본등기가 된 경우 조세채권과의 우선순위

국세기본법 제35조 제2항의 경우 조세채권의 법정기일 이후에 담보가등기가 이루어지고 그 가등기가 체납처분에 의한 압류 후에 본등기로 된 경우에는 가등기에 기한 권리를 주장할 수 없다. 이는 담보가등기가 본래의 가등기와는 달리 순위보전적 효력이 없기 때문이다. 담보가등기 → 조세채권압류(담보가등기보다 법정기일이 앞서는 경우) → 본등기(가등기에 기한 본등기) [배당순위 : 1순위 조세채권(법정기일이 앞섬), 2순위 담보가등기]. 그러나 보전가등기인 경우에는 조세채권의 법정기일 이후에 보전가등기가 이루어지고 → 조세채권(법정기일이 가등기보다 앞섬) → 본등기가 이루어지면 조세채권은 소멸된다.

공과금채권(건강보험료, 연금보험료, 고용 · 산재보험료)

공과금이란 조세채권 이외에 국가 또는 공공단체에 대한 공적부담금으로[국세기본법 제2조 8호] 징수법상 체납처분 또는 국세징수의 예에 따라 징수할 수 있는 채권을 말한다.

공과금이란 체납처분에 의해 징수할 수 있는 채권 중 국세 · 관세 · 임시수입부가세 · 지방세와 이에 관계되는 가산세 및 체납처분비 이외의 것을 말한다. 즉 조

세·가산금 및 체납처분비 이외의 채권이면서 국세징수법상 체납처분 예에 의해 징수할 수 있는 채권을 공과금이라 한다.

공과금이 미납된 경우 국세징수법상의 체납처분 예에 따라서 압류·참가압류·교부청구가 가능, 압류의 배당요구적 효력, 배당요구 종기까지 교부청구의 요구, 그 방법 및 교부청구하지 않은 경우의 효과는 조세채권과 동일하다. 국민건강보험법 제73조는 국세, 지방세를 제외하고는 기타 채권에 우선하여 징수한다. 다만 보험료 등의 납부기한 전에 전세권, 질권 또는 저당권이 설정되어있는 경우에는 그러하지 않는다. 여기서 연금보험료, 고용·산재보험료도 이에 준한다. 공과금끼리는 압류선착주의가 적용되지 않고 동순위이다. 즉 공과금인 국민건강보험료·국민연금보험료·산재보험료·고용보험료 등은 그 납부기한 전에 설정된 저당권 등에 대해서는 우선하지 못하나 그 납부기한 후에 설정된 저당권들과 기타 일반채권에 대해서는 우선하여 배분받는다.

국민 건강보험료

① 국민건강보험법 제70조 제3항은 납부기한까지 보험료를 납부하지 아니할 때에는 국세체납처분의 예에 의해 징수할 수 있다.

② 국민건강보험법 제73조는 국세, 지방세를 제외한 기타 채권에 우선하여 징수한다. 다만 보험료 등이 납부기한 전에 전세권, 질권 또는 저당권이 설정되어 있는 경우는 그러하지 않는다. 여기서 연금보험료, 고용·산재보험료 등도 이에 준한다. 이들의 배당순위는 동순위이다.

③ 부칙 제1조 (시행일) 이 법은 2000년 7월 1일부터 시행한다. 다만 부칙 제4조 및 제5조의 규정을 공고한 날로부터 시행한다〈개정 1999. 12. 31〉.

④ 국민건강보험료 변천사

   ⓐ 지역의료보험

      ㉠ 1977. 1. 1.~ 1998. 9. 30. → 조세보다 후순위 담보권보다 항상 후순위

      ㉡ 1998. 10. 1.~ 1999. 2. 7. → 징수순위 규정 무

      ㉢ 1999. 2. 8.~ 현재까지 → 조세보다 후순위, 담보물권과는 설정일·납부

기한과 비교 우선순위결정

ⓑ 공무원 · 교직원 직장의료보험

㉠ 1978. 7. 1.~ 1999. 2. 7. → 징수순위 규정 무

㉡ 1999. 2. 8.~ 현재까지 → 조세보다 후순위, 담보물권과는 설정일 · 납부
기한과 비교 우선순위결정

ⓒ 그 밖의 직장의료보험

㉠ 1977. 1. 1.~2000. 6. 30. → 조세보다 후순위, 담보물권보다 항상 후순위

㉡ 2000. 7. 1.~ 현재까지 → 조세보다 후순위, 담보물권과는 설정일과 납부기
한과 비교 우선순위결정, 동순위 · 같은 날일 경우는 공과금이 우선한다.

ⓓ ⓐ, ⓑ, ⓒ 모두 통합 … 2000. 7. 1.~ 현재까지 → 따라서 2000. 7. 1.부터는
조세채권보다는 후순위고, 담보물권과는 설정일과 납부기한과 비교하여 우
선순위결정

국민연금보험료

① 국민연금법 제79조(연금보험료의 독촉 및 체납처분)

제1항의 규정에 의해 독촉을 받은 자가 그 기한 내에 연금보험료 기타 이 법에 의
한 징수금을 납부하지 않은 때에는 공단은 보건복지부장관의 승인을 얻어 국세체
납처분의 예에 따라 이를 징수할 수 있다〈개정 1995. 1. 5., 1997. 12. 13.〉.

② 국민연금법 제81조(연금보험료의 징수의 우선순위)

연금보험료 기타 이 법에 의한 징수금의 징수의 순위는 국민건강보험법에 의한 보
험료와 동순위로 한다〈개정 1995. 1. 5., 1998. 12. 31., 2000. 12. 23.〉.

③ 부칙〈제6286호, 2000. 12. 23.〉

제1조 (시행일) 이 법은 공포한 날부터 시행한다. 다만, 제8조 제1항 제2호, 제10조
제4호, 제43조, 제76조 제5항 · 제6항, 제78조, 제79조, 제80조, 제81조의 3 및 제83
조 제3항의 개정규정은 2001년 4월 1일부터, 제83조 제2항의 개정규정은 2001년 7
월 1일부터 시행한다.

④ 연금보험료 변천사

ⓐ 1995. 7. 1. ~ 1998. 12. 31.	조세보다 후순위
ⓑ 1999. 1. 1.~2000. 6. 30.	조세보다 후순위, 담보권보다 항상 후순위
ⓒ 2000. 7. 1.~현재	조세보다 후순위, 담보권과는 설정일 · 납부기한과 비교 우선순위결정

⑤ 위 ① 국민건강보험과 ② 국민연금보험에 있어서 부과기준일과 납부기한 그리고 가산금 정리

   ⓐ 매월 1일 기준으로 1일 현재 지역이나 직장에 있는 경우 그에 의해 부과하게 된다.

   ⓑ 부과기준 및 납부기한: 예) 1월 1일~1월 31일까지에 대한 공과금(보험료)납부는 익월 즉 2월 10일까지 납부해야 한다.

   ⓒ 가산금: 2월 10일~3월 10일까지는 가산금 3%, 그 다음 달부터는 매월 1%씩 하여 총가산금이 최고 9%까지 가산시키게 된다.

고용 · 산재보험료

① 고용보험 및 산업재해보상보험의 보험료징수 등에 관한 법률[법률 7300호, 2005. 1. 1. 시행]

구 고용보험법 및 구 산업재해보상보험법 중 보험료징수 관련 부분만 발췌하여 법 제정

② 고용산재보험법 제13조(보험료)

공단은 보험 사업에 드는 비용에 충당하기 위하여 보험가입자로부터 다음 각 호의 보험료를 징수한다.

   ⓐ 고용안정사업 · 직업능력개발사업 및 실업급여의 보험료(이하 '고용보험료'라 한다)

   ⓑ 산재보험의 보험료(이하 '산재보험료'라 한다)

③ 고용산재보험법 제28조(징수금의 체납처분 등)

제1항 공단은 제27조 제2항 및 제3항의 규정에 의한 독촉을 받은 자가 그 기한 이내에 보험료, 이 법에 의한 그 밖의 징수금을 납부하지 않은 때에는 노동부장관의 승인을 얻어 국세체납처분의 예에 따라 이를 징수할 수 있다.

④ 고용산재보험법 제30조(보험료 징수의 우선순위)

보험료, 이 법에 의한 그 밖의 징수금은 국세 및 지방세를 제외한 다른 채권에 우선하여 징수한다. 다만, 보험료 등의 납부기한 전에 전세권·질권 또는 저당권의 설정을 등기 또는 등록한 사실이 증명되는 재산을 매각하여 그 매각대금 중에서 보험료 등을 징수하는 경우에 그 전세권·질권 또는 저당권에 의해 담보된 채권에 대해서는 그러하지 아니하다.

⑤ 부칙⟨제7047호, 2003. 12. 31.⟩

제1조 (시행일) 이 법은 2005년 1월 1일부터 시행한다.

제2조 (보험료 등에 관한 일반적 적용례) 종전 고용보험법 및 산업재해보상보험법에 따라 징수 또는 납부하였거나 징수 또는 납부해야 할 보험료 그 밖의 징수금에 대해서는 종전의 고용보험법 및 산업재해보상보험법에 의한다.

⑥ 제14조(준용)

고용보험 및 산업재해보상보험의 보험료 징수 등에 관한 법률 제17조 내지 제21조, 제23조 내지 제25조, 제27조 내지 제30조, 제32조 내지 제37조, 제39조 및 제50조의 규정은 이 법에 의한 부담금 그 밖의 징수금의 납부 및 징수(채당금의 반환요구를 포함한다)에 관하여 준용한다. 이 경우 동법 중 '보험가입자'는 '사업주'로, '보험료'는 '부담금'으로, '보험'은 '임금채권보장'으로, '보험사무'는 '임금채권보장사무'로, '공단'은 '노동부장관'(이 법 제23조의 규정에 따라 그 권한은 위탁받은 경우에는 근로복지공단을 말한다)으로, '개산보험료'는 '개산부담금'으로, '보험연도'는 '회계연도'로, '보험관계'는 '임금채권보장관계'로, '보험료율'은 '부담금비율'로, '확정보험료'는 '확정부담금'으로 본다.

제11조 (다른 법령과의 관계) 이 법 시행 당시 다른 법령에서 종전의 고용보험법·산업재해보상보험법 또는 그 규정을 인용한 경우 이 법 중 그에 해당하는 규정이 있을 때에는 종전의 규정에 갈음하여 이 법 또는 이 법의 해당 규정을 인용한 것으로 본다.

⑦ 산재보험료변천사

@ 1971. 1. 1.~ 2004. 12. 31.	조세보다 후순위
ⓑ 2005. 1. 1. ~ 현재	조세보다 후순위 담보물권과는 설정등기일과 납부기한과 비교 우선순위결정

⑧ 고용보험료 : 1995. 7. 1. ~ 현재 : 산재보험료 준용

@ 1995. 7. 1. ~ 현재	현재 산재보험료 준용

⑨ 고용산재보험료 납부방법 및 보험료 부과대상기간과 납부기한

    ⓐ 당해 연도(예 2007. 1. 1.~2007. 12. 31) 보험료는 일시납 하는 경우와 4회 분할 납부하는 2가지 방법이 있다.

        ㉠ 일시납부하는 경우는 2007. 3. 31. 전년도 2006. 1. 1.~12. 31. 기준으로 하여 계산하여 보험료를 일시납부하게 되는데 이와 같이 일시납부시 5%를 공제하여 준다. 일시납부는 이와 같이 선납하고 그 다음연도 2008. 3. 31.에 정산하여 부족한 보험료를 추가 납부하는 방법으로 확정짓게 된다.

        ㉡ 4회 분납하는 경우

- 2007년 1월, 2월, 3월분은 2월 15일 납부
- 4 · 5 · 6월분은 5월 15일 납부
- 7 · 8 · 9월분은 8월 15일 납부
- 10 · 11 · 12월분은 11월 15일 납부하게 된다. 이 경우에도 2008. 3. 31.까지 확정짓게 되는데 정산하여서 부족한 보험료를 추가 납부하는 방법으로 확정짓게 된다. 분납신고 후 미납액이 있을 경우 한 달에 한 번씩 가산금이 발생한다.

공과금의 징수방법과 우선순위

조세 · 가산금 및 체납처분 이외의 채권이면서 국세징수법상의 체납처분의 예에 의해 징수할 수 있는 채권을 공과금이라 부른다. 이러한 공과금에는 우선변제 특권이 있는 공과금으로 위와 같은 보험료공과금 등이 있고, 우선변제받을 수 있는

특권이 없는 것으로 일반채권과 동순위인 과태료와 재산형 등이 있다.

압류선착주의가 공과금 상호간에도 적용되는지

국세징수법상 체납처분 예에 의해 공과금을 강제징수할 수 있다고 규정한 것일 뿐이고, 이들 상호간에 압류선착주의를 규정한 국세징수법 제35조가 준용된다고 보기는 어렵다. 따라서 압류순위와 상관없이 동순위가 된다.

① 국민연금보험료와 산업재해보상보험료 상호간에도 압류선착주의를 규정한 국세기본법 제36조가 준용되는지 여부(소극)[대법2004다44384 판결]

   국민연금법 제79조 제3항은 국민연금보험료 기타 국민연금법에 의한 징수금의 징수에 관하여, 구 산업재해보상보험법 제74조 제1항은 산업재해보상보험료의 징수에 관하여, 각 보건복지부장관이나 노동부장관의 승인을 얻어 국세체납처분의 예에 의한다는 취지로 규정하고 있는바, 위 각 조항은 그 문언이나 법규정의 형식상 국세징수법 중 제3장에서 규정한 체납처분의 절차에 따라 국민연금보험료와 산업재해보상보험료를 강제징수할 수 있는 자력집행권이 있음을 규정한 것일 뿐이고, 나아가 위 각 조항에 의해 국민연금보험료와 산업재해보상보험료 상호간에도 압류선착주의를 규정한 국세기본법 제36조가 준용된다고 보기는 어렵다.

② 압류선착주의를 규정한 지방세법 제34조가 산업재해보상보험료와 지방세 상호간에도 준용되는지 여부(소극)[대법 2008다47732 판결]

   지방세법 제34조는 국세와 지방세 상호간 및 지방세 상호간에는 먼저 압류한 조세가 교부청구한 조세보다 우선한다는 이른바 압류선착주의를 선언함으로써 민사집행법상 평등주의의 예외를 인정하고 있고, 구 산업재해보상보험법 제76조는 산업재해보상보험료의 징수순위가 국세 및 지방세의 다음 순위임을 밝히고 있으며, 같은 법 제74조 제1항에서 산업재해보상보험료의 징수에 관하여 국세체납처분의 예에 의한다는 취지로 규정하고 있는바, 위 각 조항은 그 문언이나 법 규정의 형식상, 국세징수법 중 제3장에서 규정한 체납처분의 절차에 따라

산업재해보상보험료를 강제징수할 수 있는 자력집행권이 있음을 규정한 것일 뿐이고, 나아가 위 각 조항에 의해 산업재해보상보험료와 지방세 상호간에도 압류선착주의를 규정한 지방세법 제34조가 준용된다고 볼 수는 없다.

공과금은 조세채권과 일반임금채권에 후순위가 된다

① 공과금의 납부기한이 저당권 등의 담보물권보다 빠르고, 저당권보다 후순위인 일반조세채권이 있는 경우

배당순위는: 공과금 > 저당권이고, 저당권 > 일반조세채권이고, 일반조세채권 > 공과금으로 순위가 서로 순환관계가 되어 순환흡수배당을 하게 된다.

② 공과금의 납부기한이 저당권 등의 담보물권보다 빠르고 저당권보다 후순위인 일반임금채권이 있는 경우

배분순위는: 1순위 공과금, 2순위 저당권, 3순위 일반임금채권 순이다.

③ 공과금의 납부기한이 저당권 등의 담보물권보다 후순위인 경우

저당권 → 공과금의 납부기한 → 일반임금채권 순인 경우에 배분순위는: 1순위 저당권, 2순위 일반임금채권, 3순위 공과금 순이다.

④ 공과금의 납부기한이 저당권보다 선순위인 경우와 저당권보다 후순위인 공과금이 여러 개 있을 경우 우선순위

갑 공과금 납부기한 → 을 저당권 설정등기일 → 병 공과금 납부기한 → 정 공과금 납부기한 → 무 공과금 납부기한공과금 상호간에는 압류선착주의가 적용되지 않고 공과금끼리는 동순위이다. 저당권 등의 담보물권보다 납부기한이 빠른 공과금은 저당권 등보다 우선하므로 우선하여 배분하고, 저당권 등의 담보물권보다 후순위끼리는 동순위로 안분배분하게 된다. 배당하면: 1순위 갑 공과금, 2순위 을 저당권, 3순위 병·정·무 동순위로써 안분배분하면 된다.

공과금과 담보물권 간의 우선순위

① 국민건강보험료

ⓐ 지역의료보험

1977. 1. 1. ~ 1998. 9. 30.	조세보다 후순위, 담보물권보다 항상 후순위
1998. 10. 1. ~ 1999. 2. 7.	징수순위 규정무
1999. 2. 8. ~ 현재	조세보다 후순위, 담보물권과는 설정일 · 납부기한과 비교우선순위 결정

ⓑ 직장의료보험

공무원, 교직원	1978. 7. 1. ~ 1999. 2. 7.	징수순위 규정무
	1999. 2. 8. ~ 현재	조세보다 후순위, 담보물권과는 설정일 · 납부기한과 비교
그 밖의 직장의료보험	1977. 1. 1. ~ 2000. 6. 30.	조세보다 후순위, 담보물권보다 항상 후순위
	2000. 7. 1. ~ 현재	조세보다 후순위, 담보물권과는 설정일 · 납부기한과 비교, 우선순위 결정. 같은 날일 경우는 공과금이 우선한다.

ⓒ ⓐ, ⓑ 모두 통합―2000. 7. 1.~현재

따라서 2000. 7. 1.부터는 조세채권보다는 후순위이고, 담보물권과는 설정일과 납부기한과 비교하여 우선순위를 결정한다.

② 국민연금보험료

1995. 7. 1. ~ 1998. 12. 31.	조세보다 후순위
1999. 1. 1. ~ 2000. 6. 30.	조세보다 후순위, 담보물권보다 항상 후순위
2000. 7. 1. ~ 현재	조세보다 후순위, 담보물권과는 설정일 · 납부기한과 비교 우선순위 결정

③ 산재보험료

1971. 1. 1. ~ 2004. 12. 31	조세보다 후순위
2005. 1. 1. ~ 현재	조세보다 후순위, 담보물권과는 설정일 · 납부기한과 비교 우선순위 결정

④ 고용보험료

1995.7.1.~현재까지: 현재까지 산재보험료 준용

⑤ 공과금채권인 국민건강보험료 · 국민연금보험료와 담보물권과의 우선순위

국민건강보험료, 국민연금은 원칙적으로 조세, 저당권보다 후순위이고, 일반채권에만 우선한다. 다만, 압류등기를 한 경우(이 경우에도 조세는 압류여부, 법정기일과 관계없이 항상 우선한다)에도 후순위로 저당권을 취득한 자와는 종래에는 안분배당[대법 96다50063]을 하였으나 최근 판결[대법 98다26419]에 따라 저당권보다 우선한다. 다만, 설정일자가 앞에서 ①, ②와 같이 2000. 7. 1. 이후인 경우에는 담보물권과의 관계에 있어서 설정일자와 납부기한을 비교하여 우선순위를 정하는데 같은 날일 경우 공과금이 우선한다. 이는 압류와는 상관이 없다.

단지 설정등기일과 납부기한을 가지고 계산하면 된다. 따라서 저당권 등이 공과금보다 우선한다는 것은 ①, ② 사례에서 볼 수 있듯이 법이 개정되기 이전일 것이다. 그렇다고 하더라도 공무원, 교직원의료보험과 지역의료보험은 1999. 2. 8. 이후부터 현재까지이고, 그 밖의 직장의료보험과 국민연금보험료는 2000. 7. 1.부터 현재까지 조세보다는 항상 후순위이고, 담보물권과는 설정등기일과 납부기한을 비교하여 우선순위가 결정된다.

⑥ 공과금채권인 고용 · 산재보험료와 담보권자와의 우선순위

산재보험료나 고용보험료는 고용보험 및 산업재해보상보험의 보험료 징수에 관한 법률 제30조가 2005. 1. 1. 시행에 따라 이때부터 보험료 납부기한과 저당권의 설정등기일을 비교하여 우선순위가 결정된다. 따라서 이 법 개정 전인 2004. 12. 31.까지는 조세채권, 저당권 등에 우선하지 못하고 일반채권에만 우선한다. 이에 따라서 앞의 내용 등이 판례로 나타나게 된 것이다.

⑦ 공과금과 담보물권 등이 혼재시의 배당사례

국민연금(납부기한 2005. 5. 10.) → 근저당(2005. 6. 15.) → 국민건강보험(납부기한 2005. 7. 10.) → 고용산재보험(납부기한 2005. 9. 30.) → 근저당권자의 임의경매신청

이 사례에서 배당절차는 근저당권보다 납부기한이 빠른 국민연금 1순위로 배당받고, 2순위 근저당, 3순위에서는 국민건강보험과 고용산재보험이 동순위로 안분배당하면 된다.

근로자의 임금채권

근로자의 우선변제권은 회사와 근로자(사용인使用人) 간의 고용관계로 인한 채권을 가진 근로자에게 회사의 총재산으로부터 우선변제를 받을 수 있는 권리를 말한다.

회사와 고용관계를 맺고 있는 근로자는 회사에 대하여 직장예금이라든지 신원보증금의 납입 등에 의한 반환청구권, 급료채권, 퇴직수당채권 등의 고용관계로 인한 여러 가지 채권을 갖는다. 회사는 이러한 채권을 위하여 임의준비금을 적립하는 경우가 있는데, 그렇다고 하더라도 이를 지급하는 것은 회사의 자유이므로 근로자가 충분한 보호를 받지 못하는 경우가 있거나 회사의 재산상태가 악화된 경우에는 회사의 채권자에 의하여 근로자의 채권이 희생될 염려가 있게 된다. 이러한 경우를 방지하기 위하여 근로기준법 제38조, 근로자 퇴직급여보장법 제11조, 상법 제468조에서는 사회정책적인 견지에서 고용관계로 인하여 발생하는 채권을 가지고 있는 근로자를 보호하기 위한 특별한 규정을 두고 있고 이 규정에 의해서 우선변제권을 갖게 된다.

근로자의 임금채권 중 최우선변제금

근로자의 최종 3월분의 임금 · 최종 3년간의 퇴직금 · 재해보상금

근로자의 최종 3월분의 임금과 재해보상금은 사용자의 총재산에 대해 질권 · 저당권 또는 「동산 · 채권 등의 담보에 관한 법률」에 따른 담보권에 따라 담보된 채권, 조세 · 공과금 및 다른 채권에 우선하여 변제되어야 한다[근로기준법 제38조 제2항].

그리고 최종 3년간의 퇴직금은 사용자의 총재산에 대해 질권 · 저당권 또는 「동산 · 산 · 채권 등의 담보에 관한 법률」에 따른 담보권에 의해 담보된 채권, 조세 · 공과금 및 다른 채권에 우선하여 변제되어야 한다[근로자 퇴직급여보장법 제11조 제2항, 3항].

근로자의 일반임금채권(최우선변제금 제외)

임금, 재해보상금, 그 밖에 근로 관계로 인한 채권은 사용자의 총재산에 대하여 질

권(質權)·저당권 또는 「동산·채권 등의 담보에 관한 법률」에 따른 담보권에 따라 담보된 채권 외에는 조세·공과금 및 다른 채권에 우선하여 변제되어야 한다. 다만, 질권·저당권 또는 「동산·채권 등의 담보에 관한 법률」에 따른 담보권에 우선하는 조세·공과금에 대하여는 그러하지 아니하다[근로기준법 제38조 제1항].

그리고 퇴직금은 사용자의 총재산에 대하여 질권·저당권 또는 「동산·채권 등의 담보에 관한 법률」에 따른 담보권에 의하여 담보된 채권을 제외하고는 조세·공과금 및 다른 채권에 우선하여 변제되어야 한다. 다만, 질권·저당권 또는 「동산·채권 등의 담보에 관한 법률」에 따른 담보권에 우선하는 조세·공과금에 대하여는 그러하지 아니하다[근로자 퇴직급여보장법 제11조 제1항].

↓ 미리 알아두기

근로자의 임금채권 우선변제권에 관한 법령과 경과조치 및 시행시기

제38조 1항은 일반임금채권에 대한 규정이고, 제2항은 최우선변제금에 해당되는 임금채권이다.

① 임금, 재해보상금, 그 밖에 근로 관계로 인한 채권은 사용자의 총재산에 대해 질권(質權)·저당권 또는 「동산·채권 등의 담보에 관한 법률」에 따른 담보권에 따라 담보된 채권 외에는 조세·공과금 및 다른 채권에 우선하여 변제되어야 한다. 다만, 질권·저당권 또는 「동산·채권 등의 담보에 관한 법률」에 따른 담보권에 우선하는 조세·공과금에 대해서는 그러하지 아니하다〈개정 2010. 6. 10〉.

② 제1항에도 불구하고 다음 각 호의 어느 하나에 해당하는 채권은 사용자의 총재산에 대해 질권·저당권 또는 「동산·채권 등의 담보에 관한 법률」에 따른 담보권에 따라 담보된 채권, 조세·공과금 및 다른 채권에 우선하여 변제되어야 한다〈개정 2010. 6. 10〉.

ⓐ 최종 3개월분의 임금 ⓑ 재해보상금

퇴직금의 우선변제[근로자 퇴직급여보장법 제11조]

제11조 1항은 일반퇴직금채권에 대한 규정이고, 제2항·제3항은 퇴직금 중에서 최우선변제금에 해당되는 임금채권이다.

① 퇴직금은 사용자의 총재산에 대해 질권·저당권 또는「동산·채권 등의 담보에 관한 법률」에 따른 담보권에 의해 담보된 채권을 제외하고는 조세·공과금 및 다른 채권에 우선하여 변제되어야 한다. 다만, 질권·저당권 또는「동산·채권 등의 담보에 관한 법률」에 따른 담보권에 우선하는 조세·공과금에 대해서는 그러하지 아니하다〈개정 2010. 6. 10〉.

② 제1항의 규정에 불구하고 최종 3년간의 퇴직금은 사용자의 총재산에 대해 질권·저당권 또는「동산·채권 등의 담보에 관한 법률」에 따른 담보권에 의해 담보된 채권, 조세·공과금 및 다른 채권에 우선하여 변제되어야 한다〈개정 2010.6.10〉.

③ 제2항의 규정에 의한 퇴직금은 계속근로기간 1년에 대해 30일분의 평균임금으로 계산한 금액으로 한다.

※ 최종 3년간의 퇴직금우선변제권은 근로자퇴직급여보장법 제11조 2항에 규정되어 있다. 이에 따라 종전 규정인 근로기준법 제37조 2항은 삭제되었다.

상법상 회사사용인의 우선변제권[상법 제468조]

회사와 사용인(=근로자) 간의 고용관계로 인한 채권을 가진 사용인에게 회사의 총재산으로 부터 우선변제를 받을 수 있는 권리를 인정한다[상법 제468조 본문]. 그러나 이 우선변제권은 질권이나 저당권과 같은 담보물권에는 우선하지 못한다[상법 제468조 단서].

임금채권 우선변제에 대한 경과조치[근로기준법 부칙 제13조]

① 법률 제5473호 근로기준법 중 개정법률 제37조 제2항 제2호의 개정규정에도 불구하고 같은 법 시행 전에 퇴직한 근로자의 경우에는 1989년 3월 29일 이후의 계속 근로연수에 대한 퇴직금을 우선변제의 대상으로 한다.

② 법률 제5473호 근로기준법개정법률 제37조 제2항 제2호의 개정규정에도 불구하고 같은 법 시행 전에 채용된 근로자로서 같은 법 시행 후 퇴직하는 근로자의 경우에는 1989년 3월 29일 이후부터 같은 법 시행 전까지의 계속 근로연수에 대한 퇴직금에 같은 법 시행 후의 계속 근로연수에 대해 발생하는 최종 3년간의 퇴직금을 합산한 금액을 우선변제의 대상으로 한다.

③ 제1항 및 제2항에 따라 우선변제의 대상이 되는 퇴직금은 계속 근로연수 1년에 대해 30일분의 평균임금으로 계산한 금액으로 한다.

④ 제1항 및 제2항에 따라 우선변제의 대상이 되는 퇴직금은 250일분의 평균임금을 초과할 수 없다.

근로기준법상 최우선변제금의 임금시행시기

① 1987. 11. 28. 근로기준법 개정으로 최종 3개월분의 임금에 대해 저당권 및 기타 모든 채권에 대해 우선변제하도록 하였다. 그 이전에는 저당권이 우선하던 시기였다.

② 1989. 3. 29. 근로기준법 개정으로 퇴직금전액과 재해보상금에 대해 최우선변제할 수 있도록 하였다. 그러나 퇴직금은 1997. 12. 24. 이후 개정하여 최종 3년분의 퇴직금만 최우선변제하게 되어 경과조치로 1989년~1997. 12. 23.까지는 퇴직금 전액. 그러나 1997. 12. 24.부터는 최종 3년분의 퇴직금으로 하는데 따라서 1990년 1월~2000년말에 퇴사했다면(1990년 1월~1997. 12. 23.까지 7년×30일=210일) 210일과 추가로 3년×30=90일로 총 300일이 된다. 그러나 퇴직금 총 산정기일이 250일 초과시에는 250일 이내로 한다. 따라서 250일 기간까지만 인정받는다.

근로자의 일반임금채권자의 배당에서 우선순위

근로기준법 제38조 1항은 일반임금채권에 대한 규정이고, 근로자 퇴직급여보장법 제11조 1항은 일 반퇴직금채권에 대한 규정이다.

일반임금채권자는 저당권자보다는 항상 후순위이고, 조세(당해세 포함)·공과금채권자 보다는 선순위이지만 조세·공과금채권 등이 담보물권(저당권 등)에 우선하면 조세·공과금채권 보다 후순위가 된다. 확정일자부 임차인도 일반임금채권보다 항상 선순위로 배분받고 경매개시 이후(최초 공매공고일 이후)에 대항요건(전입/주택의 인도)과 확정일자를 받아서 배당요구 종기시까지 배당요구한 임차인도 그 임차인이 진실한 이상 일반임금채권에 우선한다.

그러나 "임금채권자가 가압류(압류)등기를 한 경우 가압류(압류)등기 이후에 설정된 질권, 저당권에 대해서는 압류의 효력으로 인하여 그 저당권 등보다 우선할 수 있다"와 "동순위로 안분배분해야 한다" 와 "후순위이다"는 내용이 있으나, 배당실무에 있어서는 동순위로 안분하고 있는 실정이다. 이는 국세징수법 절차상으로 진행되는 공매는 물론 경매도 동순위로 안분하고 있다. 왜냐하면 임금채권이 압류등기 이후에 설정등기된 질권, 저당권이라면 임금채권이 선순위 채권이기 때문이다. 근저당권의 우선변제권은 자기보다 후순위 채권에 대해 우선변제권을 갖고 있으므로 선순위 채권과 후순위물권과는 동순위로 안분하게 된다. 그러나 이는 일반임금채권에 한한 것이지 임금채권자의 최종 3개월분 임금과 최종 3년간의 퇴직금, 재해보상금 등의 최우선변제금은 항상 최우선적으로 우선변제 받는다는 사실이다.

[일반임금채권자와 조세채권과의 우선순위]

일반조세채권(당해세 포함)은 항상 일반임금채권(임금최우선변제대상을 제외한 것)에 뒤지는 것이 원칙이나 그 법정기일이 담보물권(저당권, 전세권, 담보가등기, 확정일자임차권, 임차권등기)보다 앞서는 경우나 같은 순위인 경우에는 일반조세채권(당해세 제외, 당해세는 항상 저당권부 채권에 우선하기 때문)이 우선순위이다.

[일반임금채권과 공과금채권과의 우선순위]

공과금도 마찬가지로 항상 일반임금채권에 뒤지는 것이 원칙이나 그 납부기한 후에 설정된 담보물권이 있는 경우 공과금(건강보험료, 국민연금, 고용 · 산재보험료 등)이 일반임금채권에 우선순위가 될 수 있다.

근로자임금채권 배당요구하는 방법

① 임금채권 우선변제권에 기하여 경매개시결정 전에 가압류되어 있는 경우

특별히 배당요구를 하지 않더라도 배당받을 수 있다. 그리고 근로기준법상 우선변제권이 있는 임금채권자가 경매개시결정등기 전에 가압류를 한 경우에는 배당요구 종기까지 우선변제권 있는 임금채권임을 소명하지 않았다고 하더라도 배당표가 확정되기 전까지 그 가압류의 청구채권이 우선변제권 있는 임금채권임을 소명하면 우선 배당받을 수 있다.

② 경매개시 전에 등기부상 가압류하지 않은 임금채권

경매개시 전에 등기부상 가압류하지 않은 근로기준법상 우선변제권이 있는 임금채권자는 배당요구의 종기까지 배당요구를 해야 배당받을 수 있다.

③ 국세징수법상 진행되는 공매진행절차에서 최초공매공고 이전에 압류하지 않은 경우

근로기준법상 우선변제권 있는 임금채권자는 배분표 작성 전까지 배분요구를 해야만 배분받을 수 있다.

④ 선정당사자를 선정하여 배당요구하는 경우

민사소송법 제49조 1항의 규정에 따라 선정당사자를 선정하여 배당요구하는 사례가 많다. 이는 다수의 근로자들이 동일한 채무자에 대해 동종의 임금채권을 갖는 다수의 근로자들이 개별적으로 하는 경우 여러 가지 번거로움이 따르기 때문에 대표자를 선임하여 배당요구를 하는 것이다.

임금에 대한 우선변제권 인정 여부

임금 자체에 대해서만 우선변제권이 인정되고 지연손해금에 대해서는 우선변제권

이 인정되지 않는다. 따라서 임금 등의 지연손해금에 대해서 우선변제권이 없으므로 임금채권자 등이 집행력 있는 정본에 의해 배당요구하는 경우 임금 원금만 우선배당하고 지연손해금은 일반채권자들과 동순위로서 안분배당한다.

↓ 김동희 배당사례특강 조세채권, 공과금채권, 근로자임금채권, 저당권 등의 담보물권 등이 혼재시 권리분석 및 배당표 작성

※ 가정 및 용어설명: 배당금은 경매·공매집행비용 등을 공제한 금액임, 일반세금 또는 일반조세채권은 당해세를 제외한 세금, 일반임금은 근로자의 임금채권 중에서 최우선변제금을 제외한 임금임.

배당 EXERCISE 1

갑 저당권 4,000만 원(2002. 2. 10) → 을 임차인 4,000만 원(전입/확정 2002. 3. 10) → 병 조세채권(당해세) 300만 원(압류2002. 7. 10)(법정2002. 3. 15) → 갑의 임의경매 신청 또는 병의 압류공매 의뢰(2002. 7. 10)

배당금 6,500만 원이고 주택이 서울 소재라면

1순위_ 을 1,600만 원(최우선변제금 1등)

2순위_ 병 300만 원(당해세 우선변제금 1등)

3순위_ 갑 4,000만 원(저당권 우선변제금 2등)

4순위_ 을 600만 원(확정일자 우선변제금 3등), 을은 대항력이 없어서 낙찰자가 인수할 금액이 없다.

배당 EXERCISE 2

갑 저당권 3,000만 원(1994. 2. 10) → 을 임차인 2,000만 원(전입/확정 1998. 3. 10) → 병

조세채권(지방세당해세) 300만 원(압류 1999.10. 30)(법정 1998. 5. 31) → 갑의 임의경매 또는 병의 압류공매(2000. 3. 11.)

배당금이 5,000만 원이고 주택이 서울 소재시

1순위_ 을 700만 원(최우선변제 1)

2순위_ 갑 3,000만 원(우선변제 1)

3순위_ 을 500만 원(최우선변제 2)(최우선변제금 지급기준 : 현행법상 배당 시점 기준)

4순위_ 병 300만 원(당해세 우선변제 2)(지방세 당해세는 1996.1.1. 이후 시행되었으므로 갑의 저당권보다 우선할 수 없다. 그러나 국세 당해세인 경우는 제한이 없다.)

5순위_ 을 500만 원(확정일자에 의한 우선변제 3)

그러나 위 문제에서 병 당해세가 국세 당해세 였다면 다음과 같이 배당절차가 진행된다.

1순위_ 을 700만 원(최우선변제권 1)

2순위에서는 ① 갑 저당권 3,000만 원>② 을 임차인 최우선변제금 500만 원 · ③ 을 임차인 확정일자부우선변제금 800만 원이고, ①은<④ 병 당해세 300만 원인 관계에 있다.

②는>③ · ④이고, ②<①인 관계에 있다. ③은<① · ② · ④인 관계이다. ④는>① · ③이고, ④<②인 관계에 있다. 따라서 이 채권들의 순위가 상호순환관계에 있어서 순환흡수해야 한다.

1차 안분배당하면

① 갑 저당권 $=43,000,000원 \times \dfrac{30,000,000}{46,000,000} = 28,043,478.\underline{26} = 28,043,478원$

② 을 최우선변제권 $=43,000,000원 \times \dfrac{5,000,000}{46,000,000} = 4,673,913.\underline{04} = 4,673,913원$

③ 을 확정일자부우선변제권 $=43,000,000원 \times \dfrac{8,000,000}{46,000,000} = 7,478,260.\underline{86} = 7,478,261원$

④ 병 당해세채권 $=43,000,000원 \times \dfrac{30,000,000}{46,000,000} = 2,804,347.\underline{82} = 2,804,348원$

2차 흡수절차를 거치면 흡수순서는 선순위자로부터 흡수하고, 흡수당하는 자는 제일 열후한 순위의 채권자가 먼저 흡수당하고, 흡수한도는 흡수당한 자가 흡수시 흡수당한 금액은 공제하게 된다. 일단 흡수당한 것은 배당받은 것이기 때문이다.

④ 병 당해세채권＝2,804,348원＋195,652원(③에서 흡수)＝3,000,000원

① 갑 저당권＝28,043,478원＋1,956,522원(③에서 흡수)＝30,000,000원

② 을 최우선변제권＝4,673,913원＋326,087원(③에서 흡수)＝5,000,000원

③ 을 확정일자 우선변제권＝7,478,261원－195,652원(④에 흡수당함)－1,956,522원(①에 흡수당함)－326,087원(②에 흡수당함)＝5,000,000원

따라서 최종배당결과는

ⓐ 갑＝3,000만 원(2-1)

ⓑ 을＝700만 원(1)＋500만 원(2-1)＋500(2-1)＝1,700만 원

ⓒ＝병＝300만 원(2-1)

 EXERCISE 3   EXERCISE

갑 저당권 3,000만 원(2008. 2. 10) → 을 임차인 4,000만 원(전입/확정 2008. 3. 10) →병 임차인 7,000만 원(전입/확정 2008. 10. 10) → 정 일반조세채권 1,000만 원(압류 2010. 2. 30)(법정 2008. 8. 20) → 갑의 임의 경매 신청 또는 병의 압류공매 의뢰(2010. 10. 20)

배당금이 1억 원이고 주택이 서울 소재시

1순위_ 을 1,600만 원(최우선변제금 1등)

2순위_ 갑 3,000만 원(우선변제금 1등)

3순위_ ①을 900만원 ＋ ②병 2,500만원(최우선변제금 2등) 병 2,500만 원(최우선변제금 2등) … 현행 임대차보호법상 소액보증금 중 일정액(7,500/2,500만 원)을 지급하더라도 이에 우선하는 담보물권자 등이 없기 때문에 배당 시점을 기준(2010.7.26. 이후 현재)으로 소액임차인을 결정하게 된다.

4순위_ 을 1,500만 원(우선변제금 2등)

5순위_ 정 500만 원(조세채권 우선변제금 3등)

갑 공과금 1,000만 원(2002. 2. 10)(납부기한 2001. 10. 31) → 을 저당권 3,000만 원(2002. 3. 10) → 병 임금채권 2,500만 원(2002. 10. 10)(임금최우선변제금 500만 원)(일반임금채권 2,000만 원) → 을의 임의경매

배당금이 5,000만 원인 경우

1순위_ 병 500만 원(임금 최우선변제금 1)

2순위_ 갑 1,000만 원(우선변제금 1)

3순위_ 을 3,000만 원(우선변제금 2)

4순위_ 병 500만 원(임금채권 우선변제금 3)

갑 일반조세채권 1,000만 원(압류 2008.2.10)(법정 2007.8.10) → 을 임금채권(일반임금채권)500만 원(가압류 2008.5.10) → 병 건강보험료 200만 원(압류 2008.7.10)(납부기한 2008. 3.10) → 갑이 공매위임(2008.12.10) → 정 당해세 교부청구 100만 원(법정기일 2008.6.1)

배당금이 1,000만 원인 경우 배당절차는

1순위_ 을 500만 원(임금채권 우선변제금 1)

2순위_ 정 100만 원(당해세 우선변제금 2)

3순위_ 갑 400만 원(조세채권 우선변제금 3)

일반임금채권은 조세채권(당해세 포함)보다 우선하고, 조세채권끼리는 당해세가 우선하고, 조세채권은 공과금 및 기타 일반채권에 우선한다.

갑 일반조세채권 1,000만 원(압류 2008. 2. 10)(법정 2007. 10. 30) → 을 근저당권4,300만 원(2008. 3. 10) → 병 건강보험 500만 원(압류 2008. 10. 10)(납부기한 2008. 4. 10) → 정 일반임금채권 1,000만 원(2008. 10. 15)(최우선변제금이 아님) → 갑의 압류공매 의뢰 또는 을의 임의경매 신청(2008. 12. 10)

배당금이 6,500만 원일 경우 배당절차는

1순위_ 갑 1,000만 원(우선변제금 1등)

2순위_ 을 4,300만 원(우선변제금 2등)

3순위_ 정 1,000만 원(우선변제금 3등)

4순위_ 병 200만 원(우선변제금 4등)

일반임금채권은 저당권부 채권에 대해서는 항상 후순위이고, 조세채권 · 공과금 · 일반채권에 대해서는 항상 우선순위이다. 그러나 저당권부 채권에 우선하는 조세 · 공과금채권에 대해서는 후순위이다. 따라서 이와 같이 배당을 하게 된다.

갑 일반조세채권 1,000만 원(압류 2002. 2. 10)(법정 2001. 10. 30) → 을 임차인 3,000만 원(전입/확정 2002. 3. 10) → 병 당해세 200만 원(2002. 4. 10) → 정 일반임금채권 500만 원(2002. 5. 10) → 갑의 압류공매 의뢰(2002. 10. 10)

배분금이 4,500만 원이고 주택소재가 서울인 경우 배분절차는

1순위_ 을 1600만 원(최우선변제금 1등) → 저당권 등이 없어서 최우선변제금 지급기준일은 배당 시점을 기준으로 소액보증금 중 일정액이 된다.

2순위_ 병 200만 원(우선변제 1등)(∵ 당해세는 을의 확정일자보다 우선하는 특별우선채권이고 확정일자보다 우선하는 조세 · 공과금보다는 정 일반임금채권은 후순위가 된다)

3순위_ 갑 1,000만 원(조세채권 우선변제 2등)

4순위_ 을 1,400만 원(확정일자 우선변제 3등)

5순위_ 정 300만 원(우선변제 4등)이 된다.

배당 EXERCISE 8 EXERCISE

갑 공과금 1,000만 원(2002. 2. 10)(납부기한 2001. 10. 30) → 을 조세채권 3,000만 원(2002. 10. 10)(당해세 1,000만 원 법정 2002.7.10)(일반조세 2,000만 원 법정 2002. 5. 31) → 병 임금채권 2,500만 원(2002. 12. 10)(최우선변제금 1,000만 원)(일반임금 1,500만 원) → 을의 압류공매 대행의뢰

배분금이 6,000만 원일 경우

1순위_ 병 1,000만 원(임금최우선변제금 1)

2순위_ 병 1,500만 원(일반임금우선변제금 1)

3순위_ 을 1,000만 원(당해세 우선변제금 2)

4순위_ 을 2,000만 원(일반조세우선변제금 3)

5순위_ 갑 500만 원(공과금우선변제 4)으로 배분된다.

1, 2순위와 3, 4순위는 구분실익은 없으나 배분연습을 하기 위해서 기재해본 것이다.

배당 EXERCISE 9 EXERCISE

갑 공과금 1,000만 원(2002. 2. 10)(납부기한 2001. 11. 10) → 을 저당권 3,000만 원(2002. 3. 10) → 병 조세채권 2,500만 원(2002. 10. 10)(당해세 500만 원 법정 2002. 7. 31)(일반조세 2,000만 원 법정 2002. 5. 31) → 병의 압류공매 의뢰

배분금이 5,000만 원인 경우

1순위_ 병 500만 원(당해세 우선변제 1)

2순위에서는 갑>을이고, 을>병이고, 병>갑이 우선순위이므로 순환배분 관계에 있다.

따라서 1차적으로 안분배분하고 상호 흡수절차를 거쳐야 한다.

1차적으로 안분배분은

$$갑 = 4,500만원 \times \frac{1,000만\ 원}{(1,000+3,000+2,000)6,000만\ 원} = 7,500,000원$$

$$을 = 4,500만원 \times \frac{3,000만\ 원}{6,000만\ 원} = 22,500,000원$$

$$병 = 4,500만원 \times \frac{2,000만\ 원}{6,000만\ 원} = 15,000,000원$$

2차적으로 순환흡수절차를 거치면

갑=7,500,000원(1차 안분액)+2,500,000원(을에서 흡수)−5,000,000원(병에 흡수당함)

=5,000,000원

을=22,500,000원(1차 안분액)−2,500,000원(갑에 흡수당함)+7,500,000원(병에서 흡수)

=27,500,000원

병=15,000,000원(1차 안분액)−7,500,000원(을에 흡수당함)+5,000,000원(갑에서 흡수)

=12,500,000원으로 배분이 종결된다.

※ 흡수배당방법은

① 순환흡수배당방법을 1차 안분배당에서 받지 못한 채권액에 대해 후순위채권 자로부터 흡수금액은 후순위자의 1차 안분배당금액한도 내에서만 흡수해야 한다.

② 흡수당한 금액: 각자 1차 안분배당금액에서 공제한다.

③ 흡수는 각 흡수한 채권자마다 한번으로 하고 계속적으로 반복하여서는 아니 된다.

배당 EXERCISE 10　　　　　　　　　　　　　　　　　EXERCISE

갑 가압류 1,000만 원(2002. 2. 10) → 을 일반조세채권 1,500만 원(압류 2002. 5. 10)(법정 기일 2002. 1. 31) → 병 임차인 3,000만 원(전입/확정 2002. 6. 10) → 정 공과금 500만 원(압

류 2002. 10. 10)(납부기한 2002. 7. 31.) → **무 임금채권 2,000만 원**(압류2002. 10. 10)(최우선임금 1,000만 원)(일반임금 1,000만 원) → **기 당해세 600만 원**(압류2002. 12. 10)(법정기일 2002. 9. 30.) → **을의 압류공매 의뢰**(2003. 5. 10)

배분금이 7,800만 원이고 주택이 서울 소재시

1순위_ ① 병 1,600만 원(최우선변제금 1) → 저당권 등이 없으므로 최우선변제지급기준은 배분표 작성시점을 기준으로 현행법상 소액보증금 중 일정액이 된다. ② 무 1,000만 원(임금 최우선변제금 1)

2순위_ 기 당해세 600만 원(우선변제 1)

3순위_ 을 1,500만 원(우선변제 2)

4순위_ ① 갑 가압류 1000만 원=② 병 확정일자 임차인 1,400만 원이고, ① 갑<③ 정 · ④ 무관계이다. ② 병은>③ 정 공과금 500만 원 · ④ 무 일반임금 1,000만 원 관계이고, ② 병=① 갑인 관계에 있다. ③ 정은>① 갑이고, ③ 정<② 병 · ④ 무 관계이다. ④ 무는>① 갑 · ③ 정이고, ④ 무<② 병인 관계에 있다.

따라서 순위의 상호모순관계에 있어서 1차적으로 안분배당하고 2차적으로 순위에 따라서 흡수하는 절차를 한다. 이러한 경우를 특수흡수배당절차라 한다.

1차적으로 안분배당

① 갑 가압류$=3,100$만원$\times \dfrac{1,000만 원}{(1,000+1,400+500+1,000)3,900만 원}=7,948,717.\underline{94}=7,948,718$원

② 병 임차인$=3,100$만원$\times \dfrac{1,400만 원}{3,900만 원}=11,128,205.\underline{12}=11,128,205$원

③ 정 공과금$=3100$만원$\times \dfrac{500만 원}{3,900만 원}=3,974,358.\underline{97}=3,974,359$원

④ 무 일반임금채권$=3100$만원$\times \dfrac{1,000만 원}{3,900만 원}=7,948,717.\underline{94}=7,948,718$원

2차적으로 흡수절차는 흡수하는 자 중에서 최우선순위자가 먼저 흡수하고 흡수당할 자는 제일 열후한 순위부터 흡수당한다. 따라서 ②병은 ③과 ④에서 흡수하게 되는데 ④가 ③보다 우선순위이므로 ③이 먼저 흡수당한다.

② 병$=11,128,205$원(1차 안분액)$+2,871,795$원(③을 흡수함)$=1,400$만 원(종결)

④ 무＝7,948,718원(1차 안분액)＋2,051,282원(① 갑에서 흡수)＝1,000만 원(종결)

④ 무는 ③ 정과 ① 갑보다는 우선순위로 모두 흡수할 수 있는데 이 중에서 ① 갑이 ③ 정보다는 후순위이다.

③ 정＝3,974,359원(1차 안분액)＋1,025,641원(① 갑에서 흡수)－2,871,795원(②에 흡수당함)＝2,128,205원(종결)(③은 자기채권을 만족할 때까지 ①에서 흡수한 다음 ②에 흡수당한 금액을 공제한다. 이는 흡수당한 것은 일단 배당받는 것으로 보기 때문이다)

① 갑＝7,948,718원(1차 안분액)－2,051,282원(④ 무에 흡수당함)－1,025,641원(③ 정에 흡수당함)＝4,871,795원(종결)

최종배당결과는

ⓐ 병＝1,600만 원(1)＋1,400만 원(4－1)＝3,000만 원

ⓑ 무＝1,000만 원(1)＋1,000만 원(4－1)＝2,000만 원

ⓒ 기＝600만 원(2)

ⓓ 을＝1,500만 원(3)

ⓔ 정＝2,128,205원(4－1)

ⓕ 갑＝4,871,795원(4－1)으로 배당이 종결된다.

민사집행법상의 경매절차에서는 선순위 가압류 후 공과금, 조세채권, 임금채권(최우선변제 아닌 일반임금) 등이 혼재되어 있는 경우

갑 가압류 5,000만 원(2002년 2월 10일) → 을 건강보험료 300만 원(납부기한 2002년 5월 10일) → 병 일반조세체권 1,800만 원(법정기일 2002년 6월 10일) → 정 당해세 150만 원(법정 2002년 7월 31일) → 무 임금채권 1,000만 원(2002년 8월 10일) → 기 강제경매신청(02년 10월 10일, 청구금액 4,000만 원) → 경 가압류 2,000만 원(2002년 12월 10일)

이 사례에서 주택은 서울이고 배당금액이 1억인 경우 배당절차는

1순위_ 무 임금채권 1,000만 원(일반임금채권 우선변제 1) (일반임금채권은 조세[당해세 포함], 공과금, 일반채권에 우선한다. 단, 저당권부채권에 우선하는 조세, 공과금에 대해서는 후순위가

된다.)

2순위_ 정 당해세 150만 원(당해세 우선변제 2)

3순위_ 병 일반조세 1,800만 원(우선변제 3) (조세채권은 공과금 및 일반채권에 우선한다)

4순위_ 을 건강보험료 300만 원(우선변제 4) (공과금은 조세채권보다는 후순위지만 일반채권보다는 우선한다.)

5순위_ ① 갑 가압류＝② 기 강제경매＝③ 경 가압류 등이 동순위이므로 안분배당한다.

① 갑 가압류＝6,750만 원×5,000만 원/(5,000＋4,000＋2,000)11,000만 원＝30,681,818.[18]＝30,681,818원

② 기 강제경매＝6,750만 원×4,000만 원/11,000만 원＝24,545,454.[54]＝24,545,455원

③ 경 가압류＝6,750만 원×2,000만 원/11,000만 원＝12,272,727.[27]＝12,272,727원

국세징수법상의 공매절차에서 선순위가압류, 공과금, 조세채권, 담보물권, 임금채권 등이 혼재되어 있는 경우의 배분절차 사례연습

갑 가압류 2/1. 2,000만 원 → 을 건강보험료 5/1. 300만 원(납부기한 3/31) → 병 일반조세 6/10. 1,000만 원(법정 4/30) → 정 근저당 6/15. 4,000만 원 → 무 당해세 400만 원(법정 6/20) → 기 일반임금채권 7/10. 1,500만 원 → 병의 압류공매 의뢰

배분금액이 8,000만 원인 경우 배분순서는

1순위_ 무 당해세 400만 원(당해세 우선변제 1) (∵당해세는 담보물권에 항상 우선한다. 그리고 일반조세나 공과금 및 일반채권에 대해서도 우선한다.)

2순위_ 병 일반조세 1,000만 원(조세채권 우선변제 2) (조세채권은 공과금 및 일반채권에 항상 우선한다. 일반임금채권은 조세채권에 대해서 우선한다. 그러나 저당권부 채권에 우선하는 조세, 공과금에 대해서는 후순위이다.)

3순위_ 을 건강보험료 300만 원(공과금 우선변제 3)

4순위에서는 ① 갑 가압류=② 정 근저당이고, ② 정은>③ 기 일반임금채권이고, ③ 기는>① 갑인 관계가 되어 순위가 상호 모순관계에 있다.

이러한 경우는 특수흡수배분절차(=순환흡수배당)로 1차로 ①·②·③을 안분배분하고 순위에 따라서 흡수 배분하는 절차를 거쳐야 하는데 흡수순서는 선순위자로부터 하고, 흡수당하는 순위는 제일 후순위자로부터 흡수당한다.

흡수의 한도는 흡수당했던 자가 흡수할 때 흡수당한 부분을 공제한 나머지 부분만 흡수한다(흡수당한 부분을 일단 배당받을 것이므로).

1차 안분배당

① 갑 가압류=6,300만 원×2,000만 원／(2,000+4,000+1,500)7,500만 원=16,800,000원

② 정 근저당=6,300만 원×4,000만 원／7,500만 원=33,600,000원

③ 기 임금채권=6,300만 원×1,500만 원／7,500만 원=12,600,000원

2차 흡수배당 ② 정 근저당이 ③ 기 임금채권보다 우선순위로 ②의 채권액이 만족할 때까지 흡수한다.

② 정 근저당=33,600,000원(1차 안분액)+6,400,000원(③에서 흡수함)=4,000만 원(종결)

③ 은 임금채권이므로 일반채권에 항상 우선하므로 ③은 ① 갑 가압류보다 우선순위로 ③의 채권액이 만족할 때까지 흡수한다. 그러나 흡수당했던 금액은 일단 배분받았던 것이므로 배분에서 공제된다.

③ 기 임금채권=12,600,000원(1차 안분액)−6,400,000원(②에 흡수당함)+2,400,000원(①번에 흡수함)=8,600,000원(종결)

① 갑 가압류=16,800,000원(1차 안분액)−2,400,000원(③에 흡수당함)=14,400,000원(종결)

따라서 최종배분 결과는

ⓐ 무=400만 원(1)

ⓑ 병=1,000만 원(2)

ⓒ 을=300만 원(3)

ⓓ 정＝4,000만 원(4−1)

ⓔ 기＝8,600,000원(4−1)

ⓕ 갑＝14,400,000원(4−1)이 된다.

확정일자 임차인들과 당해세, 일반조세채권, 공과금, 임금채권, 근저당권 등과 우선순위에 따른 배당

주소	면적	경매가 진행과정	1) 법원임차인조사내역 2) 기타청구내역	등기부상 권리관계
서울시 중랑구 묵동 ○○○번지 다가구주택 채무자: 이기정 소유자: 이기정 채권자: 국민은행	대지 145㎡ 건물 1층 95㎡ 2층 94㎡ 지하 45㎡	감정가 300,000,000원 최저가 1차 300,000,000원 유찰 2차 240,000,000원 낙찰 268,489,000원 낙찰자 이재명	1) 임차인내역 ① 김기수 　전입 2002. 2. 10. 　확정 2002. 2. 10. 　배당 2004. 5. 10. 　(보) 30,000,000원 ② 이수철 　전입 2003. 5. 15. 　확정 2003. 5. 15. 　배당 2004. 5. 11. 　(보) 30,000,000원 ③ 이기남 　전입 2003. 5. 26. 　확정 2003. 5. 26. 　배당 2004. 5. 5. 　(보) 35,000,000원 2) 기타청구내역 ① 중랑구청 (법정기일 2003. 10. 10.) 교부청구 300,000원 재산세(당해세) ② 중랑세무서교부청구 (법정기일 2003. 10. 25.) 1,100,000원 부가가치세	소유자 이기정 　2002. 2. 18. 근저당 국민은행 　2002. 3. 10. 　155,000,000원 가압류 임금채권자 유길자 　2003. 5. 20. 　12,300,000(3개월분 임금＋ 3개월분 퇴직금) 가압류 유기상 　2003. 5. 28. 　10,000,000원 압류 국민건강보험 　2003. 6. 10. 　789,000원 임의 국민은행 청구금액 　155,000,000원 〈2004. 1. 10.〉

이 경매사건에서는 말소기준권리가 2002. 3. 10. 국민은행이고, 가압류한 임금채권자 유길자는 임금채권 중 최우선변제금에 해당하는 권리이고, 압류권자 건강보험은 압류일을 납부기한으로 보고 배당표를 작성하기로 한다.

배당금액 (268,489,000−300만 원)＝265,489,000원이므로 배당표는 다음과 같다.

1순위_ ① 임금채권자 유길자 12,300,000원(최우선임금퇴직금 1) ② 김기수 16,000,000+이수철 16,000,000+이기남 16,000,000(최우선변제금 1)

2순위_ 중랑구청 300,000원(당해세)(우선변제 1등)

3순위_ 김기수 14,000,000원(우선변제 2등)

4순위_ 국민은행 155,000,000원(우선변제 3등)

5순위_ 이수철 14,000,000원(우선변제 4등)

6순위_ 이기남 19,000,000원(우선변제 5등)

7순위_ 중랑구세무서 1,100,000원(우선변제 6등)(조세채권은 공과금 및 일반채권에 항상 우선한다)

8순위_ 국민건강보험료 789,000원(우선변제 7등)

9순위_ 유기상 1,000,000원

따라서 최종배당금은

ⓐ 유길자 : 12,300,000원

ⓑ 김기수 : 16,000,000(1)+14,000,000(3)=30,000,000원

ⓒ 중랑구청 : 300,000원(2)

ⓓ 국민은행 : 155,000,000원(4)

ⓔ 이수철 : 16,000,000(1)+14,000,000(5)=30,000,000원

ⓕ 이기남 : 16,000,000(1)+19,000,000(6)=35,000,000원

ⓖ 중랑구세무서 : 1,100,000원(7)

ⓗ 국민건강보험 : 789,000원(8)

ⓘ 유기상 : 1,000,000원(9)

이와 같이 배당이 종결되며 낙찰자 인수금액이 없게 된다.

배당 EXERCISE 14　　　　　　　　　　　　　　　EXERCISE

국세 및 지방세 다음순위로 징수되는 공과금

보험료 등의 공과금이 압류등기가 된 후 근저당권을 취득한 자가 있는 경우 배

당방법

주소	면적	경매가 진행과정	1) 임차인조사내역 2) 기타청구내역	등기부상 권리관계
서울시 송파구 가락동 ○○○번지 단독주택	대지 115㎡ 건물 1층 75㎡ 2층 65㎡	감정가 230,000,000원 최저가 1차 230,000,000원 유찰 2차 184,000,000원 유찰 3차 147,200,000원 낙찰 182,418,000원 낙찰자 이기자	1) 임차인 ① 한상민 전입 2003.4.30. 확정 × 배당 2004.10.1. (보) 30,000,000원 ② 이기동 전입 2003.6.1. 확정 2003.6.1. 배당 2004.6.30. (보) 20,000,000원 2) 기타청구 ① 교부청구 송파구청 (재산세) 법정기일 2003.9.10. 185,000원 ② 건강보험료 납부기한 2003.5.10. 3,850,000원	소유자 이철민 2003.3.30. 근저당 외환은행 2003.5.1. 120,000,000원 압류 국민건강보험료 2003.8.5. 근저당 김인구 2003.8.10. 25,000,000원 가압류 외환은행 2003.9.4. 9,850,000원 임의 외환은행 청구 120,000,000원 〈2004.6.30.〉

　이 경매사건에서는 말소기준권리가 외환은행으로 대항력 있는 임차인 한상민은 전액 배당받지 못하면 미배당금을 낙찰자가 인수해야 된다. 그리고 중요한 것은 외환은행의 채권최고액을 넘어서는 9,850,000원은 별도 가압류했다는 사실이다.

　배당금액(182,418,000 − 집행비용 1,894,000)은 180,524,000원이므로

　1순위_ 한상민 1,600만 원＋이기동 1,600만 원(최우선변제금 1)

　2순위_ 송파구청 185,000원(당해세우선변제 1등)

　3순위_ 외환은행 120,000,000원(우선변제 2등)

　4순위_ 국민건강보험료 3,850,000원(우선변제 3등)(보험료 등의 압류등기가 된 후 근저당권을 취득한 자보다는 보험료압류등기가 우선한다)

　5순위_ 이기동 4,000,000원(우선변제 4등)

　6순위_ 김인구 20,489,000원(우선변제 5등)으로 배당이 종결되나 대항력 있는 한상민의 미배당금액 1,400만 원은 낙찰자의 인수 대상이 된다. 위에서와 같이 살펴보았으나 채권최고액을 초과하는 금액에 대해 별도 가압류해야 배당받을 수 있으나 배당금액이 없어 가압류설정비용만 지출하게 된 사례이다.

공과금과 저당권과의 우선순위

공과금과 저당권과의 우선순위는 공무원, 교직원의료보험과 지역의료보험은 1999. 2. 8. 이후부터이고, 직장의료보험과 국민연금보험료는 2000. 7. 1. 이후부터이고 고용·산재보험은 2005. 1. 1. 이후부터 저당권 등의 담보물권과 우선순위는 납부기한과 설정일을 비교하여 우선순위 결정한다. 그 이전에는 저당권이 우선한다. 그러나 공과금 등이 먼저 압류시에는 동순위로 안분배당하여 오다가 판례변경에 따라 최근 들어 선압류공과금이 먼저 배당받는다. 따라서 이 판례는 앞의 기간 이전에 저당권보다 우선하지 못하던 시기에서 발생했던 내용이지 앞의 기간 이후부터는 저당권 등의 설정등기일과 납부기한을 비교하여 우선순위를 정한다.

국민연금, 의료보험, 산재보험료 간의 배당관계와 근저당권, 임금채권, 임차인 등이 혼재되어 배당하는 경우

주소	면적	경매가 진행과정	1) 임차인조사내역 2) 기타청구내역	등기부상 권리관계
서울시 강서구 가양동 ○○○번지 단독주택	대지 155㎡ 건물 1층 87㎡ 2층 65㎡	감정가 3억1천만원 최저가 1차 　310,000,000원 유찰 2차 　248,000,000원 낙찰 　293,075,000원 낙찰자 송승완	1) 임차인 ① 김동석 　전입 2003. 9. 25. 　확정 2003. 9. 25. 　배당 2004. 11. 30. 　(보) 16,000,000원 ② 이미란 　전입 2003. 10. 10. 　확정 2003. 10. 10. 　배당 2004. 11. 5. 　(보) 20,000,000원 2) 기타청구 ① 교부청구 강서구청 　(재산세) 　법정기일 2003. 9. 10. 　215,000원 ② 배당요구 　임금채권 김인문 　근로 및 퇴직금 　최우선변제금 　2004. 11. 15. 　20,000,000원 ③ 공과금은 압류일자를 납부 기한으로 가정한다.(근로복지 공단 압류는 산재보험료임)	소유자 한민규 근저당 기업은행 　2002. 10. 2. 　2억4천만원 압류 의료보험 　2003. 3. 10. 　4,540,000원 압류 근로복지공단 　2003. 5. 10. 　5,970,000원 가압류 대우캐피탈 　2003. 7. 5. 　8,900,000원 가압류 하나은행 　2003. 8. 10. 　5,590,000원 압류 국민연금 　2003. 9. 10. 　1,890,000원 임의 기업은행 청구 211,970,000원 〈2004. 7. 1.〉

이 사건에서 말소기준권리는 기업은행으로 2002. 10. 2.이 된다. 따라서 대항력 있는 임차인은 없이 모두가 소멸 대상이 된다.

배당금액(293,075,000 − 집행비용 300만 원)은 290,075,000원이므로

배당순서는

1순위_ ① 김동석 1,600만 원+② 이미란 1,600만 원(최우선보증금1)

　　　③ 임금채권 김인문 2,000만 원(임금채권 최우선변제금 1)　　　동순위

2순위_ 강서구청 215,000원(당해세우선변제금 1)

3순위_ 기업은행 211,970,000원(우선변제권 2)

4순위_ 의료보험 4,540,000원(우선변제권 3)

5순위_ 근로복지공단 5,970,000원(우선변제권 4)

6순위_ 국민연금 1,890,000원(우선변제권 5)(공과금은 일반채권에 항상 우선하기 때문에)

7순위_ ① 가압류 대우캐피탈(8,900,000원)=② 가압류 하나은행(5,590,000원)=③ 이미란 확정일자 우선변제권(4,000,000원) 동순위로 안분배당한다.

$$① 대우캐피탈=13,490,000 \times \frac{8,900,000}{18,490,000} = 6,493,294원$$

$$② 하나은행=13,490,000 \times \frac{5,590,000}{18,490,000} = 4,078,372.^{09} = 4,078,372원$$

$$③ 이미란=13,490,000 \times \frac{4,000,000}{18,490,000} = 2,918,334.^{23} = 2,918,334원$$

따라서 최종배당결과는

ⓐ 김동석=1,600만 원(1) ⓑ 이미란=1,600만 원(1)+2,918,334(7)=18,918,334원

ⓒ 김인문=20,000,000원(1)

ⓓ 강서구청=215,000원(2)

ⓔ 기업은행=211,970,000원(3)

ⓕ 의료보험=4,540,000원(4)

ⓖ 근로복지공단=5,970,000원(5)

ⓗ 국민연금=1,890,000원(6)

ⓘ 대우캐피탈=6,493,294(7)

ⓙ 하나은행=4,078,372원(7)이다.

배당 EXERCISE 16　　　　　　　　　　EXERCISE

최종 3개월분의 임금과 퇴직금 및 재해보상금채권의 최우선변제가 담보물권과 우선순위들이 혼합된 경우 배당

주소	면적	경매가 진행과정	법원임차인조사내역	등기부상 권리관계
서울시 강남구 논현동 300-1 채무자: 김철호 소유자: 김철호 채권자: 기업은행	대지 210㎡ 건물 1층 110㎡ 지하 85㎡	감정가 2억6,000만원 대지 182,000,000원 건물 78,000,000원 최저가 1차 260,000,000원 유찰 20% 저감 2차 208,000,000원 유찰 20% 저감 3차 166,400,000원 낙찰 203,732,000원 〈2006. 3. 15.〉	한만규 전입 2002. 12. 30. 확정 2002. 12. 30. 배당 2005. 4. 10. 보증 20,000,000원 이미숙 전입 2003. 4. 5. 확정 2003. 4. 5. 배당 2005. 4. 15. 보증 40,000,000원 문정혜 전입 2004. 5. 10. 확정 2004. 5. 10. 배당 2005. 4. 10. 보증 35,000,000원	소유자 김철호 근저당 국민은행 1985. 12. 10. 4,500만원 근저당 기업은행 2001. 12. 20. 4,000만원 가압류(임금) 이희숙 2004. 3. 6. 17,445,000원 압류권자 근로복지공단 2004. 8. 20. 837,000원 임의경매 기업은행 〈2005. 8. 10.〉 청구금액 40,000,000원

이 경매사건은 말소기준권리가 1985. 12. 10. 국민은행이다. 그리고 주의할 점은 가압류(임금) 이희숙은 임금채권 전액이 최우선변제금액에 해당되고 압류권자 근로복지공단은 납부기한이 2004. 5. 15.로 산재보험료이다.

이 밖에 영등로세무서가 교부청구하였는데 이는 당해세가 아닌 일반조세로 법정기일이 2004. 8. 30. 조세채권액은 5,450,000원인 경우이고, 배당금액은 매각대금 203,732,000원 − 경매비용 3,000,000원 = 200,732,000원이다.

이 경우 배당표를 작성하여보자.

1순위_ 국민은행 45,000,000원(우선변제 1순위)

임금최우선변제금이라도 1987. 11. 28.부터 저당권보다 임금 최종 3개월분이 우선변제되도록 법이 개정된다.

퇴직금, 재해보상금최우선변제는 1989. 3. 29. 처음 시행으로 1989. 3. 29. 이전에 등기된 담보권자에 우선변제를 주장할 수 없다.

① 퇴직금 우선변제에 관한 경과조치 1989. 3. 29. ~ 1997. 12. 23.까지는 계속 근

로연수에 대한 퇴직금

② 1997. 12. 24.부터는 최종 3년간의 퇴직금

①, ② 퇴직금합계가 250일분의 평균임금을 초과하여서는 아니 된다.

예) 1995. 12. 24. 입사하여 2000. 12. 24. 퇴사의 경우 퇴직금 최우선변제금액은 (2+3)×30일치의 평균임금으로 150일간의 평균임금이 퇴직금우선변제금이 된다.

1차적으로 최우선변제기준일: 국민은행(300/300)

2차적으로 최우선변제기준일: 기업은행, 한만규, 이미숙, 문정혜 확정일자 우선변제권(4,000/1,600)

2순위_ ① 가압류임금 이희숙 : 17,445,000원(임금최우선변제금 1) ② 한만규 : 16,000,000원(최우선변제금 1) ③ 이미숙 : 16,000,000원(최우선변제금 1) ④ 문정혜 : 16,000,000원(최우선변제금 1)

3순위_ 근저당기업은행 : 40,000,000원(우선변제 2)

4순위_ 한만규 : 4,000,000원(우선변제 3)

5순위_ 이미숙 : 24,000,000원(우선변제 4)

6순위_ 문정혜 : 19,000,000원(우선변제 5)

7순위_ 영등포세무서 3,287,000원(우선변제 6)(조세채권은 공과금 및 기타 채권에 우선한다)

대항력 있는 임차인이 없으므로 낙찰자 인수금액이 없다.

배당 EXERCISE 17   EXERCISE

임금채권자, 당해세, 교부청구조세채권, 소액임차인과 담보물권과의 우선순위들이 혼합되어 있는 경우의 배당

주소	면적	경매가 진행과정	법원임차인조사내역	등기부상 권리관계
서울시 서초구 방배동 100번지 채무자: 이철민 소유자: 이철민 채권자: 국민은행	대지 95㎡ 건물 1층57㎡ 2층57㎡	감정가 2억5,000만원 대지 175,000,000원 건물 75,000,000원 최저가 1차 250,000,000원 유찰 2005.4.20. 2차 200,000,000원 유찰 2005.5.17. 3차 160,000,000원 낙찰 196,491,000원 (2005. 6. 20)	이필상 전입 2003. 12. 10. 확정 2003. 12. 10. 배당 2005. 1. 10. 보증 30,000,000원 이기근 전입 2004. 4. 30. 확정 2004. 4. 30. 배당 2005. 1. 15. 보증 40,000,000원	소유자 이철민 2002. 8. 10. 근저당 국민은행 2002. 8. 10. (5,000만원) 근저당 기업은행 2004. 3. 10. (4,000만원) 가압류 김이상 2004. 5. 10. (1,500만원) 압류 의료보험 2004. 6. 10. 압류 서초구청 2004. 8. 15. 임의 국민은행 2004. 10. 10. 청구 45,000,000원

이 경매사건에서 압류의료보험(납부기한이 2004. 3. 30) 547,000원이고, 압류서초구청은 (법정기일 2004. 7. 10) 재산세 1,490,000원이다. 그리고 마포세무서가 부가가치세교부청구 1,570,000원(법정기일 2004. 4. 25)을 청구하였고, 임금채권자 이미자가 2005. 1. 16. 19,885,000원을 노동부에서 발급한 체불임금확인서를 갖고 배당요구를 청구하였는데, 이중 최우선변제에 해당하는 근로자임금 3개월분과 3년간의 퇴직금이 8,445,000원이고, 일반 임금채권이 11,440,000원이었다.

배당금액은 (196,491,000원－경매 집행비용 3,000,000원)193,491,000원이다.

그러면 배당표를 순위에 따라서 작성하여 보자.

1순위_ ① 이필상 16,000,000원, ② 이기근 16,000,000원(최우선변제금 1) ③ 이미자 8,445,000원(임금 및 퇴직금, 장해금 최우선변제금 1)

2순위_ 서초구청 1,490,000원(당해세)(우선변제 1)

3순위_ 국민은행 50,000,000원(우선변제 2)

4순위_ 이필상 14,000,000원(확정일자 우선변제권)(우선변제 3)

5순위_ 기업은행 40,000,000원(우선변제 4)

6순위_ 마포세무서 1,570,000원(조세채권우선변제 5)

7순위_ 의료보험 547,000원(공과금우선변제 6)

의료보험납부기한이 마포세무서법정기일보다 빠르다. 그러나 조세채권은 항상 공과금 및 기타 채권에 우선하므로 후순위로 배당받는다.

8순위_ 이기근 24,000,000원(확정일자에 의한 우선변제 7)

9순위_ 일반임금채권 이미자 11,440,000원(임금채권우선변제 8)

일반 임금채권은 조세(당해세 포함) 공과금, 일반채권에 우선한다. 다만 저당권부 채권(근저당, 담보가등기, 전세권, 확정일자 임차권 등)보다 항상 후순위이고 이 저당권부 채권에 우선위는 조세, 공과금, 채권보다도 후순위가 된다.

따라서 일반임금채권이 9순위로 배당받는다.

10순위_ 가압류 김이상 9,999,000원

↓ 미리 알아두기

종부세, 재산세, 자동차세의 법정기일

1. 2008년부터 종부세는 정부에서 부과하는 방식으로 전환된다. 따라서 그 이전까지는 종부세법정기일은 신고납부일이 되나, 2008년부터는 고지서발송일이 된다.

2. 재산세 1기분 납부기한 7.16.~7.31. 2기분은 9.16.~9.30.로 1기분은 7월 10일(징수결정일), 2기분은 9월 10일(징수결정일)에 징수를 결정하여 고지서를 발송하게 되므로 이 기일이 보통 법정기일이 된다. 고지서발송일이 법정기일이다.

3. 자동차세는 1기분 6월 10일(징수결정일), 2기분은 12월 10일(징수결정일)에 징수를 결정하고 고지서를 발송하게 되므로 이 기일이 보통 법정기일이 된다.

❖ 조세채권(당해세 · 일반조세채권), 근로자 임금채권, 공과금, 일반채권들 간의 우선순위에 대한 법률규정 및 판례 해설

지면 관계로 타이틀만 기재하고 법률규정 및 판례해설 본문 내용은 생략했으니 본문 내용이 필요하신 분들은 다음 카페에서 책 이름을 검색하면 다운받아서 참고하시기 바란다.

- 공매경매와 부동산투자분석(CAfe.nAver.Com/pAuCtion)
- 공매전문옥션(CAfe.nAver.Com/PAuCtion)

1 공과금(건강보험료, 연금보험료, 고용산재보험료)의 우선순위

2 압류선착주의와 강제집행절차에서의 압류선착주의의 적용 여부

3 압류선착주의가 연금보험료와 산재보험료 간에도 적용되는지 여부

4 압류선착주의는 담보물권과의 우선순위에 대해

5 조세저당권

6 소유권이 조세채권의 압류등기 없이 제3자에게 양도된 경우 전 소유자의 조세채권자 배당 여부

7 지방당해세의 범위

8 취득세 법정기일과 근저당설정일이 같은 날일 경우

9 납세담보와 다른 조세채권과의 우선순위

10 조세채권의 법정기일과 담보물권의 설정일 그리고 임차인의 확정일자가 같은 날일 경우 우선순위

11 압류당시의 체납세액이 모두 납부된 후 다시 체납세액이 발생한 경우에 압류의 효력이 미치는지?

12 동일한 압류재산에 배분요구하였으나 다른 압류관서로부터 새로운 공매절차가 진행될 경우 이를 배분요구한 것으로 보는지?

13 법원경매와 압류재산 공매가 동시에 경합시 우선권은?

14 등기부상 위임관서 이외의 세무서가 압류 또는 참가압류권자로서 존재하는 경

우에도 교부청구해야 하는지?

15 가압류채권자는 압류재산의 배분절차에 참여할 수 있는지?

16 조세채권과 담보물권 기타 채권에 경합되는 경우

17 압류선착주의가 공과금(건강보험료, 연금보험료, 고용산재보험료 등) 상호간에도 적용되는지?

18 압류선착주의는 담보물권간의 우선순위에 대해서는?

19 경매기입등기 후에 발생한 체불임금과 경매기입등기 후 대항요건 및 확정일자를 갖춘 임차인도 배당참여 여부

20 일반임금채권과의 배당순위

21 국세징수법상 청산(배분)절차에서 배분절차에 참가할 수 있는 권리자는 배분요구해야 하는지

22 조세채권(당해세 이외 일반조세채권)과 근저당권과 임차인 간의 권리 충돌시 우선순위

권리 충돌시 우선순위

갑 임차인은 대항력과 확정일자에 의한 우선변제권이 5/2일 오전 0시에 발생하고, 을 근저당은 5/2 주간에 발생, 병 조세채권은 5/2 주간에 발생한다. 그렇다고 하더라도 동일 날짜에 효력이 발생시 조세채권이 저당권부채권에 우선한다는 것이 다수설이다.

23 국세기본법 제35조 제2항과 대법원 98마1333 결정에 있어서 가등기권리자와 조세채권과의 우선순위 결정은 다음과 같다.

　　① 국세기본법 제35조 제2항

　　② 가등기 이후 경료된 국세압류등기의 효력에 관한 판례

　　③ 가등기담보의 개념

　　④ 국세기본법의 규정

　　⑤ 가등기에 대해 종합적으로 해석해보면

24 근로자의 적법한 배당요구가 있은 후 배당요구 종기가 지나서 근로복지공단이 그 임금을 대위변제한 경우 배당 가부(=可) : 2005. 1. 14. 선고 2003다31282 판결(배당이의)

25 공매와 경매가 경합한 상태에서 공매로 매각된 경우에도 소액임차인은 경매기입등기 전에 대항요건을 구비해야 하는지[선고 2003다65940 판결(배당이의)]

공매와 경매가 동시에 진행되거나 경매가 먼저 낙찰되어 대금 납부기간 중에 있고 그 후에 공매낙찰자가 먼저 잔금 납부 시 경매는 취소되고 공매낙찰자가 소유권을 취득하게 된다는 사실이다.

26 최우선임금채권의 행사방법(=배당요구) 및 규정 신설 전의 저당권에 우선하는지? [선고 97다카13155 판결(부당이득금)]

27 최종 3월분 임금의 의미[선고 2001나83838 판결(배당이의)]

28 취득세의 법정기일과 근저당권 설정일자가 같은 날일 경우(=조세가 우선)(선고 2000다44355 판결)

29 가산세채권(취득세와 재산세)과 근저당권(95.10.20)의 우열[=근저당권설정당시의 지방세법에 의한 가산세자체의 법정기일(납세고지서 발송일)과 설정일자를 비교하여 결정](2001다10076 판결)

30 저당부동산이 상속된 후 상속인이 체납한 조세(당해세 포함)와 저당권(=저당권이 우선)[선고 2005다13257 판결(배당이의)]

31 등기원인이 증여로 소유권이전등기된 후 설정된 근저당과 증여세(=당해세이므로 근저당보다 우선)[대법원 2001.1.30. 선고 2000다47972 판결(배당이의)]

32 지방세·당해세의 범위 및 종합소득세(=한정적 당해세)와 도시계획세(=당해세)[2001.2.23. 선고 2000다58088 판결(부당이득금)]

33 소방공동시설세(=지방세·당해세)[2002.2.8. 선고 2001다74018 판결(배당이의)]

34 공매절차에서 조세, 저당권, 조세 순일 경우 압류선착주의의 적용방법(=먼저 법

정기일과 설정일자 선후로 순위결정·배분하고, 그 다음에 압류선착주의에 따라 조세사이의 우열 결정)[(대법원 2005.11.24. 선고 2005두9088 판결(배분처분취소)]

35 조세채권에 대한 판례

36 임금채권에 대한 판례

37 체납처분절차에서 최우선변제금에 해당하는 소액임차인의 판단기준 및 대항요건, 존속기간에 대한 판례, 조세채권인 부가세와 전세권의 우선순위에 대한 판례

① 체납처분절차에서 최우선변제대상이 되는 소액임차인의 판단기준

② 공매대금배분시 청구인의 소액임차보증금을 국세 등에 우선하여 배분해야 한다는 청구주장의 당부(심판청구번호 국심 2006부1228 결정일자 2006.7.7)

③ 부가가치세와 전세권의 우선순위(인천지법 2004가합8803 판결)

④ 경매기입등기 이후에 발생한 체불임금의 우선변제 해당 여부

⑤ 저당부동산이 양도된 경우 저당권부 채권과 조세채권과의 우선순위

등기부등본 상의 권리관계

❖ 등기부등본 상의 권리관계

등기부등본에는 토지등기부등본과 건물등기부등본, 그리고 집합건물등기부등본이 있다.

토지만 있는 경우(전·답·임야·나대지 등의 경우) 토지등기부등본만 확인하면 되겠지만, 일반주택(단독, 다가구 등)의 경우는 토지등기부등본과 건물등기부등본을 동시에 열람하여 토지와 건물의 설정된 권리 등이 일치하는지 여부 등을 분석해야 한다.

집합건물등기부등본은 집합건물로서 아파트·다세대·연립·상가·오피스텔 등의 경우에서처럼 토지와 건물에 대한 사항이 하나의 등기부등본에 일체를 표시

되어있는 형태의 등기부등본이다.

등기부등본에는 토지등기부등본과 건물등기부등본, 그리고 집합건물등기부등본이 있다.

토지만 있는 경우(전·답·임야·나대지 등의 경우) 토지등기부등본만 확인하면 되겠지만, 일반주택(단독, 다가구 등)의 경우는 토지등기부등본과 건물등기부등본을 동시에 열람하여 토지와 건물의 설정된 권리 등이 일치하는지 여부 등을 분석해야 한다.

집합건물등기부등본은 집합건물로서 아파트·다세대·연립·상가·오피스텔 등의 경우에서처럼 토지와 건물에 대한 사항이 하나의 등기부등본에 일체를 표시되어있는 형태의 등기부등본이다.

본래의 토지등기부등본이 별도로 존재하지만 집합건물이 보존등기(신축)가 되고 대지권의 지분정리가 모두 이루어지면 우선 토지등기부의 갑구 소유권에 관한 사항란에 '소유권 대지권'으로 대지지분별로 공유등기가 된다.

이 등기가 완료되면 토지등기부용지에서는 더 이상 소유권이전등기를 할 수 없다.

이들이 집합건물 전유부분의 대지권으로 등기가 이루어지고 나서는 전유부분과 분리하여 처분할 수 없기 때문이다. 여기서 대지사용권이란 집합건물의 구분소유자가 전유부분을 소유하기 위하여 견물이 대지에 대해 가지는 권리를 대지권이라 한다[집합건물의 소유 및 관리에 관한 법률 제2조 6호]. 따라서 집합건물의 전유부분의 표제부에 대지권이 미등기되어 있거나 토지별도등기 등이 대지권의 우측란에 기재되어 있다면 토지등기부등본을 발급받아 실제 대지지분이 공유등기되어 있는지 여부와 대지지분에 별도등기(근저당, 가압류, 압류, 가처분 등)가 있는가 등을 확인하고 그 원인을 찾아서 분석해보아야 한다.

등기부등본에는 기본적으로 3부분으로 나누어져 있는데 ① 표제부, ② 갑구, ③ 을구로 구성된다.

일반 등기부등본에 기재되는 권리

구분	특징	기재내용
1. 표제부	표제부는 부동산의 외관을 표시	부동산 소재지(지번), 지목, 용도, 구조, 면적, 건물층수, 건물구조, 단독·다가구·다세대·아파트 집합건물의 대지권 등기여부, 임야의 임목등기 여부 등이 기재된다.
2. 갑 구	소유권에 관한 사항 – 과거 및 현재의 소유자, 장래의 소유권 변동(제한)에 영향을 주는 사항 등이 기재	소유권 보존등기, 소유권이전등기, 가압류, 압류, 가처분, 가등기(담보가등기, 보전가등기), 예고등기, 경매기입등기(임의경매, 강제경매), 환매특약등기
3. 을 구	소유권 이외에 관한 사항 – 주로 담보물권 설정등기 및 말소에 관한 사항	근저당권, 저당권, 지상권, 전세권과 저당권, 전세권에 대한 저당권설정등기, 임차권등기, 예고등기

표제부

부동산의 소재지와 그 내역을 표시하는 것으로 토지등기부에는 소재지·지번·지목 및 분할·합병사항 등이 기재되어 있고, 건물등기부는 건물소재지·지번·구조·층수·용도·면적 등이 기재되어 있다(분필의 경우 : 100번지 → 100, 100-1, 100-2 …로 표시된다).

갑구

소유권에 관한 내용을 표시하는 부분으로 소유권 및 소유권을 제한(변동)하는 사항 등이 기재된다. 즉 소유권보존(최초의 소유자), 소유권이전(소유권 변동사항으로 현재 소유자와 과거소유자를 확인), 그리고 가압류, 압류, 가처분, 가등기(소유권이전청구권 보전가등기 또는 소유권이전담보가등기), 경매개시결정등기(압류), 환매등기, 예고등기(말소 또는 말소회복에 관한 재판이 진행 중임을 예고하는 예고등기) 등의 내용이 기재되고, 이들 권리 등이 변경등기, 말소 및 회복등기 등이 있다면 갑구에 기재하게 된다. 이 밖에 소유권이 대지권인 경우의 대지권 취지 등이 기재된다.

을구

소유권 이외의 권리인 저당권(근저당권), 전세권, 임차권, 지역권, 지상권, 권리질권 등의 설정과 이들 권리들의 이전·변경·정정·말소·가등기·예고등기·처분제한의 등기 등이 기재된다.

이 밖에 소유권 이외의 권리가 대지권인 경우의 대지권 취지 등이 기재된다.

집합건물등기부등본

표제부

표제부는 부동산의 소재지와 내용을 표시한다. 토지는 지번·지목·면적을, 건물은 지번·구조·용도·면적 등이 기재된다.

단독주택은 표제부가 하나이지만 아파트·다세대·연립 등과 같은 집합건물은 한 동 전체에 관한 표제부와 전유부분(개별 세대별)에 대한 표제부로 해서 2개로 구성되어 있다.

① 첫 번째 표제부는 한 동 전체에 대한 부동산 표시
  ⓐ 소재지번, 건물명칭 및 번호: 해당부동산 주소와 건물 명칭이 있는 경우 건물명, 동이 여러 개 있는 경우 해당 동수
  ⓑ 지목과 면적: 건물이 있는 토지의 용도(지목)와 한 동 전체의 대지면적
② 두 번째 표제부는 집합건물전유부분에 대한 표시
  ⓐ 건물의 번호 및 건물내역: 건물의 번호는 몇 층 몇 호를 말하고 건물내역은 개별세대간 건물의 형태와 면적 등이 기재된다.
  ⓑ 전유부분의 대지권의 종류와 비율: 대지권은 대지를 사용할 수 있는 권리로서 소유권, 임차권, 지상권이 있고, 비율은 건물이 있는 전체토지면적분의 개인세대의 몫인 토지지분이다.

갑구(건물등기부, 토지등기부, 집합건물등기부 등이 모두 같으므로 앞의 내용 참조)
을구(건물등기부, 토지등기부, 집합건물등기부 등이 모두 같으므로 앞의 내용 참조)

등기부등본상의 물권과 채권 등이 등기되어 있는 경우, 우선순위 결정 방법

동구인 경우(＝갑구끼리에서 우선순위 또는 을구끼리에서만 우선순위)

동구에서 같은 날 설정등기된 경우에는 순위번호에 의해서 우선순위를 결정하게 된다.

별구인 경우(=갑구와 별구가 혼합된 경우)

별구에서 같은 날 설정등기된 경우에는 접수번호에 의해서 우선순위를 정한다.

그러나 설정등기일자가 다른 경우

① 물권과 물권 상호간에는 등기된 날자가 빠른 물권이 우선한다.

② 물권과 채권상호간에는 물권이 설정등기일 빠른 경우는 물권이 우선하고, 채권
(가압류, 강제경매채권 등) 등이 빠른 경우는 동순위로서 안분배당하게 된다.

등기부등본에 기재된 내용 등의 신뢰문제

우리나라에서 등기부등본은 공신력公信力이 인정되지 않는다.

따라서 등기부등본만 믿고 소유권이전등기를 하였더라도 등기부상의 소유자가
실제소유자가 아니었다면 소유권을 취득하지 못하게 된다.

다만 공시력公示力만 인정된다. 등기부상에서 권리관계가 변동되면 변동된 사실
을 표시(=등기부에 등기) 효력이 발생하는데 이는 추정적 효력이 발생하는 것이다.

형식상 저당권이 있는 경우[대법원 97다26104, 26111 판결]

갑 근저당권(말소기준권리) → 을 가처분 → 병 강제경매기입등기 → 정 낙찰 → 대금
납부

① 민사법집행법 제135조는 낙찰자는 경매대금 납부와 동시에 소유권을 취득한다.
소유권 취득은 등기와 상관없이 대금 납부로 취득한다[민법 187조].
따라서 대금 납부 이후 → 소유권이전촉탁등기를 신청하면 말소할 목록으로 을
가처분 또한 말소대상이 된다. 그러나 선순위 갑 근저당권이 채권액이 없었다
면(0원), 을 가처분권자가 소송에서 승소한 경우이거나 소송중인 경우일지라도
말소기준권리의 채권액이 없는 형식상의 근저당권을 이유로 해서 가처분 말소
회복등기를 신청하게 되고 이때에 말소된 가처분은 회복되고 낙찰자는 가처분
을 인수해야 될 것이다.

② 대법 1998.10.27. 선고 97다26104, 26111 판결

강제경매의 개시 당시 이미 소멸하였음에도 형식상 등기만이 남아 있을 뿐이었던 근저당권보다 후순위라는 이유로 집행법원의 촉탁에 의해 이루어진 가처분 기입등기의 말소등기는 원인무효이고, 가처분채권자는 그 말소등기에도 불구하고 여전히 가처분채권자로서의 권리를 가진다.

대위변제로 인하여 근저당권(말소기준권리)이 소멸된 경우

갑 근저당권(말소기준권리) → 을 임차인 → 병 근저당권 → 병 경매신청 → 정 낙찰 → 갑 근저당권 대위변제로 말소 → 대금납부

① 을 임차인이 대위변제로 갑 근저당권이 말소된 경우 을 임차인은 대항력이 있어서 낙찰자가 인수해야 된다. 그러나 대위변제가 입찰 전 → 매각 후 → 매각허가 결정 → 대금 납부 전에 이루어진 경우이거나 대위변제 후 근저당권을 늦게 말소시켰다면 문제가 야기될 수 있다. 위와 같이 선순위근저당권의 존재로 임차권의 대항력이 소멸하는 것으로 알고 부동산을 낙찰받았으나 그 이후 선순위근저당권의 소멸로 임차권의 대항력이 존속하는 것으로 변경되어 낙찰자의 부담이 현저히 증가되는 경우 낙찰자로서는 매각허가 결정의 취소신청을 할 수 있다고 본다.

② 대법 1998.8.24. 자98마1031 결정(낙찰허가취소기각)

선순위근저당권의 존재로 후순위임차권의 대항력이 소멸하는 것으로 알고 부동산을 낙찰받았으나, 그 이후 선순위근저당권의 소멸로 인하여 임차권의 대항력이 존속하는 것으로 변경됨으로써 낙찰부동산의 부담이 현저히 증가하는 경우에는, 낙찰인으로서는 민사소송법 제639조 제1항의 유추적용에 의해 낙찰허가결정의 취소신청을 할 수 있다.

❖ 저당권(근저당권)에 대한 권리분석과 배당사례

민법 제356조(저당권의 내용)는 저당권자가 채무자 또는 제3자가 점유를 이전하지 않고 채무의 담보로 제공한 부동산에 대해 다른 채권보다 자기채권의 우선변제 받을 권리가 있다고 규정하고 있다.

민법은 저당권의 목적이 될 수 있는 것은 부동산과 부동산물권(지상권, 전세권 등)뿐만 아니라 광업권, 공장재단, 광업재단, 어업권, 댐 사용권, 선박, 항공기, 자동차, 일정한 건설기계 등도 특별법에 의해 저당권의 목적이 될 수 있다.

저당권의 종류에는 저당권, 근저당권, 포괄근저당권, 공동저당권, 선박저당권, 임목저당권, 공장저당권, 산업재단저당권 등이 있다.

저당권에 대한 설명과 근저당권과의 차이

저당권에 대한 설명

① 저당권은 장래에 발생하게 될 특정채무를 담보로 한다.

② 저당권은 원본, 이자, 위약금, 채무불이행으로 인한 손해배상 및 저당권의 실행비용을 담보한다[민법 360조]. 그러나 지연배상은 원본이행기일 이후 1년분에 한한다. 이에 반해서 근저당권의 경우 피담보채무의 범위는 저당권과 동일하지만 근저당권의 실행비용은 포함되지 않고, 채무불이행으로 인한 손해배상 청구도 1년분에 해당되지 않고, 채권최고액의 범위 내에서 모두 담보가 된다.

③ 저당권에 의해 담보되는 원본(원금)의 액과 변제기는 등기를 해야 하고, 이자를 발생하게 하는 특약이 있는 때에는 이율, 발생시기, 지급시기를 등기해야 한다[부동산등기법 제140조]. 만약 이자의 약정 여부, 이율 등에 관하여 등기가 없으면 제3자(후순위권자, 제3취득자 등)에게 대항할 수 없다. 위약금의 특약이 있는 경우에도 그것이 손해배상액의 예정이든 아니든 등기를 해야만 저당권에 의해 담보될 수 있다고 보아야 한다.

④ 저당권은 등기부에 원본만을 설정등기하는데, 채권원본이 등기 이하 금액이면 그 이하의 금액으로 원칙적으론 등기된 금액이 된다. 지연배상은 1년으로 제한

하고 당사자 간의 특별한 약정이 없으면 민법 제397, 379조에 의해 연 5%의 법정이율로 제한한 것은 후순위채권자들을 보호하기 위한 제도이다. 지연손해 즉 이행기일후의 지연배상은 원본의 이행기일을 경과한 후의 1년분에 한하여 우선변제받을 수 있다[민법 제360조].

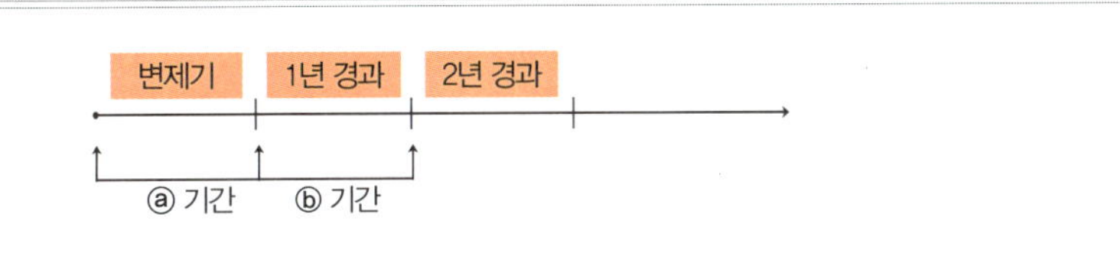

ⓐ 기간: 원금 2,000만 원＋이자 2할＋변제기 1년인 경우 이자가 400만 원이 되므로 → 변제기변제금액은 24,000,000원

ⓑ 기간: [원금에 대한 1년분(2,000만 원×0.2)＝4,000,000원]＋[이자에 대한 1년분(400만 원×0.2)＝800,000원]따라서 지연배상금은 4,800,000원이 된다. 따라서 저당권자가 청구하는 금액은 28,800,000원이 된다.

민법 제360조의 저당권의 제한범위 초과하는 지연손해금을 청구하는 경우

① 저당권설정부동산에 후순위권자(후순위담보권자, 후순위조세 · 공과금채권자 등)나 일반채권자 등의 배당요구가 없는 경우 채무자소유이든 물상보증인소유이든 상관없이 매각대금으로부터 초과액까지 모두 변제받을 수 있다.

저당권의 피담보채권의 범위 [대법 90다8855 판결]

저당권의 피담보채무의 범위에 관하여 민법 제360조가 지연배상에 대해서는 원본의 이행기일을 경과한 후의 1년분에 한하여 저당권을 행사할 수 있다고 규정하고 있는 것은 저당권자의 제3자에 대한 관계에서의 제한이며 채무자나 저당권설정자가 저당권자에 대해 대항할 수 있는 것이 아니고, 민법 제360조가 양도담보의 경우에 준용된다고 해도 마찬가지로 해석해야 할 것인 만큼, 양도담보의 채무자가 양도담보권자에 대해 민법 제360조에 따른 피담보채권의 제한을 주장할 수는 없는 것이다.

저당권은 기본적으로 지연배상금은 1년으로 제한되어 있다. 다만 후순위채권자가 없거나 배당잉여금이 있는 경우는 그러하지 않는다.

② 제3취득자가 있는 경우 저당권자는 매각대금으로부터 제한범위를 초과하는 지연손해금(지연배상금은 이행기일 경과 후 1년분만)을 변제받을 수 없고, 초과되는 잔액은 제3취득자(소유자)에게 반환해야 한다.

③ 후순위채권자가 있는 경우에는 민법 제360조의 제한범위 내의 채권을 우선변제하고, 잔액이 있으면 후순위채권자 등에 배당한 후 다시 잔액이 있으면 초과하는 채권의 변제에 충당하면 된다. 목적부동산에 후순위 우선변제권자와 일반채권자가 있는 경우 우선변제권자에게 우선배당하고 난 잔액배당금을 가지고 초과채권금액과 일반채권자의 채권을 동순위로 안분배당하면 된다.

그러나 제한범위를 초과하는 채권이 배당받기 위해서는 저당권에 기한 경매신청이나 채권계산서 제출만으로는 안 되고 제한범위를 초과하는 채권에 대해 별도로 민사집행법의 규정에 의한 적법한 배당요구를 하였거나(가압류 등), 그 밖에 배당을 받을 수 있는 채권으로서 필요한 요건을 갖추고 있어야 배당이 가능하다.

저당권과 근저당과의 차이

① 저당권은 변제기 이전에 채무액 중 일정액이 상환되면 잔존채무만 담보하게 된다. 변제기 또는 변제기 이전에라도 원금과 약정이자를 변제하면 저당권설정계약의 해지 없이도 당연히 소멸된다. 그러나 근저당권은 원금과 약정이자가 변제되어도 근저당설정계약을 변경하지 않는 한(설정해지하지 않는 한) 변제기의 결산시까지는 여전히 채권최고액을 담보하게 된다.

② 저당권은 그 피담보채권이 변제 기타의 이유에 의해 소멸하면 그 저당권도 함께 소멸(소멸에 관한 부종성)하게 되는데, 근저당권은 개개의 채권이 변제 기타의 이유에 의해 소멸하더라도 근저당권자체는 소멸하지 않음은 물론 그 최고액이 감축되지도 않고 본래대로 그 효력을 유지하므로 피담보채권의 범위에 속하는 채권이 새롭게 증가하더라도 계속하여 설정등기 시기를 기점으로 근저당권에 의해 담보된다.

이와 같이 보통저당권은 성립, 감축에 있어서 채권에 대한 부종성을 가지지만 근저당권은 이러한 부종성이 없다는 점이 저당권과 근저당권이 구별되는 근본적인 차이이다.

부종성

민법 제369조(부종성) 저당권으로 담보한 채권이 시효의 완성 기타 사유로 소멸한 때에는 저당권도 소멸한다. 즉 저당권은 피담보채권이 성립,존속해야 저당권도 성립, 존속하고 피담보채권이 소멸하면 저당권도 당연히 소멸하며 말소되지 않은 저당권등기는 원인무효의 등기가 된다. 이를 부종성이라 한다.

③ 저당권은 피담보채권이 저당권설정 당시 확정되어 있지만 근저당권은 피담보채무의 최고액만 결정되어 있으면 된다. 근저당권은 계속적 채권관계에서 많이 사용되는 담보물권이다.

④ 저당권은 하나의 채권만을 담보하는 것이지만 근저당권은 여러 개의 채권(발생시기나 액수를 떠나서)을 담보하는 의미를 갖고 있다.

⑤ 저당권은 확정되어 있는 채무액에 대해서 담보물이 모두 책임을 지지만, 근저
당권은 후에 채무액이 확정되면 당 담보물이 모든 책임을 지는 것이 아니라 최
고액의 범위 내에서만 책임을 진다. 근저당권에서 채무액이 후에 확정되면 일
반 저당권으로 변환이 되어버린다.

실무에서는 등기부에 저당권으로 설정등기되는 경우는 거의 찾아볼 수가 없고,
대부분이 근저당권으로 설정등기 되고 있다.

근저당권

계속적 거래관계로부터 생기는 다수의 불특정채권을 장래의 결산기에서 일정한
한도액까지 담보할 목적으로 설정된 저당권을 말하며 법적성질은 장래의 증감, 변
동하는 불특정채권을 말하고 근저당권은 피담보채권의 소멸에 관한 부종성의 예
외로서 피담보채권액이 일시감소하거나 없어지게 되더라도 저당권의 존속 자체에
는 아무런 영향이 없는 저당권을 가지고 있는 부종성에 대한 예외가 인정된다.

근저당설정 등기시에는 채권의 최고액과 근저당권이라는 취지를 반드시 기재
한다.

① 근저당은 장래 증감, 변동하는 불특정채무를 채권최고액의 한도 내에서 한다.

② 근저당은 원 채무가 모두 변제되거나 일부변제가 된 경우이라도 계약당사자
가 근저당권 설정계약을 해지하지 않는 한 말소되지 않기 때문에 언제든지 추
가대출을 받아서 사용할 수 있는데 이때 추가 대출금은 채권최고액까지 별도
의 근저당 설정등기 없이 증가시킬 수 있으며 이 경우 임차인이나 기타 후순
위채권자들이 추후로 대출받아 증가시킨 것을 이유로 무효임을 주장할 수 없
고 채권최고액의 범위 내에서 이들 후순위보다 우선순위로 후순위 임차인 등
은 대항력 없이 소멸 대상이 된다.

③ 매각대금으로 저당권의 원금, 이자, 위약금, 손해배상금, 실행비용 등을 만족
시킬 수 없을 때에는 실행비용 → 손해배상금 → 위약금 → 이자 → 원금 순서
로 충당한다[민법479조].

④ 근저당권의 소멸피담보채권이 확정되는 때에 채권이 존재하지 아니하거나, 채

권이 있더라도 변제로 소멸한 때, 근저당권자가 경매신청으로 경매절차가 종료되면 근저당권자는 배당을 받고 소멸된다. 피담보채권이 확정되기 전에도 채권이 변제 등으로 소멸하거나 채무자가 거래의 계속은 원하지 않는 경우는 근저당 설정계약을 해지하고 설정등기의 말소를 청구할 수 있다[대법원 66다 68, 65다1617 판결].

⑤ 피담보채권액의 확정은 근저당권자가 임의경매신청자인 경우 경매신청시에 그 피담보채권이 확정된다. 근저당권의 피담보채권이 일단 확정되면 그 이후에 발생하는 원금채권은 그 근저당권에 의해 담보되지 않는다. 그러나 후순위조세·공과금채권자 등의 압류공매 또는 후순위근저당권자가 경매신청시에 선순위근저당권자의 피담보채권은 그 근저당권이 소멸하는 때 즉 매수인이 매각대금을 완납하는 때 확정된다. 따라서 그 채권이 매각대금지급시까지만 발생한 것이면 채권최고액범위 내에서는 배당요구의 종기 이후라도 배당표 작성 전까지(공매는 배분표 작성 전까지) 채권계산서의 제출에 의해 배당요구채권액을 증액할 수 있다.

⑥ 소유자가 채무자인 경우에는 채권최고액뿐만 아니라 실제의 채무액을 모두 변제해야만 근저당권을 말소청구할 수 있다.

　ⓐ 근저당 설정자와 채무자가 동일하고 배당받을 채권자나 제3취득자가 없는 한 근저당권자의 채권최고액이 근저당권의 채권최고액을 초과하는 경우 매각대금 중 그 최고액을 초과하는 금액이 있더라도 근저당설정자에게 반환할 것이 아니고 근저당권자의 채권최고액을 초과하는 채무의 변제에 충당해야 한다[대법2008다4001판결].

　ⓑ 근저당권의 채권최고액을 초과한 근저당권자와 일반채권자 등이 있는 경우 경매·공매의 매각절차에서 근저당권의 채권최고액을 초과부분에 대한 배당요구는 경매신청이나 채권계산서 제출만으로는 안 되고 별도로 민사집행법에 의한 적법한 배당요구(가압류 등)를 하거나 그 밖에 달리 배당받을 수 있는 채권으로서 필요한 요건을 갖추어야 한다.

　경매절차에서는 초과하는 부분에 대해서 가압류 등을 하고 나서 배당을 요구하는 경우 우선변제의 효력이 없어서 일반채권자 등과 동순위로서 안분배당한다.

그러나 국세징수법상 진행되는 압류공매에서는 가압류만으로는 안 되고 가압류가 저당권부 담보물권 보다 선순위이거나 동순위인 경우만 배분절차에 참여가 가능하고, 이경 저당권부 담보물권과 동순위로 안분배분 한다.

⑦ 제3취득자, 물상보증인 등이 변제하는 경우는 채권최고액까지만 변제하고 근저당권 말소를 청구할 수 있다.

경·공매절차에서 물상보증인 또는 제3취득자 등이 있는 경우 배당잔액은 채권초과액을 초과하는 금액이 있어도 근저당권 설정자인 물상보증인이나 제3취득자에게 배당해야 한다.

⑧ 포괄근저당권이란

채권의 기초가 되는 계속적 거래계약에 의해 발생하는 채권뿐만 아니라 당사자 사이에 발생하는 현재 및 장래의 일체의 채권을 일정한도액까지 담보하기 위하여 설정된 근저당을 말한다. 이처럼 근저당과 구별되는 점은 기본계약이 여러 개 즉 증권신탁계약, 당좌대월계약, 어음계약 등을 담보로 하여 설정되는 계약으로 법률의 규정은 없으나 학설과 판례가 인정하고 있는 실정이며 실무에서도 포괄근저당이 많이 이용되고 있다.

⑨ 일부대위변제자에 의한 근저당권 일부 이전등기를 경료한 경우 우선순위

본래의 근저당권 채권자는 일부대위변제자 보다 채권최고액의 범위 내에서 우선변제권을 갖는다. 그러나 저당권자가 일부 양도한 경우는 지분비율만큼 동순위로 안분배당 받는다.

저당권이 미치는 목적물의 범위

제시 외 건물에 대한 설명과 저당권의 효력이 미치는 범위

제시 외 건물이란 경매·공매신청 채권자가 경매·공매할 부동산란에 기재하지 않았고 감정평가의뢰서에도 기재하지 않았으나 감정평가사가 현장을 방문 감정평가하는 과정에서 새롭게 발견된 건물이다.

이때 감정인은 제시 외 건물이라고 기재한다. 이러한 제시 외 건물은 경매·공

매절차에서 당연히 매각대상에 포함되는 부합물이나 종물일 수도 있고 매각에서 제외되는 독립된 건물이 있을 수 있다.

매각대상에 포함되는 제시 외 건물인 부합물, 종물 등은 감정인이 감정평가하고 이는 저당권의 효력이 당연히 미치게 된다.

그러나 매각에서 제외되는 독립건물이라면 감정평가되지 않고 매각물건 명세서에도 경매 외, 공매 외, 입찰 외, 매각 외 등으로 표시된다. 이러한 대상은 경매 · 공매대상물건이 아니고, 제3자 소유로 낙찰자의 소유가 될 수 없으므로 입찰에 있어서 주의해야 한다. 법정지상권 성립 여지가 있는 건물이 될 수 있다.

저당권의 효력의 범위[민법 제358조]

저당권의 효력은 저당 부동산에 부합된 물건과 종물에 미친다. 그러나 법률에 특별한 규정 또는 설정 행위에 다른 약정이 있으면 그러하지 않는다.

① 대법원 85타카246 판결은 민법 제358조 규정에 따라서 부합물 · 종물인 제시 외 건물에는 토지 및 그 주된 건물에 대한 저당권의 효력이 미치는 것이 원칙이고 이는 제시 외 건물이 저당권 설정 당시부터 있었던 경우는 물론이고 저당권 설정 이후에 새로이 부합되거나 종물이 된 경우에도 효력이 미친다고 판결하였다.

② 대법 87다카600 판결은 주건물에 분리해서는 독립된 건물로서의 가치가 없고 주건물의 사용 편익에 제공될 뿐이면 부합물이다.

부합물의 경우[민법 제256조]

부동산의 소유자는 그 부동산의 부합물건의 소유권을 취득한다.

그러나 타인의 권원에 의해 부속된 것은 그러하지 않는다.

이와 같이 경매 · 공매신청 채권자가 경매 등의 목적물에 기재하지 않는 경우에도 부합물은 민법 제256조 규정에 따라 당연히 공매 · 경매대상이 되고 저당권의 효력이 미친다.

종물의 경우[민법 제100조]

제1항은 물건의 소유자가 그 물건의 상용에 공하기 위하여 자기 소유인 다른 물건을 이에 부속한 때에는 그 부속물은 종물이다.

제2항은 종물은 주물의 처분에 따른다. 종물의 경우에도 경매 · 공매신청 채권자가 경매 · 공매목적물에 기재하지 않은 경우에도 종물은 민법 제100조에 의해 당연히 경매 · 공매대상이 되고 따라서 저당권의 효력이 미친다.

부합물에 대한 판례 및 해설

① 저당권의 효력은 저당부동산에 부합된 물건에도 미치므로 목적부동산과 결합하여 거래관념상 부동산의 일부분이 되었다고 인정되는 것에도 저당권의 효력이 미친다[대법 83다469 판결]. 이는 저당권 설정 당시에 이미 부합된 것이나 또는 그 후에 부합된 것이냐를 가리지 않고 저당권의 효력이 미친다.

② 토지에 대한 수목이나 건물에 대한 증 · 개축부분 및 부속건물 등은 부합물의 대표적인 예로 토지에 저당권을 설정하였을 경우 그 토지상의 정원수와 정원석, 석등 등에도 저당권의 효력이 미친다[대법 90다카21095 결정].

③ 토지상에 타인의 권원 즉 지상권, 전세권, 임차권등기에 의해 부속된 물건이나 수목이 식재되어 있는 경우이다. 부속된 물건이 어느 정도 독립성이 있는 경우는 부합물로서 평가의 대상이 되지 않는다. 또한 수목 등이 식재되어 있다면 수목은 토지에 부합되지 않고 수목을 식재한 소유이기 때문에 토지를 경매로 낙찰받은 소유자가 소유권을 갖지 못한다.

④ 수목이 입목에 관한 법률에 따라 등기된 임목과 명인방법을 갖춘 수목이 아닌 한 부합물의 평가대상이 된다[대법 76마275 결정]. 즉 토지소유자가 미등기 수목을 식재하였다면 토지의 부합물에 해당되고 감정평가표상에 미등기 수목의 가격이 포함되어 있다면 경락자는 토지와 함께 소유권을 취득할 수 있을 것이다. 또한 제3자가 권원 없이 수목을 식재한 경우에도 미등기 수목은 토지에 부합되어 토지낙찰자소유가 된다.

경매 대상 토지 위에 수목등이 생립하고 있는 경우 부합물 여부

1. 대법98마1817 결정

[4] 경매 대상 토지 위에 수목이 생립하고 있는 경우, 당해 토지의 평가 및 최저경매 가격의 결정 방법

경매의 대상이 된 토지 위에 생립하고 있는 채무자 소유의 미등기 수목은 토지의 구성 부분으로서 토지의 일부로 간주되어 특별한 사정이 없는 한 토지와 함께 경매 되는 것이므로 그 수목의 가액을 포함하여 경매 대상 토지를 평가하여 이를 최저경 매가격으로 공고해야 하고, 다만 입목에 관한 법률에 따라 등기된 입목이나 명인방 법을 갖춘 수목의 경우에는 독립하여 거래의 객체가 되므로 토지 평가에 포함되지 않는다.

[5] 경매 대상 토지가 도시계획상 자연녹지지역 내 공원으로서 그 사용·수익에 공 법상 제한이 있는 경우, 그 수목의 가액을 제외시킨 채 토지가격만을 평가하여 최 저입찰가격을 결정한 것이 그 가격 결정에 중대한 하자가 있는 경우에 해당하여 낙 찰불허 사유가 되는지 여부(적극)

2. 미등기수목일지라도 권원에 의해 식재된 경우 즉 토지임차권에 의해 식재된 수 목, 명인방법을 갖춘 수목은 토지로부터 독립하여 부동산으로 취급되므로 매각대 상에 포함되지 않는다.

여기서 명인방법이란 토지구성부분인 지상물인 토지로부터 분리되어 타인에게 귀 속되어 있다는 사실을 제3자에게 명백하게 인식할 수 있게 하는 상당한 방법 모두 를 일컫는다. 이 명인방법은 지상물이 독립된 거래의 대상이고 현재의 소유자가 누 구인가를 표시하면 되고 그 표시는 계속 유지돼야 한다.

⑤ 농작물인 경우 농작물을 경작한 자가 권원 있이 경작하였든가, 권원 없이 농작 물을 경작하였든가 관계없이 경작한 자가 소유자가 된다. 이는 '제3자'가 타인의 토지상에 토지소유자 모르게 농작물을 경작한 경우에도 그 소유권은 언제나 경

락자에게 귀속된다.

⑥ 주유소 땅 속에 부설된 유류저장탱크는 주유소토지의 부합물이 되는 경우가 많다[대판 94다2138 판결]. 주유기는 계속해서 주유소 건물자체의 경제적 효용을 다하게 하는 작용을 하고 있으므로 이 사건의 상용에 공하기 위해서 부속시킨 종물이라고 보아야 할 것이다[＝대법 94다6345 판결]. 주유기는 주유소에서 주된 물건의 종물이다.

⑦ 권원 없이 타인의 건축물에 증축 또는 개축되는 경우 그 부분이 독립된 구분소유권의 객체로 거래될 수 없는 것일 때에는 기존 건물에 부합한다[대판 80다2643, 2648 판결]. 증축부분에 대한 평가를 누락한 평가액을 최저경매가격으로 정한 것은 잘못이다[대법 81마151 결정].

⑧ 증축 또는 개축된 건물이 부합물 해당 여부 기준

  ⓐ 증축 부분이 기존건물에 부합되는지 여부에 대한 판단 기준[대법 2000다63110 판결]

    ㉠ 건물이 증축된 경우에 증축 부분이 기존건물에 부합된 것으로 볼 것인가 아닌가 하는 점은 증축 부분이 기존건물에 부착된 물리적 구조뿐만 아니라, 그 용도와 기능의 면에서 기존건물과 독립한 경제적 효용을 가지고 거래상 별개의 소유권 객체가 될 수 있는지의 여부 및 증축하여 이를 소유하는 자의 의사 등을 종합하여 판단해야 한다.

    ㉡ 지하 1층, 지상 7층의 주상복합건물을 신축하면서 불법으로 위 건물 중 주택 부분인 7층의 복층으로 같은 면적의 상층을 건축하였고, 그 상층은 독립된 외부 통로가 없이 하층 내부에 설치된 계단을 통해서만 ㉠가능하고, 별도의 주방시설도 없이 방과 거실로만 이루어져 있으며, 위와 같은 사정으로 상·하층 전체가 단일한 목적물로 임대되어 사용된 경우, 그 상층 부분은 하층에 부합되었다고 본 사례.

    ㉢ 건물의 증축 부분이 기존건물에 부합하여 기존건물과 분리하여서는 별개의 독립물로서의 효용을 갖지 못하는 이상 기존건물에 대한 근저당권은 민법 제358조에 의해 부합된 증축 부분에도 효력이 미치는 것이므로 기존

건물에 대한 경매절차에서 경매목적물로 평가되지 않았다고 할지라도 경락인은 부합된 증축 부분의 소유권을 취득한다.

ⓑ 기존 건물에 부합되어 증축된 부분에 대한 소유권 취득 여부

증축부분이 외관상 기존건물과 일체가 되어 1동의 건물의 3층으로 되어 있고 그 부분에는 화장실과 부엌의 하수관이 없고 밖으로 나가기 위해 기존 건물 2층으로 내려오는 옥내계단을 통하는 경우에는 기존건물과 독립한 경제적 효용을 가지고 그 별개의 소유권의 객체가 될 수 없다. 따라서 이 경우 기존건물에 부합하여 기존건물을 낙찰받은 경락자에게 소유권이 취득된다고 보아야 한다.

따라서 부합물이 되기 위해서는 증축된 부분의 계단이 기존건물 내부계단을 통해 내려오고 증축된 건물 자체에 화장실이나 부엌 등이 자체 시설이 존재하지 아니할 경우 부합물로 보아야 할 것이다.

ⓒ 증축된 부분이 같은 대지 위에 별개의 건물로 신축되었든가, 별도 외부계단과 자체 내 생활시설(화장실 욕실. 부엌) 등을 갖추었다면 독립된 건물로 볼 수 있다.

특히 증축된 면적이 넓고 출입계단이 밖에 별도로 설치되어 있느냐가 부합물이냐 독립물이냐 중요한 기준이 될 수 있다. 반면 면적이 적고 기존건물 내부계단을 이용한다면 부합물이다.

⑨ 기존건물에 부합된 증축부분이 기존건물에 대한 경매절차에서 경매목적물로 평가되지 않은 경우 경락인이 증축부분의 소유권을 취득하는지 여부(적극)

기존건물에 저당권을 설정한 후 건물을 증축하였고, 그 후 기존건물에 대한 저당권 실행에서 증축된 건물부분이 경매목적물로 평가되지 않았더라도 증축부분은 "독립적인 기능을 갖지 못하는 한" 기존건물에 설정된 저당권의 효력이 증축된 부분까지 미치기 때문에 낙찰자는 증축부분까지도 소유권을 취득하는 것이 된다[대법원 92다26772 판결].

⑩ 건물의 신축 및 증축에 사용된 동산이 건물에 부합된 것인지 여부의 판단 기준

어떠한 동산이 민법 제256조에 의해 부동산에 부합된 것으로 인정되기 위해서

는 그 동산을 훼손하거나 과다한 비용을 지출하지 않고서는 분리할 수 없을 정
도로 부착·합체되었는지 여부 및 그 물리적 구조, 용도와 기능면에서 기존 부
동산과는 독립한 경제적 효용을 가지고 거래상 별개의 소유권의 객체가 될 수
있는지 여부 등을 종합하여 판단해야 하고, 이러한 부동산에의 부합에 관한 법
리는 건물의 증축의 경우는 물론 건물의 신축의 경우에도 그대로 적용될 수 있
다[대법 2009다15602 판결].

종물에 대한 해설 및 판례

① 부동산의 종물은 주물의 처분에 따르고 저당권은 그 목적 부동산의 종물에 대
해서도 그 효력이 미치기 때문에[민법 제358조] 이러한 물건도 목적 부동산과
함께 경매의 대상이 되고 또한 낙찰로 낙찰자의 소유에 귀속하게 된다[대법 92
다43142 판결]. 이는 저당권 설정 당시에 이미 부속된 것이나 또는 그 후에 부속
된 것이거나 가리지 않고 저당권의 효력이 미친다. 토지에 대한 종물로는 과수
원이나 농장의 창고, 건물에 대한 종물로는 공장에 딸린 창고, 주택에서 떨어져
있는 작은 화장실 등이다.

② 구분건물의 대지사용권은 비록 미등기 일지라도 전유부분과 종속적 일체불가
분성이 인정되어 전유부분에 대한 경매개시결정과 압류의 효력은 당연히 종물
내지 종된 권리인 대지사용권에도 미친다[대법 94다12722 판결].

③ 전유부분에 설정된 전세권의 효력 역시 종된 권리인 대지권에도 미쳐 배당시
토지 및 건물매각대금 전부에 대해서도 우선변제권을 주장할 수 있다[대법 2001
다68389 판결].

④ 압류의 효력은 종물에도 미치므로 종물도 평가대상이 된다. 압류 후나 저당권
설정 후의 종물도 평가의 대상이 된다[대법 71마757 결정]. 다만 제3자의 소유인
종물에는 종물이론이 적용되지 않으므로 평가대상이 되지 않는다. 종물이 평가
대상이 된다 하더라도 반드시 목적부동산과 별도로 산출할 필요는 없다. 그러
나 고가의 종물은 독립하여 평가해야 할 것이다. 부동산의 종물 중 동산인 것은
보일러시설, 지하수펌프, 주유소의 주유기(건물의 종물임), 농지에 부속한 양수시

설 등이 있다. 부동산인 경우는 별동으로 되어있거나 동일 지번상에 건축되어 있는 경우라도 당연히 종물이라고 볼 수 없고 그 독립성의 인정 여부에 따라서 그것이 인정되지 않은 경우에 한하여 종물로 볼 수 있을 것이다[대법 66마222 결정].

⑤ 건물의 소유를 위하여 토지상에 지상권을 설정하고 그 건물에 근저당권이 설정된 경우 지상권은 건물소유권에 대한 종된 권리[대법 91다527 판결]로서 건물근저당권 실행으로서 건물을 낙찰받은 자는 종전의 지상권에 대해 이전등기를 요구할 수 있다.

지상권은 건물소유권에 대한 종된 권리이다.

⑥ 전유부분에 설정된 저당권의 효력

아파트 등 집합건물의 경우 대지의 분·합필 및 환지 절차의 지연 그리고 각 세대당 지분비율 결정의 지연 등으로 구분건물의 전유부분만 소유권 이전이 먼저 되고 대지지분에 대한 소유권 이전 등기가 되기 전에 전유부분에 설정된 저당권의 효력은 종된 권리인 대지권에도 그 효력이 미친다[대법 2001다22604 판결].

⑦ 전유부분(주된 권리)만 소유권 등기된 경우 대지권(종된 권리)의 취득여부집합건물의 전유부분과 대지지분을 함께 분양받은 후 분양대금을 완납하였다면 소유권 취득의 실질적 요건을 갖춘 것이 된다. 그런데 전유부분이 소유권 이전등기가 먼저 이루어지고 대지지분에 대한 토지의 분·합필 등의 사유로 소유권이전등기가 되지 않았더라도 매매계약의 효력으로서의 전유부분의 소유를 위하여 건물의 대지를 점유 사용할 권리가 있다[대법 98다45652 판결].

⑧ 민법 제622조 토지임대차계약을 토대로 토지임차인이 건물을 신축 후 건물등기를 한 경우

ⓐ 건물이 경매에 들어가 제3자가 낙찰받았을 때에도 토지소유자와의 임대차계약이 성립되는가에 대한 문제는 이 계약 자체가 채권계약이므로 당사자 간에 계약이고 제3자의 승계 대상이 아니므로 토지소유자는 철거를 주장할 수 있다. 낙찰자는 새로이 토지소유자에게 임대차계약을 맺어야 하고 그렇지 않는다면 철거당할 수밖에 없다.

ⓑ 그러나 토지가 경매가 된 경우 민법 제622조 제1항은 건물의 소유를 목적으로
한 토지임대차는 이를 등기하지 않은 경우에도 임차인이 그 지상건물을 등기
한 때에는 토지에 관하여 권리를 취득한 제3자에 대해 임대차의 효력을 주장
할 수 있다. 제3자에 대해서도 대항력이 있다. 즉 건물의 소유를 목적으로 하
는 토지임차인의 지상건물 매수청구권과 토지계약갱신청구권은 임대차계약
종료 후에 임대인으로부터 토지를 취득한 자에게도 미친다[대법 96다14517 판
결]. 따라서 토지낙찰자는 임차인의 위 권리를 승계해야만 한다.
ⓒ 건물소유자가 토지양수인에게 대항할 수 없는 경우[대법 2000다65802 판결]
민법 제622조 제1항의 규정에서 (…) 임차인이 그 지상건물을 등기하기 전에
제3자가 그 토지에 관하여 물권취득의 등기를 한 때에는 임차인이 그 지상건
물을 등기하더라도 그 제3자에 대해 임대차의 효력이 생기지 않는다.
⑨ 매각의 결과 매수인이 법정지상권을 취득하는 경우에 그 장래의 법정지상권은
평가의 대상이 된다. 압류 및 저당권의 효력은 부동산의 종된 권리에도 미치고
매수인은 종된 권리도 취득한다.

근저당권의 채권소멸시효와 소멸시효중단 그리고 소멸시효의 완성

근저당권의 채권소멸시효

근저당권이 별도로 소멸시효에 걸리지는 않고, 근저당권의 피담보채권이 소멸시
효완성으로 소멸한다면 근저당권도 소멸하게 된다.

근저당권 실행시 소멸시효 완성을 묵시한 경우 시효이익의 포기인지 여부에 대한 판단

일반 민사상 대여금채무의 소멸시효기간은 10년[민법 제162조 제1항]. 그런데 소멸
시효의 이익은 미리 포기하지 못하지만[민법 제184조 제1항], 소멸시효기간이 경과
되어 소멸시효가 완성된 후 그 채무를 승인하는 경우에는 소멸시효 이익의 포기로
보아야 한다[대법원 2001. 6. 12. 선고 2001다3580 판결, 2002. 2. 26. 선고 2000다
25484 판결]. 이에 대한 법원의 판단은 다음과 같이 보고 있다.

"채무자가 소멸시효완성 후 채무를 일부 변제한 때에는 그 액수에 관하여 다툼

이 없는 한 그 채무 전체를 묵시적으로 승인한 것으로 보아야 하고, 이 경우 시효완성의 사실을 알고 그 이익을 포기한 것으로 추정되므로, 소멸시효가 완성되니 채무를 피담보채무로 하는 근저당권이 실행되어 채무자 소유의 부동산이 경락되고 그 대금이 배당되어 채무의 일부 변제에 충당될 때까지 채무자가 아무런 이의를 제기하지 않았다면, 경매절차의 진행을 채무자가 알지 못하였다는 등 다른 특별한 사정이 없는 한, 채무자는 시효완성의 사실을 알고 그 채무를 묵시적으로 승인하여 시효의 이익을 포기한 것으로 보아야 한다."

근저당권의 채권소멸시효 중단과 채권소멸시효 완성

근저당권의 채권소멸시효 완성기한 중 소멸시효중단에 관한 사유가 발생시 중단사유 이후부터 다시 기산점이 된다는 점이다.

중단사유가 없는 경우에는 근저당권의 채권소멸완성기간인 10년이 지나면 채권소멸시효가 완성되고 이후 채무자 또는 제3취득자 등이 시효완성에 따른 채권소멸시효에 따른 근저당권을 말소청구할수있다고 판단된다.

종합적인 판단

경매나 공매절차에서 10년 이상 오래된 근저당권의 피담보채권은 채권의 소멸시효 완성으로 근저당권의 소멸을 청구할 수 있으나 이 10년 기간 동안 소멸시효중단 여부에 대해서 사전에 숙지하고 법원에 근저당권말소청구절차에 임해야 한다는 점이다.

저당권(근저당권)과 타권리자들 간의 우선순위결정방법

특별우선채권과의 우선순위

① 주택임대차보호법상(상가임대차보호법상) 소액보증금 중 일정액(최우선변제금)

② 근로자의 임금채권 중 최우선변제권 있는 근로자의 최종 3월분 임금과 최종 3년분 퇴직금, 재해보상금

③ 국세, 지방세 중 당해세로 인정되는 조세채권이들과의 우선순위에서는 저당권

등의 담보물권은 그 성립 시기와 상관없이 항상 후순위가 된다.

저당권(근저당권)의 우선변제권

채무불이행이 있으면 저당권이 설정된 담보물권은 처분(경매신청)하여 후순위권리자보다 우선하여 변제를 받게 된다. 저당권자들끼리는 부동산의 등기부에 등기 일자를 기준으로 하는데 같은 날에 발생된 경우라면 동구로써 순위번호에 의하고, 별구의 채권자들과[갑구(압류, 가압류 등)와 을구(저당권, 전세권 등)에 같은 일자 발생시]의 우선순위는 접수번호를 가지고 우선순위를 정하게 된다.

① 우선변제범위는 채권최고액 범위 내에서는 채권의 추가시기를 논하지 않고 우선변제 받는다.

② 저당권의 채권최고액을 초과하는 금액에 대해서는 우선변제의 효력이 미치지 않고 일반채권으로서 별도의 배당요구, 즉 가압류 등을 하여 배당요구를 해야만 일반채권과 경합하여 동순위로서 배당받을 수 있을 것이다.

담보물권(저당권, 전세권, 담보가등기, 확정일자 임차권, 임차권등기)자들과의 우선순위

① 저당권, 전세권, 담보가등기권자들과의 우선순위는 등기부에 설정일자를 기준으로 한다. 단, 같은 날에 발생한 경우는 접수번호에 의해 순위가 정해진다.

② 확정일자임차권, 임차권등기는 임차권의 전입과 확정일자를 기준으로 대항요건과 확정일자에 의한 우선변제권을 가지고 우선순위를 정하게 되고 선순위임차인 경우 배당요구하지 않았다면 대항력이 있어서 낙찰자가 인수해야 하지만 후순위인 경우는 배당 받는 것과는 별개로 소멸 대상이 된다.

이때 임차인의 대항력은 전입한 날 익일 오전 0시이고, 확정일자에 의한 우선변제권은 당일 주간에 발하는데 만일 2/1 전입, 2/2에 확정일자 받았다면 대항력은 2/2 오전 0시이고 확정일자 우선변제권은 2/2 주간에 발생한다. 따라서 저당권이 2/2에 설정되었다면 동순위로 안분배당하고, 임차인의 미배당금은 대항력이 있어서 낙찰자가 인수해야 된다.

압류 또는 배당 요구한(교부청구) 조세채권 그리고 공과금과의 우선순위

① 당해세가 아닌 일반조세채권은 압류한 조세채권과 배당요구 종기일까지 교부
   청구한 조세채권이 있는데 이들은 그 조세채권의 법정기일과 저당권설정등기
   일을 기준으로 비교하여 우선순위는 정하게 된다.

② 공과금(국민건강보험, 국민연금, 고용보험, 산재보험 등)과의 관계에 있어서는 공과금
   의 납부기한과 저당권설정등기일을 기준으로 하는 것이지 압류일자를 기준으
   로 하는 것이 아니다. 따라서 납부기한과 설정등기일의 선후에 따라 우선순위
   가 정해진다.

③ 참고로 일반조세채권과 공과금과의 관계에 있어서는 조세채권이 항상 우선한
   다. 조세채권과 공과금 등의 법정기일(납부기한 등)이 저당권과 같은 날일 경우는
   조세 · 공과금채권이 우선한다는 것이 다수설이다.

일반임금채권(최우선변제권 있는 임금 제외)과 저당권과의 우선순위

① 일반임금채권은 저당권과의 우선순위에서 임금채권의 그 성립 시기를 따지지
   않고 항상 후순위이다.

② 참고로 조세채권 공과금과의 관계에서는 일반임금채권(최우선변제대상 아닌 임금)
   은 조세채권(당해세 포함), 공과금, 일반채권에 우선한다.
   다만 저당권에 우선하는 조세채권, 공과금에 대해서는 그러하지 않는다. 저당
   권에 우선하는 조세(당해세 포함), 공과금만이 우선하지 저당권부채권이 없는 경
   우 항상 이들에 우선할 수 있다는 것이다.

**가압류, 일반배당요구 채권자(확정판결에 의해 금액이 확정된 채권, 공증받은 약속어음채
권 등), 강제경매 신청채권과의 우선순위**

① 일반채권(가압류, 일반배당요구채권자, 강제경매신청채권자)과의 우선순위에서 이들이
   저당권보다 선순위인 경우 동순위하여 안분배당한다.

② 저당권이 일반채권보다 선순위이면 우선변제권이 있어서 후순위 일반채권보다
   우선변제 받는다.

③ 갑 가압류 → 을 저당권 → 병 강제경매신청채권순인 경우는 1차적으로 안분배당
하고 2차적으로 을 저당권이 병 일반채권을 흡수하는 배당절차를 거치게 된다.

↓ 김동희 배당사례특강

근저당권과 타 권리자들 간의 권리분석과 우선순위에 따른 배당사례

배당 EXERCISE 1　　　　　　　　　　　　　　　EXERCISE

근저당권자와 확정일자부임차인, 조세채권자, 가압류권자들 사이에 순위에 따라 배당하
고 후순위채권자들끼리의 안분배당 사례

주소	면적	경매가 진행과정	1) 임차인조사내역 2) 기타청구내역	등기부상 권리관계
서울시 영등포구 문래동 ○○○ 번지 다가구주택	대지 145㎡ 건물 1층 90㎡ 2층 90㎡ 옥탑 35㎡	감정가 500,000,000원 최저가 1차 500,000,000원 유찰 2차 400,000,000원 낙찰 479,818,585원 낙찰자 정기자	1) 임차인 ① 이수철 　전입 2002. 9. 10. 　확정 2004. 6. 3. 　배당 2005. 5. 10. 　(보)34,000,000원 ② 이미자 　전입 2004. 5. 3. 　확정 2004. 5. 3. 　배당 2005. 5. 5. 　(보)43,000,000원 ③ 김수민 　전입 2004. 12. 31. 　확정 2004. 12. 31. 　배당 2005. 12. 31. 　(보)41,000,000원	소유자 김철민 　2002. 10. 30. 근저당 조흥은행 　2002. 10. 30. 　400,000,000원 가압류 대우캐피탈(주) 　2004. 3. 30. 　45,477,133원 압류 영등포구 세무서 　2004. 8. 30. 　부가세 　(법정기일 2004. 4. 25.) 　1,342,720원 임의 조흥은행 　청구 385,139,635원 　〈2004. 12. 30.〉

상기 물건분석표를 보고서 배당표를 작성하여보기로 하자.

배당금 479,818,585−4,000,000(집행비용)＝475,818,585원이다.

1순위_ 이수철 16,000,000원(최우선변제금 1)

2순위_ 조흥은행 385,139,635원(우선변제 1)

3순위_ 영등포세무서 1,342,720원(우선변제 2)(조세채권은 공과금 및 일반채권에 항상 우
선한다)

4순위_ ① 대우캐피탈가압류(45,477,133원)=② 확정일자임차인 이미자(43,000,000원)(가압류일자 2004.3.30.) (우선변제권효력일시 2004.5.4. 오전 0시)

이고, ①=③ 이수철(18,000,000원)이고, ①=④ 김수민(41,000,000원)인 관계에 있다.(우선변제효력일시 2004.6.3. 주간)(우선변제효력일시 2005.1.1. 오전 0시)

따라서 동순위로 안분배당한다.

1차 안분배당

① 대우캐피탈 $=73,336,230 \times \dfrac{45,477,133}{147,477,133} = 22,614,499$ 원(종결)

② 이미자 $=73,336,230 \times \dfrac{43,000,000}{147,477,133} = 21,382,690$ 원

③ 이수철 $=73,336,230 \times \dfrac{18,000,000}{147,477,133} = 8,950,893.^{69} = 8,950,894$ 원

④ 김수민 $=73,336,230 \times \dfrac{41,000,000}{147,477,133} = 20,388,146.^{75} = 20,388,147$ 원

그런데 ②, ③, ④는 확정일자에 의한 우선순위가 ②>③>④이므로, 선순위자 ②가 후순위자로부터 흡수하면(흡수당하는 자는 제일 열후한 자부터 흡수한다)

② 이미자 $=21,382,690$ (1차 안분액) $+21,617,310$ [④ 김수민 흡수(20,388,147) $+$ ③ 이수철 흡수(1,229,163)] $=43,000,000$ 원

③ 이수철 $=8,950,891$ (1차 안분액) $-1,229,163$ (② 이미자에게 흡수당함) $=7,721,731$ 원

④ 김수민 $=20,388,147$ (1차 안분액) $-20,338,147$ (② 이미자에게 흡수당함) $=0$

따라서 최종배당결과는 다음과 같다.

ⓐ 이수철 $=16,000,000(1)+7,721,731$ 원(4-2) $=23,721,731$ 원

ⓑ 조흥은행 $=385,139,635$ 원(2)

ⓒ 영등포세무서 $=1,342,720$ 원(3)

ⓓ 대우캐피탈 $=22,614,499$ 원(4-1)

ⓔ 이미자 $=43,000,000$ 원(4-2)

ⓕ 김수민 $=0$

낙찰자는 대항력 있는 임차인 이수철의 미배당금10,278,280원을 인수해야 된다.

경매개시 이후에 대항요건과 확정일자를 갖춘 경우

확정일자 임차인이 주민등록전입과 확정일자 부여일자가 경매기입등기일 이후더라도 순위에 따라서 배당받을 수 있다. 이 점은 소액임차인이 경매개시기입등기 전에 전입신고를 마쳤을 때에는 최우선변제금을 받지만 경매기입등기 이후에 전입신고를 마쳤을 때에는 소액임차인으로서 우선변제권이 없는 것과는 큰 차이가 있다. 따라서 앞의 사례에서는 먼저 설정된 가압류권자와 김수민임차인의 확정일자에 의한 우선변제권과 동순위로 안분배당한 사례이다. 이와 같이 경매기입등기 후에 전입/확정일자를 받아서 배당요구한 경우에는 경매개시 전 가압류한 것과 적용이 다르지 않고, 동순위로서 안분배당한다.

배당 EXERCISE 2　　　　　　　　　　　　　　　EXERCISE

근저당권자 → 임차인 전입/확정일자 → 임차인 전입(확정일자 없음) → 가압류 → 가압류

권자 강제경매시 배당사례

주소	면적	경매가 진행과정	1) 임차인조사내역	등기부상 권리관계
경기도 광명시 광명동 ○○○번지 다가구주택	대지 156㎡ 건물 1층 95㎡ 2층 94㎡	감정가 2억원 최저가 1차 200,000,000원 유찰 2차 160,000,000원 유찰 3차 128,000,000원 낙찰 143,500,000원 낙찰자 이수진	① 송만복 　전입 2001. 1. 20. 　확정 2002. 6. 10. 　배당 2003. 4. 25. 　보증 5,000만원 ② 이기철 　전입 2002. 7. 10. 　확정 × 　배당 2003. 4. 20. 　보증 2,000만원	소유자 이영주 근저당 조흥은행 　2001. 2. 11. 　8,000만원 가압류 이한국 　2002. 3. 25. 　3,000만원 가압류 구자성 　2002. 5. 10. 　2,000만원 강제경매 이한국 　청구 3,000만원 　2003. 1. 10.

배당금 (143,500,000원－집행비용 300만 원)140,500,000원이고, 광명시청이 부가세 200만 원을 교부청구(법정 2002.4.25)하였다.

여기서 말소기준권리는 조흥은행이고 송만복은 대항력 있는 임차인이다.

배당표를 작성하여보면,

1순위_ 이기철 1,200만원(최우선변제 1)　　1차적최우선변제지급기준일

2순위_ 조흥은행 8,000만원(우선변제 1)　　(조흥은행 3,000/1,200만원)

3순위_ 이기철 400만원(최우선변제 2)　　2차적최우선변제지급기준일(배당시점 현

4순위_ 광명시청 200만원(우선변제 2)　　행법상 소액임차보증금 4,000/1,600만원)

5순위_ ① 가압류 이한국(3,000만 원)＝② 가압류 구자성(2,000만 원)＝③ 송만복 확정일자부 임차인(5,000만 원)이 동순위로서 안분배당한다.

① 가압류 이한국＝42,500,000원 × $\dfrac{5,000만}{3,000만+2,000만+5,000만}$ ＝12,750,000원

② 가압류 구자성＝42,500,000원 × $\dfrac{2,000만}{10,000만}$ ＝8,500,000원

③ 송만복＝42,500,000원 × $\dfrac{5,000만}{10,000만}$ ＝21,250,000원으로 배당이 종결된다.

그러나 송만복 임차인은 말소기준권리보다 대항력이 있어서 배당받지 못한 금액 28,750,000원을 낙찰자가 인수해야 할 것이다. 따라서 낙찰자의 실제 투자비용은 143,500,000원＋28,750,000원으로 172,250,000원이 된다.

위에서 보는 바와 같이 최우선변제 지급기준일은 저당권부 채권(저당권, 담보가등기, 전세권 등)이 기준이 될 수 있다.

배당 EXERCISE 3　　　　　　　　　　　　　EXERCISE

우선변제권순위가 혼재(근저당권, 확정일자임차인, 근저당권, 산재보험료, 당해세, 일반세금, 가압류권자, 임금채권자)한 배당사례로 순차적 순위배당한 다음 순환배당절차를 거치는 배당사례

주소	면적	공매가 진행과정	법원임차인 조사내역	등기부상 권리관계
서울시 구로구 시흥동 ○○○ 번지 단독주택 체납자겸 소유자: 김정미 압류공매위임관서: 근로복지공단 관악지사 압류공매집행기관: 자산관리공사	대지 215㎡ (65평) 건물 1층 110㎡ 2층 105㎡	감정가 500,000,000원 최저가 1차 500,000,000원 유찰 2차(10% 저감) 450,000,000원 유찰 3차(10% 저감) 400,000,000원 낙찰 435,888,000원 낙찰자 이한기	① 김철수 전입 2003. 6. 10. 확정 2003. 6. 10. 배분 2005. 4. 10. (보) 40,000,000원 ② 이미숙 전입 2004. 7. 5. 확정 2004. 7. 5. 배분 2005. 4. 15. (보) 30,000,000원 ① 구로구청교부청구 ⓐ 당해세 4,575,000원 (법정기일 2004. 7. 1) ⓑ 주민세 84,570원 (법정기일 2004. 8. 1) ⓒ 취득세 7,864,900원 (법정기일 2004. 8. 30) ② 임금채권(선정당사자) 우선명 최우선임금채권 71,494,540원 배분요구일자 2005. 4. 30.	소유자 김정미 2002. 5. 30. 근저당 국민은행 2002. 5. 30. 130,000,000원 근저당 기업은행 2003. 5. 10. 120,000,000원 압류 근로복지관리공단관악지사 2004. 6. 30. 가압류 국민은행 2004. 7. 10. 18,370,000원 가압류 김이숙 2004. 8. 10. 33,745,000원 압류공매 근로복지관리공단관악지사 산재보험료청구 29,500,520원 (납부기한 04.6.30) 〈공매의뢰: 2005. 1. 30〉 〈공매공고: 2005. 2. 20〉

상기 공매절차에서 배분표를 작성하면 다음과 같다.

여기서 말소기준권리는 국민은행 2002. 5. 30.이다. 따라서 대항력 있는 임차인이나 소멸되지 않는 권리 없이 모두가 소멸 대상이다. 근로복지관리공단 산재보험료는 압류일자가 납부기한과 같다고 가정하고 배분표를 우선순위에 따라 작성하여 보자.

배분금액은 [435,888,000원−12,369,000원(집행비용)]=423,519,000원

1순위_ ① 김철수 16,000,000원+이미숙 16,000,000원(최우선변제금 1) ② 임금채권(선정당사자)우선명 : 71,494,540원(최우선변제금 1)

2순위_ 구로구청 4,575,000원(당해세)(우선변제 1)

3순위_ 국민은행 130,000,000원(우선변제 2)

4순위_ 기업은행 120,000,000원(우선변제 3)

5순위_ 김철수 24,000,000원(우선변제 4)

6순위_ ① 압류복지관리공단(29,500,520원) > ② 이미숙 확정일자 우선변제권

(14,000,000원)이고, ② 이미숙 > ③ 구로구청교부 청구세금(7,949,470원)이고,

③ 구로구청교부청구세금(7,949,470원) > ① 복지관리공단인 관계로 서로 순환관계에 있어서 1차적으로 안분배분하고 순환흡수배분절차를 거쳐야 한다.

1차적 안분배분

$$① 복지관리공단 = 41,449,460 \times \frac{29,500,520}{51,449,990} = 23,766,391.\underline{86} = 23,766,392원$$

$$② 이미숙 = 41,449,460 \times \frac{14,000,000}{51,449,990} = 11,278,766.\underline{81} = 11,278,767원$$

$$③ 구로구청 = 41,449,460 \times \frac{7,949,470}{51,449,990} = 6,404,301.\underline{31} = 6,404,301원$$

2차적으로 순환흡수배분하면 다음과 같다.

① 복지관리공단 = 23,766,392(1차 안분액) + 5,734,128(② 이미숙 흡수) − 1,545,169(③에 흡수당함) = 27,955,351원

② 이미숙 = 11,278,767(1차 안분액) − 5,734,128(①에 흡수당함) + 2,721,233(③ 구로구청 흡수) = 8,265,872원

③ 구로구청 = 6,404,301(1차 안분액) − 2,721,233(②에 흡수당함) + 1,545,169(① 복지관리공단 흡수) = 5,228,237원

따라서 최종적으로 배분결과는

ⓐ 김철수 = 16,000,000(1) + 24,000,000(5) = 40,000,000원

ⓑ 임금채권(선정당사자)우선명 = 71,494,540원(1)

ⓒ 국민은행 = 130,000,000원(3)

ⓓ 기업은행 = 120,000,000원(4)

ⓔ 복지관리공단 = 27,955,351(6−1)

ⓕ 이미숙 = 16,000,000(1) + 8,265,872(6−1) = 24,265,872원

ⓖ 구로구청 = 4,575,000(2) + 5,228,237(6−1) = 9,803,237원

후순위 가압류권자인 국민은행과 김이숙은 배분금이 있었더라도 배분절차에서 배제되고 소유자에게 배분된다. 일반채권자 등은 국세징수법상 배분절차에서 배제된다.

다만 저당권부 담보물권과 동순위이거나 선순위인 가압류채권자와 강제경매신청채권자 등 만이 참여가 가능하여 동순위로서 안분배분 받을 수 있다.

예1) 그러나 경매절차에서는 일반채권자 등도 배당절차에 참여가 가능하다는 차이점이 있다. 따라서 배당잉여금이 있었다면 소유자에게 배당되지 않고 후순위 가압류권자인 국민은행과 김이숙에게 배당되었을 것이다.

토지와 건물의 권리가 다른 경우(나대지상에 기업은행이 근저당설정 후 건물이 신축된 경우)의 배당관계

주소	면적	경매가 진행과정	1) 임차인내역 2) 기타청구	토지등기부상의 권리	건물등기부상의 권리
서울시 강동구 천호동 ○○○번지 다가구주택 채무자겸 소유자: 김철희 경매신청 채권자: 기업은행	대지 145㎡ 건물 1층 85㎡ 2층 85㎡ 3층 74㎡ 〈토지와 건물 일괄 경매〉	감정가 200,000,000원 대지 120,998,800 원 건물 79,001,200원 최저가 1차 200,000,000원 유찰 2차 160,000,000원 유찰 3차 128,000,000원 낙찰 146,500,000원 낙찰자 우선명 〈경매비용 150만원〉	1) 임차인 ① 김기수 전입 1994. 8. 10. 확정 1995. 12. 19. 배당 1997. 2. 10. 보증 2,000만원 ② 이철희 전입 1993. 8. 10. 확정 1995. 12. 25. 배당 1997. 2. 15. 보증 2,500만원 ③ 김동희 전입 1993. 7. 10. 확정 1995. 12. 21. 배당 1997. 2. 20. 보증 3,000만원 ④ 김정렬 전입 1992. 10. 10. 확정 1995. 12. 24. 배당 1997. 2. 9. 보증 1,600만원	소유자 김철희 근저당 기업은행 1989. 12. 10. 30,000,000원 근저당 국민은행 1995. 12. 10. 4,500만원 임의 기업은행 〈1996. 10. 10〉 청구 27,500,000원 (토지·건물 일괄 경매)	소유자 김철희 근저당 국민은행 1995. 12. 10. 4,500만원 가압류 이수철 1995. 12. 30. 1,500만원 임의 기업은행 〈1996. 10. 10〉 청구 27,500,000원

위 사건은 토지저당권자 기업은행이 토지에서만 근저당권을 설정하였고 건물에는 설정하지 못하였는데 토지와 건물을 일괄경매 신청한 경우이다.

따라서 배당 방법은 감정가액에서 토지와 건물의 비율을 계산하고 이 비율을 매각대금에 곱하여 토지와 건물 매각대금을 계산한다. 그리고 토지저당권자는 토지만의 매각대금에서만 우선순위에 따라 배당받는다.

따라서 위 사건의 배당표를 작성하기 위해서,

감정가액에서 대지와 건물의 비율을 계산하면 대지는 60.4994%이고, 건물은 39.5006%이다. 이 비율은 매각대금에 곱하여 다음과 같이 대지와 건물 매각대금을 계산한다. 따라서 배당금액은 [① 토지 88,631,621원−907,491원(경매비용)]＝87,724,130원, [② 건물 57,868,379원−592,509원(경매비용)]＝57,275,870원이다.

순위	배당채권자	대지 87,724,130원(60.4994%)	건물 57,275,870원(39.5006%)
1순위	기업은행	27,500,000원	0원
※ 선순위채권을 공제 후 대지와 건물의 경매대가를 다시 계산하여 보고 그에 따른 배당비율을 정하여 보면		대지경매대가＝60,224,130원 배당비율＝$\frac{60,224,130}{117,500,000}$ (51.25458%)	건물경매대가＝57,275,870원 배당비율＝$\frac{57,275,870}{117,500,000}$ (48.74542%)
2순위	① 김기수(최우선변제금)	6,150,550원	5,849,450원
	② 이철희(최우선변제금)	6,150,550원	5,849,450원
	③ 김동희(최우선변제금)	6,150,550원	5,849,450원
	④ 김정렬(최우선변제금)	6,150,550원	5,849,450원
3순위	국민은행　4,500만원	23,064,561원	21,935,439원
4순위	김기수　　800만원	4,100,366원	3,899,634원
5순위	김동희　1,800만원	8,457,003원	8,042,997원

이와 같이 배당이 종결된다. 여기서 주택임차인들이 대항력의 기준이 되는 말소기준권리는 주택에 설정된 근저당권으로 국민은행 1995. 12. 10.이 된다. 따라서 김기수, 이철희, 김동희, 김정렬 등은 모두 대항력이 있다. 그러나 김기수는 전액 배당받고 소멸되었다. 배당받지 못한 대항력 있는 임차인 이철희의 미배당금 1,300만 원과 김동희의 미배당금 150만 원, 김정렬의 미배당금 400만 원은 낙찰자가 인수해야 한다.

따라서 낙찰자의 실제 주택구입비는 146,500,000원＋1,300만 원＋150만 원＋400만 원으로 165,000,000원이 된다.

그리고 최종 배당결과는 (매각대금 146,500,000원−경매 집행비용 1,500,000원＝배당금액 145,000,000원임)

ⓐ 기업은행＝2,750만 원(1)

ⓑ 김기수＝1,200만 원(2)＋800만 원(4)＝20,000,000원

ⓒ 이철희＝1,200만 원(2)

ⓓ 김동희＝1,200만 원(2)＋1,650만 원(5)＝28,500,000원

ⓔ 김정렬＝1,200만 원(2)

ⓕ 국민은행＝4,500만 원(3)이 된다.

이와 같이 토지와 건물에 설정된 권리가 다른 경우 임차인의 대항력을 결정하는 것은 주택에 설정된 말소기준권리가 인수되는 권리이냐 말소되는 권리이냐를 결정하는 기준이 된다.

김 / 동 / 희 / 의 / 강 / 의 / 노 / 트

대지와 주택에 설정된 권리가 상이할 경우 주택임차인 등의 배당

1. 주택에 설정된 말소기준권리를 갖고 대항력으로 인수냐 소멸이냐

2. 토지에 근저당설정 후에 건물이 신축 되었다가 토지근저당 실행으로 건물과 일괄 경매 되었다면 임차인들은 토지에 대해 소액보증금 중 일정액을 주장할 수 없고 1순위 저당권자(나대지 상태에서 설정된 근저당권자) 배당 후에 소액보증금 중 일정액과 확정일자에 의한 우선변제권을 행사할 수 있다.

3. 그러나 토지와 건물이 공동 저당되었다가 건물이 멸실되고 신축하였거나, 토지에 근저당설정당시에 무허가 건물이나 미등기 건물이 존재하였는데 이들을 멸실하고 신축한 경우 또는 저당권 설정당시 주택이 건축 중에 있었던 경우도 마찬가지로 토지근저당권자는 충분히 이에 대한 영향을 사전에 알 수 있었기 때문에 소액보증금 중 일정액(최우선변제금)을 주장할 수 있다는 것이 대법원 판례이다.

❖ 공동저당권(동시배당과 이시배당)·재단저당제도에 대한 배당사례

공동저당권

동일한 채권의 담보를 위하여 수개의 부동산위에 설정된 저당권을 말한다[민법 제368조].

각각의 부동산마다 1개의 저당권이 성립하고 각 부동산을 등기된 채권전액에 대해 책임지며 채권자가 어느 부동산에 의해 채권전액을 변제받은 경우에는 다른 저당권은 목적의 도달로 인하여 소멸한다.

공동저당권의 성립은 설정계약과 등기에 의한다

하나의 채권의 담보로서 수개의 부동산위에 저당권이 설정되면 공동저당권이 성립된다. 그러나 수개의 부동산은 때를 달리하여 설정해도 좋고, 수개의 목적물 내지 수개의 저당권의 순위가 달라도 상관없다.

각 부동산에 관하여 저당권설정의 등기를 요한다.

각 저당권의 등기에 있어서 다른 부동산과 함께 1개의 채권의 공동담보로 되어 있다는 것을 아울러 기재해야 한다[부등기법 제149조~제152조].

이는 수개의 부동산이 공동저당관계에 있음을 공시하기 위한 것이다. 그리고 일정한 경우에는 절차의 번거로움을 피하기 위하여 등기신청서에 '공동담보목록'을 첨부함으로써 공동저당관계를 공시한다[부등기법 제145조~제147조, 제149조~제152조].

이 공동담보목록은 등기부의 일부로 간주된다[부등기법 제151조].

민법 제368조(공동저당과 대가의 배당, 차순위자의 대위)

1항 동일한 채권의 담보로 수개의 부동산에 저당권을 설정한 경우에 그 부동산의 경매대가를 동시에 배당하는 때에는 각 부동산의 경매대가에 비례하여 그 채권의 분담을 정한다.

2항 전항의 저당부동산 중 일부의 경매대가를 먼저 배당하는 경우에는 그 대가에서 그 채권전부의 변제를 받을 수 있다. 이 경우에 그 경매한 부동산의 차순위저당권자는 선순위저당권자가 전항의 규정에 의해 다른 부동산의 경매대가에서 변제를 받을 수 있는 금액의 한도에서 선순위자를 대위하여 저당권을 행사할 수 있다.

동시(同時)배당(동시 매각절차에서 배당)

공동저당권의 목적부동산이 전부 매각되어 그 경매대가(공매대가)를 동시에 배당하는 경우에는 각 부동산의 경매대가(공매대가)에 비례하여 그 채권의 분담을 정한다.[민법 제368조 제1항]

민법 제368조에서 각 부동산의 경매대가(공매대가)라 함은 매각대금에서 당해 부동산이 부담할 경매비용(공매집행비용)과 선순위 채권을 공제한 잔액을 말한다. 선순위채권 중에서 제세공과금 등이 있는 경우 당해세를 제외하고는 소유자가 같을 때에는 채권액에 따라 안분하고, 소유자가 다를 때에는 각 부동산의 매각대금으로부터 제세공과금 등을 공제하고 경매대가를 정하면 된다.

공동저당물권 등이 동시에 경매절차를 진행시켜 매각되어 동시에 배당되는 것이다. 수개의 공동저당권부 목적부동산을 동시에 경매하여 동시에 배당하는 경우는 1순위 공동저당권자가 그의 채권액 만족을 위해서 선택적으로 우선변제 받는 것이 아니라 후순위권리자를 보호하기 위하여 각각의 부동산 경매가액에 비례하여 그 채권액의 부담액을 정한다. 여기서 남는 배당금은 후순위채권자들에게 배당되는 것이다. 따라서 동시배당의 경우 어느 특정부동산의 경매대가에서만 선택적으로 우선변제 받는 것은 인정되지 않는다.

① 채무자이건, 물상보증인이건 공동저당부동산의 소유자가 동일인인 경우에 동시 매각되어 동시 배당되는 경우 위 민법 제368조 제1항이 적용된다.

② 그러나 공동저당부동산 일부가 채무자소유, 일부가 물상보증인소유로 동시 매각되는 경우

동시배당시 물상보증인이 민법 제481조, 제482조의 규정에 의한 변제자대위에 의하여 채무자 소유 부동산에 대하여 담보권을 행사할 수 있는 지위에 있는 점 등을 고려할 때, ~ 민법 제368조 제1항은 적용되지 아니한다고 봄이 상당하다.

이 경우 경매법원으로서는 채무자 소유 부동산의 경매대가에서 공동저당권자에게 우선적으로 배당을 하고, 부족분이 있는 경우에 한하여 물상보증인 소유 부동산의 경매대가에서 추가로 배당을 하여야 한다[대법2008다41475 판결].

즉 동시배당에 있어서 변제자 대위가 우선하는 전제하에서 채무자 소유의 경매대가에서 먼저 배당하고 부족액이 있는 경우 물상보증인소유의 경매대가에서 배당하면 된다.

이는 이시배당시 물상보증인의 변제자대위와 후순위저당권자의 대위중에서 변제자대위를 우선시키는 경우 즉 채무자소유부동산이 먼저 매각되고 그후 물상보증인소유가 매각된 경우 후순위채권자가 선순위공동저당권자를 대위[368조2항]하여 행사할 수 없다.[대법 95마 500]

이와 같이 동시배당시와 이시배당시에도 다를바 없이 적용되어야 한다. 판례는 변제자 대위와 후순위 저당권 대위간의 충돌시 변제자 대위가 우선한다는 입장을 취하고 있다.

그러나 후순위저당권자의 대위를 우선시키는 때에는 이러한 안분분담(본조1항과 같이)은 동시배당에 있어서 공동저당권의 목적부동산 전부에 관하여 후순위저당권이 존재하는 경우는 물론 일부에 존재하는 경우에도 적용한다 즉 ①사례와 같이 소유자가 동일인경우에는 동시배당시에는 채권액에 비례하여 안분하고, 이시배당시에는 후순위채권자의 대위행사가 가능하다.

동시배당사례에 대한 권리분석과 배당사례

배당 EXERCISE 1   EXERCISE

동시배당사례 : 공동저당된 경매물건 등이 동시에 매각되어 동시에 배당되는 경우의 배당 - 1

공동저당된 물건 등이 동시에 경매절차로 매각되어 동시에 배당되는 경우 각각의 부동산경매가액에 비례하여 그 부동산의 채권액에 부담액을 정한다. 여기서 1순위 공동저당권자의 할당액을 초과하는 금액은 후순위 저당권자의 변제에 충당한다. 이 경우에는 후순위 근저당권자의 대위가 허용되지 않는 경우이다.

A 부동산(배당금 4,000만원)	B 부동산(배당금 3,000만원)	C 부동산(배당금 2,000만원)
2000.2.10. 갑 공동저당권 3,000만원 2000.3.10. 을 근저당권 3,000만원	2000.2.10. 갑 공동저당권 3,000만원 2000.4.10. 병 근저당권 1,500만원	2000.2.10. 갑 공동저당권 3,000만원 2000.5.10. 정 근저당권 1,000만원

A, B, C 부동산이 동시에 경매절차로 매각되어 동시에 배당되면(집행비용을 계산하지 않는다면 A, B, C 부동산에서 경매대가는 A=4,000만 원이고, B=3,000원, C=2,000원이 된다)

1. 갑의 배당액

① A로부터 채권안분액 $= 3{,}000만 \times \dfrac{4{,}000만}{4{,}000만 + 3{,}000만 + 2{,}000만}$ 13,333,333.$\overline{33}$ = 13,333,333원

② B로부터 채권안분액 $= 3{,}000만 \times \dfrac{3{,}000만}{9{,}000만} = 10{,}000{,}000$원

③ C로부터 채권안분액 $= 3{,}000만 \times \dfrac{2{,}000만}{9{,}000만} = 6{,}666{,}666.\overline{66} = 6{,}666{,}667$원

따라서 갑은 A 부동산=13,333,333원, B 부동산=10,000,000원, C 부동산=6,666,667원으로 3,000만 원 모두 충족된다.

2. 을은 A 부동산=4,000만 원 - 갑 배당금 13,333,333원=26,666,667원으로 이 금액을 배당받고 배당받지 못한 채권금액이 3,333,333원이 있다.

3. 병은 B 부동산=3,000만 원−갑 배당금 10,000,000원=20,000,000원으로 배당금 1,500만 원 모두 충족하고도 잉여배당금이 5,000,000원이 남는다. 이는 소유자(채무자)에게 배당된다.

4. 정은 C 부동산=2,000만 원−갑 배당금 6,666,667원=13,333,333원으로 배당금 1,000만 원을 모두 충족하고도 잉여배당금이 3,333,333원 남는다.

위에서 을은 B 부동산 배당잉여금 5,000,000원과 C 부동산 배당잉여금 3,333,333원에 대해 대위행사를 할 수 없다.

즉, 후순위권리자의 대위를 인정한 민법 제368조 제2항은 이와 같은 경우에 적용되는 것이 아니고 이시異時배당의 경우에 적용되는 것이기 때문이다.

다만, 부동산소유자가 A, B, C 같은 소유자인 경우 을은 채권자로서 소유자에게 돌아갈 B, C 배당잉여금에 대해 가(압류)하여 추심할 수 있을 것으로 판단된다.

예1] 위 사례에서 B와 C가 먼저 경매된 경우(이시異時배당 사례)이면,

① 위 문제에서 B와 C를 먼저 경매신청하였다면 갑은 B로부터 1,800만 원 C로부터 1,200만 원 배당으로 3,000만 원 전액 배당받는다.

즉 갑은 B 부동산 채권안분액$=3,000만 \times \dfrac{3,000만}{3,000만+2,000만}=1,800만원$

C 부동산 채권안분액$=3,000만 \times \dfrac{2,000만}{3,000만+2,000만}=1,200만원$으로 전액 배당받는다.

② 병은 3,000만 원−1,800만 원(갑의 배당금)=1,200만 원이고, 1,200만 원(배당잔여금)−1,500만 원(병 채권액)으로 병의 미배당금 300만 원은 추후 A 부동산경매로 매각시 대위행사로 배당받을 수 있다(A 부동산 갑 공동저당권 채권금액에 동시배당시 배당받을 수 있었던 금액한도 내에서).

③ 정은 2,000만 원−1,200만 원(갑의 배당금)=800만 원이고, 800만 원(배당잔여금)−1,000만 원(정 채권액)으로 정의 미배당금 200만 원은추후 A 부동산 경매로 매각시 대위청구로 배당이 가능하다(A 부동산 갑 공동저당권 채권금액에 동시배당시 배당받을 수 있었던 금액한도 내에서).

④ 추후 A 부동산매각시 배당사례

따라서 을은 A 부동산에서 선순위 갑이 B, C 부동산에서 채권액을 전액 회수하여서 배당금 전액을 회수 할 수가 있어 보인다. 그러나 B, C 부동산의 후순위채권자들이 선순위 갑의 대위청구권을 제외한 나머지 금액에서만 배당받을 수 있다. 따라서 이들 배당을 정리해보면, 을=4,000만 원－병 대위청구 300만 원－정 대위청구 200만 원 = 35,000,000원(배당잔여금)－을 배당금 3,000만 원으로 최종 잔여배당금 500만 원이 남는다. 이 배당잉여금은 소유자에게 돌아갈 것이다(물론 대위청구가 여럿이고 대위배당금이 부족한 경우 채권액에 비례하여 안분하면 된다).

<table>
<tr><td>배당</td><td>EXERCISE 2</td><td>EXERCISE</td></tr>
</table>

동시배당사례 : 공동저당된 경매물건 등이 동시에 매각되어 동시에 배당되는 경우의 배당－ 2

A 부동산(배당금 4,000만 원)	B 부동산(배당금 3,000만 원)	C 부동산(배당금 2,000만 원)
2000. 2. 10. 갑 공동저당권 3,000만 원 2000. 3. 10. 을 근저당권 3,000만 원	2000. 2. 10. 갑 공동저당권 3,000만 원 2000. 4. 10. 병 근저당권 1,500만 원	2000. 1. 10. 정 근저당권 1,000만 원 2000. 2. 10. 갑 공동저당권 3,000만 원

A, B, C 부동산이 동시에 경매절차로 매각되어 동시에 배당되면(집행비용을 계산하지 않는다면 A, B, C 부동산에서 경매대가는 A=4,000만 원이고, B=3,000원, C=2,000원이 된다)

1. 그런데 정 근저당권은 C부동산에서 1순위이므로 2,000만 원(배당금)－1,000만 원(정의 우선변제금)을 우선변제받는다.

2. 갑 공동저당권자는 A, B, C 부동산에서 경매대가를 계산하면 A=4,000만 원, B=3,000만 원, C=2,000만 원－1,000만 원(선순위 정 배당금)=1,000만 원이 된다. 따라서 갑의 배당금은

① A로부터 채권안분액 $= 3,000만 \times \dfrac{4,000만}{4,000만+3,000만+1,000만} = 15,000,000원$

② B로부터 채권안분액 $= 3,000만 \times \dfrac{3,000만}{4,000만+3,000만+1,000만} = 11,250,000원$

③ C로부터 채권안분액 $= 3,000만 \times \dfrac{1,000만}{4,000만+3,000만+1,000만} = 3,750,000원$

3. 을은 A 부동산=4,000만 원−갑 배당금 15,000,000원=25,000,000원으로 이 금액 배당받고 배당받지 못한 채권금액이 5,000,000원이 있다.

4. 병은 B 부동산=3,000만 원−갑 배당금 11,250,000원=18,750,000원으로 배당금 1,500만 원 모두 충족하고도 잉여배당금이 3,750,000원이 남는다. 이는 소유자(채무자)에게 배당된다.

5. C 부동산 6,250,000원의 배당잉여금이 남는데 이는 소유자(채무자)에게 배당된다.

동시배당사례 : 공동저당권이 2개 이상이 있고 그들의 순위가 혼재되어 있는 경우− 3 각 부동산이 개별적으로 배당되는 경우와 같이 각 부동산별로 선순위자의 피담보채권금액을 공제하여 후순위저당권의 분담액을 정하고 이를 기준으로 각 공동저당의 책임분담을 정하게 된다(집행비용을 계산하지 않는다면).

A부동산(배당금 5,000만원)	B부동산(배당금 3,000만원)
2000. 1. 10. 갑 공동근저당권 3,000만원 2000. 5. 25. 을 근저당권 3,500만원 2000. 8. 10. 병 공동근저당권 1,200만원	2000. 8. 10. 병 공동근저당권 1,200만원 2000. 8. 20. 갑 공동근저당권 3,000만원

1. 갑의 배당금액=갑의 채권액 3,000만 원을 A 부동산의 경매대가와 B부동산의 경매대가에서 안분하여 받을 수 있는 채권액을 구한다. A 부동산경매대가=5,000만 원이고, B부동산경매대가=(3,000만−1,200만)1,800만 원이다.

① A부동산에서 채권안분액=갑의 채권액 $\times \dfrac{\text{A배당금}}{\text{(A+B)배당금}}$ =3,000만원 $\times$

$\dfrac{5,000만}{5,000만+1,800만}$ =22,058,824원

② B부동산으로부터 채권안분액=3,000만 $\times \dfrac{1,800만}{6,800만}$ =7,941,176원

2. 을의 배당액=A 부동산에만 근저당 설정되어 있어서

① A로부터 을 배당금=[5,000만 원−22,058,824원(1순위 갑배당금)]=27,941,176원이 되어 을은 배당금 27,941,176만 원을 배당받고 배당받지 못한 채권금액

이 7,058,824원이 된다.

3. 병의 배당액은 (경매대가가 A=5,000만 원-22,058,824원-27,941,176원=0원. B=3,000만 원)

① A로부터 채권안분액=1,200만$\times\dfrac{0원}{0원+3,000만 원}$=0원

② B로부터 채권안분액=1,200만$\times\dfrac{3,000만}{0원+3,000만 원}$=1,200만원을 배당받는다.

4. 따라서 A부동산에서는 배당금이 부족하고, B부동산은 잔여배당금이 생긴다.

A=5,000만 원-22,058,824원(갑 배당금)-27,941,176원(을 배당금)-0원(병 배당금) =0이다. 따라서 을은 배당받지 못한 채권금액이 7,058,824원이 된다.

B=3,000만 원-1,200만 원(병 배당금)-7,941,176원(갑 배당금)=10,058,824원(배당 잉여금)이다.

B 부동산의 배당잉여금 등은 B 부동산 소유자(채무자)에게 배당되어야 할 것이다. 이와 같은 동시매각시에서는 민법 368조 제2항의 차순위자의 대위는 발생되지 않는다는 것은 앞에서 설명한 바와 같다. 다만, 부동산소유자가 A, B가 같은 소유자인 경우 을은 채권자로서 소유자에게 돌아갈 B 배당잉여금에 대해 가(압류)하여 추심할 수 있을 것으로 판단된다.

동시배당사례 : 수개의 부동산에 대해 채권액이 서로 다른 공동저당을 설정한 경우 동시매각 · 동시배당하는 경우(경매 집행비용을 계산하지 않는다)- 4

A 부동산(배당금 2,000만원)	B 부동산(배당금 1,200만원)
2001. 1. 10. 갑 공동근저당 1,000만원 2001. 5. 10. 을 근저당 3,000만원	2001. 4. 10. 갑 공동근저당 1,500만원

1. 갑저당권자가 1개의 금전소비대차계약으로 하는 1,500만 원의 대여금채권에 관하여 A 부동산에 1,000만 원, B 부동산에 1,500만 원의 채권액으로 하는 각 저당권을 설정받은 경우이다. 이러한 경우 공동저당이 되며 각 부동산의 경매대가에 비례하여 그 채권액의 분담을 정한다.

2. B 부동산의 저당권은 1개이나 부담액의 신청에 있어서 1,000만 원을 피담보채권으로 하는 저당권과 500만 원을 피담보채권으로 하는 저당권이 동순위로 2개가 존재하는 것으로 보아야 한다.

3. B 부동산의 경매대가를 B 부동산 위의 동순위저당권의 피담보채권에 따라 안분한다. 다시 말해서,

① 갑의 1,000만원 저당권에 대한 B 부동산의 안분배당금
$$=(1,200만 \times \frac{1,000만}{1,000만+500만})800만원이 되고,$$
② 갑의 500만원 저당권에 대한 B 부동산의 안분배당금
$$=(1,200만 \times \frac{1,000만}{1,000만+500만} 400만원이 된다.$$

이 안분배당금을 B 부동산에서 경매대가로 본다.

4. 공동저당권자 갑의 A, B 각 부동산의 부담액의 산정

① 공동저당권자 갑이 A 부동산에 대한 경매대가는 2,000만 원이고 B 부동산에 대한 경매대가는 800만 원이다.

따라서 A 부동산의 부담액$=1,000만 \times \frac{2,000만}{2,000만+800만} =7,142,857원이고,$ B 부동산의 부담액$=1,000만 \times \frac{500만}{1,000만+500만} =2,857,143원이 된다.$

② B 부동산 위의 500만 원에 대한 채권을 3번과 같이 400만 원밖에 배당받지 못한다. 따라서 100만 원이 부족하나 위 ①의 1,000만 원 채권에 대한 B 부동산의 부담액이 2,857,143원에 불과하므로 여기서 5,142,857원의 잉여가 발생하여 위 부족금 100만 원을 이 잉여금으로부터 배당받게 된다. 반대로 잉여금이 없는 경우 후순위채권자에게서도 흡수할 수 있을 것이다.

5. 따라서 갑은 A 부동산 부담액이 7,142,857원＋B 부동산 부담액 7,857,143원 {1,000만 원에 대한 부담액2,857,143원(4)＋500만 원에 대한 부담액400만 원(3)＋100만 원(3)[1,000만 원 채권에 대한 B 부동산의 부담액이 2,857,143원에 불과하므로 여기서 5,142,857원의 잉여(800만 원－2,857,143)가 발생하여 위 부족금 100만 원을 이 잉여금으로부터 배당}]＝1,500만 원 배당받는다.

6. 을은 A 부동산에서 (2,000만 원－갑 배당금액 7,142,857원)＝12,857,143원(선순위

채권 배당 후 잔여배당금)으로 배당잔여금이 12,857,143원밖에 없어서 을은 이 금액 만 배당받게 된다. 따라서 을은 배당받지 못한 채권금액이 17,142,857원이 된다.

동시배당사례 : 공동저당목적부동산의 일부에 공동저당권자와 동순위의 다른 권리 가 있는 경우 배당- 5

A 부동산(낙찰대금 3,000만원)	B 부동산(낙찰대금 2,500만원)
경매비용 70만원	경매비용 60만원
2001. 2. 10. 갑 공동근저당 2,500만원 2001. 3. 10. 병 근저당 2,000만원	2001. 1. 10. 을 가압류채권 1,500만원 2001. 2. 10. 갑 공동근저당 2,500만원

1. 첫째로 B 부동산 배당금(2,500만 원−60만 원=2,440만 원)에서 각 채권자의 경매대가 를 구해야 되는데 을 가압류(1,500)과 갑 공동근저당(2,500)이 동순위 관계의 채권 이므로 동순위로 안분배당해서 을 과 갑의 경매대가를 정하게 된다.

   ① 을의 B 부동산에 대한 안분배당금 $=24,400,000원\times\dfrac{1,500만}{1,500만+2,500만}=$ 9,150,000원

   ② 갑의 B 부동산에 대한 안분배당금 $=24,400,000원\times\dfrac{2,500만}{4,000만}=15,250,000원$

   이 금액을 경매대가로 보면 된다.

2. 공동저당권자 갑의 채권 2,500만 원을 A 부동산에 대한 경매대가는[30,000,000− 700,000]29,300,000원이고, B 부동산에 대한 경매대가는 15,250,000원이다. 따라서

   ① 갑은 A로부터의 채권안분액 $=2,500만\times\dfrac{29,300,000원}{29,300,000원+15,250,000원}=$ 16,442,200원

   ② 갑은 B로부터의 채권안분액 $=2,500만\times\dfrac{15,250,000원}{44,550,000원}=8,557,800원$

3. 병 근저당권자는 A 부동산의 배당금 $=29,300,000원-16,442,200원$(갑의 배당금)$=$ 12,857,800원(배당잔여금)으로 이 금액을 배당받는다.

4. 을 가압류채권자＝9,150,000원(1차 안분배당액)＋B의 배당잉여금6,692,200원[2,440
   만 원－9,150,000원(을 1차 안분액)－8,557,800원(실제로 갑이 B 부동산으로 배당받은 금
   액)] 이므로 이 금액을 자기채권이 만족할 때(5,850,000원)까지 흡수한다. 따라서
   을은 B 부동산에서 15,000,000원 배당을 전부 받고도 배당잉여금이 842,200원
   남아 B 부동산 소유자에게 배당된다.

   따라서 최종배당결과는

   ① 갑＝25,000,000원

   ② 을＝15,000,000원

   ③ 병＝12,857,800원

   ④ B 부동산 소유자(채무자)＝842,200원

동시배당사례 : 공동저당목적부동산의 일부에 공동저당권자와 동순위의 다른 권리
가 있는 경우 배당－6

A 부동산(낙찰대금 3,000만원)	B 부동산(낙찰대금 4,500만원)(주택이 서울소재)
경매비용 70만원	경매비용 100만원
2001. 2. 10. 갑 공동근저당 2,500만원 2001. 3. 10. 병 근저당 2,000만원	2001. 1. 10. 을 가압류채권 1,500만원 2001. 2. 10. 갑 공동근저당 2,500만원 2001. 4. 10. 정 임차인 3,000만원(5.9전입과 5.10.확정)

1. 첫째로 B 부동산 배당금(4,500만 원－100만 원＝4,400만 원)에서 경매대가를 계산하면
   1순위 정 임차인이 소액임차인에 해당되므로 최우선변제금으로 1,200만 원을
   우선변제(B 부동산 배당시점이 2001.9.14. 이전인 경우)

   2순위로 을 가압류(1,500) ＝ 갑 공동근저당(2,500), 을 가압류 ＝ 정의 확정일자
   (1,800)이므로 1차로 동순위로 안분배당하고 2차로 흡수해서 경매대가를 정하
   게 된다.

   1차 안분배당

① 을 가압류 $=3,200$만원$\times \dfrac{1,500\text{만}}{1,500\text{만}+2,500\text{만}1,800\text{만}} =8,275,862.^{06}=8,275,862$원(종결)

② 갑 공동근저당$=3,200$만원$\times \dfrac{2,500\text{만}}{1,500\text{만}+2,500\text{만}1,800\text{만}} \ 13,793,103.^{44}=13,793,103$원

③ 정 확정일자 $=3,200$만원$\times \dfrac{1,800\text{만}}{1,500\text{만}+2,500\text{만}1,800\text{만}} =9,931,034.^{48}=9,931,035$원

2차 흡수절차

②는 ③보다 선순위이므로 ②의 안분부족액(본래의 채권−1차 안분액)을 ③의 1차 안분액에서 흡수하게 된다.

② 갑 공동근저당$=13,793,103$원(1차 안분액)$+9,931,035$원(③에서 흡수)$=23,724,138$원(종결)

③ 정 확정일자 $=9,931,035$원(1차 안분액)$-9,931,035$원(②에 흡수당함)$=0$원(종결)

따라서 정 = 1,200만 원(1), 을 = 8,275,862원(2), 갑 = 23,724,138원 등을 각 채권자의 경매대가로 하면 된다.

2. 공동저당권자 갑의 채권 2,500만 원을 A 부동산에 대한 경매대가는[3,000만 원−70만 원]29,300,000원이고, B 부동산에 대한 경매대가는 23,724,138원이다. 따라서

① 갑은 A로부터의 채권안분액$=2,500$만$\times \dfrac{29,300,000\text{원}}{29,300,000\text{원}+23,724,138\text{원}} =13,814,463$원

② 갑은 B로부터의 채권안분액$=2,500$만$\times \dfrac{23,724,138\text{원}}{29,300,000\text{원}+23,724,138\text{원}} =11,185,537$원

3. 병 근저당권자는 A 부동산의 배당금$=29,300,000$원$-13,814,463$원(갑의 배당금)$=15,485,537$원(배당잔여금)으로 이 금액만 배당받을 수 있으므로 미배당금이 발생된다.

4. 을 가압류채권자는 B 부동산에서 8,275,862원을 안분배당 받았다.

따라서 미배당금이 6,724,138원이 발생된다.

5. 정 임차인은 B 부동산에서 1과 같이 1순위로 최우선변제금 1,200만 원을 우선변제받고 확정일자 우선변제금 1,800만 원은 배당금이 없어서 배당받지 못했다.

따라서 미배당금 1,800만 원이 발생됐다.

6. 그러나 갑 공동저당권자가 A 부동산과 B 부동산의 경매대가에서 채권액을 안분

배당 받았기 때문에 B 부동산에서 배당잉여가 발생되게 된다. 이 금액은 B 부동산에서 미배당금이 있는 을 가압류채권자와 정임차인에게 배당되는데 이들은 동순위이므로 배당잔여금을 가지고 안분배당하면 될 것이다.

따라서 안분배당하면 다음과 같다.

① 을 가압류채권=12,538,601원(B의 배당잉여금)$\times \dfrac{6,724,138원}{24,724,138원}$ =3,410,080원

② 정 임차인의 확정일자=12,538,601원(B의 배당잉여금)$\times \dfrac{18,000,000원}{24,724,138원}$ =9,128,521원을

안분 배당받게 된다.

따라서 최종배당결과는

① 갑=25,000,000원(2).

② 을=8,275,862원(4)+3,410,080원(6)=11,685,942원

③ 병=15,485,537원(3)

④ 정=1,200만 원(5)+9,128,521원(6)=21,128,521원이 된다.

배당 EXERCISE **7**　　　　　　　　　　　　　　　　　　EXERCISE

동시배당사례 : 공동저당목적부동산의 일부에 공동저당권자와 동순위의 다른 권리나 순위가 상호모순관계에 있는 경우 배당(경매 집행비용을 계산하지 않는다)− 7

A 부동산(배당금 5,000만원)	B 부동산(배당금 4,000만원)
2001. 5. 10. 갑 근저당 5,000만원	2001. 1. 10. 을 가압류 1,500만원
2001. 7. 10. 정 근저당 3,000만원	2001. 2. 10. 병 근저당 2,000만원
2001. 9. 10. 무 일반조세 1,000만원	2001. 5. 10. 갑 근저당 5,000만원
(법정기일 2001. 9. 10.이고, 당해세가 아닌 일반조세임)	2001. 9. 10. 무 일반조세 1,000만원

1. 첫째로 순위가 상호모순관계에 있는 B 부동산의 경매대가를 계산하면 다음과 같다. 순위가 상호모순관계에 있는 경우 배당은 1차 안분배당 후 2차 순환흡수 절차를 거쳐야 한다(무일반조세는 법정기일로 기재한 것임).

   1차 안분배당

① 을 가압류＝4,000만 원×$\frac{1,500}{9,500}$ ＝6,315,789원

② 병 근저당＝4,000만 원×$\frac{2,000}{9,500}$ ＝8,421,053원

③ 갑 근저당＝4,000만 원×$\frac{5,000}{9,500}$ ＝21,052,632원

④ 무 일반조세＝4,000만 원×$\frac{1,000}{9,500}$ ＝4,210,526원

2차 흡수배당절차는 다음과 같은 방법으로 진행하면 된다.

ⓐ 흡수순서는 흡수할 수 있는 지위에 있는 자 중에서 선순위자로부터 먼저 흡수하고 그다음 우선순위자가 흡수한다.

ⓑ 흡수당하는 자는 제일 열후한 자(후순위자)에게서 먼저 흡수하고 부족하면 그 다음 열후한자에서 흡수한다.

ⓒ 흡수권자의 흡수액은 1차 안분배당에서 배당받지 못한 금액(안분부족액)을 한도로 하여 후순위자의 1차 안분배당금 내에서만 흡수할 수 있다.

ⓓ 흡수당했던 자가 흡수할 때 흡수당한 부분을 공제한 나머지 부분만 흡수한다(흡수당한 부분은 일단 배당받은 것이므로).

따라서 2차 흡수배당을 하면

① 을 가압류는 흡수할 지위에 있지 못 하므로, 흡수할 수 있는 지위에 있는 채권자 등은 ② 병, ③ 갑, ④ 무가 있는데 이 중에서 우선순위는 병〉갑〉정 순이므로 ② 병이 먼저 후순위 ③·④를 흡수할 수 있는데 이 중에서 후순위인 ④부터 먼저 흡수하고 부족시 그 다음 ③을 흡수하게 된다.

② 병 근저당＝8,421,053원(1차 안분액)＋4,210,526원(④에서 흡수)＋7,368,421원(③에서 흡수)＝ 2,000만 원

③ 갑 근저당＝21,052,632원(1차 안분액)－7,368,421원(②에 흡수당함)＋0원(④에서 흡수)＝13,684, 211원

④ 무 일반조세＝4,210,526원(1차 안분액)－4,210,526원(②에 흡수당함)＋5,789,474원(①에서 흡수)＝5,789,474원(조세채권은 항상 일반채권에 우선하기 때문이다)

① 을 가압류＝6,315,789원(1차 안분액)－5,789,474원(④에 흡수당함)＝526,315원

2. 공동저당권자 갑의 채권 5,000만 원을 A 부동산에 대한 경매대가는 5,000만 원

이고, B 부동산에 대한 경매대가는 13,684,211원이다.

따라서 ① 갑은 A로부터의 채권안분액$=5,000$만 원$\times\dfrac{50,000,000}{63,684,211}=39,256,198$원

② 갑은 B로부터의 채권안분액$=5,000$만 원$\times\dfrac{13,684,211}{63,684,211}=10,743,802$원

3. 정 근저당권자는 A 부동산의 배당금$=5,000$만 원$-39,256,198$원(갑의 배당금)$=$ 10,743,802원(배당잔여금)으로 이 금액을 배당받는다.

4. 병 근저당권자는 B 부동산의 배당금에서 1과 같이 순환흡수절차를 거쳐서 최종 배당받게 된 2,000만 원이 된다.

5. 무 일반조세 채권은 A 부동산에 대한 경매대가는 0원이다. B 부동산에 대한 경 매대가는 5,789,474원이다. 따라서 무의 배당금은 5,789,474원이 된다.

6. 을 가압류 채권은 B 부동산의 배당금에서 1과 같이 순환흡수절차를 거쳐서 배당 받게 된 526,315원이다.

7. B 부동산의 배당잔여금 2,940,409원은 무 일반조세와 을 가압류가 자신의 채권 최고액의 범위 내에서 흡수할 수 있는데 무가 우선순위이므로 무가 먼저 흡수 할 수 있다. 따라서 무가 2,940,409원 전액을 흡수한다.
따라서 무$=5,789,474$원(5)$+2,940,409$원(B부동산 배당잔여금 흡수)(7)$=8,729,883$원이 된다.

그러나 위와 같이 동시배당절차를 거쳐서 B 부동산에서 배당잔여금이 2,000만 원이 발생되었다고 가정하면 배당잔여금은 소유자(채무자)에게 배당되지 않고 무 일반조세 채권자에게 4,210,526원이 우선 배당되고 잔여금은 그다음 순위인 을 가 압류 채권자에게 14,473,685원 우선 배당되고 나머지 잔여금 1,315,789원은 B 부동 산 소유자(채무자)에게 배당된다.

동시배당사례(실제 공매 입찰사례) : 동시배당시 공동저당부동산의 일부 또는 전부에 공동저당권자와 동순위의 가압류채권자 그리고 후순위의 조세·공과금채권자 등이 있어서 순위가 상호모순관계에 있는 경우 배당사례 - 8

1~7순위까지는 우선순위에 따라 우선배당하고 나서, 8순위 이후부터는 토지와 건물에 설정등기된 채권자 등이 상이하여 2개의 부동산이 동시매각시 배당절차를 진행하게 되는데, 공동저당부동산의 일부 또는 전부에 공동저당권자와 동순위의 가압류채권자 그리고 후순위의 조세·공과금채권자 등이 있어서 토지와 건물이 각각 순위가 상호모순관계에 있는 경우 배당하는 방법으로 실제 공매 입찰사례를 가지고 배분표를 작성해보면 다음과 같다.

공매입찰대상 물건분석표

물건소재지 및 공매내역	면적 및 감정평가	공매가진행과정	1) 임차인내역 2) 기타청구내역	토지등기부상의 권리관계	건물등기부상의 권리관계
서울시 광진구 중곡동 ○○○-○ ① 체납자: 조민수 ② 위임기관: 광진구청 ③ 집행기관: 한국자산관리공사 공매 5팀 ④ 관리번호: 2007-21171-001	토지: 91.9㎡ 건물: 146.49㎡ 〈감정가격〉 토지 142,445,000원 건물: 62,404,740원 계: 204,849,740원 〈감정평가일시〉 2008.2.20. 〈건물보존등기〉 1994.6.15.	최초공매매각가격: 204,849,740원 1차: 204,849,740원 입찰기간: 5/26~5/28 개찰일시: 5/29 11시 유찰: 10% 저감 2차: 184,365,000원 입찰기간: 6/9~6/11 개찰일시: 6/12 11시 유찰(10% 저감) 4차: 143,695,000원 . . 5차 6차 (공매공고일 2008.4.23) (공매공고시 1~6회 일괄공고함) (입찰기간 2008.5.20~5.22)	1) 임차인내역 ① 정찬우 전입 93.3.29. 1차확정 93.6.29. 보증금 1,600만원 보증금증액 200만원 2차확정 95.6.1. 배분요구 ○ ② 유대연 전입 94.10.25. 확정 99.9.18. 보증금 4,800만원 배분요구 ○ ③ 최문재 전입 95.10.30. 확정 99.10.20. 보증금 4,200만원 배분요구 ○ ④ 문미선 전입 96.9.5. 확정 99.8.19. 보증금 3,000만원 배분요구 ○ ⑤ 여미순 전입 99.7.24. 확정 99.8.21. 보증금 3,000만원 배분요구 ○ ⑥ 김문수 전입 04.4.20. 확정 × 보증금 × 배분요구 × (2008.5.28. 전입 세대 열람결과 전출되어 있었음) ⑦ 정찬기 전입 04.8.5. 확정 × 보증금 × 배분요구 × ⑧ 정찬만 전입 04.8.16. 확정 × 보증금 × 배분요구 ×	• 소유권이전: 조민수 (1999.8.17) • 가압류: 주택금융신용보증기금 내역: 우동 • 근저당권 (주)한국주택은행 청구: 15,600,000원 〈1999.9.29.〉 • 가압류: 대우자동차 판매(주) 내역: 우동 • 가압류: (주)세신 내역: 우동 • 가압류: 신기철 내역: 우동 • 가압류: (주)에스콰이어 내역: 우동 • 가압류: (주)모나리자 내역: 우동 • 가압류: 현대캐피탈 내역 : 우동 • 가압류: (주)한빛은행 내역: 우동 • 압류: 서울시광진구청 내역: 우동 • 압류: 국민연금관리공단 청구: 〈2000.4.10.〉 • 가압류: 서울보증보험 내역: 우동 • 가압류: 신용보증기금 내역: 우동 • 가압류: 농협중앙회 내역: 우동 • 가압류: 부산신용재단 내역: 우동	• 소유권이전: 조민수 〈1999.8.17.〉 • 가압류: 주택금융신용보증기금 청구: 10,983,945원 〈1999.9.21.〉 • 근저당권: (주)한국주택은행 청구: 15,600,000원 〈1999.9.29.〉 • 가압류: 대우자동차 판매(주) 청구: 11,000,000원 〈1999.10.16.〉 • 가압류: (주)세신 청구: 12,800,260원 〈1999.11.3.〉 • 가압류: 신기철 청구: 23,568,370원 〈1999.11.8.〉 • 가압류: (주)에스콰이어 청구: 8,740,000원 〈1999.12.1.〉 • 가압류: (주)모나리자 청구: 4,961,880원 〈99.12.3.〉 • 가압류: 현대캐피탈 청구: 8,513,130원 〈2000.1.31.〉 • 가압류: (주)한빛은행 청구: 5,798,531원 〈2000.2.1.〉 • 압류 : 서울시광진구청 〈2000.2.22.〉 • 가압류: 서울보증보험 청구: 9,021,542원 〈2000.11.3.〉 • 가압류: 신용보증기금 청구: 35,000,000원 〈2000.11.17.〉 • 가압류 : 농협중앙회 청구: 11,351,031원 〈2000.11.20.〉 • 가압류: 부산신용재단 청구: 29,679,193원 〈2001.1.5.〉

		⑨ 방정기 전입 07.6.13. 확정 × 보증 × 배분요구 × ⑩ 정문주 전입 08.4.30 확정 × 배분요구 × (2008.5.28 동사무소 전입세대 열람결과 전입되어 있었음)	• 가압류: 김성구 외 6명 공동채권자 내역: 우동 • 압류: 동두천시〈2001.4.21.〉 • 압류: 근로복지공단 〈2001.9.7.〉 • 압류: 국민건강보험 내역: 우동 • 압류: 서울시노원구 〈2002.4.24.〉 • 압류: 안산세무서 내역: 우동 • 압류: 안산세무서 내역: 우동 • 압류: 의정부세무서 내역: 우동 • 압류 : 서울시 노원구 〈2006.8.10.〉	• 가압류: 김성구 외 6명 공동채권자 청구: 99,298,850원 〈2001.3.6.〉 • 압류: 국민건강보험 〈2001.12.10.〉 • 압류: 안산세무서 〈2002.8.13.〉 • 압류: 안산세무서 〈2002.8.19.〉 • 압류: 의정부세무서 〈2002.8.23.〉 • 압류: 동두천시〈2003.3.10.〉 • 주택임차권등기: 정찬우 임차보증금:16,000,000원 (1993.3.18.계약) 18,000,000원(1995.6.1.재계약) 전입일자: 1993.3.29. 1차확정: 1993.6.29.(계약시) 2차확정: 1995.01.28.(재계약시) 3차확정: 1999.08.20.(재계약시) 〈04.4.3. 임차권등기〉 • 주택임차권등기: 여미순 보증금: 28,000,000원 전입: 1999.7.24. 확정: 1999.8.21. 〈2004.5.12.임차권등기〉

배분표 작성 전에 1차적으로 토지등기부등본과 건물등기부의 설정등기된 권리 등이 상이하여 구분하여 배분표 작성이 필요하다.

그리고 주의할 사항은 국세징수법상 진행되는 공매에서는 선순위·동순위가압류권자는 담보물권자와 안분배분하지만 후순위가압류권리자, 강제경매신청권자, 집행권원에 의한 배분요구권자 등은 배분절차에서 제외시킨다(그러나 전 소유자 가압류는 우선배분함).

여기서 선순위·동순위가압류권자란 저당권 등의 담보물권(저당권, 담보가등기, 전세권, 확정일자를 갖춘 임차권)보다 선순위 또는 동순위 경우만 배분절차에 참여할 수 있다. 따라서 위 배분사례에 있어서 근저당권보다 앞선 가압류뿐만 아니라 확정일자에 의한 우선변제권 중에서 제일 늦은 최문재 임차인의 확정일자보다 앞서는 가압류만 배분절차에 참여시키고 후순위 가압류 등은 배분절차에서 제외시키게 된다.

　배분에 참여할 수 있는 권한을 가진 채권자 등만 대상으로 토지등기부와 건물등기별로 정리하면 다음과 같다.

토지등기부등본과 건물등기부등본 배분참여자 등을 대상으로 구분정리

(토지와 건물채권자들이 일치하지 않기 때문)

대지	건물
① 가압류: 주택금융신용보증기금 청구금액: 10,983,945원〈99.9.21.〉 ② 근저당권: (주)한국주택은행 청구 : 15,600,000원〈99.9.29.〉 ③ 가압류: 대우자동차채권액 11,000,000원〈99.10.16.〉 ④ 압류 : 서울시광진구청 청구: 6,200,000원〈압류일자 : 00.2.22.〉 (법정기일: 99.9.25. 취득세 400만원, 재산세 2,200,000원(2000년~2007년분))	① 가압류: 주택금융신용보증기금 청구금액: 10,983,945원〈99.9.21.〉 ② 근저당권: (주)한국주택은행 청구: 15,600,000원〈99.9.29.〉 ③ 가압류: 대우자동차채권액 11,000,000원〈99.10.16.〉 ④ 압류: 서울시광진구청 청구: 6,200,000원〈압류일자 : 00.2.22.〉 (법정기일: 99.9.25. 취득세 400만원, 재산세 2,200,000원(2000년~2007년))
⑤ 압류: 국민연금관리공단 청구: 500,000원 (압류일자: 00.4.10)(납부기일: 2000년~2007년분)	⑤ ×
⑥ 압류: 동두천시 청구: 3,000,000원 (압류일자: 01.4.21)(법정기일: 00.2.28 취득세)	⑥ ×
⑦ 압류: 근로복지공단 청구: 1,000,000원 (압류일자: 01.9.7)(납부기일: 01.3.10)	⑦ ×
⑧ 압류: 국민건강보험 청구: 800,000원 (압류일자: 01.12.10)(납부기일: 2000년~2007년)	⑧ 압류: 국민건강보험 청구: 800,000원 (압류: 01.12.10)(납부기일: 2000년~2007년)
⑨ 압류: 노원구청 청구: 3,500,000원 (압류일자: 02.4.24)(법정기일: 01.9.30.취득세)	⑨ ×
⑩ 압류: 안산세무서 청구: 13,000,000원 (압류일자: 02.8.13)(법정기일: 02.1.25.부가세)	⑩ 압류: 안산세무서 청구: 13,000,000원 (압류일자 02.8.13)(법정기일: 02.1.25.부가세)
⑪ 압류: 안산세무서 청구: 23,500,000원 (압류일자: 02.8.19)(법정기일: 02.3.31.법인세)	⑪ 압류: 안산세무서 청구: 23,500,000원 (압류일자: 02.8.19)(법정기일: 02.3.31.법인세)
⑫ 압류: 의정부세무서 청구: 11,100,000원 (압류일자: 02.8.23)(법정기일: 02.7.25.부가세)	⑫ 압류: 의정부세무서 청구: 11,100,000원 (압류일자: 02.8.21)(납부기일: 02.7.25.부가세)

⑬ ×

⑭ ×

⑮ ×

⑯ 압류: 서울시 노원구
청구: 347,682원
(압류일자: 06.8.10)(법정기일: 05.7.10.재산세)

⑬ 압류: 동두천시
청구: 652,318원
(압류일자: 03.3.10)(법정기일: 02.9.10.재산세)
⑭ 주택임차권등기: 정찬우
임차보증금: 18,000,000원〈04.4.3.임차권등기〉
⑮ 주택임차권등기: 여미순
임차보증금: 28,000,000원〈04.5.12.임차권등기〉
⑯ ×

배당표 작성

물건분석표와 도표 등을 참고하여 배분표를 작성하면,

위 공매사건에서 공매물건이 210,000,000원에 매각되었고 집행비용이 2,000,000원으로 배분금액은 208,000,000원이 된다고 가정하자. 그런데 토지와 건물채권자 등이 다르므로 토지와 건물을 분리하여 배분해야 되므로

1차적으로 토지·건물 감정가액을 가지고 토지·건물 비율을 계산하고, 이 비율은 배분금액에 곱하여 토지배분금액과 건물배분금액을 계산하여 각각 채권자들에게 배분하면 된다.

$$\text{따라서 토지}=\frac{142,445,000}{204,849,740}=69.\underline{536334}, \ \text{건물}=\frac{62,404,740}{204,849,740}=30.\underline{463666}$$

① 배분표를 우선순위에 따라 작성하면

1순위_ ① 정찬우 12,000,000원 ② 문미선 12,000,000원 + ③ 여미순 12,000,000원(최우선변제금 1)—최우선변제지급기준은 근저당권

한국주택은행이 된다(3,000 /1,200만 원)

2순위_ 당해세 광진구청 2,200,000원(우선변제권 1)

3순위_ 정찬우 6,000,000원(확정일자 우선변제권 2)

4순위_ 문미선 18,000,000원(확정일자 우선변제권 3)

5순위_ 여미순 18,000,000원(확정일자 우선변제권 4)

6순위_ 유대연 48,000,000원(확정일자 우선변제권 5)

7순위_ 광진구청 4,000,000원(조세채권우선변제권 5)(조세채권은 일반가압류채권에항상 우

선하기 때문이다)(조세채권 상호간에서는 압류선착주의가 적용되어 우선변제)

② 8순위 이후 순위가 상호모순관계에 따른 순환흡수배당 방법

1차적으로 1~7순위채권자들의 배분 후 2차적으로 다음 8순위 이후부터는 토지와 건물에 설정등기된 채권자 등이 상이하여 두 개의 부동산이 동시매각시 배당절차를 진행하게 되는데, 공동저당부동산의 일부 또는 전부에 공동저당권자와 동순위의 가압류채권자 그리고 후순위의 조세·공과금채권자 등이 있어서 토지와 건물이 각각 순위가 상호모순관계로 각각 순환흡수배당절차를 거쳐야 한다. 따라서 이를 쉽게 구분하기 위해서 토지와 건물 별로 공매대가(1~7순위의 선순위 채권공제 후)를 계산하면 다음과 같이 정리된다.

배분잔여금: 75,800,000원(대지공매대가=75,800,000원×69.536334%=52,708,541원)

(건물공매대가=75,800,000원×30.463666%=23,091,459원)

선순위채권 공제 후 대지와 건물의 공매대가를 다시 계산하여 보고 그에 따른 배당비율을 정하여 보면(배분금 잔여 합계 75,800,000원)	대지 52,708,541원(69.536334)	건물 23,091,459원(30.463666)
① 가압류 주택금융	계 10,983,945원	계 10,983,945원
② 근저당 (주)한국주택은행	계 15,600,000원	계 15,600,000원
③ 가압류 대우자동차	계 11,000,000원	계 11,000,000원
④ 임차권 최문재	계 42,000,000원	계 42,000,000원
⑤ 동두천시	계 3,000,000원	×
⑥ 노원구청	계 3,500,000원	×
⑦ 안산세무서	36,500,000원	36,500,000원
⑧ 의정부세무서	11,100,000원	11,100,000원
⑨ 동두천 시청	×	652,318원
⑩ 노원구청	347,682원	×
⑪ 국민연금	500,000원	×
⑫ 근로복지공단	1,000,000원	×

⑬ 국민건강	800,000원	800,000원
조세·공과금 채권 ⑦ ~ ⑬ 합계금액, 이들은 ①~⑥보다 후순위로 합해서 배당절차를 진행시키고, 이 배당합계금을 가지고 우선순위(압류선착주의를 적용해서)따라 별도로 배당하면 된다.	계 50,247,682원	계 49,052,318원

이와 같이 공동저당부동산의 일부 또는 전부에 공동저당권자와 동순위의 가압류채권자(일반채권자 등)나 후순위의 조세·공과금채권자 등으로 인해서 순위가 상호모순관계에 있는 경우 배당은 첫 번째로 순위가 상호모순관계에 있는 대지와 건물의 공매대가를 각각 계산해야 하는데 순위가 상호모순관계에 있는 경우 1차적으로 안분배당하고 2차 순환흡수절차를 거쳐야한다. 이때 배당된 금액을 가지고 공동저당권자 등에 대지와 건물의 공매대가로 계산해서 동시배당하면 된다.

ⓐ 대지부분에서 순환흡수절차를 진행시키면

㉠ 1차 안분

① 가압류 주택금융 $=52,708,541원 \times \dfrac{10,983,945}{136,331,627} = 4,246,613원$

② 근저당 (주)한국주택은행 $=52,708,541원 \times \dfrac{15,600,000}{136,331,627} = 6,031,273원$

③ 가압류 대우자동차 $=52,708,541원 \times \dfrac{11,000,000}{136,331,627} = 4,252,821원$

④ 임차권 최문재 $=52,708,541원 \times \dfrac{42,000,000}{136,331,627} = 16,238,042원$

⑤ 동두천시 $=52,708,541원 \times \dfrac{3,000,000}{136,331,627} = 1,159,860원$

⑥ 노원구청 $=52,708,541원 \times \dfrac{3,500,000}{136,331,627} = 1,353,170원$

⑦ (⑦~⑬) 조세·공과금 채권 $=52,708,541원 \times \dfrac{50,247,682}{136,331,627} = 19,426,762원$

㉠ 2차 흡수절차

② 근저당권자가 후순위자들로 부터 흡수할 수 있는데 후순위자 ③·④·⑤·⑥·⑦의 순위가 상호모순관계에 있다.

이러한 경우 선순위자인 ② 근저당권자가 흡수하는 방법에는 2가지가 있을 수 있다.

첫번째는 다음과 같이 1차적으로 순환흡수절차를 거친 다음 그 배당액에서 ②
근저당권자가 흡수하면 된다.

③ · ④ · ⑤ · ⑥ · ⑦를 순환흡수절차(순환흡수배당방법)를 진행하면

④ 임차권＝16,238,042원(1차 안분)＋21,939,792원(⑤ · ⑥ · ⑦에서 흡수함)＝
38,177,834원

⑤ 동두천시＝1,159,860원(1차 안분)－1,159,860원(④에 흡수당함)＋1,840,140원(③에서
흡수함)＝1,840,140원

⑥ 노원구청＝1,353,170원(1차 안분)－1,353,170원(④에 흡수당함)＋2,146,830원(③에서
흡수함)＝2,146,830원

⑦ 조세 · 공과금＝19,426,762원(1차 안분)－19,426,762원(④에 흡수당함)＋265,851원
(③에서 흡수함)＝265,851원

③ 가압류＝4,252,821원(1차 안분)－4,252,821원(⑤ · ⑥ · ⑦에 흡수당함)＝0원

따라서 ② 근저당권은 가장 열후한 ⑦를 먼저 흡수하고 부족액은 ⑥ → ⑤ → ④
순으로 흡수하면 된다.

② 근저당＝6,031,273원(1차 안분)＋4,252,821원(⑤ · ⑥ · ⑦에서 흡수)＋5,315,906원(④
에서 흡수)＝15,600,000원(종결)

④ 임차권＝16,238,042원(1차 안분)＋21,939,792원(⑤에서 흡수함)－5,315,906원(②에
흡수당함)＝32,861,928원(종결)

⑤ 동두천시＝1,159,860원(1차 안분)－1,159,860원(④에 흡수당함)＋1,840,140원(③에서
흡수)－1,840,140원(②에 흡수당함)＋3,000,000원(①에서 흡수)＝3,000,000원(종결)

⑥ 노원구청＝1,353,170원(1차 안분)－1,353,170원(④에 흡수당함)＋2,146,830원(③에서
흡수)－2,146,830원(②에 흡수당함)＋1,246,613원(①에서 흡수)＝1,246,613원(종결)

⑦ 조세 · 공과금＝19,426,762원(1차 안분)－19,426,762원(④에 흡수당함)＋4,252,821
원(③에서 흡수함)－4,252,821원(②에 흡수당함)＋0원(①에서 흡수)＝0원(종결).

① 가압류＝4,246,613원(1차 안분)－4,246,613원(⑤ · ⑥ · ⑦에 흡수당함)＝0(종결)

두 번째는 제일 선순위자인 ② 근저당자가 흡수하는 후순위자들이 순위가 상호
모순관계에 있으므로 동순위로 보아서 ②의 안분부족액을 후순위채권자의 채권액

에 비례하여 안분흡수하고 순환흡수절차를 거치는 방법이다.

② 근저당권자의 1차 안분부족액은 9,568,727원 이므로 이 금액을 ③, ④, ⑤, ⑥, ⑦에서 채권액에 비례하여 안분흡수하면 다음과 같다.

따라서 ① 갑은 A로부터의 채권안분액=5,000만 원× =39,256,198원

③ 가압류=$9,568,727 \times \dfrac{4,252,821}{42,430,655}$ =959,073원을 ②에 흡수당하고 난 잔여금=3,293,748원

④ 임차권=$9,568,727 \times \dfrac{16,238,042}{42,430,655}$ =3,661,914원을 ②에 흡수당하고 난 잔여금=12,576,128원

⑤ 동두천시=$9,568,727 \times \dfrac{1,159,860}{42,430,655}$ =261,565원을 ②에 흡수당하고 난 잔여금=898,295원

⑥ 노원구청=$9,568,727 \times \dfrac{1,353,170}{42,430,655}$ =305,159원을 ②에 흡수당하고 난 잔여금=1,048,011원

⑦ 조세 · 공과금=$9,568,727 \times \dfrac{19,426,762}{42,430,655}$ =4,381,016원을 ②에 흡수당하고 난 잔여금=15,045,746원

∴ ② 근저당권자=6,031,273원(1차 안분액)+9,568,727원(③959,073원+④3,661,914원+⑤261,565원+⑥305,159원+⑦4,381,016원 등을 흡수)=15,600,000원(종결)

다음으로 흡수할 수 있는 우선순위는 ④ → ⑤ → ⑥ → ⑦ 이므로 순서대로 흡수절차를 진행하면

④ 임차권=16,238,042(1차 안분액)−3,661,914원(②에 흡수당함)+16,992,052원(⑦→⑥→⑤순으로 흡수)=29,568,180원(종결)

⑤ 동두천시=1,159,860(1차 안분액)−261,565원(②에 흡수당함)−898,295원(④에 흡수당함)+1,840,140원(①4,246,613원+③3,293,748원이 동순위이므로 안분흡수)=1,840,140원

⑥ 노원구청=1,353,170(1차 안분액)−305,159원(②에 흡수당함)−1,048,011원(④에 흡수당함)+2,146,830원(①4,246,613원+③3,293,748원이 동순위이므로 안분흡수)=2,146,830원

⑦ 조세 · 공과금=19,426,762(1차 안분액)−4,381,016원(②에 흡수당함)−15,045,746원(④에 흡수당함)+3,553,391원(①4,246,613원+③3,293,748원이 동순위이므로 안분흡

수)=3,553,391원

   ① 가압류=4,246,613(1차 안분액)−4,246,613원(⑤, ⑥, ⑦에 흡수당함)=0원

   ③ 가압류=4,252,821(1차 안분액)−959,073원(②에 흡수당함)−3,293,748원(⑤, ⑥, ⑦에 흡수당함)=0원

첫 번째 사례와 두 번째 사례를 비교해보았지만 두 번째 사례로 배당표를 작성하는 것이 첫 번째보다 합리적이라는 사실은 638쪽 예제 15번에 자세히 비교분석해놓았다. 그러나 배당담당자에 따라서 첫 번째 사례로 작성하는 분들도 있었음을 감안해서 이번 사례에서는 첫 번째 사례로 배당표를 작성한 것이다. 두 번째 사례에 대한 보다 자세한 설명은 638쪽 예제 15번을 참조하기 바란다.

ⓑ 건물부분에서 순환흡수절차를 진행시키면

㉠ 1차 안분

① 가압류 $= 23,091,459$원 $\times \dfrac{10,983,945}{128,636,263} = 1,971,725$원

② 근저당 $= 23,091,459$원 $\times \dfrac{15,600,000}{128,636,263} = 2,800,351$원

③ 가압류 $= 23,091,459$원 $\times \dfrac{11,000,000}{128,636,263} = 1,974,607$원

④ 임차권 $= 23,091,459$원 $\times \dfrac{42,000,000}{128,636,263} = 7,539,408$원

⑦ (⑦~⑬)조세·공과금 $= 23,091,459$원 $\times \dfrac{49,052,318}{128,636,263} = 8,805,368$원

㉡ 2차 흡수절차

② 근저당권자가 후순위자로부터 흡수할 수 있는데 후순위자 ③·④·⑦의 순위가 상호모순관계에 있어서 이들을 1차적으로 순환흡수절차를 거친 다음 그 배당금액에서 흡수하면 된다.

   ③·④·⑦를 순환흡수절차(순환흡수배당방법 참조)를 진행하면

   ④ 임차권=7,539,408원(1차 안분)+8,805,368원(⑦에서 흡수)=16,344,776원

   ⑦ 조세·공과금=8,805,368원(1차 안분)−8,805,368원(④에 흡수당함)+1,974,607원

(③에서 흡수함)＝1,974,607원

　③ 가압류＝1,974,607원(1차 안분)－1,974,607원(⑦에 흡수당함)＝0원

　따라서 ② 근저당은 ⑦을 먼저 흡수하고 부족액은 ④를 흡수하면 된다.

　② 근저당＝2,800,351원(1차 안분)＋1,974,607원(⑦에서 흡수)＋10,825,042원(④에서 흡수)＝15,600,000원(종결)

　④ 임차권＝7,539,408원(1차 안분)＋8,805,368원(⑦에서 흡수)－10,825,042원(②에 흡수당함)＝5,519,734원(종결)

　⑦ 조세·공과금＝8,805,368원(1차 안분)－8,805,368원(④에 흡수당함)＋1,974,607원(③에서 흡수)－1,974,607원(②에 흡수당함)＋1,971,725원(①에서 흡수)＝1,971,725원(종결)

　① 가압류＝1,971,725원(1차 안분)－1,971,725원(⑦에 흡수당함)＝0(종결)

ⓒ 위 Ⓐ, Ⓑ에서와 같이 대지와 건물에서 각 채권자의 공매대가를 정하고 그 우선순위에 따라 배분하여보자

　㉠ ② 근저당 (주)한국주택은행의 채권 15,600,000원은 대지에 대한 공매대가는 15,600,000원이고, 건물에 대한 공매대가는 15,600,000원이다.

　① 주택은행은 대지로부터의 채권안분액＝$15,600,000 \times \dfrac{15,600,000}{31,200,000} = 780$만원

　② 주택은행은 건물로부터의 채권안분액＝$15,600,000 \times \dfrac{15,600,000}{31,200,000} = 780$만원

　㉡ ④ 임차권 최문재(확정일자)의 채권 42,000,000원은 대지에 대한 공매대가는 32,861,928원이고, 건물에 대한 공매대가는 5,519,734원이다.

　① 최문재는 대지로부터의 채권안분액＝$42,000,000 \times \dfrac{32,861,928}{38,381,662} = 35,959,906$원

　② 최문재는 건물로부터의 채권안분액＝$42,000,000 \times \dfrac{5,519,734}{38,381,662} = 6,040,094$원

　그러나 최문재 임차인은 대지에서 공매대가가 32,861,928원에 불과하므로 이 금액을 배당받고, 건물에서는 공매대가가 5,519,734원이므로 이 금액만 배당받게 되고 대지에서 3,097,978원과 건물에서 520,360원의 미배당금으로 미배당금의 합계가 3,618,338원이 된다.

ⓒ ⑤ 동두천시의 채권 3,000,000원은 대지에 대한 공매대가는 3,000,000원이다. 건물에는 채권이 없어서(등기되지 않아서) 대지에서만 전액 배당받는다.

ⓔ ⑥ 노원구청의 채권 3,500,000원은 대지에 대한 공매대가는 1,246,613원이다. 건물에는 채권이 없어서(등기되지 않아서) 대지에서만 배당받게 되어 미배당금 2,253,387원이 발생된다.

ⓜ ⑦ (⑦~⑬)조세·공과금채권자의 채권 즉 대지와 건물에서 채권액의 합계가 50,900,000원 인데 대지에 대한 공매대가는 0원이고, 건물에 대한 공매대가는 1,971,725원이다. 따라서 조세·공과금채권자 등은 자신의 채권액을 전액 배당받지 못하고 대지에서 0원과 건물에서1,971,725원을 배분받게 된다.
따라서 미배당금의 합계가 48,928,275원이 된다.

ⓗ ① 가압류의 채권 10,983,945원은 대지에 대한 공매대가가 0원이고, 건물에 대한 공매대가도 0원이다. 따라서 배당금이 없다.

ⓢ ③ 가압류의 채권 11,000,000원은 대지에 대한 공매대가가 0원이고, 건물에 대한 공매대가도 0원이다. 따라서 배당금이 없다.

ⓞ 그러나 선순위 ② 근저당(유사공동저당권: 대지와 건물에 각각 저당권이 설정되어 있으므로)이 각각의 공매대가에서 우선 배분받고 대지에서 배분잔여금 7,800,000원과 건물에서 배분잔여금 7,800,000원이 남게 되는데 이 금액은 후순위채권자와 소유자에게 그들의 우선순위에 따라 배분되게 된다.
후순위채권자 중에서 배당금을 전액 변제받지 못한 채권자는 ① 가압류 채권자, ③ 가압류의 채권자, ④ 임차권 최문재, ⑥ 노원구청, ⑦ 조세·공과금채권자 등이 있는데 이들 중 ①·③·④·⑥·⑦의 순위가 상호모순관계에 있다. 따라서 배당잔여금 즉 대지 780만 원과 건물 780만 원 즉 1,560만 원을 가지고 순환흡수절차를

거치게 되는데 엄밀하게 분석하면 대지만 있는 ⑥ 노원구청세금으로 각각 분리해서 순환흡수절차를 해야 되겠지만 세액이 소액이므로 다음 방법과 같이 일괄해서 순환흡수절차를 거쳐도 전액배당 받게 되므로 무방할 것이다.

1차 안분배당

① 가압류=1,560만원$\times \dfrac{10,983,945}{76,783,945}$ =2,231,580원

③ 가압류=1,560만원$\times \dfrac{11,000,000}{76,783,945}$ =2,234,842원

④ 임차권=1,560만원$\times \dfrac{3,618,338}{76,783,945}$ =735,129원

⑥ 노원구청=1,560만원$\times \dfrac{2,253,387}{76,783,945}$ =457,815원

⑦ 조세·공과금=1,560만원$\times \dfrac{48,928,275}{76,783,945}$ =9,940,634원

2차 흡수절차

④ 임차권=735,129원(1차 안분액)+2,883,209원(⑦에서 흡수)=3,618,338원

⑥ 노원구청=457,815원(1차 안분액)+1,795,572원(①과 ③에서 흡수)=2,253,387원

⑦ 조세·공과금=9,940,634원(1차 안분액)−2,883,209원(④에 흡수 당함)+2,670,850원(①과 ③에서 흡수함)=9,728,275원

① 가압류=2,231,580원(1차 안분액)−2,231,580원(⑥과 ⑦에 흡수당함)=0원

③ 가압류=2,234,842원(1차 안분액)−2,234,842원(⑥과 ⑦에 흡수당함)=0원이 된다.

Ⓐ 위 ㉠~㉥ 채권자 등의 배분금액을 대지와 건물별로 정리하면 다음과 같다.

• A, B에서와 같이 대지와 건물에서 각 채권자의 공매대가를 정하고 그 우선순위에 따라 배분한 결과

채권자별 배분금액 (배분잔여금 합계 75,800,000원)		대지 52,708,541원(69.536334)	건물 23,091,459원(30.463666)
8–① 가압류 주택금융	0원	0원	0원
8–② 근저당 (주)주택은행	15,600,000원	7,800,000원	7,800,000원
8–③ 가압류 대우자동차	0원	0원	0원
8–④ 확정일자 최문재	38,381,662원	32,861,928원	5,519,734원
8–⑤ 동두천시	3,000,000원	3,000,000원	0원
8–⑥ 노원구청	1,246,613원	1,246,613원	0원
8–⑦ 조세채권 및 공과금: 합계	1,971,725원	0원	1,971,725원
배당잔여금(8–②): 합계 15,600,000원 이 배분잉여금을 후순위 채권자에게 배분하면		7,800,000원(50%)	7,800,000원(50%)
8–④–1) 확정일자 최문재	3,618,338원	1,809,169원	1,809,169원
8–⑥–1) 노원구청	2,253,387원	1,126,694원	1,126,693원
8–⑦–1) 조세채권 및 공과금	9,728,275원	4,864,137원	4,864,138원
8–①–1) 가압류	0원	0원	0원
8–③–1) 가압류	0원	0원	0원

- 앞 Ⓢ의(8–⑦과 8–⑦–1)의 조세 · 공과금 채권 등의 전체 배분금 합계가 대지 배분금은 3,737,444원, 건물배분금 7,962,556원으로 배분합계금액 11,700,000원이 된다.

이들을 각 조세 · 공과금채권자별로 배분하면 다음과 같다.

{8–⑦}+{8–⑦–1)} = 배분잔여금 합계 11,700,000원	대지 3,737,444원(31.943966%)	건물 7,962,556원(68.056034%)
③ 안산세무서 36,500,000원	3,737,444원	7,962,556원
④ 의정부세무서 11,100,000원	0원	0원
⑤ 동두천시청 652,318원	×	0원
⑥ 노원구청 347,682원	0원	×
⑦ 국민연금 500,000원	0원	0원
⑧ 근로복지공단 1,000,000원	0원	×
⑨ 국민건강 800,000원	0원	×

이시(異時)배당(이시 매각절차에서 배당)

목적물 중 일부에 먼저 경매(공매)가 행하여진 때에는 공동저당권자는 그 경매(공매) 대가로부터 채권 전액의 변제를 받을 수 있다.

그 매각된 부동산 위의 후순위 권리자는 만일 동시배당하였다면 다른 부동산이 공동저당채권을 부담해야 할 금액만큼 공동저당권자를 대위하여 저당권을 행사할 수 있다.

이때 후순위 저당권자(채권자)의 법정 대위가 되려면 공동저당권자가 배당에 의해 채권전액의 변제를 받을 것을 필요로 하는가 아니면 일부 변제를 받는 경우라도 가능한가에 대해 일반적으로 일부변제로도 후순위 저당권자의 대위권이 발생한다고 보고 있다. 대위권의 발생시기는 공동저당권자의 채권이 완제된 때이고 공동저당권자가 가지고 있던 저당권이 후순위 저당권자에게 이전한다. 이때 이전등기 없이 효력이 발생한다.

민법 제368조 제2항 공동저당 부동산 중 일부의 경매(공매)대가를 먼저 배당하는 경우에는 그 경매대가에서 그 채권을 전부 변제받을 수 있다.

이 경우에는 그 매각한 부동산의 차순위 저당권자는 선순위 저당권자가 동시에 배당하였더라면 다른 부동산의 경매(공매)대가에서 변제받을 수 있는 금액의 한도 내에서 선순위자를 대위하여 저당권을 행사할 수 있다.

이렇듯 동시 배당에 비해 이시배당절차에서 채권자의 선·후에 따라서 채권자의 지위가 크게 달라지는 경매(공매)상의 모순점을 보완하기 위해서 후순위 저당권자의 대위행사를 보장하고 있다.

↓ 김동희 배당사례특강 이시배당 사례에서 배당방법

배당 EXERCISE 9　　　　　　　　　EXERCISE

이시(異時)배당 사례(이시 매각절차에서 배당): 공동저당권 물권 중에서 A 부동산이 먼저 매각되고 나서 B 부동산이 매각된 경우– 1

(A 부동산, B 부동산 소유자가 모두 채무자가 소유인 경우이고, 경매 집행비용을 계산하지 않는다)

A 부동산(배당금 4,000만원)		B 부동산(물상보증인) (배당금액 3,500만원)	
2000. 3. 10. 갑 공동근저당권	5,000만원	2000. 3. 10. 갑 공동근저당권	5,000만원
2000. 7. 10. 을 근저당권	3,000만원	2000. 5. 10. 병 근저당권	1,500만원

① A 부동산이 먼저 경매로 매각된 경우로

    ⓐ 갑은 A 부동산에서 4,000만 원 배당받고 1,000만 원의 미배당 채권이 남아 있고, 을은 배당금액이 없다.

② A 부동산 후순위채권자들이 B 부동산 경매과정에서 대위행사를 하기 위해서는 갑 공동근저당권자의 A, B 부동산의 동시 경매 실시할 경우에 채권안분액을 알아야만 B 부동산 경매시 그 채권의 안분액만큼이나 차액에 대해 대위행사를 할 수 있다.

따라서 갑의 A, B 부동산의 채권안분액을 계산하여보면

① 갑은 A로부터 채권안분액 = 갑의 채권액 $\times \dfrac{A배당금액}{(A+B)배당금액} = 5,000만 \times \dfrac{4,000만}{4,000만+3,500만} = 26,666,667원$

② 갑을 B로부터 채권안분액 $= 5,000만 \times \dfrac{3,500만}{7,500만} = 23,333,333.^{33} = 23,333,333.원$

③ 따라서 A 부동산이 먼저 경매가 진행되어 배당절차가 이루어지고 나서 B 부동산이 경매가 진행된 경우

    ⓐ 갑은 B 부동산 채권안분액 23,333,333원 중에서 A 부동산에서 배당부족분 1,000만 원을 우선 배당받는다.

    ⓑ 후순위 절차 을은 갑의 B 부동산 채권안분액 23,333,333원－1,000만 원(갑배당금)＝13,333,333원을 갑 근저당권자를 대위행사하여 배당받는다.

    ⓒ B 부동산의 후순위 병 근저당권자는 B 부동산 매각대금 3,500만 원－23,333,333원(갑 1,000만 원+을 13,333,333원)＝11,666,667원을 배당받는다.

이시배당 사례(이시 매각절차에서 배당): 공동저당권 물권 중에서 B 부동산이 먼저 매각되고 나서 채무자 소유의 A 부동산이 매각된 경우(후순위 저당권자와 물상보증인의 대위행사가 가능하다)— 1

A 부동산(채무자 소유) (배당금 4,000만원)		B 부동산(물상보증인) (배당금액 5,000만원)	
2000. 4. 15. 갑 공동저당권	4,000만원	2000. 4. 15. 갑 공동저당권	4,000만원
2000. 10. 10. 을 저당권	2,000만원	2000. 12. 10. 병 저당권	2,500만원

① 물상보증인 소유의 B 부동산이 먼저 경매로 매각된 경우는,

ⓐ 갑은 B 부동산으로부터 1순위: 4,000만 원 배당받고, 병이 2순위로 1,000만 원을 받아서 병은 미배당금 1,500만 원이 있다. 그런데 병은 갑이 A, B 부동산을 동시에 매각시 채권안분액을 받았을 경우보다 불이익을 보게 되어서 이 부분에 대해 대위권을 행사할 수 있을 것이다. 대위행사금액을 알기 위해서 먼저 갑의 A, B 부동산에서의 채권안분액을 계산하고 이 금액을 대위행사해야 할 것이다.

② A 부동산, B 부동산이 동시에 경매가 이루어진 경우

ⓐ 갑은 A로부터 채권안분액 $= 4{,}000만 \times \dfrac{4{,}000만}{4{,}000만+5{,}000만} = 17{,}777{,}778$원

ⓑ 갑은 B로부터 채권안분액 $= 4{,}000만 \times \dfrac{5{,}000만}{9{,}000만} = 22{,}222{,}222$원이 된다.

③ 따라서 B 부동산이 먼저 경매가 이루어진 후에 A 부동산이 경매로 매각되는 경우의 배당은,

ⓐ 공동저당권자 갑은 A, B 부동산의 1번 공동저당채권 4,000만 원으로 B 부동산에서 전액 배당받아서 A 부동산에서 배당금액이 남아 있지 않아서 A 부동산 매각시 배당받을 수 있는 채권안분액 17,777,778원을 갑 공동저당권자를 대위하여 B 부동산 후순위채권자 병과 B 부동산 소유자인 물상보증인이 대

위 행사할 수 있다.

대위 우선순위는 물상보증인 부동산의 후순위채권자 병이 채권 만족할 때까지 먼저 배당받고 잔여금이 있을 경우 물상보증인 대위행사한다.

따라서 배당은 배당금이 4,000만 원−17,777,778원[병 대위행사청구 15,000,000원＋B 부동산 소유자(물상보증인)대위청구 2,777,7778원]＝22,222,222원이 A 부동산 후순위채권자들에게 배당되는데 을 배당금이 2,000만 원이므로 2,222,222원은 A 부동산 소유자에게 돌아갈 것이다.

따라서 최종배당결과는,

㉠ 갑＝4,000만 원

㉡ 을＝2,000만 원

㉢ 병＝1,000만 원(B 부동산배당)＋1,500만 원(A 부동산배당)＝2,500만 원

㉣ B 부동산 소유자(물상보증인대위청구)＝2,777,778원

㉤A 부동산 소유자(채무자)＝2,222,222원이 배당된다.

④ 그러나 A 부동산(채무자 소유)이 먼저 경매가 이루어진 후에 B 부동산(물상보증인 소유)이 경매로 매각되는 경우의 배당에서는 A 부동산(채무자 소유)의 후순위채권자 등은 B 부동산(물상보증인 소유) 매각절차에서 후순위채권자로서 선순위 공동저당권자를 대위해서 대위권을 행사할 수 없다.

공동저당물권 등에서 대위행사를 할 수 있는 요건

① A 부동산과 B 부동산 소유자가 같을 경우에는 이시배당에 따른 후순위채권자가 동시에 배당하였을 경우의 채권안분액의 금액한도 내에서 선순위 공동저당권자를 대위하여 행사할 수 있다. 따라서 후순위채권자의 대위행사는 이시배당만 인정되고 동시배당시에는 인정되지 않는다.

② A 부동산과 B 부동산 소유자가 다른 경우에는,

ⓐ A 부동산(채무자)과 B 부동산(물상보증)에 있어서는 B 부동산이 먼저 매각되는 경우에는 B 부동산 후순위채권자와 물상보증인이 A 부동산(채무자소유)의 매각절차에서 선순위 공동저당권자를 대위하여 청구할 수 있다. 이때 대위

행사청구순위는 B 부동산 후순위채권자가 먼저이고 그 후에 B 부동산 소유자 즉 물상보증인이 행사한다.

ⓑ A 부동산(채무자)과 B 부동산(물상보증인)에 있어서는 A 부동산(채무자소유)이 먼저 매각된 경우라면 A 부동산 후순위채권자는 B 부동산 매각절차에서 A 부동산의 선순위공동저당권자를 대위하여 물상보증인 소유 B 부동산에 대해 대위행사할 수 없다는 것이 대법원 판례이다.

공동저당의 목적인 채무자 소유의 부동산과 물상보증인 소유의 부동산 중 채무자 소유의 부동산에 대하여 경매가 이루어져 1번 공동저당권자가 변제를 받은 경우, 채무자 소유의 부동산에 대한 후순위저당권자가 선순위자를 대위하여 물상보증인 소유의 부동산에 대하여 저당권을 행사할 수 있는지 여부(소극)[대법 2007다78234 판결]

따라서 대위행사할 수 있는 것은 공동저당권에서 공동저당물건들이 모두가 채무자 소유이든지, 물상보증인 소유부동산이 먼저 매각된 경우가 아니라면 인정되지 않는다. 그러나 공동저당 부동산이 모두 물상보증인이 담보로 제공하여 공동저당권을 설정한 경우라면 그들 소유자 사이에서는 민법 제482조에 의한 대위자 상호간의 관계로 처리되므로 각 부동산의 가격에 비례하여 대위의 범위가 정해진다.

대위행사에서 우선순위 및 대위행사 범위

① 선순위 공동저당권자가 선행매각절차에서 일부만 배당받은 경우 선순위 공동저당권자가 공동담보물건 중 일부에서 피담보채권최고액 전액을 변제받지 못한 경우 다른 공동담보물건 매각시 부족액을 우선변제 받을 수 있다. 이러한 경우 후순위 저당권자 등의 대위행사청구금액은 선순위공동저당권자가 동시배당시 배당받을 수 있는 금액을 한도로 하여 선순위 공동저당권자의 미배당금을 우선공제 후 나머지 금액에서만 대위행사가 가능하다.

② 후순위 저당권자 등의 대위행사청구 범위

A 부동산, B 부동산, C 부동산의 공동저당권자가 A 부동산이 먼저 매각되면 A부

동산 후순위채권자 등은 A·B·C부동산이 동시 매각시에 비해 불이익을 보게 되는데 이 경우 B·C부동산 매각에 대위행사청구할 수 있는 금액은 B·C부동산 중 B부동산이 먼저 매각된 경우라도 B·C에서 받을 수 있는 대위행사청구 금액을 한도로 하여 전액청구할 수 있는 것이 아니라 동시 매각시 B부동산에 대한 공동저당권자의 배당금액만 한도로 하여 대위행사가 가능하다.

③ 변제자 대위와 후순위 저당권자 대위와의 우선순위

변제자 대위(물상보증인 변제자 대위)와 후순위 저당권자의 대위가 충돌하는 경우에는 변제자 대위가 우선한다. 그러나 공동저당권 설정 등기 후에 공동저당물건 중 일부가 제3자가 취득하게 됨에 따라 제3자(물상보증인이 되는 경우) 부동산이 먼저 매각된 경우에는 제3취득자의 물상보증인 변제자 대위보다 후순위 저당권자의 대위가 우선한다.

④ 물상보증인 변제자 대위와 물상보증인 소유 부동산의 후순위채권자 등과 우선순위

이들 간에는 물상보증인 부동산의 채권자 등의 대위가 우선하고 그 다음 잔액에 대해서 물상보증인이 대위로 배당받는다.

⑤ 후순위 저당권자 사이의 우선순위

후순위 저당권자 사이에서는 동일부동산에서는 그 저당권 등의 우선순위에 따라서 대위행사의 우선순위가 결정되고 서로 다른 부동산의 후순위 저당권자 등의 대위행사청구 채권자가 수인일 경우 동순위로 채권액에 안분하여 대위행사 청구가 가능하다.

⑥ 대위 대상이 되는 선순위채권자와 대위행사를 할 수 있는 후순위채권자

ⓐ 대위대상이 되는 선순위채권자: (근)저당권자, 가등기담보권자, 전세권자 등이 있으며 이 밖에 압류된 기타 우선특권(임금채권자, 조세·공과금채권자 등)이 포함된다고 볼 수 있다. 그러나 일반채권자 등은 후순위 저당권자와 평등한 지위에 있으므로 대위행사가 불가능하다.

ⓑ 대위행사할 수 있는 후순위채권자: (근)저당권자, 가등기담보권자, 전세권자, 확정일자부 임차권, 가압류채권자, 일반배당요구 참가 채권자 등이 모두

후순위로서 이시배당시 선순위 공동저당권자가 전액 우선변제 받음으로써 배당받지 못한 채권액을 다른 공동저당물건 매각시 대위행사를 청구할 수 있다.

「부동산등기법」 전부개정법률(안) 입법예고

(법무부공고 제2009-181호: 공고기간 2009.11.09.~2009.11.30) 이 개정안은 2010.1.18. 법제처에 법률안 심사의뢰가 접수됨.

바. 공동저당의 대위등기 규정

신설 민법 제368조 제2항에 따르면 공동저당이 설정되어 있는 경우에 채권자가 그 중 일부의 부동산에 관해서만 저당권을 실행하여 채권전부를 변제받은 경우 후순위저당권자는 공동담보로 제공되어 있는 다른 부동산에 관하여 선순위저당권자를 대위하여 저당권을 행사할 수 있음. 개정안은 저당권대위가 발생한 경우 이에 따른 등기를 할 수 있도록 공동저당 대위등기 규정을 신설함.

동일 절차에서의 이시배당과 동시배당의 적용방법

① 공동저당 목적 부동산의 수개가 동일한 경매절차에 의해 매각이 진행되던 중 그 일부가 먼저 매각되는 경우 다른 공동저당 부동산이 매각될 때까지 기다리지 않고 매각된 부동산을 먼저 배당을 실시하는 경우에도 이시배당과 같이 후순위 저당권자 등의 대위행사가 가능하다.

② 채무자 소유 부동산과 물상보증인 소유 부동산이 동시배당되는 경우 변제자 대위가 우선하는 전제로 하여 채무자 소유의 경매대가를 먼저 배당한 후 부족액이 있을 경우만 물상보증인 소유의 경매대가를 충당해야 한다.

재단저당제도(공장저당법)

재단저당법이란 기업경영을 위한 토지, 건물, 기계, 기구, 기타의 목적설비나 공업

소유권 등을 일괄하여 하나의 재단으로 구성하고 그 위에 저당권을 설정하는 것을 인정하는 제도이다.

우리나라의 재단저당법으로는 공장저당법과 광업재단저당법이 있으며 재단저당법에도 민법의 저당권에 관한 규정이 준용된다. 여기서 공장저당법에 대해 알아보자.

공장저당법

공장저당법은 공장과 이에 속하는 일정한 유무형의 자산으로 구성되는 재단에 저당권을 설정하는 공장재단저당과 함께 공장에 속하는 토지·건물의 부가물·종물뿐만 아니라 이에 설치된 기계·기구 기타의 공장의 공용물에까지 토지·건물의 저당권의 효력이 미치는 협의의 공장저당이라고 하는 특수한 저당에 관해도 규정하고 있다.

공장에 속하는 토지 또는 건물과 이에 설치된 기계·기구 등을 목적으로 저당권을 설정하는 것을 협의의 공장저당이라 한다.

실무에서 공장저당권이라 하면 협의의 공장저당이라 하고 있다.

김/동/희/의/강/의/노/트

공장저당법에 관한 법률 및 대법원 판례

① 공장저당법(제4조, 제5조, 제7조 및 제9조 포함)

ⓐ 공장에 속하는 토지와 건물에 설정한 저당권은 그 토지 또는 건물에 설치된 기계 등에 미친다 할 것이므로 경매목적물 중 기계목록에 쓰여 있는 물건들이 비록 저당권 설정 당시에 설치된 것이 아니라 하더라도 그 저당권의 효력은 이러한 물건에도 영향을 미치며, 그 기계 등에 대해 경매개시결정을 하지 않았더라도 그 기본된 토지와 건물에 미친다고 보아야 한다[대판 1969. 11. 26].

ⓑ 토지와 건물에 대한 보통저당권이 설정되어 있고 토지·건물 위에 공장저당법 제7조에 의한 공장저당권이 선순위로 있을 경우 보통 저당권자가 토지, 건물에 대

한 경매신청을 하면 그 토지·건물과 더불어 그 기계, 기구 등도 같이 경매해야 한다[대판 1972. 6. 16].

② 대법원 2000. 4. 14. 99마2273 결정(부동산낙찰허가결정)

공장저당법 제4조, 제5조는 공장에 속하는 토지 또는 건물에 설정한 저당권의 효력은 그 토지 또는 건물에 설치된 기계, 기구 기타의 공장 공용물에 미치고, 같은 법 제10조 제1항은 공장저당권의 목적인 토지 또는 건물에 대한 압류의 효력이 공장공용물에 미친다고 하여 집행의 불가분성을 규정하고 있으므로, 법원의 경매절차에서 공장저당권의 목적인 토지 또는 건물에 대한 경매개시결정이 내려져 위토지 또는 건물이 압류된 경우에는 특별한 사정이 없는 한 공장저당권의 목적인 토지 또는 건물과 함께 그 공장공용물도 법률상 당연히 일괄 경매되어 경락허락결정도 일괄하여 이루어지는 것이고 경매법원이 경매개시결정에서 공장공용물을 경매목적물로 명시하지 아니하거나 경매목적물의 감정평가와 물건명세서에서 이를 누락하였다고 해도 이를 달리 볼 것은 아니라 할 것이며, 경매법원이 경락허가결정에서 그 목적물을 표시함에 있어 공장공용물을 누락하였다고 하더라도 특별한 사정이 없는 한 이는 오기 기타 이에 유사한 오류가 있음에 불과한 것으로서 경매법원은 이를 보충하는 경정결정을 할 수 있다.

공장저당권에 대한 배당

① 공장저당권과 보통 저당권 사이의 배당순위

그 설정등기의 선후에 따라 우선순위가 결정된다. 보통 저당권자의 저당권의 효력은 공장에 설치된 기계·기구, 기타 공장의 공용물에는 미치지 못하므로 그 기계·기구 등에서 우선 변제받을 수 없다. 따라서 공장저당권자와 보통 저당권자사이의 배당을 위해서 매각대금은 토지와 건물자체의 매각대금과 그 기계·기구 등의 매각대금을 구분해야 한다. 이때 그 매각대금은 각 목적물의 최저매각비율에 의해 안분한 금액으로 하는 것이 타당할 것이다.

② 여러 개의 공장저당권 상호간의 우선순위

    ⓐ 공장저당법 제7조 소정의 목록의 내용이 모두 동일한 경우 그 설정등기의 선후에 따라 우선순위가 정해진다.

    ⓑ 공장저당법 제7조 소정의 목록의 내용이 서로 다른 경우일치하는 부분은 ⓐ와 같이 하고 일치하지 않는 부분은 일치하지 않는 기계·기구에 대해 어느 공장저당권이 우선하느냐에 따라 우선순위가 결정된다. 대법원은 특정한 기계·기구, 기타 공용물이 후순위 공장저당권의 목록만 포함되고 선순위의 공장저당권에는 포함되지 않는 경우 후순위의 공장저당권에만 효력이 미치고 선순위의 저당권에는 효력이 미치지 않는다. 이 경우 각 물건마다 감정평가액의 비율로 매각대금을 안분한 다음 우선순위에 따라 배당하면 된다.

↓ 김동희 배당사례특강. 공장재단 경매에 관한 권리분석과 배당사례

주소	면적㎡	경매가 진행과정	임차인 조사내역	등기부상 권리관계
경기도 용인시 처인구 양지면 식금리 72-2 식금리 72-4 식금리 73-2 건물 식금리 72-2 알·씨조평슬래브 식금리 72-2 제시 외 건물	공장용지 1934㎡ 도로 66㎡ 공장용지 1636㎡ 단층공장(공실) 9165㎡ 단층사무실 775㎡ 단층연구실 661㎡ 1층현관계단실 1912㎡ 2층연구실식당 기숙사 67612㎡ 3층실험실, 연구실 67612㎡ 2층공장 및 사무실 9709㎡ 단층창고 외 10212㎡ 2층창고 23㎡ 단층현관 24㎡ 기타 737㎡ (제시 외 건물포함 일괄 매각)	감정가: 2,838,179,820 1차 2,838,179,820 (유찰) 2007-06-22 2차: 2,270,544,000 (유찰) 2007-07-27 3차: 1,816,435,000 (유찰) 2007-08-31 4차: 1,453,148,000 낙찰 1,463,148,000원 (경매비용 1,000만원) 〈2007. 10. 19.〉	조사된 임차인 내역 없음	소유권이전 김기범 2005. 12. 6. 근저당 우리은행 2005. 12. 6. (1,080,000,000원) 가압류 선정당사자 박이권 2006. 3. 22.(548,000,000원) 근저당 서우듀엣(주) 2006. 3. 30. (1,000,000,000원) 가압류 최병임, 최종례 2006. 7. 3.(80,000,000원) 가압류 심재환 2006. 7. 25.(14,000,000원) 서유듀엣(주)근저당권 가처분 2006. 8. 23. 선정당사자 성백환외2 임의경매 우리은행 청구금액 1,080,000,000원 2006. 11. 6. 압류 용인시 처인구 2006. 12. 5. 가압류 이운옥 외 14 2007. 3. 20.(128,345,000원)

위 사건 2007타경10268번은 말소기준권리가 근저당권 우리은행으로 2005. 12. 6. 설정되었고 임차인들은 없는 것 같다.

배당금액이 1,453,148,000원이고 용인시 처인구청 압류가 당해세로 1,500만 원이 있다.

근저당서우듀엣(주) 10억은 사해행위로 인한 말소청구소송이 제기되어 있어서 소송에서 패소 후 말소만 안 된 상태이다.

선정당사자 박이권은 548,000,000원 중에서 중에서 임금 최우선변제금에 해당금이 3억5천만 원이고 나머지는 일반임금채권 198,000,000원이다.

배당순서는

1순위_ 선정당사자 박이권 3억5천만 원(임금최우선변제금 1등)

2순위_ 용인시 처인구청 1,500만 원(당해세 우선변제금 1등)

3순위_ 우리은행 1,080,000,000원(우선변제금 2등)

4순위_ 선정당사자 박이권 8,148,000원(우선변제금 3등)

그런데 여기서 주목할 것이 서우듀엣(주) 근저당권 가처분하여 말소시킨 선정당사자 성백환 외 2명도 임금채권이고 금액은 3,000만 원인데, 임금 최우선변제금에 해당되는 금액이라면 배당표는 이렇게 작성되어야 할 것이다.

배당순서는 1순위_ ⓐ 선정당사자 박이권 3억5천만 원(임금최우선변제금 1등) ⓑ 선정당사자 성백환 외 2인 3천만 원(임금최우선변제금 1등)

2순위_ 용인시 처인구청 1,500만 원(당해세 우선변제금 1등)

3순위_ 우리은행 1,058,148,000원(우선변제금 1등)

배당잔여가 없어서 이대로 배당절차가 종결될 것이고 낙찰자는 인수금액이 없다.

❖ 공유지분 경매와 유사공동저당권에서 권리분석과 배당 및 점유자인도

공유지분에 대한 종합적인 분석

공유지분에 대한 설명

공유지분이란 공유물에 대한 각 공유자의 권리, 즉 소유비율을 말한다.

공유자는 그 지분을 자유로이 처분할 수 있고 공유물 전부를 자기 지분의 비율로 사용, 수익 할 수 있다[민법263조]. 즉 공유물 사용, 수익은 자기 지분에 의해 제약되므로 구체적인 사용, 수익방법에 대해서 공유자 간에 협의가 필요하다.

그러나 공유물의 처분, 변경은 다른 공유자의 동의 없이 처분하거나 변경할 수 없다[264조].

합의가 있는 경우에는 공유자 중 1인이 공유물 전부를 사용, 수익하는 것이 적법하지만, 합의가 없는 경우에는 공유자 중 1인이 다른 공유지분권자의 사용, 수익을 침해한 불법행위가 되어 손해를 배상할 의무가 발생된다. 이 경우 나머지 지분권자는 공유물 보존행위로서 그 배타적 사용의 배제를 구할 수 있다.

그리고 모든 공유자는 공유물을 자기 지분의 비율로 사용, 수익할 권리가 있기 때문에 합의가 있든 없든 상관없이 다른 공유자들 중 지분은 있으나 사용, 수익을 하지 않고 있는 다른 지분자들에 대해 그 지분에 해당하는 부당이득을 보고 있다고 보아야 한다.

공유물의 관리행위는 공유자 지분의 과반수로 결정되지만 보존행위는 각 공유자가 단독적으로 할수 있다[265조].

공유물에 대한 적법한 임대차계약 체결 및 계약해지 방법

주택이 공동소유일 경우 임대차계약은 공유지분의 과반수 이상 동의를 얻어서 임대차계약을 체결하는 경우 그 효력은 전체에 미친다.

① 공유지분일 경우에는 공유지분의 과반수 동의를 받아야 한다. 구두상으로 추인을 받은 경우에도 유효하다. 다만 분쟁시 입증책임이 어렵기 때문에 위임장과

인감증명서 등을 첨부해놓아야 한다.

과반수(=과반수는 50%가 아니라 절반을 초과하는 수 즉 50.01) 이상의 지분을 가진자와 또는 과반수 이상의 동의를 얻어 행한 공유물의 관리행위는 동의하지 아니한 다른 공유자와 공유물의 관리방법에 대해서 협의가 없어더라도 과반수 지분 이상의 동의에 의한 공유물의 관리행위가 적법하므로 이들과 공유물의 계약을 체결한 임차인은 주택 및 상가건물임대차보호법상 적법한 임차권을 갖게되어 동의하지 아니한 다른 공유자에게도 대항력을 행사할 수 있다.

반면에 과반수 동의를 갖추지 못한 임대차는 주택 및 상가건물임대차보호법상 적법한 임대차의 효력을 가지지 못하게 되어 주임법 또는 상임법상 대항력, 최우선변제금, 확정일자우선변제권 등이 인정되지 못하고, 동의하지 아니한 공유지분권자 등에게 대항력이 없다. 단지 계약당사자 간에서만 민법상 유효한 임대차관계가 성립된다는 사실이다.[민법 618조]

② 소유자들 간의 분쟁으로 인하여 문제가 발생할 경우 계약서에 "본 계약과 관련하여 소유자간의 분쟁으로 인하여 임차인이 입게 될 손해에 대하여는 전적으로 갑이 책임진다"라는 약정을 하지 않은 경우에는 임대차계약에 동의한 지분권자 갑·을·병 모두에게 대항할 수 있지만, 계약서에 본 계약과 관련하여 소유자간의 분쟁으로 인하여 임차인이 입게 될 손해에 대하여는 전적으로 갑이 책임을 지기로 하는 특별한 약정을 한 경우라면 갑에 대해서만 주장할 수 있다고 사료된다. 따라서 공유지분의 과반수 동의로 계약을 하는 경우는 이와 같은 특약을 하지 않아야 전체에 대하여 임차인의 권리를 주장할 수 있다.

③ 임대차계약의 해지 행위도 공유물의 관리행위로 공유자 지분의 과반수로 결정된다.

공유자가 공유물을 타인에게 임대하는 행위 및 그 임대차계약을 해지하는 행위는 공유물의 관리행위에 해당하므로 민법 제265조 본문에 의하여 공유자 지분의 과반수로써 결정하여야 한다. 상가건물임대차보호법이 적용되는 상가건물의 공유자인 임대인이 같은 법 제10조 제4항에 의하여 임차인에게 갱신 거절의 통지를 하는 행위는 실질적으로 임대차계약의 해지와 같이 공유물의 임대차를 종료시키는 것이므로 공유물의 관리행위에 해당하여 공유자의 지분의 과반수로써 결정하여야 한다[2010다37905].

공유물의 일부 지분권자가 다른 지분권자를 대위하여 임차인의 보증금을 지급한 경우

공동임대인 중 일부지분권자가 임차인의 보증금을 대위하여 지급한 경우 나머지 지분권자에게 보증금을 구상권 청구할 수 있다.

① 공동임대인이 임차인에 대하여 부담하는 임차보증금 반환의무는 그 성질상 불가분이므로[대판67다328], 공동임대인 중 1인의 공유지분에 대한 경매절차에서 주택전체 임차인의 보증금은 경매법원의 지분비율에 따라 해당하는 금원만을 배당하는 것이 아니라 전액 배당하여야 한다. 다만 집행채무자(지분경매에서 채무자)는 공동임대인인 다른 공유자에게 그 지분에 상응하는 금원에 대한 구상을 청구할 수 있다.

② 지분경매의 배당순위는 후순위 임차인에게 남은 재원이 있을 때에 순위에 따라 배당이 가능하다.

③ 배당받지 못한 임차인의 보증금은 대항력이 없는 임차인은 공동임대인(=공동채무자)인 다른 공유자 등에게 청구가 가능하고, 대항력이 있는 임차인은 낙찰자가 인수하게 되는데 인수금액은 지분경매비율만큼 인수하게 되고 나머지 금액은 다른 공유자가 부담하게 된다. 이를 대위지급한 자는 다른 공유자에게 구상권을 청구할 수 있다.

④ 지분경매의 경우 지분부동산에 선순위 저당권이 등기되어 있으면 후순위임차인은 그 지분만큼 보증금의 손실을 가져올 수 있을 것이다.

공유물의 지분경매에서 배당방법과 후순위채권자 및 매수인의 구상권청구(=대위행사)

① 공동임대인 중 일부의 공유지분이 경매가 진행되는 경우 즉 공유지분 중 2분의 1에 대한 경매라 하여도 공동임대인의 보증금반환채무는 불가분채권이므로 경매대상 공유지분인 2분의 1 부분만 배당받는 것이 아니고 전액 배당 신청하고 전액 배당받을 수 있다. 그리고 소액임차인의 판단도 경매가 진행되는 1/2을 기

준으로 하는 것이 아니라 임차보증금 전액을 기준으로 소액임차인 여부를 판단하게 된다.

② 후순위 채권자들은 배당순위에 따라 배당을 실시한다. ①항을 이유로 못 받은 배당금은 ①항의 초과배당 하므로 부당이득을 보게 된 나머지 공유지분권자에게 구상권을 청구하게 될 것이다.

③ 대항력이 있는 임차인이 있는 경우 매수인은 임차인의 권리를 인수해야 한다.
이때 인수금액은 자기 지분비율만큼 인수하게 되나 대항력 있는 임차인으로부터 주택을 인도받기 위해서는 자신의 지분비율만큼 인수해서 인도를 청구할 수 있는 것이 아니라 전체 임차보증금을 지급해야만 주택인도를 청구할 수 있다. 이는 공동 임대인이 임차인에 대하여 부담하는 임차보증금반환의무는 불가분의 관계에 있기 때문이다[대법 67다328][민법 409조 불가분채권].
다만 매수인은 자기지분을 벗어나는 임차보증금(다른 공유자의 1/2 지분)에 대해서 나머지 공유자에게 구상권을 청구할 수 있을 것이다.

공유지분 매수시 유의사항

① 공유자우선매수청구권
지분경매에 있어서 다른 공유자는 경매지분에 대하여 우선매수청구권을 할 수 있는데 공유자의 우선매수신고는 집행관이 매각기일을 종결한다는 고지를 하기 전까지 할 수 있다[민사집행법 제76조 제1항].
공유지분이 경매 등의 절차에서 낙찰받더라도 다른 공유지분권자 등이 공유자우선매수신청을 하게 되면 당초 낙찰자는 차순위매수신청인의 지위에 놓이게 되고 공유지분권자가 최고가 매수신고인이 된다.
그러나 공유물분할을 위한 경매절차상에서는 공유자우선매수청구권이 인정되지 아니한다.

② 공유지분경매에 있어서 법적지상권 성립 여부
ⓐ 갑·을·병이 각각 3분의 1씩 공동 소유시에 갑이 을·병 동의하에 그 지상에 건물을 신축했다면 그 건물은 갑 소유가 된다. 갑 소유 3분의 1 토지지분

에 근저당권자의 경매신청으로 갑의 토지지분 3분의 1이 경매에 나왔다면 갑의 건물을 위한 법적지상권은 성립되지 아니한다. 이 이유로 대법원은 다른 공유자의 이익을 침해한다는 이유로 법정지상권을 인정하지 아니하고 있다. 즉 그 사용·수익의 내용이 공유물의 기존의 모습에 본질적 변화를 일으켜 '관리' 아닌 '처분'이나 '변경'의 정도에 이르는 것이어서는 안 될 것이고, 예컨대 다수지분권자라 하여 나대지에 새로이 건물을 건축한다든지 하는 것은 '관리'의 범위를 넘는 것이 될 것이다[2000다33638, 33645].

따라서 토지 공유자의 한 사람이 다른 공유자의 과반수 동의를 얻어 건물을 건축해서 토지와 건물소유자가 달라진 경우 관습법상 법정지상권이 성립되지 않는다. 이는 토지 공유자의 1인으로 하여금 자신의 지분을 제외한 다른 공유자의 지분에 대해서까지 지상권설정의 처분행위를 허용하는 셈이되어 부당하다는 취지로 법정지상권의 성립을 부정하고 있다.

ⓑ 그러나 갑의 단독 소유토지에 갑·을의 공유 건물이 있고 갑의 토지에 설정된 저당권의 실행 등으로 또는 갑의 건물지분에 설정된 저당권의 실행 등으로 경매가 진행된 경우는 법정지상권이 성립할 수 있다.

③ 농지나 임야의 경우 지분경매일 때

ⓐ 직사각형 토지에 남측만 도로에 접해 있을 때 A와 B가 2분의 1씩 지분을 공유했는데 A가 경매가 된 경우에는 완전히 동등한 권리를 행사함. 지분거래 시 다른 지분권자 동의가 필요 없고 허가구역인 경우 시·군·구청의 허가만 받으면 된다.

ⓑ 공유지분인 경우도 농지자격증명취득이 가능한지 여부

공유지분일지라도 농지자격증명취득이 가능하다. 또한 공동 소유로 구입하는 경우도 가능하다.

ⓒ 토지거래허가구역 내에서 다른 지분권자의 동의를 받아야 매매가 가능한지 여부

토지거래허가구역 내에서는 지분거래는 되지 않는다. 지분거래를 위해서는 다음의 3가지 방법이 있다.

첫째, 공유자와 협의 분할한 후 거래하는 방법, 둘째, 다른 공유자지분을 매입 후 일단의 필지로 거래하는 방법, 셋째, 공유자의 토지사용승낙(농지의 경우 임대차 계약)을 받아 지분거래하는 방법 등이 있다.

따라서 토지거래허가구역 내에서 지분거래시에는 위 3가지 방법 모두 다른 지분권자의 협의 또는 동의가 전제되어야만 토지거래허가를 받을 수 있다.

지분거래시 지분권자가 다수이거나 토지거래허가구역이라면 자금이 오랫동안 묶일 수 있으므로 장기적인 투자를 고려해서 시세보다 많이 저렴한 경우에나 투자대상으로 삼아야 할 것이다.

그러나 경매나 공매로 취득시에는 토지거래허가 대상이 아니므로 지분을 구입하는 데에는 문제가 없다. 다만, 구입 후 타인에게 매도하는 경우는 문제가 생길 수 있다.

④ 공유지분 매수시에는 금융기관에서 대출받기가 어려워서 전액 현금납부가 예상된다.

⑤ 공유지분만으로 향후 매매나 사용, 수익 등에서 많은 제한이 있고 이러한 문제가 해결되는데 오랜 시간이 소요될 수도 있다.

이러한 문제가 공유지분의 낙찰가를 낮아지게 하는 요인이 되고 있으나 종합적인 상황을 고려해서 낮은 가격으로 매수할 수만 있다면 좋은 투자가 될 수도 있다.

공유지분권자의 권리

① 공유자는 자기의 지분을 자유로이 처분할 수 있고 공유물 전부를 각 지분의 비율로 사용수익할 수 있으며(단 협의가 성립되어야 한다), 공유물관리에 관한 사항은 공유자지분의 과반수 이상의 동의가 있어야 한다.

② 다른 공유자가 점유하고 있는 경우에는 다른 공유자가 자기 지분을 초과하는 비율에 대해서는 부당이득을 보게 되는 것이므로 종전 채무자(지분경매에서 채무자)와 특약이 있는 경우 그 특약을 승계한다고 보고, 특약이 없었던 경우에는 협의하여 주택의 지분 비율에 해당하는 임료(부당이득에 상응하는 임료) 청구가 가

능할 것이다.

협의가 이루어지지 못하면 법원에 임료청구소송을 통한 판결로 임료를 청구하
면 되는데 이 임료를 지급하지 아니하는 경우에는 그 공유자의 지분에 대해서 강
제경매를 신청하고 공유자로서 공유자우선매수신청하면 그 지분을 낮은 가격으
로 취득할 수 있는 기회도 얻을 수 있다. 지분경매에서는 공유자가 우선매수할
것을 예상하여 또는 매매나 사용·수익 등의 관리에서 많은 제약이 따르므로 입
찰가가 낮아지지만, 공유자가 나머지 공유지분을 매수하면 공유물 전체 소유권
을 취득하게 되어서 공유지분권자의 지위보다 높은 기대수익이 예상된다.

③ 공유자는 공유물분할을 청구할 수 있으며 분할협의가 당사자들 간에 이루어지
지 못할 때에는 법원에 분할을 청구할 수 있으며 만일 법원이 분할이 불합리할
경우에는 부동산을 매각하여 대금으로 지분에 비례하여 지불하기도 한다[민법
제262조 내지 제270조].

공유물분할청구소송이 진행되면 법원은 조정에 의한 분할, 판결에 의한 분할, 경
매로 매각하여 매각대금을 공유자 지분비율로 나누어 주는 판결을 하게 된다.

그런데 현물분할(부동산을 나누는 것)이든, 가격분할(매각하여 나누는 것)이든, 그 자
체는 낙찰자나 다른 공유자에게도 실익이 많지 않다. 현물분할로 부동산의 경
제적가치가 하락될 수 있고, 가격분할 또한 경매를 진행시킴에 따라 시세 이하
로 매각되는 경우도 발생되기 때문이다. 그래서 공유물 분할이나 경매절차보다
는 합의하여 어느 한쪽이 다른 지분을 적당한 가격으로 매수하거나 일반거래로
매각하여 각 지분별로 나누는 방법으로 진행하게 되는 것이 대부분이다.

어쨌든 지분경매 절차에서는 온전한 물건에 비해서 상당히 저감된 가격으로 매
수할 수 있으므로 투자자에게는 좋은 틈새시장임에는 분명하다.

공유물 분할

1. 공유물분할청구[민법 268조] – 제1항 공유자는 공유물의 분할을 청구할수 있다. 그러나 5년 내의 기간으로 분할하지 아니할 것을 약정할 수 있다.

2. 분할의 방법[민법 269조]– 제1항 분할의 방법에 관하여 협의가 성립되지 아니하면 공유자는 법원에 그 분할을 청구할 수 있다. 제2항 현물로 분할 수 없거나 분할로 인하여 현저히 그 가액이 감손될 염려가 있는 때에는 법원은 물건의 경매를 명할 수 있다.

3. 민법 제269조에 의하여 실시되는 '공유물 분할을 위한 경매'가 목적부동산 위의 부담을 소멸시키는 것을 법정매각조건으로 하는지 여부(원칙적 적극) 및 위와 달리 그 부담을 매수인에게 인수시키는 경우 집행법원이 취할 조치(=매각조건 변경결정과 고지)

공유물 분할을 위한 경매도 강제경매나 담보권 실행을 위한 경매와 마찬가지로 목적 부동산 위의 부담을 소멸시키는 것을 법정매각조건으로 하여 실시된다고 봄이 상당하다. 다만, 집행법원은 필요한 경우 위와 같은 법정매각조건과는 달리 목적부동산 위의 부담을 소멸시키지 않고 매수인으로 하여금 인수하도록 할 수 있으나, 이 때에는 매각조건 변경결정을 하여 이를 고지하여야 한다[대법원 2006다37908].

공동저당이란 동일한 채권의 담보를 위하여 수 개의 부동산 위에 설정된 저당권을 말한다[민법 제368조]. 그런데 실무에서는 이와 유사한 저당권 등이 많은 것을 볼 수 있다.

① 한 개의 부동산이 여러 명의 소유자로 공유지분등기된 경우에 부동산 전체지분을 담보로 근저당권을 설정하였다면 각 공유지분권자에 대해 이 저당권은 공동저당권자와 같은 위치에 놓이게 된다.

② 한 개의 부동산이 여러 명의 소유자로 공유지분등기된 경우에 부동산 전체지분 소유자를 임대인으로 하여 임차인이 임대차계약을 체결할 수 있는데 이 경우 지분소유자의 과반수 이상의 동의를 얻어서 계약을 체결하면 된다. 이러한 임대차계약의 효력은 전체지분에 효력이 미치게 된다. 따라서 대항요건을 갖추고 계약서에 확정일자를 받게되면 임차인은 확정일자에 의한 우선변제권이 발생되서 후순위채권자 보다 우선변제를 받을 수 있게 된다. 이 경우에도 임차인은 각 공유지분권자에 대해 공동저당권자와 유사한 지위에 놓이게 된다는 사실이다.

③ 이 밖에도 나대지(주택이 없는 토지)상에서 근저당권이 설정되고 나서 집합건물이 신축된 경우 토지는 집합건물의 대지권으로 공유지분등기되게 되는데 이 경우에도 토지에 설정등기된 근저당권은 각 호수의 집합건물구분소유권의 대지권에 대해서 공동저당권을 설정한 것과 같은 위치에 놓이게 된다. 즉 일반저당권의 경우도 하나의 토지에 설정된 저당권이라도 토지가 분필되어 집합건물의 대지권으로 속하게 됨에 따라서 그 분필된 토지에도 저당권의 효력이 그대로 미치게 되어 공동저당권과 유사한 경우가 된다. 이 경우 집합건물의 대지권의 목적인 지분별로 매각되는 경우에도 공평의 원칙과 저당권의 불가분의 원칙상 같은 법리를 유추하여 전액 배당하고 후순위자와의 관계는 민법 제368조 제2항의 대위로 해결할 수 있다. 위의 ① · ② · ③의 경우에 있어서 전체지분이 동시에 매각 또는 일부지분이 매각되는 경우에 공동저당권의 동시배당 또는 이시배당과 같이 배당표를 작성하여 각 채권자 등의 우선순위에 따라 배당하면 될 것이다.

유사공동저당과 후순위저당권자의 대위행사에 대한 판례

토지별도등기(저당권) 있는 구분건물 경매에서의 배당(=유사공동저당) 및 토지상 후순위저당권자의 대위 가부(적극) : 2004. 11. 26. 5선고 2004다46502, 배당이의 나대지인 토지에 관하여 순위를 달리 하는 여러 건의 근저당권설정등기가 마쳐졌다가 나중에 그 토지 위에 집합건물이 건축되고 이에 따라 그 집합건물에 관하여 소유권보존등기와 대지권등기가 모두 마쳐지게 되면 위 각 토지 근저당권은 집합건물의 구분소유권의 대상이 되는 각각의 대지권 지분에 관한 근저당권으로 변하여 존속하게 되고, 이러한 경우에는 마치 각 근저당권별로 동일한 채권을 담보하기 위하여 각 건물 구분소유권의 대상인 대지권 지분에 관하여 공동으로 근저당권설정등기를 마친 경우와 유사하게 된다고 보아야 한다. 따라서 그 후 그 집합건물의 일부 전유부분과 그에 대응하는 대지권 지분에 대한 경매절차가 진행된 결과 원래의 선순위 토지 근저당권이 소멸되고, 그 경매목적물의 후순위 근저당권자가 민법 제368조 제1항에 의하여 토지 전체로부터 동시에 배당받는 경우보다 불리하게 된 경우에는, 이러한 불이익을 받은 후순위 근저당권의 보호를 위하여 민법 제368조 제2항 후문을 유추적용함으로써, 그 후순위 근저당권자는 만약 선순위 근저당권자가 그 토지 전체의 경락대금으로부터 동시에 배당받았더라면 다른 대지권 지분의 경매대가에서 변제받을 수 있었던 금액의 한도 내에서, 선순위 근저당권자를 대위하여 그 근저당권을 행사할 수 있고, 이에 의하여 위 집합건물의 다른 전유부분과 이에 대응하는 대지권 지분의 경매절차에서 우선 배당을 받을 수 있다고 보아야 한다.

↓ 김동희 배당사례특강

공유자 지분 중 일부가 경매가 진행된 경우 배당사례

공유자 지분 중 일부가 경매가 진행된 경우 선순위 공동저당권자에 대한 배당과 후순위채권자의 대위행사 방법

앞의 ①과 ②의 사례에서와 같이 어느 지분 일부만 먼저 매각되는 경우 배당방법과 대위행사 금액등을 계산하면 다음과 같다.

건물	201	202	
	101	102	
대지	(토지 및 건물 갑 1/3지분)	(토지 및 건물 을 1/3지분)	(토지 및 건물 병 1/3지분)
96년1월 A임차인(101호)	전체지분 3,000만원		전입/확정일자
96년2월 B근저당	전체지분 5,000만원		
96년5월 갑지분만 C근저당 6,000만원	×		×
96년7월 D임차인(201호)	전체지분 4,000만원		전입/확정일자
96년9월 E임차인(102호)	전체지분 3,000만원		전입/확정일자
96년10월 F임차인(202호)	전체지분 4,500만원		전입/확정일자
97년5월 갑지분만 C의 임의경매	×		×

ⓐ 주택(대지포함)이 갑 1/3지분, 을 1/3지분, 병 1/3지분인 경우에 이와 같이 지분등기되기 전에 근저당권이 설정되었거나 또는 지분등기 이후에도 전체지분을 담보로 은행에서 대출을 받고 근저당권을 설정하였다면 근저당권은 각 지분에 대해서 공동저당권을 설정한 것과 같이 된다.

ⓑ 갑의 1/3지분만 C 근저당권자가 임의경매를 신청하였고 갑 1/3지분이 1억 원에 매각되었다면 배당표는 다음과 같이 작성될 것이다(주택이 서울에 소재하고 경매비용은 계산하지 않음).

1순위_ ㉠ A 임차인 1,200만 원, ㉡ E 임차인 1,200만 원(최우선변제금 1등)

2순위_ A 임차인 1,800만 원(확정일자 우선변제 1등)

3순위_ B 근저당 5,000만 원(우선변제 2등)

4순위_ C 근저당 800만 원(우선변제 3등)

ⓒ 후순위채권자 등의 선순위공동저당권자를 대위하여 청구가 가능한 금액위 ⓑ에서와 같이 선순위공동저당권자는 공동저당부동산의 일부가 먼저 매각 시 자신의 채권전액에 대해서 후순위채권자에 우선하여 변제받을 수 있다 [민법 368조 제2항].

이 경우 그 매각한 부동산의 후순위채권자는 선순위공동저당권자가 동시에 배당하였다면 다른 부동산의 경매대가에서 배당받을 수 있는 금액의 한도 내에서 선순위공동저당권자를 대위하여 청구할 수 있다. 따라서 후순위채권자가 선순위공동저당권자를 대위하여 청구할 수 있는 금액을 알아보기 위해서는 동시매각시 배당표를 작성해봐야 될 것이다.

㉠ 갑 1/3지분, 을 1/3지분, 병 1/3지분 전부가 B 근저당권이 임의경매를 신청하여 동시에 3억에 매각되었다면 배당표는 다음과 같이 작성될 것이다(주택이 서울인 경우).

순위	채권자	갑지분 (1억, 33.334)	을지분(1억, 33.333)	병지분(1억, 33.333)
1	A임차인 1,200만원 E임차인 1,200만원 (최우선변제금)	4,000,080 4,000,080	3,999,960 3,999,960	3,999,960 3,999,960
2	A임차인 1,800만원 (확정일자우선변제금)	6,000,120	5,999,940	5,999,940
3	B근저당 5,000만원	16,667,000	16,666,500	16,666,500
4	C근저당 6,000만원	60,000,000	×	×
※	선순위채권공제 후 갑의 경매대가를 다시 정하고, 이 경매대가를 기준으로 갑과 을과 병의 배당비율을 다시 정하여야 한다.잔여배분금합계: 148,000,000원	갑경매대가=9,332,720원 배당비율=$\frac{9,332,720}{148,000,000}$ =6.305892%	을경매대가=69,333,640원 배당비율=$\frac{69,333,640}{148,000,000}$ =46.847054%	을경매대가=69,333,640원 배당비율=$\frac{69,333,640}{148,000,000}$ =46.847054%
5	D임차인 4,000만원	2,522,357	18,738,822	18,738,821
6	E임차인 1,800만원	1,135,060	8,432,470	8,432,470
7	F임차인 4,500만원	2,837,652	21,081,174	21,081,174
8	G소유자 배당잉여금	2,837,651	21,081,174	21,081,175

㉡ 갑 1/3지분의 후순위채권자 등의 대위행사청구금액과 을 1/3 · 병 1/3지분의 후순위채권자에 배당방법

—갑 1/3지분이 먼저 매각되고 을과 병 1/3지분이 동시에 매각된 경우

• 먼저 C 근저당의 미배당금 5,200만 원 → D 임차인 → E 임차인 → F 임차인 → G 소유자 순으로 선순위채권자를 대위하여 청구하면

을 지분에서는 A 임차인의 안분배당액 9,999,900(최우선변제금3,999,960+확정일자5,999,940)+E 임차인의 최우선변재금 안분배당액 3,999,960+B 근저당의 안분배당액 16,666,500=30,666,360원을 대위하여 청구할 수 있다.

병 지분에서는 A 임차인의 안분배당액 9,999,900(최우선변제금3,999,960+확정

일자5,999,940)＋E 임차인의 최우선변재금 안분배당액 3,999,960＋B 근저당의 안분배당액 16,666,500＝30,666,360원을 대위하여 청구할 수 있다.

따라서 61,332,720원(을 지분에서의 30,666,360원＋병 지분에서의 30,666,360원)－5,200만 원(C 근저당의 대위행사금액)＝9,332,720원이 된다.

9,332,720원－2,522,357원(D 임차인의 대위행사청구금액)－1,135,060원(E 임차인의 대위행사청구금액)－2,837,652원(F 임차인의 대위행사청구금액)－2,837,651원(G 소유자의 대위행사청구금액)

- 선순위채권자를 우선배당 후(선순위채권자의 대위행사청구 후)의 배당금액은 138,667,280원이 남게 된다. 이 배당잔여금을 가지고 을 지분과 병 지분의 후순위채권자 등에게 우선순위에 따라 배당하면 된다.

138,667,280원(배당잔여금)—D 임차인37,477,643원(을 지분18,738,822＋병지분18,738,821)—E 임차인16,864,940원(을 지분8,432,470＋병지분8,432,470)—F 임차인 42,162,348원(을 지분21,081,174＋병 지분21,081,174)—G 소유자42,162,349원(을 지분21,081,174＋병 지분21,081,175) = 0원으로 배당이 종결된다.

ⓓ 위 ⓑ에서 설명한 바와 같이 갑의 1/3지분만 C 근저당권자가 임의경매를 신청하였고 갑의 1/3지분이 1억 원에 매각되었다면 배당표는 위 ⓑ같이 작성될 것이다. 그런데 ⓒ와 같이 갑 지분이 매각되고 나서 을과 병 지분이 경매 등의 절차로 매각되지 않는 경우도 있다.

이 경우도 ⓒ와 다를 바 없이 후순위채권자 등이 선순위공동저당권자 등을 대위하여 청구가 가능한 금액을 청구하거나 저당권을 대위로 실현 즉 선순위공동저당권자을 대위로 임의경매를 신청하여 그 매각대금으로부터 채권을 회수할 수도 있을 것이다.

후순위채권자(근저당, 임차인, 가압류채권자 등) 등의 대위행사청구금액범위를 초과하는 D 임차인 · E 임차인 · F 임차인의 임차보증금 채권금액은 을 지분과 병 지분 소유자의 책임으로 된다. 어차피 갑과 을과 병은 공동임대인(공동채무자)이므로 후순위자의 대위행사청구 여부와 상관없이 공동하여 책임질 수밖에 없기 때문이다. 이는 공동임대인이 임차인에 대하여 부담하는 임차보증금 반환의무는 불가분의 관계에 있기 때문이다[대법 67다 328][민법 409조 불가분채권]. 따라서 이러한 상황이 발생하게 된다면 선순위채권자 등을 대위하여 행사할 수 있는 금액과 공동채무자로서의 연대책임을 지울 수 있는 금액 등을 분석할 수 있어야 한다. 이러한 배당 연습은 실전 지분경매·지분공매물건의 입찰에 있어서 중요한 역할을 할 수가 있으므로 평소에 이에 대한 많은 관심과 연구가 필요할 것으로 생각된다.

다가구 주택의 공유지분중 일부가 경매가 진행된 경우 배당방법과 대위행사 방법

① 다가구주택 2층 건물은 소유자가 김각형, 김민기, 이철민 등의 3명으로 각각 3분의 1 지분씩 공유등기 되어있는데, 이 중 채무자 김각형 지분이 강제경매에 들어갔다.

이현중 전입/확정일자 1997. 10. 17.(3,000만 원, 배당신청하지 않음) → 김길수 전입/확정일자 1997. 11. 10.(5,000만 원, 배당신청함) → 김각형지분 가압류 1997. 11. 20.(가압류권자 송유만 6,000만 원) → 유기만 전입/확정일자 1998. 2. 10.(3,500만 원, 배당신청함) → 송유만이 김각형지분에 대해서 강제경매신청 1998. 6. 1.(청구 6,000만 원)

이 사건에서 말소기준권리는 가압류권자 송유만으로 1997. 11. 20.이다.

따라서 임차인 이현중과 김기수는 대항력 있는 임차인이 된다.

여기서 배당금이 7,500만 원인 경우 배당은

1순위_ 김길수 5,000만 원(우선변제금 1) → 전체 지분에 대하여 주임법상 확정일자우선변제권을 가지고 있는 유사공동저당권자로 자기지분만 배당받는 것이 아니라 보증금채권 전액을 후순위자보다 우선 배당받게 된다.

2순위_ ⓐ 가압류 송유만(6,000만 원)＝ⓑ 유기만 확정일자(3,500만 원)는 동순위로 안분배당

ⓐ 가압류 송유만＝2,500만 원 × $\dfrac{6,000만}{6,000만+3,500만}$ ＝15,789,474원

ⓑ 유기만＝2,500만 × $\dfrac{3,500만}{9,500만}$ ＝9,210,526원

이와 같이 배당절차가 종결된다.

② 유기만에게 미배당된 보증금 25,789,474원은 나머지 공유자인 김민기·이철민에게 청구할 수 있는데, 청구방법에는 2가지 방법이 있다. 하나는 후순위 채권자로 동시매각시 배당받을 수 있는 후순위채권자로서 대위행사청구금액(선순위 채권자가 나머지 지분권자인 김민기, 이철민에서 동시배당시 배당받을 수 있는 금액을 한도로)이고, 나머지는 공동 임대인으로 임차인에 대하여 부담하는 임차보증금반환의무는 불가분의 관계에 있으므로 자기지분비율뿐만 아니라 초과하는 비율도 모두 책임져야 한다. 이는 공동채무자로서 연대하여 전액변제되지 아니한 그 책임을 면할 수 없기 때문이다.

③ 송유만 가압류채권자와 김각형 채무자(지분경매에서 채무자)는 김길수가 전체 지분에 대하여 주임법상 확정일자우선변제권을 가지고 있는 유사공동저당권자로 김각형의 3분의 1의 지분경매에서 그 지분비율에 해당되는 금액만을 배당받은 것이 아니라 초과해서 배당받으므로 인해서 송유만 가압류채권자와 김각형 채무자가 배당받지 못한 금액에 대해서 동시배당시 배당받을 수 있는 금액을 한도로 나머지 공유자 2명에게 선순위채권자를 대위하여 행사할 수 있는데 이들의 대위순서는 송유만 가압류채권자가 우선하고 그다음 채무자 순으로 대위행사를 할 수 있다.

④ 임차인 이현중은 대항력 있는 선순위자로 3,000만원을 인수해야 되는데 인수금액은 낙찰자의 인수 지분금액만 하면 되고 나머지 공유자 2명이 자기지분에 해당하는 잔액을 지급해야 한다. 여기서 선순위 임차인이 일부 배당받은 경우 전액 보증금을 회수받을 때까지 선순위 임차인으로서 대항력을 주장하여 결국 낙찰자에게 요구할 수 있다. 왜냐하면 공동 임대인이 임차인에 대하여 부담하는 임차보증금반환의무는 불가분의 관계에 있기 때문이다.

만일 낙찰자가 이현중의 보증금 전액을 지급하여 명도하였다면 나머지 공유자 2명에게 자신의 초과지분금액에 대하여 구상권을 각 공유 지분비율만큼 청구할 수 있다.

⑤ 그러나 앞의 사례와 같은 조건에서 송유만 가압류권자가 김각형지분에 대해서

강제경매신청한 것이 아니라 김길수 임차인이 전세보증금반환청구소송으로 판결문을 득해서 공유지분 전체에 대해서 강제경매를 신청한 경우에는 임차인에 대한 말소기준권리는 김길수의 강제경매신청기입등기일로 보아야 된다. 왜냐하면 임차인은 김각형지분에 대해서는 대항력이 없지만 다른 공유지분에 대해서는 대항력이 있고, 매수인(낙찰자)은 김각형지분 이외에 다른 공유지분까지 매수하므로 다른 공유자에 대해서 대항력 있는 임차인에 대해서 채권불가분성의 원칙에 따라 김각형지분을 제외하고 인수하는 것이 아니라 임차인의 보증금 전액을 인수해야 되므로 대항력을 주장하면 인수해야되고, 배당요구해서 미배당금이 발생되면 이 금액를 인수해야 된다.

공유지분 경매에서 선순위와 후순위 임차인의 권리

앞의 예제와 같은 공유지분 경매절차에서 말소기준권리는 김각형 지분만에 등기된 송유만 가압류채권이 기준이 될 수 있다. 그러나 선순위 임차인의 대항력(매수인에 대하여)과 후순위 임차인의 대항력(다른 공유자에 대하여)은 어떻게 판단하면 될 것인가!

첫 번째로 공유지분 경매절차에서 대항력 있는 임차인의 권리

임차인 이현중과 김길수는 대항력 있어서 대항력을 주장할 수도 있고, 배당요구 시에도 미배당은 매수인(=낙찰자)이 인수하게 된다.

이때 인수범위는 각자의 지분에 해당하는 즉 1/3 지분비율만(=매수인의 지분) 부담하면 된다.

즉 대항력 있는 임차인으로부터 주택을 인수 받기 위해서는 각자의 지분비율에 해당하는 보증금을 임차인에게 지급하고 주택을 인수받게될 것이나 매수인이 전액 부담하고 주택을 인도받았다면 자기지분을 초과하는 금액에 대해서 다른 공유자에게 구상권을 청구할 수 있다.

그러나 유의할 점은 대항력 있는 임차인(매수인의 지분에 대해서만)이 보증금을 다른 공유자들로부터 회수하지 못 하는 경우(다른지분에서 대항력이 없는 임차인으로 그 다른지분에 선순위의 채권이 과다하여 배당받지 못하는 경우), 매수인(=낙찰자)은 공동채무자로서 그 금액을 부담하게 되는 경우도 발생될 수 있기 때문에 공유지분 경매절차에서는 반드시 다른 공유자들도 분석해 볼 필요가 있다.

두 번째로 공유지분 경매절차에서 대항력 없는 임차인의 권리

임차인 유기만은 이 공유지분 경매절차에서 대항력이 없어서 매수인의 부담은 아니지만 다른 공유자(과반수이상의 지분에 대해서)에 대해서 대항력이 있다.

이 경우 매수인은 유기만의 임차보증금에 대해서 인수대상은 아니지만 인도명령을 신청할 수 없고, 다만 자기지분에 대해서만 보존행위로서 다른 공유자들에게 부당이득반환을 청구할 수 있을 것이다.

임차인 입장에서는 대항력이 있는데 그 대항력은 매수인에게는 행사할 수가 없고 다른 공유자들에게만 행사가 가능하고 그 보증금을 전액 변제받기 전까지 대항력 주장이 가능하다.

그러나 매수인이 과반수 이상의 지분을 매수한 경우로 송유만 가압류가 이 과반수 이상의 지분에만 가압류된 말소 기준이라면 매수인은 대항력이 없는 임차인 유기만을 대상으로 인도명령신청이 가능하며 매수인이 대금납부 이후에 부당이득의 대상이 임차인에 해당된다고 볼 수 있다.

세 번째로 공유물에 대한 주임법 또는 상임법상 임대차계약체결 및 계약해지 행위

과반수 이상의 동의를 얻어 행한 공유물의 관리행위는 동의하지 아니한 다른 공유자와 공유물의 관리방법에 대해서 협의가 없어더라도 과반수 지분 이상의 동의에 의한 공유물의 관리행위가 적법하므로 이들과 공유물의 계약을 체결한 임차인은 주택 및 상가건물임대차보호법상 적법한 임차권을 갖게되어 동의하지 아니한 다른 공유자에게도 대항력을 행사할 수 있다.

반면에 과반수 동의를 갖추지 못한 임대차는 주택 및 상가건물임대차보호법상 적법한 임대차의 효력을 가지지 못하게 되어 주임법 또는 상임법상 대항력, 최우선변제금, 확정일자우선변제권 등이 인정되지 못하고, 동의하지 아니한 공유지분권자

단독주택의 공유지분경매에서 권리분석과 배당방법

주소	면적	경매가 진행과정	1) 임차인조사내역 2) 기타청구	등기부상 권리관계
서울시 강서구 화곡동 ○○○번지 단독주택	대지 151㎡ (1/3지분) 건물 1층 98㎡ (1/3지분) 2층 97㎡ (1/3지분) 지하 51㎡ (1/3지분) 전체 지분 중 1/3지분인 박만 기 지분 경매	감정가 121,000,000원 최저가 1차 121,000,000원 유찰 2차 96,800,000원 유찰 3차 77,440,000원 낙찰 88,500,000원	1) 임차인 ① 이한국 　전입 1997. 1. 30. 　확정 1997. 1. 30. 　배당　× 　보증 3,000만원 ② 김계연 　전입 1998. 7. 30. 　확정 1998. 7. 30. 　배당 1999. 10. 10. 　보증 2,500만원 ③ 이미숙 　전입 1998. 11. 20. 　확정　× 　배당 1999. 10. 11. 　보증 1,500만원 2) 기타청구 ① 강서구청 교부 청구재산세 (법정기일 1998. 9. 10.) 25만원	1998. 7. 15. 공유자지분등기 지분1/3 이승민 지분1/3 이철희 지분1/3 박만기 근저당 기업은행 　1998. 7. 15. 　3,000만원 박만기 지분 가압류 구자성 　1998. 10. 10. 　2,500만원 박만기 지분 가압류 구승만 　1998. 10. 30. 　1,800만원 박만기 지분압류 국민건강보험 　1998. 11. 10. 강제경매 구자성 　청구 2,500만원 　〈1999. 5. 30.〉

위 사례에서 말소기준권리는 기업은행이고 임차인 이한국은 대항력 있는 것으로 배당요구하지 않아 낙찰자인수가 지분경매만큼 인정된다. 또 국민건강보험납부기한이 압류등기일자(500만 원)와 같다.

배당금액이 87,250,000원(88,500,000원 − 경매비용 1,250,000원)이다.

배당표를 작성하면

1순위_ ① 김계연 1,200만 원 + ② 이미숙 1,200만 원(최우선변제 1등)

2순위_ 강서구청 25만 원(당해세우선변제 1등)

3순위_ 기업은행 3,000만 원(우선변제 2등)

4순위_ 김계연 1,300만 원(우선변제 3등)

5순위_ 국민건강보험 500만 원(우선변제 4등)(공과금이 일반채권에 항상 우선한다)

6순위_ ① 가압류 구자성(2,500만)＝② 가압류 구승만(1,800만 원)이 동순위로 안분배당하면

① 가압류 구자성＝1,500만원×$\frac{2,500만}{2,500만+1,800만}$＝8,720,930만원

② 가압류 구승만＝1,500만원×$\frac{1,800만}{4,300만}$＝6,279,070원

따라서 최종배당결과는

ⓐ 김계연＝1,200만 원(1)＋1,300만 원(4)＝2,500만 원

ⓑ 이미숙＝1,200만 원(1)

ⓒ 강서구청＝250,000원(2)

ⓓ 기업은행＝3,000만 원(3)

ⓔ 국민건강보험＝500만 원(5)

ⓕ 구자성＝8,720,930원(6)

ⓖ 구승만＝6,279,070원(6)이 된다.

그러나 낙찰자는 대항력 있는 임차인 3,000만 원을 인수해야 하나 이 금액이 아니고 지분경매된 금액 즉 3,000만 원×1/3＝1,000만 원이 되며 보증금 잔액 2,000만 원은 나머지 지분권자 이승민 1,000만 원 이철민 1,000만 원이 책임진다. 배당은 이렇게 종결되나 추후로 부당이득반환청구소송이 이어질 것으로 예상된다. 나머지 지분권자 이승민과 이철희는 박만기 지분경매에서 근저당권 기업은행과 임차인 김계연, 이미숙이 지분경매비율만큼 배당받은 것이 아니고 전액 배당받거나 초과하여 배당받음으로서 부당이득을 보았기 때문이다. 이로 인해서 후순위채권자 등이 배당을 받지 못하였다면 이들 나머지 지분권자 2명에게 후순위채권자의 대위권을 청구할 수 있다.

이때 대위행사청구금액은 전체지분이 동시 매각시 각 지분별로 선순위채권자가 배당받을 수 있었던 금액을 한도로 나머지 지분권자에게 대위행사를 청구할 수 있다.

후순위채권자 등의 대위행사청구금액을 계산하는 방법은 앞에서 이시배당사례를 참조하여 계산하면 될 것이다.

공유지분 공매절차에서 권리분석과 배분사례

① 1/2지분을 압류공매로 낙찰 받았다가 대위변제와 선순위 임차인의 배분요구 철회에 따라서 필자가 매각결정취소를 요청한 공매 입찰사례이다.

이 사례는 743쪽 예제에 있으니 참조하기 바란다.

② 1/2지분은 세금압류공매로, 나머지 1/2지분은 법원경매로 동시에 진행된 경우 각 매각절차에서 보면 지분매각절차의 사례가 된다(751쪽 예제 참조).

③ 필자가 지분공매절차에서 공매지분을 낙찰받은 후 매각결정서 교부(=수령) 전에 나머지 공유자 등이 공유자우선매수신청을 하여 낙찰자가 차순위 지위에 놓이게 되었고 이에 최고액입찰자지위 포기신청서를 제출한 사례(778쪽 예제 참조).

④ 공매물건이 임야인 경우에 투자사례(임야의 1/3지분공매로 779쪽 예제 참조)

⑤ 최근에 낙찰받았던 특이한 공매지분 입찰사례에 대한 설명

공매관리번호 2010-16255-001로 서울시 서초구 서초동 진흥아파트 7동 제○○○호 이다

이 물건에 대해서 간략하게 설명하면 다음과 같다.

갑 소유자 → 갑과 을이 임대차계약체결 → 을 임차인 보증금 195,000,000원으로 대항요건과 확정일자 받음 → 임차인이 개인 사정으로 세대원 전원 성남으로 퇴거 → 임차인 퇴거 이후 등기부에 소유권 다툼 가처분등기 → 을 임차인 재전입 → 가처분판결, 병이 1/3지분과 정이 1/3지분으로 소유권이 공유등기 → 병지분 1/3만 공매진행 → 무가 병지분만 낙찰받음.

이러한 경우 무 낙찰자와 정 공유지분권자에게 을은 대항력이 없음과 동시에 주택임대차보호법의 적용대상이 아니므로 우선변제권도 주장할 수 없게 된다. 왜냐하면 주임법상 대항력과 우선변제권이 발생되기 위해서는 공유물의 관리행위로 과반수 이상의 지분과 임대차계약을 체결해야 되지만 을은 가처분 이후 재전입 등으로 인해서 그 효력(기존 주임법상의 대항력과 우선변제권)을 상실했기 때

문이다. 을은 오로지 갑의 1/3지분에 대해서 주임법상이 아닌 일반 민법상의 임대차계약의 효력만을 주장할 수밖에 없을 것이다.

앞의 ① · ② · ③ · ④ · ⑤ 사례는 필자가 실제 입찰에 참여하여 낙찰 또는 낙찰받지 못한 물건 등으로 입찰참여 전에 분석해본 사례 등이다. 그러므로 이 사례 등을 연구하면 지분경매나 지분공매절차에서 어떻게 대응해야 하는 방법을 정확하게 분석할 수 있는 기틀을 마련하게 될 것이다.

공유지분 매수인(=낙찰자)이 매수지분에 기한 인도청구 가능 여부

종전 공유자였던 채무자가 점유하고 있는 경우

공유지분 경매 등의 절차에서 종전 공유자였던 채무자가 점유하고 있는 경우 그의 공유물의 점유사용이 공유자인 지위에 기한 것이면 경매로 그 지위를 상실하고 매수인이 그 지위를 승계하게 되므로 매수인은 보존행위로서 채무자를 상대로 인도명령 신청이 가능하다.

다만 다른 공유지분권자의 지분 비율에 대해서는 부당이득을 보게 되는 것이므로 채무자와 특약이 있는 경우 그 특약을 승계한다고 보고, 특약이 없었던 경우에는 합의하여 주택에 대한 그 지분 비율에 해당하는 부당이득에 상응하는 임료를 지급해야 될 것으로 판단된다.

그러나 채무자가 점유하고 있는 경우에도 그 공유물 사용이 임차권(용익권) 등에 의한 점유인 경우는 채무자가 아닌 다른 공유자가 점유하고 있는 경우와 같이 처리하면 된다.

채무자가 아닌 다른 공유자가 점유하고 있는 경우

매수인이 취득한 공유지분이 과반수 이상이면 보존행위 여부와 상관없이 관리행위로서 인도명령신청이 가능하고, 과반수 미만이면 인도명령을 신청할 수 없다.

즉 토지나 건물의 지분을 소유하고 있는 공유자는 다른 공유자와 협의 없이는 배타적으로 사용, 수익할 수 없지만, 과반수 이상의 지분을 소유하거나 동의를 얻은 자는 관리행위로서 임대차계약을 체결하거나 계약의 해지 또는 인도명령신청 등이 가능하다.

자신의 지분이 과반수 미만일 경우는 공유물을 점유하고 있는 다른 공유자에 대해서 오로지 공유물의 보존행위로서만 공유물의 인도나 명도를 청구할 수 있다.

종전 공유자였던 채무자가 아닌 다른 점유자(=임차인)가 점유하고 있는 경우

① 매수인(낙찰자)의 지분이 과반수 이상이고 주택에 점유하고 있는 자가 매수인에게 대항력이 없는 경우(말소기준권리 이후에 대항요건을 갖춘 경우) 임대차계약의 해지 행위도 공유물의 관리행위로 공유자 지분의 과반수로 결정[2010다37905]되기 때문에 인도명령을 청구할 수 있다.

이 경우 매수 지분은 인도명령을 통해서 강제집행을 하여 인도받고, 나머지 공유지분에 대해서는 임차인 등이 보증금 반환 청구소송을 통해서 경매신청을 하게 되면 그 경매절차상에서 공유자우선매수신청을 하여 전체 공유지분을 낮은 가격으로 매수할 수 있다.

② 매수인의 지분이 과반수 미만인 경우는 인도명령을 청구할 수 없다.

③ 과반수 이상이더라도 매수인에게 대항력이 있는 임차인 등은 인도명령을 청구할 수 없다. 대항력이 있는 임차인이 있는 경우 매수인은 임차인의 권리를 인수해야 한다.

이때 인수금액은 자기 지분비율만큼 인수하게 되나 대항력 있는 임차인으로부터 주택을 인도받기 위해서는 자신의 지분비율만큼 인수해서 인도를 청구할 수 있는 것이 아니라 전체 임차보증금을 지급해야만 주택인도를 청구할 수 있다.

이는 공동 임대인이 임차인에 대하여 부담하는 임차보증금반환의무는 불가분의 관계에 있기 때문이다[대법67다328][민법 409조 불가분채권].

다만 매수인은 자기지분을 벗어나는 임차보증금에 대해서 나머지 공유자에게 구상권을 청구할 수 있을 것이다.

대항력 있거나 대항력이 없는 임차인이 배당요구를 한 경우의 배당

임차인의 임차보증금채권 즉 소액보증금 중 일정액과 확정일자 우선변제금을 경매지분 비율에 해당되는 비율만큼만 배당받게 되는 것이 아니라 전액 우선변제 받게 된다.

이는 공동 임대인이 임차인에 대하여 부담하는 임차보증금반환의무는 불가분의 관계에 있기 때문이다[대법67다328].

다만 선순위 유사공동저당권(=모든 지분근저당 또는 모든 지분임차권)이 매각대상 부동산에서 전액 우선변제 받으므로써 매각대상 부동산의 후순위 채권자가 배당받지 못한 금액은 다른 지분매각절차에서 선순위 유사공동저당권자 등이 동시 매각 시 배당받을 수 있는 금액을 한도로 선순위 유사공동저당권자의 미배당금을 우선공제한 후 나머지 금액에서는 후순위채권자와 채무자(후순위채권자의 채무자)의 대위행사청구가 가능한데 이들 중 우선순위는 후순위채권자가 우선배당받고 잔여금이 있으면 그 다음 채무자가 순이 된다.

공유물 관리 및 매수지분에 기한 인도청구 가능 여부에 관한 판례 및 설명

① 공유물 관리 및 보존행위

공유자 사이에 공유물을 사용·수익할 구체적인 방법을 정하는 것은 공유물의 관리에 관한 사항으로서 공유자의 과반수로써 결정할 것임은 민법 제265조가 규정한 바로서, 공유물의 지분권자는 타지분권자와의 협의가 없는 한 그 공유물의 일부라 하더라도 이를 자의적, 배타적으로 독점사용할 수 없고, 나머지 지분권자는 공유물 보존행위로서 그 배타적 사용의 배제를 구할 수 있다[대법 92마290 결정].

② 소수지분권자의 다른 소수지분권자에 대한 공유물인도청구(적극)

지분을 소유하고 있는 공유자나 그 지분에 관한 소유권이전등기청구권을 가지고 있는 자라고 할지라도 다른 공유자와의 협의 없이는 공유물을 배타적으로 점유하여 사용 수익할 수 없는 것이므로, 다른 공유권자는 자신이 소유하고 있는 지분이 과반수에 미달되더라도 공유물을 점유하고 있는 자에 대하여 공유물

의 보존행위로서 공유물의 인도나 명도를 청구할 수 있다[대법 93다9392, 93다
9408].

③ 1/2 지분권자의 다른 1/2 지분권자에 대한 공유물인도청구(적극)

물건을 공유자 양인이 각 1/2 지분씩 균분하여 공유하고 있는 경우 1/2 지분권
자로서는 다른 1/2 지분권자와의 협의 없이는 이를 배타적으로 독점사용할 수
없고, 나머지 지분권자는 공유물보존행위로서 그 배타적 사용의 배제, 즉 그 지
상 건물의 철거와 토지의 인도 등 점유배제를 구할 권리가 있다[대법 2002다
57935].

④ 다수지분권자의 다른 소수지분권자에 대한 공유물인도청구(적극)

 ⓐ 부동산에 관하여 과반수 공유지분을 가진 자는 공유자 사이에 공유물의 관
리방법에 관하여 협의가 미리 없었다 하더라도 공유물의 관리에 관한 사항
을 단독으로 결정할 수 있으므로 공유토지에 관하여 과반수지분권을 가진
자가 그 공유토지의 특정된 한 부분을 배타적으로 사용수익할 것을 정하는
것은 공유물의 관리방법으로서 적법하다.

 ⓑ 위 ⓐ의 경우 비록 그 특정된 한 부분이 자기의 지분비율에 상당하는 면적의
범위 내라 할지라도 다른 공유자들 중 지분은 있으나 사용수익은 전혀 하고
있지 아니함으로써 손해를 입고 있는 자에 대하여는 과반수 지분권자를 포
함한 모든 사용수익을 하고 있는 공유자는 그 자의 지분에 상응하는 부당이
득을 하고 있다고 보아야 할 것인바 이는 모든 공유자는 공유물 전부를 지분
의 비율로 사용수익할 수 있기 때문이다[대법 88다카33855].

⑤ 소수지분권자의 다수지분권자에 대한 공유물인도청구(소극)

 ⓐ 과반수의 지분을 가진 공유자는 다른 공유자와 사이에 미리 공유물의 관리
방법에 관한 협의가 없었다 하더라도 공유물의 관리에 관한 사항을 단독으
로 결정할 수 있으므로, 과반수의 지분을 가진 공유자가 그 공유물의 특정
부분을 배타적으로 사용·수익하기로 정하는 것은 공유물의 관리방법으로
서 적법하며, 다만 그 사용·수익의 내용이 공유물의 기존의 모습에 본질적
변화를 일으켜 '관리' 아닌 '처분'이나 '변경'의 정도에 이르는 것이어서는 안

될 것이고, 예컨대 다수지분권자라 하여 나대지에 새로이 건물을 건축한다 든지 하는 것은 '관리'의 범위를 넘는 것이 될 것이다.

ⓑ 공유토지에 관하여 점유취득시효가 완성된 후 취득시효 완성 당시의 공유자 들 일부로부터 과반수에 미치지 못하는 소수 지분을 양수 취득한 제3자는 나 머지 과반수 지분에 관하여 취득시효에 의한 소유권이전등기를 경료받아 과 반수 지분권자가 될 지위에 있는 시효취득자(점유자)에 대하여 지상 건물의 철거와 토지의 인도 등 점유배제를 청구할 수 없다[2000다33638, 33645].

⑥ 과반수 지분공유자와 체결한 임차인을 소수지분 공유자가 공유물인도청구(소극) 과반수 지분의 공유자가 그 공유물의 특정 부분을 배타적으로 사용·수익하기 로 정하는 것은 공유물의 관리방법으로서 적법하다고 할 것이므로, 과반수 지 분의 공유자로부터 사용·수익을 허락받은 점유자에 대하여 소수 지분의 공유 자는 점유자가 사용·수익하는 건물의 철거나 퇴거 등 그 점유의 배제를 구할 수 없다[대법 2009다22235]

⑦ 공유자 간의 공유물에 대한 사용수익·관리에 관한 특약은 공유자의 특정승계 인에 대하 여도 당연히 승계된다고 할 것이나, 민법 제265조는 "공유물의 관리 에 관한 사항은 공유자의 지분의 과반수로써 결정한다"라고 규정하고 있으므 로, 위와 같은 특약 후에 공유자에 변경이 있고 특약을 변경할 만한 사정이 있 는 경우에는 공유자의 지분의 과반수의 결정으로 기존 특약을 변경할 수 있다 [대법 2005다1827].

⑧ 공유자 간의 공유물에 대한 사용수익·관리에 관한 특약은 공유자의 특정승계 인에 대하 여도 당연히 승계된다고 할 것이나, 공유물에 관한 특약이 지분권자 로서의 사용수익권을 사실상 포기하는 등으로 공유지분권의 본질적 부분을 침 해한다고 볼 수 있는 경우에는 특정승계인이 그러한 사실을 알고도 공유지분권 을 취득하였다는 등의 특별한 사정이 없는 한 특정승계인에게 당연히 승계되는 것으로 볼 수는 없다[대법 2009다54294]

❖ 저당권과 관련된 판례 및 법률설명

지면 관계로 타이틀만 기재하고 법률규정 및 판례해설 본문 내용은 생략했으니 본문 내용이 필요하신 분들은 다음 카페에서 책 이름을 검색하면 다운받아서 참고하시기 바란다.

- 공매경매와 부동산투자분석(CAfe.nAver.Com/pAuCtion)
- 공매전문옥션(CAfe.nAver.Com/PAuCtion)

1 포괄근저당의 해석 방법 및 피담보채무에 포함 여부[선고 2001다12430 배당이의]

2 당초 저당권자와 일부 대위변제자 사이의 우열(=근저당권자 우선)과 근저당권의 우선변제(잔존채무전액)[2001다2426 배당이의]

3 선순위 저당권자가 배당의 기초가 된 채권계산서에 기재되지 않은 다른 채권으로 배당받을 수 있는지[선고 98단7179 배당이의]

4 경매신청 후 취하하면 채무확정의 효과가 번복되는지[선고 2001다73022 판결 배당이의] 제3취득자의 담보한도[71마 251결정 경매개시경정이의 기각 결정에 대한 재항고]

5 근저당 등기(2000.10.14. 및 2001.1.19.), 연금압류등기(2001.4.21. 납기는 2000.4.10.~00.7.10.), 조세압류등기(2001.5.9, 법정기일 2001.1.25.~2001.10.10.) 순일 때의 배당(=비례안분배당 후 흡수) [대법원 2003다27481 판결 배당이의]

6 근저당등기(2001.9.7.) 후 연금압류등기(2002.9.30.)가 경료된 경우 납기가 1998년부터~2000.6.10.까지인 연금보험료가 위 근저당에 우선하는지[대법 2005다24394 판결]

7 강제경매의 청구확장과 배당요구[83마393 결정 강제경매개시결정 취소]

8 임의경매도중 채무자 겸 설정자의 변제와 집행비용[선고 80다2712 판결 가등기 말소등기]

9 임의경매 도중 물상보증인의 변제와 집행비용[선고 74다998 판결 근저당권설

정 등기말소]

10 후순위 저당권자가 가압류 등기한 임금채권을 대위할 경우 피보전채권이 최우선 임금채권임을 소명해야 할 종기(=배당표확정 전까지)[대법 2002다54073 판결]

11 토지, 건물경매에서 건물만 취하한 경우 대지 매각대금에서 소액임차인 배당가능 여부[대법 96다7595 판결]

12 토지 저당 후 건물이 신축된 경우 토지만의 경매에서 소액 임차인 배당가능 여부(=불가)[대법99다25532 판결]

13 후순위 저당권자의 선순위임금채권 대위시 배당요구 종기시까지 배당요구[대법 2000다32475]

14 물상보증인의 면책적 채무 인수시 피담보채권(=인수된 채무만 담보) [대법 98다40657 판결]

15 제3자가 연대채무자로서 중첩적 채무인수를 하고 근저당변경의 부기등기를 한 경우 피담보채무(=당초채무자가 부담한 채무만 담보): [대법 94다18157 판결]

16 선순위 저당권의 피담보채권 확정시기(=경락대금 완납시) [대법 99다26085 판결]

17 청구금액에 원금과 지연이자를 합산한 금액으로 기재한 신청저당권자가 경락기일 후에 다시 늘어난 지연이자를 그 청구금액에 추가하여 채권계산서를 제출한 경우 추가부분을 배당받을 수 있는지(=소극): [대법 99다11526 판결]

18 근저당권의 채권최고액을 초과하는 채권으로 배당받기 위한 요건 및 후순위 가압류권자가 있는 경우의 배당[선고 97다28216 판결 배당이의]

19 토지별도등기(저당권) 있는 구분건물 경매에서의 배당(=유사공동저당) 및 토지상 후순위저당권자의 대위가부(=적극): [대법 2004다46502 판결]

20 전유부분 만에 설정된 저당권의 효력범위[선고 2001다22604 판결 부당이득 반환]

21 대지권의 사후취득약정 있는 구분건물 만에 설정된 저당권의 실행으로 경락받은 경락인이 대지사용권을 취득하는지(=적극) 및 분양자에 대지권등기의 직접청구(=적극): 2004.7.8.[선고 2002다40210 판결 대지권의 표시등기 절차이행]

22 수분양자 소유의 전유부분에 대한 경매절차에서의 경락인은 그 수분양자가 분

양대금을 완납하지 못했더라도 대지사용권을 취득하는지 여부(=적극) 및 대지권 등기의 순차청구 또는 직접청구 가부(=적극)와 분양대금 미납의 동시이행항변 가부(=적극) [2004다58611 판결, 소유권이전등기]

23 공동저당의 동시배당시 토지·건물상의 권리가 다른 경우 배당표 작성방법(토지와 건물배당표를 각각 따로 작성)[2001다66291 판결 배당이의]

24 수인의 물상보증인이 제공한 공동저당의 목적물 중 일부가 먼저 경매된 경우 물상보증인의 변제자 대위와 후순위 저당권의 물상대위에 관한 법리[2001다21854 판결 근저당권말소등기의 회복등기절차 이행청구]

25 채권자 아닌 제3자 명의로 설정된 저당권의 효력[대법 94다33583판결]

26 저당건물과는 별개의 독립된 건물을 저당건물의 부합물이나 종물로 보아 경락허가를 한 경우에 독립된 건물의 소유권에 변동이 초래될 수 있는지 여부[대법 73다298 판결]

27 증축부분이 기존건물에 부합되는지 여부에 대한 판단기준[대법 2000다63110 판결]

28 민법 제366조는 가치권과 이용권의 조절을 위한 공익상의 이유로 지상권의 설정을 강제하는 것이므로 저당권설정 당사자 간의 특약으로 저당목적물인 토지에 대해 법정지상권을 배제하는 약정을 하더라도 그 특약은 효력이 없다.

29 저당권설정 당시에 소유자가 동일하면 그 후에 어느 하나를 소유자가 임의로 처분하여 토지와 건물의 소유자들 사이에 토지이용관계를 설정하였다 하더라도 이 이용권은 저당권실행을 위한 경매로 그 효력을 상실하기 때문에 제366조의 법정지상권을 인정해야 한다.

30 미등기건물을 그 대지와 함께 매수한 사람이 그 대지에 관하여만 소유권이전등기를 넘겨받고 건물에 대해서는 그 등기를 이전받지 못하고 있다가 대지에 대해 저당권을 설정하고 그 저당권의 실행으로 대지가 경매되어 다른 사람의 소유로 된 경우에는 그 저당권의 설정 당시에 이미 대지와 건물이 각각 다른 사람의 소유에 속하고 있었으므로 법정지상권이 성립될 여지가 없다.

31 대법 2000마5527 결정

토지 지하에 설치된 유류저장 탱크와 건물에 설치된 주유기가 토지에 부합되거나 건물의 상용에 공하기 위하여 부속시킨 종물로서 토지 및 건물에 대한 경매의 목적물이 된다고 한 사례

32 미등기건물의 경매신청방법

33 저당부동산이 양도된 경우 저당권부채권과 조세채권과 기타채권과의 우선순위

    ⓐ 저당부동산의 양도와 함께 채무까지 승계한 경우 양수자인 제3취득자의 채무인수 범위와 양도인의 채무양도 범위

    ⓑ 저당부동산의 양도된 경우 저당권부채권과 조세채권과의 우선순위

34 집합건물의 경우 배당시 유의할 점

35 집합건물의 저당권 실행시 선행의 대지저당권에 대한 배당

36 일부 대위한 경우 피대위자와 대위자와의 관계

37 배당액이 남은 경우

38 집합건물에만 설정된 근저당권은 대지의 매각대금에서도 배당받는다(대지사용권의 분리처분이 가능한 규약 등이 없는 한 집합건물에 설정된 전세권은 일반 주택과는 달리 토지를 포함한 전체매각대금에서 배당받음).

39 건물에 근저당권이 설정되어 있는 경우에도 토지임차인의 건물매수청구권이 인정되는지 여부(＝적극) 및 그 경우 건물매수가격의 산정방법[대법 2007다4356 판결]

40 저당권자의 경매신청시 청구채권의 확장청구가부

41 저당권부채권에 대한 압류

❖ 전세권에 대한 권리분석과 배당사례

민법 제303조 제1항은 전세권은 전세금을 지급하고 타인의 부동산을 점유하여 그 부동산의 용도에 좇아 사용·수익하며 그 부동산 전부에 대해 후순위권리자 기타 채권자보다 전세금이 우선변제 받을 권리가 있는 용익물권이다[민법 303조 1항].

전세권은 전세목적물을 전세 기간 동안 사용·수익할 수 있는 용익물권이면서
전세권 기간이 만료시에는 소유자가 전세금을 반환해주지 아니할 경우 전세권을
처분(임의경매신청)하여 그 매각대금으로부터 우선변제받을 수 있는 담보물권적 성
격이 있다는 말이다.

전세권의 성립요건

① 건물소유자와 전세권 설정한다는 물권적 합의가 있어야 한다.
② 전세권설정등기를 해야 한다.
③ 전세금을 건물소유자(즉 임대인)에게 지급해야 한다. 이는 주택임대차처럼 전입
   신고 및 거주하여 대항요건을 갖출 필요 없이 물권으로서 당연히 효력이 발생
   한다. 전세권은 설정등기 즉시에 효력이 발생한다.

전세권의 효력

① **용익물권으로 사용·수익할 수 있는 권리**

   전세권자는 목적부동산을 점유하여 그 부동산의 용도에 좇아 사용·수익할 권
   리가 있다[민법 제303조 제1항]. 그 부동산 전부에 대해 후순위권리자 기타 채
   권자보다 전세금의 우선변제 받을 권리가 있다[민법 제303조 제2항]. 전세권자
   가 이에 위반하여 사용·수익하는 경우에는 전세권 설정자는 전세권의 소멸을
   청구할 수 있고 이 경우 전세권 설정자는 전세권에 대해 원상회복 또는 손해배
   상을 청구할 수 있다[민법 제311조 제1항].

② **전세금증감청구권**

   전세금이 목적부동산에 관한 조세, 공과금 기타 부담의 증감이나 경제사정의
   변동으로 인하여 상당하지 아니하게 된 때에는 당사자는 장래에 대해 그 증감
   을 청구할 수 있다. 그러나 증액의 경우에는 대통령이 정하는 기준에 따른 비율
   을 초과하지 못한다[제312조의 2]. 증액청구의 비율은 약정한 전세금의 1/20을
   초과하지 못하며, 또 전세권설정계약이 있은 날 또는 약정한 전세금의 증액이

있은 날로부터 1년 이내에는 이를 하지 못한다[민법 제312조의 2 단서의 시행에
관한 규정].

③ 유익비상환청구권

전세권자가 목적물을 개량하기 위하여 지출한 금액 기타 유익비에 관하여는 그
가액의 증가가 현존한 경우에 한하여 소유자의 선택에 좇아 그 지출액이나 증
가액의 상환을 청구할 수 있다[제310조 제1항]. 그러나 전세권자에게는 수선·
유지의무가 있기 때문에 필요비상환청구권은 인정되지 않는다.

④ 점유권과 물권적 청구권

전세권은 점유를 수반하는 권리이므로 점유를 침해당한 때에는 전세권자는 점
유보호청구권을 행사할 수 있고, 또한 전세권의 침해를 당한 때에는 전세권에
기인해 목적물의 반환청구권, 방해제거청구권, 방해예방청구권을 행사할 수 있
다[제319조, 제213조, 제214조].

⑤ 경매청구권 및 우선변제권

전세권자가 전세금의 반환을 보장하도록 하기 위해 전세권설정자가 전세금의
반환을 지체한 때 전세권자는 전세목적물의 경매를 청구할 수 있다[제318조].

⑥ 전세권자의 의무

ⓐ 전세권자는 목적물의 현상을 유지하고 그 통상의 관리에 속한 수선을 해야
한다[민법 제309조]. 따라서 전세권자가 목적부동산의 통상적 유지 및 관리
를 위하여 필요비를 지출한 때에는 그 비용의 상환을 청구하지 못한다.

ⓑ 전세권자가 전세권 설정계약 또는 그 목적물의 성질에 의해 정하여진 용법
으로 이를 사용·수익하지 않은 때에는 전세권설정자는 전세권의 소멸을 청
구할 수 있고 전세권설정자는 전세권자에 대해 원상회복 또는 손해배상을
청구할 수 있다[민법 제311조]. 전세권이 존속기간 만료로 소멸하면 전세권

자는 그 목적물을 원상으로 회복해야 하고 그 목적부동산에 부속시킨 물건
은 이를 수거할 수 있다[제316조].

⑦ 전세권의 양도, 담보제공 또는 전전세

ⓐ 전세권의 양도

전세권자는 전세권을 타인에게 양도하거나 담보로 제공할 수 있고 또 그 존
속기간에는 그 목적물을 타인에게 전전세 또는 임대할 수 있다[민법 제306
조]. 이 경우 불가항력으로 인한 손해에 대해서는 전세권자가 책임진다.
이러한 전세권의 처분에 대해 당사자 특약에 의해서 처분을 금지할 수 있으
며[제306조 단서] 이 처분금지 특약은 등기해야만 제3자에게 대항할 수 있다
[부동산등기법 제139조 제1항].

ⓑ 전전세

전전세란 전세권자의 전세권은 그대로 존속하면서 그 전세권을 목적으로 하
는 전세권을 다시 설정하는 것을 말한다.

⑧ 건물 전세권의 지상권, 임차권에 대한 효력

타인의 토지에 있는 건물에 전세권을 설정한 때에는 건물에 대한 전세권의 효
력은 그 건물의 소유를 목적으로 하는 지상권 또는 임차권에도 미친다[민법 제
304조 제1항]. 토지와 건물이 그 소유자를 달리하는 경우에도 건물만을 전세권
의 목적으로 한 경우에도 건물의 전세권자는 그 건물의 사용·수익을 위해서
필요한 범위 내에서 대지에 대해 당연히 이용권을 인정해야 하기 때문이다. 이
경우에 전세권설정자는 전세권자의 동의 없이 지상권 또는 임차권을 소멸하게
하는 행위를 하지 못한다[제304조 제2항].

⑨ 건물의 전세권과 법정지상권

대지와 건물이 동일한 소유자에 속한 경우에 건물에 전세권을 설정한 때에는
그 대지소유권 특별승계인은 전세권설정자(건물소유자)에 대해 지상권을 설정한

것으로 본다. 그러나 지료는 당사자의 청구에 의해 법원이 정한다[제305조 제1
항]. 주의할 것은 법정지상권을 취득하는 자는 전세권자가 아니라 건물소유자
(전세권설정자)이다. 법정지상권이 성립하는 경우에 대지소유자는 타인에게 그 대
지를 임대하거나 이를 목적으로 하는 지상권 또는 전세권을 설정하지 못한다
[제305조 제2항].

전세권의 존속기간

① 전세권의 존속기간

전세권의 존속기간을 10년을 넘지 못한다. 당사자의 약정계약이 10년을 넘는
경우 이를 10년으로 단축한다[민법 제312조 제1항]. 전세권의 갱신이 있는 경우
존속기간은 갱신한 날로부터 10년을 넘지 못한다. 최장존속기간의 제한을 토지
뿐만 아니라 건물에도 적용된다.

② 건물에 대한 최단기간의 제한

건물에 관한 전세권의 존속기간은 1년 미만으로 정한 경우에는 1년으로 본다[민
법 제312조 제2항].

③ 존속기간을 정하지 않은 경우

전세권의 존속기간을 정하지 않은 때에는 각 당사자는 언제든지 상대방에 대해
전세권의 소멸을 통고할 수 있으며 상대방이 이 통고를 받은 날로부터 6월이 지
나면 전세권은 소멸한다[제313조].

④ 전세권의 갱신

ⓐ 약정갱신

전세권의 존속기간이 만료된 경우 당사자 간의 약정으로 갱신할 수 있다. 그
러나 갱신된 전세권이 존속기간은 갱신한 날로부터 10년을 넘지 못한다[제
312조 제3항].

약정에 의한 갱신은 등기해야 효력이 생긴다[제186조].

ⓑ 건물전세권에 관한 법정갱신

건물의 전세권설정자가 전세권 존속기간 만료 전 6월부터 1월까지 사이에 전세권자에 대한 갱신거절통지 또는 조건을 변경하지 않으면 갱신하지 않는다는 뜻의 통지를 하지 않은 경우에는 그 기간이 만료된 때에 전에 설정된 전세권과 동일한 조건으로 다시 전세권이 설정된 것으로 본다. 이 경우 전세권의 존속기간은 정하지 않은 것으로 본다[제312조 제4항]. 법정갱신은 법률의 규정에 의한 것이므로 등기 없이도 효력이 발생한다[제187조].

ⓒ 전세권의 묵시적 갱신과 등기 여부

전세권 설정자(소유자)가 전세권자에게 전세권 만료일로부터 6월에서 1월 사이에 계약갱신 또는 거절의 의사를 표시하지 않았다면 전세권이 만료되는 시점부터 전세권이 다시 설정된 것으로 본다. 이 경우 전세권은 존속기간의 정함이 없는 것으로 보아 민법 제313조 규정에 의해 전세권자 또는 전세권설정자는 각자에게 계약해지 통보할 수 있고 6개월 후에 계약 해지 효력이 발생한다. 이러한 전세권의 법정갱신의 경우에는 전세권자가 그 등기 없이도 전세권설정자나 목적물을 취득한 제3자에 대해 그 권리를 주장할 수 있다.

전세권 소멸사유 및 소멸시의 효과

① **전세권 소멸사유**

ⓐ 전세권설정자의 소멸청구

전세권자가 전세권설정계약 또는 그 목적물의 성질에 의해 정해진 용법으로 목적물을 사용·수익하지 않는 경우에는 전세권설정자는 전세권의 소멸을 청구 할 수 있다. 이 경우 전세권설정자는 전세권자에 대해 원상회복 또는 손해배상 청구를 할 수 있다[제311조].

ⓑ 전세권의 소멸통고

전세권의 존속기간을 약정하지 않은 경우에는 각 당사자는 언제든지 상대방에 대해 전세권의 소멸을 통고할 수 있고 상대방이 이 통고를 받은 날부터 6

월이 경과하면 전세권은 소멸한다[제313조].

ⓒ 목적부동산의 멸실

불가항력으로 인하여 목적부동산의 전부가 멸실한 때에 전세권은 소멸하고 또 그 일부가 멸실한 때에도 그 멸실된 부분의 전세권은 소멸한다[제314조 제1항]. 불가항력으로 인한 일부 멸실의 경우에 전세권자가 전세권의 목적을 달성할 수 없는 때에는 전세권 설정자에 대해 전세권 전부의 소멸을 통고하고 전세금의 반환을 청구할 수 있다[제314조 제2항].

ⓓ 전세권의 포기

전세권자가 존속기간의 약정이 있더라도 자유로이 전세권을 포기할 수 있다. 그러나 그 전세권이 제3자의 권리의 목적인 때에는 포기할 수 없다[제371조 제2항].

ⓔ 약정소멸사유

전세권의 소멸사유에 관한 약정이 있는 경우, 그 사유가 발생하면 전세권은 소멸한다.

② **전세권소멸시의 효과**

ⓐ 전세권소멸시의 효과

전세권이 소멸하면 전세권자는 전세목적물을 반환해야 하고 그 목적물에 부속시킨 물건을 제거할 수 있으나 전세권 설정자가 그 부속물건을 매수 청구한 때에는 정당한 사유 없이 이를 거절하지 못한다.

그리고 전세금 반환의무와 전세권자의 목적물 반환의무 및 원상회복의무는 동시 이행관계에 있다.

ⓑ 부속물 매수 청구권

㉠ 전세권자의 매수청구권

전세권이 소멸한 경우에 그 목적물에 부속시킨 물건이 전세권설정자의 동의를 얻어 부속시킨 것인 때와 전세권설정자로부터 매수한 것인 때에는 전세권자는 전세권 설정자에 대해 그 부속물건의 매수를 청구할 수 있다.

ⓛ 전세권설정자의 매수청구권

전세권이 소멸하면 전세권설정자는 언제든지 그 부속물건의 매수를 청구할 수 있다. 그러나 전세권자는 정당한 이유가 있는 때에는 거절할 수 있다.

ⓒ 전세권자의 경매청구권

전세권설정자가 전세금의 반환을 지체하는 경우, 전세권자는 전세권의 목적물의 경매를 청구할 수 있다.

ⓓ 전세권자의 손해배상책임

전세권의 목적물의 전부 또는 일부가 전세권자에게 책임 있는 사유로 멸실된 때에는 전세권자는 손해를 배상할 책임이 있다. 이 경우 전세권설정자는 전세권이 소멸한 후 전세금으로써 손해의 배상에 충당하고 남은 것이 있으면 반환해야 하며 부족이 있으면 다시 청구할 수 있다.

전세권에 의한 경매신청

① **임의경매신청(아파트 · 다세대 · 연립 등의 집합건물)**

아파트, 다세대, 연립주택, 오피스텔 등의 집합건물에 설정된 전세권은 집합건물 소유 및 관리에 관한 법률에서 구분 소유자의 대지 사용권과 전유부분을 분리하여 처분할 수 없고 공유부분에 대한 지분은 전유부분의 처분에 따른다고 규정하고 있으므로 임의경매진행이 가능하며 경매신청시 또는 제3자의 경매신청에서 전세권자는 건물부분과 토지부분 모두에서 배당받는다. 이 경우 전세권자가 선순위인 경우에는 말소기준권리도 될 수 있을 것이다.

② **강제경매신청(단독 · 다가구와 같은 주택)**

단독주택, 다가구주택과 같이 구분등기 되지 않은 건물의 일부에 전세권을 설정한 경우 전세권은 건물 일부에 대해서만 미치고 토지에는 그 효력이 미치지 않는다.

이러한 전세권은 최선순위인 경우에도 말소기준권리가 되지 못한다.

그리고 집합건물에 설정된 전세권처럼 임의경매신청이 불가능하다.

따라서 전세권자는 소유자를 상대로 전세금 반환 청구소송을 제기하여 판결문을 득하고 토지 및 건물 전부를 강제경매 신청할 수 있다.

우선변제권은 건물일부에 대한 전세권이라도 건물 전체 매각대금에 대해서 우선순위에 따라서 우선변제를 받는다. 그리고 토지매각대금에 대해서는 강제경매신청채권자로서 일반채권자와 같이 우선변제권 없이 동순위로서 안분배당 받는다.

그러나 임대차보호법상 대항요건과 확정일자를 갖춘 경우라면 전세권등기로서는 건물매각대금에 대해서만 건물전세권자로서 우선 배당받지만 미배당금에 대해서 또는 전세권에 의한 우선변제권을 행사하지 않고, 주택임차권에 의한 소액보증금 중 일정액과 확정일자에 의한 우선변제권을 주장하여 대지 및 건물 전체매각대금에서 우선변제 받을 수 있다. 그리고 대항요건만 갖추고 확정일자를 받지 못한 경우도 전세권 설정등기가 이루어지면 전세권 설정등기일을 확정일자가 갖춘 것으로 보아 주임법상 확정일자에 의한 우선변제를 받을 수 있다는 것이 대법원 판례이다.

경매절차에서 말소기준권리보다 선순위인 경우와 후순위인 경우에 소멸 여부

① 선순위 전세권(말소기준권리보다 먼저 설정된 전세권) 등

민사집행법 제91조 제4항 규정에 의해 말소기준권리보다 선순위의 전세권·지상권·지역권·등기된 임차권 등은 매각으로 소멸되지 않고 매수인이 인수한다.

다만 이 용익권 중 전세권의 경우에는 전세권자가 민집법 제88조에 따라 배당요구를 하면 매각으로 소멸한다.

최선순위전세권은 실제 존속기간이 지났는지, 지나지 않았는지 상관없이 오로지 전세권자의 배당요구에 의해서만 매각으로 소멸되므로 첫경매개시결정등기 전(최초공매공고일 이전)에 등기되어 있더라도 자동 배당되는 것이 아니고 반드시 배당요구가 필요하다.

왜냐하면 배당요구가 없으면 낙찰자가 무조건 인수해야 되므로 배당절차에 참여할 수 없다. 즉 최선순위전세권은 목적물이 건물인지 토지인지 상관없이 오로지 배당요구에 의해서 소멸되지만 배당요구를 하지 않으면 매수인(낙찰자)의 인수가 된다.

ⓐ 선순위전세권자가 배당요구를 하지 않은 경우

선순위전세권인 경우 배당요구 종기일까지(공매는 배분표 작성 전까지) 배당(배분)요구를 하지 않으면 경매·공매절차에서 매각으로 소멸되지 않는다. 따라서 배당(배분)요구를 하지 않으면 경매·공매절차상에서 소멸되지 않고 낙찰자가 인수해야 되므로 낙찰자는 전세권의 존속기간과 전세금 전액을 인수해야 한다.

ⓑ 선순위전세권자가 배당요구한 경우

후순위채권자 등의 경매·공매절차에서 배당(배분)요구를 하였다면 선순위전세권자는 경매·공매절차에서 매각으로 소멸된다.

전세권은 용익물권이면서 담보권적인 2가지 성질을 가지고 있어서 용익물권적인 성질로서 최선순위전세권자는 대항력이 인정되어 매수자가 원칙적으로 전세권의 존속기간과 전세보증금을 인수해야 된다. 그러나 최선순위전세권자가 배당요구를 하였다면 배당받고 소멸되는 것이 원칙이다. 즉 최선순위전세권자가 스스로 소멸을 원하여 배당을 요구하면 그 전세권을 매각으로 소멸시키고 전세금을 경매·공매절차에서 배당하게 된다.

㉠ 주임법상 대항요건을 갖추지 않은 최선순위전세권자의 배당요구시

전세권자가 전세보증금을 전액 배당받지 못하여 부족액이 있는 경우라면 낙찰자가 인수하지 않고 임대인(채무자)이 인수하게 된다. 이는 토지 등의 최선순위전세권자 또는 상가건물임대차보호법상 대항요건을 갖춘 경우에도 영세상인의 보호대상금액을 초과하여 보호를 받지 못하는 상가건물 최선순위전세권자가 경매·공매절차에서 배당요구하여 전액 배당받지 못한 경우에도 마찬가지일 것이다.

그러나 민집법 제91조 제4항 단서 규정에 의해서 선순위전세권자가 배당요구한 경우 매각으로 소멸한다는 규정은 배당요구하면 용익권을 포기하

고 배당받을 채권으로 전환되기 때문이다. 따라서 최선순위전세권자의 배당요구는 예상배당표를 미리 작성해보고 자신보다 선순위의 권리나 채권 등이 있는가 여부(압류하지 않고 교부청구한 조세채권 등의 법정기일이 전세권보다 빠른 경우 등) 등을 분석하고 난 후 전액 배당가능시에만 배당요구를 해야만 될 것이다.

ⓒ 주임법상 대항요건을 갖춘 최선순위전세권자의 배당요구시

선순위전세권과 주택임대차보호법상 임차인으로서의 지위를 함께 가지고 있는 임차인은 선순위전세권자의 지위로서는 우선변제 받고(전세금 부족분이 있어도) 소멸되지만, 주택임대차보호법상 임차인으로서의 지위로서는 대항력이 있어서 전액 배당받지 못한 경우 미배당금을 매수인(낙찰자)이 인수하게 된다.

전세권은 배당요구하면 매각으로 소멸되지만 주임법상의 대항력이 있는 임차권은 보증금이 전액 변제되지 않으면 소멸되지 않기 때문이다.

그리고 주택임대차보호법상 임차인으로서의 지위와 전세권자로서의 지위를 함께 가지고 있는 자가 그 중 주임법상 임차인으로서의 지위에 기하여 경매법원에 배당요구를 하였다면 배당요구를 하지 않은 전세권에 관하여는 배당요구가 있는 것으로 볼 수 없다. 뿐만 아니라 최선순위 전세권 등기 이후 그 지위를 강화하기 위해 주임법상 임차인으로서 지위를 갖춘 경우에도 최선순위 전세권에 기한 배당요구를 하였다해도 주임법상의 지위를 상실하는 것이 아니라 주임법상의 권리를 주장할 수가 있어서 미배당금은 매수인의 부담으로 남게된다. 이에 대해서 다음 김동희의 강의노트를 참조하기 바란다.

주임법상 임차인의 지위와 전세권자의 지위를 겸하고 있는 경우 대항력과 배당방법

1. 대법원 2010.7.26. 선고 2010다900 결정

주택에 관하여 최선순위로 전세권설정등기를 마치고 등기부상 새로운 이해관계인이 없는 상태에서 전세권설정계약과 계약당사자, 계약목적물 및 보증금(전세금액) 등에 있어서 동일성이 인정되는 임대차계약을 체결하여 주택임대차보호법상 대항요건을 갖추었다면, 전세권자로서의 지위와 주택임대차보호법상 대항력을 갖춘 임차인으로서의 지위를 함께 가지게 된다. 이러한 경우 전세권과 더불어 주택임대차보호법상의 대항력을 갖추는 것은 자신의 지위를 강화하기 위한 것이지 원래 가졌던 권리를 포기하고 다른 권리로 대체하려는 것은 아니라는 점, 자신의 지위를 강화하기 위하여 설정한 전세권으로 인하여 오히려 주택임대차보호법상의 대항력이 소멸된다는 것은 부당하다는 점, 동일인이 같은 주택에 대하여 전세권과 대항력을 함께 가지므로 대항력으로 인하여 전세권 설정 당시 확보한 담보가치가 훼손되는 문제는 발생하지 않는다는 점 등을 고려하면, 최선순위 전세권자로서 배당요구를 하여 전세권이 매각으로 소멸되었다 하더라도 변제받지 못한 나머지 보증금에 기하여 대항력을 행사할 수 있고, 그 범위 내에서 임차주택의 매수인은 임대인의 지위를 승계한 것으로 보아야 한다.

2. 대법원 2010.6.24. 선고 2009다40790 판결

① 주택임대차보호법상 임차인으로서의 지위와 전세권자로서의 지위를 함께 가지고 있는 자가 임차인으로서의 지위에 기하여 경매법원에 배당요구를 한 경우, 전세권에 관해도 배당요구가 있는 것으로 볼 수 있는지 여부(소극)[대법 2009다40790]

민사집행법 제91조 제3항은 "전세권은 저당권·압류채권·가압류채권에 대항할 수 없는 경우에는 매각으로 소멸된다"라고 규정하고, 같은 조 제4항은 "제3항의 경우 외의 전세권은 매수인이 인수한다. 다만, 전세권자가 배당요구를 하면 매각으로 소멸된다"라고 규정하고 있고, 이는 저당권 등에 대항할 수 없는 전세권과 달리 최선순위의 전세권은 오로지 전세권자의 배당요구에 의해만 소멸되고, 전세권자가 배당요구를 하지 않는 한 매수인에게 인수되며, 반대로 배당요구를 하면 존속기간에 상관없이 소멸한다는 취지라고 할 것인 점, 주택임차인이 그 지위를 강화하고자 별도로 전세권설정등기를 마치더라도 주택임대차보호법상 임차인으로서 우선변제를 받을 수 있는 권리와 전세권자로서 우선변제를 받을 수 있는 권리는 근거규정 및 성립요건을 달리하는 별개의 권리라고 할 것인 점 등에 비추어보면, 주택임대차보호법상 임차인으로서의 지위와 전세권자로서의 지위를 함께 가지고 있는 자가 그 중 임차인으로서의 지위에 기하여 경매법원에 배당요구를 하였다면 배당요구를 하지 않은 전세권에 관하여는 배당요구가 있는 것으로 볼 수 없다.

② 주택임대차보호법상 임차인으로서의 지위와 최선순위전세권자로서의 지위를 함께 가지고 있는 자가 임차인으로서의 지위에 기하여 배당요구를 하였으나 집행법원이 매각물건명세서를 작성하면서 '등기된 부동산에 관한 권리 또는 가처분으로 매각허가에 의해 그 효력이 소멸하지 않는 것'란에 아무런 기재를 하지 않고 경매를 진행한 사안에서, 위 최선순위전세권은 경매절차에서의 매각으로 소멸되지 않고 매수인에게 인수되는 것이므로 매각물건명세서를 작성함에 있어서 위 전세권이 인수된다는 취지의 기재를 하였어야 할 것임에도 위와 같은 매각물건명세서의 잘못된 기재로 인하여 위 전세권이 매수인에게 인수되지 않은 것으로 오인한 상태에서 매수신고가격을 결정하고 매각대상 부동산을 매수하였다가 위 전세권을 인수하여 그 전세금을 반환해야 하는 손해를 입은 매수인에 대해 경매담당 공무원 등의 직무집행상의 과실로 인한 국가배상책임을 인정한 사례.

3. 주택임대차보호법상 대항력을 갖춘 임차인이 전세권자로서 배당절차에 참가하여 전세금의 일부에 대해 우선변제를 받은 경우 나머지 보증금에 기한 대항력 행사 가부[대법 93다39676]

주택임차인으로서의 우선변제를 받을 수 있는 권리와 전세권자로서 우선변제를 받을 수 있는 권리는 근거규정 및 성립요건을 달리하는 별개의 것이므로, 주택임대차보호법상 대항력을 갖춘 임차인이 임차주택에 관하여 전세권설정등기를 경료하였다거나 전세권자로서 배당절차에 참가하여 전세금의 일부에 대해 우선변제를 받은 사유만으로는 변제받지 못한 나머지 보증금에 기한 대항력 행사에 어떤 장애가 있다고 볼 수 없다.

4. 집합건물(아파트·다세대·연립 등)에 설정된 전세권은 대지와 건물 전체의 매각대금에서 그 전세권설정등기일을 기준으로 우선변제받을 수 있다. 이에 대한 보충설명으로 판례는 아파트 건물만에 저당권이 설정된 경우에 대지권을 건물의 종된 권리로 보아 저당권의 효력은 저당부동산의 종물 등에 미친다는 민법 제358조 규정을 유추하여 건물 만에 설정된 저당권이라도 그 효력이 대지권이 미치므로 대지권의 경락대금에서도 배당받을 수 있다고 판결[대법원 1995.8.22. 선고, 94다12722 판결]. 다만 단독·다가구주택에 대한 전세권등기는 대지를 포함하지 않고 주택만 전세권 등기한 경우로 대지의 매각대금에서 우선변제를 받을 수 없다. 오로지 건물매각대금에서만 우선변제를 받을 수 있는 것이다. 그러나 전세권자가 사전에 임차인으로서 대항요건을 갖추었다면 다음 판례내용과 같이 전세권등기일에 임대차계약서상에 확정일자를 받은 것과 동일한 효력이 발생하여 토지 및 건물매각대금 전부에 대해 후순위 권리자보다 우선변제받을 수 있다[대판 2001다51725].

① 주택에 관하여 임대차계약을 체결한 임차인이 자신의 지위를 강화하기 위한 방편으로 따로 전세권설정계약서를 작성하고 전세권설정등기를 한 경우, 전세권설정계약서를 임대차계약서로 볼 수 있는지 여부(적극) 및 전세권설정계약서가 첨부된 등기필증에 찍힌 접수인이 주택임대차보호법 소정의 확정일자에 해당하는지 여부(적극)

주택에 관하여 임대차계약을 체결한 임차인이 자신의 지위를 강화하기 위한 방편으로 따로 전세권설정계약서를 작성하고 전세권설정등기를 한 경우에, 따로 작성된 전세권설정계약서가 원래의 임대차계약서와 계약일자가 다르다고 해도 계약당사자, 계약목적물 및 보증금액(전세금액) 등에 비추어 동일성을 인정할 수 있다면 그 전세권설정계약서 또한 원래의 임대차계약에 관한 증서로 볼 수 있고, 등기필증에 찍힌 등기관의 접수인은 첨부된 등기원인계약서에 대해 민법 부칙 제3조 제4

항 후단에 의한 확정일자에 해당한다고 할 것이므로, 위와 같은 전세권설정계약서
가 첨부된 등기필증에 등기관의 접수인이 찍혀 있다면 그 원래의 임대차에 관한 계
약증서에 확정일자가 있는 것으로 보아야 할 것이고, 이 경우 원래의 임대차는 대
지 및 건물 전부에 관한 것이나 사정에 의해 전세권설정계약서는 건물에 관하여만
작성되고 전세권등기도 건물에 관하여만 마쳐졌다고 하더라도 전세금액이 임대차
보증금액과 동일한 금액으로 기재된 이상 대지 및 건물 전부에 관한 임대차의 계약
증서에 확정일자가 있는 것으로 봄이 상당하다.
② 주택임대차보호법상의 대항력과 우선변제권의 2가지 권리를 겸유하고 있는 임
차인이 확정일자를 기재하여 배당요구를 하였다가 입찰기일 전날 경매법원에 '확
정일자 없음'이라고 기재된 배당요구서를 다시 제출함으로써 경매법원이 최고가
매수인에게 낙찰을 불허하고 신경매가 진행된 경우 신경매 절차에서의 낙찰자는
임차인의 보증금을 인수한다고 본 사례

② 후순위 전세권(말소기준권리보다 후순위로 설정된 전세권) 등

ⓐ 경매절차에서 후순위 전세권자의 배당요구 여부

첫 경매개시결정등기 전에 등기되었고 최선순위가 아닌 용익권(말소기준권리
이후에 설정등기된 전세권 및 등기된 임차권) 등은 매각으로 소멸되는 대신 별도의
배당요구를 하지 않더라도 당연히 순위에 따라 배당받을 수 있다[민집법 제
91조 3항, 주임법 제3조의 4 제1항]. 부동산등기부에 전세금액 등이 표시되어
있기 때문이다. 여기서 등기된 임차권은 임차권등기명령에 의한 임차권등기
를 포함한다.

첫 경매개시결정 기입등기 이후에 등기되었고 최선순위가 아닌 용익권 등
은 배당요구 종기일까지 배당요구를 해야 하며 배당요구를 하지 않으면
배당절차에 참여하지 못하고 소멸되며 낙찰자에게 인수사항도 아니다.

ⓑ 국세징수법상 공매절차에서 배분요구 방법

공매공고 이전에 등기부상 등기된 최선순위 용익권자(전세권 및 등기된 임차권)

와 최선순위가 아닌 용익권자 등에게 공매공고와 동시에 공매통지서는 발송
하게 되는데 이때 이들 채권자 등에게 채권계산서를 공매통지서 수령일로부
터 10일 이내에 신고하도록 통지하고 있다.

그렇다고 하더라고 이 기한까지 배분요구를 할 수 있는 것이 아니라 배분요
구 종기인 배분표 작성 전까지 배분요구하면 될 것이다. 최선순위 용익권자
등은 권리신고 및 배분요구하면 배분받고 소멸되지만 배분요구하지 않으면
낙찰자가 인수해야 된다.

그러나 최선순위가 아닌 용익권자(전세권 및 등기된 임차권) 등은 매각으로 소멸
되는 대신 별도의 배분요구를 하지 않더라도 당연히 순위에 따라 배분받을
수 있다.

전세권설정등기가 말소기준권리보다 선순위인 경우와 후순위인 경우의 권리분석

배당 **EXERCISE 1**　　　　　　　　　　　　　EXERCISE

전세권설정등기가 최선순위인 경우

갑 전세권설정등기 → 을 저당권 → 병 공과금채권압류(납부기한이 을 저당권보다 늦은
경우) → 병의 압류공매 의뢰 → 정이 낙찰

① 집합건물인 경우

　ⓐ 갑 전세권이 배분요구하지 않았다면 낙찰자 병이 갑 전세권을 인수해야 되
　　고 이때 말소기준권리는 을 저당권이다.

　ⓑ 그러나 갑 전세권이 배분요구하였다면 갑은 배분받고 소멸되면 갑이 말소기
　　준권리가 될 수 있다. 이 경우에는 낙찰자 병이 인수금액이 없게 된다.

② 단독·다가구주택인 경우

　갑 전세권이 배분요구하지 않았다면 낙찰자 병이 갑 전세권을 인수해야 한다.

　유의할 점은 단독·다가구주택 전세권은 건물매각대금에 대해서만 우선변제권

이 있고, 배분요구를 하였든, 하지 않았든 간에 말소기준권리가 될 수 없다.

따라서 주임법상 대항요건을 갖추지 못한 단독·다가구 최선순위 전세권과는 배당요구시 자신이 전액 배당 받을 수 있는 경우만 배당요구하고 전액배당 받지 못하는 경우 대항력을 주장하여 매수인이 인수하도록 해야 될 것이다.

전세권설정등기가 후순위인 경우

갑 저당권 → 을 전세권 → 병 일반세금압류(법정기일이 을 전세권보다 늦은 경우) → 병의 압류공매 의뢰 → 정이 낙찰받은 경우

을 전세권이 집합건물이든 단독주택이든 간에 구분하지 않고 모두가 말소기준권리 갑 저당권보다 후순위로서 대항력 없이 소멸 대상이 된다.

이때 배분을 받든 받지 못하든 간에 무조건 소멸된다.

단독주택(다가구주택)에서 최선순위전세권등기가 담보물권(저당권, 담보가등기)과 임차인들 간의 배당관계

주소	면적	경매가 진행과정	1) 임차인내역 2) 기타청구	등기부상 권리관계
서울시 구로구 구로동 ○○○번지 단독주택	대지 115㎡ 건물 1층 82.64㎡ 2층 75.40㎡	감정가 　180,000,000원 　대지 99,000,000원 （55%） 　건물 81,000,000원 （45%） 최저가 　1차 180,000,000원 유찰 　2차 144,000,000원 유찰 　3차 115,200,000원 낙찰 　130,000,000원 〈이 재 명〉	1) 임차인 ① 유경민 　전입 2003. 2. 5. 　확정 없음 　배당 2004. 2. 10. 　보증 5,000만원 ② 송시민 　전입 2003. 3. 10. 　확정 2003. 3. 10. 　배당 2004. 2. 10. 　보증 4,000만원 ③ 이국민 　전입 2003. 5. 10. 　확정 2003. 5. 10. 　배당 2004. 2. 15. 　보증 3,000만원 2) 기타청구 ① 교부청구 구로구청재산세 （법정기일 2003. 7. 10.） （300,000원）	소유자 이수자 　2003. 1. 30. 전세권자 유경민 　2003. 2. 10. 　5,000만원 저당권 송만복 　2003. 4. 10. 　5,000만원 가압류 이철민 　2003. 7. 5. 　3,000만원 임의경매 송만복 청구금액 5,000만원 〈2003. 10. 30.〉

① 물건분석

이 경매사건에서 말소기준권리가 유경민의 전세권이 아니라 송만복의 저당권이 된다.

　왜냐하면 단독·다가구와 같이 건물의 일부에 대한 전세권설정등기는 말소기준권리가 될 수 없다. 따라서 임차인 송시민은 대항력이 있어서 배당받지 못하거나 배당요구하지 않은 경우 소멸 대상이 아니고 낙찰자 인수사항이다.

　유경민의 전세권은 최선순위전세권으로서 배당요구하지 않으면 낙찰자가 인수해야 하는 것이 원칙이다. 그러나 여기서 유경민 전세권자가 배당요구를 하였는데 유의할 점은 단독·다가구와 같이 건물일부에 설정등기된 전세권은 건물부분에만 미치므로 건물 전체매각대금에 대해서는 우선하여 배당을 받을 수 있으나 토지매각대금에 대해서는 배당을 받지 못한다는 사실이다. 그러나 유경민은 말소기준권리보다 먼저 전입하여 주택임대차보호법상 대항력을 가지게 되고 이는 전세권으로는 배당받고 소멸되나 주임법상 대항력이 있어서 미배당금에 대해 낙찰자가 인

수한다. 이와 같이 전세권자의 지위와 주임법상 대항요건을 갖춘 임차인은 두 개
의 권리중 임차인에게 유리한 하나를 선택하여 배당요구를 할 수 있고 그 경우 다
른 권리는 배당요구로 볼 수 없다는 것이 판례의 입장이다(앞의 '김동희의 강의 노트' 대
법 2009다40790 판결 참조). 뿐만 아니라 유경민 전세권자는 확정일자에 의한 우선변제
권 행사도 후순위채권자에게 우선하여 행사할 수 있다. 왜냐하면 임차인이 주임법
상 전입신고와 주택인도의 대항요건을 갖추고 전세권까지 설정등기 하였다면 임
차인이 확정일자를 받지 않았더라도 전세권 설정등기일을 확정일자로 볼 수 있다.

　이에 대한 설명으로 앞의 '김동희의 강의 노트' 대법 2001다51725 판례를 참조하
기 바란다.

② 위 사건 권리분석 및 배당표 작성

매각대금이 1억3,000만 원이고 경매 집행비용이 150만 원이었다. 따라서 배당금액
이 128,500,000원이다. 그러나 토지 대 건물 감정가 비율이 55% 대 45%이다. 따라
서 토지배당금이 70,175,000원, 건물배당금이 57,825,000원이다. 이렇게 구분하는
이유는 전세권이 건물에만 설정되어 있어서 건물배당금에서만 배당받을 수 있기
때문에 임대차보호법상 적용대상과 전세권설정등기와 구분하여 설명해보기 위해
서이다.

　1순위_ ⓐ 송시민 1,600만 원＋ⓑ 이국민 1,600만 원(최우선변제금 1)

　2순위_ 구로구청 300,000원(당해세 우선변제금 1)

　3순위_ ⓐ 유경민 전세권 43,290,000원(건물배당금 57,825,000원−1순위 임차인들의 건물
배당금에 대한 최우선변제금 할당액 14,400,000원−당해세 건물분할당액 135,000원) 전세권이 건
물에만 영향을 미치므로 건물매각대금에 대해서만 배당받을 수 있다. 따라서 전세
권만 설정되었다면 43,290,000원만 배당 받고 소멸된다(전세권에 의한 우선변제). 그러
나 유경민은 주임법상 대항요건을 갖추고 전세권설정등기를 하여서 전세권설정등
기일을 확정일로 보아 주임법상 대항력과 확정일자에 의한 우선변제권을 주장할
수가 있어서 후순위채권자보다 우선변제 받을 수 있게 된다.

　ⓑ 유경민 임차인 6,710,000원(확정일자에 의한 우선변제권 1)

그러나 3순위에서는 확정일자에 의한 우선변제권으로 5,000만 원을 일시에 배당받을 수 있으나 전세권만 설정되고 전입·확정일자가 없었더라면 어떻게 배당되는가를 연구하기 위해서 구분했을 뿐이다.

실무상에서는 3순위 유경민 5,000만 원(확정일자에 의한 우선변제)으로 배당한다.

4순위_ 송시민 2,400만 원(확정일자에 의한 우선변제금 2)

5순위_ 송만복 22,200,000원(저당권에 의한 우선변제금 3)

③ 상기 사례에서 ⓐ 유경민 임대차계약서상 대항요건과 확정일자를 갖추지 않았더라면—단독주택, 다가구주택 등의 건물에 있어서의 전세권을 설정한 경우 전세권의 효력은 건물 부분에만 국한되고 토지매각대금에 대해서는 전세권의 효력이 미치지 않기에 배당금 중 건물 배당금액에 대해서만 우선변제 받을 수 있다.

ⓑ 그러나 전입신고를 하여 대항요건을 갖추었다면 임대차계약서에 확정일자를 받지 않았더라도 전세권등기일에 확정일자를 받는 것과 같은 효력이 있다[대법 2001다 51725 판결]. 이는 전세권 설정계약서가 임대차계약서 내용과 계약일자가 다르다고 해도 계약 목적물, 보증금액 등에 비추어 동일성이 인정된다면 전세권설정 계약서 등기필증에 찍힌 등기관의 접수인을 그 원래의 임대차계약에 관한 계약증서에 확정일자가 있는 것으로 보아야 한다. 여기서 확정일자의 효력 범위는 주택법 제3조의 2 제2항 규정에 의해 전세권등기일에 토지 및 건물 매각대금 전부에 대해 후순위 권리자보다 우선변제 받을 권리가 있다.

④ 그러나 위 경매사건에서 다음과 같이 전세권이 후순위였다면 배당관계는 어떠한 변화가 있을까. 다른 모든 조건은 갖고 오로지 전세권자와 저당권자의 설정일자만 바뀌었다면, 유경민 전입 2003.2.5. 5,000만 원 → 송만복 저당권 2003.2.10. 5,000만 원 → 송시민 전입/확정 2003.3.10. 4,000만 원 → 유경민 전세권설정 03.4.10. → 이국민 전입/확정 2003.5.10. 3,000만 원 → 이철민 가압류 2003.7.5. 3,000만 원 → 송만복 임의경매 2003.10.30. → 구로구청 교부청구 재산세(법정 2003. 7. 10.) 300,000원

이 사건에서는 말소기준권리 송만복 저당권으로 전세권은 후순위로서 배당 받든 받지 못하든 간에 경매로 인하여 소멸된다. 배당금액이 128,500,000원이므로

1순위_ ① 송시민 1,600만 원＋② 이국민 1,600만 원(최우선변제금)

2순위_ 구로구청 300,000원(당해세 우선변제)

3순위_ 송만복 5,000만 원(저당권에 의한 우선변제)

4순위_ 송시민 2,400만 원(확정일자에 의한 우선변제)

5순위_ 유경민 22,200,000원(전세권에 의한 우선변제금 9,990,000원＋확정일자에 의한 우선변제금 12,210,000원)으로 구분한 것은 단지 연구목적일뿐 실무상으로 유경민 22,200,000원(확정일자에 의한 우선변제)으로 배당처리한다.

이 경매사건에서는 말소기준권리보다 먼저 대항요건을 갖추고 있어서 전세권으로서는 후순위로 소멸 대상이나 임대차보호법상 대항력이 인정되어 유경민의 미배당금 27,800,000원은 낙찰자가 인수해야 한다.

따라서 낙찰자는 130,000,000원＋27,800,000원으로 157,800,000원이 실투자 비용이 될 것이다. 그러나 건물전세권만 설정되었고 주임법상 대항요건을 갖추지 못한경우는 9,990,000원만 배당 받고 소멸되며 잔여배당금은 후순위채권자에게 배당될 것이다.

집합건물(아파트, 다세대, 연립 등)에서 최선순위전세권등기인 경우

주소	면적	경매가 진행과정	1) 임차인내역 2) 기타청구	등기부상 권리관계
서울시 종로구 창신동 우성아파트 ○○○동 ○○○○호	대지 　48지분 (11,500㎡ 중 에) 건물 　115㎡ (33평형)	감정가 　340,000,000원 최저가 1차 　340,000,000원 유찰 2차 　272,000,000원 낙찰 　301,700,000원 〈유 수 민〉	1) 임차인 ① 이필승 　전입 2002. 2. 17. 　확정　없음 　배당 2003. 5. 30. 　보증 1억원 2) 기타청구 ① 압류 건강보험료 400만원 (납부기한 2002. 6. 30.) ② 교부청구 종로구청 재산세 법정 2002. 7. 10. 400,000원	소유자 이기자 전세권 이필승 　2002. 2. 17. 　1억원 저당권 이승기 　2002. 5. 30. 　1억5,000만원 가압류 송만기 　2002. 8. 10. 　8,000만원 압류 국민건강보험 　2002. 10. 30. 임의경매 이승기 　청구 1억 5,000만원 〈2003. 2. 10.〉

　집합건물 즉 아파트 등에 있어서 최선순위전세권이 설정되어 있으면 원칙적으로 낙찰자가 인수해야 한다. 집합건물의 전유부분의 전세권설정은 대지권에도 미치므로 건물·토지매각대금 전체에 대해 배당받을 수 있다.

　따라서 최선순위전세권자라도 배당요구시에는 배당받고 소멸되는데 이때에는 말소기준권리가 될 수 있다. 배당요구하지 않았더라면 배당절차에 참여할 수 없고 낙찰자가 인수해야 되는데 이 경우에는 말소기준권리는 이승기 저당권자가 된다.

　그러나 이 사건에서는 배당신청 하였으므로 이필승 전세권자가 말소기준권리가 된다.

　매각대금이 (301,700,000－집행비용 300만 원) 298,700,000원이므로 배당순위는

　1순위_ 종로구청 400,000원(당해세 우선변제 1)

　2순위_ 이필승 전세권자 1억 원(전세권 우선변제 2)

　3순위_ 이승기 1억 5,000만 원(저당권 우선변제 3)

　4순위_ 건강보험료 400만 원(공과금 우선변제 4)(공과금은 일반채권에 우선한다)

　5순위_ 송만기 44,300,000원으로 배당이 종결되고 낙찰자에게는 인수금액이 없다.

　그러나 최선순위전세권자가 배당요구 종기일 전에 배당요구를 철회하였다면 경락자는 이보다 낮은 가격으로 낙찰되었을 것이고 낙찰자가 인수해야 될 것이다.

이 경우 낙찰자는 소유자(채무자)에게 돌아가게 될 배당잉여금 64,300,000원에 대해 임차보증금 인수금액에 대해 가압류하여서 추심하는 절차를 할 수 없다는 것이 대법원 판례이다.

왜냐하면 경락인이 매수시 위와 같은 사항을 인수조건으로 매수하였다고 보기 때문이다. 이러한 경우 어쩔 수 없이 인수금액만큼 낮은 금액으로 입찰에 참여해야 될 것이다.

전세권과 주임법상 대항요건과 확정일자를 갖춘 임차인과 차이점에 대한 설명

① 주택인도 및 주민등록(전입신고)과 확정일자의 3가지 요건을 갖추어 대항력과 우선변제권을 취득한 임차인은 임차주택에 대한 전세권자와 비슷한 지위를 취득하게 된다. 그러나 전세권은 물권이고 임차권은 채권이므로 전세권을 설정하게 되면 전세권자는 집 주인의 동의를 받지 않고 전세권을 양도하거나 전전세 할 수 있는 반면, 단순히 임차인이 확정일자를 받은 경우에는, 임차권의 양도나 전전세에 집주인의 동의를 얻어야 한다는 차이가 있다.

② 전세권설정등기는 등기만 경료해두면 전입신고나 실제 거주는 전세권의 효력 발생요건이 아니므로 전입신고나 실제거주를 갖추고 있지 않아도 전세권으로서 그 설정등기일을 기준으로 우선변제권이 발생된다.

그러나 주택임대차보호법상 확정일자인 제도에 의한 순위가 인정되기 위해서는 주민센터·구청·등기소·공증인사무소 등에서 임대차계약서에 확정일자인을 받는 것 이외에 대항요건, 즉 전입신고의 경료 및 실제 거주요건을 갖추고 있어야 확정일자 효력발생일시를 기준으로 후순위채권자 등에 우선하여 변제받게 된다. 따라서 확정일자인에 따른 보호를 받기 위해서는 전입신고만 해두고 실제 거주는 다른 곳에서 한다거나, 실제 거주는 하면서 전입신고를 해두지 않는 경우는 보호받지 못한다는 단점이 있는 데 반하여, 전세권설정등기는 등기만 경료해두면 되고 전입신고나 실제거주는 그 요건이 아니므로 보다 편리하다 할 것이다.

③ 전세권등기는 임대인의 협력 없이는 등기 자체가 불가능하며, 또한, 그 절차의

복잡으로 인해 대부분의 경우 법무사의 협조를 얻어야 하고 그 비용 또한 확정
일자인을 받는 데 비하여 많은 비용이 소요된다.

그러나 주임법상 확정일자인 제도는 주민센터 · 구청 · 등기소 · 공증인사무소
에서 저렴한 비용으로, 또한 임대차 계약서만 있으면 되므로 임대인의 동의여
부와는 관계없이 신속 · 간편한 절차에 의해 확정일자인을 받을 수 있다는 장점
이 있다.

④ 전세계약이 만료된 경우에 이사를 하고자 하지만 임대인이 보증금을 반환치 않
는 경우, 확정일자인을 받아둔 임차인은 별도로 보증금 반환청구소송을 제기하
여 판결문을 득해서 강제경매를 신청해야 되지만, 설정 등기를 경료한 집합건물
(아파트 · 다세대 · 연립 등) 전세권자는 민사집행법의 담보권 실행 등을 위한 경매(임
의경매)규정에 근거하여 판결 절차 없이도 직접 경매신청이 가능하다.

다만 단독 · 다가구에 설정등기된 전세권은 그리하지 않고 전세보증금 반환청
구소송을 제기해 판결문을 득해서 강제경매를 신청하는 것은 확정일자를 받은
임차인과 같다.

⑤ 전세권설정등기를 한 경우는 별도의 배당요구 없이도 순위에 의한 배당을 받을
수 있다. 그러나 확정일자만 갖춘 경우는 경매절차에서 별도의 배당요구를 해
야 배당절차에 참여가 가능하다.

⑥ 집합건물(아파트 · 다세대 · 연립 등)에 설정된 전세권은 대지와 건물 전체의 매각대
금에서 그 전세권설정등기일을 기준으로 우선변제받을 수 있다. 이에 대한 보
충설명으로 판례는 아파트 건물만에 저당권이 설정된 경우에 대지권을 건물의
종된 권리로 보아 저당권의 효력은 저당부동산의 종물 등에 미친다는 민법 제
358조 규정을 유추하여 건물 만에 설정된 저당권이라도 그 효력이 대지권이 미
치므로 대지권의 경락대금에서도 배당받을 수 있다고 판결[대법원 1995. 8. 22.
선고, 94다12722 판결]. 다만 단독 · 다가구주택에 대한 전세권등기는 대지를 포
함하지 않고 주택만 전세권 등기한 경우로 대지의 매각대금에서 우선변제를 받
을 수 없다. 오로지 건물매각대금에서만 우선변제를 받을 수 있는 것이다. 그러
나 전세권자가 사전에 임차인으로서 대항요건을 갖추었다면 전세권등기일에

임대차계약서상에 확정일자를 받은 것과 동일한 효력이 발생하여 토지 및 건물매각대금 전부에 대해 후순위 권리자보다 우선변제받을 수 있다[대판 2001다 51725].

⑦ 경매를 신청할 수 있는 권리와 말소기준권리 여부

집합건물(아파트 · 다세대 · 연립 · 상가 · 오피스텔 등)에 설정등기된 전세권은 그 건물만에 전세권이 설정된 경우에도 그 대지지분(대지권)의 매각대금으로부터도 우선변제 받는다. 이때 전세권은 저당권으로 보고 대지지분(대지권)은 저당물의 종물로 보아 저당권의 효력이 종물에까지 미치는 것과 같은 법리가 적용되기 때문이다. 따라서 대지와 건물매각대금 전체에 대해서 우선변제받을 수가 있어서 임대인이 전세보증금을 반환하지 않은 경우 임의경매를 신청할 수 있는 권리가 있고 이때 전세권이 최선순위인 경우 말소기준권리도 될 수 있다.

그러나 단독 · 다가구주택에 설정등기된 전세권은 주택의 일부에 설정된 전세권으로 임대인이 전세보증금을 반환하지 않을 경우 임의경매신청권이 없고 별도의 전세보증금 반환청구 소송을 제기 판결문을 득해서 강제경매를 신청해야 된다.

확정일자만 갖춘 임차인의 보증금도 임대인이 보증금을 반환하지 아니할 경우에는 단독 · 다가구의 전세권과 같이 전세보증금 반환청구소송을 제기하여 강제경매를 신청할 수밖에 없다. 이러한 단독 · 다가구 주택에 설정등기된 전세권과 확정일자만 갖춘 임차인 등은 말소기준권리가 될 수 없다. 말소기준권리가 되기 위해서는 등기부상 가장 먼저 등기된 채권으로서 대지와 건물 전체에 대해서 효력이 미칠 수 있는 채권이어야 기준이 될 수 있기 때문이다.

전세권에 관한 설명 및 대법원 판례

지면 관계로 타이틀만 기재하고 법률규정 및 판례해설 본문 내용은 생략했으니 본문 내용이 필요하신 분들은 다음 카페에서 책 이름을 검색하면 다운받아서 참고하시기 바란다.

- 공매경매와 부동산투자분석(CAfe.nAver.Com/pAuCtion)

■ 공매전문옥션(CAfe.nAver.Com/PAuCtion)

1 배당요구한 대항력 있는 임차인의 명도 문제
2 전세권부 저당권 실행방법
3 갑이 건물 4, 5, 6층 전부에 전세권 등기하고 을이 건물 2층 및 지하 2층 일부에 전세권 등기를 하였고 이어서 병이 건물 전부에 대해 저당권을 설정한 경우
4 전유부분에 설정된 전세권의 효력 범위
5 소멸하는 선순위전세권이지만 전세금을 전액 충족하지 못하는 경우 낙찰불허가
6 대항력 있는 임차인이 전세권까지 설정한 경우
7 저당권보다는 빠르고 전세권보다 늦은 임차인의 대항력
8 임차권등기 또는 전세권등기 후에 임차한 임차인

❖ 채권(일반채권과 우선특권채권)의 종류와 가압류·압류에 관한 권리분석과 배당사례

채권의 종류에는 저당권 등의 담보물권(유담보채권)과 무담보채권 등이 있다.

이 장에서 논하고자 하는 가압류, 압류, 그 밖의 채권은 무담보채권에 속하는데 이러한 무담보채권에도 채권자평등주의에 따른 항상 동순위가 되는 일반채권과 일반채권보다 항상 우선하여 변제받게 되는 우선특권이 있는 채권(조세채권, 공과금채권, 근로자의 임금채권 등) 등이 있다.

일반채권의 종류

일반채권들 중에서도 배당요구를 하지 않아도 자동 배당절차에 참여할 수 있는 채권이 있고, 배당요구를 해야만 참여가 가능한 채권과 경매절차에서는 배당요구시 배당절차에 참여가 가능하나 국세징수법상 진행되는 압류공매절차에서는 불가하거나 예외적으로 인정되는 채권 등이 있다. 이 밖에도 경매나 공매절차에서 배당

절차에 참여할 수 없지만 별도의 가압류 등의 조치를 하면 참여가 가능한 채권 등이 있다.

배당요구를 하지 않아도 자동 배당절차에 참여할 수 있는 채권

경매는 경매기입등기일 이전 또는 국세징수법상 공매절차는 최초 공매공고일 이전에 등기부에 등기된 가압류채권과 강제경매신청채권(압류권자) 등이 있다. 그러나 국세징수법상 진행되는 공매는 공매공고일 이후라도 매수자(낙찰자)가 대금 납부하면 공매담당자가 소유권이전등기를 등기소에 촉탁함과 동시에 등기부를 발급받아서 등기부에 기재된 채권자 등에게 배분표 작성 전까지 배분요구하도록 통지하므로 매수인이 대금납전까지 등기된 가압류와 강제경매신청채권자 등은 배분절차에 참여가 가능하다. 그렇다고 하더라도 원칙적으로 가압류채권과 강제경매신청채권 등은 압류공매의 배분절차에서 배제되는 것이 원칙이다. 다만 이들이 배분절차에 참여하기 위해서는 저당권 등의 담보물권보다 선순위 또는 동순위인 경우만 배분절차에 참여가 가능하다.

그러나 국세징수법상 진행되는 공매절차는 공매공고 등기제도가 시행되면 공고일에서 등기일로 변경될 전망이다.

배당요구를 해야만 배당참여가 가능한 채권

① 과태료와 국유재산법상의 사용료 · 대부료 · 변상금채권

이와 같은 각 채권도 그 징수는 국세징수법에 의한 체납처분의 징수절차에 의하나 원칙적으로 일반채권과 동순위로 배당받는다. 조세에 관한 우선원칙이나 압류선착주의는 그 적용이 되지 않고 다만, 일반채권과 동일한 순위로 안분배당받게 된다.

따라서 이들은 조세채권, 공과금채권과는 항상 후순위이다.

이들은 행정관청이 일단 부과한 것을 그 상대방이 다투지 않아 그대로 확정돼 버린 과태료로서 그 집행에 관해서는 개별법에서 대부분 국세, 지방세체납처분의 예에 따라 징수한다(행정청이 일단 부과하여 확정된 것).

② 재산형, 과태료 등

벌금, 과료, 추징, 과태료, 소송비용, 비용배상 또는 가납의 재판은 검사의 명령에 의해 집행한다. 이러한 것 중 과태료는 법원의 과태료재판에 의해 확정된 것이고, 이는 검사가 집행해야할 것이다. 그리고 ⓐ의 사례와 같이 행정관청이 일단 부과하여 확정된 과태료 등이 있다.

③ 경매기입등기일(공매는 최초공고일) 이후에 등기된 가압류, 강제경매채권

이들은 경매나 공매절차에서 배당요구 종기일(배분표 작성 전)까지 배당요구를 해야만 배당참여가 가능하다.

그러나 국세징수법상 진행되는 공매절차는 대금 납부 이전에 등기된 채권자 등에게도 통지를 하고 있다는 내용은 앞에서 이미 설명한 바 있다.

④ 집행력 있는 집행권원을 가지고 배당요구 종기까지 배당요구한 채권자

법원경매절차에서는 배당요구 종기 시까지 배당요구시만 배당참여가 가능하다. 그러나 압류공매절차에서는 집행력 있는 집행권원을 가지고 배분표 작성 전까지 배분요구를 하더라도 배분절차에서 배제된다.

앞의 '배당요구를 하지 않아도 자동 배당절차에 참여할 수 있는', '배당요구를 해야만 배당참여가 가능한' 채권자 모두가 법원경매절차에서는 배당요구 종기까지 배당요구시에는 채권발생시기와 배당요구 시기의 전후와 상관없이 모두가 동순위로 안분배당하게 된다.

그러나 국세징수법상의 공매절차에서는 배당요구를 해야만 배당참여가 가능한 채권의 ① 과태료와 국유재산법상의 사용료·대부료·변상금채권과 ② 재산형, 과태료 등은 배분표 작성 전까지 교부청구하면 배분절차에 참여가 가능하다. 그러나 이들 채권은 우선특권이 없는 채권으로 일반채권자들과 동순위로 안분배분 받게 된다.

이 밖에공매낙찰자가 대금 납부 이전까지 등기부에 등기된 강제경매신청채권자와가압류채권자 등이 저당권부 담보물권보다 선순위이거나 동순위인 경우는 배분절차에 참여가 가능하며 저당권부 담보물권과 동순위로서 안분배분 된다.

그러나 저당권부 담보물권보다 후순위이거나 ④ 집행력 있는 집행권원을 가지고 배분표 작성 전까지 배분요구한 경우는 배분절차에서 배제된다.

참고로 2012.1.1부터 시행될 예정인 공매공고 등기제도와 배분요구종기제도가 시행되면 이 공매공고등기일 이전에 등기된 채권자는 배분요구가 없어도 배분참여가 가능하고, 그 이후 등기된 채권자는 배분요구가 필요한데 새로 시행하게 되는 배분요구종기일(첫 입찰기간 이전으로 정하도록 개정될 예정)까지 배분요구해야 배분참여가 가능하게 될 것이다.

배당절차에 참여할 수 없는 채권

① 집행권원이 없는 차용증 등을 소지한 채권자: 집행권원 없이 차용증만 소지한 채권자는 실무상 배당절차에 참여할 수 없다. 차용증을 가지고 부동산에 가압류해야만 배당에 참여할 수 있다.

② 확정일자 없는 주택임차인(소액임차인의 소액보증금 중 일정액은 제외)의 보증금 반환 채권은 배당요구를 하더라도 소액보증금 중 일정액을 제외하고는 배당에 참여할 수 없다.

따라서 배당요구시 확정일자를 받아서 배당요구를 해야만 후순위에서도 배당에 참여가 가능하다. ① · ②의 경우는 법원경매절차뿐만 아니라 국세징수법상의 공매절차에서도 마찬가지이다.

③ 경매 등의 절차에서는 주택(상가)임대차보호법상 보호대상이 아닌 상가 또는 토지 임차인 등은 경매목적 부동산에 가압류등기를 하지 아니하거나 보증금에 대한 채권원인증서만으로 배당요구가 불가하고, 가압류등기 · 강제경매신청기입등기를 해야 된다. 그러나 국세징수법상의 공매절차에서는 가압류 또는 강제경매신청기입등기만으로는 안 되고 이들 모두가 동시에 저당권부 담보물권자보다 선순위이거나 동순위인 경우만 배분절차에 참여가 가능하다.

배당잉여금액이 있는 경우에 근저당권 채권최고액 초과하는 채권액 배당 여부

① 근저당 설정자와 채무자가 동일하고 배당받을 채권자나 제3취득자가 없는 한

근저당권자의 채권최고액이 근저당권의 채권최고액을 초과하는 경우 매각대금 중 그 최고액을 초과하는 금액이 있더라도 근저당설정자에게 반환할 것이 아니고 근저당권자의 채권최고액을 초과하는 채무의 변제에 충당해야 한다[대법 2008다4001 판결].

② 근저당권의 채권최고액을 초과한 근저당권자와 일반채권자 등이 있는 경우경매 · 공매의 매각절차에서 근저당권의 채권최고액을 초과부분에 대한 배당요구는 경매신청이나 채권계산서 제출만으로는 안 되고 별도로 민사집행법에 의한 적법한 배당요구(가압류 등)를 하거나 그 밖에 달리 배당받을 수 있는 채권으로서 필요한 요건을 갖추어야 한다.

경매절차에서는 초과하는 부분에 대해서 가압류 등을 하고 나서 배당을 요구하는 경우 우선변제의 효력이 없어서 일반채권자 등과 동순위로서 안분배당 한다. 그러나 국세징수법상 진행되는 압류공매에서는 가압류만으로는 안 되고 가압류가 저당권부 담보물권보다 선순위이거나 동순위인 경우만 배분절차에 참여가 가능하고, 이경 저당권부 담보물권과 동순위로 안분배분 한다.

③ 경 · 공매절차에서 물상보증인 또는 제3취득자 등이 있는 경우 배당잔액은 채권 초과액을 초과하는 금액이 있어도 근저당권 설정자인 물상보증인이나 제3취득자에게 배당해야한다.

우선특권 있는 채권

조세채권

국세 또는 지방세 · 가산금 및 체납처분비는 원칙적으로 납세자의 총재산에 대해 다른 공과금 기타의 채권에 우선하여 징수한다[국세징수법 제35조 1항, 지방세법 제31조 1항]. 관세는 다른 조세, 기타 공과금과 기타의 채권에 우선하여 그 관세를 징수한다. 이를 조세채권우선의 원칙이라고 한다.

조세채권 상호간에는 당해세(압류와 무관하게 우선) → 납세담보물권 → 압류선착주의(참가압류포함) → 교부청구한 조세채권 상호간에는 동순위로 안분배당한다.

담보물권과의 우선순위는 당해세 → 법정기일이 빠른 조세채권(당해세 제외) → 담보물권 → 법정기일이 담보물권 설정 등기일보다 늦은 조세채권 순이 된다.

이들 조세채권은 경매절차에서는 경매개시 전까지 압류한 경우는 배당절차에 참여가 가능하나 경매개시 이후에 압류한 경우는 배당요구 종기시까지 배당요구을 해야 되고, 국세징수법상 진행되는 공매절차에서는 최초 공매공고일 이전까지 뿐만 아니라 매수인이 대금 납부 전까지 압류한 경우는 배분절차에 참여가 가능하다(실무에서는 매수인이 대금 납부하면 공매담당자가 등기부를 새로 발급받아 등기부에 기재된 채권자 등에게 배분기일 14일 이전에 작성하게 되는 배분표 작성 전까지 배분요구하도록 통지하게 되므로). 그러나 압류하지 않은 조세채권은 반드시 경매는 배당요구 종기시까지, 공매는 배분표 작성 전까지 교부청구(배당요구)를 해야만 참여가 가능하고 배당요구를 하지 않으면 배당절차에서 배제된다.

이는 다음의 공과금채권과 근로자의 임금채권도 이와 같다.

공과금채권(건강보험료, 연금보험료, 고용 · 산재보험료)

조세 · 가산금 및 체납처분 이외의 채권이면서 국세징수법상의 체납처분의 예에 의해 징수할 수 있는 채권을 공과금이라 부른다. 이러한 공과금에는 우선변제 특권이 있는 보험료공과금(건강보험료, 연금보험료, 고용 · 산재보험료) 등이 있고, 우선변제 받을 수 있는 특권이 없는 것으로 일반채권과 동순위인 과태료와 재산형 등(앞의 일반채권에 자세히 기술했음)이 있다.

이 중에서 우선특권 있는 공과금채권 등은 조세채권에 대해서는 항상 후순위이지만 일반채권에 대해서는 항상 우선순위가 된다. 이들이 담보물권과의 우선순위는 납부기한이 빠른 공과금 → 담보물권 → 납부기한이 담보물권 설정 등기일보다 늦은 공과금 순이 된다.

근로자의 임금채권

① 임금채권의 우선변제[근로기준법 제38조]

제1항 임금, 재해보상금, 그 밖에 근로관계로 인한 채권은 사용자의 총 재산에 대해 질권 또는 저당권에 따라 담보된 채권 외에는 조세, 공과금 및 다른 채권

에 우선하여 변제되어야 한다.

다만, 저당권에 우선하는 조세, 공과금에 대해서는 그러하지 않는다.

제2항 제1항에도 불구하고 다음 각 호의 어느 하나에 해당하는 채권은 질권 또는 저당권에 따라 담보된 채권, 조세, 공과금 및 다른 채권에 우선하여 변제되어야 한다.

ⓐ 최종 3개월분의 임금, ⓑ 재해보상금, ⓒ 최종 3년간의 퇴직금[근로자 퇴직급여보장법 제11조]

가압류, 압류에 대한 설명

채권의 변제를 위한 절차에 대하여 크게 3단계의 절차로 진행된다.

첫째 보전처분으로 집행할 목적물에 대하여 본안소송기간동안 처분하지 못하도록 하는 절차로 가압류와 가처분이 있다.

둘째 집행권원의 획득 단계로 보전처분을 한 후(보전처분 없이도 가능하지만) 본안소송을 진행하여 판결을 획득하는 단계이다.

셋째 집행단계로 집행권원(판결문 등)을 획득한 후 목적물을 집행하게 되는데 여기에는 부동산, 자동차 등에 대한 집행(경매)과 채권에 대한 집행(압류 및 추심명령 또는 전부명령)이 여기에 해당된다.

그리고 가압류 없이 바로 압류할 수 있는 채권이 있는데 세금체납으로 인한 세무서나 지방차치단체의 압류와 국민건강보험 · 국민연금보험과 고용 · 산재보험 등의 공과금의 압류가 있다.

가압류

금전채권 또는 금전채권으로 바꿀 수 있는 청구권에 대해 소를 제기하여 강제집행을 하고자 할 경우 소송기간 동안 자기 재산을 도피 · 은닉하는 것을 방지하기 위해서 묶어두는 보전수단이다.

금전채권의 경우 채무자의 재산에 대해 강제집행을 하려면 집행권원이 있어야 한다. 집행권원이 될 수 있는 것은 확정판결, 화해조서, 조정조서, 확정된 지급명령, 공중된 금전채권문서, 청구의 인낙조서 등이다. 이 중 일반적인 것은 확정판결(이행판결문)이다.

이와 같이 집행권원이 있는 경우에는 강제경매신청을 바로 할 수 있지만 없는 경우에는 소송을 제기하여 집행권원을 받아야 한다. 그런데 소송하는 동안 채무자가 재산을 도피 또는 은닉할 수 있고 채무자가 제3자로부터 불의의 강제집행을 당하거나 파산할 수도 있다. 이와 같이 되면 승소판결을 받더라도 강제집행할 채무자의 재산이 없어지게 된다.

이런 문제를 막고자 채무자의 재산을 강제집행할 때까지 보전하고자 하는 보전처분이 가압류이다.

① 가압류채권은 채권금액이 확정되지 아니한 채권으로서 소송으로 다투어 채권이 확정될 때까지 즉 가압류는 채권의 원금과 이자 부분에 대한 다툼으로 소소을 제기하여 확정판결 받기 전에 채권은 보전하기 위해서 하게 되는 보전처분이다. 이에 반해서 압류채권은 채권금액이 확정되어 있고 다만 시일이 지남에 따라 이자(개인채권) 또는 가산금(조세, 공과금) 등만 증가되는 채권이다.

② 가압류는 물권이 아닌 채권으로 우선변제권이 없고 채권자 평등주의이다.

③ 가압류등기는 최선순위로 등기된 때에는 말소기준권리가 될 수 있다.

④ 가압류등기는 매수인에게 대항할 수 있는 것인지 여부를 불문하고 모두 말소촉탁 대상이다.

⑤ 가압류등기권자가 첫 경매개시결정 등기 전에 이루어진 경우의 가압류권자는 자동 배당된다. 개시 결정 이후의 가압류권자는 배당요구 종기까지 배당요구를 해야 배당참여가 가능하다.

⑥ 가압류의 경우 확정된 채권이 아니므로 그 배당금은 본안 소송에서 채권이 확정되기전까지는 법원이 공탁한다. 이러한 정지조건부 채권인 가압류는 본안 소송에서 허위로 밝혀질 경우 경매 당시로 소급하여 새로운 말소기준권리를 기준으로 후순위권리의 말소여부를 판단할 경우도 생길 수 있다. 이때 가압류권자에게 배당된 공탁금액은 후순위채권자들에게 배당될 것이다.

⑦ 가압류가 본압류로 이행되어 강제집행이 이루어진 경우 당초부터 본집행이 있

었던 것과 같은 효력이 있는지 여부(적극)[대법2010다48455]

⑧ 가압류의 처분금지효력이 미치는 객관적인 법위는 가압류결정에 표시된 청구금액에 한정되므로 채권의 원금만 가압류했다면 원금채권 이외에 이자 또는 지연손해금채권이 있다해도 가압류금액을 초과하는 부분에 대해서는 처분금지의 효력을 주장할 수 없다. 그러나 가압류에서 본압류로 이행된 경우에는 민집법 53조 1항에 따라 가압류청구금액 이외에 그 가압류의 집행비용 및 본집행비용까지 변제해야만 가압류에서 이행된 본압류의 집행배제를 구할 수 있다.

⑨ 가압류의 절차 가압류는 소 제기 전 재산보전 처분으로 채권원인증서(차용증서 등)를 가지고 법원에 가압류 신청 → 법원의 촉탁에 의한 부동산 가압류 등기 → 본안 소송제기 → 승소판결 → 집행문 부여 신청 → 강제경매 신청 → 배당금 수령

압류

압류는 광의의 의마로 국가권력으로 특정의 물건 또는 권리에 대해 사인私人의 사실상의 처분 또는 법률상의 처분(양도) 등을 금지하는 행위이며, 협의의 의미로는 금전채권에 관하여 강제적 집행의 1단계로서 집행기관이 먼저 채무자의 재산(물건 또는 권리)의 사실상 또는 법률상의 처분을 금지하고 이를 보전하는 강제행위를 말한다.

압류의 종류에는 다음과 같은 것이 있다.

① 행정법상으로 국세체납처분의 1단계로서 체납자의 재산처분을 금지하기 위해 체납자의 재산을 압류하는 것을 말한다. 압류란 체납된 국세(지방세, 공과금 등) 등과 같이 이자가 붙지 않는 즉, 받을 금액이 확정되어 있는 채권을 말한다. 이는 세무서, 지방자치단체 등의 국세 · 지방세와 공공기관(건강보험료, 국민연금보험료, 산재 · 고용보험료 등) 등의 공과금 등이 체납된 경우 이들 조세채권 및 공과금 등을 보전하기 위하여 압류하는 절차가 대부분이다. 이들은 일반채권 등과는 달리 우선 변제받을 특권이 법으로 보장되고 있다. 따라서 조세채권과 공과금은 항상 일반채권에 우선한다.

② 민사집행법상 집행기관에 의해 채무자의 특정재산에 대해 사실상 또는 법률상 처분이 제한되는 강제집행이다. 이러한 강제집행은 집행권원으로 채권 및 그 밖의 재산의 압류 및 추심(또는 전부) 명령, 유체동산의 압류 및 경매, 자동차 압류 및 경매, 부동산의 강제경매 신청 등으로 채권자를 위하여 채무자의 재산을 압류하고 경매하거나 추심하여 그 대금을 채권자에게 지급하기 위한 1단계 조치이다.

③ 이 밖에 형사소송법상 압수의 일종으로 증거물이나 몰수할 물건을 강제적으로 취득하는 재판 및 그 집행을 말한다[106조 1항]. 여기서 압수할 때 점유를 처음부터 강제적으로 취득하는 경우를 압류라 한다.

↓ 김동희 배당사례특강

가압류(일반채권자 등) 등과 타 권리 등과의 우선순위에 따른 배당표 작성방법

배당 EXERCISE 1   EXERCISE

이철민 가압류 → 이기자 근저당권순인 경우

이철민은 채권으로 우선변제권이 없다. 채권자끼리는 발생시기와 상관없이 동순위로서 평등주의를 원칙으로 한다. 이기자 근저당권은 물권으로서 우선변제권이 있다. 우선변제권은 후순위 권리자에 대해 우선변제권이 있지만 물권보다 앞선 순위에 대해서는 우선변제권이 없다. 즉 자기보다 후순위로 설정된 권리 등에게만 우선변제권이 인정된다.

따라서 물권은 자기보다 선순위자가 물권이냐 채권이냐에 따라 후순위가 될 수도 있고 동순위가 될 수 있는 것이다.

즉, 이 사건에서는 채권은 물권보다 선순위이고, 물권은 채권보다 우선하므로(물권우선주의) 동순위가 되어 안분배당하게 된다.

여기서 혼동스러워 하는 사람들이 많다.

예1) 가압류 → 가압류 → 가압류 순이면 이들이 채권자 평등주위에 따라 동순위가 된다는 것은 쉽게 이해하면서 위의 사례와 같이 가압류 다음에 저당권 또는 확정일자 임차권 등이 오면 동순위가 되는가에 대해서는 혼란스러워 한다. 그 이유는 다음 판례를 참조하면 알 수 있듯이 가압류채권자는 우선변제 청구권을 가지는 권리가 아니므로 가압류채권자보다 후순위의 가압류 채권이나 저당권 등의 담보물권(근저당권, 담보가등기, 전세권, 확정일자 임차권 등)에 우선변제권을 주장할 수가 없으므로 이들은 동순위로 보게 되는 것이다. 즉 후순위물권은 선순위가압류채권에 대하여 우선변제권을 주장할 수 없고(물권우선주의는 자기보다 후순위에 대해서만 우선변제가 가능하므로), 가압류권자역시 우선변제권이 없는 채권이므로 동순위로 안분배당하게 된다.

↓ 미리 알아두기

가압류 이후 담보가등기가 이루어진 경우 배당방법

1. 가압류등기 후에 경료된 담보가등기의 효력 및 가압류채권자와 위 담보가등기권자 간의 배당순위[대법 86다카2570 판결]

부동산에 대해 가압류등기가 먼저 되고 나서 담보가등기가 마쳐진 경우에 그 담보가등기는 가압류에 의한 처분금지의 효력때문에 그 집행보전의 목적을 달성하는데 필요한 범위 안에서 가압류채권자에 대한 관계에서만 상대적으로 무효라 할 것이고 따라서 담보가등기권자는 그 보다 선순위의 가압류채권자에 대항하여 우선변제를 받을 권리는 없으나 한편 가압류채권자도 우선변제 청구권을 가지는 것은 아니므로 가압류채권자보다 후순위의 담보가등기권자라 하더라도 (…) 법원의 최고에 의한 채권신고를 하면 가압류채권자와 채권액에 비례하여 평등하게 배당받을 수 있다.

2. 주임법 제3조의2 제1항은 대항요건과 확정일자를 갖춘 주택임차인은 후순위권리자 기타 일반채권자보다 우선하여 보증금을 변제받을 권리가 있음을 규정하고 있는바, 이는 임대차계약증서에 확정일자를 갖춘 경우에는 부동산 담보권에 유사한 권리를 인정한다는 취지이므로, 부동산 담보권자보다 선순위의 가압류채권자가 있는 경우에 그 담보권자가 선순위의 가압류채권자와 채권액에 비례한 평등배

배당 EXERCISE 2   EXERCISE

가압류 → B 근저당 → C 가압류 → D 근저당 → B의 임의경매 신청시

배당은 A=B이고, A=C=D이므로 A=B=C=D인 관계가 되어서 모두가 동순위로 안분배당한다.

1차적으로 A=B=C=D인 관계로 안분배당하고, 2차적으로 B>(C 가압류 1차 안분배당금+D 1차 안분배당금)을 공동흡수

3차적으로 C와 D는 동순위로 배당잔여금을 가지고 안분배당 → C=배당잔액×$\dfrac{C}{C+D}$ =00원 된다.

D=배당잔액×$\dfrac{D}{C+D}$ =000원 된다.

배당 EXERCISE 3   EXERCISE

A 가압류 5,000만 원 → B 근저당 3,000만 원 → C 가압류 2,000만 원 → C 강제경매 신청시

A=B이고, A=C이므로 A=B=C가 되어서 동순위로 안분배당하고 2차적으로 흡수배당한다.

배당금액이 6,000만 원이면,

A=6,000만×5,000만 원/(5,000+3,000+2,000)1억 원=3,000만 원(종결)

B=6,000만×3,000만 원/1억 원=1,800만 원

C=6,000만×2,000만 원/1억 원=1,200만 원

B는 C보다 우선순위이므로 B채권액 부족액만큼 C 안분배당액에서 흡수한다.

따라서 B=1,800만 원+1,200만 원(C에서 흡수)=3,000만 원

C=1,200만 원(1차 안분액)−1,200만 원(B에 흡수당함)=0원

✏ 김 / 동 / 희 / 의 / 강 / 의 / 노 / 트

1. 가압류등기 후에 경료된 근저당권설정등기의 효력

부동산에 대해 가압류등기가 먼저 되고 나서 근저당권설정등기가 마쳐진 경우에 그 근저당권등기는 가압류에 의한 처분금지의 효력 때문에 그 집행보전의 목적을 달성하는 데 필요한 범위 안에서 가압류채권자에 대한 관계에서만 상대적으로 무효이다.

2. 1의 경우 가압류채권자와 근저당권자 및 근저당권설정등기 후 강제경매신청을 한 압류채권자 사이의 배당순위

1의 경우 가압류채권자와 근저당권자 및 근저당권설정등기 후 강제경매신청을 한 압류채권자 사이의 배당관계에 있어서, 근저당권자는 선순위 가압류채권자에 대해서는 우선변제권을 주장할 수 없으므로 1차로 채권액에 따른 안분비례에 의해 평등배당을 받은 다음, 후순위 경매신청압류채권자에 대해서는 우선변제권이 인정되므로 경매신청압류채권자가 받을 배당액으로부터 자기의 채권액을 만족시킬 때까지 이를 흡수하여 배당받을 수 있다[대법 94마417 결정].

배당 EXERCISE 4   **EXERCISE**

이철민 가압류 1,000만 원 → 이기자 근저당 3,000만 원 → 최기자 가압류 2,000만 원 → 이미자 전입/확정일자 5,000만 원 → 2004년에 이기자 임의경매, 배당금액 7,000만 원일 경우 배당은

이철민 가압류=이기자 근저당이고, 이철민=최기자=이미자가 동순위인 관계에 있다.

∴ 이철민=이기자=이철민=이미자가 되어 모두가 동순위로써 안분배당 한다.

① 이철민 가압류=7,000만 원×1,000만 원/11,000만 원=6,363,636.[36]=

6,363,636원(종결)

　② 이기자 근저당=7,000만 원×3,000만 원/11,000만 원=19,090,909.$\underline{09}$=19,090,909원

　③ 최기자 가압류=7,000만 원×2,000만 원/11,000만 원=12,727,272.$\underline{72}$=12,727,273원

　④ 이미자 확정일자 임차인=7,000만 원×5,000만 원/11,000만 원=31,818,181.$\underline{81}$= 31,818,182원

이와 같이 안분배당(비율배당)되어 ① 이철민 가압류는 6,363,636원으로 종결된다.

그러나 ② 이기자는 ③ 최기자 · ④ 이미자보다 우선순위이다. 따라서 ② 이기자 근저당권의 채권 만족할 때까지 흡수한다.

　② 이기자 근저당권=19,090,909원(1차 안분배당액)+10,909,091원(③ 최기자+④ 이미자 안분배당액)=3,000만 원(종결)(③과 ④는 동순위로 ②가 흡수시 공동으로 흡수)

　② 이기자에게 흡수당한 금액을 제외한 배당금액을 갖고서 ③과 ④가 동순위로써 안분배당한다.

　③ 최기자=33,636,364원(배당안분액)$\times \dfrac{12,727,273}{44,545,455}$=9,610,390원(종결)

　④ 이미자=33,636,364원(배당안분액)$\times \dfrac{31,818,182}{44,545,455}$=24,025,974원(종결)

배당 EXERCISE 5 　　　　　　　　　　　　　　　　　　EXERCISE

국세징수법상의 공매절차에서 배분절차(서울지역이고 배분금액이 7,000만 원)

　A 가압류 4,000만 원 → B 전입/확정일자 3,000만 원 → C 일반세금압류 1,000만 원 → C의 압류공매 2004년에 자산관리공사에 공매대행의뢰한 경우(서울지역이고 배분금액 5,000만 원이다)

배분순위는 1순위=B 임차인 1,600만 원(최우선변제금 1)—소액임차인에 우선하는 저당권 등이 없기 때문에 배분시점상 현행법상 소액보증금 중 일정액이 된다.

　2순위에서는 A=B 확정일자, A<C인 관계에 있다. B>C이고, B=A인 관계. C>A이고, C<B인 관계에 있다.

따라서 A와 B, C는 순위가 서로 상호모순관계에 있다. 따라서 순환흡수절차를 거쳐야 한다.

1차 안분하면 다음과 같다.

A 가압류＝3,400만 원×4,000만 원/6,400만 원＝21,250,000원

B 확정일자＝3,400만 원×1,400만 원/6,400만 원＝7,437,500원

C 일반세금＝3,400만 원×1,000만 원/6,400만 원＝5,312,500원

2차 흡수절차

흡수는 제일 선순위자가 먼저 흡수하고, 흡수당하는 순서는 제일 열후한 지위에 있는 자부터 먼저 흡수당한다. 이때 선순위채권자가 흡수할 수 있는 금액은 제일 열후한 채권자의 1차 안분받은 금액을 한도로 흡수하고, 부족시 그 다음 열후한 순위의 채권자의 1차 안분금액을 한도로 흡수하게 된다.

여기서 A는 흡수할 수 있는 지위에 있지 못하고 흡수만 당하는 지위에 있으므로 제일 선순위자 B가 먼저흡수할 수 있는데 흡수할 수 있는 후순위자는 C이므로 C를 흡수한다.

B 확정일자＝7,437,500원(1차 안분액)＋5,312,500원(C에서 흡수)＝12,750,000원(종결)

C 일반세금＝5,312,500원(1차 안분액)－5,312,500원(B에 흡수당함)＋4,687,500원(A에서 흡수)＝4,687,500원(종결)

A 가압류＝21,250,000원(1차 안분액)－4,687,500원(C에 흡수당함)＝16,562,500원(종결)

【사례 I】 경매절차에서 배당절차

1993년 A 임차인 전입(보증금 4,000만 원) → 2000년 B 가압류 3,000만 원 → 2003년 C 근저당 3,500만 원 → 2004년 C의 임의경매(서울지역이고 배당금액이 7,000만 원)

말소기준권리는 B 가압류이고, 최우선변제금 지급기준권리는 C 근저당이 된다.

따라서 배당절차는

1순위_ A 1,600만 원(최우선변제금)

2순위_ B와 C가 동순위로 안분배당하고, A 임차인은 확정일자가 없어서 안분배당에서는 제외된다. A 임차인은 대항력이 있어서 낙찰자가 인수해야 한다. 따라서 낙찰자의 인수금액은 2,400만 원이 된다.

【사례 Ⅱ】경매절차에서 배당절차

그러나 확정일자가 근저당권보다 후순위로 되어 있다면

1993년 A 임차인 전입(보증금 4,000만 원) → 2000년 B 가압류 3,000만 원 → 2003년 C 근저당 3,500만 원 → 2004년 A 임차인 확정일자 → 2005년 C의 임의경매(서울지역이고 배당금액이 7,000만 원)

배당순위는 1순위_ A 1,600만 원(최우선변제금)

2순위에서는 B=C이고, B=A이므로 A=B=C가 되어서 동순위로 안분배당한다.

1차 안분절차 :

B=54,000,000원×3,000만 원/8,900만 원=18,202,247.19=18,202,247원(종결)

C=54,000,000원×3,500만 원/8,900만 원=21,235,955.05=21,235,955원

A=54,000,000원×2,400만 원/(2,400+3,000+3,500)8,900만 원=14,561,797.75=14,561,798원

2차적으로 C는 A보다 우선순위이므로 C의 채권액이 만족할 때까지 A의 안분배당금에서 흡수한다.

따라서 C=21,235,955원(1차 안분액)+13,764,045원(A확정일자 1차 안분액에서 흡수)=35,000,000원

A=14,561,798원(1차 안분액)−13,764,045원(C에 흡수당함)=797,753원으로 종결되어 대항력 있는 임차인 A의 미배당금 23,202,247원은 낙찰자가 인수해야 한다.

【사례 Ⅲ】국세징수법상의 공매절차에서 배분절차(서울지역이고 배분금액이 7,000만 원)

1993년 A 임차인 전입(보증금 4,000만 원) → 2000년 B 가압류 3,000만 원 → 2002년 C

근저당 3,500만 원 → 2003년 A 임차인 확정일자 → 2005년 D 일반세금압류 1,000
만 원(법정기일 2004년) → 2006년 D의 압류공매 의뢰

배분순위는 1순위_ A 1,600만 원(최우선변제금)

2순위에서는 B 가압류=C이고, B=A이고, B<D인 관계이다. C 근저당>A · D이
고, C=B인 관계에 있다. A 임차인 확정일자>D이고, A=B이고, A<C인 관계에
있다. D 일반세금>B이고, D<C · A인 관계에 있다. 따라서 순위가 상호모순 관계
에 있어서 순환흡수절차를 거쳐야 한다.

1차 안분절차 :

B=54,000,000원×3,000만 원/9,900만 원=16,363,636.36=16,363,636원

C=54,000,000원×3,500만 원/9,900만 원=19,090,909.09=19,090,909원

A=54,000,000원×2,400만 원/9,900만 원=13,090,909.09=13,090,909원

D=54,000,000원×1,000만 원/9,900만 원=5,454,545.45=5,454,546원

2차 흡수절차 :

흡수는 제일 선순위자가 먼저 흡수하고, 흡수당하는 순서는 제일 열후한 지위에
있는 자부터 먼저 흡수당한다.

이때 선순위채권자가 흡수할 수 있는 금액은 열후한 채권자의 1차 안분받은 금
액을 한도로 흡수하고 부족시 그 다음 열후한 순위의 채권자의 1차 안분금액을 한
도로 흡수하게 된다.

여기서 B는 흡수할 수 있는 지위에 있지 못하고 흡수만 당하는 지위에 있으므로
제일 선순위자 C가 먼저흡수할 수 있는데 흡수 할 수 있는 후순위자는 A와 D가 있
는데 이들 중 D가 후순위이므로 D를 먼저 흡수한다.

C 근저당=19,090,909원(1차 안분액)+5,454,546원(D에서 흡수)+10,454,545원(A에서
흡수)=3,500만 원(종결)

A 확정일자=13,090,909원(1차 안분액)−10,454,545원(C에 흡수당함)+0원(D에서 흡수)
=2,636,364원(종결)

D 일반세금=5,454,546원(1차 안분액)−5,454,546원(C에 흡수당함)+4,545,454원(B에
서 흡수)=4,545,454원(종결)

B 가압류＝16,363,636원(1차 안분액)−4,545,454원(D에 흡수당함)＝11,818,182원(종결)

이와 같이 배분절차가 종결되나 대항력 있는 임차인 A가 배분받지 못한 미배분금 21,363,636원은 낙찰자가 인수해야 한다.

선순위채권자 등을 우선 배당 후 일반채권자끼리 동순위로서 안분배당사례

—선순위채권자 등을 우선 배당 후 일반채권자, 즉 강제경매신청자 · 가압류 채권자 · 약속어음 공정증서로 배당요구한 채권자끼리 동순위로서 안분배당한 사례

주소	면적	경매가 진행과정	1) 임차인 조사내역 2) 기타 청구	등기부상 권리관계

서울시
중랑구
묵동
○○○번지
단독주택
	대지
	145㎡
	
	주택
	1층 85㎡
	2층 74㎡
		감정가
		  250,000,000원
		
		최저가
		1차
		  250,000,000원
		유찰
		
		2차
		  200,000,000원
		
		낙찰 223,050,000원
		낙찰자 유승민
			1) 임차인
			① 이현숙
			  전입 2002. 5. 5.
			  확정 2002. 5. 5.
			  배당 2004. 5. 30.
			  (보) 25,000,000원
			② 김철수
			  전입 2002. 11. 5.
			  확정 2003. 5. 10.
			  배당 2004. 6. 10.
			  (보) 30,000,000원
			2) 기타 청구
			① 약속어음공정증서
			집행문을 부여받아서
			배당요구 김수철
			2004. 5. 10.
			14,000,000원
				소유자 이기식
				
				근저당 기업은행
				2002. 10. 3.
				130,000,000원
				
				임의 기업은행
				청구 121,700,000원
				〈2004. 1. 30.〉
				
				강제경매 이철식
				2004. 3. 30.
				40,000,000원
				
				가압류 이민기
				2004. 4. 10.
				25,000,000원

여기서 말소기준권리는 기업은행 2002. 10. 3.이 된다. 따라서 이보다 먼저 대항요건을 갖춘 임차인 이현숙은 대항력이 있는 임차인이다.

배당금은 (223,050,000−집행비용 1,850,000)221,200,000원이므로 배당순서는

1순위_ ① 이현숙 1,600만 원＋② 김철수 1,600만 원(최우선변제금 1)

2순위_ 이현숙 900만 원(우선변제 1)

3순위_ 기업은행 121,700,000원(우선변제 2)

4순위_ 김철수 1,400만 원(우선변제 3)

5순위_ 후순위채권자 등 이철식, 이민기, 김수철은 동순위로 배당잔여금 4,450만 원을 가지고 안분배당하면 된다.

① 이철식=4,450만원 $\times \dfrac{4,000}{(4,000+2,500+1,400)}$ =22,531,645.⁵⁶=22,531,646원

① 이철식=4,450만원 $\times \dfrac{4,000}{(4,000+2,500+1,400)}$ =22,531,645.[56]=22,531,646원

② 이민기=4,450만원 $\times \dfrac{2,500만}{7,000만}$ =14,082,278.[48]=14,082,278원

③ 김수철=4,450만원 $\times \dfrac{1,400만}{7,000만}$ =7,886,075.[94]=7,886,076원

따라서

ⓐ 이현숙=1,600만 원(1)+900만 원(2)=25,000,000원

ⓑ 김철수=1,600만 원(1)+1,400만 원(4)=30,000,000원

ⓒ 기업은행=121,700,000원(3)

ⓓ 이철식=22,531,646원(5)

ⓔ 이민기=14,082,278원(5)

ⓕ 김수철=7,886,076원(5)으로 배당이 종결된다.

배당 EXERCISE 8　　　　　　　　　　　　　**EXERCISE**

후순위 임차인이 전입(확정일자 없음)과 선순위가압류, 후순위가압류가 있는 경우 강제경매시 배당사례

우선변제권 있는 담보물권자 등이 없는 경우 최우선변제금 지급기준일을 어떻게 해야 되는가?

주소	면적	경매가 진행과정	1) 임차인 조사내역 2) 기타 청구	등기부상 권리관계
서울시 영등포구 문래동 ○○○번지	대지 148㎡ 건물 1층 88㎡ 2층 87㎡	감정가 160,000,000원 최저가 1차 160,000,000원 유찰 2차 128,000,000원 낙찰 129,500,000원	1) 임차인 ① 김두현 전입 2003. 5. 25. 확정 × 배당 2004. 7. 10. 보증 4,000만원 ② 송민구 전입 2003. 5. 30. 확정 × 배당 2004. 7. 20. 보증 3,500만원	소유자 이항기 가압류 기업은행 2002. 2. 19. 4,000만원 가압류 이수진 2003. 4. 20. 3,500만원 강제 기업은행 청구 4,000만원 〈2004. 3. 30.〉

말소기준권리 가압류권자 기업은행이고 우선변제권이 없어서 최우선변제금 지급기준일이 없는데 이때에는 배당표 작성시점을 기준으로 현행법상 소액임차보증금 중 일정액을 우선변제금으로 한다. 배당금 127,000,000원이다.

따라서

1순위_ ① 김두현 1,600만 원＋② 송민구 1,600만 원(최우선변제금)

2순위_ 가압류권자들은 우선변제권이 없는 채권자들로 동순위로서 안분배당한다.

그러나 여기서는 배당받고도 잉여금이 있다.

① 가압류 기업은행＝4,000만 원

② 가압류 이수진＝3,500만 원

배당잉여금 20,000,000원은 채무자겸 소유자에게 배당될 것이다. 임차인 김두현과 송민구가 확정일자가 없어서 최우선변제받고 소멸되기 때문이다. 따라서 김두현과 송민구가 배당잉여금에 가압류를 하고 판결을 득해서 추심하는 절차를 거쳐야만 받을 수 있을 것이다. 여기서 낙찰자는 인수금액이 없고 모든 권리들이 소멸대상이다. 그러나 간혹 법원에 따라서 임차인들에게도 배당하는 사례가 있으나 이는 원칙적인 사항은 아닌 것으로 해석하고 가압류하는 것이 제일 확실한 방법일 것이다.

최우선변제금 지급기준

위와 같이 최우선변제지급기준을 배당시점을 기준으로 하는 것은 현행임대차보호법상 소액임차보증금 중 일정액(4,000/1,600)에 우선하는 우선변제권(근저당, 담보가등기, 전세권 등)이 없기 때문에 임차인 김두현, 송민구가 1,600만 원까지 최우선변제받는데 이는 이렇게 지급하더라도 우선변제권자들이 없어서 이들의 지위를 침해할 염려가 없기 때문이다.

가압류는 금전채권에 대한 보전처분으로 매각으로 인하여 소멸되는 것이 원칙이다.

그러나 전 소유자의 가압류(압류)채권자는 경매·공매에서 매각조건으로 전 소유자의 가압류(압류)채권자가 배당받고, 가압류의 부담도 매수인에게 인수되지 않고 소멸시키는 매각조건으로 하는 경우도 있고, 이 경우 가압류는 말소되며 최선순위인 경우에는 말소기준권리가 된다. 그러나 전 소유자의 가압류를 낙찰자에게 인수시키는 것을 전제로 하여 매각하는 경우 가압류의 효력이 소멸하지 않고, 낙찰자의 부담으로 남는다.

이 밖에도 토지별도등기 즉 집합건물(아파트, 다세대, 연립 등) 건축시 나대지상에 설정등기 된 가압류나 압류 그 밖의 저당권 등이 설정되었다면 아파트 등의 각 전유부분의 대지권에 유사 공동채권자가 되므로 배당요구를 하지 않든가 또는 그 전유부분에 해당되는 채권만을 배당요구하지 않고 전액을 배당요구하는 등의 경우 매각조건을 매수인의 부담으로 매각절차를 진행하게 된다. 이 밖에도 간혹 오래된 전소유자의 가압류채권으로 채권액 유무 등을 알 수 없는 경우도 있는데 이 경우에도 매수인의 부담으로 매각절차를 진행하기도 한다.

이와 같이 경매집행기관 또는 공매집행법원에 따라 매각조건을 달리할 수도 있으므로 매각조건을 잘 이해하고 입찰에 참여해야 한다.

그러나 위와 같이 매각조건으로 매수인의 부담으로 매각되지 않는 한 실무상으로 배당받고 소멸하는 것을 원칙으로 하고 있으므로 매수인의 인수조건이라는 매각조건 없이 매각절차가 진행되었다면 배당받고 소멸된다고 보면 된다.

그러면 매각으로 소멸되는 전 소유자의 가압류채권자에 대한 배당방법에 대해서 판례를 통해 알아보면 다음과 같다. 부동산에 가압류 집행 후 소유권이 제3자에게 이전된 경우 가압류 처분금지적 효력이 미치는 것은 가압류 결정 당시의 청구금액한도 안에서 가압류 목적물의 교환가치이고 위와 같은 처분금지적 효력은 가압류채권자와 제3취득자 사이에서만 있는 것이므로 가압류채권자가 우선적인 권리를 행사할 수 있고 제3취득자의 채권자들은 이를 수인해야 하므로 가압류채권자는 그 매각 절차에서 당해 가압류목적물의 매각대금에서 가압류결정 당시 청구금액을 한도로 하여 배당받을 수 있고 청구금액을 넘어서는 이자와 소송비용 채권을 받을 수 없다. 제3취득자 채권자들은 위 매각대금 중 가압류의 처분금지적 효력이 미치는 범위에 대해서는 배당받을 수 없다[2006.7.28. 선고 대법원 2006다19986 판결 요지].

이와 같이 저촉처분(저촉되는 처분행위)의 내용이 소유권이전등기일 경우 저촉처분을 통하여 소유권을 취득한 자는 저촉처분전의 압류나 가압류에 대해 대항할 수가 없어서(상대적으로 효력이 없어서) 저촉처분전의 압류나 가압류채권자는 압류나 가압류로 보전된 금액 전액에 대해서 우선권을 주장할 수 있다.

제3취득자의 채권자가 경매신청시 또는 압류공매대행의뢰

① 전 소유자의 가압류채권자

제3취득자에 대한 채권자가 경매를 신청한 경우 전 소유자에 대한 가압류권자는 경매절차과정에서 배당채권자로 제3취득자의 채권자 보다 우선 배당받고 다만 채권자가 가압류채권이므로 공탁해야 될 것이다.

여기서 이해하고 넘어갈 부분이 있다. 공매절차에서는 가압류권자가 저당권부 담보물권보다 선순위이거나 동순위인 경우만 배분절차에 참여가 가능하고 후순위인 경우는 배제된다. 그리고 저당권부 담보물권이 없고 조세 · 공과금채권자 등만 있는 경우는 배제된다. 그러나 전 소유자의 가압류는 앞의 사항 모두의 경우에도 공매 배분절차에서 배제되지 않고 가압류결정 당시의 청구금액을 범위 내에서 제3취득자(현 소유자)의 채권자에 우선하여 배분받고 배분잔여금이 있으면 후순위로 현 소유자의 채권자 등에게 배분된다는 사실이다.

② 제3자로 소유권이전 등기 전에 등기된 전소유자의 가압류 이외의 채권자

ⓐ 압류한 조세 · 공과금채권자: 제3자로 소유권이전등기 되기 전에 압류한 조세채권자 등은 소유권이 이전등기시 까지 법정기일(또는 납부기한)이 발생된 부분까지 압류의 효력이 미쳐서 제3취득자의 다른 채권자에 우선하여 변제받을 수 있다.

ⓑ 근저당권자 등: 채권최고액의 범위 내에서 제3취득자의 다른 채권자에 우선
하여 변제받을 수 있다.

③ 등기하지 않은 전 소유자의 다른 채권자

제3자로 소유권이 이전등기되기 전에 가압류, 압류, 저당권 등을 설정등기하지
않은 전 소유자의 다른 채권자(등기되지 않은 채권자)는 당해부동산의 매각대금의
배당절차에 참여할 수 없다.

④ 제3취득자의 채권자로서 경매신청채권자 또는 다른 채권자

제3취득자의 채권자는 전 소유자의 가압류청구금액(가압류의 처분금지적 효력이 미
치는 범위의 금액)에 대해서는 배당받을 수 없으나 이 금액을 제외한 나머지금액
에 대해서는 배당받을 수 있다.

당해부동산이 제3자 소유이고 제3취득자는 가압류를 수인하면 족하며 더구나
가압류권자가 본안 소송에서 승소하여 전 소유자를 상대로 경매신청을 하더라
도 그는 오로지 가압류청구금액을 한도로 배당을 받을 뿐 그 이상을 받을 수 없
으므로 이러한 견해에서 제3취득자가 전 소유자의 가압류를 말소하는 경우에도
그 가압류로 보전된 금액만큼을 공탁하고 말소를 구하면 될 것이다.

전소유자의 가압류채권자가 경매신청한 경우

① 전 소유자에 대한 가압류권자

가압류 결정당시의 청구금액을 넘어서는 이자와 소송비용채권은 배당받을 수
없다.

② 전 소유자의 다른 채권자

가압류채무자에 대한 다른 채권자(등기되지 않은 채권자)는 당해부동산의 매각대금
의 배당에 참여할 수 없다. 이 점은 조세나 기타 우선채권도 마찬가지이므로 전
소유자에 대해서는 제3취득자에게 소유권이 이전되기 전에 가압류 또는 압류되
지 아니 했다면 조세나 기타 우선채권도 교부청구나 배당요구할 수 없다.

③ 제3취득자의 채권자

전 소유자의 가압류채권자는 가압류결정 당시의 청구금액한도 내에서만 집행

채무자(전 소유자)인 가압류채무자의 책임재산에 대한 강제집행절차이므로 나머지 부분은 제3취득자의 재산에 대한 매각절차라 할 수 있으므로 제3취득자의 채권자들에게 배당되어야 한다.

가압류 후 소유권을 취득한 제3자가 본압류의 집행배제를 구하기 위해서 변제해야 할 금액

① 민사집행법 제53조 제1항은 "강제집행에 필요한 비용은 채무자가 부담하고 그 집행에 의해 우선적으로 변상받는다"라고 규정하고 있는데 여기의 강제집행에 필요한 비용에는 가압류의 집행비용이 당연히 포함된다.

② 가압류만 있는 경우에는 가압류청구 당시의 청구금액만 변제함으로써 가압류의 집행배제를 청구할 수 있지만 가압류가 본 압류로 이전된 경우에는 가압류의 청구금액 이외에 그 가압류의 집행비용 및 집행비용 중 가압류의 본 압류 이전에 따르는 비용까지 변제해야만 가압류에서 이전된 본 압류의 집행배제를 청구할 수 있다.

↓ 김동희 배당사례특강

전 소유자의 가압류 등과 타 권리 등과의 우선순위에 따른 권리분석

배당 EXERCISE 9   **EXERCISE**

A 가압류 → B 소유권이전 → C 저당권 → D 공과금압류→ C의 임의 경매신청 또는 D의 압류공매 의뢰

이 사건에서는 A 가압류＝C 근저당 동순위이고, A<D로 보아서 순환흡수절차를 거쳐서는 안 되고, 전 소유자 가압류권자에게 전액 우선 변제하고 잔액이 있을 때 현 소유자의 채권자에게 배당하면 된다. 이때 전 소유자 가압류채권자는 배당받고 말소된다. 이때 말소기준권리는 A 가압류가 된다.

배분금액이 8,500만 원이고, 주택이 서울에 소재하는 경우 배분사례는 2002년 1월 1일 갑 가압류 1,000만 원 → 2002년 3월 1일 전입한 을 임차인 4,000만 원 → 2003년 1월 1일 전입과 확정일자를 받은 병 임차인 2,000만 원 → 2003년 5월 1일에 소유권이 정으로 이전등기 → 2003년 10월 1일 무 일반세금압류 2,000만 원 →2003년 12월 1일 을 임차인 확정일자 받음 → 2004년 1월 무의 압류공매 의뢰시 → 기 당해세 교부청구 150만 원

위의 사건에 대해 배분표를 작성하면,

전 소유자를 채무자로 하는 전 소유자 채권자들은 현 소유자에게는 자신의 채권 청구범위 내에서 우선권을 주장할 수 있다.

따라서 현 소유자 채권자 무는 이들에게 우선권을 주장할 수가 없어서 전 소유자를 채무자로 하는 채권자들이 우선 배분받고, 잔여금이 있는 경우에만 배분받을 수 있다.

이는 현 소유자의 일반채권자뿐만 아니라 임차권, 조세(당해세 포함), 공과금의 청구채권액도 현 소유자를 대상으로 하는 경우는 마찬가지이다.

1순위_ ① 을 1,600만 원+② 병 1,600만 원 …(최우선변제금 1)(저당권 등의 담보물권이 없어서 배당 시점을 기준으로 현행법상 소액보증금 중 일정액을 우선변제받게 된다)

2순위_ ① 갑가압류 1,000만원   ┐ 이들은 동순위로 안분배분하여야 하나 배분금이
② 병 확정일자 우선변제금 400만원 ┘ 충분하므로 채권액 전액 우선 배분받는다.

3순위_ 기 당해세 150만 원, 4순위_ 무 일반세금 2,000만 원

5순위_ 을 임차인 1,750만 원(확정일자 우선변제금)(을 임차인은 확정일자가 늦어서 배분순위에서 후순위자임)

문제는 전 소유자 채권자 을 임차인의 미배당금 650만 원은 낙찰자가 인수해야 되는가에 대해서 연구가 필요하다. 그러나 말소기준권리를 갑 가압류로 본다면 대항력이 없어서 인수사항이 아닐 것이고 소멸 대상이다. 여기서 말소기준권리는 갑 가압류로 보는 것이 타당할 것이다. 따라서 낙찰자는 인수금액이 없게 된다.

민사집행법상 진행되는 경매인 경우

1. 전 소유자의 가압류

A 소유자 → 갑 가압류 → B 소유자 → 을 가압류 → 을의 강제경매신청

① 배당순위(갑 가압류채권자가 배당요구 또는 법원이 직접 배당하여 공탁한 경우)

1순위_ 갑 ○○원(우선배당), 2순위_ 을 ○○원, 3순위_ B소유자 ○○원(배당잉여금)

② 배당순위(갑 가압류채권 낙찰자 인수조건으로 매각한 경우)1순위_ 을 ○○원, 2순위_

B 소유자 : 배당잉여금 → 갑 가압류채권 낙찰자 인수

2. 토지별도 등기가 있는 경우

A 토지소유자(나대지인 경우) → 갑 가압류 → 집합건물신축 → 을 가압류—을의
강제경매

① 배당순위(갑 가압류채권이 배당요구 또는 법원이 직접 배당하여 공탁한 경우)첫째 전체
감정가액에서 토지와 건물 비율을 계산하여 매각대금에 곱해서 토지 배당금
액과 건물 배당금액을 구한다.둘째 토지 배당금에서 갑가압류 ○○원을 우
선 배당 후 잔여금을 가지고 이를 토지의 경매대가로 정하게 된다(나대지상에
설정등기된 선순위저당권자, 선순위가압류채권자 등에 대해서 재개발·재건축으로 관리처
분 후 신축된 집합건물은 이들 권리에 대항할 수 없기 때문이다). 선순위 저당권·선순
위가압류채권 등이 설정등기된 토지가 신축된 대지권으로 되었더라도 이들
권리에 대항하지 못한다. 물론 저당권·가압류채권 등의 권리가 설정등기되
고 건물 등이 신축되었으므로 법정지상권은 성립되지 않는다. 셋째 토지 경
매대가(선순위 갑가압류채권 공제 후)와 건물 경매대가(최초 건물배당금액)에서 토지
와 건물비율을 계산 공동담보권자 등에게 곱하여 우선순위에 따라 배당하면
된다. 1순위_ 갑 가압류 채권금액 ○○○원(갑 가압류 채권자가 채권액 중 신축된
전유부분의 대지권 비율만큼 배당요구한 경우), 2순위_ 을 가압류 ○○○원, 3순위_
A 소유자(배당잉여금) → 인수권리 없음

② 배당순위(갑 가압류채권을 낙찰자인수 조건으로 매각한 경우)

　　1순위_ 을 가압류

　　2순위_ A 소유자(배당잉여금) → 갑 가압류채권(토지별도등기)은 낙찰자 인수

국세 징수법상 진행되는 공매의 경우

1. 전 소유자의 가압류인 경우

A 소유자 → 갑 가압류 → B 소유자 → 을 가압류 → 병 조세채권압류 → 병의 공매의뢰

① 배분순위(갑 가압류채권자가 배분요구 또는 공매집행기관이 직접 배분하여 공탁한 경우)

　　1순위_ 갑가압류 ○○○원(전 소유자의 가압류 우선배분),

　　2순위_ 병조세채권 ○○○원,

　　3순위_ B소유자 ○○○원(배분잉여금)

ⓐ 이는 민사집행법상 경매와는 달리 국세징수법상 진행되는 공매의 경우 기본적으로 가압류 등의 일반채권은 배분절차에서 배제시킨다. 그러나 저당권부 담보물권(저당권·집합건물 전세권·담보가등기·확정일자임차권 등)보다 선순위이거나 동순위인 경우만 배분절차에 참여가 가능한데 이 경우 저당권부 채권과 동순위로 안분배분하게 된다. 이 밖에 국세징수법상 공매에서도 전소유자의 가압류 채권자는 현 소유자의 채권자에 우선하여 변제(배분)받게 된다.

ⓑ 이 공매사건에서와 같이 저당권부 채권이 없는 경우 전소유자의 가압류 채권자 갑은 현 소유자의 채권자들보다 우선변제 받고 그 다음으로 병 조세채권만 배분받고 을 가압류는 배분절차에 참여할 수가 없다. 을 가압류 채권은 공매절차에서 배분받지 못하고 소멸된다.

ⓒ 을 가압류 채권은 공매절차에서는 소멸되므로 B 소유자가 배분 받게 되는 배분잉여금에 대해서 법원에 별도의 가압류 보전처분을 할 수 있고 이 경

우 제3채무자인 자산관리공사는 가압류 채권금액만큼 법원에 공탁하고 잔여금은 B소유자에게 배분하게 된다.

② 배분순위(갑 가압류채권 낙찰자 인수조건으로 매각한 경우)

1순위_ 병 조세채권 ○○○원, 2순위_ B소유자 ○○○원(배분잉여금) → 갑 가압류채권 낙찰자 인수

③ 그러나 을 가압류 이후에 저당권부 담보물권이 있는 경우 갑 가압류가 전 소유자의 가압류로 우선변제 받고 소멸되고 배분잔여금이 있으면(을 가압류 → 병 조세채권압류 → 정 저당권부 담보물권 등의 순서라면) 배분잔여금을 가지고

2순위_ 병 조세채권

3순위_ 을 가압류와 정 저당권부 담보물권이 동순위로 안분배분하게 된다.

2. 토지별도등기가 있는 경우

A 토지소유자(나대지의 경우) → 갑 가압류 → 을 가처분 → 집합건물신축 → 병 가압류 → 정 조세채권압류 → 정의 공매의뢰

① 갑 가압류채권자가 배분요구시의 배분순위

1순위_ 갑 가압류채권금액 ○○○원(갑 가압류채권자가 채권액 중 신축된 전유부분의 대지권비율만큼 배분요구한 경우)

ⓐ 전체 감정가액에서 토지와 건물비율을 계산하여 매각대금에 곱해서 토지배분금액과 건물배분금액을 계산한다.

ⓑ 토지배분금에서 갑 가압류 ○○원을 우선배분하고 잔여금을 가지고 이를 토지 공매대가로 정하게 된다.

ⓒ 토지공매대가와 건물공매대가에서 토지와 건물비율을 계산하여 후순위의 공동담보권자에게 곱하여 토지와 건물 배분금액을 계산해서 배분하게 된다(나대지상에 설정등기된 선순위저당권·선순위가압류채권자 등에 대해서 재개발·재건축으로 관리처분 후 신축된 집합건물은 이들 권리에 대항할 수 없기 때문이다. 물론 저당권·가압류 등의 권리가 설정등기되고 건물 등이 신축되었으므로 법정지상권은 성립되지 않는다).

2순위_ 정 조세채권 ○○○원

3순위_ 배분잉여금은 체납자겸 소유자에게 배분된다.

국세징수법상 진행되는 공매의 경우 기본적으로 일반채권을 배분절차에서 배제시킨다. 그러나 저당권부 채권보다 선순위이거나 동순위인 경우는 배분절차에 참여가 가능하여 동순위로 안분배분하게 된다. 그리고 여기서도 병 가압류는 일반채권자로 배분받지 못하고 소멸되고 을 가처분은 말소기준권리 이후의 권리이므로 소멸되고 낙찰자의 인수권리가 아니다.

② 갑 가압류채권자가 배분요구를 안 한 경우의 배분순위(공매절차에서 토지별도등기를 낙찰자인수조건으로 매각시)

1순위_ 정조세채권 ○○○원

2순위_ B 소유자 ○○○원(배분잉여금) → 갑 가압류채권과 을 가처분은 낙찰자가 인수, 그러나 병 가압류는 일반채권자로 배분절차에서 배제되고 소멸된다. 따라서 병은 또다시 B 소유자에게 돌아갈 배분잉여금에 가압류하고 추심하는 절차를 거쳐야할 것이다.

전 소유자의 가압류 배당사례

—전 소유자의 가압류와 근저당이 있는 경우 배당은

주소	면적	경매가 진행과정	1) 임차인 조사내역 2) 기타 청구	등기부상 권리관계
경기도 부천시 원미구 원미동 ○○○번지 단독주택	대지 136㎡ 주택 1층 96㎡	감정가 150,000,000원 최저가 1차 150,000,000원 유찰 2차 120,000,000원 낙찰 137,850,000원 낙찰자 유민주	1) 임차인 ① 김중현 　전입 1995. 10. 30. 　확정 1995. 10. 30. 　배당 1997. 5. 10. 　보증 30,000,000원 2) 기타청구 ① 최우선임금채권 　김수철 배당요구 　1997. 5. 12. 　3,350,000원 ② 교부청구 　원미구청 재산세 　(법정기일 1996. 7. 30.) 　185,000원	전소유자 이기자 가압류 상호신협 　1995. 4. 30. 　18,500,000원 근저당 기업은행 　1995. 5. 10. 　45,000,000원 소유권이전 김철희 　1995. 7. 30. 가압류 우종관 　1995. 9. 30. 　15,000,000원 근저당 이현숙 　1996. 1. 10. 　30,000,000원 임의 이현숙 청구 3,000만원 〈1996. 12. 30.〉

배당금액이 (137,850,000원 − 집행비용 1,350,000원)136,500,000원이므로 배당순서는

1순위_ ① 전 소유자 가압류권자 = ① 전 소유자 근저당권자가 동순위로 안분배당한다.

① 상호신협 = $136,500,000 \times \dfrac{18,500,000원}{63,500,000원} = 39,767,716.^5$ 이나 채권금액이 18,500,000원이다.

② 근저당 = $136,500,000 \times \dfrac{45,000,000원}{63,500,000원} = 96,732,283.^4$ 이나 채권금액이 45,000,000원이다.

이와 같이 전 소유자 채권자들은 현 소유자 채권자가 경매 신청시에는 안분배당의 의미가 별로 없다. 현 소유자에 대해 처분 금지적 효력이 있으므로 전 소유자의 채권자들은 우선변제 받고, 잔여금이 있을 경우에만 현 소유자 채권자에게 배당한다.

2순위_ ① 김중현 1,200만 원(최우선변제 1)(최우선변제기준권리는 이현숙의 근저당이다)

② 김수철 3,350,000원(임금최우선변제 1)(소유권이 제3자에게 이전되면 전 소유자의 임금채

권은 배당요구를 할 수 없다. 따라서 이 임금채권은 현 소유자의 임금채권일 것이다)

3순위_ 원미구청 185,000원(당해세우선변제 1)(당해세는 현재 소유자의 조세채권이기 때문이다.) 소액보증금 중 일정액, 당해세, 조세채권, 공과금, 임금채권 등의 교부청구는 전 소유자의 채권자 등은 소유권이 제3자에게 이전되었기 때문에 교부청구를 할 수가 없다. 따라서 현 소유자의 채권자들만이 교부청구나 배당요구가 가능하기 때문에 앞 1순위 배당권자(전 소유자의 가압류 · 근저당채권자)보다 우선 배당이 불가능하다.)

4순위_ ① 가압류 우종관＝② 김중현이고, ① 가압류 우종관＝③ 근저당 이현숙의 관계로 동순위로서 안분배당하면

1차 안분배당하면

① 가압류 우종관＝57,465,000원$\times \frac{1,500만}{6,300만(1,500+1,800+3,000)}$＝13,682,142.$\frac{85}{}$＝13,682,143원(종결)

② 김중현＝57,465,000원$\times \frac{1,800만}{6,300만}$＝16,418,571.$\frac{42}{}$＝16,418,571원

③ 이현숙＝57,465,000원$\times \frac{3,000만}{6,300만}$＝27,364,285.$\frac{71}{}$＝27,364,286원

2차 흡수배당

② 김중현은 ③ 이현숙보다 우선순위이므로 채권액이 만족할 때까지 흡수한다.

② 김중현＝16,418,571원(1차 안분액)＋1,581,429원(③ 이현숙을 흡수)＝18,000,000원(종결)

③ 이현숙＝27,364,286원(1차 안분액)－1,581,429원(②에 흡수당함)＝25,782,857원(종결)

따라서 최종배당결과는

ⓐ 상호신협＝18,500,000원(1)

ⓑ 기업은행＝45,000,000원(1)

ⓒ 김중현＝1,200만 원(2)＋1,800만 원(4-1)＝30,000,000원

ⓓ 김수철＝3,350,000(2)

ⓔ 원미구청＝185,000원(3)

ⓕ 우종관＝13,682,143원(4-1)

ⓖ 이현숙=25,782,857원(4-1)으로 대항력 있는 김중현이 전액 배당받아서 낙찰 자인수금액은 없다.

가압류와 전 소유자의 가압류에 대한 권리와 배당방법에 대한 판례

지면 관계로 타이틀만 기재하고 법률규정 및 판례해설 본문 내용은 생략했으니 본문 내용이 필요하신 분들은 다음 카페에서 책 이름을 검색하면 다운받아서 참고하시기 바란다.

- 공매경매와 부동산투자분석(CAfe.nAver.Com/pAuCtion)
- 공매전문옥션(CAfe.nAver.Com/PAuCtion)

1 가압류등기 후에 경료된 담보가등기의 효력 및 가압류채권자와 위 담보가등기권자와 간의 배당순위[대법 86다카 2570판결]

2 가압류채권 → 근저당권 → 강제전매신청채권자 사이의 배당순위[대법 94마 417]

3 국세징수법상 공매대금 배분에 있어서 근저당권보다 앞선 가압류채권이 배분대상이 되는 채권인지 여부(적극)[대법 2000두 7971]

4 부동산에 대해 가압류등기 후에 근저당권설정등기가 경료된 경우, 가압류채권자가 채무자의 근저당권설정행위에 대해 채권자취소권을 행사할 수 있는지[대법 2000다 77446]

5 갑 가압류 집행 후 → 을 소유권 이전 → 병 채권자(을에 대한 채권자) → 병 경매 신청한 경우 배당은[대법 2006 다 19986]

6 갑 가압류 집행 후 → 을 소유권 이전 → 병 채권자 → 병 경매신청한 경우(2006. 10. 12.부동산등기과 3061 질의회답)

7 가압류 후 소유권 이전 그 후의 본 압류 경매절차에서 현 소유자의 채권자가 가압류 청구금액을 넘는 부분에 대해 배당받을 수 있는지[대법 2003다40637 판결 배당이의]

8 가압류 등기 후 → 제3취득자 → 제3취득자와 임대차 계약한 임차인이 전입신고

와 확정일자를 받은 경우 소액보증금 중 일정액과 확정일자에 의한 우선변제권

9 선순위 가압류등기 후 목적 부동산의 소유권이 이전되고 신소유자의 채권자가 경매신청을 하여 매각된 경우, 위 가압류등기가 말소촉탁의 대상이 되는지 여부의 판단[대법2005다8682]

10 가압류 등기 후 → 전입신고한 임차인 또는 전세권 설정등기한 임차인

11 채권액이 저당권 설정금액을 초과하는 경우 초과금액과 가압류채권자와의 배당방법

12 가압류의 취소 또는 본안 소송의 패소시

13 가압류 등기 후 → 저당권부 채권 등이 있는 경우의 배당방법

14 토지수용과 가압류

15 가압류, 가처분의 취소신청

16 임금채권자가 가압류한 경우

17 구분건물의 전유부분에 대한 소유권보존등기만 경료되고, 대지지분에 대한 등기가 경료되기 전에 전유부분만에 대해 내려진 가압류결정의 효력이 그 대지권에 미치는지 여부(한정 적극)[대법 2006다 29020]

❖ 가처분에 대한 이해와 권리분석 그리고 예고등기

가처분에는 다툼의 대상 즉 계쟁물(係爭物)에 관한 가처분과 임시의 지위를 정하는 가처분이 있다.

계쟁물에 관한 가처분

채권자가 금전 이외의 물건이나 권리를 대상으로 하는 청구권을 가지고 있을 때 그 강제집행시까지 다툼의 대상이 처분·멸실되는 등 법률적·사실적 변경이 생기는 것을 방지하고자 다툼의 대상의 현상을 동결시키는 보전처분이다[민사집행법 제300조 제1항].

가처분 후 본안에 관한 확정판결이 있게 되면 그대로 본 집행으로 이전되는 것은 아니고 가처분된 상태에서 따로 청구권 실현을 위한 강제집행을 해야 한다. 계쟁물에 관한 가처분은 동산의 인도나 부동산의 인도나 명도, 공작물의 철거, 물건에 대한 권리의 이전, 설정, 등기, 등록을 행하는 것, 물건의 소유 등 여러 유형이 있다. 여기에는 일반적으로 처분행위를 금지하는 처분금지가처분과 점유이전 행위를 금지하는 점유이전 금지가처분이 있다.

임시의 지위를 정하는 가처분

당사자 사이에 현재 다툼이 있는 권리 또는 법률관계자가 존재하고 그에 대한 확정판결이 있기까지 현상의 진행을 그대로 방치한다면 권리자에게 현저한 손해를 입게 하거나 급박한 위험에 처하는 등 소송의 목적을 달성하기 어려운 경우에 그로 인한 위험을 방지하기 위해 잠정적으로 하는 보전처분이다[제300조 제2항]. 임시 지위를 정하는 가처분에는 특히 실용신안, 상표와 상호, 의장, 저작권, 지적재산권, 직무집행정지, 공사 금지, 철거, 총회, 의사회결의, 효력정지, 인격권침해, 업무방해금지, 부정경쟁행위금지 등이 있다[민사집행법 제300조 제2항]. 이 밖에도 건물의 명도청구권을 본안의 권리로 가지고 있는 자에게 임시로 그 건물 점유자의 지위를 준다든지 따위의 가처분을 할 수 있다.

가처분 대상

가처분에는 부동산, 동산, 채권, 무체재산권, 선박, 항공기, 자동차, 건설기계, 상사에 대한 가처분, 노동사건에 관한 가처분, 기타 재산에 관한 가처분 등이 있다.

가처분의 종류

금전채권 이외의 특정의 지급을 목적으로 하는 청구권을 보전하기 위하거나 쟁의 있는 권리관계에 관하여 임시의 지위를 정함을 목적으로서 재판에서 판결이 나기 전에 상대방이 물건이나 권리에 대해 처분(양도, 담보권 설정 등의 권리처분행위)해버리면 재판에서 승소하였다 하더라도 헛수고하는 경우가 있다.

이를 대비하여 현재 상태대로 고정 유지할 필요가 있을 때 채무자의 재산은닉, 제3자에게 양도금지, 담보권설정금지 등의 처분을 금지시키고 그 보관에 필요한 조치를 하는 것으로 확정판결의 집행을 보전하기 위한 보전처분이다. 이러한 보전처분의 대표적인 것이 가압류와 가처분이 있는데 가압류는 금전채권 보전이 목적이고 가처분은 물건이나 권리에 대한 보전처분이다. 부동산의 가처분에는 처분금지가처분과 점유이전금지가처분이 있다.

부동산 처분금지가처분과 권리분석

부동산가처분은 이와 같이 소유권이전뿐만 아니라 담보로 제공(저당권설정 등)하여 돈을 대출받거나, 부동산을 전세(전세권설정)를 놓거나, 기타 임차권 등 일체의 처분행위를 할 수 없도록 하는 조치이다.

이때의 피보전권리는소유권이전등기 청구권 또는 소유권 말소등기 청구권에 대한 가처분과 가등기상의 권리처분금지가처분, 근저당처분금지가처분, 전세권 처분금지가처분 등이 있다. 이러한 처분금지가처분은 공시방법으로 등기부에 등기되어야만 한다. 이러한 부동산처분금지가처분의 효력은 그 부동산을 처분할 수 없는 것이 아니고 다만 그 처분을 가지고 가처분에 저촉하는 범위 내에서 가처분권자에게 대항할 수 없는 것에 지나지 않는다고 보아야 할 것이다.

가처분의 경우에는 ① 소유권에 관한 가처분(갑구에 기재)과 ② 소유권 이외에 저당권(을구에 기재) 등에 관한 가처분 등이 있는데 가처분권자가 말소기준권리보다 선순위인 경우에는 매수인이 인수하는 것이 원칙이나 후순위인 경우에는 소멸 대상이 된다.

다만 ①의 소유권에 관한 가처분 즉 소유권이전등기 말소청구소송에 따른 가처분인 경우 말소기준권리보다 후순위인 경우에도 소멸되지 않고 낙찰자가 소유권을 상실하는 경우도 발생될 수 있다.

③ 말소기준권리보다 후순위가처분은 말소되는 것이 원칙이나 후순위가처분이라도 소멸되지 않는 예외가 있다. 토지소유자가 건물소유자 을을 상대로 토지인도 및 건물철거청구권 보전을 위해 건물에 대한 처분금지가처분등기를 완료하면 그

건물만의 경매가 진행되어 낙찰받은 매수인은 가처분의 처분금지효력 때문에 토지소유자에게 건물소유권을 취득할 수 없다. 이러한 가처분등기는 말소기준권리 이후에 설정된 경우 뿐만 아니라 경매개시 이후에 설정등기된 경우에도 소멸되지 않고 매수인의 부담으로 남게 된다.

소유권이전등기 청구권 또는 소유권말소등기 청구권에 대한 처분금지가처분

말소기준권리보다 선순위 가처분은 원칙적으로 매수인(낙찰자)이 인수하고, 후순위 가처분은 공매나 경매절차에서 매각으로 소멸된다. 그러나 실제 소유권을 다투는 가처분이라면 후순위 가처분은 소멸되지 않고 낙찰자가 소유권을 상실하는 경우도 발생될 수 있다.

후순위가처분이 경매절차 등에서 말소되더라도 소유권이전등기말소청구소송에 따른 가처분이면 가처분이 갖는 효력 즉 본안소송을 제기하여 소유권이전등기 말소청구소송에서 가처분권자가 승소하게 된다면 경매 등으로 인한 소유권이전등기가 말소될 수 있다. 즉 후순위 가처분은 경매절차에서 말소되어도 가처분이 갖고 있는 효력은 살아 남아서 본안소송의 결과에 따라 매수인(대금 납부한 낙찰자)의 운명이 달라지게 된다는 사실이다.

이와 같이 가처분권자가소송에서 승소한다면 낙찰자는 소유권을 상실할 수밖에 없을 것이고 이 경우 채무자에게 매각대금을 청구하는 경우 또는 배당받은 채권자에게 부당이득 반환청구를 할 수밖에 없으니 유의해야 한다.

이러한 이유는 현행법이 부동산의 선의취득을 인정하지 않고 부동산등기에 공신력이 없기 때문이다. 이와 같이 소유권 다툼의 소송이 진행될 때에 법원은 소유권이전 다툼이 있다는 것을 예고하기 위하여 직권으로 예고등기를 하게 된다. 이 예고등기는 선순위이든 후순위이든 간에 소멸되지 않는다.

이러한 예고등기는 매각기일 이전 또는 매각기일 후, 매각 결정 후, 대금완납 후, 배당기일 이전, 배당기일 이후에 이루어질 수도 있기 때문에 적절한 대응을 잘 해야 할 것이다.

① 가처분이 선순위인 경우

갑 소유권 → 을 가처분(갑 소유권에 대한 가처분) → 병 근저당 → 정 세금압류 →병의
임의 경매 또는 정의 압류공매 의뢰 → 무 낙찰자

무 낙찰자는 을 선순위가처분을 인수해야 한다.

② 가처분이 후순위인 경우

갑 소유자 → 을 근저당 → 병 세금압류 → 정 가처분(갑 소유권 말소청구에 관한 가처분)
→ 을의 임의 경매 신청 또는 병의 압류공매 대행의뢰 → 무 낙찰자 → 정 가처분권
자 승소시

정 가처분등기는 을 압류(말소기준권리)보다 후순위로 소멸 대상에 해당된다.

   그러나 경매나 공매절차 밖에서 정이 소송을 제기하여 승소한다면 가처분등기
는 회복되고 정 낙찰자는 소유권을 상실할 수밖에 없을 것이다.

   정이 소유권을 취득하고 그 이후 모든 권리는 원인무효로 소멸 대상이 되므로
무 낙찰자 역시 소유권이 상실되므로 주의해야 한다.

   즉 후순위 가처분은 경매절차에서는 말소 된다고 하여도 가처분이 갖고 있는 효
력까지 소멸되는 것이 아니라 본안 소송결과에 따라 달라지게 된다는 사실이다.

   실무에서는 이 경우 을 근저당권과 병 세금압류채권자의 말소청구도 동시에 진
행하게되고, 그에 따른 예고등기도 동시에 법원공무원이 촉탁등기를 하게 되나 조
만간 예고등기제도가 없어질 예정인 점과 가처분과 예고등기를 구분한다는 점 등
으로위와 같이 간략하게 구분 지어서 기술한 것이다.

갑 가압류(갑 세금압류) → 을 소유권이전 → 병 가처분(을 소유권에 대한 가처분) → 정 근저당 → 갑의 경매신청(갑의 압류공매 의뢰) → **무가 낙찰**(전 소유자 가압류 갑, 또는 전 소유자 세금압류 갑)은 가압류(또는 압류) 이후에 을 소유권에 대한 가처분이 된 경우 즉 병 가처분이 소송에서 이기더라도 을 소유권보다 먼저 설정된 가압류권자(압류권자)에게 대항할 수 없다.

병 가처분이 소송에서 승소시 갑에게 우선배당되고 나서 배당잔여금은 을이 아닌 병에게 배당되고 정 근저당권은 원인무효에 따라 경매(공매)절차에서 배당받지 못하고 별도로 을에게 청구해야만 될 것이다.

이러한 사례에서 낙찰자는 소유권을 상실하지 않고 유지할 수 있다.

ⓒ 선순위의 말소기준권리(근저당권 등)가 형식상 등기만 존재한 경우 또는 후순위가 처분권자가 대위변제한 경우로 형식상 등기만 존재한 경우는 말소기준권리가 되지 못한다.

> **↓ 미리 알아두기**
>
> **근저당권 이후 가처분인데 근저당권이 형식상 등기만 되어있는 경우**
> **[대법 97다26104, 26111 판결]**
>
> 강제경매의 개시 당시 이미 소멸하였음에도 형식상 등기만이 남아 있을 뿐이었던 근저당권보다 후순위라는 이유로 집행법원의 촉탁에 의해 이루어진 가처분기입등기의 말소등기는 원인무효이고, 가처분채권자는 그 말소등기에도 불구하고 여전히 가처분채권자로서의 권리를 가진다.

저당권 등의 설정등기청구권 또는 설정등기말소등기청구권에 대한 처분금지가처분

저당권(을구에 기재) 등에 관한 가처분 등이 말소기준권리보다 선순위인 경우는 매수인이 인수해야 되나 후순위인 경우에는 소멸 대상이다. 후순위인 경우라 하더라도 말소기준권리(근저당권 등)가 가처분대상이 되는 경우에는 말소기준권리가 달라짐에 따라(말소기준권리가 말소되면 그 이후의 임차인 등은 대항력이 발생) 후순위임차인 등의 권리가 대항력이 발생하여 낙찰자가 인수할 수 있음을 유의해야 된다.

사해행위 취소로 인한 저당권설정등기 말소등기청구권을 피보전권리로 하여 근저당권에 대해 처분금지가처분이 되어 있는데 당해 부동산에 대해 경매가 진행되어 배당표가 작성 확정되었다. 이 경우, 저당권자에게 배당금을 교부해도 되는 것인지 문제가 될 수 있다.

위 사안은 처분금지가처분의 효력이 배당금지급청구권에도 미치는지의 여부에 따라 결론을 달리하게 된다.

효력이 미친다면 배당금을 교부해서는 안 되고, 미치지 않는다면 배당금을 교부해도 된다. 이와 같이 배당금이 교부되는 경우라면 이를 저지하기 위해서는 별도로 배당금에 대한 가처분이 필요할 것이다.

① 가처분이 선순위인 경우

배당 EXERCISE 4   EXERCISE

갑 소유권 → 을 가처분(설정등기 저당권에 대한 가처분) → 병 저당권 → 정 세금압류 → 정의 압류공매 의뢰 → 무 낙찰자

무 낙찰자는 을 선순위가처분을 인수해야 한다.

② 가처분이 후순위인 경우

배당 EXERCISE 5   EXERCISE

갑 소유권 → 을 세금압류 → 병 저당권 → 정 가처분(병 저당권에 대한 가처분) → 정저당권 → 을의 압류공매 의뢰 → 무가 낙찰

정 가처분이 공매로 소멸되므로 인수대상이 아니다. 그러나 정가처분권자가 승소하게 된다면 병 저당권은 소멸되며 을 다음순위로 정이 배분 받게 된다.

갑 소유권 → 을 저당권 → 병 저당권 → 정 가처분(을 저당권에 대한 가처분) → 정 근저당 → 병의 경매신청 → 무가 낙찰

　정 가처분이 승소한 경우에도 을 근저당권이 소멸되는 것에 불과하므로 경매절차에는 아무런 영향 없이 진행되며 무는 소유권을 정상적으로 취득하고 무에게 인수 대상이 없다. 단지 을 저당권이 소멸됨에 따라 병 다음으로 정 저당권이 배당받게 된다.

갑 소유권 → 을 저당권 → 병 임차인 → 정 저당권 → 무 가처분(을 저당권에 대한 가처분) → 무 저당권 → 정의 경매신청 → 기가 낙찰

　이와 같이 을 저당권 다음 순위로 임차인이 있는 경우는 무 가처분권자가 소송에서 패소한 경우는 병 임차인은 대항력이 없다. 그러나 무 가처분이 승소한 경우에는 을 저당권이 소멸되므로 병 임차인이 대항력이 발생하여 낙찰자 기가 병 임차인을 인수하는 경우도 발생될 수 있다는 점을 유의해야 된다.

예고등기에서 권리분석과 가처분과의 관계

예고등기란 무엇인가

예고등기는 해당 부동산의 등기부등본에 등기원인(소유권 · 저당권 · 가압류 · 가처분 등)의 무효 또는 취소로 인한 말소 또는 말소회복청구의 소송이 제기된 경우에 그 등기에 의해 소송이 제기되었음을 제3자에게 알림으로써 소송 중에 있는 부동산에 대한 법률행위를 하고자 하는 제3자에게 소송의 결과 피해를 입지 않게 하기 위하여 소송이 진행되고 있는 것을 법원이 직권으로 촉탁 등기하는 것이다.

　이는 예비등기의 일종으로 이러한 예고등기는 경매 또는 공매진행 절차상에서 말소기준권리를 기준으로 선순위이든 후순위이든 간에 소멸 대상이 아니어서 낙

찰자에 부담으로 남게 된다. 예고등기는 촉탁등기의 말소대상이 아니므로 말소기준과 상관없이 말소되지 않는다. 즉 예고등기의 원인소송이 완료될 때까지 말소되지 않는다.

이러한 예고등기는 낙찰자가 인수해야 하는데 이는 경고적 의미로 그 자체만으로는 아무런 법적인 효력이 없다.

따라서 이러한 예고등기 있는 경매물건 또는 공매물건을 낙찰받았을 경우에 예고등기의 원인이 되는 소송에서 원고가 승소한 경우에 있어서 예고등기원인이 소유권에 관한 소송이라면 즉 소유권에 관한 소송에서 소송을 제기한 자가 승소시 낙찰자는 소유권을 상실할 수도 있는 것이다. 그러나 패소하였다면 낙찰자는 소유권을 온전하게 행사할 수 있다.

경매 또는 공매에 있어서의 예고등기는 대부분 소유권에 관한 예고등기로 소유권말소 또는 소유권말소회복 예고등기가 대부분이고 이 경우 등기부등본상 갑구에 기재된다.

그 다음으로 대표적인 것이 저당권 등의 예고등기가 있는데 저당권의 말소 또는 저당권 말소회복 예고등기가 있는데 이 경우 등기부등본상 을구에 기재된다.

예고등기에서 권리분석

① 소유권에 관한 예고등기로 말소예고등기가 되어 있는 경우

전 소유자 김을동이 현 소유자 이미자의 소유권이전이 원인무효라는 소유권 이전등기 말소청구를 제기하여서 이를 알리기 위하여 법원이 직권으로 촉탁 등기하였을 경우 경매로 낙찰받을 자의 지위

배당 EXERCISE 1   EXERCISE

전 소유자 김을동 → 이미자 소유권 이전 → 국민은행 근저당권 설정 → 국민은행 임의경매 신청 → 김을동 가처분(이미자 소유권에 대한 가처분) → 김을동 예고등기(이미자를 상대로 원인무효에 따른 소유권 이전등기 말소청구의 소 제기) → **낙찰자 유승민 대금완**

납 후 소유권 취득한 경우

    ⓐ 예고등기 원고가 승소한 경우: 이미자는 소유권 상실하고 → 국민은행 근저당권 말소되고 → 경매절차 무효 → 낙찰자는 소유권 상실된다.

    ⓑ 예고등기 원고가 패소한 경우: 낙찰자 유승민은 정당한 경매절차에서 소유권을 취득하게 되어 소유권을 취득한다.

② 소유권에 관한 예고등기로 말소 회복 예고등기가 되어 있는 경우

김을동 소유의 부동산에 이미자가 말소회복등기 청구의 소 제기 전에 처분금지 가처분하고 현 소유자 김을동을 상대로 소유권말소회복등기청구의 소를 제기하여서 이를 알리기 위해서 법원이 집권으로 예고등기를 촉탁한 경우 이 때 경매로 낙찰받은 자의 지위는,

현 소유자 김을동 → **이미자 가처분**(처분금지가처분) → **국민은행 근저당권 설정** → **이미자 예고등기**(김을동을 상대로 말소회복등기청구의 소 제기) → **이만기 강제경매신청**(김을동 채권자가 강제경매 신청) → **매각기일** → **낙찰자 유승민** → **대금완납 소득권 취득**

    ⓐ 예고등기 원고가 승소한 경우: 김을동의 소유권은 상실 → 경매절차가 무효 → 낙찰자는 소유권을 상실하게 된다.

        ㉠ 예고등기가 매각기일 이전에 된 경우에는 이미자가 말소회복등기청구소송에서 승소 후 말소회복등기로 김을동의 소유권을 상실하였을 때에 비로소 낙찰자는 경매계약을 해제할 수 있다.

        ㉡ 예고등기가 매각기일 이후에 된 경우에는 예고등기사실만으로도 경매계약을 해제할 수 있다고 보아야 할 것이다.

    ⓑ 예고등기가 패소한 경우: 낙찰자 유승민은 정당한 경우의 절차에서 소유권을 취득한 것이 된다.

③ 최근 발생되었던 소유권이전등기 말소청구권보전을 위한 가처분과 예고등기
　 그리고 근저당권말소예고등기 사례

2002. 4. 9. 김수미(가명) 소유자→2004. 6. 9. 장인기(가명)(증여로 인한 소유권이전
등기) →2005. 5.11. 김철민(가명) 소유권이전등기→2005. 5. 20. 국민은행근저당
483,600,000원 →2006. 3. 27. 가처분(소유권이전등기말소 채권자: 김수미)→2006. 4. 6.
장인기와 김철민 소유권말소예고등기 그리고 국민은행 근저당권말소예고등기
→2009. 2. 12. 대법원확정판결(원고승)→2009. 3. 16. 김철민 소유권이전등기말소와
장인기소유권이전등기말소, 그리고 국민은행 근저당권등기말소 → 2009. 3. 16. 소
유권말소예고등기말소와 근저당말소예고등기말소 → 2009. 3. 17. 가처분등기말소

가처분채권자(김수미: 장인기의 모친)가 병원에 입원 중에 장인기(아들)가 인감을 도용,
허위증여계약서를 작성하여 증여이전 후 김철민에게 매각한 것으로 가처분채권자
김수미가 증여 자체가 무효임을 주장하여 서울중앙지방법원과 서울고등법원 그리
고 대법원에서 증여계약자체가 효력이 없는 것으로 재판이 확정되었고 이에 따라
서 증여로 인한 소유권등기부터 그 이후의 모든 권리 등이 말소되었고, 소유권이
증여이전의 상태로 환원된 사건을 다음 사건검색을 통하여 확인할 수 있다.

대법원사이트에서 나의 사건검색을 통한 사건진행내역 및 결과확인

법원	사건번호	결과
대법원	2008다93506	2009. 02. 12.심리불속행기각
서울중앙지방법원	2006가단124107	2007. 11. 28.원고승

(서울고등법원 2008나1820 사건 진행내역)

일자	시각	기일구분	기일장소	결과
2008. 9. 19.	16:00	변론기일	서관제405호법정	기일변경
2008. 10. 17.	15:00	〃	〃	〃
2008. 10. 17.	16:00	〃	〃	변론종결
2008. 11. 17.	14:00	판결선고기일	〃	판결선고

④ 「부동산등기법」 전부개정법률(안) 입법예고

법무부는 2009. 11. 08. 대법원의 개정의견에 따라 이 같은 내용을 골자로 하는 부동산등기법 정부개정법률안을 입법예고했다. 이 개정안은 2010. 1. 18. 법제처에 심사의뢰가 접수되었다.

ⓐ 예고등기의 폐지본래 등기의 공신력이 인정되지 않는 법제에서 거래의 안전을 보호하기 위해 인정되는 제도이나, 예고등기로 인하여 등기명의인이 거래상 받는 불이익이 크고 집행방해의 목적으로 소를 제기하여 예고등기가 행해지는 사례가 있는 등 그 폐해가 크므로 이를 폐지함(현행법 제4조, 제39조, 제170조, 제170조의2 삭제).

ⓑ 개정안에 대한 설명예고등기는 등기원인의 무효·취소로 인한 등기말소청구 또는 말소회복청구의 소송이 제기된 경우 무효나 취소로 선의의 제3자에게 대항할 수 있으며 법원이 직권으로 예고등기를 촉탁토록 규정한 조항을 폐지했다. 법무부는 폐지되더라도 원고는 처분금지가처분으로 경고의 효력을 대체할 수 있어 제3자의 보호는 문제가 되지 않을 것으로 판단하고 있다.

부동산점유이전금지가처분

부동산점유이전금지가처분은 경매 또는 공매로 낙찰받은 경우 낙찰자가 대항할 수 없는 소유자, 채무자, 임차인 등의 점유자 등의 건물인도방법에는 인도명령이나 건물인도청구소송이 있을 수 있는데 이러한 소송이 진행되는 과정이나 판결문을 득하여 강제집행하는 기간 내에 점유가 타인에게 이전되면 이 판결로 강제집행이 불능하게 되어 다시 건물인도청구소송을 득하여 진행해야만 되므로 낙찰자는 소유권이전 후 바로 건물인도청구소송과 동시에 점유이전 가처분을 해야만 한다. 무허가건물이나 준공검사를 받지 않은 완공된 건물로서 등기하지 않았더라도 점유이전금지 가처분 집행이 가능하다.

점유이전금지 가처분의 효과와 형사적인 측면에서 분석

점유이전금지가처분이 있으면 채무자는 목적물의 주관적(인적: 임대·전대·임차권양도·사용대차·증여·매도 등을 말한다) 이전이나 객관적(물적: 목적물을 증·개축하여 동일성을 상실하게 한 경우를 말한다) 현상변경을 할 수 없게 된다.

따라서 점유이전금지가처분을 받은 후에 점유를 이전받은 자는 가처분채권자에게 대항할 수 없다. 그럼에도 불구하고 가처분결정이 있은 후 임차인이 다른 사람에게 임차목적물을 전대차한 경우에는 전차인을 상대로 별도로 건물명도판결을 받지 않더라도 변경된 전차인 명의로 승계집행문을 받는 간단한 절차를 통하여 바로 전차인에 대한 건물인도집행을 할 수 있다.

점유이전금지가처분결정이 있음에도 불구하고 이에 위반하여 다른 사람에게 임차목적물을 전대차한 경우 이는 형법 제140조 제1항의 공무상 비밀표시 무효죄에 해당하게 된다. 즉 점유를 타인에게 이전하지 말라는 취지로 집행관이 게시문을 부착하였음에도 불구하고, 이를 타인에게 점유를 이전할 경우에, 공무상 비밀표시 무효죄에 해당하여 처벌된다.

인도명령·명도소송과 부동산점유이전금지가처분

경매의 경우 인도명령 신청은 매각대금 완납 후 6개월 이내에 신청해야 하며 이 기간 경과 후에는 건물인도청구소송을 해야 한다.

공매의 경우는 인도명령이 없고 모두가 건물인도청구소송으로 진행된다.

따라서 인도명령 신청이나 건물인도청구소송 신청시 부동산점유이전금지가처분을 함께 해놓는 것이 좋으며 점유이전가처분 집행 후 점유자가 변경되었다면 낙찰자는 민사집행법 제25조 동법 제31조 등을 유추하여 그 자를 상대로 승계집행문을 부여받아서 강제집행을 할 수 있다.

점유이전금지가처분 절차

점유이전금지가처분 절차에는 ① 점유이전금지가처분을 법원에 신청 → ② 가처분결정문이 낙찰자에게 송달(1주~2주) → ③ 송달받은 날로부터 14일 이내에 집행관에게 집행위임신청 → ④ 집행관과 동행하여 인도대상 부동산방문 가처분 결정문 부착(거실 내의 벽) → ⑤ 1차 방문시 점유자가 부재한 경우 1주일 내에 시간을 정하고, 이때에도 점유자가 부재가 예상되는 경우 성인남녀 2인 또는 공무원 1인과 열쇠수리공을 집행관과 함께 대동하여 문을 열고 거실 안에 부착하면 된다(이 기간은 14일에서 30일이면 절차가 모두 완료된다).

이러한 점유이전가처분은 내용상으로는 위와 같은 내용이지만 건물인도를 하는 데에는 일반인들에게는 상당한 심적 압박을 주게 되어 인도가 쉬워질 수 있다.

실무상 필자도 가처분결정문 부착의 효과만으로도 건물인도를 한 경우도 있다.

가압류와 가처분 등의 보전처분 취소신청 도과기간

① 가처분집행 후 3년간 본안의 소를 제기하지 않으면 채권자의 보전의사가 상실 또는 포기된 것이라고 볼 수 있으므로 채무자 또는 이해관계인은 보전처분취소를 신청할 수 있다[법 288조 1항 3호, 301조]. 이 기간이 경과되면 취소요건이 완성되고 그 후에 채권자가 소를 제기해도 가압류ㆍ가처분의 취소를 배제하는 효력이 생기지 않게 된다[99다37887].

② 대법원 2004. 4. 9. 선고 2002다58389 판결【소유권말소등기 등】(판결내용 생략)

③ 가처분의 경우 2002. 6. 30. 이전에 집행된 보전처분은 10년, 2002. 7. 1.~2005. 7. 27.까지는 5년, 2005. 7. 28. 이후에 집행된 보전처분은 3년이 경과하면 취소신청이 가능하다.

④ 이러한 가처분취소신청이 집행기관에 접수되면 법원은 변론기일 또는 심문기일을 정하여 당사자에게 통지하고 변론기일 등의 절차를 거쳐 가처분결정의 재판을 진행하게 된다.

그런데 오래된 보전처분인 경우에 채권자가 송달받더라도 채권의 원인을 증명하기 어려울 뿐만 아니라 적절하게 대응하지 못하는 경우가 대부분이고, 송달이 안 되서 이사불명이나 수취인불명 등으로 공시송달을 하게 되는 경우가 많은데 이 경우 가처분채권자 출석 없이 원고만 참석하여 재판을 진행되므로 쉽게 가처분취소결정을 얻을 수 있을 것이다.

하지만 적극적으로 채권자가 대응하게 된다면 법원의 판단에 의해서 결정될 것이다. 그렇다고 하더라도 도과기간이 경과 후의 가처분(가압류)취소신청에 대한 재판은 심리절차에서 3년 내에 본안소송제기 유무 등을 들어서 판단하게 되는 경우가 많아서 도과기간경과 후의 가처분(가압류)취소신청에 대한 재판의 경우 가처분(가압류)취소결정으로 결정되는 것이 대부분이다.

❖ 보전가등기와 담보가등기에 대한 권리분석

가등기에는 청구권을 보전하기 위한 보전가등기와 채권담보의 목적으로 경료된 담보가등기가 있다.

청구권보전을 위한 가등기(보전가등기)

가등기의 대상과 설정등기의 목적

소유권 또는 전세권, 지상권, 지역권 등의 용익물권과 저당권, 근저당권, 권리질권 등의 담보물권, 등기된 임차권 등의 물권에 준하는 권리 등을 취득하기 위하여 장래에 할 본등기를 대비하여 미리 그 순위를 보전하기 위하여 하는 예비적 등기이다.

가등기의 효력

가등기는 부동산의 물권변동을 일어나게 할 청구권만을 가지고 있을 뿐이고 그 권리변동의 효력이 생기는 본등기를 할 만한 여건이 조성되지 못한 경우 장래에 하게 될 본등기의 순위를 미리 확보하기 위하여 하는 예비등기를 말한다.

부동산 물권 또는 임차권의 설정, 이전, 변경, 소멸의 청구권을 보전하려할 때 또는 그 청구권이 시기부, 조건부이거나 장래에 있어서 확정될 것일 때, 그 본등기의 순위보전을 위하여 하는 것이다.

가등기는 그것만으로는 등기로서의 효력이 없으나, 후에 본등기를 하면 그 본등기의 순위는 가등기의 순위에 의한다[제6조 2항]. 즉, 대항력의 순위가 가등기를 한 때에 소급하게 되고, 가등기는 본등기에 비해 절차가 간단하기 때문에 많이 활용되고 있다.

가등기의 실무사례

소유권이전 청구권가등기는 위의 사례 중에서도 많이 사용되는 가등기로 예를 들면 부동산에 대해 매매계약서를 작성하고 계약금 중도금까지 지급함과 동시에 많이 하는 절차로 이는 추후로 매수인이 잔금지급과 소유권이전등기시까지 발생할지도 모르는 부동산상의 권리변동 즉, 제3자에게 명의이전 또는 담보물권의 설정, 기타 일반채권의 압류 등으로 인하여 매수인이 온전한 소유권 취득의 위험을 사전에 대비하고자 매도자, 매수자가 합의해 등기기부에 가등기를 설정하여 등기부에 공시함으로써 보전하려는 목적으로 많이 사용되고 있다. 또는 매매대금 잔금 지급한 후에 매수자 명의로 곧바로 소유권이전등기를 하지 못하는 사정이 있을 때 이를 방치할 경우 매도자가 제3자에게 매각하거나 또는 매도자 채권자들의 가압류, 압류 등을 하는 것을 방지하기 위해 하는 보전적 조치이다.

가등기상의 권리의 처분을 제한하는 등기

가등기에 의해 보전된 청구권을 압류, 가압류 또는 처분금지가처분할 수 있다. 대법원 판례에 따르면 가등기상의 권리는 그 성질상 양도할 수 있는 재산권일 뿐만 아니라 가등기라는 공시방법까지 마련되어 있고 또한 가등기상의 권리 자체의 처분을 금지하는 가처분은 부동산등기법 제2조에서 말하는 처분의 제한에 해당함이 분명하므로 등기할 수 있다고 한다.

가등기에 필요한 서류

등기필증, 주민등록등(초)본, 인감증명서를 받으면 된다. 그리고 나중에 가등기에 기한 본등기를 할 때 매도용 인감증명서가 필요하다. 미리 매도용 인감증명서를 받아 놓아도 되는데 매도용 인감증명서의 유효기간은 3개월이므로 3개월이 지나면 효력이 없으므로 지나기 전에 다시 발급받아 보관해야 유효하다. 이와 같이 본등기에 필요한 서류를 갖고 등기신청하면 된다.

가등기 신청방법

가등기는 가등기 의무자의 승낙이 있을 때에는 신청서에 필요한 서류를 첨부하여 가등기 권리자가 이를 등기소에 신청할 수 있고, 가등기 의무자의 승낙이 없을 때에는 가등기 권리자의 신청에 의해 가등기 원인의 소명이 있는 경우에 그 목적인 부동산의 소재지를 관할하는 지방법원의 가처분명령 정본正本을 첨부하여 이를 신청할 수 있다[부동산등기법 제37조].

채권의 담보를 목적으로 한 가등기(담보가등기)

담보가등기의 설정등기목적

채권담보를 위하여 채권자와 채무자(또는 제3자) 사이에 채무자 소유의 부동산을 목적물로 대물변제예약 또는 매매예약 등을 하는 동시에 채무자 불이행의 경우에 발생하게 될 장래의 소유권이전 청구권을 보전하기 위한 가등기를 하는 변칙적인 담보로서 담보가등기라고 한다.

담보가등기는 등록세와 기타 등기비용이 저렴하고 후순위 담보권설정이 가능하며, 실 행절차가 번잡하지 않다는 장점이 있어 일상생활에서 많이 사용된다.

보전가등기는 본등기의 순위를 보전하기 위한 예비등기의 의미를 가지는 데 비하여, 가등기담보는 실체적 효력을 가진다.

가등기담보권자는 담보권을 실행하거나 가등기담보의 목적물인 부동산의 경매를 청구할 수 있다. 이 경우 경매에 관하여는 가등기담보권을 저당권으로 본다[가등기담보 등에 관한 법률 12조 1항]

담보가등기권자가 경매신청 또는 제3자가 경매를 신청한 경우

① 매각대상 목적물이 담보가등기권자 또는 다른 채권자에 의해 경매에 붙여진 경우, 이 경우 경매에 관하여는 가등기담보권을 저당권으로 본다[가등기담보 등에 관한 법률 12조 1항].

② 경매 등으로 매각시에는 가등기담보권은 해당 부동산의 매각과 함께 소멸된다[15조].

③ 가등기담보권자는 경매 등의 절차에서 가등기담보권을 저당권으로 보기 때문에 다른 채권자(후순위 채권)보다 우선변제의 권리를 가진다[가등기담보 등에 관한 법률 제13조].

④ 경매 등의 매각절차에서 담보가등기가 선순위인 경우에는 말소기준권리가 될 수 있다.

⑤ 가등기담보가 경료된 부동산에 대해 경매개시의 결정이 있는 경우에 경매신청이 청산금을 지급하기 전에 행하여진 때에는 가등기담보권자는 그 가등기에 대한 본등기를 청구할 수 없다[14조].

담보가등기권자의 담보권 실행(청산절차 이후 본등기)

① 채권자가 담보계약에 의한 담보권을 실행하여 담보 목적 부동산의 소유권을 취득하기 위해서는 채권의 변제기 후에 청산금의 평가액을 채무자 등에게 통지하고, 통지가 채무자 등에게 도달한 날로부터 2월이 경과하고 나서 청산금을 채무자 등에게 지급해야 한다. 채권자는 청산금을 채무자 등에게 지급한 때에는 목적부동산의 소유권을 취득하거나 가등기에 기한 본등기를 청구할 수 있다. 채권자는 청산금 채권이 압류 또는 가압류된 경우에는 청산기간이 경과한 후에 청산금을 공탁할 수 있다.

② 후순위 권리자는 그 순위에 따라 청산금에 대해 권리를 행사할 수 있다. 채무자가 청산기간의 경과 전에 한 청산금에 관한 권리의 양도 기타의 처분이나 채권자가 청산기간의 경과 전에 또는 후순위 권리자 등에게 통지를 하지 않고 청산금을 지급한 경우에는 이로써 후순위 권리자에게 대항하지 못한다.

③ 가등기담보 등에 관한 법률에 따른 청산절차에 위반하여 가등기담보를 바탕으로 한 본등기가 이루어진 경우에는 무효이며, 가등기권리자와 채무자 사이의 특약에 따라 이루어졌다 하더라도 특약이 채무자에게 불리한 것으로서 무효이면 본등기도 무효이다[대법원 판례 92다20132].

채무자의 담보가등기 말소청구

채무자 등은 청산금을 받을 때까지 채무액을 채권자에게 지급하고 채권 담보의 목적으로 경료된 소유권이전등기의 말소를 청구할 수 있으나, 채무의 변제기가 경과한 때로부터 10년이 경과하거나 선의의 제3자가 소유권을 취득한 때에는 그러지 못한다.

보전가등기와 담보가등기를 확인하는 방법과 이들 권리에 대한 배당실시 여부

보전가등기와 담보가등기를 확인하는 방법

가등기는 채권에 관한 내용(=채권액, 채무자, 이자 등)과 가등기가 담보가등기인지 보전가등기인지 여부가 등기부상 공시되지 않아 제3자로서는 가등기담보권의 범위를 알 수가 없어서 목적부동산의 담보가치의 하락을 가져올 수 있었다.

가등기된 부동산이 경매가 진행된 경우 법원은 이러한 가등기를 이해하기 위하여 가등기 담보에 관한 법률 제16조에 의한 담보가등기인지 소유권이전 청구권보전가등기인지 법원에 신고할 것을 가등기권자에게 최고하도록 하게 되어 있다.

공매절차에서는 공매공고를 한 때에는 세무서장 등은 국세징수법 68조(공매통지) 규정에 의해 그 내용을 체납자, 납세담보물소유자, 공매재산이 공유물의 지분인 경우 공유자, 공유재산에 전세권, 질권, 저당권, 그 밖의 권리를 가진 자에게 통지해야 한다.

여기서 그 밖의 권리를 가진자란 공매대상 부동산에 대해 지상권자 및 등기된 임차권자, 가등기권자, 교부청구권자 등이다.

그리고 권리신고 및 배분요구한 임차인 등과 전 소유자의 가압류 등도 여기에 포함된다. 반드시 통지해야 되는 의무대상 통지대상자인 권리자 등에게 공매통지서의 송달을 등기송달방식(배당증명으로 송달)으로 통지하게 된다.

이와 같이 법원의 최고가 있을 경우 또는 공매집행기관의 공매통지서에 의한 채권신고의 최고가 있을 경우 집행기관에 권리신고를 보전가등기로 신고했거나 권리신고 또는 배당요구 등이 없을 경우에는 보전가등기로 보고 입찰에 참여해야 될 것이다.

가등기 권리자 등에 대한 배당실시 여부

① 법원 또는 공매집행기관의 최고가 있어도 채권계산서를 제출하지 않는 선순위 가등기가 있다면 소유권이전청구권보전가등기일 가능성이 높다.

이러한 경우 낙찰자는 가등기를 인수해야 한다. 그러나 후순위 가등기권자라면 선순위 채권자의 채권액이 적을 경우 대위변제 가능성이 있으므로 주의해야 하고 대위변제되지 아니할 경우 보전가등기일지라도 소멸 대상이 된다.

보전가등기권자는 배당신청대상이 되지 못한다.

② 가등기권자가 법원 또는 공매집행기관의 최고에 의해 배당요구 종기일까지(공매는 배분표 작성 전까지) 채권계산서와 함께 권리신고한 경우라면 담보가등기가 될 것이고 이는 선순위인 경우에도 낙찰자 인수 없이 경·공매절차상에서 배당받고 소멸되며 선순위인 경우는 말소기준권리가 될 수 있다. 그러나 담보가등기임에도 불구하고 배당요구 종기일까지 배당신청을 하지 않은 경우 배당절차에서 배당금을 받지 못하고 소멸 대상이다.이와 같이 선순위 담보가등기일지라도 배당신청하지 않아 배당을 못 받을 경우라도 배당금액과 상관없이 소멸 대상이 된다.

이 경우에도 배당금액과 상관없이 말소기준권리가 될 수 있다.

가등기권자에 대한 권리분석 및 배당방법

청구권보전을 위한 가등기의 낙찰자 인수 여부

청구권보전을 위한 가등기는 말소기준권리보다 선순위인 경우 경·공매절차상의 매각으로 소멸되지 않고 낙찰자가 인수하게 된다. 그러나 말소기준권리보다 후순위인 경우에는 담보물권이 아닌 청구권보전을 위한 가등기로 우선변제권이 없어서 배당절차에 참여할 수 없다. 따라서 배당받지 못하고 소멸될 수밖에 없다.

↓ 김동희 배당사례특강 가등기에 대한 분석과 배당사례

배당 EXERCISE 1

갑 순위보전가등기 → 을 일반세금압류(4,000만 원)(압류일자2001. 7. 10, 정정기일2001. 1. 25.) → 병 임차인(보증금 3,000만 원)(전입/확정 2001. 08. 30) → 을의 압류공매 의뢰(2002. 01. 10) → 정 낙찰자

배당금액이 4,000만 원이고 주택이 서울 소재한다면,
1순위_ 병 임차인 1,600만 원(최우선변제금 1)
2순위_ 을 일반세금 2,400만 원(우선변제권 1: 을 조세채권은 당해세가 아님)
이와 같이 배분이 종결되나 정 낙찰자는 갑의 보전가등기를 인수해야 되고 갑의 본등기한다면 소유권을 상실하게 될 것이다.

배당 EXERCISE 2

갑 근저당 3,000만 원(2002. 2. 1) → 을 순위보전가등기(2002. 3. 30) → 병 임차인 2,500만 원(2002. 10. 10) → 갑의 경매신청 → 정 낙찰자

배당금액 4,000만 원이고 주택이 서울 소재한다면,
　1순위_ 병 임차인 1,600만 원(최우선변제금 1)
　2순위_ 갑 근저당 2,400만 원(우선변제금 1)
　여기서는 을 순위보전가등기는 후순위로 경매절차상 매각으로 배당받지 못하고

소멸된다. 순위보전가등기권자는 배당요구권이 없기 때문이다.

그러나 을 가등기권자는 후순위로 소멸되기 때문에 권리를 보전하기 위하여 갑 근저당권 채권액을 대위변제하여 선순위 지위를 지키게 되고 낙찰자로부터 대항력을 가지기를 요구할 수도 있을 것이다.

따라서 이와 같이 선순위저당권이 소액인 경우는 대위변제를 대비해야 하고 최소한 대금 납부 전에는 이를 확인하고 납부해야 한다.

담보가등기는 선순위이든 후순위이든 순위에 상관없이 매각절차상에서 배당받고 소멸 대상이다

이는 우선변제권이 있어서 우선순위에 따라서 후순위권리자보다 우선하여 배당받을 권리가 있다.

경·공매시에는 저당권자와 동일시 보게 되며 배당을 못 받는다 해도 소멸 대상이다.

배당 EXERCISE 3 　　　　　　　　　　　　　　　　　EXERCISE

갑 담보가등기 4,000만 원(2002. 2. 17) → 을 저당권 3,000만 원(2002. 5. 10) → 병 임차인 3,000만 원(전입/확정 2002. 7. 10) → 을 경매신청

배당금 7,000만 원이고 서울에 소재하는 주택이다.

1순위_ 병 임차인 1,600만 원(최우선변제금 1)

2순위_ 갑 담보가등기 4,000만 원(우선변제금 1)

3순위_ 을 저당권 1,400만 원(우선변제금 2)

그러나 갑이 임의경매 신청하였고 배당금이 4,000만 원이었다면,

1순위_ 병 1,600만 원, 2순위_ 갑 2,400만 원으로 배당절차가 종결되며 갑 가등기는 소멸되고 낙찰자 인수금액은 없다.

가등기권리자와 조세채권과의 우선순위 결정[대법98마1333 결정, 국기법35조 2항]

① 담보가등기 후에 압류가 이루어지고 나서 본등기가 이루어진 경우라면 이때 본등기의 효력은 그 재산에 대한 체납처분에 대한 압류에 대하여 그 가등기에 기한 권리를 주장할 수 없다. 다만 국세 또는 가산금의 법정기일 이전에 가등기된 재산에 대하여서는 가등기에 의한 본등기권자가 우선한다. 그리고 가등기 설정일자보다 후순위의 법정기일이더라도 그 부동산자체 당해재산에 관한 세금과 가산금 즉, 당해세인 경우는 그 가등기에 의한 본등기보다 항상 우선한다.

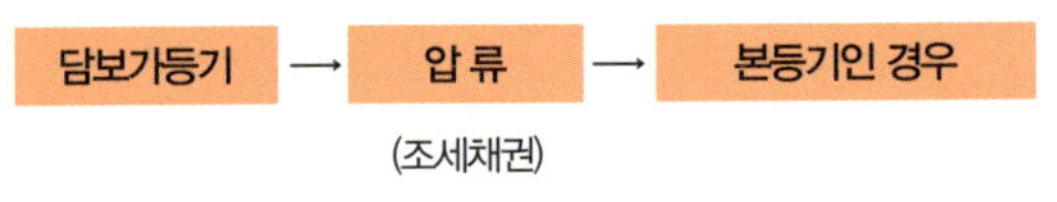

② 소유권이전청구된 보전등기의 가등기 후에 이루어진 압류조세채권일 경우 그 가등기에 기한 순위보전가등기일 이후의 압류등기는 효력을 상실하게 되어서 말소된다.

이에 대한 자세한 내용은 조세채권, 임금채권, 공과금, 일반채권들 간의 우선순위에 따른 법률규정 및 판례해설에서 23)번 가등기권리자와 조세채권과의 우선순위 결정방법을 참조하기 바란다.

최선순위소유권이전등기청구권 보전을 위한 가등기를 말소할 수 있는 방법

최선순위가등기권자가 매매예약일로부터 10년이 지나도록 매매예약완결권을 행사하지 않은 경우(매매예약완결권의 행사시기로 특별히 약정한 경우도 포함)

"매매의 일방예약에서 예약자의 상대방이 매매예약완결의 의사표시를 하여 매매의 효력을 생기게 하는 권리, 즉 매매예약의 완결권은 일종의 형성권으로서 당사자 사이에 그 행사기간을 약정한 때에는 그 기간 내에, 그러한 약정이 없는 때에는 그 예약이 성립한 때부터 10년 내에 이를 행사해야 하고 그 기간을 지난 때에는 예약완결권은 제척기간의 경과로 인하여 소멸하는 것이다[대판 94다22682, 22699]. (…) 당사자 사이에 위와 같이 위 매매예약완결권을 행사할 수 있는 시기를 특별히 약정한 경우에도 그 제척기간은 당초 권리의 발생일로부터 10년간의 기간이 경과되면 만료되는 것이지 그 기간을 넘어서 위 약정에 따라서 권리를 행사할 수 있는 때로부터 10년이 되는 날까지로 연장된다고 볼 수 없다고 판시"

　이러한 선순위 가등기권자는 경·공매 절차에서는 말소기준권리보다 선순위로 소멸되지 않으나 매수인이 소유권이전등기 후 가등기권자를 상대로 제척기간의 경과로 인하여 소유권이전청구권가등기 말소소송을 제기하여 판결을 득해서 그 가등기를 말소시키면 된다.

소유권이전등기청구권을 행사하지 않아 10년의 소멸시효에 걸린 경우

최선순위가등기권자가 이 기간 내에 매매예약완결권을 행사하여 가등기에 기한 소유권이전등기청구권을 취득하였으나 이를 행사하지 않아 10년의 소멸시효에 걸린 경우로서 가등기권자가 목적물을 점유(직접점유, 간접점유 포함)하지 않은 경우에만 해당된다.

　단 매매예약서에 매매예약완결권행사 완료시점은 특정한 경우에는 그 시점이 도래하면 가등기권자는 소유권이전청구권을 취득하게 되나 그때부터 소유권이전등기청구권을 행사하지 않아 10년의 소멸시효에 걸린 경우도 해당된다.

　이러한 최선순위 가등기권자는 경·공매 절차에서는 말소기준권리보다 선순위로 소멸되지 않으나 가등기에 기한 소유권이전등기청구권이 시효의 완성으로 소멸되었다면 매수인이 소유권이전등기 후 그 소유권에 기한 방해배제청구로서 그 가등기권자에 대해 본등기청구권의 소멸시효를 주장하여 그 등기의 말소를 수할 수 있다[대판 99다카27570].

❖ 토지의 별도등기와 대지권 및 대지권미등기에 권리분석과 배당방법

토지의 별도등기에 대한 설명과 이들 사례에 대한 권리분석 및 배당

토지별도등기

토지와 건물에 설정된 권리 등이 서로 다르다는 의미이다. 집합건물은 토지와 건물이 일체되어 거래되도록 하고 있는데 토지등기부등본에는 대지에 대한 소유권 및 소유 지분 등이 기재되어 있고 모든 권리관계는 전유부분의 등기부에만 기재하게 되어 있는데 건물을 짓기 전(건물을 완성한 후 집합건축물등기부의 대지권으로 등기하기 전)에 토지등기부에 소유권 제한에 관한 권리 및 채권(가처분, 예고등기, 가등기, 가압류 등) 또는 소유권 이외의 제한물권(저당권 등) 등이 있는 경우 토지와 건물의 권리관계가 일치하지 않으므로 이러한 사실 등을 표시하기 위하여 집합건물 등기부의 표제부 대지권의 표시 오른편에 '토지별도등기 있음'을 등기한다.

이는 아파트나 연립 다세대 등의 집합건물인 경우에서 대부분이 발생하고 있으나 간혹 단독, 다가구주택인 경우에도 법원이나 공매집행기관 등은 토지와 건물 설정 내용이 다른 경우 토지와 건물 설정내용이 다르다는 표시로 '토지별도등기 있음'으로 표시하고 있다.

토지별도등기가 인수되는 경우와 소멸되는 경우

토지별도등기는 반드시 경매나 공매집행기록에 표시되어야 하므로 기록열람을 통해 알 수 있다. 이와 같이 토지와 건물의 권리가 다른 경우 특별매각조건에서 토지별도등기를 인수하는 조건으로 매각절차를 진행하는 경우와 토지저당권자가 배당요구를 해서 토지매각대금에서 우선변제받고 소멸하는 경우가 있는데 이러한 사례를 분석해보면 다음과 같다.

① 토지와 건물의 권리가 다른 경우 임차인의 대항력은 건물말소기준권리를 가지고 한다. 이는 임차인이 건물을 사용 수익을 목적으로 하기 때문이다. 임차인은 토지와 건물 전체에 대해서 우선변제권을 주장할 수는 있지만 대항력은 건물말

소기준권리를 가지고 판단하고 토지는 매각대금에서 우선변제 받을 수 있는 우
선변제권만 갖게 된다고 보면 될 것이다.

② 특별매각조건으로 토지별도등기인수는 낙찰자의 부담으로 남지만, 배당요구를
신청한 경우라면 배당받고 소멸되며 낙찰자는 토지 건물 일체를 온전하게 소유
하게 된다.

③ 토지별도등기 있는 경우 토지저당권자가 배당신청시 토지와 건물의 설정된 권
리가 다를 때 배당방법으로 토지 · 건물 감정가액 비율로 배당금액을 환산하고
이 비율대로 토지저당권자는 토지에서만 건물저당권자는 건물에서만 배당받는
데 공동저당권자(토지와 건물 모두에서 배당받을 수 있는 권리를 가진 채권자는 토지와 건물
에 공동저당권을 설정한 것과 유사한 지위에 있다)는 토지 · 건물 모두에 대해 토지건물
배당금액 환산 비율로 배당받는다. 공동으로 배당 받을 수 있는 채권이 아닌 단
독채권인 경우는 각 물건별로 별도로 계산하게 된다. 이때 임차인이 있는 경우
배당방법은

ⓐ 토지저당권설정 당시 건물이 존재하지 않았다면, 토지배당금에서 1순위_ 저
당권 ○○○원, 2순위_ 임차인 ○○○원(최우선변제금 → 확정일자 우선변제금)(토
지 비율에 해당하는 배당금액) 순으로 배당된다.

ⓑ 토지저당권설정 당시 건물(등기된 건물, 미등기건물, 무허가건물, 건축 중인 건물 등)
등이 있는 경우, 또는 토지저당권설정 당시 건물이 존재했으나 이를 멸실하
고 구건물에 해당하는 건물이 신축된 경우 배당방법은 토지배당금에서 1순
위_ 임차인 ○○○원(최우선변제금)(토지비율에 해당하는 우선변제금), 2순위_ 토지
저당권자 ○○○원, 3순위_ 임차인 ○○○원(확정일자 우선변제금) 순으로 배당
된다.

토지별도등기에서 주의사항

① 토지별도등기는 건설회사가 토지를 담보로 근저당을 설정하고 자금을 대출받
아 공동주택을 건설한 후 근저당권을 상환하고 각 세대별로 토지등기부에 대지
지분을 공유등기하고 나서 집합건물의 전유부분 대지권 표시란에 대지권을 기

재해야 하는데 이를 하지 않고 건설회사가 부도가 난 경우에 많이 발생한다. 이 외에도 조합원의 대지지분이 전유부분이 등기가 완료되어 대지권으로 등기되기 전에 조합원이 대지지분에 금융기관으로부터 근저당권을 설정하거나 개인 채권자 등이 조합원의 대지지분에 대해 가압류(압류)가 이루어진 경우 등도 여기에 포함된다.

② 토지별도 등기가 용익물권(지상권, 전세권 등)인 경우에는 인수하며 담보물권인 경우나 일반 채권자(가압류, 압류 등) 등인 경우는 토지에 관한 채권자 등에게 채권신고를 하게 하여 배당을 청구함으로써 해당 비율만큼 배당받고 말소시킨다. 그러나 이들이 배당신청하지 않는 경우는 법원이나 공매집행기관 등은 특별매각조건을 붙여 매수인의 부담으로 매각하기도 한다.

③ 토지별도등기가 있는 경우 반드시 토지등기부등본을 열람하여서 매각물건명세서상에서 등기된 사항을 확인하여서 인수할 권리가 있는지 여부 등을 점검한 후 입찰에 참여해야 한다.

④ 토지별도등기가 있는 경우에도 토지등기부에 저당권이 말소되어 있다면 문제가 없다. 사실 토지등기부만 말소하고, 집합건물 표제부에서 토지별도등기표시를 말소시키지 않은 경우도 간혹 있을 수 있다.

⑤ 임차인은 건물의 말소기준권리를 기준으로 대항력을 계산하는데 토지·건물 2개의 말소기준권리보다 모두 빠르면 전체낙찰가에서 우선 배당받고, 토지저당(나대지상에서 저당권을 설정한 경우) 이후에 전입한 임차인이면 건물의 낙찰대금에서 배당 받고 미배당금은 낙찰자의 인수가 된다(건물에서는 임차인이 말소기준보다 먼저 대항요건을 갖춘 경우). 그렇다고 하더라도 토지저당권자 우선배당하고, 잉여금이 있다면 임차인은 토지매각대금에 대해서도 후순위로 우선변제 받게 된다.

⑥ 구분건물의 저당권자가 경매신청하고 특별매각조건으로 토지별도등기를 매수인의 부담으로 매각했다면 그 토지저당권자는 말소되지 않고 낙찰자 인수가 된다.

이러한 경우 토지별도 채권액이 소액인 경우는 협의해 구분건물소유자가 토지별도 채권인수가 가능하겠지만 채권금액이 과다한 경우가 대부분이므로 경매가 진행될 수밖에 없다. 토지채권자 등이 경매신청하여 매각되는 경우에는 구분건물소유자가 대지권을 낙찰받아서 온전한 권리 행사를 할 수 있다. 그러나 제3자가 낙찰받은 경우라면 제3자(대지권소유자)에게 구분소유권을 매도청구당해 구분소유권의 소유권까지 대지소유권자에게 매도청구 당할 수 있다. 이는 법정지상권이 성립되지 않기 때문이다. 그렇게 되지 않기 위해서는 구분소유권자는 별도로 대지소유권을 매수하거난 대지사용료 즉 지료를 지급해야만 될 것이다.

이와 같이 집합건물에서 법정지상권이 성립되지 않아 전유부분의 철거를 구할 수 있는 권리를 가진 자는 구분소유자에게 구분소유권을 시가로 매도할 것을 청구할 수 있다. 집합건물의 소유 및 관리에 관한 법률 제7조(구분소유권 매도청구권) 대지사용권을 가지지 않은 구분소유자가 있을 때에는 그 전유부분의 철거를 구할 권리를 가진 자는 그 구분소유자에 대해 구분소유권을 시가로 매도 청구할 수 있다. 그러나 집합건물이 아닌 단독·다가구주택이나 일반건물 등인 경우에는 법정지상권이 성립되지 않으면 철거만을 주장할 수 있다는 것과는 차이가 있다.

경매·공매입찰대상 물건 중에 토지별도등기가 있음이 나타나는 물건 분석

매각 후 토지별도등기가 말소되는 경우와 말소되지 않는 경우가 있다.

말소되는 경우는 집합건축물의 경매신청자 또는 배당요구채권자가 토지채권자와 같을 경우 토지별도등기 있음은 말소된다. 토지만 저당권 등[근저당권 및 가(압류) 압류 등의 채권이 있는 경우]이 설정되어 있는 경우에도 배당요구한 경우라면 배당받고 소멸된다. 이 경우에도 토지별도등기는 소멸된다. 이와 같은 경우는 토지등기부등본에 근저당권일부포기(근저당권 변경)를 하고 집합건축물등기부등본의 토지별도등기 있음이 말소된다.

이 밖에 간혹 토지등기부에는 말소되어 있으나 집합건축물 표제부에서 토지별도등기를 말소시키지 않은 경우도 있다. 이 경우는 언제든지 소유자의 신청에 의해서 토지별도등기는 말소시킬 수 있다.

그러나 위와 같은 경우가 아닌 토지저당권자 등이 배당에 참여하지 않는 경우에는 말소되지 않고 이 밖에 토지소유권을 제한하는 선순위가등기, 선순위가처분, 예고등기 등은 낙찰자가 인수해야 한다. 그리고 말소되지 않는 경우에도 소유권행사 등에 아무런 지장이 없는 물권 등이 있다.

이와 같이 말소되지 않는 토지별도등기를 입찰할 때 유의해야 한다.

집합건물에 토지별도등기가 있는 경우에 있어서 토지별도등기대상이 토지등기부상에서 소유권을 제한하는 선순위가등기, 선순위가처분, 예고등기 등이 있는 경우와 용익물권[지상권(구분지상권), 전세권 등]이 있는 경우는 인수하며 저당권 및 조세·공과금채권자, 일반채권자(가압류 및 강제경매신청자 등)가 있는 경우는 배당요구한 경우 배당받고 소멸되고 배당요구하지 않은 경우 인수해야 한다.

이와 같은 사항 등은 집합건축물등기부등본과 토지등기부등본을 발급받아서 확인해야 정확한 판단을 할 수 있고 이러한 판단 후에 배당표를 작성, 분석하여 인수할 금액을 확인한 다음 입찰가를 결정하고 입찰에 참여해야 될 것이다.

↓ 김동희 배당사례특강

토지별도등기 물건에서 입찰시 예상되는 문제점 등의 대응전략과 배당표 작성사례

배당 EXERCISE 1   **EXERCISE**

토지·건물상의 권리가 다른 경우의 배당표 작성방법에 대한 대법원 판례에 따른 배당표 작성사례

(서울지법 2000나83342의 배당이의 원심법원, 대법원 2001다66291의 판시에 따른 배당표)

− 나대지상태에서 토지에 근저당권(삼성생명)설정 후 건물을 신축한 경우 배당

− 신축건물 중에 토지에 근저당(기업은행)설정 후 건물보존등기 후 공동저당하기로
　한 경우 배당

주소	면적	경매가 진행과정	1) 임차인 조사내역 2) 기타 청구	토지등기부상의 권리관계	건물등기부상의 권리관계
서울시 성북구 종암동 ○○○ 번지 채무자· 소유자 : 이미숙 채권자 : 삼성생명	대지 236㎡ 건물 위상 5층 근린시설 및 주택(4, 5층) 〈토지와 건물일괄 경매〉	감정가 737,600,880원 대지 330,400,000원 (44.793873%) 건물 407,200,880원 (55.206127%) 1차 737,600,880원 유찰 2차 590,080,704원 낙찰 607,000,000원 낙찰자 이순자	1) 임차인 ① 구본승 전입 1996. 4. 23. 확정 1996. 4. 23. 1996.4.29.이후 입주 배당 1998. 9. 10. 보증 6,500만원 ② 이미자 전입 1996. 4. 29. 확정 1996. 4. 29. 1996.4.29.이후 입주 배당 1998. 9. 15. 보증 7,000만원 ③ 김숙희 전입 1996. 7. 30. 확정 × 배당 1998. 9. 20. 보증 1,000만원 ④ 조명희 전입 1996. 8. 15. 확정 1996. 8. 15. 배당 1998. 9. 20. 보증 1억3천5백만원 ⑤ 이미영 전입 1996. 8. 20. 확정 1996. 8. 20. 배당 1998. 9. 21. 보증 3,500만원	소유자 이미숙 근저당 삼성생명 1993. 11. 9. 130,000,000원 근저당 기업은행 1996. 4. 29. 360,000,000원 근저당 이수철 1996. 7. 4. 200,000,000원 근저당 박민구 1996. 10. 4. 35,000,000원 임의경매 삼성생명 청구 130,000,000원 〈1998. 6. 17.〉 〈토지와 건물 일괄 경매〉	소유자 이미숙 1996. 9. 11. 건물 신축으로 소유권보존등기 근저당 이수철 1996. 9. 11. 200,000,000원 근저당 박민구 1996. 10. 24. 35,000,000원 근저당 기업은행 1997. 1. 28. 360,000,000원 근저당 삼성생명 1998. 3. 18. 130,000,000원 임의경매 삼성생명 〈1998. 6. 17.〉

① 권리분석

이 사건과 같이 토지와 건물이 1순위 저당권이 다른 경우 말소기준권리는 토지는 삼성생명 근저당권이고, 건물은 이수철 근저당권이 된다. 그리고 주택임차인 등의 대항력 발생유무는 건물 말소기준권리를 기준으로 한다는 사실이다. 따라서 위 임차인 등은 모두가 대항력이 있는 임차인 등으로 배당받지 못한 금액을 낙찰자가 인수해야 될 것이다.

이 사건은 경매사건번호 98타경44025이고, 기타청구로

- 이정민(최우선임금채권자) : 9,959,606원 적법하게 배당요구

- 성북구청 : 13,987,360원 교부청구(법정기일 1996.8.10.)(당해세가 아님)

이 사건은 배당이의로 대법원까지 간 사건으로 대법 2001다66291 판결로 임차인

및 채권자의 이름은 가명으로 하였으며 채권금액과 대출은행 등은 실제 내용대로 기재되어 있다.

이는 나대지 상태에서 삼성생명이 근저당 설정한 후 건물이 신축된 경우의 배당 사례이다.

임차인 등이 건물 보존등기 전에 모두 입주한 것을 보면 보존등기 전에 4~5개월 전부터 건물이 완공이 되어 임차인 등의 생활이 가능하였던 것처럼 보이며 단지 준공허가를 받지 못하여 보존등기가 이루어지지 않은 경우로 예상된다. 실무에서는 준공허가 전에도 임시사용승인을 받아서 보존등기 전에도입주하는 경우가 많기 때문이다.

따라서 기업은행 근저당설정 당시에는 이미 건물이 존재하였을 것이다.

이때 건물의 정도는 완공 상태가 아니더라도 주택이 지어지는 것(신축 중인 것)을 알 수 있을 정도의 상태에서 토지에 저당권이 설정된 경우(즉 신축 중인 주택의 토지에 저당권을 설정하고 주택이 완공 이후 입주한 소액임차인 등은) 그 저당권보다 임차인의 소액 보증금 중 일정액이 우선한다는 것이 대법원 판례의 입장이다.

그래서 기업은행보다 먼저 최우선변제금을 배당한 사례이다.

그리고 이 주택소유자는 기업은행에게 주택이 보존등기되자 마자 건물에도 저당권을 설정하기로 해놓고 이수철이나 박민구를 먼저 설정해준 것같이 보인다. 아무래도 은행이 개인 채권자 등보다는 속도 면에서 늦을 수밖에 없을 것이다. 왜냐하면 개인채권자 등은 은행보다 절박하기 때문에 선순위채권자가 되기 위해서 은행보다 발 빠른 노력 등을 많이 하였을 것이기 때문이다.

따라서 나대지상에서 근저당권을 설정한 삼성생명이 토지매각대금에 대해 건물 임차인의 최우선변제금보다 우선 배당받았고 그 잔액에 대해 기업은행보다 임차인의 최우선변제금이 우선하여 배당표가 작성되었다.

그러나 임금채권 최우선변제금은 최우선적으로 토지·건물매각대금에서 배당받기 때문에 토지·건물의 감정평가비율에 따라 우선적으로 배당한 것이다. 구 민사소송법 제655조 제2항에서 부동산이 일괄경매의 경우에 부동산의 최저경매가격 비율에 의해 안분한 금액으로 한다.

그러나 배당실무에서는 최초의 감정가의 비율을 가지고 계산하고 있다.

그리고 나서 삼성생명근저당권이 토지저당권에 대한 배당을 하고, 토지의 경매 대가[배당금-선순위(삼성생명) 채권금액 공제 후의 금액]와 건물의 경매 대가를 가지고 또 다시 토지와 건물의 비율을 정하고 이를 배당금에 곱하여 토지와 건물의 배당금을 정하게 된다.

② 원심법원[서울지법 2000나 83342]의 배당표

감정가격이 737,600,880원＝대지 330,400,000원(44.^{793873}%)＋건물 407,200,880원 (55.^{206127}%)

낙찰가격(실제배당금액)이 607,000,000원인데, 경매비용 공제 후 실제배당액이 602,929,141원＝대지 270,075,313원(44.^{793873}%)＋건물 332,853,828원(55.^{206127}%)

1. 이정민(임금채권자)	9,959,606원	＝대지	4,461,293원	＋ 건물	5,498,313원
2. 삼성생명(신청채권자)	130,000,000원	＝대지	130,000,000원	＋ 건물	0
3. 김숙희(소액임차인)	10,000,000원	＝대지	4,479,387원	＋ 건물	5,520,613원
4. 구본승(임차인)	65,000,000원	＝대지	16,882,939원	＋ 건물	48,117,061원
5. 이미자(임차인)	70,000,000원	＝대지	18,181,627원	＋ 건물	51,818,373원
6. 기업은행(근저당권자)	96,070,067원	＝대지	96,070,067원	＋ 건물	0
7. 성북구청(압류권자)	13,987,360원	＝대지	0	＋ 건물	13,987,360원
8. 조명희(임차인)	135,000,000원	＝대지	0	＋ 건물	135,000,000원
9. 이미영(임차인)	35,000,000원	＝대지	0	＋ 건물	35,000,000원
10. 이수철(근저당권자)	37,912,108원	＝대지	0	＋ 건물	37,912,108원

구본승·이미자의 대지·건물 비율: 대지 25.973752%, 건물 74.026248%, 원심법원의 판단: 피고들이 날짜를 특정할 수는 없지만 적어도 1996.4.29. 이후 이 사건 주택을 인도받은 것으로 봄이 상당하므로, 이 사건 주택의 대지부분에 관하여는 원고(기업은행)가 피고들(구본승, 이미자)보다 선순위라고 보아야 하므로, 위 배당표 중 원고에 대한 배당액 96,070,067원을 131,134,633원으로 피고 구본승에 대한 배당액 65,000,000원을 48,117,061원으로 피고 이미자에 대한 배당액 70,000,000원을 51,818,373원으로 각 경정해야 한다.

③ 대법원[2001다 66291] 판시에 따른 배당표(감정가비대비 대지와 건물 비율 위의 내용 참고)

채권자	대지(배당금액 270,075,313원) (44.793873%)	건물(배당금액 332,853,828원) (55.206127%)
1순위: 이정민(최우선임금채권) 9,959,606원	4,461,293.26 = 4,461,293원	5,498,312.73 = 5,498,313원
2순위: 삼성생명130,000,000원	130,000,000원	
※ 선순위채권 공제 후 대지와 건물의 경매대가를 다시 계산하여 보고 그에 따른 배당비율을 정하여 보면	대지경매대가=270,075,313원−4,461,293원−130,000,000원=135,614,020원 배당비율=$\dfrac{135,614,020}{462,969,535}$ (29.29221%)	건물경매대가=332,853,828원−5,498,313원=327,355,515원 배당비율=$\dfrac{327,355,515}{462,969,535}$ (70.%)
3순위: 김숙희 1,000만원 최우선변제금(3,000/1,200만원 기준)	위 배당비율에 따라 안분하면 1,000만원×$\dfrac{135,614,020}{462,969,535}$=2,929,221원	위 배당비율에 따라 안분하면 1,000만원×$\dfrac{327,355,515}{462,969,535}$=7,070,779원
4순위: 기업은행	132,684,799원	0원
5순위: 구본승	0원	65,000,000원
6순위: 이미자	0원	70,000,000원
7순위: 성북구청	0원	13,987,360원
8순위: 조명희	0원	135,000,000원
9순위: 이미영	0원	35,000,000원
10순위: 이수철	0원	1,297,376원

따라서 위와 같이 배당합계를 보면,

ⓐ 이정민＝4,461,293원(1)＋5,498,313원(1)＝9,959,606원

ⓑ 삼성생명＝130,000,000원(2)

ⓒ 김숙희＝2,929,221원(3)＋7,070,779원(3)＝10,000,000원

ⓓ 기업은행＝132,684,799원(4)

ⓔ 구본승＝65,000,000원(5)

ⓕ 이미자＝70,000,000원(6)

ⓖ 성북구청＝13,987,360원(7)

ⓗ 조명희＝135,000,000원(8)

ⓘ 이미영＝35,000,000원(9)

ⓙ 이수철＝1,297,376원(10)로 배당이 종결된다. 임차인 모두가 전액 배당받았으므로 낙찰자 인수사항은 없다.

④ 상기 배당표에 대한 보충설명

   ⓐ 삼성생명은 나대지 상태에서 토지에 근저당권을 설정하였고, 건물이 보존 등기 후 후순위로서 근저당권을 설정하였으나 토지 매각대금에서 선순위로 서 전액 배당받을 수 있었다. 그러나 만일 토지에서 배당금액이 부족하였더 라도 건물배당금에서는 순위가 늦어서 후순위로서 배당에 참여할 수 없었을 것이다.

   ⓑ 기업은행은 주택이 지어지는 과정(신축 중)에 있어서 보존등기가 되지 못하여 토지에만 근저당권을 설정하고, 주택이 보존등기 즉시에 주택에도 공동근저 당권을 설정하기로 약속하고 대출한 것으로 예상된다. 그러나 그 사이에 개인 채권자 등이 근저당권을 설정하여 건물에서 후순위로 설정 되어 건물의 배당 순위 따른 배당금액이 없었고 이에 따라 토지매각대금에서만 순위에 따라서 우선 배당받고 주택순위에 따라 후순위 배당을 받지 못하였다. 따라서 토지배 당금에서 우선순위 채권 즉 이정민, 삼성생명 근저당권, 김숙희 채권 등의 선 순위를 배당하고 나서 배당잔여금에서만 배당받고 소멸되는 경우이다.

   ⓒ 임차인 구본승의 확정일자 우선변제권은 토지와 건물매각대금에서 배당받 을 수 있는 우선변제권이지만 토지 매각대금에서는 배당받지 못하고 주택 매각대금에서 전액 배당받았다. 이는 토지 매각대금에서 선순위채권자인 임 금채권자의 최우선변제금 → 삼성생명 근저당권 → 김숙희 최우선변제금 → 기업은행 근저당권 등이 이와 같은 순위로 배당받고 나서 배당잔여금이 있 었다면 대지와 주택의 비율에 따른 대지배당금을 받을 수 있었으나 배당금 액이 없어서 주택 매각대금에서 전액 배당받을 수밖에 없었다.

   ⓓ 이수철 근저당권은 토지에서는 세 번째 근저당권이고, 주택에서는 첫 번째 근저당권으로 채권전액을 토지와 주택매각대금에서 우선변제받을 수 있을 것 같아 보일 것이다. 그러나 토지매각대금에서는 선순위채권자 등의 순위 에 밀려서 배당금이 없었고 주택매각대금에서는 제1순위 저당권자임에도 불구하고 부동산상의 권리자, 즉 임차인들의 확정일자가 빨라서 임차인들 의 확정일자에 의한 우선변제금을 제외한 배당잔여금 1,297,376원밖에 배

당되지 못한 것이다. 이와 같이 근저당권이나 전세권을 설정할 경우 등기부상 권리자 이외에 반드시 부동산 상上의 권리에도 주의를 기울여야 한다.

임차인 등의 권리자와 조세·공과금채권자 등은 등기부에 공시되지 않고, 임차인 등은 대항요건과 확정일자를 갖춘 경우 소액보증금 중 일정액과 확정일자에 의한 우선변제권을 행사할 수 있고, 조세·공과금은 압류하지 않았더라도 법정기일, 납부기한을 기준으로 우선순위를 정하게 된다는 사실이다. 특히 당해세인 경우는 최우선변제금을 제외한 일반우선변제권 중에서는 항상 우선하고 있다는 사실이다.

⑤ 공동저당의 동시배당시 토지·건물상의 권리가 다른 경우 배당표 작성방법

[2003.9.5. 선고 2001다66291 판결 배당이의]

  ⓐ 판시사항

  ㉠ 대지와 건물이 일괄매각되었으나 각 재산의 매각대금에서 배당받을 채권자 및 채권이 다른 경우 배당표의 작성방법 및 배당이의방법

  ㉡ 주택임차인이 소액보증금에 대해 대지와 건물 모두로부터 배당을 받는 경우 공동저당에 관한 민법 제368조 제1항이 유추적용되는지 여부(적극)

  ㉢ 민법 제368조 제1항의 '각 부동산의 경매대가'의 의미

> **TIP**　　　　　　　**대지와 건물을 일괄경매하는 경우에 배당방법**
>
> 각 재산의 매각대금에서 배당받을 채권자 등이 같을 때에는 구분의 실익이 없지만 즉 하나의 부동산을 매각하는 결과와 같은 배당이 이루어진다. 다른 경우에는 위의 판례와 같이 각 부동산의 매각대금마다 개별배당재단을 구분하여 각 매각대금마다 별도로 배당표를 작성하게 된다.

  ⓑ 판결요지

  ㉠ 대지와 건물을 일괄경매하더라도 배당절차는 기본적으로 개별경매의 경우와 다르지 않으므로 대지와 건물을 개별경매하는 경우와 마찬가지로 대지에

대한 권리자와 대지매각대금에서 건물에 대한 권리자는 건물매각대금에서 각 배당을 받아야 하고, 따라서 대지와 건물을 일괄매각하는 경우 각 재산의 매각대금에서 배당받을 채권자 및 채권이 다른 때에는 각 부동산의 매각대금마다 구분하여 이른바 개별배당재산을 형성한 후 각 대금마다 따로 배당표를 작성해야 하며, 이 경우 배당표에 대한 이의는 각 물건마다 작성된 배당표를 대상으로 따로 처리되어야 하는 것이고, 설령 대지와 건물에 대한 배당표가 하나로 작성되었다고 하더라도 이는 대지 매각대금에 대한 배당표와 건물매각대금에 대한 배당표의 각 채권자의 배당액이 합산되어 하나로 작성된 것에 불과하므로 대지 매각대금이 모두 대지에 대한 권리자들에게 배당되었는데, 다만 그들 사이의 배당순위만 문제되는 경우 대지에 대한 선순위채권자로서 배당을 받지 못한 자는 대지에 대한 후순위채권자로서 선순위채권자에 우선하여 배당받은 채권자를 상대로 배당이의를 할 수 있는 것이고, 후순위권자가 건물매각대금으로부터 배당을 받을 수 있어서 결과적으로 후순위채권자의 배당액에 변경이 없을 것이라고 하여 달리 볼 것이 아니다.

김 / 동 / 희 / 의 / 강 / 의 / 노 / 트

부동산에 배당액 산정방법

공동저당권의 목적부동산이 전부 매각되어 그 경매대가를 동시에 배당하는 때에는 각 부동산의 경매대가에 비례하여 그 채권액의 분담을 정한다[민법 제368조 제1항].

즉 이 사건에서와 같이 토지에 선순위 채권이 있는 경우,

토지최초배당금액 270,075,313원 - 이정민채권 - 삼성생명채권 = 135,614,020원이 토지의 경매대가가 된다.

건물최초배당금액 332,853,828원 - 5,498,313원 = 327,355,515원이 건물경매대가가 된다.

이들 경매대가를 가지고 배당비율을 정하고 각 채권자의 채권금액에 곱하여 안분한다.

ⓛ 주택임대차보호법 제8조에 규정된 소액보증금반환청구권은 임차목적 주택에 대해 저당권에 의해 담보된 채권, 조세 등에 우선하여 변제받을 수 있는 이른바 법정담보물권으로서, 주택임차인이 대지와 건물 모두로부터 배당을 받는 경우에는 마치 그 대지와 건물 전부에 대한 공동저당권자와 유사한 지위에 서게 되므로 대지와 건물이 동시에 매각되어 주택임차인에게 그 경매대가를 동시에 배당하는 때에는 민법 제368조 제1항을 유추적용하여 대지와 건물의 경매대가에 비례하여 그 채권의 분담을 정해야 한다.

ⓒ 민법 제368조 제1항에서 말하는 '각 부동산의 경매대가'라 함은 매각대금에서 당해부동산이 부담할 경매비용과 선순위 채권을 공제한 잔액을 말한다.

집합건물에 토지별도등기가 되어 있는 경우의 물건에 대한 권리분석

주소	면적	경매가 진행과정	1) 임차인내역 2) 기타청구	등기부상 권리관계

서울특별시
강남구
논현동
○○○번지
삼성빌라
4층 401호
	대지
	358분의
	35.8
	
	건물
	전용면적
	75.4㎡
		감정가
		  320,000,000원
		
		대지 165,000,000원
		  (51.5625%)
		  (토지별도등기있음)
		건물 155,000,000원
		  (48.4375%)
		
		최저가
		  1차 320,000,000원
		  유찰
		  2차 256,000,000원
		  낙찰 285,000,000원
		  낙찰자 이재명
		  〈2004. 9. 15.〉
		  소유권이전
		  2004. 10. 23.
			1) 임차인
			① 송철우
			  전입 2003. 2. 9.
			  확정 2003. 4. 1.
			  배당 2004. 6. 10.
			  보증 70,000,000원
			  (401호 점유)
			② 이기자
			  전입 2003. 9. 10.
			  확정 2003. 9. 10.
			  배당 2004. 6. 15.
			  보증 10,000,000원
			  (옥탑방 1개)
			2) 기타청구
			① 압류 강남구청취득세
			  (법정 2003. 7. 31.)
			  3,250,000원
			② 교부청구
			  서초세무서 부가세
			  (법정 2003. 4. 25.)
			  350만원
				소유자 김숙경
				  2003. 2. 10.
				근저당 기업은행
				  2003. 2. 10. 1억 2,000만원
				가압류 이승민
				  2003. 5. 10. 75,000,000원
				근저당 유시민
				  2003. 10. 1. 30,000,000원
				압류 서울시 강남구청
				  2003. 10. 10.
				임의경매 기업은행
				청구금액 115,400,000원
				  〈2004. 2. 10.〉
				(집합건물등기부등본)
				근저당 외환은행
				  1989. 10. 10. 36,000,000원
				근저당 외환은행
				  1995. 2. 17. 48,000,000원
				근저당 이철승
				  2000. 5. 10. 150,000,000원
				(토지등기부등본)

　위의 경매사건은 토지별도등기되어 있는 것으로 집합건축물등기부등본과 토지 등기부등본을 열람하여 분석한 결과 소유자 김숙경이 소유하고 있던 토지에 다세 대 주택을 건립 후 각 세대별로 대지권을 분할한 경우이다.

　그런데 김숙경이 소유 당시 근저당권 채무액과 건물 신축하기 위해 자금을 차용 한 금액 등의 근저당 채무액이 상환되지 않고 그대로 남아 있어서 토지별도등기 된 경우이다.

　이러한 사항을 정확히 이해하기 위해서 집합건물등기부등본을 확인함과 동시에 토지등기부등본을 발급받아서 분석하여보면 다음과 같다.

① 집합건물 등기부등본[첫 번째 표제부(1동의 건물표시) 생략]

【 표 제 부 】(전유부분의 건물의 표시)

표시번호	접수번호	건물번호	건물내역	등기원인 및 기타사항
1	2003년 2월 10일	제4층 401호	철근콘크리트조 75.4㎡	도면 편철장 제3책 48장

(대지권의 표시)

표시번호	대지권의 종류	대지권의 비율	등기원인 및 기타사항
1	소유권 대지권	358분의 35.8	2003년 1월 31일 대지권 2003년 2월 10일
2			별도등기 있음 1토지(을구 1내지 3 근저당권 설정) 2003년 2월 10일

【 갑 구 】(소유권에 관한 사항)

순위번호	등기목적	접수	등기원인	권리 및 기타사항
1 :	소유권보존	2003년 2월 10일		소유자 김숙경 481125-2××× × 서울시 강남구 논현동 ○○○번지
10 : :	가압류	2003년 5월 10일 제41145호	2003년 5월 8일 서울중앙지법가압류 (2003카다 21141)	청구금액 금 75,000,000원 채권자 이승민
13 :	압류	2003년 10월 10일 제643211호	2003년 10월 7일 압류(세무과-5114)	권리자 서울시 강남구청
15	임의경매 개시결정	2004년 2월 10일 제644701호	2004년 3월 26일 서울중앙지법경매개시 (2004타경 ○○○호)	채권자 기업은행 서울시 강남구 논현동 ○○○

[을   구](소유권 이외의 권리에 관한 사항)

순위번호	등기목적	접수	등기원인	권리 및 기타사항
1	근저당설정	2003년 2월 10일 제11451호	2003년 2월 9일 설정계약	채권최고액 금 1억2,000만원 채무자 김숙경 서울시 강남구 논현동 ○○○번지 근저당권자 기업은행 서울시 강남구 논현동 ○○○
2	근저당설정	2003년 10월 1일 제64321호	2003년 9월 30일 설정계약	채권최고액 금 30,000,000원 채무자 김숙경 서울시 강남구 논현동 ○○○번지 삼성빌라 4층 401호 근저당권자 유시민 서울시 강남구 논현동 ○○○

이와 같이 집합건물에 별도등기가 있는 경우는 이러한 내용 등을 정확히 분석하기 위해서는 토지등기부등본을 열람해보고서 어떠한 문제점이 있는가를 확인하고 난 후 입찰에 참여해야 한다.

따라서 토지등기부등본을 열람해보면, 다음과 같은 사항을 확인할 수 있을 것이다.

② 토지등기부등본 열람(표제부 생략)

[갑   구] (소유권에 관한 사항)

순위번호	등기목적	접수	등기원인	권리 및 기타사항
1	소유권이전	1989년 10월 10일 제44879호	1989년 9월 11일 매매	소유자 김숙경 서울시 강남구 논현동 ○○○
2	카압류	~~1996년 3월 11일~~ ~~제34336호~~	~~1996년 3월 7일~~ ~~서울중앙지법 카압류~~ ~~(1996카단11456)~~	~~청구금액 금18,700,000원~~ ~~채권자 김국거~~
3	소유권 대지권			건물의 표시 서울특별시 강남구 논현동 ○○○ 번지 4층 다세대 주택 2003년 2월 10일 등기
4	2번가압류 등기말소	2003년 2월 10일 제2114호	2003년 2월 10일 해제	

【 을　　구 】(소유권 이외의 권리에 관한 사항)

순위번호	등기목적	접수	등기원인	권리 및 기타사항
1	근저당권설정	1989년 10월 10일 제65479호	1989년 10월 7일 설정계약	채권최고액 금 36,000,000원 채무자 김숙경 근저당권자 외환은행
2	근저당권설정	1995년 2월 17일 제11479호	1995년 2월 14일 설정계약	채권최고액 금 48,000,000원 채무자 김숙경 근저당권자 외환은행
3	근저당권설정	2002년 5월 10일 제32479호	2002년 5월 9일 설정계약	채권최고액 금 1억5,000만원 채무자 김숙경 근저당권자 이철승

이 경매사건에서 법원기록을 확인한 결과 토지저당권자 모두가 배당을 신청하여 배당받고 소멸될 수 있는 것이고 임차인 송철우는 대항력이 있어서 배당을 못 받는다면 낙찰자 인수로 남게 될 것이다. 이때 임차인의 대항력 발생의 말소기준권리는 토지가 아니라 건물의 말소기준권리를 갖고 한다는 점이다.

③ 첫째 토지저당권자의 배당요구시 배당표 작성

ⓐ 토지저당권자 모두가 자신의 채권액 전액을 배당요구한 것이 아니고, 토지 전체 저당채권액에서 경매대상전유부분의 대지권지분비율만큼(10분의 1) 배당요구하고, 그 지분만큼은 근저당권을 일부 포기하기로 한 경우라고 가정하고 배당을 하여보자.

따라서 배당금액이 (285,000,000원 - 집행비용 250만 원)282,500,000원이므로 아래와 같이 배당을 할 수 있다.

여기서 중요한 점은 토지와 건물의 저당권자가 다른 경우의 배당절차이므로 1차적으로 토지와 건물 감정가액 비율을 계산하고 이를 배당금액에 곱하여 배당액을 토지와 건물로 분리한다. 분리된 금액을 갖고 토지상 선순위채권자를 공제하고 난 후 토지 배당잔여금과 건물배당금을 합하여 다시 비율을 정하여 후순위 임차인, 저당권자들에게 순위에 따라서 건물과 토지 비율에 근거하여 아래와 같이 배당한다. 감정가액이 320,000,000원, 토지 165,000,000원(51.5625%)이고 건물 155,000,000원(48.4375%)이다.

순위	채권자 및 배당금액	건물배당액 136,835,938(48.4375%)	토지배당액 145,664,062(51.5625%)
1	외환은행　3,600,000원 　　　　　4,800,000원	0 0	3,600,000원 4,800,000원
2	이철승　15,000,000원 (1, 2는 대지권비율만큼만 배당 요구한 경우)	0	15,000,000원
배당잔여금	259,100,000원	136,835,938(52.^{812018}%)	122,264,062(47.^{187982}%)
3	이기자(최우선변제금) 　　　　10,000,000원	5,271,202원	4,718,798원
4	기업은행　115,400,000원	60,945,069원	54,454,931원
5	송철우　70,000,000원	36,968,413원	33,031,587원
6	강남구청　3,250,000원	1,716,391원	1,533,609원
		조세채권은 일반채권에 항상 우선하고, 압류된 조세채권은 교부된 조세에 우선한다(즉 서초세무서보다 우선, 압류선착주의가 적용된 사례임).	
7	서초세무서 3,500,000원	1,848,421원	1,651,579원
8	① 가압류 이승민 7,500만원＝② 근저당 유시민 3,000만원이 동순위로 안분배당한다.배당잔여금이 건물 30,076,442원＋토지 26,873,558＝56,950,000원이다. ① 가압류 이승민＝56,950,000원×7,500만원/10,500원＝40,678,57142＝40,678,571원 ② 유시민＝56,950,000원×3,000만원/10,500만원＝16,271,42857＝16,271,429원		
	따라서 ① 가압류 이승민 40,678,571원 ② 유시민　16,271,429원	21,483,174원 8,593,270원	19,195,397원 7,678,159원

이와 같이 배당이 종결되고 대항력 있는 임차인 송철우가 전액 배당받고 토지 채권자들이 배당신청하므로 인하여 모두가 소멸 대상이 된다. 따라서 낙찰자는 토지·건물 모두의 소유권을 온전하게 획득하게 된다.

ⓑ 이와 같이 토지저당권자 등이 자신의 대지권 비율만큼만 신청할 수도 있겠지만 대부분의 경우에는 선순위저당권자로서는 우선 매각되는 경우에 있어서 우선적으로 자신의 채권액을 전액 회수하는 경우가 대부분일 것이다. 이 경우 후순위저당권자 등은 선순위저당권자가 전체 매각대금에서 동시에 배당 받았을 경우에 배당 받을 수 있는 금액을 한도로 하여 다른 지분 매각절차에서 선순위저당권자를 대위하여 대위권을 행사할 수 있을 것이다.

ⓒ 토지등기부상의 토지채권자 등이 배당요구한 경우라도 선순위가등기, 선순위가처분, 예고등기 등은 소멸되지 않고 낙찰자가 인수해야 한다(물론 선순위가등기권자라도 담보가등기권자로 채권신고 및 배당요구한 경우는 소멸된다).

국세징수법 절차상으로 진행되는 공매인 경우는 원칙적으로 가압류, 강제경매신청채권자 등의 일반채권자 등은 배분요구가 불가능(배분절차에서 제외되므로)하나 다만 이들 권리 등이 저당권부 담보물권보다 선순위이거나 동순위인 경우만 참여가 가능하다는 설명은 수차한 바 있다.

그러나 이와 같이 토지별도등기 된 가압류나 강제경매신청채권과 전소유자의 가압류채권자 등은 저당권부 담보물권보다 선순위이거나 동순위가 아닌 경우도 의무통지대상자로 등기로 송달 받게 되는 대상자이고, 이중에서 토지별도등기 된 가압류나 강제경매신청채권은 배분절차에서 토지매각대금에 한해서 집합건물의 현소유자의 채권자보다 우선변제 받게 된다.

④ 둘째로 토지 저당권자들이 배당요구를 하지 않은 경우로 법원이 특별매각조건으로 낙찰자인수시키는 경우 배당사례

앞 ③ 사례에서와 같이 낙찰자가가 높지 않고 낮게 낙찰될 것이다. 토지저당채권 등을 낙찰자가 인수하던가 토지저당권자가 경매 진행시 대지권을 경매로 매수하지 않으면 제3자가 대지권을 매수하게 되고 이 경우 전유부분 소유자는 대지권이 없어서 대지권 소유자로부터 구분소유권을 시가로 매도청구 당할 수도 있기 때문이다. 구분건물소유자에게는 법정지상권이 성립되지 않기 때문이다. 따라서 대지권자로부터 별도로 협의매수 해야만 온전한 권리 행사를 할 수 있을 것이다.

이러한 경우에는 대지권 구입비용을 계산해서 이보다 낮은 가격으로 매수해야 될 것이다.

따라서 매각대금이 155,000,000원－집행비용 250만 원으로 배당금액이 152,500,000원이 된다.

1순위_ 이기자 1,000만 원(최우선변제금 1)

2순위_ 기업은행 115,400,000원(우선변제금 2)

3순위_ 송철우 27,100,000원(우선변제금 3)

따라서 낙찰자는 대항력 있는 임차인 송철우의 미배당금액 42,900,000원으로 이 금액을 인수해야 한다.

　　낙찰자의 총 구입비용은 155,000,000원＋42,900,000원(인수금액)＝197,900,000원
이 될 것이다.

　　이 밖에도 낙찰자는 토지등기부의 채권자들을 인수해야 한다. 따라서 실제적으로
197,900,000원＋토지별도등기된 채권별인수(3,600,000원＋4,800,000원＋15,000,00원)가 될
것이다. 그러나 채권이 과다할 경우 낙찰자(구분건물소유자)는 토지별도채권자 등의
경매신청절차에서 별도로 낙찰받고자 할 것이다. 협의 과정도 쉽지 않고 협의금액
자체가 경매로 매수하는 금액보다 낮을 수가 없기 때문이다.

⑤ 셋째로 위 첫 번째 배당사례 이후에 등기부등본을 열람하면 다음과 같다

집합건물의 대지권의 표시란에 별도등기 있음 말소

【　표　　제　　부　】(전유부분의 건물의 표시)

표시번호	접수번호	건물번호	건물내역	등기원인 및 기타사항
1	2003년 2월 10일	제4층 401호	철근콘크리트조 75.4㎡	도면 편철장 제3책 48장

(대지권의 표시)

표시번호	대지권의 종류	대지권의 비율	등기원인 및 기타사항
1	소유권 대지권	358분의 35.8	2003년 1월 31일 대지권 2003년 2월 10일
			별도등기 있음 1토지(을구 1내지 3 근저당권 설정) 2003년 2월 10일
2			2번 별도등기 말소 2003년 10월 23일

　　낙찰자가 소유권이전 후 토지등기부등본 확인한 결과

【 을   구 】(소유권 이외의 권리에 관한 사항)

순위번호	등기목적	접수	등기원인	권리 및 기타사항
1	근저당권설정	1989년 10월 10일 제65479호	1989년 10월 7일 설정계약	채권최고액 금 36,000,000 채무자 김숙경 근저당권자 외환은행
1-1	1번 근저당권설정	2003년 10월 23일 제71476호	2003년 10월 23일 임의경매로 인한 매각	목적 설정할 지분 358분의 35.8 포기할 지분 358분의 35.8(401호)
2	근저당권설정	1995년 2월 17일 제11479호	1995년 2월 14일 설정계약	채권최고액 48,000,000원 채무자 김숙경 근저당권자 외환은행
2-1	2번 근저당권설정	2003년 10월 23일 제71476호	2003년 10월 23일 임의경매로 인한 매각	목적 설정할 지분 358분의 35.8 포기할 지분 35.8(401호)
3	근저당권설정	2002년 5월 10일 제32479호	2002년 5월 9일 설정계약	채권최고액 1억 5,000만원 채무자 김숙경 근저당권자 이청승
3-1	3번 근저당권설정	2003년 10월 23일 제71476호	2003년 10월 23일 임의경매로 인한 매각	목적 설정할 지분 358분의 35.8 포기할 지분 358분의 35.8(401호)

대지권 및 대지권 미등기에 관한 설명과 이들 사례에 대한 권리분석 및 배당

대지권

대지사용권은 건물(아파트 등의 집합건물)의 구분 소유자가 전유부분을 소유하기 위하여 건물의 대지에 대해 가지는 권리를 대지권이라 한다[집합건물의 소유 및 관리에 관한 법률 제2조 6호].

대지사용권으로서 등기되어 있는 것으로 전유부분과 분리하여 처분할 수 없는 권리를 대지권이라 한다.

대지권의 경우에는 소유권이 대지권인 경우와 소유권 이외의 권리 중 지상권, 전세권, 임차권, 법정지상권, 관습법상지상권, 무상사용권(시영아파트), 유상사용권(건물만 분양하고 토지사용료를 일정기간 동안 분양가에 포함한 경우) 등이 있다. 이러한 대지권은 집합건물등기부의 두 번째 표제부(전유부분 표제부) 하단에 지분으로 대지권의 표시(대지권의 종류, 대지권의 비율 등)가 등기되며 이를 대지권 등기라 한다.

단독주택(다가구), 일반건물 등은 토지와 건물이 별개이므로 개별적인 거래 대상이 될 수 있다. 그러나 집합건물의 경우에는 특별한 경우(대지권 등기가 없는 건물, 대지권만 분리 처분한다는 특약) 이외에는 대지권을 전유부분과 분리하여 거래 대상이 아니고 일체의 거래대상으로 보아야 하는 것이다. 집합건물의 소유 및 관리에 관한 법률 제20조 제1항은 구분소유자의 대지사용권은 그가 가지는 전유부분 처분에 따르며 구분소유자는 그가 가지는 전유부분과 분리하여 대지 사용권을 처분할 수 없다. 다만 규약에 달리 정한 때에는 그러하지 않는다[동법 제20조 제2항].

집합건물등기부 상 대지권 미등기이나 대지권이 있는 경우

① 보통 아파트를 신축하거나 재개발사업을 하면서 수 필지를 합필하거나 분필하는 과정에서 기존 지번을 말소하고 새 아파트의 지번을 부여하면서 함께 환지 작업을 하고 각 호수별로 대지권을 구분하게 된다. 그러나 이러한 작업이 많은 시간이 소요되게 되는데 특히 대단위의 아파트인 경우에는 1년~2년 이상이 소요되는 경우도 있다. 이런 작업이 늦어지게 되면 전유부분이 먼저 보존등기 되고 대지권은 등기부 상에 나타나지 않게 되고 지분정리가 모두 이루어진 경우에 비로소 대지권이 집합건축물대장과 집합건축물등기부등본에 대지권으로서 표시되게 된다. 이 기간 동안 대지권은 미등기 상태로 남게 되는 것이다.

② 집합건축물이 보존등기(신축)가 되고 대지권의 지분정리가 모두 이루어지면 다음과 같은 절차가 이루어진다.

　ⓐ 대지권의 지분정리가 모두 이루어지면 우선 토지등기부의 갑구 소유권에 관한 사항란에 '소유권대지권'이 공유등기 된다. 이 등기가 완료되면 토지등기 부용지에서 더 이상 소유권이전등기를 할 수 없다.

　ⓑ 집합건축물 등기부등본집합건축물 등기부등본의 첫 번째 표제부(1동의 건물의 표시)에는 대지권의 목적인 토지의 소재지번과 건물의 명칭 및 번호가 표시되고 건물내역 등이 표시되어 있다. 두 번째 표제부(전유부분의 건물의 표시)에는 그 전유부분에 속하는 건물번호와 건물내역 그리고 그 하단에 대지권의 표시가 이루어지는데 대지권의 종류와 대지권의 비율 등이 표시된다. 이와 같이 집합건축물이 보존등기가 이루어지고 대지권이 미등기인 경우에는 두 번째 표제부의 전유부분의 건물의 표시만 이루어져 있고 대지권이 미등기되어 있지만 대지권정리가 이루어져서 대지권이 등기가 되면 전유부분의 대지권

의 표시가 기재하게 된다. 이렇게 대지권이 등기된 집합건축물은 집합건축물의 소유권이 이전되면 대지권도 함께 이전된다. 즉 대지권의 소유권이 집합건축물의 소유자의 소유가 된다.

③ 지분정리가 모두 이루어져서 지분등기가 되었더라도 간혹 등록비용을 납부하지 않아 미등기 상태로 남아 있는 경우가 있는데 분양받은 후 전유부분이 보존등기가 되고 경매가 개시된 경우에는 미등기 상태로 놓아둘 것이다. 이때에는 경락자가 등록비용을 지급하고 전유부분과 대지권 모두의 소유권을 취득할 수 있다.

④ 일반분양권자가 분양대금을 완납하지 않았거나 조합원이 청산금(추가부담금)을 완납하지 않은 경우에는 전유부분의 등기절차가 이루어지지 못할 것이므로 대지권의 미등기문제는 성립되지 않는다.

이러한 경우에도 다음과 같이 법원의 판결을 득해서 대위로 인한 촉탁등기를 신청할 수 있다.

즉 아파트가 신축 후 준공허가를 받으면 시, 군, 구청에서 집합건축물 대장을 만들게 되는데 이 경우 조합원이 청산금 미납 여부와 관계없이 건축물대장이 만들어지게 된다. 그렇다 하더라도 등기는 청산금을 납부할 때까지 미등기로 남아 있을 것이다. 이러한 경우뿐만 아니라 준공허가 전 이라도 건축물이 완공단계에 있는 경우에는 조합원의 채권자 등이나 권리자 등이 자신의 채권보전(가압류, 강제경매신청, 조세·공과금 채권 등의 압류 등) 또는 권리보전(처분금지가처분)을 위하여 법원에 대위에 의한 촉탁등기 신청과 동시에 보전절차를 신청할 수 있다. 두 경우에서 차이가 있다면 첫 번째의 경우의 대위에 의한 촉탁등기는 건축물대장이 있지만, 준공허가 전 대위에 의한 촉탁등기의 경우에는 등기부상으로만 보존등기가 되고 건축물대장은 존재하지 않는다. 이 경우 대장이 만들어지는 시기는 재건축이 완성되고 준공허가 신청시(사용승인 신청시)에 다른 재건축 아파트 등과 함께 만들어지게 된다.

이와 같이 대위로 인한 촉탁등기을 채무자 명의로 등기함과 동시에 채권자 등이 보전처분(가압류, 강제경매, 조세채권자 등의 압류)을 하고 그에 따른 경매나 공매절차를 진행하게 된다.

이와 같은 경매나 공매절차에서 조합원이 청산금의 미납금이나 기타 연체비용 등이 있는 경우 조합 측에서는 경매, 공매 대상부동산에 가압류조치와 동시에 공매, 경매절차에서 배당요구하여 채권을 회수할 수 있을 것이다. 그러나 배당 요구하여 채권을 상당부분 회수하지 못할 경우에는 공사대금채권으로 인한 유치권을 주장하여 낙찰자가 인수하도록 할 수도 있을 것이다. 어쨌든 이를 낙찰 받은 낙찰자는 전유부분에 대한 소유권을 취득하게 되는데 이 경우에도 대지권과 동시에 매각되었느냐, 별도로 매각되었느냐에 따라 대지권 취득 여부도 달라질 수 있다.

대지권이 미등기된 상태이더라도 감정평가상에 대지권에 대한 평가가 이루어졌고 그 대지권의 평가금액이 감정평가서상에 표기되었다면 대지권도 매각으로 당연 취득하지만 감정평가상 평가에서 제외되었다면 낙찰자는 대지권을 취득할 수 없게 될 것이고, 추후로 대지권 소유자로부터 구분소유권 매도청구권을 행사 당해 구분소유권의 소유권까지 대지권자에게 매도 당할 수밖에 없을 수도 있는 것이다. 그렇지 않기 위해서는 대지권을 대지권 소유자로부터 경매와 별도로 매수할 수밖에 없을 것이다.

집합건물등기부 상 대지권 미등기이고 대지권이 없는 경우

① 대지권이 본래 없는 경우의 집합건물(아파트, 다세대, 연립 등)을 말한다. 이러한 경우 건물만 매각하는 것으로 낙찰자는 대지에 대해 소유권을 취득할 수 없다. 대지권 없는 아파트를 낙찰받았을 경우 대지권 소유자가 구분소유권 매도 청구권을 행사하면 낙찰자는 건물의 소유권을 잃을 수 있다. 건물 낙찰자는 대지권 소유자가 건물(구분소유자 건물)을 시가로 매도할 것을 요구하면 이에 응해야 하기 때문이다. 이와 같이 감정평가서상 대지에 대한 가격이 포함되지 않았다면 물건에 대한 자세한 분석을 하여서 대지권을 매입해도 될 정도의 낮은 가격으로 낙찰받는 경우가 아니라면 유의해야 된다.

② 본래부터 아파트와 건물 등이 국유지나 시유지 상에 지어졌거나 토지를 일정한

기간 동안 사용하는 전제조건으로 전유부분만 분양받은 경우 일정한 기간 경과 후에는 토지 사용권을 반환해야 할 것이다. 낙찰자도 이 기간 동안만 사용할 수밖에 없고, 이 기한 이후에는 토지 사용권을 잃게 되는 것이다.

③ 이러한 것은 등기부등본상으로만 대지권 미등기인지 대지권이 없는 것인지 판단하기란 쉽지 않다. 모두가 대지권 등기가 되어 있지 않아서 표면상으로는 구분이 되지 않는다. 대지권이 있는 경우의 대지권 미등기는 감정평가액 중에 대지 지분의 평가액이 기재되는 반면 대지권이 없는 경우에는 감정평가액이 건물부분만 평가되어 있다.

이와 같이 대지권 미등기는 대지권의 소유권을 취득하지 못함으로써 건물의 철거(집합건물인 경우 건물철거는 할 수가 없어서 구분 소유권 매도청구 당할 수 있다) 및 지료를 지불하거나 대지권을 매수해야 하는 등의 문제가 발생할 수 있으므로 철저한 권리분석을 요한다.

④ 따라서 입찰자는 대지권이 미등기 되었다면 반드시 대지권이 감정평가되었는지를 법원의 감정평가서를 통하여 확인해야 한다. 또한 토지등기부등본 등을 열람 또는 발급 받아서 정확한 권리분석을 해야 할 것이다. 이와 같이 대지권이 등기되지 않은 사유 등을 분석하고 나서 낙찰받고 난 이후 대지권등기가 가능한지, 가능하지 않은 경우라면 별도 대지권 구입을 고려해서 입찰에 참여해야 될 것이다.

↓ 김동희 배당사례특강 대지권 미등기 사례에 대한 분석과 배당사례

배당 EXERCISE 1 　　　　　　　　　　　　　　　　　EXERCISE

국세징수법상 진행되는 압류공매인 경우에 있어서 대지권미등기(대지권이 감정평가에 포함된 경우)의 권리분석 및 배분사례

이는 한국자산관리공사KAMCO의 물건관리번호 2008-09256-001호를 기준으로 대지권미등기이나 감정평가금액에 대지권금액이 포함된 경우로 이를 입찰하기 전 권

리분석과 예상배분표 작성을 하고 나서 입찰에 참여하였다. 그리고 낙찰자가 낙찰받고(매각 이후) 소유권이전등기 후 집합건축물등기부등본과 토지등기부등본을 열람하여 대지권등기가 이루어져 있는가 등을 확인하여보았다. 이렇게 점검을 해야만 입찰 전의 권리분석이 정확한 권리분석이 되었는가를 검증할 수 있기 때문이다.

① 공매물건정보

 ⓐ 공매물건정보 및 낙찰금액 및 입찰자수 등의 입찰상세정보

  [물건명/소재지]: 서울 양천구 목동 956 목동롯데캐슬위너 제105동 제20층 제0000호

■ 기본정보

물건종류	부동산	처분방식	매각
입찰집행기관	한국자산관리공사 공고정보	담당부서	조세정리부
담당자	공매5팀	연락처	02-3420-5079
물건상태	입찰공고 중	조회수	149

■ 물건정보

소 재 지	서울 양천구 목동 956 목동롯데캐슬위너 제105동 제20층 제0000호	
물건관리번호	2008-09256-001	
재산종류	압류 재산	
위임기관	서울특별시	
물건용도	아파트	물건세부용도
면 적	대지 36.124㎡지분(총면적 43,007.4㎡), 건물 84.97㎡	

■ 감정정보

감정평가금액	760,000,000원	2008/07/18
감정평가기관	(주)나라감정평가법인	
위치 및 부근현황	본건은 양천구 목동소재 양동중교 남서측 인근에 위치, 본건까지 제반차량접근 가능, 인근 버스정류장소재 대중교통 보통임.	
이용현황	부정형 평지이며, 아파트 건부지로 이용 중임.	
기타사항	해당사항 없음.	

■ 임대차정보

임대차내용	이름	보증금	확정(설정)일	전입일

감정서상 표시내용 또는 신고된 내용이 없다.

※ 임대차정보는 감정서상 표시내용 또는 신고된 임대차 내용 등으로서 누락, 추가, 변동될 수 있사오니 참고자료로만 활용하여야 하며 이에 따른 모든 책임은 입찰자에게 있다.

명도책임	매수자
부대조건	등기부상 면적과 행정관청의 대장상 면적이 상이하여, 등기부 기준으로 매각하는 조건이 오니 사전조사 후 입찰바람.
관련정보	[사진정보] [위치도] [감정평가서] [지도정보] [인근시세정보] [부동산가격정보] [민원서류발급] [등기부(토지)실시간조회] [등기부(건물)실시간조회] [토지이용계획 및 개별공시지가] [토지이용규제정보]

▣ 입찰정보

▶ 2회 이상 입찰서 제출 가능하다.

입찰번호 회차/차수	공고일 입찰방식	대금납부 납부기한	인터넷입찰시작 인터넷입찰마감	현장입찰일시 개찰일시	현장입찰장소 개찰장소	최저입찰가
2008-09256-001	2008-08-13	일시불	2008/10/13	–	–	456,000,000원
041/001	공매	낙찰금액별 구분	2008/10/15 17:00	2008/10/16	전자자산처분시스템 (www.onbid.co.kr)	입찰참가
2008-09256-001	2008-08-13	일시불	2008/10/20	–	–	380,000,000원
042/001	공매	낙찰금액별 구분	2008/10/22	2008/10/23 11:00	전자자산처분시스템 (www.onbid.co.kr)	입찰참가

ⓑ 낙찰금액 및 입찰자수 등의 입찰상세정보

▣ 입찰상세정보

물건관리번호	2008-09256-001	조 회 수	678
물건명	서울 양천구 목동 956 목동롯데캐슬위너 제105동 제20층 제○○○○호		
유효입찰자수	3 명(현장 0 명 / 인터넷 3 명)		
입찰금액	507,899,000원, 499,999,900원, 499,900,000원		
개찰결과	낙찰	낙찰금액	507,899,000원
감정가격 (최초 최저입찰가)	760,000,000원	낙찰가율 (감정가격 대비)	66.83%
최저입찰가	456,000,000원	낙찰가율 (최저 입찰가 대비)	111.38%

▣ 공매정보

자산구분	압류재산	담당부점	조세정리부
회차/차수	041-001	개함일시	2008/10/16 11:02

▣ 대금납부 및 배분기일 정보

대금납부기한	납부여부	납부최고일	납부여부	배분기일
2008-12-15	납부	–	–	2008-12-30

② 대지권미등기인 경우 입찰하기 전 집합건축물등기부등본과 토지등기부등본 열람

  ⓐ 대지권미등기인 경우 집합건축물 등기부상의 표제부와 갑구, 을구의 기재내용 및 설명

[집합건물등기부의 첫 번째 표제부(1동의 건물의 표시) 생략]

【 표 제 부 】(전유부분의 건물의 표시)

표시번호	접수번호	건물번호	건물내역	등기원인 및 기타사항
1	2005년 8월 3일	제20층 제2003호	철근콘크리트구조 84.97㎡	도면편철장 제1책 146장

【 갑 구 】(소유권에 관한 사항)

순위번호	등기목적	접수	등기원인	권리 및 기타사항
1	소유권보존	2005년 9월 8일 제63989호		소유자 이국민 500000-1***** 서울 양천구 목동 913 목동신시가지 아파트 ○○○-○○○
				대위자 서울특별시 대위원인 서울시세 체납에 의한 채권보전을 위한 목적
2		2005년 9월 8일 제63993호	2005년 8월 30일 압류(세무과-22415)	권리자 서울특별시
3		2005년 11월 11일 제77296호	2005년 11월 10일 서울남부지방법원의 가압류 결정(2005카합2717)	청구금액 금153,585,240원 채권자 동신아파트재건축조합 111271-0001697 서울 양천구 목동 609-13 2층
4		2005년 12월 29일 제87454호	2005년 12월 20일 압류(세무1과-9020)	권리자 서울특별시 양천구
5		2006년 9월 22일 제73498호	2006년 9월 20일 압류	권리자 국 처분청 양천세무서

이 공매사건 해결을 위하여 집합건물 등기부를 확인해본 결과 앞에서와 같이 표제부상에 대지권이 등기되어 있지 않았다. 집합건물 등기부의 첫 번째 표제부에는 1동 전체에 관한 건물의 표제부로 1동의 건물 전체에 관한 표시와 1동 전체의 대지권의 목적인 토지가 표시되어 있어야 하고, 두 번째 표제부에는 전유부분에 대한 표제부로 전유부분의 건물의 표시와 전유부분에 대한 대지권의 표시가 되어 있어야 한다. 그런데 위의 집합건물등기부에는 전

유부분에 대한 대지소유권이 등기되어 있지 않아서 대지권이 미등기인 사항을 알 수가 있었다. 이러한 경우 대지권이 감정평가되어 있는지가 중요한데 이 공매사건에서는 대지권이 감정평가액에 포함되어 있었다.

그러면 이러한 사유를 알기 위해서 입찰자는 반드시 토지등기부등본을 열람해 보아야 정확한 사항을 파악할 수 있으므로 예상배분표 작성 전에 다음과 같이 토지등기부등본을 열람해 보고 이러한 사실 등을 바탕으로 예상배분표를 작성해 보기로 한다.

ⓑ 토지등기부등본 열람

토지등기부등본이 495쪽이 되는 관계로 이국민(가명)지분에 해당하는 쪽인 갑구 260쪽, 261쪽과 을구 407쪽만 다음과 같이 기재하였다.

㉠ 갑구에 관한 사항

【 갑　　구 】(소유권에 관한 사항)

순위번호	등기목적	접수	등기원인	권리 및 기타사항
417	371번 조○행지분 전부대지권			건물의 표시 서울특별시 양천구 목동 956 목동롯데캐슬위너 제상가동 2-○○○호 2006년 11월 22일 등기
418	302번 동신아파트재건축조합지분 43007.4분의 939.2297 중 일부 (43007.4분의 13,888) 이전	2006년 12월 19일	2006년 12월 19일 신탁재산귀속	공유자 지분 43007.4분의 13,888 　이○수 600000-1***** 　서울 양천구 목동 644-2 지층 ○○ 신탁등기말소 원인 신탁재산의 귀속
419	418번 이○수지분 전부대지권			건물의 표시 　서울특별시 양천구 목동 956 목동롯데캐슬위너 제상가동 자-○○○ 　2006년 12월 19일 등기
420	302번 동신아파트재건축조합지분 43007.4분의 9378.409중 일부 (43007.4분의 36.124) 이전	2008년 6월 27일 제36471호	2008년 4월 26일 신탁재산의 귀속	공유자 지분 43007.4분의 36,124 　이국민 500000-1***** 　서울특별시 양천구 목동 913 목동 신시가지아파트 ○○○-○○○ 대위자 서울특별시 대위원인 서울시 체납시세 채권보전을 위한 목적

| 421 | 420번이국민지분압류 | 2008년 6월 27일 제36472호 | 2008년 6월 19일 압류 (세무과-18015) | 권리자 서울특별시 |
| 422 | 420번이국민지분압류 | 2008년 8월 13일 제46317호 | 2008년 7월 31일 압류 (세무1과-5482) | 권리자 서울특별시 양천구 |

Ⓛ 을구에 관한 사항

【　을　　구　】(소유권 이외의 권리에 관한 사항)

순위번호	등기목적	접수	등기원인	권리 및 기타사항
650 (전 7517)	동신아파트 재건축주 택조합6동 606호지분 전부근저당 권설정	2001년 8월 31일 제65307호	2001년 8월 16일 설정계약	채권최고액 금육천칠백육십만원 채무자 박○자 서울 양천구 목동 627-1 동신아파트 3-○○ ○ 근저당권자주식회사롯데건설 110111- 0014764 서울 서초구 잠원동 50-2
651 (전 7518)	동신아파트 재건축주 택조합6동 607호지분 전부근 저당권설정	2001년 6월 2일 제38957호	2001년 5월 28일 설정계약	채권최고액 금육천칠백육십만원 채무자 이국민 서울 양천구 목동 913 목동신시가지아파트 ○○-○ 근저당권자 주식회사롯데건설110111- 0014764 서울 서초구 잠원동 50-2
651-1	651번 근 저당권이전	2006년 4월 11일 제27099호	2006년 1월 16일 계약양도	근저당권자 동신아파트재건축조합 111271-0001697 서울 양천구 목동 956 목동롯데캐슬위너 지 원 센타1층
652 (전 7519)	동신아파트 재건축주 택조합6동 608호지분 전부근저당 권설정	2001년 5월 18일 제34699호	2001년 5월 12일 설정계약	채권최고액 금일억육백육십만원 채무자 윤○경 서울 양천구 목동 627-1 동신아파트 6-○○ ○ 근저당권자 주식회사롯데건설110111- 0014764 서울 서초구 잠원동 50-2
653 (전 7520)	김○옥지분 전부근저당 권설정	2002년 5월 7일 제40317호	2002년 5월 6일 설정계약	채권최고액 금육천칠백육십만원 채무자 김○옥 서울 강서구 등촌동 631-9 태동황토방아파 트○○○-○○○ 근저당권자 주식회사롯데건설110111- 0014764 서울 서초구 잠원동 50-2

③ 물건분석표 작성

주소	면적	경매가 진행과정	1) 임차인조사내역	등기부상 권리관계	
				건물등기부	토지등기부
서울시 양천구 목동 956 목동롯데 캐슬위너 제105동 제20층 제000호 체납자겸 소유자: 이국민 공매위임 관서: 서울특별시 공매집행 기관: 자산관리공사	건물 전용면적 84.97㎡ (33평형) 대지권미등기 (감정평가액에 포함되어 있음. 36.124㎡) (관리비미납금 350만원 선수관리비 미납 224천원임) ※ 등기부상 면적과 행정관청의 대장상 면적이 상이하여, 등기부 기준으로 매각하는 조건 (※부대조건:토지 등기부 등본상 소유 권지분이 43,007.4분의 36.124이고, 토지대장(공유지 연명부)상 소유권 지분은 43,253.6분의 43.581)	감정가 760,000,000원 (2008. 7. 18) 최저가 1차 760,000,000원 (2008. 9. 18) (유찰) 2차(10% 저감) 684,000,000원 (2008. 9. 25) (유찰) 3차(10% 저감) 608,000,000원 (2008. 10. 2) (유찰) 4차(10% 저감) 532,000,000원 (2008. 10. 9) (유찰) 5차(10% 저감) 456,000,000원 (2008. 10. 16) 낙찰 507,899,000원 〈김중기(가명)〉	1) 임차인내역 점유자 없음조합원이 청산금(추가부담금)을 납부하지 않은 상태에서 전유부분이 미등기인 상태로 있는 것을 서울시가 서울시에 체납에 의한 채권보전을 위한 목적으로 법원에 대위등기신청하고 공매를 진행시킨 물건이다. 2) 기타내역 실제내용과 채권금액, 법정기일 등이 다소 차이가 있을 수 있다. ① 압류 양천구청 취득세2,000만원 (법정기일2005. 9. 8) 재산세1,500,000원 (법정기일 2005. 9. 8~ 2008. 7. 10,까지 해당 재산세액) ② 압류 양천세무서 양도소득세 3,000만원 (법정기일 2006. 5. 31) (서울시가 이국민이 상속받은 재산에 대한 상속세의 10% 주민세를 체납하여 체납된 지방세액 5억원을 추징하기 위하여 이국민 소유자로 되어있는 조합원 분양권을 법원에 대위로 인한 보존등기로 신청하여 보존등기 후 공매를 KAMCO에 위임한 사건이다)	집합건축물 등기부 소유권보존 이국민 대위자 서울특별시 압류 서울특별시 (2005. 9. 8) 가압류 동신아파트 재건축조합 청구금액 153,585,240원 (2005. 11. 11) 압류 양천구청 (2005. 12. 29) 압류 양천세무서 (2006. 9. 22) 압류공매 서울특별시 청구 5억원 (법정기일 2002. 5. 31) 〈공매의뢰 2008. 6. 30〉 〈공매공고 2008. 8. 13〉	(갑구) 순위번호 420번 302번 동신아파트 재건축조합지분 43,007.4분의 9,378.409 중 일부 (43,007.4분의 36.124) 이전 (2008. 6. 27) 공유자지분 4,007.4분의 36.124 이국민(가명) ×××××-××××× 순위번호 421번 420번 이국민지분압류 서울특별시 (2008. 6. 27) 순위번호 422번 420번 이국민지분압류 양천구청 (2008. 8. 13) (을구) 순위번호 651(전7518) 동신아파트재건축 주택조합 6동 607호 지분 전부 근저당 설정 (2001. 6. 2) 채권최고액 67,600,000원 채무자 이국민(가명) 근저당권자 (주)롯데건설 순위번호 651-1 651번 근저당 이전 근저당권자 동신 아파트재건축조합 (2006. 4. 11) 압류공매 서울특별시 청구 5억원 (법정기일 2002. 5. 31) 〈공매의뢰 2008. 6. 30〉 〈공매공고 2008. 8. 13〉

④ 권리분석 및 배분표 작성

　ⓐ 권리분석

위와 같이 집합건물등기부등본을 열람하여보니 대지권이 미등기상태였으나 감정평가서상에는 대지권을 포함하여 감정평가되어 있었다. 따라서 토지등기부등본을 열람하여보니 대지지분정리가 되고 나서 서울시의 체납 시세(주민세 5억) 채권보전을 위한 목적으로 서울시가 대위에 의한 촉탁등기로 대지지분이 이국민 앞으로 이전이 되어 있었고 대지지분에 대해서 갑구에 압류가 되어 있었고 을구에는 조합원 이주시 이주비로 대출받은 근저당권이 설정되어 있는 것을 확인할 수 있었다.

따라서 공매로 낙찰받으면 전유부분뿐만 아니라 대지권까지 온전한 소유권을 획득할 수 있을 것이다. 그러나 이 같은 이해를 위해서 이 공매대상물건에서 다음과 같은 상황을 이해하고 넘어가야 할 것이다.

이 공매물건은 기존 동신아파트(재건축 전의 아파트명) 6동 607호 지분소유자인 이국민(가명)이 재건축에 동의해 분양신청을 하였고 시공사(주식회사 롯데건설)로부터 근저당권을 설정해주고 기본이주비(무상이주비)로 5,200만 원(채권최고액 6,760만 원)을 받아서 이주해나간 상황으로 판단된다.

조합원이 분양신청하게 되면 관리처분계획에 따라서 종전자산(종전건물·토지 감정평가금액)과 종후자산(신축 후 자산 즉 분양권에 대한 감정평가액)을 비교하여 청산금의 잉여가 있는 경우 청산금을 받고, 부족한 경우 청산금(추가부담금)을 납부해야 한다. 조합원 이국민은 청산금(추가부담금)을 153,585,240원(지연연체금 포함금액임)을 납부해야 온전한 권리행사를 할 수 있었는데 이를 납부하지 않은 상태이다. 이 금액에는 기본이주비로 5,200만 원을 토지등기부에 설정한 것과는 별개의 금액인 것을 이해해야 된다. 이는 조합원이 이주를 위하여 별도로 대출받은 것이므로 입주시에는 상환해야 하는 금액이다.

"매각부대조건으로 등기부상 면적과 행정관청의 대장상 면적이 상이하여, 등기부 기준으로 매각하는 조건이오니 사전조사 후 입찰 바람."

감정평가서상에는 다음과 같이 기재되어 있다.

"본건에 대한 귀 제시목록 및 토지 등기부등본상 소유권 지분이 43,007.4분의 36.124이고, 토지대장(공유지 연명부)상 소유권 지분은 43,253.6분의 43.581로 서로 상이하나, 귀 요청에 의거 귀 제시 목록상의 면적으로 사정 평가하였는 바, 공매 진행시 참고 바람." 이러한 이유는 이국민조합원의 재건축 되기 전 동신아파트 제6동 607호 대지지분이 43.581㎡ 이었고, 신축된 목동롯데캐슬위너 제105동 0000호 아파트 대지지분은 36.124㎡ 이기 때문이다.

기존 주택소유자 등이 조합원으로 분양신청하는 경우 조합에 신탁등기하고 합필과정을 통해 신축아파트의 대지지분으로 기존 조합원뿐만 아니라 일반분양권자에게 대지 지분을 나누어주는 절차가 진행되는데 이에 따라 기존 조합원의 종전자산에서 대지 지분이 적어지게 된다. 이 적어지는 부분만큼 종후자산(신축아파트분양가)의 가치에 포함되어 그만큼 조합원의 청산금(추가부담금)이 적어지게 된다.

그런데 아파트가 신축되고도 오랜 기간 동안 이국민에게 소유권보존등기가 이루어지지 않은 것은 이국민이 청산금을 완납하지 않아 집합건축물등기가 미등기였으나 청산금을 완납하면 집합건축물등기가 이루어짐과 동시에 집합건축물등기부의 표제부에 대지권이 온전하게 정리될 것으로 예상된다.

이와 같이 일반분양권자가 분양대금을 완납하지 않았거나 조합원이 청산금(추가부담금)을 완납하지 않은 경우에는 집합건축물등기 자체부터 이루어지지 못할 것이므로 대지권의 미등기문제는 성립되지 않는다.

이러한 경우에도 아파트가 신축 후 준공허가를 받으면 시·군·구청에서 집합건축물 대장을 만들게 되는데 이 경우 조합원이 청산금 미납 여부와 관계없이 건축물대장이 만들어지게 된다. 그렇다 하더라도 등기는 청산금을 납부할 때까지 미등기로 남아 있을 것이다.

이 경우에 채권자 등이 있다면 채권 회수를 위해서 채권자 등이 직접 법원의 판결을 득해서 대위로 인한 촉탁등기를 신청할 수 있다.

이 공매대상 아파트도 채권자 즉 서울시가 대위로 인한 집합건물만 촉탁등기를 하였기 때문에 대지권이 미등기 상태였으나 대장에는 지분정리가 이루어져 있어서 대장과 차이가 발생한 것이다. 그렇다고 하더라도 이 공매물건을 낙찰받으면 토지등기부등본에 지분정리된 부분만큼 집합건축물등기부의 표제부에 대지권이 등기될 것으로 예상된다. 이러한 사실 등은 매각후의 등기부등본인 다음의 매각 후 집합건물등기부등본을 보면 증명된다.

그러면 대지권이 미등기로 입찰대상물건정보내역에 기재된 경우는 어떻게 대처해야 되는가!

첫째 공매나 경매의 입찰대상물건물건정보내역을 확인하여 대지권이 미등기인가를 확인하고, 둘째 대지권이 미등기인 경우 대지권이 감정평가되어 있는가를 확인한다.

셋째 감정평가에 포함되어 있다면 집합건물등기부를 열람하여 대지권이 미등기임을 확인한다. 넷째 이와 같이 대지권이 미등기인 경우라면 토지등기부를 열람하여 대지권미등기 원인을 위에서 살펴본 바와 같이 분석하여 대지권을 획득할 수 있는지를 점검해야 한다. 만일 감정평가서상 대지권이 평가되어 있다면 추후 대지권을 받지 못하게 되면 낙찰자는 매각대금에서 대지지분만큼 감액을 청구하거나 매각허가에 대한 취소 또는 매매계약을 해제 신청할 수 있다고 보여진다.

물론 이러한 사항 등을 최소한 매각대금 납부 전까지는 해야만 절차상 곤란을 겪지 않을 것이다.

앞의 공매물건에서 말소기준권리는 토지와 건물에서 차이가 있다.

토지는 2001. 6. 2. 롯데건설근저당권이 되고 집합건물등기부는 2005. 9. 8. 서울시의 압류가 된다. 따라서 임차인이 있다면 건물을 기준으로 대항력 유무를 결정해야 한다.

그러나 이 아파트에는 임차인 등의 점유자가 없으므로 이러한 점을 고려할 필요는 없다. 그러면 배분은 어떻게 해야 할까. 토지와 건물의 채권자가 다를 경우 감정평가액을 기준으로 토지지분비율과 건물지분비율을 배분금액에 곱하여 각각 별도로 배분하면 되고 공동담보권자인 경우는 각 지분별로 나누어 배분하면 된다.

ⓑ 배분표 작성

위 공매대상물건을 가지고 배분표를 작성하면 다음과 같다.

매각대금이 507,899,000원－공매비용계산방법[ⓐ 매각수수료(507,899,000원×2.8%)14,221,172원＋ⓑ 신문공고료 220,000원(실비계산)＋ⓒ 감정평가비용(760,000,000원×0.0009＋195,000원)×0.8＝703,200＋ⓓ 송달료 241,600원(실비계산)]15,385,972원으로 배분금액은 492,513,028원이 된다.

토지와 건물의 채권자 등이 다르므로 1차적으로 감정가액을 기준으로 토지지분율과 건물지분율을 계산하여 배분금액에 곱하여 토지배분금액과 건물배분금액을 구하여 계산하면 다음과 같이 배분된다.

집합건물의 감정가는 토지·건물일체로 평가하기 때문에 위와 같이 토지와 건물 채권자 등이 다른 경우 감정평가 요청시 토지·건물 안분비율을 별도 요청하거나 평가 후에 필요한 경우에 감정기관에 별도 요청하여 그 안분 비율을 곱하여 토지와 건물지분을 계산하게 되는데 이 계산이 토지가 45%, 건물이 55%라고 가정하면 다음과 같이 된다.

순위	배분금액 492,513,028원	건물 270,882,165원(55%)	토지 221,630,863원(45%)
1순위	양천구청 당해세(재산세) 1,500,000원	825,000원	675,000원
2순위	동신아파트재건축조합근저당권 67,600,000원		67,600,000원
※ 선순위채권 공제 후 건물과 토지의 공매대가를 다시 계산하여 보고 그에 따른 배분비율을 정하여 보면 배분잔여금: 423,413,028원	건물공매대가＝270,057,165원 배분비율＝$\frac{270,057,165}{423,413,028}$ (63.7810%)	토지공매대가＝153,355,863원 배분비율＝$\frac{153,355,863}{423,413,028}$ (36.2190%)	
3순위	서울특별시 주민세 5억 원(전유부분에 대한 압류는 그 종물이 대지권에도 영향을 미친다. 따라서 전유부분과 대지권 모두에서 비율대로우선 배당받는다)	270,057,165원	153,355,863원
4순위	양천구청 2,000만 원(조세채권은 일반채권에 항상 우선한다)		
5순위	양천세무서 3,000만 원		

여기서 동신아파트재건축조합의 가압류채권액 153,585,240원은 배분절차

에 참여할 수가 없다. 가압류채권, 강제경매신청채권자 또는 일반집행권원에 의한 배분요구채권자는 국세징수법절차상으로 진행되는 공매에서는 배분에서 배제시키기 때문이다.

그러나 가압류채권자, 강제경매신청채권자 등이 저당권부채권보다 선순위이거나 동순위인 경우에는 배분절차에 참여하여 후순위 우선변제권자 등과 동순위로 안분배분한다.

따라서 이 공매사건에서는 동신아파트 재건축조합의 가압류권은 배분절차에 참석하지 못하고 토지에 근저당권을 설정한 이주비(67,600,000원)만 배분받고 소멸될 것이다.

매각 후 집합건물등기부등본과 토지등기부등본의 열람

① 매각 후 대지권등기된 집합건물의 등기부등본을 열람

집합건물 등기부등본을 열람하여 보니 다음과 같이 대지권이 표시가 기재된 것을 확인할 수 있었다[첫번째 표제부(1동의 건물의 표시) 생략].

【 표　제　부 】(전유부분의 건물의 표시)

표시번호	접수	건물번호	건물내역	등기원인 및 기타사항
1	2005년 8월 3일	제20층 제2003호	철근콘크리트구조 84.97㎡	도면편철장 제1책 146장

(대지권의 표시)

표시번호	대지권의 종류	대지권의 비율	등기원인 및 기타사항
1	1 소유권 대지권	43007.4분의 36.124	2008년 12월 9일 대지권 2008년 12월 11일

【 갑　　구 】(소유권에 관한 사항)

순위번호	등기목적	접수	등기원인	권리 및 기타사항
1	소유권보존	2005년 9월 8일 제63989호		소유자 이국민 500429-1***** 서울 양천구 목동 913 목동신시가지 아파트 ○○○-○○○ 대위자 서울특별시 대위원인 서울시세 체납에 의한 채권 보전을 위한 목적
2	압류	2005년 9월 8일 제63993호	2005년 8월 30일 압류(세무과 22415)	권리자 서울특별시
3	가압류	2005년 11월 11일 제77296호	2005년 11월 10일 서울남부지방법원의 가압류 결정(2005카합2717)	청구금액 금153,585,240원 채권자 동신아파트재건축조합 111271-0001697 서울 양천구 목동 609-13, 2층
4	압류	2005년 12월 29일 제87454호	2005년 12월 20일 압류(세무과 9020)	권리자 서울특별시양천구
5	압류	2006년 9월 22일 제73498호	2006년 9월 20일 압류	권리자 국 처분청 양천세무서
6	소유권이전	2008년 12월 11일 제64915호	2008년 10월 16일 공매	소유자 주식회사 ○○○ 124411-○○○○○○ 경기도 김포시 ○○면 ○○리 421- 23　나-201
7	2번압류, 3 번가압류, 4번압류, 5 번압류 등 기말소	2008년 12월 11일 제64915호	2008년 12월 9일 공매	

② 매각 후 소유권대지권등기된 토지의 등기부등본 열람

【 표　제　부 】(토지의 표시)

표시번호	접수	소재지번	지목	면적	등기원인 및 기타사항
1 (전3)	1988년 1월 14일		대	43253.6㎡	부동산등기법 제177조의6제1항의 규정 에 의하여 2004년 1월 5일 전산이기
2	2005년 7월 11일	서울특별시 양천구 목동 627-1 서울특별시 양천구 목동 956	대	43007.4㎡	환지

【　갑　　구　】(소유권에 관한 사항)

순위번호	등기목적	접수	등기원인	권리 및 기타사항
1 :	소유권등기			공유자 지분 43253.6분의 1.059 동신주택개발주식회사 서울 강남구 역삼동 694-10 지분 43253.6분의 16.63 유○○ 서울 송파구 잠실동 86 아시아선수촌 7-○○○ 지분 43253.6분의 74.08 김○○ 서울 강서구 등촌동 ○○○-○○ 지분 43253.6분의 43.23 김○○ 서울 송파구 풍납동 260 현대리버빌아파트 ○○○-○○○ :
417	371번 조○행지분 전부대지권			건물의 표시 서울특별시 양천구 목동 956 목동롯데캐슬위너 제상가동 2-○○○호 2006년 11월 22일 등기
418	302번 동신아파트 재건축조합지분 43007.4분의 939.2297 중 일부 (43007.4분의 13.888) 이전	2006년 12월 19일	2006년 12월 19일 신탁재산귀속	공유자 지분 43007.4분의 13.888 이○○ 600000-1***** 서울 양천구 목동 644-2 지층○○ 신탁등기말소 원인 신탁재산의 귀속
419	418번 이○수지분 전부대지권			건물의 표시 서울특별시 양천구 목동 956 목동롯데캐슬위너 제상가동 자-○○○ 2006년 12월 19일 등기
420	302번 동신아파트 재건축조합지분 43007.4분의 9378.409중 일부 (43007.4분의 36.124) 이전	2008년 6월 27일 제36471호	2008년 4월 26일 신탁재산의 귀속	공유자 지분 43007.4분의 36.124 이국민 500000-1***** 서울특별시 양천구 목동 913 목동신시가지아파트 ○○○-○○○ 대위자 서울특별시 대위원인 서울시 체납시세 채권보전을 위한 목적
421	420번이국민지분압류	2008년 6월 27일 제36472호	2008년 6월 19일 압류 (세무과-18015)	
422	420번이국민지분압류	~~2008년 8월 13일 제46317호~~	~~2008년 7월 31일 압류 (세무1과-5482)~~	권리자 서울특별시양천구

423	420번이국민지분전 부이전	2008년 12월 11일 제64915호	2008년 10월 16일 공매	공유자 지분 43007.4분의 36,124 주식회사○○○ 124411-0000000 경기도 김포시 ○○면 ○○리 421- 23 나-201
424	421번 압류, 422번 압 류 등기말소	2008년 12월 11일 제64915호	2008년 12월 9일 공매	
425	423번 주식회사○○ ○지분전부대지권			건물의 표시 서울특별시 양천구 목동 956 목동롯데캐슬위너 제105동 2003호 2008년 12월 11일 등기

【   을   구   】(소유권 이외의 권리에 관한 사항)

순위번호	등기목적	접수	등기원인	권리 및 기타사항
:		:		:
650	동산아파트 재건축주	2001년 8월	2001년 8월	채권최고액 금육천칠백육십만원
(전 7517)	택조합6동 606호자분 전부근저당 권설정	31일 제65307호	16일 설정계약	채무자 박○자 서울 양천구 목동 627-1 동산아파트 3-○○ 근저당권자주식회사롯데건설 110111-0014764 서울 서초구 잠원동 50-2
651 (전 7518)	동산아파트 재건축주택 조합6동607 호지분전부 근저당권설 정	2001년 6월 2일 제38957호	2001년 5월 28일 설정계약	채권최고액 금육천칠백육십만원 채무자 이국민 서울 양천구 목동 913 목동신시가지아파트 ○○○-○○○ 근저당권자 주식회사롯데건설 110111-0014764 서울 서초구 잠원동 50-2
651-1	651번근저 당권이전	2006년 4월 11일 제27099호	2006년 1월 16일 계약양도	근저당권자 동산아파트재건축조합 111271-0001697 서울 양천구 목동 956 목동롯데캐슬위너 지원 센타1층
652 (전 7519)	동산아파트 재건축주택 조합6동608 호지분전부 근저당권설 정	2001년 5월 18일 제34699호	2001년 5월 12일 설정계약	채권최고액 금일억육백육십만원 채무자 윤○경 서울 양천구 목동 627-1 동산아파트 6-○○ 근저당권자 주식회사롯데건설 110111-0014764 서울 서초구 잠원동 50-2
653 (전 7520)	김○옥지분 전부근저당 권설정	2002년 5월 7일 제40317호	2002년 5월 6일 설정계약	채권최고액 금육천칠백육십만원 채무자 김○옥 서울 강서구 등촌동 631-9 대동황토방아파트 ○○○-○○○ 근저당권자 주식회사롯데건설 110111-0014764 서울 서초구 잠원동 50-2

법원경매 절차에서 대지권 미등기(대지가액이 감정가에 포함된 경우와 포함되지 않은 경우)인 경우에 있어서 배당사례

주소	면적	경매가 진행과정	1) 임차인 조사내역 2) 기타청구	등기부상 권리관계
서울시 성동구 마장동 ○○○ 삼성연립 제4층 402호	건물 110.53㎡ 대지권미등기 (대지권은 미등기이나 감정평가금액에 포함되어 있음) 562㎡ 중 56.2㎡ (소유권보존) (토지와 건물 일괄경매)	감정가 450,000,000원 대지 264,395,250원 (58.7545%) 건물 185,604,750원 (41.2455%) 최저가 1차 450,000,000원 유찰 2차 384,000,000원 낙찰 428,000,000원	1) 임차인 ① 이수환 　전입 2002. 2. 15. 　확정 2002. 5. 15. 　배당 2003. 11. 5. 　보증 8,000만원 2) 기타청구 ① 압류 건강보험료 (납부기한 2002. 6. 30.) 1,950,000원 ② 압류 성동구청 취득세 (법정 2002. 8. 30.) 4,850,000원 ③ 교부청구 성동구청 재산세 (법정 2002. 7. 10.) 275,000원	(집합건물등기부) 소유권이전 유동명 2002. 3. 10. 근저당 기업은행 2002. 3. 10. 1억 6,000만 원 가압류 김기수 2002. 7. 5. 5,000만 원 압류 건강보험료 2002. 10. 10. 압류 성동구청 2002. 12. 31. 가압류 유명한 2003. 2. 10. 3,000만 원 임의경매 기업은행 청구금액 1억 6,000만 원 〈2003. 7. 10.〉 (토지등기부) 소유권이전(공유등기) 지분 562분의 56.2 지분권자 유동명 근저당 기업은행 2001. 6. 10. 1억 6,000만 원 가압류 유승환 2001. 11. 30. 3,000만 원 근저당 이현자 2001. 12. 24. 5,000만 원 가압류 이재수 2002. 5. 10. 4,000만 원

① 물건분석

위 경매사건의 집합건물 말소기준권리는 2002. 3. 10. 근저당권 기업은행이고 토지등기부등본을 열람하여보니 말소기준권리는 기업은행 근저당권으로 2001. 6. 10.이다. 토지를 기준으로 하면 임차인 이수환은 대항력이 없어 보이나 임차인의 대항력은 건물을 기준으로 하는 것이므로 대항력이 있다.

이렇게 토지등기부등본을 열람해본 결과 건물뿐만 아니라 토지등기부상의 유동명지분에 대해서도 기업은행이 근저당권을 설정한 것을 보면 토지에 근저당권 설정 후 전유부분이 등기되고 나서 전유부분에 대해서도 근저당권 설정하기로 한 특약이 있었던 것 같다. 따라서 기업은행이 토지와 건물일괄경매로 경매 신청한 것을 알 수 있다.

그리고 배당표를 작성하기 위해 배당금액을 확인한 결과 배당금액이 (428,000,000원−집행비용 3,000,000원)425,000,000원이다. 여기서 주의할 점은 건물과 토지채권자들이 다른 경우 배당에 있어서 토지와 건물을 각각 다르게 배당해야 한다. 이를 위해서 감정평가액을 토지지분율과 건물지분율로 계산하고 이 비율을 배당금액에 곱하여 각각 배당금액을 계산하고 나서 공동담보인 경우에는 이 비율을 계산하여 배당금액에 곱하여 토지와 건물의 배당금액을 구하고 공동담보가 아닌 단독채권인 경우에는 별도로 계산하면 된다. 임차인의 대항력은 건물의 말소기준권리를 갖고 계산한다.

② 배당표 작성방법

감정가액 4억5,000만 원, 대지 264,395,250원(58.7545%) 건물 185,604,750원(41.2455%)이므로, 여기서 배당금액은 425,000,000원(매각대금 428,000,000원−경매비용 3,000,000원)이므로 이 금액을 가지고 건물과 토지에 대한 감정평가비율을 곱하면 다음과 같이 건물, 대지 배당금액이 도출된다.

순위	채권자 및 채권금액	건물 175,293,375원(41.2455%)	토지 249,706,625원(58.7545%)
1	성동구청 당해세 275,000원	113,425원	161,575원
2	기업은행 160,000,000원	65,992,800원	94,007,200원
	※ 선순위채권 공제 후 대지와 건물의 경매대가를 다시 계산하여 보고 그에 따른 배당비율을 정하여 보면	건물경매대가＝109,187,150원	토지경매대가＝155,537,850원
3	① 가압류 유승환 30,000,000원	0	14,935,844원＋9,698,357원
	② 근저당 이현자 50,000,000원	0	50,000,000원
	③ 가압류 이재수 40,000,000원	0	19,914,459원＋12,931,143원
	④ 이수환 확정일자 80,000,000원	49,416,436원	30,583,564원
	⑤성동구청 4,850,000원	4,676,332원	173,668원

3	⑥ 건강보험료 1,950,000원	1,918,916원	31,084원
	⑦ 가압류 김기수 5,000만원	33,234,666원	0원+10,793,582원
	⑧ 가압류유명환 3,000만원	19,940,800원	0원+6,476,149원

선순위채권공제 후 대지와 건물의 경매대가를 다시 계산하여 보고 그에 따른 배당비율을 정하여 보면	건물경매대가=109,187,150원	토지경매대가=155,537,850원
	이수환 확정일자 80,000,000원 일반조세 성동구청 4,850,000원 건강보험료 1,950,000원 가압류 김기수 50,000,000원 가압류 유명한 30,000,000원	가압류 유승환 30,000,000원 근저당 이현자 50,000,000원 가압류 이재수 40,000,000원 이수환 확정일자 80,000,000원 일반조세 성동구청 4,850,000원 건강보험료 1,950,000원 가압류 김기수 50,000,000원 가압류 유명한 30,000,000원

ⓐ 공동저당부동산의 일부에 공동저당권자와 동순위의 다른 권리나 순위가 상호 모순관계에 있는 경우 배당은 첫 번째로 순위가 상호모순관계에 있는 토지부동산의 경매대가를 계산해야 하는데 계산방법은 다음과 같다.

순위가 상호모순관계에 있는 경우 배당은 1차적으로 안분배당 후 2차 순환흡수 절차를 거쳐야한다. 이때 배당된 금액을 가지고 공동저당권자 등의 토지에서 경매대가로 하게 된다.

1차 안분배당

① 가압류 유승환 $= 155{,}537{,}850 \times \dfrac{30{,}000{,}000}{286{,}800{,}000} = 16{,}269{,}649.58 = 16{,}269{,}650$원

② 근저당 이현자 $= 155{,}537{,}850 \times \dfrac{50{,}000{,}000}{286{,}800{,}000} = 27{,}116{,}082.63 = 27{,}116{,}083$원

③ 가압류 이재수 $= 155{,}537{,}850 \times \dfrac{40{,}000{,}000}{286{,}800{,}000} = 21{,}692{,}866.10 = 21{,}692{,}866$원

④ 이수환 확정일자 $= 155{,}537{,}850 \times \dfrac{80{,}000{,}000}{286{,}800{,}000} = 43{,}385{,}732.21 = 43{,}385{,}732$원

⑤ 일반조세 성동구청 $= 155{,}537{,}850 \times \dfrac{4{,}850{,}000}{286{,}800{,}000} = 2{,}630{,}260.01 = 2{,}630{,}260$원

⑥ 건강보험료 $= 155{,}537{,}850 \times \dfrac{1{,}950{,}000}{286{,}800{,}000} = 1{,}057{,}527.22 = 1{,}057{,}527$원

⑦ 가압류 김기수 $= 155{,}537{,}850 \times \dfrac{50{,}000{,}000}{286{,}800{,}000} = 27{,}116{,}082.63 = 27{,}116{,}083$원

⑧ 가압류 유명한 $= 155{,}537{,}850 \times \dfrac{30{,}000{,}000}{286{,}800{,}000} = 16{,}269{,}649.58 = 16{,}269{,}649$원

2차 흡수절차

흡수순서는 선순위자부터 먼저 흡수하고 흡수당하는 자는 제일 열후한 자가 먼저 흡수당하게 된다. 따라서 선순위자인 ② 근저당 이현자가 먼저 흡수하고 흡수당하는 자는 제일 열후한 ⑦, ⑧이 있는데 이들은 동순위이므로 공동 흡수당하게 된다.

② 근저당 이현자＝27,116,083원(1차 안분액)＋22,883,917원(⑦, ⑧이 동순위이므로 공동흡수)＝50,000,000원

④ 이수환 확정일자＝43,385,732원(1차 안분액)＋20,501,815원(⑦, ⑧에서 공동흡수)＋1,057,527원(⑥에서 흡수)＋2,630,260원(⑤에서 흡수)＝67,575,334원

⑦ 가압류 김기수＝43,385,732원[22,883,917원(②에 흡수당함)＋20,501,815원(④에 흡수당함)]×$\frac{27,116,083}{43,385,732}$＝27,116,083원

따라서 배당잔여금＝27,116,083원(1차 안분액)－27,116,083원(② · ④에 흡수당함)＝0원

⑧ 가압류 유명한＝43,385,732원[22,883,917원(②에 흡수당함)＋20,501,815원(④에 흡수당함)]×$\frac{16,269,649}{43,385,732}$＝16,269,649원

따라서 배당잔여금＝16,269,649원(1차 안분액)－16,269,699(② · ④에 흡수당함)＝0원

⑤ 성동구청＝2,630,260원(1차 안분액)－2,630,260원(④에 흡수당함)＋2,219,740원(① · ③에서 흡수)＝2,219,740원

⑥ 건강보험료＝1,057,527원(1차 안분액)－1,057,527원(④에 흡수당함)＋892,473원(① · ③에서 흡수)＝892,473원

① 가압류 유승환＝3,112,213원[2,219,740원(⑤에 흡수당함)＋892,473원(⑥에 흡수당함)]×$\frac{16,269,650}{43,385,732}$＝1,333,806원

배당잔여금＝16,269,650원(1차 안분액)－1,333,806원(⑤ · ⑥에 흡수당함)＝14,935,844원

③ 가압류 이재수＝3,112,213원[2,219,740원(⑤에 흡수당함)＋892,473원(⑥에 흡수당함)]×$\frac{21,692,866}{43,385,732}$＝1,778,407원

따라서 배당잔여금＝21,692,866원(1차 안분액)－1,778,407원(⑤ · ⑥에 흡수당함)＝

19,914,459원

ⓑ 가압류권자 유승환은 토지의 배당금에서 ⓐ와 같이 순환흡수절차를 거쳐서 최종 배당받게 된 14,935,844원이 된다.

ⓒ 근저당권자 이현자는 토지의 배당금에서 ⓐ와 같이 순환흡수절차를 거쳐서 최종 배당받게 된 50,000,000원이 된다.

ⓓ 가압류권자 이재수는 토지의 배당금에서 ⓐ와 같이 순환흡수절차를 거쳐서 최종 배당받게 된 19,914,459원이 된다.

ⓔ 이수환 확정일자(공동채권자)의 채권 8,000만 원은 건물에 대한 경매대가는 109,187,150원이고, 토지에 대한 경매대가는 67,575,334원이다. 따라서

① 이수환은 건물로부터의 채권안분액 $=8,000$ 만 원 $\times \dfrac{109,187,150}{176,762,484} = 49,416,436$ 원

② 이수환은 토지로부터의 채권안분액 $=8,000$ 만 원 $\times \dfrac{67,575,334}{176,762,484} = 30,583,564$ 원

ⓕ 성동구청(공동채권자)의 채권 4,850,000원은 건물에 대한 경매대가는 59,770,714원이고, 토지에 대한 경매대가는 2,219,740원이다. 따라서

① 성동구청은 건물로부터의 채권안분액 $=4,850,000$ 원 $\times \dfrac{59,770,714}{61,990,454} = 4,676,332$ 원

② 성동구청은 토지로부터의 채권안분액 $=4,850,000$ 원 $\times \dfrac{2,219,740}{61,990,454} = 173,668$ 원

ⓖ 건강보험(공동채권자)의 채권 1,950,000원을 건물에 대한 경매대가는 55,094,382원이고 토지에 대한 경매대가는 892,473원이다. 따라서

① 건강보험은 건물로부터의 채권안분액 $=1,950,000 \times \dfrac{55,094,382}{55,986,855} = 1,918,916$ 원

② 건강보험은 토지로부터의 채권안분액 $=1,950,000 \times \dfrac{892,473}{55,986,855} = 31,084$ 원

ⓗ 가압류 김기수(공동채권자)와 가압류 유명환(공동채권자)은 동순위이므로 건물에

대한 배당잔여금 53,175,466원과 토지에 대한 경매대가원을 각자의 채권액에 비례하여 안분하여 건물에 대한 경매대가를 구하게 된다.

따라서 김기수의 건물에 대한 경매대가 $=53,175,466$원$\times\dfrac{50,000,000}{80,000,000}=33,234,666$원이고 유명환의 건물에 대한 경매대가 $=53,175,466$원$\times\dfrac{30,000,000}{80,000,000}=19,940,800$원이 된다.

① 김기수(공동채권자)의 채권 50,000,000원을 건물에 대한 경매대가는 33,234,666원이고 토지에 대한 경매대가는 0원이다. 따라서 김기수의 배당금은 건물에 대한 배당금 33,234,666원 밖에 없다.

② 유명한(공동채권자)의 채권 30,000,000원을 건물에 대한 경매대가는 19,940,800원이고 토지에 대한 경매대가는 0원이다. 따라서 김기수의 배당금은 건물에 대한 배당금 19,940,800원 밖에 없다.

㉑ 그러나 위와 같이 동시배당절차를 진행하면 토지부동산에서 배당잔여금이 39,899,231원 발생한다. 이 배당잔여금은 소유자(채무자)에게 배당되는 것이 아니라 순환흡수절차에 따라 채권을 회수하지 못한 가압류채권자 유승환 · 이재수 · 김기수 · 유명환 등이 자신의 채권액의 범위 내에서 흡수할 수 있는데 이들의 순위가 동순위이므로 안분흡수하게 된다.

① 유승환 $=39,899,231$원(배당잔여금)$\times\dfrac{15,064,156}{61,974,231}=9,698,357$원

② 이재수 $=39,899,231$원(배당잔여금)$\times\dfrac{20,085,541}{61,974,231}=12,931,143$원

③ 김기수 $=39,899,231$원(배당잔여금)$\times\dfrac{16,765,334}{61,974,231}=10,793,582$원

④ 유명한 $=39,899,231$원(배당잔여금)$\times\dfrac{10,059,200}{61,974,231}=6,476,149$원

배당은 위와 같이 종결되며 대항력 있는 임차인 이수환이 배당금을 전액 받아서 경락자는 인수금액 및 인수권리 없이 토지와 건물 모두 온전하게 취득할 수 있다 (이러한 배당사례에 관한 보충설명은 앞의 저당권편에서 공동저당의 동시배당시 토지 · 건물상의 권리가 다른 경우 배당표 작성을 참고하기 바란다).

✏ 김 /동 /희 /의 /강 /의 /노 /트

토지와 건물의 채권자가 3순위 이후부터 다른경우의 배당방법

위 경매사건에 있어서 토지와 건물 채권자 등이 달라서 3순위 이후부터는 1~2순위에서 토지와 건물 선순위 채권을 공제 후 토지와 건물 경매대가를 다시 계산하여 보고 그에 따른 배당비율을 정하여 이 비율로 각 채권자의 채권액에 곱하여 토지와 건물의 배당금을 나누면 된다. 그런데 토지의 매각대금에 있어서는 순위가 상호모순관계에 있어서 토지매각대금에서 3순위 이후부터 토지만 별도로 순환흡수절차를 진행시키게 된 것이다.

토지와 건물이 동시매각되고 같은 배당표에 작성되더라도 실질에 있어서는 다른 매각절차이므로 토지와 건물이 별도배당절차가 진행되는 것이기 때문이다.

토지별도등기, 대지권미등기에 대한 대법원 판례 해설

지면 관계로 타이틀만 기재하고 법률규정 및 판례해설 본문 내용은 생략했으니 본문 내용이 필요하신 분들은 다음 카페에서 책 이름을 검색하면 다운받아서 참고하시기 바란다.

- 공매경매와 부동산투자분석(CAfe.nAver.Com/pAuCtion)
- 공매전문옥션(CAfe.nAver.Com/PAuCtion)

1 토지별도등기(저당권) 있는 구분건물 경매에서의 배당(=유사 공동저당) 및 토지상 후순위저당권자의 대위 가부(=적극): 2004.11.26. 선고 2004다46502

2 토지별도등기(토지지분저당권) 있는 구분건물 경매에서의 배당(=비율배당): 대법 2003다52685 판결

3 단일건물 3층 일부에 전세권이 설정된 후 토지와 단일건물에 2개의 근저당이 설정된 다음 집합건물로 전환된 다음(전세권이 301, 302호에 1순위로, 근저당이 2, 3순위로 각 전사이기) 구분건물 중 일부(301, 302, 401, 402호)가 경매된 경우의 배당: 대법 2001다

68389 판결[배당이의]

4 전유부분에만 설정된 저당권의 효력범위: 대법 2001다22604 판결(부당이득금 반환)

5 대지권의 사후취득약정 있는 구분건물만에 설정된 저당권의 실행으로 경락받은 경락인이 대지사용권을 취득하는지(=적극) 및 분양자에 대지권등기의 직접청구(=적극): 대법 2002다40210 판결

6 대지권의 사후취득약정 있는 구분건물의 수분양자가 이를 양도한 다음 사후에 취득한 대지지분을 제3자에 양도한 경우 그 효력(=무효): 대법 98다45652, 45669 판결(건물명도 등 · 부당이득금)

배당순위가 평등한 관계와 충돌하는 경우에 배당표 작성을 위한 기본연습

❖ 경매물건에 대한 배당절차에서 우선순위와 유의사항

말소기준권리를 먼저 찾아라!

말소기준권리이후의 권리 등은 소멸되고 이전의 권리는 낙찰자가 인수해야 된다.

임차인이 있는 경우 대항력 여부와 배당요구 여부를 먼저 판단해라!

말소기준권리이전에 대항요건(주민등록과 주택인도)을 갖추고 있다면 대항력 있는 임차인이 된다. 이러한 임차인은 2가지 중 하나만을 선택하게 된다. 즉 대항력만을 주장하여 잔존 계약기간 동안 거주하거나 배당요구하여 배당받고 이사를 나가는 방향이 될 것이다.

말소기준권리이전에 대항요건(주민등록과 주택인도)을 갖추고 있다면 대항력 있는 임차인이 된다. 이러한 임차인은 2가지 중 하나만을 선택하게 된다. 즉 대항력만을 주장하여 잔존 계약기간 동안 거주하거나 배당요구하여 배당받고 이사를 나가는 방향이 될 것이다.

배당요구를 하더라도 이들에게는 2가지의 권리가 있다.

하나는 우리의 귀에 익숙한 최우선변제금으로 소액보증금 중 일정액 즉 임차보증금이 소액임차보증금에 해당되면 일정액을 우선변제 받게 되는데 이때 기준이 되는 것이 저당권부 담보물권인 근저당권, 담보가등기, 전세권 등이 있다. 이러한 기준에서 근저당권이 대부분 차지하고 있다고 보면 될 것이다.

이러한 저당권부 담보물권의 설정연도에 해당하는 소액임차인인 경우(예: 2001.09.15. ~ 2008.08.20.까지 설정된 근저당권이 있다면 소액임차인이 되기 위해서는 임차보증금이 4,000만 원 이하이어야 하고 이 경우 일정액 1,600만 원을 근저당권보다 우선변제 받게 된다) 이 기간 동안 설정된 저당권부 담보물권보다 우선하여 일정액을 우선변제 받게 되는데 이것이 최우선변제금이다. 이러한 최우선변제금은 무담보채권 즉 우선특권 있는 조세채권·공과금채권·일반임금채권(최우선변제금은 동순위)보다는 항상 우선한다.

다른 하나는 확정일자 우선변제권이 있다. 이는 확정일자를 받은 경우 그 확정일자에 의한 우선변제권의 효력이 발생하게 되는데 이 효력발생일시를 기준으로 하여 다른 채권자 등과 우선순위를 정하게 되나 앞에서 말한 최우선변제금과의 우선순위는 후순위가 된다. 다만 확정일자 우선변제권이 근저당, 담보가등기, 전세권보다 선순위이거나 동순위인 경우에 이들에 우선하지 못하는 소액임차인에 대해서는 확정일자 우선변제권이 우선할 수 있다.

대항력이 있는 경우

대항력이 있는 경우에는 배당요구를 하였는가, 요구하지 않았는가, 배당요구를 하였다면 전액 배당되는지, 미 배당금이 있는지 여부(미 배당금은 낙찰자 인수금액이 되기 때문이다).

대항력이 없는 경우

대항력이 없는 경우라도 배당받을 금액(소액보증금 중 일정액이라도 배당받을 수 있어야 명도가 쉽다)이 있는지를 파악하라. 이를 위해서 예상배당표를 작성하게 되는데 이때 주의할 사항이 소액임차보증금 중 일정액과 확정일자 우선변제금이 있다.

임차인이 있으면 소액임차인에 해당 여부를 먼저 판단해라!

소액임차인에 해당하는 임차인이 있으면 최우선변제금을 먼저 배당하고 없으면 당해세 → 저당권부 채권(근저당권과 확정일자 우선변제권 등) 등간의 우선순위에 따라 배당하면 된다.

조세채권 등이 있을 경우의 배당절차

1차적으로 당해세 유무와 당해세가 있다면 당해세는 저당권부 담보물권과 압류한 조세채권 등의 여부와 상관 없이 우선 배당하고, 당해세가 없으면 일반세금 등은 법정기일 등을 가지고 저당권부 채권과 우선순위에 따라 배당하고 나서 조세채권끼리는 1차로 법정기일에 따라 배당받은 금액을 압류선착주의에 의해서 먼저 압류권자가 흡수하면 되고 나머지 참가압류권자와 교부청구한 조세채권자 등은 동순위로 안분하면 된다.

저당권부 담보물권 등이 없는 경우에는 조세채권끼리는 직접 압류선착주의를 적용하여 우선 배당받게 되고, 교부청구한 조세채권끼리는 배당잔여금을 가지고 동순위로 안분배당하면 된다.

주택임대차보호법상 임차인의 대항력과 우선변제권의 상호관계

① 주임법상 대항요건과 확정일자를 갖춘 임차인들이 소액임차인의 지위를 겸하는 경우, 그 배당방법 (…) 만일 대항요건과 확정일자를 갖춘 임차인들이 주임법 제8조 제1항에 의해 보증금 중 일정액의 보호를 받는 소액임차인의 지위를 겸하는 경우, 먼저 소액임차인으로서 보호받는 일정액을 우선 배당하고 난 후의 나머지 임차보증금채권액에 대해서는 대항요건과 확정일자를 갖춘 임차인

으로서의 순위에 따라 배당을 해야 한다[대법2007다45562].

② 주택임대차보호법상 임차인의 대항력과 우선변제권의 상호관계[대법93다39676] (…) 위 규정의 요건을 갖춘 임차인은 임차주택의 양수인에게 대항하여 보증금의 반환을 받을 때까지 임대차관계의 존속을 주장할 수 있는 권리와 보증금에 관하여 임차주택의 가액으로부터 우선변제를 받을 수 있는 권리를 겸유하고 있다고 해석되고, 이 2가지 권리 중 하나를 선택하여 행사할 수 있다.

❖ 배당순위가 평등관계에 있는 채권자에 대한 배당방법 (채권액에 비례 안분배당)

이 사례는 갑(채권)=을(채권)=병(채권), 또는 갑(채권)=을(물권) 등과 같이 순위가 동순위가 되는 경우로서 배당방법은 채권액에 비례하여 안분배당하게 된다.

배당 EXERCISE 1   EXERCISE

이철민 가압류 5월1일 → 이기자 근저당권 6월1일 또는 이기자 임차인 6월1일 전입/확정일자 순인 경우 → 이철민의 강제경매 또는 이기자의 임의경매신청시

이철민은 채권으로 우선변제권이 없다. 채권자끼리는 발생시기와 상관없이 동순위로서 평등주의를 원칙으로 한다. 이기자 근저당권 또는 확정일자부 임차권은 물권으로서 우선변제권이 있다. 우선변제권은 후순위 권리자에 대해 우선변제권이 있지만 물권보다 앞선 순위에 대해서는 우선변제권이 없다. 즉 자기보다 후순위로 설정된 권리 등에게만 우선변제권이 인정되고 선순위 또는 동순위에게는 우선할 수 없다.

　즉 이철민 가압류는 채권이고 이기자 근저당권 또는 확정일자부 임차권은 물권으로서 물권과 채권이 충돌하면 물권우선주의에 의해 물권이 채권을 이기는 것이

원칙이나, 위 사례와 같이 채권인 이철민의 가압류가 물권인 이미자 근저당권보다 먼저 설정되었다면 이때에는 동순위의 지위를 놓이게 된다. 왜냐하면 가압류는 채권으로서 채권자 평등주의에 의해 우선변제권이 없으며, 근저당권은 물권이기는 하나 우선변제권은 후순위 권리자들에게만 주장할 수 있으므로 근저당권보다 선순위의 가압류에 대해 우선변제권을 주장할 수 없어서 선순위의 가압류(채권)와 후순위 근저당권(물권)은 서로에 대해 우선변제권을 주장할 수 없기에 동순위로서 채권액에 비례하여 안분배당하게 된다.

여기서 혼동스러워 하는 사람들이 많다.

예1) 가압류 → 가압류 → 가압류 순이면 이들이 채권자 평등주위에 따라 동순위가 된다는 것은 쉽게 이해하면서 위의 사례와 같이 가압류 다음에 저당권 또는 확정일자 임차권 등이 오면 동순위가 되는가에 대해서는 혼란스러워 한다. 그 이유는 다음 판례를 참조하면 알 수 있듯이 가압류채권자는 우선변제 청구권을 가지는 권리가 아니므로 가압류채권자보다 후순위의 가압류 채권이나 저당권 등의 담보물권(근저당권, 담보가등기, 전세권, 확정일자 임차권 등)에 우선변제권을 주장할 수가 없으므로 이들을 동순위로 보고 안분배당하게 되는 것이다.

↓ 미리 알아두기

가압류 이후 담보가등기가 설정등기된 경우 배당

1. 가압류등기 후에 경료된 담보가등기의 효력 및 가압류채권자와 위 담보가등기권자 간의 배당순위[대법 86다카2570 판결]

부동산에 대해 가압류등기가 먼저 되고 나서 담보가등기가 마쳐진 경우에 그 담보가등기는 가압류에 의한 처분금지의 효력 때문에 그 집행보전의 목적을 달성하는 데 필요한 범위 안에서 가압류채권자에 대한 관계에서만 상대적으로 무효라 할 것이고 따라서 담보가등기권자는 그 보다 선순위의 가압류채권자에 대항하여 우선변제를 받을 권리는 없으나 한편 가압류채권자도 우선변제 청구권을 가지는 것은 아니므로 가압류채권자보다 후순위의 담보가등기권자라 하더라도 (…) 법원의 최고에 의한 채

EXERCISE

배당 EXERCISE 2

채권상호 간의 배당순위는 동순위로 안분배당한다(배당금액: 6,000만 원).

갑 가압류(1,500만 원)(2월 10일) → 을 가압류(3,000만 원)(5월 10일) → 병 가압류(5,000만 원)(10월 10일)

배당표를 작성해보면 서로 동순위로 비례배당하자(9,500만 원=1,500만 원+3,000만 원+5,000만 원).

① 갑 가압류=6,000만 원(배당금액)$\times \dfrac{1,500만\ 원}{9,500만\ 원}$=9,473,684.[21]=9,473,684.원

② 을 가압류=6,000만 원(배당금액)$\times \dfrac{3,000만\ 원}{9,500만\ 원}$=18,947,368.[42]=18,947,369원

③ 병 가압류=6,000만 원(배당금액)$\times \dfrac{5,000만\ 원}{9,500만\ 원}$=31,578,947.[36]=31,578,947원으로

배당이 종결된다.

임차인 갑이 먼저 전입하였는데 이후에 근저당권이 설정되고 확정일자를 받았다.
갑 임차인(전입)(2003.4.10) → **을 저당권**(2003.5.15) → **갑 확정일자**(2003.5.15) → **을의 임의경매신청**(최우선변제금은 고려하지 않음)

① 갑 임차인 대항력 발생시기: 2003. 4. 11. 오전 0시

  갑 임차인 확정일자에 의한 우선변제권: 2003. 5. 15. 주간
② 을 저당권 우선변제권: 2003. 5. 15. 주간

따라서 배당순위는 갑과 을이 동순위로 안분배당한다. 그러나 갑이 전액 배당 못 받을 경우 갑은 대항력이 있어서 낙찰자가 인수해야 한다.

❖ 배당순위가 평등한 채권자와 후순위의 채권자가 병존 (안분배당 후 흡수배당)

이 사례는 갑=을이고, 을>병이고, 병=갑인 관계가 기본이다. 이 경우 1차로 동순위로서 채권액에 비례하여 안분배당하고 2차로 흡수절차를 진행하게 된다.

채권과 물권 상호간의 배당순서는(배당금액 7,000만 원),
갑 가압류(2,000만 원)(3월 10일) → **을 저당권**(3,000만 원)(4월 10일) → **병 가압류**(4,000만 원)(5월 10일) → **병이 강제경매신청시**

순위를 보면 갑=을이고, 갑=병이므로 갑, 을, 병은 동순위로 안분배당한다.
1차 안분배당하면(9,000만 원=2,000만 원+3,000만 원+4,000만 원)

갑＝7,000만 원(배당금)×$\frac{2,000만 원}{9,000만 원}$＝15,555,555.[55]＝15,555,556원(종결)

을＝7,000만 원(배당금)×$\frac{3,000만 원}{9,000만 원}$＝23,333,333.[33]＝23,333,333원

병＝7,000만 원(배당금)×$\frac{4,000만 원}{9,000만 원}$＝31,111,111.[11]＝31,111,111원

2차 흡수배당하면(을이 병보다 우선순위이므로)

을＝23,333,333원(1차 안분배당금액)＋6,666,6667원(병에서 흡수)＝30,000,000원(종결)

병＝31,111,111원(1차 안분배당금액)－6,666,6667(을에 흡수당함)＝24,444,444원(종결)

최종적으로 배당결과는,

갑＝15,555,5556원, 을＝30,000,000원, 병＝24,444,444원이다.

채권과 확정일자임차인과의 배당관계(배당금액 5,000만 원, 임차인의 최우선 변제금은 고려하지 않음)

갑 임차인(1,000만 원)(전입/확정 2003.1.1) → 을 가압류(2,500만 원)(2003.2.10) → 병 임차인(3,000만 원)(전입/확정 2003.3.10)

배당을 하면

1순위_ 갑 1,000만 원(확정일자에 의한 우선변제권 1)

2순위_ 을 가압류와 병 임차인은 동순위로 안분배당하면(5,500만 원＝2,500만 원＋3,000만 원)

① 을 가압류＝4,000만원(배당잔여금)×$\frac{2,500만 원}{5,500만 원}$＝18,181,818.[18]＝18,181,818원(종결)

② 병 임차인＝4,000만원(배당잔여금)×＝21,818,181.[81]＝21,818,182원

따라서 갑=1,000만 원, 을=18,181,818원, 병=21,818,182원이 된다.

그러나 최우선변제권을 고려하였다면 실제배당은

1순위_ 갑 1,000만 원+병 1,600만 원(최우선변제금 1)

2순위_ 을 가압류=병 확정일자임차인과 동순위로 안분배당하게 된다.

(3,900만 원=2,500만 원+1,400만 원)

$$을 = 2,400만원(배당금액) \times \frac{2,500만\ 원}{3,900만\ 원} = 15,384,615원$$

$$병 = 2,400만원(배당금액) \times \frac{1,400만\ 원}{3,900만\ 원} = 8,615,385원$$

따라서 갑=1,000만 원, 을=15,384,615원, 병=1,600만 원+8,615,385원=24,615,385원

배당   EXERCISE 6   EXERCISE

갑이 전입신고를 2003년 3월 15일하고 확정일자는 2003년 3월 16일에 받았다. 같은 날 을이 근저당권을 설정하고, 병이 가압류는 2003년 3월 16일에 후순위로 등기하고, 정이 같은 날 후순위로 근저당권을 설정하였다. 이렇게 같은 날 여러 개의 권리가 있을 때에는 동구(물권)에서는 순위번호에 의하고 별구(채권과 물권이 혼재한 경우)의 경우는 접수번호를 갖고 우선순위를 정한다.

갑 3.15. 전입(보증 3,000만 원) → 갑 3.16. 확정일자 → 을 3.16. 근저당권(5,000만 원)

→ 병 3.16. 가압류채권(3,000만 원) → 정 3.16. 근저당권(4,000만 원)

→ 병의 강제경매신청(임차인의 최우선변제금은 고려하지 않음)

배당표를 작성하기 위해서 대항력과 우선변제권 시기에 대해서 공부하자(배당금은 1억3,000만 원).

① 갑 대항력: 2003. 3. 16. 오전 0시, 갑 확정일자 우선변제권: 2003. 3. 16. 주간

② 을 우선변제권: 2003. 3. 16. 주간

③ 병 일반채권권: 2003. 3. 16. 주간

④ 정 우선변제권: 2003. 3. 16. 주간

따라서 배당순위는 갑=을, 갑=병, 갑=정이므로 갑=을=병=정이 동순위가 되어 안분배당한다.

1차적 안분배당: 1억5,000만 원=3,000만 원+5,000만 원+3,000만 원+4,000만 원

① 갑=1억 3,000만원(배당금)$\times \dfrac{3,000만 원}{1억 5,000만 원}$ =26,000,000원(종결)

② 을=1억 3,000만원(배당금)$\times \dfrac{5,000만 원}{1억 5,000만 원}$ =43,333,333.^{33}=43,333,333원

③ 병=1억 3,000만원(배당금)$\times \dfrac{3,000만 원}{1억 5,000만 원}$ =26,000,000원

④ 정=1억 3,000만원(배당금)$\times \dfrac{4,000만 원}{1억 5,000만 원}$ =34,666,666^{66}=34,666,667원

제1방법: 2차적으로 을이 병과 정보다 우선순위이므로 흡수한다. 그러나 여기서는 병과 정이 동순위이므로 을에 흡수당하는 금액을 가지고 병ㆍ정 각 1차안분액의 채권액에 비례하여 안분흡수한다.

② 을=43,333,333원(1차 안분액)+6,666,667원(병 1차 안분액흡수 2,857,143원+정 1차안분액흡수 3,809,524원)=50,000,000원(종결). 을에 흡수당하는 병과 정은 동순위이므로 6,666,667원을 을에 흡수당하는 금액은 각 1차 안분액의 채권액에 비례하여 안분흡수당한다. 이를 위한 병과 정의 안분흡수금액을 계산하면,

병=6,666,667원(을에 흡수당하는 금액)$\times \dfrac{26,000,000원}{60,666,667원}$ =2,857,143원(병이 을에 흡수당하는 금액)

정=6,666,667원(을에 흡수당하는 금액)$\times \dfrac{34,666,667원}{60,666,667원}$ =3,809,524원(정이 을에 흡수당하는 금액)

따라서 병과 정의 1차 안분액에서 을에 흡수당하는 금액을 공제하면 다음과 같다.

③ 병=26,000,000원(1차 안분액)-2,857,143원(을에 흡수당함)=23,142,857원(종결)

④ 정=34,666,667원(1차 안분액)-3,809,524원(을에 흡수당함)=30,857,143원(종결)

제2방법: 2차적으로 을이 병과 정보다 우선순위이므로 흡수한다. 그러나 병과 정이 동순위이므로 을이 공동흡수하고, 배당잔여금을 가지고 병·정 각 채권액에 비례하여 안분하면 된다. 따라서,

② 을=43,333,333원(1차 안분액)+6,666,667원(병 안분배당금+정 안분배당금 공동흡수 ∵병과 정이 동순위)=50,000,000원(종결) 그리고 병과 정이 동순위로 ② 을에 공동흡수 되고 난 배당잔여금을 가지고 병과 정이 채권액에 비례하여 안분배당한다.

54,000,000원=26,000,000원+34,666,667원-6,666,667원(을에 흡수당한 것)

③ 병=54,000,000원× $\dfrac{26,000,000원}{60,666,667원}$ =23,142,857원(종결)

④ 정=54,000,000원× $\dfrac{26,666,667원}{60,666,667원}$ =30,857,143원(종결)

그러나 제1방법이나 제2방법이 결과적으로 같은 배당금액이 나오는 것을 알 수 있다. 그렇다고 하더라도 기본적인 학습방식은 제1방법으로 하는 것이 좋다.

최종배당결과는,

ⓐ 갑=26,000,000원, ⓓ 을=50,000,000원, ⓒ 병=23,142,857원, ⓓ 정=30,857,143원으로 배당이 종료되며, 갑 임차인은 대항력이 있어서 낙찰자가 미배당금 400만 원 인수해야 될 것이다.

| 배당 | EXERCISE 7 | | EXERCISE |

채권과 물권 그리고 확정일자임차인간의 배당관계(배당금: 7,000만 원, 임차인의 최우선변제금 고려하지 않음)

갑 가압류(1,000만 원)(2월 10일) → 을 근저당(2,000만 원)(3월 10일) → 병 임차인(3,000만 원)(전입/확정 4월 10일) → 정 가압류(2,000만 원)(5월 10일)

배당을 하려고 보니까,

갑 가압류=을 근저당이고, 갑=병이고, 갑=정인 관계로 동순위가 되므로 안분

배당하여보자.

　1차 안분배당(8,000만 원＝1,000만 원＋2,000만 원＋3,000만 원＋2,000만 원)

① 갑 가압류＝7,000만원(배당금)×$\dfrac{1,000만\ 원}{8,000만\ 원}$＝8,750,000원(종결)

② 을 근저당＝7,000만원(배당금)×$\dfrac{2,000만\ 원}{8,000만\ 원}$＝17,500,000원

③ 병 임차인＝7,000만원(배당금)×$\dfrac{3,000만\ 원}{8,000만\ 원}$＝26,250,000원

④ 정 가압류＝7,000만원(배당금)×$\dfrac{2,000만\ 원}{8,000만\ 원}$＝17,500,000원

　2차 흡수배당

　을이 병·정보다 우선변제권이 있다. 이때는 최후순위인 정부터 흡수하고 부족한 금액은 병에서 흡수한다.

② 을 근저당＝17,500,000원(1차 안분액)＋2,500,000원(정에서 흡수)＝20,000,000원(종결)

　3차 흡수배당

　병도 정보다 우선순위이므로 병의 채권액이 만족될 때까지 흡수한다.

③ 병 임차인＝26,250,000원(1차 안분액)＋3,750,000원(정에서 흡수)＝30,000,000원(종결)

④ 정 가압류＝17,500,000원(1차 안분액)－2,500,000원(을에 흡수당함)－3,750,000원(병에 흡수당함)＝11,250,000원(종결)

　최종적 배당결과는,

　갑＝8,750,000원, 을＝20,000,000원, 병＝30,000,000원, 정＝11,250,000원이 된다.

❖ 배당순위가 상호모순관계에 있는 채권자(순위가 충돌하는 경우)에 대한 배당방법(순환흡수배당)

갑＝을이고, 을＞병이고, 병＞갑인 관계에 있어서 상호 순위가 모순 관계에 있다.

이 경우 1차 안분배당하고, 2차로 흡수절차를 진행하면 된다.

① 1차적으로 각 채권자의 채권액을 기초로 안분배당하고, 2차적으로 선순위채권자가 그의 안분액에다 자기채권액의 부족액만큼을 후순위채권자의 1차 안분배당액에서 자기채권이 만족할 때까지 흡수한다.

② 흡수방법

  ⓐ 흡수하는 순서

    흡수할 자(흡수권자)가 수인(다수)일 때 선순위채권자가 먼저 흡수한다. 그리고 그 다음 우선순위자가 흡수하는 절차를 밟게 된다. 다음 예제 8의 을과 병 중에서 을이 먼저 흡수한 다음 병이 흡수한다. 흡수할 자(흡수권자)가 동순위이면 흡수권자의 채권액에 비례하여 안분흡수한다.

  ⓑ 흡수당하는 순서

    흡수당할 자(피흡수자)가 수인일 때 후순위자로부터 먼저 흡수한다. 피흡수자가의 흡수당하는 순서는 가장 열후한 피흡수자로부터 흡수하되, 가장 열후한 피흡수자의 흡수한도(피흡수자의 1차 안분배당받은 금액) 내에서 흡수하지 못한 금액은 그 다음 열후한 피흡수자로부터 차례로 흡수권자의 채권액을 만족할 때까지 흡수하는 절차를 거치게 된다. 다만 피흡수자가 동순위일 경우에는 피흡수자의 채권액에 비례하여 안분흡수한다.

    다음 예제 8의 병과 정 중 후순위인 정이 먼저 흡수당하고 부족한 부분은 병이 흡수당한다. 병과 정이 동순위인 경우는 안분하여 흡수한다. 이것이 실무상의 다수설이다.

  ⓒ 흡수의 한도

    ㉠ 흡수권자의 흡수한도는 흡수권자의 채권액에서 1차로 안분배당받은 금액을 공제한 금액으로 피흡수자의 1차 안분금액 내에서만 흡수할 수 있다. 참고로 피흡수자가 선순위채권자에게 이미 1차 안분액에서 흡수당한 경우 이 금액을 공제한 잔액만을 가지고 후순위 흡수권자가 흡수할 수 있다. 반대로 피흡수자가 피흡수자보다 열후한 자에 대한 흡수가 있어서 1차 안분액 보다 증가한 금액이 있다 해도 흡수권자의 흡수는 피흡수자의 1차

안분액을 한도 내에서만 흡수할 수 있다. 흡수권자는 단 1회의 흡수만 가능하고 반복하여 계속 흡수할 수 없다. 그러나 피흡수자는 흡수권자가 다수이면 그 다수의 흡수권자마다 1회씩 흡수당할 수 있다.

ⓛ 흡수당했던 자가 흡수할 때 흡수당한 부분을 공제한 나머지 부분만 흡수한다(흡수당한 부분은 일단 배당받은 것이므로 즉 1차 안분배당액을 선순위채권자에게 흡수당해서 1차 안분배당액을 보유하지 못하게 된 것까지 후순위채권자에게 흡수하게 된다면 이는 이중배당으로 볼 수 있기 때문이다). 후순위 흡수권자가 자기보다 선순위 흡수권자에게 흡수당하여 자기 채권의 부족액이 증가되었더라도 후순위채권자로부터 흡수할 수 있는 금액은 자기 채권 부족액 전부를 흡수할 수 있는 것이 아니라 당초 흡수한도(흡수한도＝청구채권액－1차 안분액), 즉 안분부족액만을 흡수할 수 있다. 이것이 실무상의 다수설이다.

순위가 상호모순관계에 있는 경우 순환흡수배당 사례

조세채권, 공과금, 담보물권, 확정일자부 임차인, 임금채권, 기타채권이 경합되는 경우 배당하는 방법

여기서 기재된 순위사항은 등기부등기일과 조세채권(법정기일), 공과금(납부기한), 임차인(그 효력발생일)이고 단위는 만 원이다.

배당 **EXERCISE 8**　　　　　　　　　　　　　　　EXERCISE

[상호모순관계에서 순환흡수배당 Ⅰ]

1998년 갑 가압류 (1,600만 원)→ 1999년 을 근저당(3,000만 원)→ 2000년 병 조세압류(당해세 아님)(2,000만 원)→ 2001년 정 가압류(900만 원) → 을의 임의경매 신청(주택이 서울이고 배당할 금액 5,000만 원이다).

배당순서를 보면 갑은 을·정과 동순위이나 병보다는 후순위이고, 을은 갑과 동순위이나 병과 정보다는 선순위이고, 병은 갑과 정에 대해 우선하나 을보다는 후

순위로 순위의 상호 모순이 생긴다.

1차적 안분배당

$$갑=5,000(배당금)\times\frac{1,600}{7,500}=1,066.66=1,067$$

$$을=5,000(배당금)\times\frac{3,000}{7,500}=2,000$$

$$병=5,000(배당금)\times\frac{2,000}{7,500}=1,333.33=1,333$$

$$정=5,000(배당금)\times\frac{900}{7,500}=600$$

2차적 흡수배당

1차 흡수는 갑 가압류는 흡수할 수 있는 지위에 있지 못하는 채권 이므로 흡수할 수 없고, 흡수할 수 있는 지위에 있는 채권자중에서 선순위인 을이 먼저 흡수(흡수 금액은 1차 안분배당받지 못한 금액 1,000을 한도로 하여 후순위 1차 안분배당금 한도 내에서만 흡수함)

을=2,000(1차 안분액)+600(정을 흡수함)+400(병을 흡수)=3,000

1차 흡수결과 갑=1,067, 을=3,000, 병=933, 정=0이 된다.

2차 흡수는 후순위인 병이 흡수 → 병=1,333(1차 안분액)−400(을에 흡수당함)+667(갑을 흡수)=1,600 즉 병=1,333(1차 안분액)−400(을에 흡수당함)+0(정을 흡수)+667(갑을 흡수)=1,600

2차 흡수결과 갑=[1,067−667]=400, 을=3,000, 병=1,600, 정=600−600=0이다. 따라서 최종 배당결과는 갑=400, 을=3,000, 병=1,600, 정=0이 된다.

[상호모순관계에서 순환흡수배당 Ⅱ]

갑 가압류 2006년 1월(1,000만 원) → 을 근저당 2007년 1월(3,000만 원) → 병 임차인 전입 2008년 1월(6,000만 원) → 을의 임의경매 2009년 1월인 경우(배당금이 4,000만 원이고 주택이 서울소재)

갑=을이고, 을>병의 최우선변제(2,000만 원)이고, 병>갑인 관계에 있다. 따라서 순위가 상호모순관계에 있다.

이 경우 1차 안분배당하고, 2차로 흡수절차를 거치면 된다.

1차 안분배당 절차

① 갑 가압류=4,000만원(배당액)$\times \dfrac{1,000}{6,000}$=6,666,667원

② 을 근저당=4,000만원(배당액)$\times \dfrac{3,000}{6,000}$=20,000,000원

③ 병 최우선변제=4,000만원(배당액)$\times \dfrac{2,000}{6,000}$=13,333,333원

2차 흡수배당 절차

갑 가압류는 흡수할 수 있는 지위에 있지 못하는 채권이므로 , 흡수할 수 있는 지위에 있는 채권자중에서 선순위인 을 근저당권이 먼저 흡수하고, 흡수당하는 자는 제일 열후한 ③ 병부터 흡수당한다(을은 갑과는 동순위이므로 흡수하지 못하고 흡수할 수 있는 후순위자는 ③ 병밖에 없으므로).

따라서 선순위자인 ②부터 흡수하면

② 을 근저당=20,000,000원(1차 안분액)+10,000,000원(③에서 흡수)=30,000,000원

③ 병 최우선변제=13,333,333원(1차 안분액)-10,000,000원(②에서 흡수당함)+

6,666,667원(①에서 흡수)=10,000,000원

① 갑 가압류=6,666,667원(1차 안분액)-6,666,667원(③에 흡수당함)=0

최우선변제금의 지급기준이 되는 권리(저당권부 담보물권 등)

주택임대차보호법 시행령 부칙 제2조(경과조치) 이 영 시행 전에 임차주택에 대해 담보물권을 취득한 자에 대해서는 종전의 규정에 따른다. 현행법(개정법) 시행 전에 부동산에 대해 근저당권을 취득한 자에 대한 관계에 있어서는 구 주택임대차보호법에 의해 소액임차인에 해당하는지 여부를 가려야 한다. 즉 현행법상 소액임차인에 해당되나 개정 전에는 소액임차인에 해당되지 못 하는 경우에 담보물권이 개정되기 전 구법 하에서 설정등기 되었다면 그 담보물권에 대해 소액임차인을 주장하여 우선변제 받을 수 없다.

1. 최우선변제금의 지급기준이 되는 담보물권 등이 있는 경우

여기서 담보물권은 저당권, 담보가등기권, 전세권 등으로 보면 될 것이다.

그리고 확정일자를 갖춘 임차인은 부동산 담보권자에 유사한 지위에 있다는 판례 [대판 92다30597, 92다49539, 2007다45562]를 근거로 담보물권에 포함시켜야 한다는 견해에 대해서는 다양한 견해가 있다.

만약 확정일자를 기준으로 소액우선변제금액을 지급하게 된다면, 확정일자 받은 날을 공시할 수 있는 방법이 없기 때문에 다른 임차인들이 확정일자를 받았는지 안 받았는지, 받았다면 언제 받았는지 알 수도 없고, 확정일자받은 임차인이 배당요구를 하느냐 마느냐에 따라 소액우선변제금액이 달라지는 등 불확실한 법률관계로 인하여 혼란에 빠질 수 밖에 없을 것이다. 그리고 주임법 시행령 부칙 제2조에서는 소액임차인과 담보물권을 취득한자에 대한 관계만을 주장한 것이지 임차인의 확정일자 우선변제까지 담보물권에 포함시킨 규정은 아니다는 판단이다.

그래서 필자는 확정일자는 최우선변제금의 지급기준이 될 수 없다고 보고 있다.

배당실무 사례에서도 즉 법원경매나 자산관리공사 공매의 배분에서도 이러한 기준 등이 적용되고 있어서 저자도 이러한 기준을 가지고 접근하고자 한다.

저당권 등보다 선순위 또는 동순위의 확정일자 우선변제권이 있는 경우에 저당권

에 대항할 수 없는 소액임차인은 확정일자 우선변제권보다 후순위로 보나, 저당권 등이 없고 확정일자 등만 또는 무담보채권자만 있다면 소액임차인의 기준은 배당시점에서 법적 최대한의 소액임차보증금을 소액임차인으로 보게 된다는 점만 유의해서 배당표를 작성하면 될 것이다.

※ 확정일자한정설과 동·선순위제외설

동·선순위제외설은 동순위 또는 열위의 저당권자와 적어도 일군으로 배당 받게 되는 확정일자임차인이나 조세채권, 가압류채권자의 배당액에 대해서는 그 이후의 소액임차인이 우선권을 주장할 수 없다는 견해이다. 그러나 확정일자한정설은 동·선순위제외설에서 조세채권이나 가압류채권 등보다는 소액임차인이 우선하나 확정일자 우선변제권에 대해서만은 소액임차인이 우선권을 주장 할 수 없다는 견해이다.

 2. 담보물권 등의 우선변제권 있는 권리 등이 없는 경우가압류채권·강제경매 신청채권·집행권원에 의한 배당요구채권 등의 일반채권자와 조세·공과금채권·일반임금채권 등의 우선특권이 있는 채권도 우선변제권이 있는 담보물권자가 아닌 무담보채권자이므로 최우선변제금 지급기준권리가 될 수 없다. 이와 같이 선순위 담보권자를 우선배당하고 또는 담보권자가 없는 경우는 민사집행법상 진행되는 경매의 경우 배당표 작성 시점의 현행법상 규정을 적용하고 있다. 경매부동산에 담보물권자 등의 우선변제권을 가지는 권리가 없어서 이들의 지위를 침해할 권리가 없기 때문이다. 공매의 경우도 이와 다를 바 없이 배분표 작성 시점의 현행법상 규정을 적용하고 있다. 과거에는 견해를 달리하는 경우도 있었지만 최근에는 판례나 실무에서도 이 견해에 일치하고 있는 실정이다.

[상호모순관계에서 순환흡수배당 Ⅲ]

갑 가압류 2007년 1월 → 을 근저당 2008년 1월 → 병 가압류 2009년 5월 → 정 근저

당 2010년 8월 → 무 임차인 7,500만 원 전입 2010년 9월 → 을의 임의경매 2010년
10월

주택이 서울소재하고 배당금액 ○○○만 원인 경우에 배당표를 작성하는 경우이다.

1. 분석

　　이 경매사건은 순위가 다음과 같이 상호모순관계에 있다.

　　갑＝을이고, 갑＝병＝정이고, 갑＜무 임차인의 최우선변제금 2,500만 원인 관

　　계에 있다.

　　을＞병·정·무 임차인의 최우선변제금이고, 을＝갑인 관계에 있다.

　　병＝갑＝정이고, 병＜을·무인 관계에 있다.

　　정＝갑＝병이고, 정＜을·무인 관계에 있다.

　　무 임차인의 최우선변제금＞갑·병·정이고, 무＜을인 관계에 있다.

2. 배당순위가 상호모순관계에 있는 경우에 순환흡수배당 절차를 진행하면 다음과

　　같다.

　　1차 안분배당

　　① 갑가압류 2007년 1월: ○○원

　　② 을 근저당 2008년 1월: ○○원

　　③ 무 임차인의 최우선변제금 2,500만 원 전입 2010년 9월: ○○원

　　④ 병 가압류 2009년 5월: ○○원

　　⑤ 정 근저당 2010년 8월: ○○원

　　2차 흡수배당절차

　　흡수권자는 선순위부터 피흡수자는 제일 열후한 지위에 있는 자부터 흡수당

　　한다.

　　② 을 근저당＝1차 안분액＋안분부족액(채권액－1차 안분액)＝○○원

　　→ 을은 안분부족액을 제일 열후한 지위에 있는 자로부터 흡수해야 되는데 ④,

⑤의 순위가 동순위이므로 이들의 1차 안분액에 비례하여 안분흡수한다. 그러
나 ④, ⑤에서 ② 을의 안분부족액을 충족시키지 못하면 그 다음 후순위인 ③에
서 흡수하게 된다.

③ 무의 최우선변제금＝1차 안분액＋안분부족액(채권액 2,500만 원−1차 안분액)＝
○○원→ 안분부족액을 ①, ④, ⑤에서 흡수할 수 있는데 이들의 순위가 동순위
이므로 이들의 1차 안분배당잔액에 비례하여 안분흡수한다. 즉 ④, ⑤는 1차 안
분액을 가지고 하는 것이 아니고, ②에 흡수당한 금액을 공제한 잔여금을 가지
고 하고, ①은 1차 안분액을 가지고 그 금액을 채권액으로 하여 각 채권액에 비
례하여 안분흡수하면 된다.

따라서 ①, ④, ⑤의 배당금은 다음과 같이 될 것이다.

① 갑 가압류＝1차 안분액−○○원(③에 흡수당한 금액)＝○○원

④ 병 가압류＝1차 안분액−○○원(②에 흡수당한 금액)−○○원(③에 흡수당한 금액)
＝○○원

⑤ 정 근저당＝1차 안분액−○○원(②에 흡수당한 금액)−○○원(③에 흡수당한 금액)
＝○○원

3. 그러나 다음과 같은 경매사건에서 순환흡수배당 절차는,

갑 가압류 2007년 1월 →을 근저당 2008년 1월→ 정 가압류 2009년 5월 → 병
조세(또는 공과금) 법정기일 2010년 1월 → 무 근저당 2010년 8월 → 기 가압류
2010년 9월→ 을의 임의경매 신청 2010년 10월

1차 안분배당

① 갑 가압류 2007년 1월: ○○원

② 을 근저당 2008년 1월: ○○원

③ 병 조세(또는 공과금) 법정기일 2010년 1월: ○○원

④ 정 가압류 2009년 5월: ○○원

⑤ 무 근저당 2010년 8월: ○○원

⑥ 기 가압류 2010년 9월: ○○원

2차 흡수절차

② 을 근저당＝1차 안분액＋안분부족액(채권액－1차 안분액)＝○○원→ 안분부족
액을 ④·⑤·⑥이 동순위의 관계에 있으므로 ④·⑤·⑥의 채권액(1차 안분액)
에 비례하여 안분흡수하고 → 그래도 부족시에는 ③에서 흡수하게 된다.

③ 병 조세 또는 공과금＝1차 안분액＋안분부족액＝○○원→ 안분부족액을
①·④·⑤·⑥이 동순위 관계에 있으므로 이들의 채권액[①(1차 안분액), ④·
⑤·⑥(②에 흡수당하고 남은 배당잔여금)]에 비례하여 안분흡수한다.

⑤ 무 근저당＝1차 안분액＋안분부족액(채권액－1차 안분액)－②에 흡수당한 금액
－③에 흡수당한 금액＝○○원 → 안분부족액을 후순위자인 ⑥ 기 가압류채권
의 배당잔여금에서 흡수하게 된다.

[상호모순관계에서 순환흡수배당 Ⅳ]

갑 가압류 1995. 3. 10. 등기되었고, 을 근저당은 1995. 4. 10. 설정등기되었다. 그
후 건강보험료 병이 압류하였는데 납부기한이 1995. 5. 10.이었고, 정은 1995. 6.
10. 가압류하였다. 이러한 경우에는 갑은 을·정과는 동순위이고, 병보다는 후순
위이다. 을은 갑과는 동순위이나 병과 정보다는 우선순위이다. 병은 을보다는 후
순위이나 갑과 정보다는 우선순위인 관계가 되어 순위가 모순되는 관계에 있다.

　이러한 경우 배당표 작성은 1차적으로 각각의 채권자의 채권액을 기초 안분배당
하고, 2차적으로 후순위채권자의 배당액을 자기채권이 만족할 때까지 흡수한다.

1. 순환흡수방법과 순환흡수배당(다수설)

흡수권자의 흡수액은 1차 안분배당에서 배당받지 못한 금액을 한도로 하여 후
순위 1차 안분배당금 내에서만 흡수할 수 있다.

흡수순서는 선순위자로부터 흡수하고 흡수당하는 자는 제일 후순위자에게서
흡수하고 부족하면 그 다음 후순위자에게서 흡수한다.

그러면 배당금액이 700만 원일 때 배당표를 작성해보자.

갑 가압류 500만 원(1995. 3. 10.) → **을 근저당 300만 원**(1995. 4. 10.) → **병 건강보험료 400만 원**(납부기한 1995. 5. 10.) → **정 가압류 100만 원인 경우**(1995. 6. 10.)

1차적으로 안분배당실시하면

(1,300만 원=500만 원+300만 원+400만 원+100만 원)

① 갑 가압류=700만 원×$\dfrac{500만\ 원}{1,300만\ 원}$ =269.^{23}=269만 원

② 을 근저당=700만 원×$\dfrac{300만\ 원}{1,300만\ 원}$ =161.^{53}=162만 원

③ 병 건강보험료=700만 원×$\dfrac{400만\ 원}{1,300만\ 원}$ =215.^{38}=215만 원

④ 정 가압류=700만 원×$\dfrac{100만\ 원}{1,300만\ 원}$ =53.^{84}=54만 원

2차적으로 흡수배당하면

갑 가압류는 흡수할 수 있는 지위에 있지 못하는 채권이므로 , 흡수할 수 있는 지위에 있는 채권자 중에서 선순위인 을은 병보다 선순위이므로 을이 먼저 흡수하고 나서 병이 흡수한다. 흡수금액은 1차 안분배당에서 배당받지 못한 금액 내에서 후순위자들의 1차 안분배당금 내에서만 흡수한다.

② 을=162만 원(1차 안분액)+138만 원[54만 원(정의 가압류를 흡수)+84만 원(병을 흡수)]=300만 원

③ 병=215만 원(1차 안분액)−84만 원(을에 흡수함)+185만 원[0(정을 흡수)+185만 원(갑을 흡수)]=316만 원

① 갑=269만 원(1차 안분액)−185(병에 흡수당함)=84만 원

④ 정=54만 원(1차 안분액)−54만 원(을에 흡수당함)=0원이 된다.

따라서 최종적인 결과는 갑=84만 원, 을=300만 원, 병=316만 원, 정=0원이 된다.

순환흡수배당사례에 대해 위 사례와 같이 흡수당한 부분은 일단 배당받은 것이므로 그 부분을 공제한 나머지만 흡수해야 한다는 설(다수설)과 다음과 같이 흡수당한 부분도 흡수할 수 있다는 견해(소수설)도 있다.

2. 흡수당한 부분도 흡수할 수 있다는 소수설에 의한 배당방법(소수설)

이 순환흡수배당절차도 2가지 방법이 있는데, 2가지 방법 모두 1차 안분배당방법까지는 전자 다수설과 같다. 따라서 2차 흡수배당절차에서 차이가 남을 유의하기 바란다. 1차 안분배당은 같다(즉, 전자 다수설의 1차 안분금액이 같다는 뜻이다).

갑＝269만 원, 을＝162만 원, 병＝215만 원, 정＝54만 원

예 1) 첫 번째 소수설에 의한 배당방법

전자 다수설과는 2차 흡수배당도 을까지는 동일한 방법이다.

을＝162만 원＋138만 원[54만 원(정의 가압류 흡수)＋84만 원(병을 흡수)]＝300만 원이다.

병 압류(건강보험료)에서만 해석을 달리하는 것이다.

병 건강보험료＝[215만 원－84만 원(을에 흡수당함)]＝131만 원＋269[(정 0＋갑을 흡수(269)]＝400만 원

따라서 갑 가압류＝269만 원－269만 원(병에 흡수당함)＝0이 된다.

따라서 갑＝0원, 을＝300만 원, 병＝400만 원, 정＝0원이 된다. 다시 말해서 소수설 예1) 방법은 전자 다수설과의 관계에서 차이점은 을 배당까지는 동일하고, 병 건강보험료가 후순위채권자 갑 · 정에서 흡수할 때 자신의 채권액 전액을 만족할 때까지 흡수한다는 점이 전자 다수설의 흡수한도와 차이가 있다. 다수설은 병 건강보험료가 을 근저당권자에게 흡수당한 것은 일단 배당받은 것으로 보고 병 흡수금액에서 공제하여서 배당받게 된다. 따라서 갑의 배당금은 그 공제된 금액만큼 남게 되는 것이 차이가 있다.

예 2) 두 번째 소수설에 의한 배당방법

전자 다수설과는 1차 안분까지는 동일하나 그 이후 흡수방법에서 약간의 차이가 있다. 그러나 그 결과는 소수설 예 1)과 동일한 배당금액이 나온다.

1차 안분배당은 같다. 갑＝269만 원, 을＝162만 원, 병＝215만 원, 정＝54만 원이다.

2차 흡수배당절차는 제1단계 먼저 병 압류채권(건강보험료)이 정가압류채권을 흡

수하고 병 건강보험료=215만 원+54만 원(병의 채권액 400만 원 한도 내에서 정의 안분배당금을 흡수한도로 흡수한다)=269만 원 정 가압류=54만 원−54만 원(병에 흡수당함)=0 제2단계 을 근저당권은 병·정을 흡수한다. 흡수순위는 후순위자부터 흡수하고, 동순위인 경우에는 안분하여 흡수한다.

을 근저당=162만 원+138만 원(을의 채권액 300만 원 한도 내에서 병·정의 안분배당금을 흡수한도로 흡수한다)(정의 배당액 0+병 배당액 138만 원을 흡수)=300만 원

병 건강보험료=269만 원−138만 원(을에 흡수당함)=131만 원이 남게 된다.

제3단계 갑 가압류채권은 병 건강보험료보다 후순위(즉, 공과금은 항상 일반채권에 우선한다)로 병에 흡수당한다. 그 흡수한도는 병의 원래 채권액 400만 원 한도 내에서 을에 흡수당하고 남은 131만 원을 제외하고 부족분 모두를 흡수한다. 따라서 병 건강보험료=131만 원+269만 원(갑에서 흡수)=400만 원이 되고, 갑은 배당액이 없게 된다.

최종 배당결과는 갑=0, 을=300만 원, 병=400만 원, 정=0이 된다. 결론적으로 소수설 예 1)과 예 2) 방법은 방식은 달리해도 결과는 같게 된다.

따라서 다수설과 소수설과는 오로지 흡수배당하는 절차에서 흡수당한 금액을 다시 흡수할 수 있느냐 아니냐의 차이일 뿐이다. 그러나 순환흡수배당절차는 실무에서는 대법원 판례를 바탕으로 다수설로 배당절차가 진행되는 것이 보편화되어 있고, 소수설로는 진행하지 않고 있는 실정이다. 이 책에서 순환흡수배당사례계산은 전자인 다수설을 갖고 작성한 것이니 독자들도 이점에 유념하기 바란다.

배당 EXERCISE 12   EXERCISE

[상호모순관계에서 순환흡수배당 Ⅴ]

① 갑 가압류 4,500만 원 1998년 → ② 을 임차권(전입/확정일자 1999년 4,000만 원) → ③ 병 저당권 2,000년 설정등기 3,500만 원 → ④ 정 일반조세채권(당해세 아님), 2001년 압류등기(법정기일 2001년) 3,000만 원 → ⑤ 무 가압류채권 2002년 등기 2,000만 원

→ 병 저당권 임의경매일 경우 배당순위는 어떻게 될 것인가를 분석하여보자.

주택은 서울 소재하고 배당금이 1억이다.

배당순위를 보면,

① 갑 가압류는 ①=②, ①=③, ①=⑤이고, ①<④이다.

② 을 임차권은 ②>③ · ④ · ⑤이고, ②=①이다.

③ 병 저당권은 ③>④ · ⑤이고, ③<②이고, ③=①이다.

④ 정 조세채권은 ④>① · ⑤이고, ④<② · ③이다.

⑤ 무 가압류는 ⑤=①이고, ⑤<② · ③ · ④인 관계가 된다.

따라서 이와 같이 배당순위에 있어서 상호모순관계가 되어 1차 안분배당하고, 2차로 순환흡수배당절차를 거쳐야 한다.

흡수배당방법은 앞에서 자세히 설명하였으므로 여기서는 배당표만 작성하기로 한다.

물론 다수설에 의해서 흡수당한 것은 일단 배당받은 것으로 보고, 배당금에서 공제키로 한다.

1차적으로 안분배당하면,

① 갑 가압류 $= 1$억 원 $\times \dfrac{4{,}500만\ 원}{(4{,}500+4{,}000+3{,}500+3{,}000+2{,}000)17{,}000만\ 원} = 26{,}470{,}588.\underline{23}$
$= 26{,}470{,}588$원

② 을 임차권 $= 1$억 원 $\times\ = 23{,}529{,}411.\underline{76} = 23{,}529{,}412$원

③ 병 저당권 $= 1$억 원 $\times\ = 20{,}588{,}235.\underline{29} = 20{,}588{,}235$원

④ 정 일반조세채권 $= 1$억 원 $\times\ = 17{,}647{,}058.\underline{82} = 17{,}647{,}058$원

⑤ 무 가압류 $= 1$억 원 $\times\ = 11{,}764{,}705.\underline{88} = 11{,}764{,}705$원

2차적으로 흡수배당

1차 흡수

① 갑 가압류 26,470,588원을 제외하고 나서(갑 가압류권자는 흡수할 수 있는 채권이 아니므로), 흡수할 수 있는 채권자 중에서 선순위인 ② 을이 먼저 흡수하는데 이는 흡

수순서는 선순위가 먼저 흡수하고 나서 그 다음 후순위가 흡수하는 절차를 거치고 흡수당하는 자는 제일 후순위부터 흡수당한다. 흡수당했던 자가 흡수할 경우 흡수한 금액에서 흡수당한 금액을 공제하게 된다.

② 을 임차권(확정일자에 의한 우선변제권)=23,529,412원(1차 안분액)+16,470,588원(흡수금액은 1차 안분배당받지 못한 금액 16,470,588원을 한도로 후순위채권자들의 안분배당금 한도 내에서만 흡수한다. 따라서 제일 후순위인 ⑤ 11,764,706원을 먼저 흡수하고 그 다음 후순위인 ④ 정에서 4,705,882원을 흡수한다)=4,000만 원이 된다. 따라서 ⑤ 무 가압류=0이 되고, ④ 정 일반조세=17,647,059원(1차 안분액)−4,705,882원(②에 흡수당함)=12,941,177원이 된다.

③ 병 저당권=20,588,235원(1차 안분액)+12,941,177원(병은 1차 안분배당받지 못한 금액 14,411,765원을 한도로 하여 후순위자들의 안분배당금 한도 내에서만 흡수할 수 있다. 그런데 무=0, 정=12,941,177원의 배당금밖에 없어서 이를 모두 흡수하게 된다)=33,529,412원 따라서 정 일반조세채권=12,941,177원−12,941,177원(③에 흡수당함)=0

④ 정 일반조세=17,647,059원(1차 안분액)−4,705,882원(②에 흡수당함)−12,941,177원(③에 흡수당함)+12,352,941원(정은 1차 안분배당받지 못한 금액 12,352,941원을 한도로 하여 후순위채권자들의 안분배당금을 한도로 흡수할 수 있다. 이때 후순위채권자들은 무=0, 갑 가압류=26,470,588원이므로 갑에서만 흡수할 수 있다)=12,352,941원이 된다. 따라서 ① 갑 가압류=26,470,588원(1차 안분액)−12,352,941원(④에 흡수당함)=14,117,647원이 된다.

따라서 최종배당결과는,

ⓐ 갑 가압류=14,117,647원, ⓑ 을 임차권=40,000,000원, ⓒ 병 저당권=33,529,412원, ⓓ 정 일반조세=12,352,941원, ⓔ 무 가압류=0이 된다.

[상호모순관계에서 순환흡수배당 Ⅵ]

가압류, 공과금, 조세채권, 담보물건, 임금채권이 혼재되어 있는 경우 배당 연습

(배당 8,000만 원, 일반임금은 최우선변제대상이 아니다)

갑 가압류(2005. 2. 1. 2,000만 원)→**을 국민연금**(납부기한 2005. 3. 10. 700만 원)→**강서세무서**(법정기일 2005. 4. 1. 1,500만 원) →**병 근저당** (2005. 5. 1. 3,000만 원) → **강서세무서 당해세**(법정기일 2005. 6. 1. 500만 원)→ **정 일반임금**(2005. 7. 1. 1,000만 원) →**병의 임의경매 신청**

배당을 하여보면,

1순위_ 강서세무서 500만 원(당해세우선변제 1)

2순위_ 강서세무서 1,500만 원(우선변제 2)(조세채권은 공과금 및 일반채권에 항상 우선한다)

3순위_ 을 국민연금 700만 원(우선변제 3)(공과금은 일반채권에 항상 우선한다)

4순위_ 다음과 같이 순위모순관계가 발생하여 안분배당 후 순환흡수한다.

여기서 갑 가압류＝병 근저당 동순위이고, 병〉정 일반임금이고, 정 임금채권〉갑 가압류인 관계에 있다. 따라서 1차적으로 안분배당하고, 2차적으로 순위에 따라 흡수배당해야 할 것이다.

1차 안분배당

① 갑 가압류＝5,300만 원×$\frac{2,000만 원}{(2,000+3,000+1,000)만 원}$ ＝17,666,666.^{66}＝17,666,667원

② 병 근저당＝5,300만 원×$\frac{3,000만 원}{6,000만 원}$ ＝26,500,000원

③ 정 임금채권＝5,300만 원×$\frac{1,000만 원}{6,000만 원}$ ＝8,833,333^{37}＝8,833,333원

2차 흡수배당(병 근저당이 정 임금채권보다 우선순위로 흡수한다)

② 병 근저당＝26,500,000원(1차 안분배당액)＋3,500,000원(정에서 흡수함)＝30,000,000원으로 종결

정은 임금채권이므로 갑 가압류채권보다 우선하므로 흡수한다.

③ 정 임금채권＝8,833,333원(1차 안분배당액)＋1,166,667원(갑에서 흡수)－3,500,000원(병에 흡수당함)＝6,500,000원으로 종결

① 갑 가압류＝17,666,667원(1차 안분배당액)－1,166,667원(정에 흡수당함)＝

16,500,000원으로 종결

따라서 최종배당결과는,

ⓐ 강서세무서＝500만 원(1)＋1,500만 원(2)＝20,000,000원

ⓑ 을 국민연금＝700만 원(3), ⓒ 병 근저당＝3,000만 원(4)

ⓓ 정 임금채권＝6,500,000원(4), ⓔ 갑 가압류＝16,500,000원(4)

[상호모순관계에서 순환흡수배당 Ⅶ]

일반채권, 조세채권, 저당권, 공과금 등이 혼재되어 있는 경우(배당금 3,800만 원)

갑가압류(2006. 1. 10. 1,000만 원)→ 양천구청 일반조세채권(법정기일 2006. 2. 10. 500만 원)
→ 을 근저당(2006. 3. 10. 2,000만 원) → 병 국민연금(납부기한 2006. 4. 10. 400만 원) →양천
구청 재산세(법정기일 2006. 5. 10. 30만 원)→ 을의 임의경매 신청(2007. 1. 10.)

배당표를 작성하여보자.

1순위_ 양천구청 30만 원(당해세 우선변제 1)

2순위_ 양천구청 500만 원(우선변제권 2)

3순위_ 여기서 갑 가압류＝을 근저당권이고, 을＞병보다 우선순위이고, 병＞갑
보다 우선순위이므로 순위 관계가 상호모순관계에 있다. 이때에는 1차적으로 배당
금을 각 채권자의 채권액에 비례 안분배당 한다.

배당잔액이 32,700,000원이므로,

1차 안분배당

① ＝32,700,000만 원× $\dfrac{1,000만 원}{(1,000+2,000+400)만 원}$ ＝9,617,647원

② 을 근저당＝32,700,000× $\dfrac{2,000만}{3,400만}$ ＝19,235,294.[11]＝19,235,294.원

③ 병 국민연금＝32,700,000× $\dfrac{400만}{3,400만}$ ＝3,847,058.[11]＝3,847,059원

2차 흡수하면 ② 을 근저당은 병보다 우선순위이므로 병을 흡수하게 된다.

② 을 근저당＝19,235,294원(1차 안분배당)＋764,706원(병에 흡수)＝2,000만 원

③ 병＝3,847,059원(1차 안분배당)＋152,941원(갑에 흡수)－764,706(을에 흡수당함)＝

3,235,294원(병은 공과금이므로 갑가압류보다 우선하기 때문)

① 갑＝9,617,647원－152,941원(병에 흡수당함)＝9,464,706원

따라서 최종배당결과는

ⓐ 양천구청＝300,000원(1)＋5,000,000(2)＝5,300,000원

ⓑ 을 근저당＝20,000,000원(3), ⓒ 병 국민연금＝3,235,294원(3)

ⓓ 갑 가압류＝9,464,706원이 된다.

[상호모순관계에서 순환흡수배당 Ⅷ]

갑 가압류 2005년(5,000만 원) → **을 근저당권** 2006년(6,000만 원) → **병 가압류** 2006년
(3,000만 원) → **정 근저당** 2007년(4,000만 원) → **을의 임의경매** 2008년 → **무 일반조세**
(당해세가 아님)**교부청구**(법정기일 2008년 2,000만 원)

[분석]

· 갑은 갑＝을이고, 갑＝병＝정이고, 갑<무 일반조세인 관계에 있다.

· 을은 을>병 · 정 · 무이고, 을＝갑인 관계에 있다.

· 병은 병＝갑＝정이고, 병<을 · 무인 관계에 있다.

· 정은 정>무이고, 정＝갑＝병이고, 정<을인 관계에 있다.

· 무는 무>갑 · 병이고, 무<을 · 정인 관계에 있다.

이와 같이 순위가 상호모순관계에 있다. 이러한 경우 1차 안분절차를 거쳐서 2차
흡수배당절차를 거치게 된다. 배당금액이 1억 원인 경우 배당을 하면,

1차 안분절차

① 갑 가압류＝1억 원(배당금액)×$\dfrac{5,000}{20,000}$＝25,000,000원

② 을 근저당＝1억 원(배당금액)×$\dfrac{6,000}{20,000}$＝30,000,000원

③ 병 가압류＝1억 원(배당금액)×$\dfrac{3,000}{20,000}$＝15,000,000원

④ 정 근저당＝1억 원(배당금액)×$\dfrac{4,000}{20,000}$＝20,000,000원

⑤ 무 일반조세＝1억 원(배당금액)×$\dfrac{2,000}{20,000}$＝10,000,000원

예 1) 2차 흡수절차

흡수절차는 선순위자가 먼저 흡수하며, 흡수당하는 자는 제일 열후한 자가 먼저 흡수당하고 그 다음 열후한 자가 흡수당하게 된다. 따라서 ② 을이 선순위이므로 먼저 제일 열후한 지위에 있는 자를 흡수하게 되는데 흡수당하는 자들 ③, ④, ⑤가 순위가 상호모순관계에 있고(③=④, ④〉⑤, ⑤〉③의 관계로), 특별히 열후한 자가 없어서 이들을 동순위로 보고 ② 을 근저당의 안분부족액(채권액−1차 안분액)을 ③, ④, ⑤의 1차 안분배당금의 비율에 비례하여 안분 흡수하고, 그 다음 선순위자인 ④ 정이 안분부족액을 후순위자 ⑤ 무를 흡수하고, ⑤ 무는 안분부족액을 후순위자 ①, ③에서 흡수 하게 되는데 이들은 동순위 이므로 배당잔여액에 비례하여 안분 흡수하게 된다는 견해이다. 이 견해에 따라 배당표를 작성하면 다음과 같이 된다.

② 을 근저당＝3,000만 원(1차 안분액)＋3,000만 원[③ 병(3,000×$\dfrac{1,500}{4,500}$)1,000만 원 흡수＋④ 정(3,000×)13,333,333원 흡수＋⑤ 무(3,000×$\dfrac{1,000}{4,500}$)6,666,667원 흡수]＝6,000만 원(종결)

③ 병 가압류＝1,500만 원(1차 안분액)−1,000만원(②에 흡수당함)＝500만원

④ 정 근저당＝2,000만 원(1차 안분액)−13,333,333원(②에 흡수당함)＝6,666,667원

⑤ 무 일반조세＝1,000만 원(1차 안분액)−6,666,667원(②에 흡수당함)＝3,333,333원

④ 정 근저당＝2,000만 원(1차 안분액)−13,333,333원(②에 흡수당함)＋3,333,333원(⑤에서 흡수)＝1,000만 원(종결)

⑤ 무 일반조세＝1,000만 원(1차 안분액)−6,666,667원(②에 흡수당함)−3,333,333원(④에 흡수당함)＋ 1,000만 원[① (1,000만 원× $\frac{25,000,000}{30,000,000}$)8,333,333)+③ (1,000만 원× $\frac{5,000,000}{30,000,000}$)1,666,667)]＝ 1,000만 원(종결)

① 가압류＝2,500만 원(1차 안분액)−8,333,333원(⑤에 흡수당함)＝16,666,667원(종결)

③ 가압류＝1,500만 원(1차 안분액)−1,000만 원(②에 흡수당함)−1,666,667원(⑤에 흡수당함)＝3,333,333원(종결)

예 2) 2차 흡수절차

흡수절차는 선순위자가 먼저 흡수하며, 흡수당하는 자는 제일 열후한 자가 먼저 흡수당하고 그 다음 열후한 자가 흡수당하게 된다. 따라서 ② 을이 선순위이므로 먼저 제일 열후한 지위에 있는 후순위자를 흡수하게 되는데 ③, ④, ⑤가 순위가 상호 모순관계에 있으므로 ③, ④, ⑤를 먼저 순위에 따라 흡수절차를 거쳐서 결정된 배당액을 가지고 각 배당금의 비례에 따라 ② 을 근저당권의 안분부족액(채권액−1차 안분액)에 흡수당하게 된다.

따라서 ③, ④, ⑤를 각 순위에 따라 흡수절차를 거치면 다음과 같다.

③ 병 가압류＝1,500만 원(1차 안분액)−1,000만 원(⑤ 무에 흡수당함)＝500만 원

④ 정 근저당＝2,000만 원(1차 안분액)＋1,000만 원(⑤ 무 1차 안분액에서 흡수)＝3,000만 원

⑤ 무 일반조세＝1,000만 원(1차 안분액)−1,000만 원(④ 정에 흡수당함)＋1,000만 원(③ 병에서 흡수)＝1,000만 원

따라서 선순위자 ② 을이 자신의 안분부족액을 위와 같이 ③, ④, ⑤의 흡수절차가 이루어진 배당금을 가지고 각 채권액에 비례하여 안분흡수하면 다음과 같다.

③ 병 가압류＝1억 원(배당금액)× $\frac{3,000}{20,000}$ ＝15,000,000원

② 을 근저당＝3,000만 원(1차 안분액)＋3,000만 원[(③ 병＝3,000× $\frac{500}{4,500}$ ＝3,333,333원 흡수)＋(④정＝3,000× ＝20,000,000원 흡수)＋(⑤ 무＝3,000× $\frac{1,000}{4,500}$ ＝6,666,667원 흡수)] ＝

6,000만원(종결)

③ 병 가압류＝1,500만 원(1차 안분액)−1,000만 원(⑤ 무에 흡수당함)−3,333,333원(②
을에 흡수당함)＝1,666,667원(종결)

④ 정 근저당＝2,000만 원(1차 안분액)＋1,000만 원(⑤ 무 1차 안분액 흡수)−2,000만
원(② 을에 흡수당함)＝10,000,000원(종결)

⑤ 무 일반조세＝1,000만 원(1차 안분액)−1,000만 원(④ 정에 흡수당함)＋1,000만 원
(③ 병에서 흡수)−6,666,667원(② 을에 흡수당함)＝3,333,333원(종결)

위의 경우와 같이 ③ 병 가압류채권이 ⑤ 무 일반조세채권보다 많은 경우 → ③,
④, ⑤의 순환흡수절차에서 ⑤ 일반조세채권은 ④의 안분부족액(채권액−1차 안분액)
에 흡수당하고 ③ 가압류채권을 흡수하게 되는데 이 가압류채권으로 ⑤의 안분부
족금이 전액 충족되므로 인해서 ② 을에 ③, ④, ⑤(순환흡수절차를 마친 배당금)의 채
권액에 비례하여 안분흡수당하고 배당액이 확정된다.

그러나 ③ 병 가압류＜⑤ 일반조세채권인 경우 → ⑤ 일반조세채권은 ④의 안분
부족분에 흡수당하고 ③ 가압류채권을 흡수하게 되는데 이 가압류채권으로 ⑤의
안분부족액이 충족되지 못하므로 인해서 ② 을의 안분부족액(채권액−1차 안분액)에
④·⑤가 흡수당하고(이때 ③ 가압류채권액＝0원이 되므로, 후순위인 ⑤가 먼저 흡수당하고,
그다음으로 ④가 흡수당하는 순서가 된다) 난 다음, ⑤ 무 일반조세는 ① 가압류채권에서
안분부족액을 흡수하게 된다. 이때 흡수할 수 있는 금액인 무의 안분부족액은 무
일반조세채권액−1차 안분부족액이 되는데 이미 ③ 가압류에서 1차 흡수했으므로
이 흡수금액을 제외한 금액만 흡수할 수 있다.

예 3) 상기 예 1)과 예 2)의 사례를 비교해보면,

예 1)에서는 ② 을 근저당＝6,000만 원, ④ 정 근저당＝1000만 원,

⑤ 무 일반조세＝1,000만 원, ① 가압류＝16,666,667원, ③ 가압류＝3,333,333원
이다.

예 2)사례에서는 ② 을 근저당＝6,000만 원, ④ 정 근저당＝1000만 원,

⑤ 무 일반조세＝3,333,333원, ① 가압류＝25,000,000원, ③ 가압류＝1,666,667원
이다.

위 사례에서 예 1)과 예 2)방법을 비교해본 결과 예 2)방법이 예 1)보다 선순위 ⑤ 무 일반조세채권이 후순위 ① 가압류 채권보다 상대적으로 적게 받게 된다는 사실과 ③ 가압류 채권이 동순위의 ① 가압류채권보다 상대적으로 적게 배당받게 되는 사실이 확인할 수 있다.

따라서 배당에 있어서 예 1) 방법으로 배당을 하는 것이 보다 합리적이라는 판단이나 배당 실무에서는 담당자마다 예 2) 또는 다른 견해로도 작성하고 있음에 유의하기 바란다.

선순위가압류권자와 담보물권자, 조세채권자와의 순위에 의한 상호모순이 발생되는 경우의 배당사례[상호모순관계에서 순환흡수배당 Ⅸ]

주소	면적	경매가 진행과정	1) 임차인 조사내역 2) 기타 청구	등기부상 권리관계
서울시 중랑구 묵동 ○○○번지 단독주택	대지 85㎡ 주택 1층 51㎡	감정가 100,000,000원 최저가 1차 100,000,000원 유찰 2차 80,000,000원 유찰 3차 64,000,000원 낙찰 71,500,000원 낙찰자 최성식	1) 임차인 내역 〈임차인 없음, 소유자 거주〉	소유자 김계동 2002. 8. 5. ① 가압류 우선명 2002. 10. 10. 35,000,000원 ② 근저당 국민은행 2003. 5. 10. 30,000,000원 ③ 압류 중랑세무서 (부가세) 2003. 7. 25. 40,000,000원 ④ 가압류 이철민 2003. 8. 10. 15,000,000원 임의경매 국민은행 청구 30,000,000원 〈2004. 5. 30.〉

1. 배당표를 작성하여보자. 말소기준권리는 가압류권자 우선명으로 2002. 10. 10. 이고, 배당금액[71,500,000−1,500,000(집행비용)]=70,000,000원이다.

이 사건은 순위에 있어서 상호모순관계에 있다.

① 가압류=② 근저당이고, ①=④ 가압류이고, ①<③인 관계에 있다. 그리고 ②는 ③과 ④보다 우선순위이고, ②는 ①과 같다. ③은 ①과 ④보다 우선순위이고, ③<②인 관계에 있다. 따라서 순위에 있어서 상호모순이 발생한다. 이러할 때에는 전체를 동순위로 1차 안분하고, 2차로 흡수절차를 거치는 배당을 하게 된다.

1차적으로 안분배당

① 가압류 우선명 $= 70,000,000$(배당금)$\times \dfrac{35,000,000}{120,000,000} = 20,416,666^{66} = 20,416,667$원

② 근저당 국민은행 $= 70,000,000$(배당금)$\times \dfrac{30,000,000}{120,000,000} = 17,500,000$원

③ 압류 중랑세무서 $= 70,000,000$(배당금)$\times \dfrac{40,000,000}{120,000,000} = 23,333,333.^{33} = 23,333,333$원

④ 가압류 이철민 $= 70,000,000$(배당금)$\times \dfrac{15,000,000}{120,000,000} = 8,750,000$원

여기서 순환흡수배당 방법을 알아보자.

① 흡수하는 순서: 흡수할 자가 수인인 경우 선순위자가 먼저 흡수한다.

② 흡수당하는 순서: 흡수당할 자가 수인인 경우 후순위자부터 흡수당한다.

③ 흡수한도: 흡수당했던 자가 흡수할 때 흡수당한부분을 공제하고 나머지 부분만 흡수한다(흡수당한 부분은 일단 배당받은 것으로 보기 때문이다).

그러면 ②와 ③ 중에서 ②가 선순위이므로 먼저 흡수한다. 그런데 ②는 후순위인 ③과 ④에서 흡수하게 되는데 ③보다 후순위인 ④에서 먼저 흡수하고, 부족한 부분은 ③에서 흡수한다.

② 국민은행 $= 17,500,000$(1차 안분액)$+ 12,500,000$(④번 흡수 8,750,000$+$③번 흡수 3,750,000)$= 30,000,000$원 배당받고,

③ 중랑세무서 $= 23,333,333$(1차 안분액)$+ 16,666,667$(④번 흡수 0$+$①번 흡수 16,666,667)$- 3,750,000$(②에 흡수당함)$= 36,250,000$원

① 우선명 $= 20,416,667$(1차 안분액)$-$(③번에 흡수당함)$16,666,667 = 3,750,000$원

④ 이철민 $= 8,750,000$(1차 안분액)$-$(②번에 흡수당함)$8,750,000 = 0$원

따라서 배당결과는 다음과 같다.

① 우선명 $= 3,750,000$원

② 국민은행＝30,000,000원

③ 중랑세무서＝36,250,000원

④ 이철민＝0원이다.

2. 배당금액이 1억이라면 어떻게 배당될까 연습하여보자.

1차적 안분배당

① 우선명＝1억 원(배당금)$\times\dfrac{35,000,000}{120,000,000}$＝29,166,666^{66}＝29,166,667원

② 국민은행＝1억 원(배당금)$\times\dfrac{30,000,000}{120,000,000}$＝25,000,000원

③ 중랑세무서＝1억 원(배당금)$\times\dfrac{40,000,000}{120,000,000}$＝33,333,333원

④ 이철민＝1억 원(배당금)$\times\dfrac{15,000,000}{120,000,000}$＝12,500,000원

2차적 흡수배당을 보면,

② 국민은행＝25,000,000(1차 안분액)＋5,000,000(④번 흡수)＝30,000,000원

④ 이철민＝12,500,000(1차 안분액)－5,000,000(②에 흡수당함)＝7,500,000원이 남는다.

③ 중랑세무서＝33,333,333(1차 안분액)＋6,666,667(① 가압류 우선명 29,166,667＋④ 가압류 이철민 7,500,000) 흡수＝40,000,000원

3차적으로 남은 ①번과 ④번은 동순위로 채권액에 비례하여 안분배당한다.

① 가압류 우선명＝30,000,000(배당잔액)$\times\dfrac{29,166,667}{36,666,667}$＝23,863,636.^{41}＝23,863,636.원

④ 가압류 이철민＝30,000,000(배당잔액)$\times\dfrac{7,500,000}{36,666,667}$＝6,136,363.^{58}＝6,136,364원

따라서 최종배당결과는 다음과 같다.

① 우선명＝23,863,636원

② 국민은행＝30,000,000원

③ 중랑세무서＝40,000,000원

④ 이철민＝6,136,364원으로 배당이 종결된다.

최우선변제금(소액보증금, 임금채권)과 선순위근저당권 우선 배당 후

순위의 상호모순이 발생하는 경우[상호모순관계에서 순환흡수배당 X]

주소	면적	경매가 진행과정	1) 임차인 조사내역 2) 기타 청구	등기부상 권리관계
서울시 금천구 독산동 ○○○번지 단독주택	대지 　165㎡ 주택 1층 98㎡ 2층 75㎡	감정가 　3억5,000만원 최저가 1차 　350,000,000원 유찰 2차 　280,000,000원 낙찰 　322,070,000원 낙찰자 이계순	1) 임차인 ① 이수철 　전입 2002. 10. 10. 　확정 2003. 3. 10. 　배당 2005. 12. 30. 　(보) 35,000,000원 ② 국중배 　전입 2002. 12. 30. 　확정 2004. 11. 25. 　배당 2005. 12. 10. 　(보) 50,000,000원 2) 기타 청구 ① 교부청구 금천구청 　(자동차세) 　법정기일 2003. 4. 10. 　370,000원 ② 압류 건강보험료 　납부기한 　2004. 12. 25.	소유자 김민주 근저당 국민은행 　2003. 2. 1. 　1억3천만원 압류 선정당사자 이기자(임금채권최우선 　변제금) 2004. 5. 1. 　80,000,000원 가압류 한국민 　2004. 10. 10. 　30,000,000원 가압류 김기선 　2004. 12. 30. 　45,000,000원 압류 건강보험료 　2005. 1. 30. 　5,700,000원 임의 국민은행 청구 121,450,000원 〈2005. 7. 1.〉

배당금은 (322,070,000－집행비용 3,500,000)318,570,000원이므로

1순위_ ① 이수철 1,600만 원(최우선변제 1)

② 선정당사자 이기자 8,000만 원(임금, 퇴직금 최우선변제금 1)

2순위_ 국민은행 121,450,000원(우선변제 1)

3순위_ 이수철 1,900만 원(우선변제 2)

4순위_ 금천구청 370,000원(우선변제 2)(자동차세이므로 자동차 매각시에는 당해세이나 여기서는 당해세가 아님)

5순위_ ① 가압류 한국민(3,000만 원)＝② 국중배(5,000만 원)이고, ①＝④ 가압류 김기선(4,500만 원)이고, ①<③ 건강보험(570만 원)인 관계에 있다. ② 국중배는 확정일자 임차인으로>③ 건강보험료(5,700,000원)와 ④ 가압류 김기선보다 앞서고, ②＝①

인 관계이다. ③번 건강보험료는>①번 가압류와 ④ 가압류이고, ③<②인 관계이다. ④<②·③이고, ④=①인 관계에 있다.

이와 같이 상호순위가 모순되는 경우 1차적으로 안분배당하고 흡수하는 절차를 거친다.

1차 안분배당하자.

① 가압류 한국민=$81,750,000 \times \dfrac{30,000,000}{130,700,000}=18,764,345.^{82}=18,764,346$원

② 국중배 확정일자=$81,750,000 \times \dfrac{50,000,000}{130,700,000}=31,273,909.^{71}=31,273,910$원

③ 건강보험료=$81,750,000 \times \dfrac{5,700,000}{130,700,000}=3,565,225.^{70}=3,565,225$원

④ 가압류 김기선=$81,750,000 \times \dfrac{45,000,000}{130,700,000}=28,146,518.^{74}=28,146,519$원

2차 흡수배당하자.

이와 같이 흡수할 자가 많은 경우 선순위자가 먼저하고 후순위자가 다음에 흡수한다. 흡수당하는 것은 제일 후순위가 먼저 흡수당하고 그 다음 후순위가 흡수당한다.

② 국중배=31,273,910(1차 안분액)+18,726,090(④번 가압류 김기선에서 흡수함)=50,000,000원(종결)

③ 건강보험료=3,565,225(1차 안분액)+2,134,775(④번 가압류와 ①번 가압류가 동순위이므로 흡수당하는 금액을 갖고 각 채권액에 비례하여 안분흡수당하게 된다)=5,700,000원(종결)

③번 건강보험료에 ①번과 ④번이 동순위로 흡수되어서 다시 남은 배당금을 갖고 안분배당한다.

따라서 ① 가압류 한국민: 18,764,346(1차 안분액)+④번 가압류 김기선: 9,420,429[28,146,519(1차 안분액)−18,726,090(② 국중배에 흡수당한 것)=28,184,775원−(③번 건강보험료에 흡수된 금액) 2,134,775=26,050,000원이 잔여 배당금으로 안분배당해야 할 금액이다.

① 가압류 한국민=$26,050,000 \times \dfrac{18,764,346}{28,184,775}=17,343,094.^{39}=17,343,094$원(종결)

④ 가압류 김기선=$26,050,000 \times \dfrac{9,420,429}{28,184,775}=8,706,905.^{60}=8,706,906$원(종결)

최종배당결과는,

ⓐ 이수철＝1,600⑴＋1,900⑶＝3,500만 원

ⓑ 선정당사자(임금채권) 이기자＝8,000만 원⑴

ⓒ 국민은행＝121,450,000원⑵, ⓓ 금천구청＝370,000원⑷

ⓔ 한국민＝17,343,094원(5-1), ⓕ 국중배＝50,000,000원(5-1)

ⓖ 건강보험료＝5,700,000원(5-1)

ⓗ 김기선＝8,706,906원(5-1)로 배당되고 낙찰자 인수사항은 없다.

❖ 순환배당(안분배당후 순환흡수배당)
A 〉B 이고, B 〉C 이고, C 〉A 인 관계로

이들의 관계는 배당순위가 고정되지 않고 채권자들 사이에 우열관계가 상대에 따라 변동되는 관계로 흡수권자인 동시에 피흡수자가 되어 순환배당절차를 진행하게 된다.

따라서 1차로 안분배당 후 2차로 순환흡수배당 절차를 다음 순환배당방법과 같이하게 된다.

순환배당방법

① 1차적으로 각 채권자의 채권액에 비례하여 안분배당한다.

② 2차적으로 흡수절차

　　ⓐ 흡수하는 방법: 1차 안분배당에서 받지 못한 채권액(안분부족액＝채권액－1차안분액)에 대해 후순위 흡수금액은 후순위자의 1차 안분배당금액 한도 내에서만 흡수해야 한다.

　　② 흡수당한 금액: 각자 1차 안분배당금액에서 공제한다. 흡수당했던 자가 흡수할 때 흡수당한 부분을 공제한 나머지 부분만 흡수한다(흡수당한 부분은 일단 배당받은 것이므로).

③ 흡수는 각 흡수할 채권자마다 한번으로 하고 계속적으로 반복하여서는 아
니 된다.

순환배당사례에 대한 연구

[순환배당사례 Ⅰ]

갑) 저당권 2007. 1. 1.(3,000만 원) → 을) 임차인 2008. 5. 5. 전입(6,000만 원) → 갑)의 임의 경매신청(2009. 2. 10) → 병) 당해세 교부청구(1,000만 원)

소액임차인과 당해세는 원칙적으로 저당권자에 우선하는 우선특권자이다. 그러나 저당권 설정시에 소액보증금 일정액을 초과한 경우라면 즉 소액보증금의 범위가 변동되기 전에 설정된 저당권자에 대해서는 현행법상 소액보증금 중 일정액을 주장하지 못한다. 그렇다고 하더라도 당해세는 현행법상 소액보증금 중 일정액에 대해 우선하여 징수하지 못하므로 이들 3자간의 순위는 소액보증금 중 일정액>당해세, 당해세>저당권자, 저당권자>소액보증금 중 일정액의 순이다.

이들 3자간에는 배당순위가 고정되지 않고 채권자들 사이에 우열관계가 상대에 따라 변동되는 경우로서 이들은 순환흡수배당을 하게 된다

이러한 경우 갑 저당권>을의 최우선변제금 2,000만 원이고, 을의 최우선변제금 2,000만 원>병 당해세이고, 병 당해세>갑 근저당인 관계가 되어 3자 사이에 순환관계가 성립된다. 이와 같이 배당순위가 고정되지 않고 채권자들 사이에 우열관계가 상대에 따라 변하는 관계로 흡수권자인 동시에 피흡수자가 되어 순환흡수 절차를 거치게 된다.

따라서 1차 안분배당하고, 2차로 순환 흡수절차를 거쳐야 한다.

(배당금이 4,000만 원이고 주택이 서울에 소재).

1차 안분배당하면,

① 갑 근저당＝4,000만 원(배당금)×$\frac{3,000}{6,000}$＝20,000,000원

② 을 최우선변제＝4,000만 원(1차 안분액)×$\frac{2,000}{6,000}$＝13,333,333원

③ 병 당해세＝4,000만 원(1차 안분액)×$\frac{1,000}{6,000}$＝6,666,667원

2차 순환흡수절차

이들의 관계는 배당순위가 고정 되지 않고 채권자들 사이에 우열관계가 상대에 따라 변하는 관계로 흡수권자인 동시에 피흡수자가 되어 순환흡수하게 된다.

① 갑 근저당＝20,000,000원(1차 안분액)＋10,000,000원(②에서 흡수)－3,333,333원(③에 흡수당함)＝26,666,667원

② 을 최우선변제＝13,333,333원(1차 안분액)－10,000,000원(①에 흡수당함)＋6,666,667원(③에서 흡수)＝10,000,000원

③ 병 당해세＝6,666,667원(1차 안분액)－6,666,667원(②에 흡수당함)＋3,333,333원(①에서 흡수)＝3,333,333원으로 배당이 종결된다.

✎ 김 / 동 / 희 / 의 / 강 / 의 / 노 / 트

앞의 사례에 대한 설명과 최우선변제금의 지급기준이 되는 담보물권 등이 있는 경우와 없는 경우에 대한 보충설명

1. 병 당해세는 최선순위우선특권자(우선변제권자들 중에서 1등이다)로서 우선변제권자 즉 갑 근저당권에 대해 선순위이므로 여기서는 갑의 우선변제권은 병에 의해서만 제한을 받는다.

2. 을은 갑 근저당권에 후순위이다. 원칙적으로 최선순위우선특권(소액보증금 중 일정액)은 저당권 등에 우선하지만 이는 저당권 설정 당시에 주택임대차보호법상 그 시행령에 규정된 우선변제를 받을 수 있는 '임차인의 범위(소액보증금 이내)와 보증금 중 일정액의 범위' 내에서만 인정된다. 따라서 주택법 시행령개정에 따른 우선변제받을 수 있는 임차인의 범위와 소액보증금 중 일정액의 범위 내에 해당되더라도 변동 전에 설정된 저당권자에 대해서는 개정 전의 범위 내에서만 그 주장을

할 수 있고, 개정 후의 현행법상 소액보증금임을 주장할 수 없다[주택시행령 부칙 제2항].따라서 위와 같이 경매진행절차상에서 배당표 작성일 시점상의 현행법상 소액보증금 중 일정액이 6,000만 원 이하인 경우 2,000만 원을 우선하여 우선변제 받을 수 있지만, 변동 전에 설정된 갑 근저당권 시점에서는 소액임차인이기 위해서는 임차보증금이 4,000만 원 이하인 경우 1,600만 원을 우선변제 받을 수 있는데, 을 임차권은 이를 초과하여 을 근저당권에 대항할 수 있는 소액임차인이 아니다.

그러나 보증금액이 4,000만 원이었다면 1,600만 원에 대해서는 갑 근저당권에 우선하여 배당받을 수 있으나 나머지 400만 원에 대해서는 그 이후 우선변제권자들의 설정일자와 비교하여 결정해야 한다.

3. 을 임차인의 소액보증금 중 일정액(현행법상 소액보증금 중 일정액 6,000만 원/2,000만 원)은 국세기본법 제35조제1항제4호에 규정한 소액임차인으로서 병 당해세에 항상 우선한다.

[순환배당사례 Ⅱ]

갑 근저당 2006. 10. 10.(5,000만 원) → 을 임차권 2008. 5. 10. 전입/확정일자(6,000만 원) → 갑의 임의 경매신청 2008. 8. 21. → 병 당해세 교부청구(1,000만 원)인 경우 배당금액이 6,000만 원이고 주택이 서울에 소재한다.

1. 첫째 주임법 시행령 부칙 제2조에서 담보물권은 확정일자를 기준으로 하지 않고, 저당권, 담보가 등기권, 전세권 등으로만판단해서 소액보증금 중 일정액을 우선변제받게 배당하되 확정일자는 확정일자한정설 * 만 적용하여 배당한 사례이다.

가)이 경매사건에서 우선순위를 살펴보면

- 병 당해세는 갑과 을Ⅱ 확정일자부 우선변제금보다는 우선 하나 을Ⅰ 최우선변제금보다는 후순위이다.

- 갑 근저당권은 을Ⅰ 임차권의 최우선변제금 2,000만 원과 을Ⅱ 확정일자부 우선변제금 등보다 우선하나 병의 당해세보다는 후순위이다.
- 을Ⅰ 임차권의 최우선변제금 2,000만 원은 병 당해세와 을Ⅱ 임차인의 확정일자부 우선변제금보다는 선순위이나 갑 보다는 후순위이다(확정일자한정설 적용).
- 을Ⅱ 임차권의 확정일자부 우선변제금 4,000만 원은 갑과 을Ⅰ과 병보다는 후순위이다.

  따라서 배당순위가 고정되지 않고 채권자들 사이에 우열관계가 상대에 따라 변동되는 경우로서 이들은 순환배당절차를 거치게 된다. 즉 각 채권자들은 흡수권자인 동시에 피흡수자의 지위에 놓이게 된다.

나) 순환배당절차

A. 임차권의 확정일자를 제외하고 갑 근저당권과 을 최우선변제금, 병 당해세만 가지고 배당표를 작성하여보자. 순환배당절차이므로 1차적으로 안분절차를 거쳐서 2차적으로 서로간의 흡수절차를 거치게 된다.

1차 안분배당절차

① 병 당해세 $= 6{,}000 \times \dfrac{1{,}000}{8{,}000} = 7{,}500{,}000$원

② 갑 근저당 $= 6{,}000 \times \dfrac{5{,}000}{8{,}000} = 37{,}500{,}000$원

③ 을Ⅰ 최우선변제금 $= 6{,}000 \times \dfrac{2{,}000}{8{,}000} = 15{,}000{,}000$원

---

* 확정일자한정설은 저당권 등 보다 선순위 또는 동순위의 확정일자 우선변제권이 있는 경우에 저당권에 대항할 수 없는 소액임차인은 확정일자 우선변제권보다 후순위로 보나, 저당권 등이 없고 확정일자 등만 또는 선순위 저당권 등을 우선배당하고 후순위 확정일자가 있는 경우, 그리고 무담보채권자(다음 ❸사례)만 있다면 소액임차인의 기준은 배당 시점에서 법적 최대한의 소액임차보증금을 소액임차인으로 보게 된다.

2차 흡수배당절차

① 병=7,500,000원(1차 안분액)+2,500,000원(② 갑에서 흡수)−5,000,000원(③ 을Ⅰ에 흡수당함)=5,000,000원

② 갑=37,500,000원(1차 안분액)−2,500,000원(① 병에 흡수당함)+12,500,000원(③ 을Ⅰ에서 흡수)=47,500,000원

③ 을Ⅰ=15,000,000원(1차 안분액)−12,500,000원(② 갑에 흡수당함)+5,000,000원(① 병에서 흡수)=7,500,000원

B. 임차권의 확정일자를 포함하여 배당표를 작성하여보자.

1차 안분절차

① 병 당해세$=6,000 \times \dfrac{1,000}{12,000} = 5,000,000$원

② 갑 근저당$=6,000 \times \dfrac{5,000}{12,000} = 25,000,000$원

③ 을Ⅰ 최우선변제금$=6,000 \times \dfrac{2,000}{12,000} = 10,000,000$원

④ 을Ⅱ 확정일자$=6,000 \times \dfrac{4,000}{12,000} = 20,000,000$원

2차 흡수절차

흡수절차에서 ④ 을Ⅱ=20,000,000원은 제일 열후하여 선순위채권자 ①, ②,③에게 흡수 당하는데 흡수할수 있는 ①,②,③의 순위가 ①〉②이고, ②〉③이고, ③〉①인 관계로 ④ 을Ⅱ=20,000,000원을 각 채권액에 비례하여 안분흡수하는 방법이 최선인 듯하여 이 방법으로 흡수하도록 하여보자(그러나 배당표 작성담당자마다 다르게 작성될 수 있음에 유의하기 바란다).

[④ 을Ⅱ 흡수방법 − ① 병=$2,000 \times \dfrac{500}{4,000}$ =250만 원, ② 갑=$2,000 \times \dfrac{2,500}{4,000}$ =1,250만 원, ③을Ⅰ=$2,000 \times$ =500만 원을 흡수하게 된다.

④ 을Ⅱ=20,000,000원(1차 안분액)−250만 원(① 병에 흡수당함)−1,250만 원(② 갑에 흡수당함)−500만 원(③ 을Ⅰ에 흡수당함)=0원

① 병=5,000,000원(1차 안분액)+250만 원(④ 을Ⅱ에서 흡수)+250만 원(② 갑에

서 흡수)−500만 원(③ 을Ⅰ에서 흡수당함)＝5,000,000원

② 갑＝25,000,000원(1차 안분액)＋1,250만 원(④ 을Ⅱ에서 흡수)−250만 원(①
병에서 흡수당함)＋1,000만 원(③을Ⅰ에서 흡수)＝45,000,000원

③ 을Ⅰ＝10,000,000원(1차 안분액)＋500만 원(④ 을Ⅱ에서 흡수)−1,000만 원(②
갑에서 흡수당함)＋500만 원(① 병에서 흡수)＝10,000,000원

↓ 미리 알아두기

주임법상 임차인의 대항력과 우선변제권의 상호관계

1. 주임법상 대항요건과 확정일자를 갖춘 임차인들이 소액임차인의 지위를 겸하는
경우, 그 배당방법

(…) 만일 대항요건과 확정일자를 갖춘 임차인들이 주임법 제8조 제1항에 의해 보
증금 중 일정액의 보호를 받는 소액임차인의 지위를 겸하는 경우, 먼저 소액임차인
으로서 보호받는 일정액을 우선 배당하고 난 후의 나머지 임차보증금채권액에 대
해서는 대항요건과 확정일자를 갖춘 임차인으로서의 순위에 따라 배당을 해야 한
다[대법2007다45562].

2. 주택임대차보호법상 임차인의 대항력과 우선변제권의 상호관계[대법93다39676]

(…) 위 규정의 요건을 갖춘 임차인은 임차주택의 양수인에게 대항하여 보증금의
반환을 받을 때까지 임대차관계의 존속을 주장할 수 있는 권리와 보증금에 관하여
임차주택의 가액으로부터 우선변제를 받을 수 있는 권리를 겸유하고 있다고 해석
되고, 이 2가지 권리 중 하나를 선택하여 행사할 수 있다.

이와 같이 A, B를 비교해보면 최우선변제금과 확정일자에 의한 우선변제금
을 동시에 주장하는 것이 최우선변제금만 주장하는 것보다 을 임차인에게
2,500,000원이 더 많이 배당된다. 이러한 경우는 임차인에게 유리하도록 임차인
의 소액보증금 중 일정액과 확정일자 우선변제금까지 포함하여 순환배당절차
를 진행시켜야 된다. 그러나 동시에 주장하는 것이 배당금을 적게 받게 되는 경

우 설사 임차인이 동시에 배당요구한 경우에도 임차인에게 유리하도록 소액보증금 중 일정액만을 가지고 배당표를 작성해야 된다는 것이 판례의 입장이다.

2. 둘째 주임법 시행령 부칙 제2조에서 담보물권은 저당권, 담보가등기권, 전세권, 확정일자 우선변제권 등으로 판단해서 소액보증금중 일정액을 우선변제받게 배당한 사례배당에서 배당을 하게 된다면 어떻게 달라질 수 있을까를 살펴보면 다음과 같이 배당된다.

가)이 경매사건에서 우선순위를 살펴보면,

- 병 당해세는 갑과 을Ⅱ 확정일자부 우선변제금보다는 우선하나 을Ⅰ 최우선변제금보다는 후순위이다.
- 갑 근저당권은 을Ⅰ 임차권의 최우선변제금 2,000만 원과 을Ⅱ 확정일자부 우선변제금 등보다 우선하나 병의 당해세보다는 후순위이다.
- 을Ⅱ 임차권의 확정일자부 우선변제금 4,000만 원은 을Ⅰ 임차인의 최우선변제금 2,000만 원보다 우선하나 갑과 병보다는 후순위이다.
- 을Ⅰ 임차권의 최우선변제금 2,000만 원은 병 당해세보다는 선순위이나 갑과 을Ⅱ 임차인의 확정일자부 우선변제금보다는 후순위이다.

  따라서 배당순위가 고정되지 않고 채권자들 사이에 우열관계가 상대에 따라 변동되는 경우로서 이들은 순환배당절차를 거치게 된다. 즉 각 채권자들은 흡수권자인 동시에 피흡수자의 지위에 놓이게 된다.

나)순환배당절차

A. 임차권의 확정일자를 제외하고 갑 근저당권과 을 최우선변제금, 병 당해세만 가지고 배당표를 작성하여 보자. 순환배당절차이므로 1차적으로 안분절차를 거쳐서 2차적으로 서로간의 흡수절차를 거치게 된다.

1차 안분배당절차

① 병 당해세＝$6,000 \times \frac{1,000}{8,000} = 7,500,000$원

① 갑 근저당＝$6,000 \times \frac{5,000}{8,000} = 37,500,000$원

② 을Ⅰ 최우선변제금＝$6,000 \times \frac{2,000}{8,000} = 15,000,000$원

2차 흡수배당절차

① 병＝7,500,000원(1차 안분액)＋2,500,000원(② 갑에서 흡수)－5,000,000원(③ 을Ⅰ에 흡수당함)＝5,000,000원

② 갑＝37,500,000원(1차 안분액)－2,500,000원(① 병에 흡수당함)＋12,500,000원(③ 을Ⅰ에서 흡수)＝47,500,000원

③ 을Ⅰ＝15,000,000원(1차 안분액)－12,500,000원(② 갑에 흡수당함)＋5,000,000원(① 병에서 흡수)＝7,500,000원

B. 임차권의 확정일자를 포함하여 배당표를 작성하여보자.

1차 안분절차

① 병 당해세＝$6,000 \times \frac{1,000}{12,000} = 5,000,000$원
② 갑 근저당＝$6,000 \times \frac{5,000}{12,000} = 25,000,000$원
③ 을Ⅱ 확정일자＝$6,000 \times \frac{4,000}{12,000} = 20,000,000$원
④ 을Ⅰ 최우선변제금＝$6,000 \times \frac{2,000}{12,000} = 10,000,000$원

2차 흡수절차

① 병＝5,000,000원(1차 안분액)＋5,000,000원(③ 을Ⅱ에서 흡수)－5,000,000원(④ 을Ⅰ에서 흡수당함)＝5,000,000원

② 갑＝25,000,000원(1차 안분액)＋10,000,000원(④ 을Ⅰ에서 흡수 ∵을Ⅱ＞을Ⅰ 순위이다)＋15,000,000원(③ 을Ⅱ에서 흡수)＝50,000,000원

③ 을Ⅱ＝20,000,000원(1차 안분액)－5,000,000원(① 병에 흡수당함)－

15,000,000원(② 갑에서 흡수당함)＋0(④ 을 I 에서 흡수)＝0

④ 을 I ＝10,000,000원(1차 안분액)－10,000,000원(② 갑에서 흡수당함)＋

5,000,000원(① 병에서 흡수)＝5,000,000원

이와 같이 A, B를 비교해보면 최우선변제금과 확정일자에 의한 우선변제금을 동시에 주장하는 것이 최우선변제금만 주장하는 것보다 을 임차인에게 2,500,000원이 적게 배당된다. 이러한 경우는 임차인에게 유리하도록 임차인의 소액보증금 중 일정액만을 가지고 순환배당절차를 진행시켜야 할 것이다.

3. 1.사례의 배당순위는 주임법 시행령 부칙 제2조에서 담보물권은 확정일자를 기준으로 하지 않고, 저당권, 담보가등기권, 전세권 등으로만 판단해서 소액보증금 중 일정액을 우선변제받게 배당하되 확정일자는 확정일자한정설만 적용하여 배당한 사례이다.

필자는 앞으로 배당은 이 기준을 가지고 작성하기로 한다는 내용은 앞에서 설명한바 있다. 그러면 1.의 B 배당과 2.의 B 배당에서 임차인의 배당금을 살펴보면 1.이 2.보다 500만 원 더 배당받는 사실을 알 수 있다. 이는 1.이 2.보다 소액임차인의 지위도 폭넓게 인정함으로 인해서 주임법상 열악한 지위에 있는 소액임차인을 보호하는 제도와도 부합함과 동시에 배당에 있어서도 법 개정전 같은 구간*에 설정된 저당권 등을 기준으로 소액임차인을 결정하게 되므로 순차배당의 횟수도 상당부분을 줄일 수 있게 된다는 점을 앞의 사례 등을 참고해보면 확인할 수 있다.

---

* 그동안 주임법 제8조 제1항에서 주택임차인의 소액임차보증금과 일정액의 우선변제금액이 7기에 거쳐서 개정되었다. 그러므로 소액임차인을 결정할 때에는 개정전 또는 개정 후에 해당여부를 가지고 판단해야 된다. 여기서 법 개정 전 같은 구간이란 2010. 7. 26. 현재를 기준으로 한다면, 2008. 8. 21~2010. 7. 25. 구간에 일군으로 설정된 저당권 등을 말한다.

필자가 실무담당자 등의 배당실무 사례를 조사해본 결과 법원경매나 자산관리
공사 공매의 배분실무에서도 대부분이 이러한 기준 등이 적용되고 있어서 필자도
이러한 기준을 가지고 배당표를 작성할 것이다.

[순환배당사례 Ⅲ]
갑 근저당권 1998. 5. 1.(3,000만 원) → 을 임차인 2000. 1. 1. 전입/확정일자(4,000만 원)
→ 병 당해세교부청구 1,000만 원 → 갑의 임의경매신청 2002. 2. 1.

 배당순위는 배당금액은 3,000만 원이고 서울시 소재 주택임차인의 소액보증금 중
일정액이 4,000만 원 중/1,600만 원이고, 이는 2001. 9. 15. 이후에 보호대상금액이
고 그 이전에는 3,000/1,200만 원이므로 갑 근저당권자에 대해 을은 소액보증금 중
일정액으로 우선변제받는 권리를 주장할 수 없고, 당해세채권자 병에 대해서는 소
액보증금 중 일정액 1,600만 원에 관하여 우선순위가 인정된다. 따라서 갑>을이
고, 을>병, 병>갑의 관계가 성립되어 배당의 순환관계가 성립된다.
첫째 안분배당설: 배당금액을 갑 · 을 · 병 3자간의 채권액에 따라 안분하여 배당한
다는 견해

$$갑 = 3,000만\ 원 \times \frac{3,000}{5,600} = 16,071,429원$$

$$을 = 3,000만\ 원 \times \frac{1,600}{5,600} = 8,571,428원$$

$$병 = 3,000만\ 원 \times \frac{1,000}{5,600} = 5,357,143원$$

 둘째 안분흡수설: 1차적으로 배당할 금액을 갑 · 을 · 병 3자간의 채권액에 따라
안분하여 배당하고, 2차적으로 갑 · 을 · 병 모두 우선변제권이 있으므로 각각 자신
의 채권액 중 1차에서 안분배당받지 못한 금액(안분부족분)에 달할 때까지 자신보다
열후하는 채권자의 안분액을 흡수한다.
 순환배당관계에 있어서 각 채권자등은 흡수권자인 동시에 피흡수자가 된다.

2차적으로 후순위자의 안분액을 흡수함에 있어서 흡수할 금액은 자신의 채권액 중 1차적으로 안분배당받지 못한 부족금액과 1차적으로 후순위자에게 안분된 금액을 각 한도로 하고 또한 흡수는 각 흡수한 채권자마다 한번으로 종결시켜야 하고 다시 위와 같은 절차를 반복해서는 안 된다. 판례와 실무의 대세는 안분흡수설을 따르고 있다.

따라서 안분된 배당금을 갖고 2차적으로 순환흡수하면,

갑＝16,071,429원(1차 안분액)＋8,571,428원(을 1차 안분액에서 흡수)－4,642,857원(병에 흡수당함)＝20, 000,000원(종결)

을＝8,571,428원(1차 안분액)－8,571,428원(갑에게 흡수당함)＋5,357,143원(병의 1차안분액 흡수)＝5,357, 143원(종결)

병＝5,357,143원(1차 안분액)－5,357,143원(을에게 흡수당함)＋4,642,857원(갑의 1차 안분액에서 흡수)＝4,642,857원(종결)

배당 EXERCISE 21 — EXERCISE

[순환배당사례 Ⅳ]

갑 공과금(1,500만 원)(납부기한 9. 20.) → 을 저당권(4,000만 원)(10. 20.) → 병 조세채권 (3,000만 원)(법정기일 11. 20.) (당해세 아닌 일반세금) → 을의 임의경매 신청시

배당순위를 보면 갑＞을이고, 을＞병이고, 병＞갑의 순서가 된다.

따라서 갑, 을, 병은 순환흡수관계가 된다.

① 1차적으로 안분배당하면

$$갑＝3,500 \times \frac{1,500}{8,000} ＝656.25＝656만 원$$

$$을＝3,500 \times \frac{4,000}{8,000} ＝1,750만 원$$

$$병＝3,500 \times \frac{2,500}{8,000} ＝1,093.^{75}＝1,094만 원$$

② 2차적으로 순환흡수하면

갑＝1차로 배당받지 못한 844만 원(안분부족액)를 한도로 을의 1차 안분배당금한도 내에서 844만 원 흡수

을＝1차로 배당받지 못한 2,250만 원(안분부족액)을 한도로 병의 1차 안분배당금한도 내에서 1,094만 원 흡수

병＝1차로 배당받지 못한 1,406만 원(안분부족액)을 한도로 갑의 1차 안분배당금한도 내에서 656만 원을 흡수

따라서 최종배당은 1차적으로 안분배당받은 금액＋흡수한 배당금액－흡수당한 금액으로 계산

갑＝656만 원(1차안분액)＋844만 원(을 흡수)－656만 원(병에 흡수당함)＝844

을＝1,750만 원(1차안분액)－844만 원(갑에 흡수당함)＋1,094만 원(병 흡수)＝2,000만 원

병＝1094만 원(1차안분액)－1094만 원(을에 흡수당함)＋656만 원(갑 흡수)＝656만 원으로 배당이 종결된다.

배당 **EXERCISE 22**　　　　　　　　　　　　　　**EXERCISE**

우선변제권순위가 혼재(확정일자임차인, 근저당권, 산재보험료, 당해세, 일반세금, 가압류권자, 임금채권자)된 배당사례로 순차적 순위배당한 다음 순환배당절차까지 거치는 경우로 좋은 배당사례가 되는 경우이다[순환배당사례 Ⅴ].

주소	면적	경매가 진행과정	법원임차인 조사내역	등기부상 권리관계
서울시 구로구 시흥동 ○○○번지 단독주택 채무자: 김정미 소유자: 김정미 채권자: 국민은행	대지 215㎡ (65평) 건물 1층 110㎡ 2층 105㎡	감정가 500,000,000원 최저가 1차 500,000,000원 유찰 2차 400,000,000원 낙찰 426,519,000원 낙찰자 이한기	① 김철수 전입 2003. 6. 10. 확정 2003. 6. 10. 배당 2005. 4. 10. (보) 40,000,000원 ② 이미숙 전입 2004. 7. 5. 확정 2004. 7. 5. 배당 2005. 4. 15. (보) 30,000,000원 ① 구로구청교부청구 (법정기일 2004. 7. 1.) 당해세 4,575,000원 ② 구로구청교부청구 (법정기일 2004. 8. 10.) 주민세 84,570원 ③ 구로구청교부청구 (법정기일 2004. 8. 30.) 취득세 7,864,900원 ④ 임금채권(선정당사자) 우선명 최우선임금채권 71,494,540원 배당요구일자 2005. 4. 30.	소유자 김정미 2002. 5. 30. 근저당 국민은행 2002. 5. 30. 130,000,000원 근저당 기업은행 2003. 5. 10. 120,000,000원 압류 복지관리공단 2004. 6. 30. 29,500,520원 (산재보험료) 가압류 국민은행 2004. 7. 10. 18,370,000원 가압류 김이숙 2004. 8. 10. 33,745,000원 임의 국민은행 청구 130,000,000원 〈2004. 12. 15.〉

여기서 말소기준권리는 국민은행 2002. 5. 30.이다. 따라서 대항력 있는 임차인이나 소멸되지 않는 권리없이 모두가 소멸 대상이다. 근로복지관리공단 산재보험료는 압류일자를 납부기한일로 보기로 하고 배당표를 우선순위에 따라 작성하여보자.

배당금액은 [426,519,000−3,000,000(집행비용)]=423,519,000원

1순위_ ① 김철수 16,000,000+이미숙 16,000,000(최우선변제금 1)

② 임금채권(선정당사자)우선명 : 71,494,540원(최우선변제금 1)

2순위_ 구로구청 4,575,000원(당해세)(우선변제 1)

3순위_ 국민은행 130,000,000원(우선변제 2)

4순위_ 기업은행 120,000,000원(우선변제 3)

5순위_ 김철수 24,000,000원(우선변제 4)

6순위_ ① 압류복지관리공단(29,500,520원)>② 이미숙 확정일자 우선변제권(14,000,000원)이고, ② 이미숙>③ 구로구청교부 청구세금(7,949,470원)이고, ③ 구로

구청교부청구세금(7,949,470원)>① 복지관리공단인 관계로 서로 순환관계에 있어서 1차적으로 안분배당하고 순환흡수배당절차를 거쳐야 한다.

1차적 안분배당

① 복지관리공단$=41,449,460 \times \dfrac{29,500,520}{51,449,990} = 23,766,391.^{86} = 23,766,392$원

② 이미숙$=41,449,460 \times \dfrac{14,000,000}{51,449,990} = 11,278,766.^{81} = 11,278,767$원

③ 구로구청$=41,449,460 \times \dfrac{7,949,470}{51,449,990} = 6,404,301.^{31} = 6,404,301$원

2차적으로 순환흡수배당하면 다음과 같다.

① 복지관리공단$=23,766,392$(1차 안분액)$+5,734,128$(② 이미숙 흡수)$-1,545,169$(③에 흡수당함)$=27,955,351$원

② 이미숙$=11,278,767$(1차 안분액)$-5,734,128$(①에 흡수당함)$+2,721,233$(③ 구로구청 흡수)$=8,265,872$원

③ 구로구청$=6,404,301$(1차 안분액)$-2,721,233$(②에 흡수당함)$+1,545,169$(① 복지관리공단 흡수)$=5,228,237$원

따라서 최종적으로

ⓐ 김철수$=16,000,000(1)+24,000,000(5)=40,000,000$원

ⓑ 임금채권(선정당사자)우선명$=71,494,540$원(1)

ⓒ 국민은행$=130,000,000$원(3)

ⓓ 기업은행$=120,000,000$원(4)

ⓔ 복지관리공단$=27,955,351(6-1)$

ⓕ 이미숙$=16,000,000(1)+8,265,872(6-1)=24,265,872$원

ⓖ 구로구청$=4,575,000(2)+5,228,237(6-1)=9,803,237$원

후순위 가압류권자는 배당금액이 없다. 가압류권자는 조세채권과 공과금에 항상 후순위이기 때문에 안분배당에 참여할 수 없었다.

우선변제권순위가 혼재된 배당사례

1순위 배당은 최우선소액보증금과 최우선임금변제금인데 여기서 선정당사자란 다수의 임금채권을 가진 근로자들이 우선명을 대표로하여 선정당사자를 만들고 선정당사자로 배당을 요구한 경우이다.

2순위는 당해세이다. 당해세는 근저당권, 질권, 확정일자 우선변제권 즉 우선변제권리 중 1등이다.

3, 4순위는 우선변제순위에 따른 순차배당이고, 5순위 김철수는 최우선변제금을 제외한 확정일자에 의한 우선변제권 순위에 의해 배당한 것이다. 그런데 다음부터는 복잡해진다.

6순위에서는 복지공단과 이미숙, 구로구청이 서로 물고 물리는 관계에 있다.

따라서 1차적으로 안분배당하고 2차적으로 순환흡수절차를 거쳐서 위 사례와 같이 배당한 것이다. 그러면 왜 국민은행의 가압류설정 시기가 구로구청교부세금의 법정기일보다 빠른데 배당에 참여시키지 않았는가 하는 것이다. 이는 조세채권은 공과금 및 일반채권에 항상 우선하기 때문이다.

❖ 배당순위가 상호모순관계와 순환관계가 혼합된 순환흡수배당 방법

배당 EXERCISE 23   EXERCISE

[상호모순관계와 순환관계가 혼합된 경우 Ⅰ]

배당순위가 상호모순관계와 순환관계(A>B, B>C, C>A인 관계)가 혼합된 순환흡수 배당사례

갑 가압류 1999년 1월 10일(1,500만 원) → 을 근저당권 1999년 3월 10일(3,000만 원) → 병 임차인 2000년 5월 10일 전입(4,000만 원) → 정 근저당권 2001년 7월 10일(2,000만 원) → 을의 임의경매신청 2002년 10월 1일 → 무 당해세 교부청구 2002년 12월 25일(1,000만 원)일 때

주택이 서울에 소재하고 있고 배당금이 3,000만 원이라면 배당표는 다음과 같다.

위 사례에서 순위는 갑은 을·정과 동순위이고, 병 임차인 최우선변제금 1,600만 원과 무 당해세보다 후순위이다. 그리고 을은 병 임차인의 최우선변제금 1,600만 원과 정보다는 우선순위이고, 갑과는 동순위이고, 무보다는 후순위이다. 병은 갑·무보다는 우선순위이고, 을·정보다는 후순위이다. 정은 병보다는 우선순위이나 갑과는 동순위이고, 을·무보다는 후순위이다. 무 당해세는 갑·을·정보다는 우선순위이고 병 임차인의 최우선변제금 1,600만 원보다 후순위가 된다.

따라서 순위가 상호모순관계에 있어서 특수흡수 배당절차를 거쳐야 한다.

즉, 1차적으로 각 채권자의 채권액을 기초로 먼저 안분배당한 후 2차적으로 각자 자기보다 후순위권리자의 배당액(1차 안분액)을 자기채권(안분배당하기 전의 채권액)이 만족될 때까지 흡수해야 한다.

흡수순서는 선순위자가 흡수하고 흡수당하는 순서는 제일 열후한 위치에 있는 자부터 흡수당하고, 흡수의 한도는 흡수당했던 자가 흡수할 때 흡수당한 부분을 공제한 나머지 부분만 흡수하게 된다.

흡수는 각 흡수할 채권자마다 한 번으로 종결되어야 하고 또다시 위와 같은 절차를 반복해서는 안 된다.

그러나 위 경매사건은 변형된 순환흡수 배당사례이다.

즉 순위가 상호모순관계와 순환관계(A>B, B>C, C>A인 관계)가 혼합된 순환흡수배당사례이다.

따라서 1차 안분배당하면,

① 무 당해세 = 3,000만 원 $\times \dfrac{1,000}{9,100}$ = 3,296,703원.

② 갑 가압류 = 3,000만 원 $\times \dfrac{1,500}{9,100}$ = 4,945,055원

③ 을 근저당＝3,000만 원×$\dfrac{3,000}{9,100}$＝9,890,110원.

④ 정 근저당＝3,000만 원×$\dfrac{2,000}{9,100}$＝6,593,407원

⑤ 병 최우선변제금＝3,000만 원×$\dfrac{1,600}{9,100}$＝5,274,725원

【 분 석 표 】

채권자 / 배당	① 무 당해세	② 갑 가압류	③ 을 근저당	④ 정 근저당	⑤ 병임차인 최우선변제
채 권	1,000만 원	1,500만 원	3,000만 원	2,000만 원	1,600만 원
1차 안분	3,296,703원	4,945,055원	9,890,110원	6,593,407원	5,274,725원
우선흡수 가능자	1순위: ⑤번 병만 흡수가능	1순위: ⑤ 병 2순위: ① 무	1순위: ①번 무만 흡수가능	1순위: ① 무 2순위: ③ 을	1순위: ③ 을 2순위: ④ 정
안분부족액	6,703,297원	10,054,945원	20,109,890원	13,406,593원	10,725,275원
안분부족액을 후순위자에게서 흡수하는 순서	1차: ② 갑 0 ④ 정 6,593,407원 2차: ③ 을 109,890원	없 음	1차: ⑤ 병5,274,725원 2차: ④ 정 0 (선순위 ① 무가 먼저 ④ 정을 전액흡수)	1차: ⑤ 병 0 (선순위 ③ 을이 먼저 ⑤ 병을 전액흡수)	1차: ② 갑 4,945,055원 2차: ① 무 3,296,703원
선순위자에게 흡수당하는 순서	1차: ⑤ 병 3,296,703원	1차: ⑤ 병 4,945,055원 2차: ① 무 0	1차: ① 무109,890원	1차: ① 무 6,593,407원 2차: ③ 을 0	1차: ③ 을 5,274,725원 2차: ④ 정 0
최종배당액	6,703,297원	0	15,054,945원	0	8,241,758원

2차 흡수절차는,

안분흡수설에 의할 경우 흡수순서는 선순위자가 흡수하고 흡수당하는 순서는 제일 열후한 채권자부터 흡수당하고 흡수한도에 대해서는 1차 안분받았다가 다른 선순위채권자에게 흡수당한 부분은 다시 흡수할 수 없다는 가정하에 배당하면 다음과 같다.

그런데 흡수할 선순위자가 특별히 없고 ① 무 당해세＞③ 을 · ④ 정인 관계에 있고, ③ 을 · ④ 정＞⑤ 병 임차인 최우선변제금이고, ⑤ 병 최우선변제금＞① 무 당해세인 관계에 있다.

이와 같이 서로간의 권리들이 물고 물리는 관계에 있고 특별한 선순위가 없는 경우에 순환배당절차를 거치게 되는데 이러한 흡수절차는 2가지 측면에서 생각해볼 수 있다.

첫째, 흡수당하는 순위측면에서 제일 열후한 순위를 누가 먼저 흡수할 수 있느

냐에 따라 흡수하는 방법이 있을 수 있고, 둘째, 흡수할 순위에 따라서 선순위 흡수 자가 우선 흡수하는 방법이 있을 것이다.

첫째 사례: 흡수당하는 순위 측면에서 제일 열후한 순위를 누가 먼저 흡수할 우 선순위를 갖느냐에 따라 흡수하면 다음과 같다.

여기서 제일 열후한 위치에 있는 자는 갑 가압류(흡수할 권한이 없고 흡수만 당하는 자) 인데 이를 흡수할 수 있는 선순위채권자는 ⑤ 병과 ① 무가 있다. 이 중에서 병이 우 선순위이므로 병이 흡수하고 나머지 잔여금이 있으면 무가 흡수하게 된다. 따라서

⑤ 병 최우선변제금＝5,274,725원(1차 안분액)＋4,945,055원(② 갑의 1차 안분액 흡 수)＋3,296,703원(① 무의 1차 안분액 흡수)－5,274,725원(③ 을에 흡수당함)＝8,241,758원

① 무 당해세＝3,296,703원(1차 안분액)＋0(② 갑에서 흡수)＋6,593,407원(④ 정에서 흡 수)＋109,890원(③ 을에서 흡수)－3,296,703원(⑤ 병에 흡수당함)＝6,703,297원

③ 을 근저당＝9,890,110원(1차 안분액)＋5,274,725원(⑤ 병에 흡수)＋0(④ 정에서 흡수) －109,890원(① 무에 흡수당함)＝15,054,945원

④ 정 근저당＝6,573,407원(1차 안분액)＋0원(⑤ 병에서 흡수함, 그러나 잔여금이 없어서 흡수할 수 없다)－6,573,407원(① 무에 흡수당함)＝0원

② 갑 가압류＝4,945,055원(1차 안분액)－4,945,055원(⑤ 병에 흡수당함)＝0원

상호모순관계에서 배당방법 참조

이 견해는 2006. 2. 23.에 이우재 부장판사님의 배당순위의 충돌과 조정에 관한 실 무연구와 2008년 1월에 편찬된 배당의 제 문제 제3장 배당에 있어서 특수한 문제 62쪽을 참조하여 배당표를 작성하여본 것이다.

둘째 사례: 흡수할(흡수권자) 순위에 따라서 선순위 흡수권자가 우선하여 흡수하 는 방법

앞의 사례와 같이 순위가 물고 물리는 관계에 있고 특별한 선순위가 없는 경우 우선순위를 정하는 것은 쉽지 않다. 이 경우 권리의 성립순서에 따라서 흡수절차 를 전개하여 볼 수도 있을 것이다. 권리의 성립순서에 따라 제일 먼저 성립된 ③ 을

근저당이 기준이 되어 순환흡수하는 순환배당절차를 거쳐야 한다고 보고 있다. 따라서 을 근저당보다 우선순위인 ① 당해세가 먼저 흡수하고 그 다음 ③ 을 근저당이 흡수한다. 당해세가 ③ 을 근저당보다 우선하기 때문이다.

2차 흡수절차를 진행하면,

① 무 당해세＝3,296,703원(1차 안분액)＋6,593,407원(④ 정에서 흡수)＋109,890원(③ 을에서 흡수)−3,296,703원(⑤ 병에 흡수당함)＝6,703,297원

③ 을 근저당＝9,890,110원(1차 안분액)＋5,274,725원(⑤ 병에서 흡수)−109,890원(① 무에서 흡수당함)＝15,054,945원

④ 정 근저당＝6,593,407원(1차 안분액)＋0원(⑤ 병에서 흡수)−6,593,407원(① 무에 흡수당함)＝0원

⑤ 병 임차인의 최우선변제금＝5,274,725원(1차 안분액)−5,274,725원(③ 을에 흡수당함)＋4,945,055원(② 갑에서 흡수)＋3,296,703원(① 무에서 흡수)＝8,241,758원

② 갑 가압류＝4,945,055원(1차 안분액)−4,945,055원(⑤ 병에 흡수당함)＝0

따라서 갑을 흡수할 수 있는 선순위자는 병과 무가 있는데 병이 선순위이므로 우선흡수하고 잔액이 있으며 무가 추가 흡수하게 된다.

따라서 첫째 사례와 둘째 사례 모두 같은 배당결과가 나온다.

이 배당 절차의 어려운 점과 처음 공부하시는 분들의 이해를 돕기 위해서 분석표를 만들어놓았으니 참고하기 바란다.

[상호모순관계와 순환관계가 혼합된 경우 Ⅱ]

배당순위가 상호모순관계와 순환관계(A>B, B>C, C>A인 관계)가 혼합된 순환흡수 배당사례

상기 예제 23번에서 병 임차인이 2000년 5월 10일 전입과 동시에 확정일자를 받았다면 배당표는 다음과 같이 작성될 것이다(배당금이 3,000만 원이고 주택이 서울 소재).

갑 가압류 1999년 1월 10일(1,500만 원) → 을 근저당권 1999년 3월 10일(3,000만 원) → 병Ⅰ) 임차인의 최우선변제금 (1,600만 원)＋병Ⅱ) 임차인의 확정일자 우선변제금 (2,400만 원) → 정 근저당권 2001년 7월 10일(2,000만 원) → 무 당해세 교부청구(1,000만 원)

1차 안분배당하면,

① 무 당해세＝3,000만 원×$\dfrac{1,000}{11,500}$＝2,608,696원

② 갑 가압류＝3,000만 원×$\dfrac{1,500}{11,500}$＝3,913,043원

③ 을 근저당＝3,000만 원×$\dfrac{3,000}{11,500}$＝7,826,087원

④ 병Ⅱ) 확정일자＝3,000만 원×$\dfrac{2,400}{11,500}$＝6,260,870원

⑤ 정 근저당＝3,000만 원×$\dfrac{2,000}{11,500}$＝5,217,391원

⑥ 병Ⅰ) 최우선변제금＝3,000만 원×$\dfrac{1,600}{11,500}$＝4,173,913원

【 분 석 표 】

채권자 / 배당	① 무 당해세	② 갑 가압류	③ 을 근저당	④ 병Ⅱ 확정일자	⑤ 정 근저당	⑥ 병Ⅰ 최우선변제
채권	1,000만원	1,500만원	3,000만원	2,400만원	2,000만원	1,600만원
1차 안분	2,608,696원	3,913,043원	7,826,087원	6,260,870원	5,217,391원	4,173,913원
우선흡수 가능자	1순위: ⑥ 병Ⅰ만 흡수가능	1순위: ⑥ 병Ⅰ 2순위: ① 무	1순위: ① 번 무만 흡수가능	1순위: ① 무 2순위: ③ 을	1순위: ① 무 2순위: ③ 을 3순위: ④ 병Ⅱ	1순위: ③ 을 2순위: ④ 병Ⅱ 3순위: ⑤ 정
안분부족액	7,391,304원	11,086,957원	22,173,913원	17,739,130원	14,782,609원	11,826,087원
안분부족액을 후순위자에게서 흡수하는 순서	1차: ② 갑 0 ⑤ 정 5,217,391원 2차: ④ 병Ⅱ 2,173,913원 3차: ③ 을 0 (2차에서 만족하여 흡수금액 없음)	없음	1차: ⑥ 병Ⅰ 4,173,913원 2차: ⑤ 정 0 (선순위 ① 무가 ⑤ 정을 먼저 전액흡수) 3차: ④ 병Ⅱ 4,086,957원	1차: ⑥ 병Ⅰ 0 (선순위 ③ 을이 ⑥ 병Ⅰ을 먼저 전액흡수) 2차: ⑤ 정 0 (선순위 ① 무가 ⑤ 정을 먼저 전액흡수)	1차: ⑥ 병Ⅰ 0 (선순위 ③ 을이 ⑥ 병Ⅰ을 먼저 전액흡수)	1차: ② 갑 3,913,043원 2차: ① 무 2,608,696원
선순위자에게 흡수당하는 순서	1차: ⑥ 병Ⅰ 2,608,696원	1차: ⑥ 병Ⅰ 3,913,043원 2차: ① 무 0	1차: ① 무 0	1차: ① 무 2,173,913원 2차: ③ 을 4,086,957원	1차: ① 무 5,217,391원 2차: ③ 을 0 3차: ④ 병Ⅱ 0	1차: ③ 을 4,173,913원 2차: ④ 병Ⅱ 0 3차: ⑤ 정 0
최종배당액	7,391,304원	0	16,086,957원	0	0	6,521,739원

2차 흡수 배당하는 절차에서도 예제 23번과 같이 2가지 방법이 있을 수 있으나 첫번째 방법에 따라 흡수당하는 순위 측면에서 제일 열후한 순위를 누가 먼저 흡수할 수 있느냐에 따라 흡수절차를 진행시키면 다음과 같이 된다.

2차 흡수배당절차

여기서 제일 열후한 자는 갑가압류(흡수할 권한이 없고 흡수만 당하는 자)인데 이를 흡수할 수 있는 선순위자는 ⑥ 병Ⅰ와 ① 무가 있다. 이중에 ⑥ 병Ⅰ가 우선순위이므로 먼저 흡수하고 잔여금이 있으면 ① 무가 흡수하게 된다.

⑥ 병Ⅰ) 최우선변제금=4,173,913원(1차 안분액)+3,913,043원(② 갑의 1차안분액 흡수)+2,608,696원(① 무의 1차 안분액 흡수)−4,173,913원(③ 을에 흡수당함)=6,521,739원

① 무 당해세=2,608,696원(1차 안분액)+0(② 갑에서 흡수)+5,217,391원(⑤ 정의 1차안분액 흡수)+2,173,913원(④ 병Ⅱ)의 1차 안분액 중에서 흡수)−2,608,696원(⑥ 병Ⅰ)에 흡수당함)=7,391,304원

③ 을 근저당=7,826,087(1차 안분액)+4,173,913원(⑥ 병Ⅰ)의 1차안분액 흡수)+0원(⑤ 정에서 흡수)+4,086,957원(④ 병Ⅱ)의 1차안분액에서 ① 무에 흡수당한 금액을 제외한 나머지 흡수함)−0원(흡수당할 금액 없음)=16,086,957원

④ 병Ⅱ) 확정일자=6,260,870원(1차 안분액)+0(⑥ 병Ⅰ에서 흡수)+0원(⑤ 정에서 흡수)−2,173,913원(① 무에 흡수함)−4,086,957원(③ 을에 흡수당함)=0

⑤ 정 근저당=5,217,391원(1차 안분액)+0원(⑥ 병Ⅰ에 흡수)−5,217,391원(① 무에 흡수당함)=0원

② 갑 가압류=3,913,043원(1차 안분액)−3,913,043원(⑥ 병Ⅰ)에 흡수당함)=0원

앞의 예제 23과 예제 24에서 비교한 결과 배당금이 적고 병 임차인이 후순위인 경우에는 최우선변제금과 확정일자에 의한 우선변제금을 동시 주장하는 것이 최우선변제금만 주장하는 것보다 적게 배당된다. 그러나 병임차인이 배당순위가 빠르고 전체 배당액이 많다면 동시에 주장하는 것이 배당금액이 많아지게 된다.

이와 같이 소액임차인의 지위와 확정일자 우선변제권을 동시에 겸하는 경우 임

차인에게 유리하도록 배당표를 작성해야 된다는 것이 대법원 판례의 입장이므로 두 권리를 동시에 겸하는 임차인은 소액보증금 중 일정액을 우선배당하고 나서 확정일자 우선변제권으로 배당해야 되므로 동시주장하여 배당금이 적어지는 경우에는 임차인이 2개의 권리를 동시에 주장한 경우에도 소액보증금 중 일정액만 가지고 배당을 실시해야 될 것이다.

[상호모순관계와 순환관계가 혼합된 경우 Ⅲ]

배당순위가 상호모순관계와 순환관계(A>B, B>C, C>A인 관계)가 혼합된 순환흡수 배당사례

갑 가압류 1999. 1. 1.(1,500만 원) → 을 근저당권 1999. 3. 10.(3,000만 원) → 병 가압류 2000. 5. 10.(1,000만 원) → 정 근저당권 2000. 7. 10.(2,000만 원) → 무 임차인 전입 2001. 2. 1.(4,000만 원) → 을의 임의경매신청(2002. 5. 10) → 기 당해세 교부청구(2002. 8. 15)(1,000만 원)인 경우의 배당표 작성은

(주택이 서울소재하고 배당금액이 3,000만 원인 경우)

[분석]

갑은 갑=을이고, 갑=병=정이고, 갑<무 임차인의 최우선변제금 1,600만 원·기 당해세인 관계에 있다.

을은 을>병·정·무 최우선변제금 1,600만 원이고, 을=갑이고, 을<기 당해세인 관계에 있다.

병은 병=갑=정이고, 병<을·무 최우선변제금·기인 관계에 있다.

무의 최우선변제금 1,600만 원은 무>갑·병·기이고, 무<을·정인 관계에 있다.

기 당해세는 기>갑·을·병·정이고, 기<무의 최우선변제금인 관계에 있다.

이들의 관계는 순위가 상호모순관계에 있다. 따라서 순환흡수절차를 거치면 아

래와 같다.

1차적으로 안분배당하면,

① 기 당해세 $= 3,000 \times \dfrac{1,000}{10,100} = 2,970,297$원

② 갑 가압류 $= 3,000 \times \dfrac{1,500}{10,100} = 4,455,446$원

③ 을 근저당 $= 3,000 \times \dfrac{3,000}{10,100} = 8,910,891$원

④ 병 가압류 $= 3,000 \times \dfrac{1,000}{10,100} = 2,970,297$원

⑤ 정 근저당 $= 3,000 \times \dfrac{2,000}{10,100} = 5,940,594$원

⑥ 무 임차인 최우선변제 $= 3,000 \times \dfrac{1,600}{10,100} = 4,752,475$원

【 분 석 표 】

채권자 / 배당	① 기 당해세	② 갑 가압류	③ 을 근저당	④ 병 가압류	⑤ 정 근저당	⑥ 무 임차인 최우선변제금
채권액	1,000만 원	1,500만 원	3,000만 원	1,000만원	2,000만 원	1,600만원
1차 안분액	2,970,297원	4,455,446원	8,910,891원	2,970,297원	5,940,594원	4,752,475원
우선흡수 가능자	1순위: ⑥ 무 만흡수가능	1순위: ⑥ 무 2순위: ① 기	1순위: ① 기 만흡수가능	1순위: ③ 을>⑥ 무이고, ⑥ 무>① 기이고, ① 기>③ 을 이다. 각자의 채권액에 비례하여 안분흡수	1순위: ① 기 2순위: ③을	1순위: ③ 을 2순위: ⑤ 정
안분부족액	7,029,703원	10,544,554원	21,089,109원	7,029,703원	14,059,406원	11,247,525원
안분부족액을 후순위자에게서 흡수하는 순서	1차: ② 갑 0 ④ 병530,410원⑤ 정 5,940,594원 2차: ③ 을 558,699원	없음	1차: ④ 병 1,591,231원 2차: ⑥ 무 4,752,475원 3차: ⑤ 정 0 (선순위 ① 기가 ⑤ 정을 전액흡수)	없음	1차: ⑥ 무 0 (선순위 ③ 을이 ⑥ 무를 전액 흡수)	1차: ② 갑 4,455,446원 ④ 병 848,656원 2차: ① 기 2,970,297원
선순위자에게 흡수 당하는 순서	1차: ⑥ 무 2,970,297원	1차: ⑥ 무 4,455,446원 2차: ① 기 0	1차: ① 기 558,699원	1차 : ③ 을1,591,231원 ⑥ 무 848,656원 ① 기 530,410원	1차: ① 기 5,940,594원 2차: ③을 0	1차: ③ 을 4,752,475원 2차: ⑤ 정 0
최종배당액	7,029,703원	0	14,695,898원	0	0	8,274,399원

위의 배당에서 우선순위는 흡수할 선순위자가 특별히 없고, ③ 을·⑤ 정>⑥ 무 임차인의 최우선변제금 1,600만 원인 관계에 있고, ⑥ 무 임차인의 최우선변제금 1,600만 원>① 기 당해세인 관계에 있고, ① 기 당해세>③ 을·⑤ 정인 관계에 있다.

이와 같이 서로간의 권리들이 물고 물리는 관계에 있는 경우 순환흡수배당을 해야 한다. 그러면 흡수절차를 누가 먼저 할 것인가에 대해 문제가 발생하는데 2가지 측면에서 논의되고 있다.

1설(흡수당하는 자의 입장에서 보는 측면)이 있고, 2설(흡수권자의 입장에서 보는 측면)이 있다.

(1) 첫번째 1설의 방법으로 흡수배당절차를 진행하면,

1설은 흡수당하는 입장에서 보는 측면이다. 이는 흡수당하는 순서는 제일 열후한 채권자로부터 흡수당하고 흡수한도에 대해서는 1차 안분받았다가 다른 선순위 채권자에게 흡수당한 부분을 다시 흡수할 수 없다는 전제하에 제일 열후한 지위에 있는 ② 갑 가압류와 ④ 병 가압류(흡수할 권한이 없고 흡수만 당하는 지위에 있는 자) 누가 먼저 흡수할 수 있느냐에 따라 전개하는 형식이다.

이 방법에 의하면 ② 갑 가압류 흡수에는 우선순위(⑥ 무→① 기)가 있으나 ④ 병 가압류 흡수에서는 우선순위가 ③ 을>⑥ 무이고, ⑥ 무>① 기이고, ① 기>③ 을 이므로 서로 물고 물리는 순환관계에 있다. 따라서 ④ 병 가압류를 흡수권자의 채권액에 비례하여 흡수하고 그 다음으로는 흡수권자인 동시에 피흡수자가 되어 순환흡수배당을 거쳐야 한다는 방법으로 흡수배당절차를 진행하면 다음과 같다.

ⓐ ⑥ 무 임차인=4,752,475원(1차 안분액)+848,656원(④ 병의 1차 안분액에서 채권액에 따른 안분흡수)+4,455,446원(② 갑의 1차 안분액 흡수)+2,970,297원(① 기의 1차 안분액 흡수)-4,752,475원(③ 을에 흡수당함)=8,274,399원

② 후순위 갑 가압류=4,455,44(1차 안분액)-4,455,446원(⑥ 무에 흡수당함)=0원[흡수할 수 있는 선순위채권자는 ⑥ 무와 ① 기가 있는데 선순위가 ⑥ 무이므로 ⑥ 무가 먼저 흡수하고 잔여금이 있으면 ① 기가 흡수하게 된다]

④ 후순위 병 가압류=2,970,297원(1차 안분액)-2,970,297원(흡수당함)[흡수할 수 있는 선순위채권자는 ⑥ 무와 ① 기와 ③ 을이 있는데 이들끼리의 순위는 우선

순위가 ⑥ 무>① 기이고, ① 기>③ 을이고, ③ 을>⑥ 무인 관계가 성립되므로 ④ 병 가압류의 1차 안분액 2,970,297원은 각자의 채권액에 비례하여 안분하여 흡수한다]=0원

⑥ 무가 흡수=2,970,297원(④ 병 가압류 1차 안분액)$\times\dfrac{4,752,475}{16,633,663}$=848,656.[26]=848,656원 ① 기가 흡수=2,970,297원(④ 병 가압류 1차 안분액)$\times\dfrac{2,970,297}{16,633,663}$=530,410.[18]=530,410원 ③ 을이 흡수=2,970,297원(④ 병 가압류 1차 안분액)$\times\dfrac{8,910,891}{16,633,663}$=1,591,230.[55]=1,591,231원

ⓑ ① 기 당해세=2,970,297원(1차 안분액)+530,410원(④ 병의 1차 안분액에서 채권액에 따른 안분흡수)+0원(② 갑의 1차 안분액 흡수)−2,970,297원(⑥ 무에게 흡수당함)+5,940,594원(⑤ 정의 1차 안분액 흡수)+558,699원(③ 을의 1차 안분액에서 흡수)=7,029,703원

ⓒ ③ 을 근저당=8,910,891원(1차 안분액)+1,591,231원(④ 병의 1차 안분액에서 채권액에 따른 안분흡수)−558,699원(① 기에 흡수당함)+4,752,475원(⑥ 무의 1차 안분액 흡수)=14,695,898원

ⓓ ⑤ 정 근저당=5,940,594원(1차 안분액)−5,940,594원(① 기에 흡수당함)−0원(③ 을에 흡수당함)+0원(⑥ 무에서 흡수)=0원

따라서 최종배당결과 → ② 갑=0원, ③ 을=14,695,898원, ④ 병=0원, ⑤ 정=0원, ⑥ 무=8,274,399원, ① 기=7,029,703원이 된다.

(2) 두번째 2설의 방법으로 흡수배당절차를 진행하면,

2설에서는 흡수절차의 입장에서 누구를 먼저 흡수해야하는 문제가 남는데 권리의 성립순위에 따라 제일 먼저 성립된 을 근저당권이 기준이 되어 순서대로 정리하면 ③ 을 근저당보다 우선순위인 ① 당해세가 ④ 병 가압류 ⑤ 정 근저당(④ ⑤가 동순위이므로)을 먼저 흡수하고 그 다음 ③ 을 근저당권이 흡수한다.

이는 ① 당해세가 ③ 을 근저당권보다 우선하기 때문이다.

채권자	① 당해세	② 갑 가압류	③ 을 근저당	④ 병 가압류	⑤ 정 근저당	⑥ 무 임차인 최우선변제금
채권액	1,000만원	1,500만원	3,000만원	1,000만원	2,000만원	1,600만원
1차안분액	2,970,297원	4,455,446원	8,910,891원	2,970,297원	5,940,594원	4,752,475원

따라서 1차 안분액이 위와 같다면 2차 흡수절차는 다음과 같이 된다.

ⓐ ① 기 당해세＝2,970,297(1차 안분액)＋7,029,703원[④ 병(7,029,703원×) 2,343,234원 흡수 ＋ ⑤ 정(7,029,703원×)4,686,469원 흡수]－2,970,297원(⑥ 무에 흡수당함)＝7,029,703원(종결)

① 기가 흡수할 수 있는 후순위자는 ②·③·④·⑤가 있는데 이들 중 제일 열후한 자는 ④·⑤(동순위)가 되기 때문이다.

ⓑ ③ 을 근저당권이 다음 순위로 흡수할 수 있는데 후순위자들 즉 ④, ⑤, ⑥순위가 상호모순관계에 있다.

여기서 후순위자를 흡수하는 방법은 두가지가 있다는 사실을 앞의 예제15-예 1과 예 2에서 기술한바 있다.

예 1)방법: 흡수당하는 자들 ④, ⑤, ⑥의 순위가 상호모순관계에 있고(④=⑤, ⑤〉⑥, ⑥〉④의 관계로), 특별히 열후한 자가 없어서 이들을 동순위로 보고 ③을 근저당의 안분부족액(채권액-1차 안분액)을 ④, ⑤, ⑥의 1차 안분배당금의 비율에 비례하여 안분 흡수하고, 그 다음 선순위자인 ⑤ 정이 안분부족액을 후순위자 ⑥ 무를 흡수하고, ⑥ 무는 안분부족액을 후순위자 ①, ②, ④에서 흡수 하게 되는데 이들 중 ①〉②·④ 이므로 ②·④가 먼저 흡수당하게 되고 부족분은 ①에서 흡수하면 된다.

그런데 ②·④는 동순위이므로 배당잔여액에 비례하여 안분흡수하게 된다는 견해이다.

이 견해에 따라 배당표를 작성하면 다음과 같이 된다.

③ 을 근저당＝8,910,891원(1차 안분액)＋627,063원(④ 병에서 흡수)＋1,254,125원(⑤ 정에서 흡수)＋4,752,475원(⑥ 무에서 흡수)＝15,544,554원(종결)

⑤ 정 근저당＝5,940,594원(1차 안분액)－4,686,469원(① 기에 흡수당함)－1,254,125원(③ 을에서 흡수)＋0원(⑥ 무에서 흡수)＝0원(종결)

⑥ 무 최우선변제금＝4,752,475원(1차 안분액)－4,752,475원(③ 을에 흡수당함)－0원(⑤에 흡수당함)＋4,455,446원(② 갑에서 흡수)＋2,970,297원(① 무에서 흡수)＝7,425,743원(종결)

② 갑 가압류＝4,455,446원(1차 안분액)－4,455,446원(⑥ 무에 흡수당함)＝0원(종결)

④ 병 가압류＝2,970,297원(1차 안분액)－2,343,234원(① 기에 흡수당함)－627,063원(③ 을에 흡수당함)＝0원(종결)

예 2) 방법: ③ 을 근저당권이 다음 순위로 흡수할 수 있는데 후순위자들 즉 ④, ⑤, ⑥순위가 상호모순관계에 있어서 ④, ⑤, ⑥이 먼저 흡수절차를 거친 다음 ③이 흡수하는 절차를 거치게 된다.

따라서 ④, ⑤, ⑥을 흡수절차를 진행시키고 나서 ③ 을이 흡수하면,

④ 병 가압류＝2,970,297원(1차 안분액)－2,343,234원(① 기에 흡수당함)－627,063원(⑥ 무에 흡수당함)＝0원(종결)

⑤ 정 근저당＝5,940,594원(1차 안분액)－4,686,469원(① 기에 흡수당함)＋4,752,475원(⑥ 무에서 흡수)＝6,006,600원

⑥ 무 최우선변제금＝4,752,475원(1차 안분액)－4,752,475원(⑤ 정에 흡수당함)＋627,063원(④ 병에서 흡수)＝627,063원

이 ⑤와 ⑥ 중에서는 ⑤가 ⑥보다 선순위이므로 ⑥이 먼저 흡수당하고 그 다음으로 ⑤가 흡수당한다.

③ 을 근저당＝8,910,891원(1차 안분액)＋627,063원(⑥ 무에서 흡수)＋6,006,600원(⑤ 정에서 흡수)＝15,544,554원(종결)

⑤ 정 근저당＝5,940,594원(1차 안분액)－4,686,469원(① 기에 흡수당함)＋4,752,475원(⑥ 무에서 흡수)－6,006,600원(③ 을에 흡수당함)＝0원(종결)

그 다음으로 ⑥ 무가 ② 갑과 ① 기보다 우선순위이므로 ② 갑과 ① 기를 흡수하게 된다.

⑥ 무 최우선변제금＝4,752,475원(1차 안분액)−4,752,475원(⑤ 정에 흡수당함)＋ 627,063원(④ 병에서 흡수)−627,063원(③ 을에 흡수당함)＋4,455,446원(② 갑에서 흡수)＋2,970,297원(① 기에서 흡수)＝7,425,743원(종결)

② 갑 가압류＝4,455,446원(1차 안분액)−4,455,446원(⑥ 무에 흡수당함)＝0원(종결)

④ 병 가압류＝2,970,297(1차 안분액)−2,343,234(①기에 흡수당함)−627,063원(⑥무에 흡수당함)＝0원(종결)

앞의 예 1)방법과 예 2)방법을 비교해본 결과 예 2)방법이 예 1)방법이 같은 결과를 가져오게 되나 앞의 예제15−예 1)과 예 2)에서 살펴본 바와 같이 배당에 있어서 예 1)방법으로 배당을 하는 것이 보다 합리적이라는 판단이고 배당실무에서도 이와 같이 배당하고 있으나 배당을 담당하고 있는 실무자에 따라 예 2)방법 또는 다른 견해로도 작성하고 있음에 유의하기 바란다.

(3) (1) 첫 번째 1설의 방법과 (2) 두 번째 2설의 방법에 의한 배당방법의 비교

앞에서 살펴본 바와 같이 1설에 의한 배당과 2설에 의한 배당에서 배당금이 차이가 발생하는 것을 볼 수 있다.

주요한 점은 실무상 배당(배분)계산에서는 2설에 의해 배당표를 작성하시는 분들이 많이 있었다. 그렇다고 하더라도 개인적인 견해로는 1설에 의해 ④ 병 가압류채권액을 ①과 ③과 ⑥이 1차안분배당금에 비례하여 흡수하는 것이 타당하다고 보인다. 이렇게 배당해야만 채권자들 간에 불리하게 배당되는 사례가 적어지게 될 것으로 예상되기 때문이다.

그러나 위와 같은 배당표 작성은 배당표 작성자에 따라 조금씩 그 방법을 달리하고 있으나 넓은 차원에서 바라보면 기본적인 차이는 발견할 수가 없었다. 이러한 순환흡수분야에 대해서 좀 더 많은 연구가 이루어져야 할 것으로 생각된다.

CHAPTER 4

공매절차와 배분절차에 관한 전반적인 설명

공매와 국세징수법상 진행되는 공매절차, 경매와의 차이점

❖ 공매에 관한 설명과 공매의 종류, 이들 간의 차이점

공매에 관한 설명

공매란 법률의 규정에 의해서 공공기관 등이 금전채권의 강제집행함에 있어서 목적물을 환가처분하는 방법으로 공공기관 등에서 공개입찰방식으로 부동산을 매각하고 그 환가(매각)대금으로 그 채권에 충당하는 방법이다.

공매의 종류

자산관리공사에 의한 공매 또는 공매대행

국가기관 · 지방자치단체 · 교육기관 · 공기업 등 공공기관의 국 · 공유재산 및 정부물품 · 불용품 등과 압류재산을 각 기관별로 자체로 실시하는 공매로 매각하는 방법과 이 기관 등이 자산관리공사 위임하여(www.onbid.co.kr) 전자처분시스템에 의해 전자입찰방식으로 매각하는 방식이 있는데, 최근 들어 이러한 공매 대부분을 공사에서 위임받아 처리하고 있다.

　이러한 공매물건에는 부동산, 차량, 불용품, 유가증권, 회원권 등이 공매대상이 되는데 위의 기관 등의 위임을 받은 자산관리공사가 압류재산, 국유재산, 수탁재산, 유입자산 등을 공개경쟁하여 처분하는 방법으로 매각, 임대(대부)를 경쟁입찰방식이나 수의계약에 의해 처분한다. 입찰방식에는 현장입찰 또는 인터넷입찰(수의계약 제외)이 있다.

① 압류재산(공개경쟁입찰 원칙): 세무서장, 지방자치단체장, 공과금기관장 등이 기한 내 납부되지 않은 세금을 강제징수하기 위해 체납자 소유의 재산을 압류한 후 한국자산관리공사에 매각대행 의뢰한 재산.

② 유입자산(공개경쟁입찰＋유찰[수의]계약): 부실채권정리기금으로 인수한 금융기관 부실채권을 회수하는 과정에서 법원경매를 통해 한국자산관리공사 명의로 유입한 재산.

③ 수탁재산(공개경쟁입찰＋유찰[수의]계약): 수탁재산에는 비업무용 재산에 대한 공매와 양도세 감면대상 물권에 대한 공매가 있다.

    ⓐ 비업무용 재산에 대한 공매: 금융기관이 연체대출금을 회수하기 위하여 법원경매를 통해 금융기관명의로 유입한 후 한국자산관리공사에 매각 의뢰된 재산과 기업체가 소유하고 있는 비업무용재산으로 주거래은행을 통하여 한국자산관리공사에 매각의뢰된 재산. 즉, 금융기관소유 비업무용 재산과 기업소유 비업무용 재산 등을 금융기관 또는 기업으로부터 매각, 위임된 재산을 한국자산관리공사가 수탁을 받아 일반인에게 공개경쟁입찰하에 매각하는 부동산을 말한다.

    ⓑ 양도세 감면대상 물건에 대한 공매: KAMCO에 매각을 의뢰하면 양도한 것과 동일하게 인정되어 양도세의 비과세 또는 중과세 제외혜택을 받을 수 있다.

④ 국유재산(공개경쟁입찰＋유찰[수의]계약): 국가 소유 잡종재산의 관리와 처분을 위임받아 일반인에게 대부(임대)하는 재산 또는 매각을 의뢰한 재산을 말한다.

⑤ 고정자산(공개경쟁입찰＋유찰[수의]계약): 한국자산관리공사가 금융구조조정과정에서 정리금융기관(퇴출금융기관 등) 등으로부터 취득한 자산으로 사옥·점포·연수원, 비업부용자산 등이 이에 포함된다.

국유재산의 매각

국유재산은 원칙적으로 매각을 금지하나 극히 예외적인 경우에 한하여 기획재정경제부의 승인을 득한 후 매각 진행한다.

이용기관 재산에 대한 공매

이용기관 등이 국유재산·시유재산·군유재산·구유재산·공유재산 등의 매각이나 대부(임대)를 자산관리공사 온비드사이트에 이용기관 회원가입 후 온비드사이트의 전자처분시스템을 이용하여 입찰등록수수료 1건당 5,000원과 낙찰수수료 1억 이상 10억 미만은 200,000원을 납부하고 이용기관 등이 직접 매각 또는 대부하는 방식이다.

은행 · 금고 · 신탁회사 · 기업 등이 자체적 공개입찰방식으로 매각

각 은행 · 금고 · 신탁회사 · 기업 등이 감정평가기관의 평가금액을 최초 매각예정 금액으로 정하고 이를 신문에 공고하여 공개입찰방식으로 매각한다. 이들은 공개입찰방식으로 매각을 진행했으나 유찰된 경우에는 유찰되기 전 최저금액 이상으로 수의계약으로도 매각할 수 있다.

공매에 대한 매각결정방법과 권리분석에 대한 종합적인 분석

매각결정방법

앞의 자산관리공사의 공매대행절차에서는 낙찰(최고액입찰자)가 되고 나서 매각결정 이후 대금 납부기한을 정하고 있는 것이 ① 압류공매절차이고 그 이외의 공매절차 즉 ② 유입자산, ③ 수탁재산, ④ 국유재산, ⑤ 고정자산 등의 공매절차는 낙찰받고 5일 이내에 계약을 체결해야 매각결정의 효력을 갖게 된다. 다시 정리하면 경매절차나 압류공매절차 이외에는 ② · ③ · ④ · ⑤ 공매물건과 이용기관 공매물건 그리고 은행 · 금고 · 신탁회사 · 기업 등의 공매물건은 낙찰받고 5일에서 10일 이내에 계약을 체결하는데 이 기간은 공매집행기관 마다 다를 수 있고 공고문에 기재되어 있다. 즉, 공매는 공고문을 반드시 숙지해야 된다. 또한 이러한 절차 이외에도 매각조건이 각 공매집행기관마다 다르게 적용되기 때문에 유의해야 된다.

공매물건 및 집행기관별 권리분석

① 압류공매절차

체납자와 공매를 위임받아 공매절차를 진행하는 자산관리공사, 그리고 공매위임관서로 세무서장(세무서장, 지방자치단체장, 공과금기관장 등) 등이 있고 이 밖에도 부동산등기부 상의 등기된 채권자와 부동산 위의 권리자로 임차인 등이 있어서 그 권리관계가 복잡해서 권리분석을 잘 해야 된다. 즉, 소유권을 잃을 수 있는지 여부와 추가로 낙찰자에게 인수되는 권리 등이 있는지 등을 종합적으로 분석해야 한다. 많은 공매권리분석을 공부하지 않고서는 입찰이 쉽지 않고 이와 같이 권리분석이 필요하다는 점 등에서 볼 때 경매절차에서의 권리분석과 유사하다.

② 유입자산, 수탁재산, 국유재산, 고정자산 등의 공매절차와 이용기관 등의 공매절차, 그리고 은행·금고·신탁회사·기업 등이 자체적으로 직접매각절차를 진행하는 공매절차 등 일반 부동산중개업소에서 취득하는 절차와 유사한 절차에 있다. 공매집행기관이 소유자인 경우가 대부분인 경우이고, 소유자가 아니더라도 소유자로부터 수탁 받거나 의뢰를받아서 진행하는 경우가 대부분이어서 낙찰자가 인수할 권리나 명도책임 등에서 압류재산공매절차나 경매절차보다 자유롭다. 다만 차이가 있다면 공개경쟁입찰 방식으로 또는 수의계약 방식으로 매각 또는 대부를 진행하게 된다는 데 있지만 권리분석은 그다지 어렵지 않다. 그러나 공매집행기관별로 매각조건이 상당한 차이가 있어서 공매공고문에 기재된 내용 등을 숙지하고 입찰에 참여해야 될 것이다. 이러한 이유에서 공매는 권리분석이 필요하지 아니하거나 어렵지 않다는 소문이 있는데 이는 다시 한 번 생각해볼 필요가 있다. 왜냐하면 공매물건의 대부분은 압류재산물건이고 그 이외의 공매물건은 소수에 불과하다. 더욱 중요한 점은 소수에 그치지 않고 실제 입찰자에게 필요한 공매물건 등은 찾아보기가 쉽지 않다는 점이다. 이와 같이 공매물건은 압류재산공매물건이 대부분이어서 공매를 잘하려면 권리분석을 잘해야 되는데 경매절차에서의 권리분석 및 배분표 작성방법 그리고 절차 등과는 다소 차이가 있는 것이 사실이기 때문에 압류공매절차를 위주로 공매진행절차와 권리분석 및 배분표 작성방법 등을 기술하였다. 왜냐하면 압류재산공매절차에서 권리분석 및 배분방법 그리고 공매진행절차 정도만 이해하면 그 이외의 공매절차는 문제가 되지 않을 것이다. 그럼에도 별도로 후편에서 공매물건 입찰사례를 통한 권리분석과 배분표 작성 방법에서 이용기관재산 등의 공매

절차와 신탁회사 등의 공매절차를 별도로 기재하게 된 동기는 이 분야가 앞으로도 계속적으로 압류공매와 더불어 커져갈 것이기 때문이다.

온비드 사이트에서 진행되는 압류재산공매, 유입자산공매, 국유재산공매, 수탁재산공매, 이용기관재산 등의 공매 차이점

구 분	압류재산	유입자산	국유재산	수탁재산	이용기관재산
소유자	체납자	KAMCO	국(기획재정부)	금융기관, 기업체, 양도세 감면대상	의뢰기관
적용 법률	① 국세징수법 (제61조) ② 금융 기관 부실재산 등의 효율적 처리 및 한국 자산 관리공사의 설립에 관한 법률 제26조 1항 7호	① 금융기관 부실재산 등의 효율적 처리 및 한국자산관리공사의 설립에 관한 법률 제26조 1항 1호	① 국유재산법 시행령(제38조) ② 금융기관 부실재산 등의 효율적 처리 및 한국자산관리공사의 설립에 관한 법률 제26조 1항 8호·9호	① 금융기관 부실재산 등의 효율적 처리 및 한국자산관리공사의 설립에 관한 법률 제26조 1항 5호	① 국가를 당사자로 하는 계약에 관한 법 시행령(제22조 1항) ② 지방자치단체를 당사자로 하는 계약에 관한 법 시행령(제15조) ③ 국유재산법 (제33조 2항) ④ 공유재산 및 물품관리법 시행령(제13조 및 제26조) ⑤ 관련고시: 기획재정 고시 제2006-6호, 행정 안전부고시제 2006-6호
매각 금액 결정 기준	감정가격	KAMCO 유입가격	• 매각: 2개 이상의 감정평가법인의 평가액을 산술평균한 금액 • 임대: 재산가액에 사용요율을 곱한 금액	감정가격	• 매각: 2개 이상의 감정평가법인의 평가액을 산술평균한 금액 • 임대: 재산가액에 사용요율을 곱한 금액
명도 책임	매수자	매도자(KAMCO) (경우에 따라서는 매수자 부담)	매수자	매도자(한국자산관리공사, 금융기관, 공기업)(특별한 경우 매수자 책임)	매수자
대금 납부 방법 및 기한	국세징수법에 정함(보증금 10%, 잔금 1,000만 원 미만 7일 이내, 1,000만 원 이상 60일 이내 납부)	일시급 또는 낙찰금액에 따라 최장 5년 기간 내에서 할부로 납부 가능 (6개월 균등분할 납부)	• 매각: 매매계약체결일로부터 60일 이내 일시납부 • 대부 원칙: 연간대부료 전액 선납 예외: 연간대부료 100만 원 초과시 연 4회분납	금융기관 및 공기업 제시조건(보증금 10%, 잔금 90%)(6개월 균등분할납부 가능)	매매계약체결일로부터 60일 이내 일시납부(이용기관에 따라 차이가 있을 수 있다) • 대부 원칙: 연간대부료 전액선납(이용기관에 따라 차이가 있음)

유찰 (수의) 계약	불가능	다음 공매공고 전일까지 가능	2회차 유찰 이후 차기공고까지 가능	다음 공매공고 전일까지 가능(단, 예외 있음)	다음 공매공고 전일까지 가능(단, 예외 있음)
입찰 금액	입찰금액의 10%	입찰금액의 10%	입찰금액의 10%	입찰금액의 10%	입찰금액의 5~10%
계약 체결	별도계약 없음 (매각결정에 의함)	낙찰 후 5일 이내 계약체결해야 함	낙찰 후 5일 이내 계약체결해야 함	낙찰 후 5일 이내 계약체결해야 함	낙찰 후 10일 이내 계약체결(예외 있음)
매수자 명의 변경	불가능	가능	원칙적으로 불가 (다만 계약자 사망 시 상속인으로는 가능)	가능(단, 위임기관 승인 후)	불가능(요건충족)
대금 선납 시 이자 감면	없음	기금채권발행금리에 해당하는 이자액(변동될 수 있음)	없음	금융기관 정기예금에 해당하는 이자감면(변동될 수 있음)	없음
권리 분석	매수자(대항력 있는 임차인 유무에 주의)	불필요	필요	불필요	필요
대금 완납 전 점유 사용	불가능	매매대금의 1/3 이상 선납하거나, 기계기구의 수리비가 매매대금의 1/3 이상 소요되는 경우로서 매수자가 직접수리 후 사용하고자 하는 경우 가능	불가능	금융기관 승낙조건에 따른 점유사용료를 내거나 납부보장책을 제시하는 경우 가능	가능(요건충족시)
계약 조건 변경	불가능	구입자가 원할 경우 금액에 따라 최장 5년까지 연장 가능	불가능	위임기관 협의에 따라 가능	불가능
대리 입찰 가능 여부	불가능	가능(입찰기간 중에 대리입찰신청서와 인감증명서를 첨부하여 제출해야 한다)	가능(입찰기간 중에 대리입찰신청서와 인감증명서를 첨부하여 제출해야 한다)	가능(입찰기간 중에 대리입찰신청서와 인감증명서를 첨부하여 제출해야 한다)	가능(입찰기간 중에 대리입찰신청서와 인감증명서를 첨부하여 제출해야 한다)
입찰 참여 가능 회수	2회	2회	1회	2회	정부기관·지방자치단체의 경우 1회만 참여가능
토지 거래 허가 여부	면제[국토법 시행령 제121조 2항]	면제[국토법 시행령 제121조 2항]	면제[국토법 시행령 제121조 2항]	3회 이상 입찰시만 면제[국토법 시행령 제121조 2항]	면제[국토법 시행령 제121조 2항]

❖ 국세징수법상 진행되는 압류공매의 진행절차

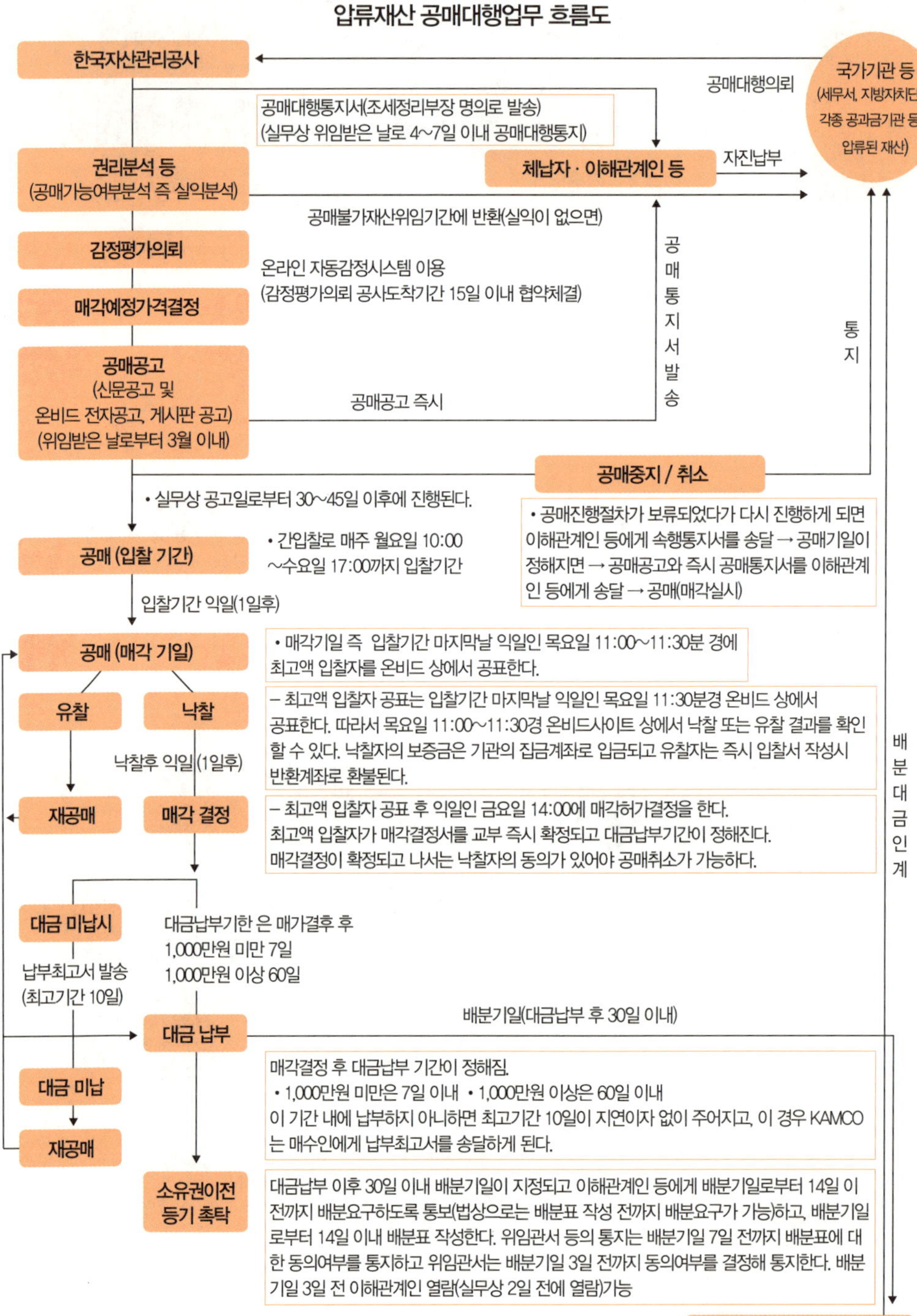

❖ 공매와 경매의 차이점 분석

비교항목	공매	경매
근거 법률 및 주관 적용 법률	국세징수법에 의해 진행되는 압류재산공매나 수탁재산, 국유재산, 공사유입자산 등을 공개입찰이나 유찰계약 등으로 매각하는 공매로 주로 자산관리공사에서 주관하고 이 밖에 이용기관 등이 재산공매 또는 공공기관이나 은행자체의 매각방식의 공매가 있다. ① 적용법률 *	채무자가 채무불이행으로 인해 채권자가 담보로 잡고 있던 물건을 민사집행법에 의해 처분하는 임의경매와 채권자가 법원의 집행문을 부여받아 채무자의 일반재산에 경매를 실행하는 강제경매가 있다. 둘 다 법원이 주관한다. ① 적용법률: 민사집행법
매각기관 매각방법	② 매각기관: 정부기관, 자산관리공사, 공공기관, 은행자체매각, 신탁회사, 기업 등의 자체공매 ③ 매각방법: 서면입찰공매(자산관리공사에서는 2004년 10월부터 인터넷입찰방식으로 진행하는 기간입찰방식이다)	② 매각기관: 법원 ③ 매각방법: 현장입찰, 우편입찰방법이 있는데 매수방법으로는 기일입찰, 기간입찰, 호가경매 등이 있다.
공매 · 경매개시결정 및 진행시기	공매개시결정일이 등기부에 등기되지 않아서 등기부에 공시되지 않는다. 등기부만 갖고는 공매개시를 알 수 없다. 공매개시일은 공매공고일이다. 이는 공매 실행기관인 자산관리공사에 문의하거나 이해관계인에게 발송되는 공매대행통지서를 받아 보아야 알 수 있다. 이는 압류 후 공매(별도의 개시기입등기 없음)가 진행된다. 그러나 2012. 1. 1부터는 공매공고 등기가 도입되어 시행될 예정임.	경매개시결정일이 등기부에 압류등기되어 공시된다. 이기일이 경매개시일이다(경매개시결정 후 기입등기한다).
입찰방법	법률의 규정에 의해 공공기관(자산관리공사 및 기타 공공기관)이 강제적으로 행하는 매매로 보통경쟁에 의한 입찰매각방식이나 수의계약도 병행하여 실시한다. 입찰은 대부분 전자입찰방식이다.	법원에서 진행하는 민사상 강제집행으로 채무자와 소유자부동산을 압류 환가하여 그 매각대금으로 채무자의 금전채권을 만족시키는 것으로 법원에서 현장입찰로 행해진다.
배당요구 종기일	배당요구기일이 없고 실무상 배분계산서 작성 전까지 한다. 그러나 2012. 1. 1부터 첫 입찰기간 이전에 배분요구 종기일은 고지할 예정이다.	첫 매각기일 이전에 정한 배당요구 종기일

---

* ⓐ 국세징수법, ⓑ 금융기관부실자산 등의 효율적 처리 및 한국자산관리공사의 설립에 관한 법률, ⓒ 국유재산법 시행령 제조, ⓓ 국가를 당사자로 하는 계약법 시행령 제조 제항, ⓔ 지방자치단체를 당사자로 하는 계약법 시행령 제조, ⓕ 국유재산법 제조 제항, ⓖ 공유재산 및 물품관리법 시행령 제조 및 제조, ⓗ 관련고시: 기획재정부고시 제─호, 행정안전부고시 제─호, ⓘ 국세기본법, ⓙ 행정대집행법 등

비교항목	공매	경매
집행관의 현황조사보고서 감정평가서, 매각물건면세서에 대한 기본정보 제공	국세징수법상 관련규정없음(국세징수법 83조1항 후단)집행관 제도가 없으므로 현황조사보고서가 없음, 임차인의 내역은 입찰자가 직접 주민센터에서 전입세대열람 확인 가능) 그러나 2012. 1. 1부터 현황조사, 규정신설, 공매물건 명세서 작성의무화 입찰정보의 공개(공매물건 명세서, 현황조사보고서, 감정평가서를 입찰기간 개시 7일전부터 입찰종료일까지 제공).	집행관이 현황조사보고서제출(집행관의 임대차현황조사보고서), 감정평가서, 매각물건명세서를 매각기일 1주일전부터 매각종료일까지 제공.
공유자 매수청구권	가능	가능
차순위 매수신고	없음	가능
대리입찰	수탁재산, 유입자산, 국유재산, 기타공공기관(이용기관 공매 포함) 등의 공매는 가능하나, 압류재산 공매는 불가능 ※ 대리입찰시: 입찰기간(국유재산은 입찰 마감일)까지 입찰집행부점에 대리입찰신청서와 위임자의 인감증명서를 첨부하여 제출해야 한다.그 외 공공기관 물건(이용기관 물건)의 경우 기관마다 다르므로 입찰집행기관에 문의해서 확인해야 함	가능 ※ 대리입찰시: 입찰당일 집행법원 내 입찰서 제출시 입찰서 뒷면에 위임장을 작성하여 위임자의 인감도장을 날인하고 위임자의 인감증명서를 첨부하여 제출한다.
유효입찰 참여횟수	• 자산관리공사의수탁재산 · 유입자산 · 압류재산공매: 2회 이상 입찰 참여가능. 그러나 국유재산은 1회만 입찰 참여가능 • 이용기관재산공매: 정부기관, 지방자치단체 등일 경우 1회만 입찰 참여가능	• 1회 입찰 참여만 가능
대금 납부상계 처리	상계불허[대판 95누60521]	상계가능[민사집행법 143조2항]
배당기준일 (소액보증금 중 일정액)	최초공매공고일 이전에 대항요건을 갖춘 임차인 및 점유자 그러나 2012. 1. 1부터 공매공고 등기제도 도입예정	경매개시결정기입등기일 이전에 대항요건을 갖춘 임차인 및 점유자
입찰방식	대부분 전자입찰(기간입찰)방식이나 예외적으로 현장입찰	현장입찰(기일입찰)방식, 우편입찰(기간입찰)방식
토지거래허가 [국토법 시행령 제121조2항]	국유재산 · 압류재산, 이용기관 재산, 유입자산 등의 공매는 면제, 수탁재산 공매는 3회 이상 유찰시만 면제. 다만 이용기관재산 등은 이용기관에 따라 허가를 받도록 하는 경우도 있으므로 이용기관 공고문 참조	면제
이의신청이나 항고시 보증금 공탁	• 공매입찰과정에서 이의신청이 가능하나 이의신청시 보증금공탁은 없다. 배분에 대한 이의가 있을 때 이의 일로부터 7일 이내에 이의에 관한 사유서(입증자료)를 제출해야 되고 미제출시 기각처리 한다. 사유서가 제출되면 이의가 있는 배분금을 위임기관의 보관금 계좌에 이관시키게 되는데 이는 공사가 재결권이 없으므로 공사에서는 검토의견서를 첨부해서 위임기관에 이첩한다. 따라서 이의 신청자는 위임기관 등과 다투게 되고 이의가 받아들여지면 이의대로 배분이 실시되고 받아들여지지 못하면 별도로 법원에 소송절차를 진행해야 된다. • 항고제도가 없다.	• 이의신청시 보증금공탁 없음 • 항고시 모든 이해관계인 낙찰매각대금의 10% 공탁

농지자격증명	소유권이전시에 필요한 서류로 제출(따라서 소유권이전등기촉탁신청 전까지 제출)	매각허가 결정 전에 제출. 미제출시 매각불허가 결정이 된다(따라서 매각허가 결정기일 전까지 제출).
최초매각 가격결정	공매 감정평가액(공매 감정평가액＋유입비용)	경매감정평가액
입찰보증금	입찰자의 입찰금액의 10%	최저입찰금액의 10%
입찰금액저감률	매각금액의 저감율은 법률이 체감율을 규정함[국세징수법 74조 4항]. 즉 2회차부터 1회차 매각예정가격(감정가액 대비)의 10%씩 체감하여 50%까지 진행(공매기관에 따라서 5~10%씩 저감하기도 한다) 6회차 공매(1회차 매각예정가액의 50%)시에도 매각이 안 되는 경우에는 압류관서와 협의로 저감율을 결정(즉 위임관서와 협의 후 새로운 매각예정가격 결정)	매각금액의 저감율 최저가 대비(전차가 대비)20~30%(이는 저감된 금액에서의 저감율이다)이다.
명도책임	전부 명도소송대상이다. 수탁 · 유입재산은 공사나 위임기관에서 명도책임진다. 국유재산 · 압류재산 · 이용기관재산공매는 매수자에게 명도책임이 있다.	대부분 인도명령대상이다. 명도책임은 매수자에게 있다.
매각금액 기준결정	압류공매 · 수탁재산 · 국유재산 · 이용기관재산은 감정평가, 유입자산은 KAMCO 유입가격	감정평가
배당명칭	배분신청(권리신고)	배당신청(채권계산서신고)
매각결정서 및 계약체결	• 압류공매: 낙찰일(목요일 11:00 공표) 다음 날(금요일 14:00) 매각결정서 결정 및 교부 • 수탁재산, 국유재산, 유입자산은 낙찰 후 5일 이내에 계약체결 • 이용기관재산공매: 낙찰 후 5일 이내에 계약체결(예외 있음) • 신탁회사 및 각종 공공기관 등이 자체적으로 실시하는 공매: 낙찰 후 5일 이내에 계약체결(예외 있음)	낙찰 → 7일 → 매각허가 · 불허가결정 → 7일 → 매각허가 결정 확정
매각금액 기준결정	압류공매 · 수탁재산 · 국유재산 · 이용기관재산은 감정평가, 유입자산은 KAMCO 유입가격	감정평가
배당명칭	배분신청(권리신고)	배당신청(채권계산서신고)
매각결정서 및 계약체결	• 압류공매: 낙찰일(목요일 11:00 공표) 다음 날(금요일 14:00) 매각결정서 결정 및 교부 • 수탁재산, 국유재산, 유입자산은 낙찰 후 5일 이내에 계약체결 • 이용기관재산공매: 낙찰 후 5일 이내에 계약체결(예외 있음) • 신탁회사 및 각종 공공기관 등이 자체적으로 실시하는 공매: 낙찰 후 5일 이내에 계약체결(예외 있음)	낙찰 → 7일 → 매각허가 · 불허가결정 → 7일 → 매각허가 결정 확정

비교항목	공매	경매
대금 납부 및 대금 미납 후 계약의 부활 (6개월 균등납부조건)	• 압류재산 1,000만 원 미만시 7일 이내에, 1,000만 원 이상 시 60일 이내에 언제든지 납부가능 7일 또는 60일 이후 최고기간 10일이 더 주어진다. 이 기간 내에 납부하지 않으면 계약 해제되고 재공매가 실시된다. 그러나 2011.1.1 부터 1,000만 원 이상 시 60일에서 30일이내를 납부기한이 단축될 예정이다. • 수탁재산: 계약체결 후 6개월 일시불 또는 2년~10년 분할 납부 가능 • 유입자산: 일시금은 계약체결일로부터 30일 이내 할부금은 6개월 단위로 균등납부가능 최장 5년 • 국유재산: 1,000만 원 이하 60일 이내에 일시납부. 1,000만 원 초과 3년 이내 분할 납부조건(연 6%이자 적용). ※ 매수자선택가능: 1년 단위로 3회 분할 납부 6개월 단위로 6회 분할납부. 3개월 단위로 분할납부를 선택 할 수 있다. 이 기간 내에 납부하지 않으면 계약은 해제 된다. 그러나 수탁재산, 유입자산의 계약유찰은 차기공고일 전일까지 연체이자와 감정료 등의 부대비용과 잔금 납부 시에 부활시킬 수 있다. • 이용기관재산공매: 계약 체결 후 60일 이내 일시납부(이용기관에 따라 차이가 있을 수 있다) • 신탁회사 및 각종 공공기관공매: 계약 체결 후 30일 이내 일시납부(공매집행기관에 따라 차이가 있을 수 있다)	매각허가 결정이 확정된 후 30일 이내에 잔금 납부가 언제든지 가능하다. 30일 이후 납부하지 않으면 경매가 취소되고 재경매가 진행, 재경매입찰기일 3일 전까지 지연이자와 대금 납부시 가능하다.
대금 미납한 전 매수인의 매수제한	매수제한규정 없음(입찰가능)	매수제한(입찰불가)
취소기간	• 매각결정수령 전 : 체납세액납부 후 취소가능 • 매각결정수령 후 : 낙찰자동의가 있어야 한다(압류공매의 경우).	낙찰자가 대금 납부 전까지
소유권이전 전에 매수자명의 변경	압류재산 · 국유재산공매 · 이용기관공매 등은 불가능, 유입자산 · 수탁재산은 가능하다.	불가능
대금 납부 전 소유권이전	수탁재산 · 유입자산가능, 압류공매 불가능	불가능
취소기간	• 매각결정수령 전: 체납세액납부 후 취소가능 • 매각결정수령 후: 낙찰자동의가 있어야 한다(압류공매의 경우).	낙찰자가 대금 납부 전까지
소유권이전 전에 매수자명의 변경	압류재산 · 국유재산공매 · 이용기관공매 등은 불가능, 유입자산 · 수탁재산은 가능하다.	불가능
대금 납부 전 소유권이전	수탁재산 · 유입자산가능, 압류공매 불가능	불가능
대금 납부 전 점유사용 가능	압류공매 불가능 수탁재산 · 유입자산가능 : 매매대금 1/3 이상 선납시, 기계수리비가 매매대금의 1/3 이상 소요되어 매수자가 직접 수리하여 사용하는 경우 수탁재산 점유는 위 조건 이외에 위임기관별로 점유가 허용되지 않는 경우가 있다.	불가능

대금 미납시 매수신청보증금 환부여부	국세징수법 제4조(징수의 순위): 1순위 체납처분비, 2순위 국세, 3순위 가산금. 국세징수법 제65조4항(공매보증금)과 제78조2항(매각결정의 취소)에서는 매수인이 대금 미납시 입찰보증금은 1순위 체납처분비, 2순위 압류에 관계되는 세금, 3순위 가산금 순으로 충당하고 잔액은 체납자에게 지급한다.	경매배당재단에 귀속되어 채권자들에게 배당
유찰(수의)계약	압류재산 이외에 국유재산공매, 수탁재산공매, 유입자산공매, 이용기관재산 공매절차에서는 유찰계약이 가능하다.	유찰계약제도가 없다.
가압류권자 · 강제경매신청자 · 일반채권자 등의 배당요구시 배당 여부	국세징수법상 진행되는 압류공매절차에서는 가압류권자, 강제경매신청자 등에게 배분하지 않고 배분잉여금이 있으면 체납자에게 반환한다. 그러나 저당권부채권(저당권, 담보가등기, 전세권(집합건물), 확정일자부임차권, 등기된 임차권등기 등)보다 선순위이거나 동순위인 경우에는 배분참여가 가능하여 후순위저당권부채권자와 동순위로서 안분배분한다. 다만, 집행권원을 가지고 배분요구한 일반채권자 등은 배분절차에 참여가 불가하다.	가압류권자, 강제경매신청자, 집행권원을 가진 일반채권자의 배당요구권자 등은 동순위로 안분배당한다.
배당요구철회	현행 매각기일 이전까지 철회가능. 그러나 2012. 1. 1 부터는 첫 입찰기간 이전으로 배분요구종기일이 정해질 예정이고, 이경우 이 기일까지 철회가능	배당요구종기까지 철회가능
이해관계인의 범위	(공매절차에서 의무통지대상자) • 전세권자, 질권자, 저당권자 • 담보가등기권자 • 공유자 • 체납자 • 납세담보물소유자 • 등기된 임차권자 • 지상권자 • 교부청구권자 • 압류권자 및 참가압류권자 • 배분요구한 임차인 등 • 전소유자의 가압류 • 집합건물에서 토지별도등기된채권자 • 가압류 · 강제경매신청채권자로 저당권채권자 보다 동순위 또는 선순위인 채권자	• 압류채권자와 집행력 있는 정본에 의한 배당요구채권자 • 채무자 및 소유자 • 등기부에 기입된 부동산 위의 권리자(전세권자, 지상권자, 지역권자, 저당권자, 가압류, 압류채권자 등) • 부동산 위의 권리자로서 그 권리를 증명한 유치권자, 점유권자(임차인 등)
이해관계인의 범위	(공매절차에서 의무통지대상자) • 전세권자, 질권자, 저당권자 • 담보가등기권자 • 공유자 • 체납자 • 납세담보물소유자 • 등기된 임차권자 • 지상권자 • 교부청구권자 • 압류권자 및 참가압류권자 • 배분요구한 임차인 등 • 전소유자의 가압류 • 집합건물에서 토지별도등기된채권자 • 가압류 · 강제경매신청채권자로 저당권채권자 보다 동순위 또는 선순위인 채권자	• 압류채권자와 집행력 있는 정본에 의한 배당요구채권자 • 채무자 및 소유자 • 등기부에 기입된 부동산 위의 권리자(전세권자, 지상권자, 지역권자, 저당권자, 가압류, 압류채권자 등) • 부동산 위의 권리자로서 그 권리를 증명한 유치권자, 점유권자(임차인 등)

공매에서의 배분절차

❖ 공매절차에서의 배분

공매절차에서 세무서장 등(세무서장·지자체장·공과금기관장 등으로 위임받은 자산관리공사)은 매각대금으로 배분요구권자들에게 민법, 상법, 민사집행법, 주택임대차보호법, 상가임대차보호법, 근로기준법, 국세기본법, 지방세법, 기타 법률에 의해 일반채권자들보다 우선하여 배분하도록 규정하고 있는 채권에 대해서는 우선순위에 따라 배분한다.

매각대금으로 배분에 참여한 각 채권자들에게 민법, 상법과 그 밖의 법률에 의한 우선순위에 따라 조세채권자(압류권자, 교부청구한 세금 및 공과금채권자)와 다른 채권자(매각부동산에 설정등기된 전세권·질권·저당권·가등기담보·선순위가압류권자 등과 매각부동산 위의 권리자로 임차권자·임금채권자·기타 권리자 등)에게 세무서장(지방자치단체장 등)등이 배분하는 것을 말한다. 이들로부터 위임받은 한국자산관리공사가 공매 또는 수의계약으로 매각하는 경우에는 자산관리공사가 배분을 하게 된다. 다만 국세기본법, 징수법, 민법, 기타 법령에 의해 배분할 순위와 금액을 정하기 어려울 때 자산관리공사가 배분하는 경우에는 국세청장에 질의에 의해 배분계산서를 작성할 수 있다.

채권자 등에게 배분할 금액이란 매각대금에서 공매집행비용을 공제한 금액이 된다.

이와 같이 우선권을 가지는 채권자 등에게 우선배분하고도 배분재단이 남는 경우 또는 우선권을 가지는 채권자 등이 없는 경우 우선권이 없는 채권자들 사이에서는 동순위로서 각 채권자의 채권액에 비례하여 안분배분하게 된다.

유의할 점은 국세징수법상 진행되는 압류공매절차에서는 일반채권자들, 즉 가압류채권자, 집행력 있는 정본에 의해 압류한 강제경매신청자, 집행력 있는 정본에 의한 배분요구권자 등은 배분절차에 참여시키지 아니하므로 배분받을 수 없다.

그러나 가압류채권자와 강제경매신청채권자 등이 저당권 등의 담보물권(저당권, 담보가등기, 전세권, 등기된 임차권, 확정일자부 임차권에 의한 우선변제권 등 포함)보다 먼저 설정등기되었거나 동순위로 설정등기 된 경우에는 저당권 등의 담보물권과 이들이 동순위가 되어 안분배분을 실시한다.

이 밖에 이들이 저당권 등의 담보물권보다 후순위인 경우 배분절차에 참여할 수 없다. 뿐만 아니라 조세채권, 공과금 등만 있는 경우(저당권 등의 담보물권이 없는 경우) 압류 전이나 압류 후에 가압류, 강제경매신청등기가 있는 경우라도 배분절차에 참여하지 못하고 배분잔여금이 있으면 체납자 겸 소유자에게 지급된다.

이는 조세채권, 공과금채권 등은 기타 일반채권에 항상 우선하기 때문이다.

❖ 배분할 금전의 범위[국세징수법 제80조]

배분할 금전의 범위에는 압류한 금전, 채권·유가증권·무채재산권 등의 압류로 인하여 체납자 또는 제3채무자로부터 받은 금전, 압류재산의 매각대금 및 그 매각대금의 예치이자, 교부청구에 의해 받은 금전 등이 있다.

여기서 체납처분에 의해 압류한 금전 또는 교부청구에 의해 받은 금전은 각 그 압류 또는 교부청구에 관계되는 조세에 충당하게 된다. 이때 다른 채권자에게 배분이란 있을 수 없으므로 배분계산서를 별도로 작성할 필요가 없으나 이 경우 잔여금이 있으면 체납자에게 지급해야 한다.

압류재산 매각대금이란 공매나 수의계약에 의해 매각한 압류재산의 매각대금을 말하는 것으로 이들 모두가 배분채권으로서 집행비용을 제외한 금액을 가지고 관계법령에 따라 정하고 있는 법정우선순위에 따라서 각 채권자들에게 배분하게 된다.

❖ 공매 배분기일 지정 및 통보

자산관리공사는 매수자가 대금을 완납한 때에는 배분기일을 지정해야 하며 매각한 재산의 표시, 배분일시 및 장소, 배분요구서의 제출시한 기타 배분절차에 필요한 안내사항의 내용을 기재하여 배분에 참가할 수 있는 채권자 등(이행관계인 등)에 통보해야 한다.

배분기일은 매수자가 매각대금을 완납한 날로부터 30일 이내로 해야 한다.

배분기일지정의 통지를 받은 세무서장 등(배분대상이 되는 채권자)은 배분기일 14일 전까지 위 공사에 도착하도록 위 공사에 체납액통보 또는 교부청구해야 한다. 배분대상자는 배분계산서를 작성하기 전까지 배분요구를 할 수 있다[징수법 83조 1항]. 실무상 대금 납부 후 1~2일 사이에 배분에 참가할 수 있는 이해관계인 등(세무서장 및 기타 배분받을 채권자 등)에게 배분기일 14일 전까지 배분요구하도록 통보하고 있다.

❖ 공매절차에서 배분요구할 수 있는 시기와 종기

시기

경매절차에서와 같은 경매개시결정기입등기일이 없으므로 공매공고가 이루어지는 최초 공매공고일로 보아야 할 것이다.

자산관리공사가 공매를 대행하는 경우 공매 의뢰를 받음과 동시에 공매대행통지서를 이해관계인 등에게 송달하게 되는데 이 경우 이해관계인 등이 권리신고 및 배분요구를 하도록 통지하고 있다(공매대행통지서 뒷면에 권리신고 및 배분요구서가 첨부됨). 이러한 공매대행통지서는 일반우편으로 발송하게 되고, 그리고 그 다음 절차로 권리분석(공매가능 여부에 대한 실익분석) → 감정평가 의뢰 → 매각예정가격결정 → 공매공고 → 매각기일(매각실시) 순서로 진행하게 되는데 이 절차에서 공매공고와 동시에 이해관계인 등에게 공매통지서를 발송한다.

공매통지서는 채권자 및 이해관계인 등에게 등기우편(배달증명)으로 발송되고 10일 이내에 권리신고 및 배분요구하도록 통지하고 있다. 따라서 권리신고 및 배분요구시기는 공매공고일로 보면 될 것이다.

그러나 2012. 1. 1부터는 공매공고 등기제도가 도입되어 세무서장 등이 공매공고 즉시 공매등기를 촉탁하도록 2010. 12. 7 국회 기획재정위를 통과하여 본회의 통과만 남아있다. 이는 2012. 1. 1 부터 시행되면 공매개시도 경매와 같이 등기부등본을 열람하여 확인이 가능하고 이 등기일이 공매의 압류 효력이 발생하게 될 것이다.

종기

국세징수법상 진행되는 공매절차는 경매절차에서와 같은 배당요구 종기일이 별도로 없고, 다만 국세징수법에서는 배분표 작성 전까지 배분요구를 할 수 있다고 규정하고 있다. 따라서 매수인이 대금 납부하면 30일 이내에 배분기일을 정하게 되는데 이 배분기일 14일 이내에 배분표를 작성하도록 규정하고 있으므로 이 기간까지 배분요구가 가능하다.

공매의 배분요구의 종기에 대한 판례를 보면 다음과 같다.

국세징수법상의 체납처분절차에서 배분요구의 종기를 배분계산서 작성시까지로 하고 있으므로 배분기일지정 통보시 정한 배분요구서 제출시한이 경과하여 배분요구를 한 경우에도 배분표 작성 전이라면 배분대상 채권에 포함하여 배분해야 한다[대법2001다11055].

반면 경매의 경우에는 첫 매각기일 이전 법원이 정한 날, 즉 배당요구 종기일까지이다[민사집행법 88조 1항].

그러나 개정안에서 공매도 배분요구종기를 첫 입찰기간 개시 이전으로 정하고 이를 채권자들에게 고지하도록 하는 내용이 국회 본회의를 거쳐서 2012. 1. 1부터 시행될 예정이다.

❖ 공매절차에서 권리신고 및 배분요구와 경매와의 차이점

권리신고

공매절차에서 이해관계인(채권자 등) 등이 공매집행기관에 자기권리를 증명하기 위해서 권리신고하는 것으로서 권리신고를 하면 이해관계인이 될 수 있다. 그렇다고 해도 권리신고만으로 배분절차에 당연히 참여가 되는 것은 아니며 배분요구를 함께 요구해야만 배분절차에 참여가 가능하다.

배분요구

조세 · 공과금 · 공공기관 등의 기관장 등으로부터 자산관리공사가 공매를 위임받은 경우 자산관리공사가 공매를 대행하게 되는데 이 경우 공매대상 부동산의 이해관계인(배분받을 수 있는 채권자 등) 등이 공매절차에 참여하여 자기채권을 변제받기 위해서 공매집행기관에 배분요구를 하는 것을 말한다. 배분요구를 하면 법상 우선순위에 따라 배분을 받게 된다.

공매와 경매에서 배분의 차이

① 국세징수법상의 공매는 집행기관이 법원이 아닌 행정기관이라는 점과 배분에 참여할 수 있는 사채권자가 한정된다는 점 등이 경매와의 차이점이다. 국세징수법상의 조세채권은 법원경매절차뿐만 아니라 공매절차 모두가 참여가 가능하나 사채권자는 경매에는 모두 참석할 수 있는 반면, 공매절차에서는 예외적으로 인정하고 있는 자 이외에는 참여가 불가능하다. 따라서 국세징수법이 예외적으로 인정하는 자 이외에는 체납처분절차상의 이해관계인이 아니므로 배분절차에 참여가 불가능하다.

② 채권자가 매수하는 경우 법원경매에서는 채권상계처리(배당액과의 차액지급)하는 절차나 담보권에 대한 피담보채권을 매수인에게 인수시키는 방법(채무의 인수) 등이 있으나 국세징수법상 공매제도에는 없다.

❖ 국세징수법상 공매절차에서 배분받을 수 있는 채권자와 이들 채권자 등에 대한 채권신고 통지

국세징수법상 공매진행절차에서 배분받을 수 있는 채권자

① 압류된 국세 · 가산금과 체납처분비 · 지방세 또는 공과금

② 교부청구한 국세 · 가산금과 체납처분비 · 지방세 또는 공과금

③ 전세권, 질권, 저당권에 의해 담보된 채권, 가등기담보권자는 저당권으로 보기 때문에 배분참여가 가능하다.

④ 주택(상가)임대차보호법상 매각부동산의 임차인 등의 권리(대항력 유무, 보증금 중 일정액의 우선변제, 확정일자부 임차권)의 그 우선순위에 따라 배분절차 참여가 가능하다.

⑤ 임금채권자: 압류한 임금채권자, 배분요구한 임금채권자 등

⑥ 압류 후에 설정된 저당권 등의 담보채권자 등도 배분받을 채권자의 범위에 포함된다.

⑦ 전 소유자의 가압류채권과 집합건물의 토지별도등기된 채권자 등: 이들 권리 등이 매수인의 부담으로 매각되는 경우가 아닌 경우에는 전소유자의 가압류 또는 전소유자의 담보물권자는 현소유자의 채권자에 비해 우선변제 받는다. 그리고 집합건물에 토지별도 등기된 채권자 역시 토지매각대금에 한해서 집합건물 채권자보다 우선변제 받는다.

⑧ 앞에서의 채권 이외의 일반채권자들 즉 가압류채권자, 집행력 있는 정본에 의해 압류한 강제경매신청자, 집행력 있는 정본에 의한 배분요구권자 등은 배분절차에 참여시키지 아니하므로 배분받을 수 없다. 그러나 저당권 등의 담보물권(저당권, 담보가등기, 전세권, 등기된 임차권, 확정일자부 임차권에 의한 우선변제권 등이 포함됨)설정 이전에 가압류등기와 강제경매신청등기 등의 일반채권자가 있는 경우 저당권자는 이들과 동순위가 되어 안분배분을 실시한다. 그러나 이들이 저당권 등의 담보물권보다 후순위인 경우 배분절차에 참여할 수 없다. 뿐만 아니라 조세채권, 공과금 등만 있는 경우(저당권 등의 담보물권이 없는 경우) 압류 전이나

압류 후에 가압류, 강제경매신청등기가 있는 경우라도 배분절차에 참여하지 못하고 배분잔여금이 있으면 체납자에게 지급된다. 이는 조세채권, 공과금 등은 기타 일반채권에 항상 우선하기 때문이다.

저당권 등의 담보물권보다 선순위이거나 동순위 가압류로 인하여 안분배분시 가압류채권의 배분금을 대법원 판례 2000두7991은 예탁하도록 하고 있다. 앞에서와 같은 경우는 가압류와 조세채권 사이에 저당권 등의 담보물권이 없는 경우에만 한한다. 그러나 저당권 등의 담보물권이 이들 사이에 있게 되면 저당권 등의 담보물권보다 후순위의 가압류는 배분절차에서 배제되게 되므로 선순위인 가압류등기만 해당되고 이 경우 순위의 상호모순이 발생하게 되어 순환흡수배당절차가 이루어진다.

김 / 동 / 희 / 의 / 강 / 의 / 노 / 트

순환흡수절차에서 경매 배당과 공매 배분의 차이점

1. 갑 가압류 → 을 저당권(또는 확정일자임차권) → 병 일반조세채권(또는 공과금)압류 → 정 가압류 → 병의 공매신청

① 경매절차에서는 갑·을·병·정이 1차로 안분배당하고, 2차로 순위의 상호모순에 따른 순환흡수절차가 이루어짐.

② 그러나 국세징수법상 공매절차에서는 갑·을·병만이 1차로 안분배분하고, 2차로 순환흡수배분절차가 이루어진다. 정 가압류는 배분절차에서 배제된다.

2. 갑 가압류 → 을 일반조세채권(또는 공과금)압류 → 병 가압류

① 경매에서는 1순위 을 일반조세채권, 2순위 갑과 병이 동순위로 안분배당.

② 공매에서는 1순위 을 일반조세채권만 배분에 참여시키고 갑과 병은 배분절차에 참여할 수 없다. 배분잉여금이 있는 경우 채무자(소유자)에세 지급할 것이다. 따라서 갑과 병은 또 다시 체납자(채무자)에게 돌아가게 될 배분잉여금에 가압류하여 추심하는 절차를 거쳐야 채권회수가 가능해진다. 이 경우 세무서장(위임받은 자산관리공사)등은 법원에 공탁하게 된다.

① 공매공고를 한 때에는 세무서장 등은 국세징수법 68조(공매통지) 규정에 의해 그 내용을 체납자, 납세담보물소유자, 공매재산이 공유물의 지분인 경우 공유자, 공매재산에 전세권, 질권, 저당권, 그 밖의 권리를 가진 자에게 통지해야 한다. 여기서 그 밖의 권리를 가진 자란 당해재산에 대해 지상권자 및 등기된 임차권자, 가등기권자, 교부청구권자 등이다. 그리고 권리신고 및 배분요구한 임차인 등과 전소유자의 가압류 그리고 집합건물에 토지별도등기된 채권자 등도 여기에 포함된다고 보고 있다.

이와 같이 반드시 통지해야 되는 의무통지대상자인 권리자 등에게 공매통지서의 송달은 등기송달방식(배달증명으로 송달)으로 통지하게 된다. 여기서 공매통지는 공매공고 즉시 통지하도록 되어 있으나 실무상 공매 공고한 날로부터 4~7일 이내에 통지하고 있다. 공매통지서에는 본 통지서를 수령일로부터 10일 이내에 권리신고 및 배분요구하도록 통보하고 있으나 이 기일을 반드시 지켜야 하는 것이 아니고 배분표 작성 전까지만 배분요구하면 된다.

이 밖에도 법률에서는 별도로 정한 규정은 없지만 조세채권자의 당해세 등에 대한 채권신고의 최고를 위해서 공과금을 주관하는 공공기관에 대한 최고로 공매대상 물건소재지 관할 지자체(시·군·구청장 등)장과 체납자의 주소지 관할 세무서장 등에게 채권신고를 최고하고 있다.

② 앞에서의 권리자들 이외에 가압류권자, 가처분권자, 강제경매신청자, 입주자(임차인: 권리신고 하지 않은 임차인) 등의 권리자에 대해서는 의무통지대상자가 아닌 임의(추가)통지대상자를 일반우편에 의해 통지하게 된다.

③ 공매공고일 이전에 등기부에 등기된 저당권 등의 채권자와 제3취득자 등인 경우와 그 밖의 권리자로 공매공고일 이전에 권리가 신고된 이해관계인 등에게 공매통지서를 공매공고와 동시에 통지하게 되는데 의무통지대상자는 등기송달로, 임의통지대상자는 일반우편으로 송달하게 된다.

④ 공매공고일 이후 대금 납부 전까지 등기부에 등기된 저당권 등과 제3취득자 등인 경우와 그 밖의 권리자로 권리가 신고된 이해관계인 등에게 통지하게 되는

데 "매수인이 대금 납부하게 되면 공매집행기관은 배분기일을 정하여 이해관계인 등에게 배분기일 14일 이전까지 배분요구"하도록 통지한다. 이 경우 공매담당자는 대금 납부 이후 등기부등본을 새로 발급받아서 매수인이 대금 납부하기 전까지 등기부등본에 등기된 이해관계인 등에게 배분기일 14일 전까지 배분요구하도록 통지하고 있다.

김 / 동 / 희 / 의 / 강 / 의 / 노 / 트

공매와 경매절차에서 이해관계인 등에게 채권신고 통지

실무에서 이해관계인(채권자) 등에게 채권신고에 대한 통지를 종합 정리하면 다음과 같다.

1. 공매위임관서로부터 위임받은 경우 일반우편으로 송달하게 되는 공매대행통지서

2. 공매공고와 동시에 등기우편(배달증명)으로 송달하게 되는 공매통지서

3. 매수인이 대금 납부 후 배분기일을 정해서 이해관계인 등에게 배분기일 14일 이내에 배분요구하도록 통지하는데 이러한 통지 등을 통해서 이해관계인 등이 공매가 진행되고 있는 사항을 확인하고 권리신고 및 배분요구를 하게 된다. 이 밖에도 공매담당자는 매각결정 이후에 등기부등본을 발급받아서 등기부에 등기된 새로운 이해관계인 등이 있는 경우 유선 또는 등기우편 등으로 권리신고 및 배분요구를 통지하고 있다. 따라서 이해관계인 등의 권리신고 및 배분요구 시기는 공매공고 이후이며 배분요구 종기는 배분표 작성 전까지로 보아야 될 것이다.

4. 법원경매에서는 경매개시결정기입등기 이전에 등기부에 등기된 채권자 및 집행관이 현황조사결과 알게된 채권자(임차인)등에게 채권신고를 통지하고 있는데 경매개시기입등기이전에 등기된 채권자 등은 별도 배당요구가 없어도 배당받을 채권자에 해당되고 기입등기일 이후에 등기된 채권자는 배당요구 종기 시까지 배당요구가 있어야만 배당참여가 가능하다. 반면, 공매절차에서는 앞의 설명과 같이 등기부에 등기된 채권자 등은 공매공고일 이후에 등기 된 채권자라도 통지를 받을 수가 있어서 배분절차에 참여가 가능하다.

❖ 배분요구철회 및 대위변제

배당요구철회, 배분요구철회

민사집행법상 배당요구철회

법원경매절차에서 배당요구는 채권자가 자유롭게 철회할 수 있으나 다만 채권자
(대항력과 우선변제를 겸한 임차인, 최선순위전세권자 등)는 배당요구 종기까지만 철회가 가
능하며 이 기일이 지난 후에는 철회하지 못한다. 한 번 철회시 다시 배당신청이 불
가능하다.

국세징수법상 진행되는 공매절차에서 배분요구의 철회

국세징수법상 진행되는 공매에 있어서 배분요구의 종기는 배분계산서 작성 전까
지로 할 수 있으나 배분요구종기까지 배분요구철회가 가능하다고 볼 수는 없고 매
수인(낙찰자)이 매각대금을 납부하여 소유권 취득하기 전까지 가능하다고 보아야
할 것이다.

임차인의 배분요구철회에 응한 경우 매수인의 의사와는 상관없이 매각부동산의
부담이 현저히 증가하게 되어 불측의 손해를 입게 되는 결과를 초래하게 되는 것이
므로 매수인에게 임차인의 배분요구철회 사실을 신속히 통지해야 하며 매수인의
매각결정 취소 요청시 매각결정 취소에 응해야 한다.

그러나 이러한 내용 등은 변경되기 전까지 종전의 배분요구철회에 관한 규정이
었으나 변경 후 2009년도부터는 배분요구철회를 매각기일 이전까지만 가능하도록
되어 2009년 이후 현재에는 임차인의 배분요구철회는 매각기일 이후에는 철회가
불가하고 매각기일 이전까지만 가능하도록 되어 있다.

그러나 개정안에 따르면 공매절차에서도 첫입찰기간 개시이전에 배분요구종기
를 정하게 되는데 이 배분요구종기 이전까지 가능하도록, 2012.1.1.부터 변경될 예
정이다.

대위변제

후순위 임차인이 잔금 납부 전에 선순위 저당권을 대위변제하여 저당권이 소멸된 경우라면 후순위 임차인은 이로 인하여 최선순위가 되어 임차인의 대항력이 발생하게 된다. 이와 같이 후순위 임차인이 대위변제로 대항력을 획득하여 매수인(낙찰자)에게 매수부동산에 대한 부담이 현저히 증가되는 경우 매수인은 매각결정취소를 구할 수 있다.

따라서 이러한 대위변제를 예상하여 대금 납부 전 매각부동산의 등기부등본을 열람하여 확인함과 동시에 공매집행기관이나 경매법원에서 대위변제 등을 확인하고 대금을 납부한다.

❖ 배분계산서 작성 및 비치열람과 배분금 지급방법

배분계산서 작성 및 비치열람

① 한국자산관리공사가 국세징수법 제80조 제1항 제2호 및 제3호 대금을 배분할 때에는 배분계산서에 소정의 사항을 기재해야 하며[징수법 시행령 제80조], 국세징수법 시행규칙 제53조의 별지 제61호 서식으로 작성하고 이를 체납자에게 교부해야 하고[징수법 제83조 제1항 전단], 배분계산서를 작성함으로써 체납처분은 종결된다[징수법 제83조 제2항].

② 위 공사는 배분의 정확성 및 공정성 확보를 위하여 배분기일 7일 전까지 배분계산서(안)를 작성하여 위임세무서장에게 팩스로 송부해야 하고, 배분계산서(안)을 송부받은 위임세무서장은 그 내용을 검토하여 배분기일 3일 전까지 배분에 대한 의견서를 위 공사에 팩스로 송부해야 한다.

③ 위 공사의 공매실무는 이해관계인으로부터 채권원인서류 · 배분금지급동의서 · 채권증서 배서환부신청서를 받고 배분계산서 및 부기문을 교부하며, 임차인의 경우에는 매수인이 확인한 가옥명도확인서를 받는다.

④ 배분계산서의 작성시 매각재산에 대해 전세권 · 질권 또는 저당권을 가진 자로

부터 배분계산서의 열람청구가 있는 때에는 이에 응해야 한다[징수법 제83조 제4항].

이해관계인 등에게 열람은 배분기일 3일 전에 하도록 되어 있으나 실무상으로는 위임관서 등의 동의 여부 등을 감안하여 2일 전에 하고 있다.

배분금의 지급방법

배분계산서에 의해 관계행정기관에게 배분금 지급시에는 관계기관이 지정한 법인 명의의 금융기관의 계좌에 입금하고, 사채권자인 경우의 배분금 지급은 무통장 온라인 이체를 원칙으로 하므로 배분기일이 지정되면 각 배분받을 사채권자들에게 통장사본과 채권원인서류를 함께 제출할 것을 최고하게 되고 이 계좌에 송금함으로써 채권원인도 소멸되게 되는 것이다.

배분금 지급절차

한국자산관리공사의 공매의 경우에 공매집행기관은 낙찰자가 대금 납부 후 30일 이내 배분기일 지정 후 이해관계인(각 채권자 등) 등에게 매각한 재산의 표시, 배분요구서의 제출시한, 기타 배분절차에 필요한 안내사항의 내용을 기재하여 통지(실무상 대금 납부 후 1~2일 이내)하게 되므로 이해관계인 등은 배분기일로부터 14일 전까지 권리신고 및 배분신청을 하면 배분절차에 참여할 수 있다. 그러나 국세징수법상으로는 배분표 작성 전까지 배분요구를 하도록 되어 있다(배분표 작성은 배분기일로부터 14일 이내에 작성하게 되는데 이 배분표 작성 전까지 배분요구를 할 수 있다).

배분표 작성은 배분기일로부터 14일 이내에 배분표 작성하여 이 배분표을 위임관서(세무관서 등) 등에게 배분기일 7일 전까지 배분표에 대한 동의 여부를 통지하고, 위임관서는 배분기일 3일 전까지 동의 여부를 결정하여 통지하는 절차가 진행된다. 위임관서(세무관서 등) 등의 동의가 이루어지면 공매집행기관은 배분기일 3일 전부터 이해관계인 등에게 배분표를 열람 및 비치(실무상으로 2일 전에 열람)하고, 배분기일에 배분을 실시하게 되는데 배분에 대한 이의가 없으면 배분표가 확정되어 배분금을 지급하게 된다. 그러나 배분표에 대한 이의가 있으면 배분이의가 없는 것은 배분표가 확정되고, 이의가 있는 부분은 별도 배분이의소송을 제기하여 확정될 때까지 위임관서 등의 보관계좌에 입금하여 보관하게 된다.

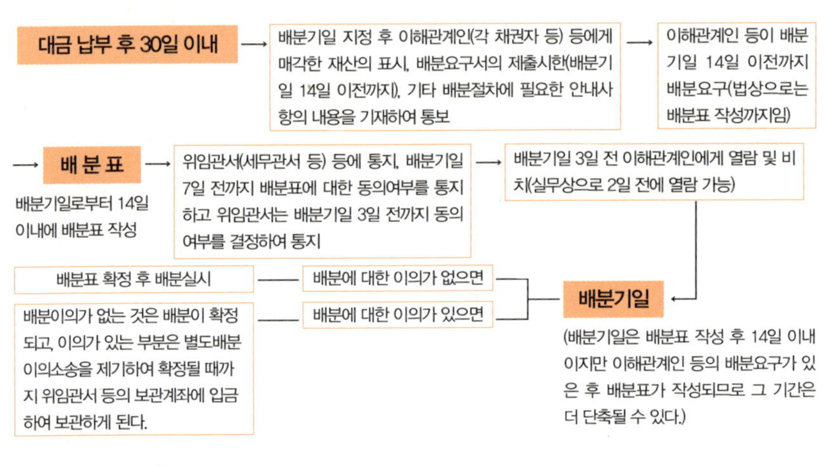

배분기일 배분금 지급절차에 대한 종합적인 설명

배분 담당자는 배분기일에 참석한 이해관계인(채권자 및 채무자 등) 등에게 배분표를 나누어주고 이해관계인 등은 배분표를 확인하는 절차를 거치게 되고, 그 후 배분 담당자는 이 사건 배분에 이의가 있는 부분이 있으면 배분이의를 제기하라고 하고, 이의가 있으면 이의가 있는 부분은 배분금 지급을 보류시키고, 이의가 없는 부분만 배분금을 지급한다.

이때 배분받을 채권자는,

① 채권원인서류 제출

② 배분금 지급 받을 통장사본 제출

③ 배분금 지급동의서(권리내역, 배분금액, 배분금 수령은행명, 배분금 수령 계좌번호 등 기재)

   에 괄호 안의 내용을 기재한 후 서명날인 하여 제출

④ 수령증(배분계산서, 부기문, 채권원인서류 원본, 설정계약서등 수령 여부 표시)

⑤ 배서환부 신청서(선순위임차인이 미배당금이 있는 경우, 채권자의 채권 잔여금이 있는 경우

등)에 서명날인 후 채권원인증서에 배분금 수령금액을 기재하고 채권원인서류 원본을 돌려받는다.

이 절차가 모두 마치고 나면 배분금 지급은 1시간에서 2시간 이내에 배분금 수령채권자의 입금계좌로 이체된다.

배분표에 대한 이의방법

배분에 대한 이의가 있을 때 이의 일로부터 7일 이내에 이의에 관한 사유서(입증자료)를 제출해야 되고 미제출시 기각처리한다. 사유서가 제출되면 이의가 있는 배분금을 위임기관의 보관금 계좌에 이관시키게 되는데 이는 공사가 재결권이 없으므로 공사에서는 검토의견서를 첨부해서 위임기관에 이첩한다. 따라서 이의 신청자는 위임기관 등과 다투게 되고 이의가 받아들여지면 이의대로 배분이 실시되고, 받아들여지지 못하면 별도로 법원에 소송절차를 진행해야 된다.

개정안은 세무서장 등은 제기된 이의신청을 심사한 후 배분계산서를 확정해야 되는데 이 확정된 배분계산서에 대한 불복은 사법기관에 제기하도록 하는 내용으로 2012. 1. 1부터 시행될 예정이다.

배분절차의 우선순위 결정

배분(배당)절차는 목적부동산(매각 대상 부동산)을 공매, 경매 또는 기타의 방법에 의해 매각하는 방식에 의해 현금화(환가)하고 그 대금으로 채권자 등의 채권변제에 충당하는 절차이다.

매각절차 과정에서 매각대금으로 배당에 참여한 각 채권자들에게 법원의 배당순위 결정은 민법 · 상법 그 밖의 법률에 의한 우선순위에 따라 정해진다[민집법 제145조 2항].

❖ 조세채권의 법정기일 전에 설정된 담보권(저당권부 채권 등)이 있는 경우

0순위 집행비용

매각대금에서 공매 · 경매 집행비용을 최우선적으로 공제한다[민집법 제53조].

1순위 필요비, 유익비

저당물의 제3취득자나 임차권, 점유권, 유치권자가 그 부동산에 보존개량을 위하여 필요비, 유익비를 지불한 경우 매각대금에서 우선변제한다[민법 제367조].

2순위 임차인의 소액임차보증금 중 일정액과 근로자의 최종 3년분 임금 · 최종 3년분의 퇴직금 · 재해보상금

① 소액임차보증금 중 일정액[주택보호법 제8조 제1항, 상가보호법 제14조 제1항]

② 근로자의 최종 3개월분 임금[근로기준법 제38조 제2항](1987. 11. 28. 개정)

③ 근로자의 최종 3년간 퇴직금[근로자 퇴직급여보장법 제11조 2항](1989. 3. 29.기준 마련)

④ 재해보상금[산업재해보상보험법 제38조 제1항의 보험급여종류는 요양급여, 휴업급여, 장애급여, 간병급여, 유족급여, 산병보상연금, 장의비]](1989. 3. 29. 기준 마련)

①+②+③+④는 동순위로 안분배분한다.

3순위 당해세

그 부동산에 대해 부과된 국세나 지방세를 말한다(당해 부동산에 부과된 세금).

① 국세 중 당해세의 종류

즉, 상속세, 증여세, 종합부동산세를 말한다[국세기본법 제35조 제1항 제3호].

여기서 상속세 · 증여세의 당해세 요건은 상당히 제한적이다. 즉 상속, 증여세의 경우 담보권 설정당시 설정자(채무자)에게 납세의무가 있는 상속세, 증여세만 당해세가 될 수 있다. 즉 저당권 설정 전에 증여를 원인으로 부과된 증여세는 그 부동산 자체에 대해 부과된 것으로서 당해세이다[대법2000다47972]. 그러나 저당권이 설정되고 나서 상속 · 증여 등으로 소유자가 변경되었고 그 소유자에 게 부과된 상속 · 증여세는 당해세가 아니다.

② 지방세 중 당해세의 종류

그 부동산에 부과된 지방세로 재산세, 자동차세, 도시계획세, 공동시설세, 지방 교육세(재산세와 자동차세에만 해당된다) 등이 있다[지방세법 시행령 제14조의 4](지 방당해세 시행일은 1996. 1. 1. 이다).

4순위 공과금(담보권보다 공과금의 납부기한이 빠른 경우)

이 경우와 같이 공과금의 납부기한이 담보권설정등기일보다 빠르고 담보권보다 일반조세채권의 법정기일이 늦은 경우 순환관계가 발생된다.

예) 공과금 납부기한 → 저당권 등의 담보권 → 일반조세채권의 법정기일순으로 된 경우에는 공과금>담보권이고, 담보권>일반조세이고, 일반조세>공과금이므 로 순환흡수배분절차에 의해서 배분하게 된다.

5순위 담보권(조세채권의 법정기일 전에 설정등기된 저당권, 전세권, 담보등기, 확정일자임차권, 등기한 임차권)[국세기본법 제35조 제1항, 지방세법 제31조]

① 담보물권(저당권, 전세권, 담보가등기)의 기준일은 등기일이고 이들 상호간의 순위 는 설정등기 된 순위이다. 동구인 경우는 순위번호에 의하고, 별구인 경우는 접 수번호로 순위를 정한다.

② 확정일자부 임차권은 대항요건(주택의 인도와 주민등록)을 먼저 갖추고 나서 임대 차계약서에 확정일자(확정일자에 의한 우선변제권은 확정일자 부여 당일에 발생)를 받으 면 그 당일주간에 우선변제권이 발생한다. 그러나 대항요건과 확정일자를 같은 날에 부여받았다면 익일 오전 0시에 확정일자부 우선변제권이 발생한다(대항력

이 대항요건을 갖춘 날 익일 오전 0시에 발생하기 때문이다).

③ 조세채권 확정일은 그 조세의 법정기일 및 납부기일이다.

④ 등기한 임차권은 등기일자가 아니라 그 전의 대항요건과 확정일자를 갖춘 시기이다. 그리고 대항요건을 갖추기 전에 임차권등기가 이루어졌다면 임차권등기일자에 대항력과 우선변제권이 발생된다.

6순위 일반임금채권(최우선변제금을 제외한 임금·퇴직금)

근로기준법 제38조(임금채권 우선변제) 1항은 질권, 저당권에 의해 담보된 채권을 제외하고는 조세, 공과금 및 다른 채권에 우선하여 변제되어야 한다. 다만 질권·저당권에 우선하는 조세·공과금에 대해서는 그러하지 않는다. 근로자 퇴직급여 보장법 제11조 퇴직금 우선변제 내용은 위와 같다.

상법상 회사 사용인의 우선변제된[상법 468조]

회사와 사용인(=근로자) 간의 고용관계로 인한 채권을 가진 사용인에게 회사의 총재산으로 부터 우선변제를 받을 수 있는 권리를 인정한다[상법 468조 본문].

그러나 이 우선변제권은 질권이나 저당권과 같은 담보물권에는 우선하지 못한다[468조 단서].

7순위 일반조세채권(담보권보다 일반조세채권의 법정기일이 늦은 경우)

국세, 가산금 또는 체납처분비[국세징수법 제35조], 지방세 등 지방자치단체의 징수금[지방세법 제31조].

8순위 공과금(담보권보다 공과금의 납부기한이 늦은 경우)

국세, 지방세 다음으로 징수되는 공과금(국민건강보험료, 연금보험료, 고용보험료, 산재보험료 등).

9순위 일반채권자의 채권(재산형, 과태료 및 국유재산법상의 사용료, 대부금 등도 포함)

① 경매절차에서는 가압류채권, 강제경매신청채권, 경매목적부동산의 소유자를

채무자로 하는 집행권원이 있는 채권(확정된 판결문, 공증된 약속어음 등) 등 모두 배당요구가 가능하며 배당절차에서 이들의 순위는 모두가 동순위로 안분배당 받게 된다.

② 국세징수법상 진행되는 공매절차에서는 일반채권자들 즉 가압류채권자, 집행력 있는 정본에 의해 압류한 강제경매신청자, 집행력 있는 정본에 의한 배분요구권자 등은 배분절차에 참여시키지 아니하므로 배분받을 수 없다. 그러나 가압류채권자와 강제경매신청채권자 등이 저당권 등의 담보물권(저당권, 담보가등기, 전세권, 등기된 임차권, 확정일자부 임차권에 의한 우선변제권 등이 포함됨)보다 먼저 설정등기되었거나 동순위로 설정등기된 경우에는 저당권 등의 담보물권과 이들이 동순위가 되어 안분배분을 실시한다.

이 밖에 이들이 저당권 등의 담보물권보다 후순위인 경우 배분절차에 참여할 수 없다. 뿐만 아니라 조세채권, 공과금 등만 있는 경우(저당권 등의 담보물권이 없는 경우) 압류 전이나 압류 후에 가압류, 강제경매신청등기가 있는 경우라도 배분절차에 참여하지 못하고 배분잔여금이 있으면 체납자에게 지급된다. 이는 조세채권, 공과금채권 등은 기타 일반채권에 항상 우선하기 때문이다.

❖ 조세채권의 법정기일 후에 설정된 담보권(저당권부 채권 등)이 있는 경우

0순위 집행비용

1순위 필요비, 유익비

2순위 임차인의 소액임차보증금 중 일정액과 근로자의 최종 3개월분 임금·최종 3년간의퇴직금·재해 보상금

3순위 당해세

4순위 일반조세채권(담보권보다 일반조세채권의 법정기일이 빠른 경우)

일반 조세채권 상호간에는 납세담보된 조세채권이 있는 경우 납세담보된 조세채권이 우

선하고, 그 밖의 조세채권 상호간에는 압류선착주의가 적용되고, 교부청구된 조세채권은 동순위로 안분배분된다.

5순위 공과금(담보권보다 공과금의 납부기한이 빠른 경우)

6순위 담보권(저당권, 전세권, 담보가등기, 확정일자 임차권, 등기한 임차권)

7순위 일반임금채권

8순위 공과금(담보권보다 공과금의 납부기한이 늦은 경우)

9순위 일반채권

❖ 매각부동산에 담보권(저당권부 채권) 등이 없는 경우

0순위 집행비용

1순위 필요비, 유익비

2순위 임차인의 소액임차보증금 중 일정액, 근로자의 최종 3개월분 임금·최종 3년간의 퇴직금·재해보상금

3순위 일반임금채권[근로기준법 제38조(임금채권의 우선변제) 제1항은 임금, 재해보상금은 질권, 저당권에 의해 담보된 채권을 제외하고는 조세, 공과금 및 다른 채권에 우선하기 때문]

4순위 당해세

5순위 일반조세채권

6순위 공과금

7순위 일반채권

❖ 공매 배분표 작성을 위한 기본연습과 배분순위가 충돌하는 경우의 순환흡수배당

주택임차인 대항력 유무와 최우선변제권·확정일자에 의한 우선변제권, 기타 물권의 우선변제권 및 일반채권과의 배분 기본연습

배당 EXERCISE 1　　　　　　　　　　　　　　　**EXERCISE**

소액임차인과 확정일자임차인 간의 배분사례(주택이 서울이고 배분금액이 1억 5천만 원이었다면)

갑 임차인 2002. 08. 15. 전입/확정일자임차보증금 (5,000만 원)을 받고, 을 임차인은 2003. 04. 24. 전입/확정일자(4,500만 원) 받고, 병 임차인 2003. 05. 20. 전입/확정일자(3,000만 원)를 받았다. 그 후 정 근저당권자 2004. 04. 5.(5,000만 원) 설정등기하였고, 무 일반조세채권자가 2004. 10. 10. 체납세액 2,000만 원을 압류하였는데 법정기일이 2004. 03. 10.이었고 무가 압류공매를 의뢰한 사건이다.

【 분 석 】

　갑 임차인(5,000만 원) 2002. 08. 15.(전입/확정) → 을 임차인(4,500만 원) 2003. 04. 24.(전입/확정) → 병 임차인(3,000만 원) 2003. 05. 20.(전입/확정) → 무 일반조세 압류(2,000만 원) 법정기일 2004. 03. 10 → 정 근저당권(5,000만 원) 2004. 04. 05. → 무의 압류공매 의뢰(2004. 12. 30.)

여기서 대항력 발생일과 우선변제권 발생일을 계산해보자.

① 갑 임차인 2002. 8. 16. 오전 0시 대항력 발생, 2002. 8. 16. 오전 0시에 확정일자에 의한 우선변제권이 발생된다.

② 을 임차인 2003. 4. 25. 오전 0시에 대항력 발생, 2003. 4. 25. 오전 0시에 확정일자에 의한 우선변제권이 발생된다.

③ 병 임차인 2003. 5. 21. 오전 0시에 대항력 발생, 2003. 5. 21. 오전 0시에 확정일
자에 의한 우선변제권이 발생된다.
④ 무 일반조세 2004. 3. 10. 주간에 우선변제 효력이 발생된다.
⑤ 정 근저당권 2004. 4. 5. 주간에 우선변제권이 발생된다.
따라서 배분순서는 다음과 같다.

  1순위_ 병 임차인 1,600만 원(최우선변제금 1): 최우선변제금 지급기준(정 근저당권)

  2순위_ 갑 임차인 5,000만 원(확정일자부 우선변제금 1등)

  3순위_ 을 임차인 4,500만 원(확정일자부 우선변제금 2등)

  4순위_ 병 임차인 1,400만 원(확정일자부 우선변제금 3등)

  5순위_ 무 일반조세 2,000만 원(조세채권 우선변제금 4등)

  6순위_ 정 근저당권 500만 원(근저당권 우선변제금 5등)으로 낙찰자 인수금액이 없다.

임차인 갑이 먼저 전입하였는데 이후에 을 근저당권이 설정되고 나서 확정일자를
받았다.

그후 병 조세채권이 압류했는데 병의 법정기일이 갑과 을의 효력발생시기와 동
일날짜에 발생된 공매사건이다.

  갑 임차인(전입)(02. 02. 12) → 을 저당권(02. 03. 10) → 갑 확정일자(02. 03. 10) → 병 조세압류(법
정기일 02. 03. 10) → 병 조세압류 → 병의 공매 의뢰

이 공매물건에서는 임차인이 소액임차인인 경우는 최우선변제금을 1순위로 배
분하고, 그 다음 순위로 병조세채권이 당해세인 경우 2순위로 배분받게 된다.

3순위부터 각 채권자 등의 우선순위를 위해서 분석해보면 다음과 같다.

① 갑 임차인 대항력 발생시기 2002. 02. 13. 오전 0시 갑 임차인 확정일자에 의한 우선변제권의 효력발생시기 2002. 03. 10. 주간

② 을 저당권 우선변제권 효력발생시기 2002. 03. 10. 주간

③ 병 일반조세(당해세액 제외) 우선변제권 효력발생시기 2002. 03. 10. 주간

여기서 효력발생시기로만 보면 갑ㆍ을ㆍ병이 동순위이다. 그러나 조세ㆍ공과금 채권과 저당권부 채권(근저당권, 담보가등기, 확정일자부 임차권, 전세권 등)이 같은 날 효력발생시 조세ㆍ공과금채권이 저당권부 채권보다 항상 우선한다. 조세ㆍ공과금 채권과 담보물권과의 우선순위는 담보물권은 설정등기일이고, 조세채권은 법정기일, 공과금채권은 납부기한을 기준으로 우선순위가 정해지나 같은 날에 효력발생이 발생하면 조세ㆍ공과금채권이 우선한다. 특히 조세채권 등은 당해세를 제외하고는 압류일자가 아닌 법정기일을 기준으로 함을 유의하기 바란다. 따라서 3순위로 병 일반조세채권이 우선배분(2순위 당해세액 제외)하고, 4순위로 갑과 을은 우선순위를 정할 수 없는 동순위로 안분배분한다. 그러나 갑은 대항력이 있어서 전액 배분 못 받을 경우 낙찰자 인수가 된다.

배당 EXERCISE 3 EXERCISE

국세징수법상 공매진행절차에서(배분금액: 7,500만 원)

갑 가압류(1,500만 원)(2월 10일) → **을 가압류**(3,000만 원)(5월 10일) → **병 가압류**(5,000만 원)(10월 10일) → **정 일반세금**(압류 10월 10일) **압류**(1,500만 원)(법정 5월 15일) → **정의 압류**

공매의뢰

배분표를 작성해보면,

1순위로 정 일반세금 압류＝1,500만 원

2순위에서는 갑ㆍ을ㆍ병 가압류 채권자 등은 배분절차에서 배제된다.

따라서 배분잉여금 6,000만 원은 소유자에게 배분된다.

공매절차에서 배분참여 가능한 일반채권자

국세징수법상 진행되는 공매절차에서는 일반채권자들 즉 가압류채권자, 집행력 있는 정본에 의해 압류한 강제경매신청자, 집행력 있는 정본에 의한 배분요구권자 등은 배분절차에 참여시키지 아니하므로 배분받을 수 없다. 그러나 가압류채권자와 강제경매신청채권자 등이 저당권 등의 담보물권(저당권, 담보가등기, 전세권, 등기한 임차권, 확정일자부 임차권에 의한 우선변제권 등이 포함됨)보다 먼저 설정등기되었거나 동순위로 설정등기된 경우에는 저당권 등의 담보물권과 이들이 동순위가 되어 안분배분을 실시한다. 이 밖에 이들이 저당권 등의 담보물권보다 후순위인 경우 배분절차에 참여할 수 없다. 뿐만 아니라 조세채권, 공과금 등만 있는 경우(저당권 등의 담보물권이 없는 경우) 압류 전이나 압류 후에 가압류, 강제경매신청등기가 있는 경우라도 배분절차에 참여하지 못하고 배분잔여금이 있으면 체납자에게 지급된다. 이는 조세채권, 공과금 등은 기타 일반채권에 항상 우선하기 때문이다.

예제) 그러나 경매절차인 경우 채권상호간의 배당순위는 동순위로 안분배당한다.
갑 가압류(1,500만 원)(2월 10일) → **을 가압류**(3,000만 원)(5월 10일) → **병 가압류**(5,000만 원)(10월 10일) → **정 일반세금** (압류 10월 10일) **압류**(1,500만 원)(법정5월15일) → 갑의 강제경매신청(배당금액: 7,500만 원)

배당표를 작성해보면,

1순위로 정 일반세금 압류＝1,500만 원(조세채권은 공과금채권 및 일반채권에 항상 우선하기 때문).

2순위에서는 서로 동순위관계로 안분배당하게 된다(9,500만 원＝1,500만 원＋3,000만 원＋5,000만 원).

① 갑 가압류＝6,000만원(배당금액)× $\frac{1{,}500만}{9{,}500만}$ ＝9,473,684.<u>21</u>＝9,473,684원

② 을 가압류＝6,000만원(배당금액)× $\frac{3{,}000만}{9{,}500만}$ ＝18,947,368.<u>42</u>＝18,947,369원

③ 병 가압류＝6,000만원(배당금액)× $\frac{5{,}000만}{9{,}500만}$ ＝31,578,947.<u>36</u>＝31,578,947원

으로 배당이 종결된다.

순위의 상호모순관계(배당순위가 상호모순관계에 따른 순환흡수배당)

갑 가압류 → 을 저당권 → 병 일반조세채권(또는 공과금채권) → 병의 압류공매

갑＝을이고, 을＞병이고, 병＞갑인 관계에 있어서 상호 순위가 모순 관계에 있다.

순환흡수 배당절차 방법

1차적으로 각 채권자의 채권액을 기초로 안분배당하고, 2차적으로 선순위채권자가 1차안분배당에서 배당받지 못한 채권액(안분부족액＝채권액−1차 안분액)을 한도로 하여 후순위채권자의 1차 안분배당액 한도 내에서 자기채권이 만족할 때까지 흡수한다.

배당순위의 상호모순관계에 따른 순환흡수배당 Ⅰ

배당 EXERCISE 4   EXERCISE

1998년 갑 가압류(1,600만 원) → 1999년 을 근저당 (3,000만 원) → 2000년 병 조세압류(당해세 아님)(2,000만 원)→ 2001년 정 가압류(900만 원)→ 을의 임의경매

여기서 기재된 순위사항은 등기부등기일과 조세채권(법정기일), 공과금(납부기한), 임차인(그 효력발생일)이고 단위는 만 원이다.

배당할 금액 5,000만 원이다.

배당순서를 보면 갑은 을·정과 동순위이나 병보다는 후순위이고, 을은 갑과 동순위이나 병과 정보다는 선순위이고, 병은 갑과 정에 대해 우선하나 을보다는 후순

위로 순위의 상호 모순이 생긴다.

이 문제와 같이 순위가 상호모순관계에 있는 경우 순환흡수배당방법은 다음과 같다.

① 1차적 안분배당

$$갑 = 5,000(배당금) \times \frac{1,600만}{7,500만} = 1,066.\underline{66} = 1,067$$

$$을 = 5,000(배당금) \times \frac{3,000만}{7,500만} = 2,000$$

$$병 = 5,000(배당금) \times \frac{2,000만}{7,500만} = 1,333.\underline{33} = 1,333$$

$$정 = 5,000(배당금) \times \frac{900만}{7,500만} = 600$$

② 2차적 흡수배당

1차 흡수는 먼저 선순위인 을이 흡수(흡수금액은 1차 안분배당받지 못한 금액 1,000을 한도로 하여 후순위 1차 안분배당금 한도 내에서만 흡수함)→

을 = 2,000(1차 안분액) + 600(정을 흡수함) + 400(병을 흡수) = 3,000(종결)

1차 흡수결과, 갑 = 1,067, 을 = 3,000, 병 = 933, 정 = 0이 된다.

2차 흡수는 후순위인 병이 흡수→ 병 = 1,333(1차 안분액) − 400(을에 흡수당함) + 667(갑을 흡수) = 1,600(종결)

즉, 병 = 1,333(1차 안분액) − 400(을에 흡수당함) + 0(정을 흡수) + 667(갑을 흡수) = 1,600

2차 흡수결과: 갑 = [1,067−667] = 400, 을 = 3,000, 병 = 1,600, 정 = 600−600 = 0이다.

따라서 최종 배당결과는 갑 = 400, 을 = 3,000, 병 = 1,600, 정 = 0이 된다.

배당 EXERCISE **5**　　　　　　　　　　　　　　　EXERCISE

국세징수법상 공매진행절차에서(배분금액 7,000만 원)

갑 가압류(2,000만 원)(3월 10일) → 을 저당권(5,000만 원)(4월 10일) → 병 가압류(4,000만 원)(5월 10일) → 정 공과금 압류 (압류 6월 10일, 납부기한 5월 10일)(1,500만 원) → 정의 압류공매 의뢰

배분순위를 보면 갑은 갑=을이고, 갑<정인 관계에 있다. 을은 을>정이고, 을=갑인 관계에 있다. 정은 정>갑이고, 정<을인 관계에 있다. 그리고 병 가압류채권자는 배분절차에서 배제된다. 그 이유는 보충설명을 참조하면 될 것이다.

　따라서 갑, 을, 정 등은 순위가 상호모순관계에 있어서 1차적으로 안분배분하고 2차로 흡수배분절차를 진행하게 된다.

　1차 안분배분하면(채권합계: 8,500만 원=2,000만 원+5,000만 원+1,500만 원)

① 갑=7,000만 원(배분금)$\times\dfrac{2{,}000만}{8{,}500만}$ =16,470,588.[23]=16,470,588원

② 을=7,000만 원(배분금)$\times\dfrac{5{,}000만}{8{,}500만}$ =41,176,470.[58]=41,176,471원

④ 병=7,000만 원(배분금)$\times\dfrac{1{,}500만}{8{,}500만}$ =12,352,941.[17]=12,352,941원

2차 흡수배분절차는,

　ⓐ 흡수권자의 흡수액은 1차 안분배분에서 배분받지 못한 금액(안분부족액)을 한도로 하여 후순위 1차 안분배분금 내에서만 흡수할 수 있다.

　ⓑ 흡수순서는 선순위자로부터 흡수하고 흡수당하는 자는 제일 열후한 자(후순위자)에게서 흡수하고 부족하면 그 다음 열후한자에서 흡수한다.

따라서 을은 병보다 선순위이므로 을이 먼저 흡수하고 나서 병이 흡수한다. 흡수금액은 1차 안분배분에서 배분받지 못한 금액 내에서 후순위자들의 1차 안분배분금 내에서만 흡수한다.

ⓑ 을=41,176,471원(1차 안분액)+8,823,529원(병에서 흡수)=5,000만 원(종결).

ⓒ 병=12,352,941원(1차 안분액)−8,823,529원(을에 흡수당함)+2,647,059원(갑에서 흡수)=6,176,471원(종결)

ⓐ 갑=16,470,588원(1차 안분액)−2,647,059원(병에 흡수당함)=13,823,529원(종결).

예제) 그러나 경매절차인 경우에는 다음과 같이 배당될 것이다(배당금액 7,000만 원이다).
갑 가압류(2,000만 원)(3월 10일) → **을 저당권**(5,000만 원)(4월 10일) → **병 가압류**(4,000만 원)(5월 10일) → **정 공과금 압류**(1,500만 원)(압류 6월 10일, 납부기한 5월 10일)→ **을의 임의경매 신청**

순위를 보면 갑은 갑=을이고, 갑=병이고, 갑<정인 관계이다. 을은 을=갑이고, 을>병·정인 관계이다. 병은 병=갑이고, 병<을·정인 관계이다. 정은 정>갑·병이고, 정<을인 관계이다. 따라서 이들은 순위가 상호모순관계에 있어서 1차 안분배당하고 2차로 흡수절차를 거쳐야 한다. 주의할 점은 국세징수법상 배분절차에서 배제되는 병가압류채권도 경매절차에서는 참여가 가능하다는 사실이다.

1차 안분배당하면(12,500만 원=2,000만 원+5,000만 원+4,000만 원+1,500만 원),

① 갑 가압류=7,000만원(배당금)$\times \dfrac{2{,}000만 원}{12{,}500만 원}$ =11,200,000원

② 을 저당권=7,000만원(배당금)$\times \dfrac{5{,}000만 원}{12{,}500만 원}$ =28,000,000원

③ 병 가압류=7,000만원(배당금)$\times \dfrac{4{,}000만 원}{12{,}500만 원}$ =22,400,000원

④ 정 공과금=7,000만원(배당금)$\times \dfrac{1{,}500만 원}{12{,}500만 원}$ =8,400,000원

2차 흡수배당하면(선순위채권자 을이 제일 열후한 병을 먼저 흡수하면),

ⓑ 을=28,000,000원(1차 안분액)+22,000,000원(병에서 흡수)=5,000만 원(종결)

따라서 병=22,400,000원(1차 안분액)−22,000,000원(을에 흡수당함)=40만 원

그 다음 선순위자 정이 흡수할 수 있는데 흡수당하는 자는 갑과 병이 있는데 이들은 동순위로 채권액에 비례하여 안분 흡수당한다.

ⓓ 정＝8,400,000원(1차 안분액)＋6,600,000원(6,372,414원(갑에서 흡수함)＋227,586원(정에서 흡수함)＝1,500만 원(종결)

갑 가압류＝660만원×$\dfrac{1,120만\ 원}{1,160만\ 원}$＝6,372,413.79＝6,372,414원(정에 흡수당함)

∴ ① 갑＝11,200,000원(1차안분액)－6,372,414원(정에 흡수당함)＝4,827,586원(종결)

병 가압류＝660만원×$\dfrac{40만\ 원}{1,160만\ 원}$＝227,586.20＝227,586원(정에 흡수당함)

여기서 ⓒ 병＝40만 원(배당잔여금)－227,586원(정에 흡수당함)＝172,414원(종결)

순환배당사례(배당순위가 순환관계에 있는 경우 순환흡수배당)

순환흡수 배당절차방법

① 1차적으로 각 채권자의 채권액에 비례하여 안분배당한다.

② 2차적으로 흡수절차

   ⓐ 흡수하는 방법: 선순위채권자가 1차 안분배당에서 배당받지 못한 채권액(안분부족액＝채권액－1차 안분액)을 한도로 하여 후순위채권자의 1차 안분배당금액 한도 내에서만 자기채권이 만족할 때까지 흡수한다.

   ⓑ 흡수당한 금액: 각자 1차 안분배당금액에서 공제한다. 흡수당했던 자가 흡수할 때 흡수당한 부분을 공제한 나머지 부분만 흡수한다(흡수당한 부분은 일단 배당받은 것이므로).

   ⓒ 흡수는 각 흡수할 채권자마다 한 번으로 하고 계속적으로 반복하여서는 아니 된다.

순환배당(순환흡수배당)사례 I

2001년 갑 국민건강 압류(1,000만 원)(납부기한 2001년) →2002년 을 근저당(5,000만 원)→2003년 병 일반조세 압류(2,000만 원)(법정기일 2003년) → 병의 압류공매 대행의뢰 이 공매사건에서 배분금액이 4,000만 원이다.

　배당순서를 보면 갑>을이고, 을>병이고, 병>갑 순위이다. 따라서 이들은 순환흡수배당사례이다.

　이 문제와 같이 서로 물고 물리는 순환관계에 있는 경우 순환흡수배당방법,

① 1차적 안분배당

$$갑 = 4,000 \times \frac{1,000}{8,000} = 500, \quad 을 = 4,000 \times \frac{5,000}{8,000} = 2,500, \quad 병 = 4,000 \times \frac{2,000}{8,000} = 1,000$$

② 2차적으로 순환흡수배당

1차적 흡수는,

갑=1차로 안분배당받지 못한 금액 500을 한도로, 을 1차 안분배당액 500을 흡수

　을=1차로 안분배당받지 못한 금액 2,500을 한도로, 병 1차 안분배당액 1,000을 흡수

　병=1차로 안분배당받지 못한 금액 1,000을 한도로, 갑 1차 안분배당액 500을 흡수

따라서 최종배당결과는,

갑=500(1차 안분액)+500(을을 흡수)-500(병에 흡수당함)=500만 원

을=2,500(1차 안분액)-500(갑에 흡수당함)+1,000(병에 흡수)=3,000만 원

병=1,000(1차 안분액)-1,000(을에 흡수당함)+500(갑을 흡수)=500만 원이 된다.

EXERCISE

갑 근저당 2009. 1. 1.(4,000만 원) → 을 공과금 압류 2009. 5. 10.(1,500만 원), 납부기한(2008. 12. 10.) → 병 임차인 2009. 5. 5. 전입(6,500만 원) → 을의 압류공매 대행의뢰 2010. 2. 10. → 정 당해세 교부청구 2010. 4. 15.(500만 원, 법정 2009. 6. 10) → 배분기일이 2010. 8. 10. 인 경우

이 경우 갑 근저당은 갑>병 최우선변제금 2,500만 원이고, 갑<을 공과금과 정 당해세인 관계에 있다.

을 공과금은 을>갑이고, 을<병의 최우선변제금과 정 당해세인 관계에 있다.

병 최우선변제금은 병>을과 정이고, 병<갑인 관계에 있다.

정 당해세는 정>갑과 을이고, 정<병인 관계에 있다.

따라서 이들 간의 관계가 서로 물고 물리는 순환관계에 있다. 이와 같이 배당순위가 고정되지 않고 채권자들 사이에 우열관계가 상대에 따라 변하는 관계로 흡수권자인 동시에 피흡수자가 되어 순환흡수 절차를 거치게 된다.

따라서 1차 안분배당하고, 2차로 순환 흡수절차를 거쳐야 한다.

배당금이 6,000만 원이고 주택이 서울에 소재인 경우 배당을 하면 다음과 같다.

1차 안분배당하면,

① 병 당해세 = 6,000만 원(배당금) × $\dfrac{500만}{8,500만}$ = 3,529,411.[76] = 3,529,412원

② 을 공과금 = 6,000만 원(배당금) × $\dfrac{1,500만}{8,500만}$ = 10,588,235.[29] = 10,588,235원

③ 갑 근저당 = 6,000만 원(배당금) × $\dfrac{4,000만}{8,500만}$ = 28,235,294.[11] = 28,235,294원

④ 병 최우선변제 = 6,000만 원(배당금) × $\dfrac{2,500만}{8,500만}$ = 17,647,058.[82] = 17,647,059원

2차 순환흡수절차

이들의 관계는 배당순위가 고정 되지 않고 채권자들 사이에 우열관계가 상대에 따라 변하는 관계로 흡수권자인 동시에 피흡수자가 되어 순환흡수하게 된다.

ⓐ 병 당해세＝3,529,412원(1차 안분액)＋1,470,588원(ⓒ갑에서 흡수)＝500만 원

ⓑ 을 공과금＝10,588,235원(1차 안분액)＋4,411,765원(ⓒ갑에서 흡수)－7,352,941원(ⓐ 병에 흡수당함)＝7,647,059원

ⓒ갑 근저당＝28,235,294원(1차 안분액)－1,470,588원(ⓐ병에 흡수당함)－4,411,765원 (ⓑ을에 흡수당함)＋11,764,706원(ⓓ병에서 흡수)＝34,117,647원

ⓓ 병 최우선변제＝17,647,059원(1차 안분액)－11,764,706원(ⓒ갑에 흡수당함)＋ 7,352,941원(ⓑ을에서 흡수함)＝13,235,294원으로 배당이 종결된다.

당해세 〉 저당권, 저당권 〉 소액보증금 중 일정액, 소액보증금 중 일정액 〉 당해세 순이 되는 경우 배당방법

소액임차인과 당해세는 원칙적으로 저당권자에 우선하는 우선특권자이다. 그러나 저당권 설정시에 소액보증금 일정액을 초과한 경우라면 즉 소액보증금의 범위가 변동되기 전에 설정된 저당권자에 대해서는 현행법상 소액보증금 중 일정액을 주장하지 못한다. 그렇다고 하더라도 당해세나 공과금에 대해서는 현행 주택임대차보호법상(배분시점을 기준으로) 소액보증금 중 일정액에 대해 우선하여 변제받게 되므로 이들 4자 간의 순위는 위 사례와 같이 배당순위가 고정되지 않고 채권자들 사이에 우열관계가 상대에 따라 변동되는 경우로서 이들은 순환배당을 하게 된다.

KAMCO공매대행시 공매비용과 이용기관 재산의 공매시 공매비용, 계산방법과 배분표 작성방법

❖ KAMCO와 이용기관재산 공매시 공매비용 계산방법

KAMCO의 공매대행시 공매비용

매각수수료 계산＝매각대금×2.8%

매각수수료 하한선 100,000원(매각수수료가 100,000원 이하인 경우 100,000원으로 한다)

신문공고료 220,000원

공매신문공고료는 실제 광고비용으로 하는 것으로 경매비용을 참고하면 비슷한 계산이 될 것이다.

감정평가비용

감정평가금액×요율로 계산한다.

송달료 241,600원

공매에서는 이해관계인에게 송달하는 실비용으로 계산하는 것으로 정확한 계산은 송달상황에 따라 달라질 수 있는데 경매송달료를 가지고 대략 계산하면 비슷하게 나올 것이다.

공매비용 계산시 유의점

경매와 같이 등기부상에 기입등기 없이 진행되므로 인지대, 증지대, 등록세, 교육세 등은 없으며 유찰수수료도 없고 부동산현황조사료도 부담되지 않는다. 공매는 집행관의 현황조사가 없기 때문이다.

공매집행비용 계산방법

예제) 감정평가금액이 3억인 경우이고, 2억 5,000만 원에 공매로 매각되었다면,

① 감정평가금액＝[(3억 원×0.0011)＋95,000원]×0.8＝340,000원

② 매각수수료＝2억5,000만 원×2.8%＝7,000,000원

③ 신문공고료＝220,000원

④ 송달료＝241,600원

①＋②＋③＋④＝7,801,600원(그러나 공매는 실비계산으로 하기 때문에 다소 차이가 날 수 있음)

이용기관 공매시 공매비용(수수료 산정방법) (2011. 3. 1. 이후 공고된 물건기준)

입찰등록수수료 1건당 10,000원과 낙찰수수료 1억 이상 10억 미만은 240,000원으로 한다(2011. 3. 1. 공고 건부터 인상 시행).

예제) 감정평가금액이 3억인 경우이고, 2억5,000만 원에 공매로 매각되었다면,

전자입찰수	입찰결과	낙찰금액	입찰등록수수료	낙찰수수료	수수료합계
1건	낙찰	250,000,000원	10,000원	240,000원	250,000원

❖ KAMCO 공매절차에서 배분순위에 따른 배분표 작성방법

(물건관리번호 2005-29720-001)

주소	면적	공매가 진행과정	임차인 조사내역	등기부상 권리관계
서울시 동작구 상도동 ○○○-○ 체납자: 박만기 소유자: 박만기 공매의뢰기관: 춘천세무서	대지: 228㎡ 건물: 249,^{84} ㎡	감정가: 　182,522,240원 대지: 　389,880,000원 건물: 　90,192,240원 제시외 건물: 　2,450,000원 최저가 1차 　482,522,240원 　유찰 10%가감 　2006. 9. 14. 2차 　434,270,016원 　유찰 10%가감 　2006. 9. 21 3차 　386,017,792원 낙찰가 　430,090,000원 　2006. 9. 28.	이경미 　전입 1999. 9. 21. 　확정 1999. 9. 21. 　권리신고 및 배분신청 　(보)30,000,000원 황순원 　전입 2001. 3. 12. 　확정 2004. 5. 30. 　권리신고 및 배분신청 　(보)60,000,000원 배길준 　전입 2003. 10. 20. 　확정 2003. 10. 20. 　권리신고 및 배분신청 　(보)20,000,000원 이순영 　전입 2004. 5. 14. 　확정 2004. 5. 25. 　권리신고 및 배분신청 　(보)27,000,000원 김수민 　전입 2004. 5. 27. 　확정 2004. 5. 27. 　권리신고 및 배분신청 　(보)35,000,000원	소유자 박만기 　1990. 12. 31. 근저당 로얄토토(주) 　2006. 2. 3. 　400,000,000원 가압류 삼성카드(주) 　2006. 3. 13. 　85,161,534원 가압류 대우캐피탈 　2006. 3. 15. 　78,448,740원 가압류 현대캐피탈 　2006. 3. 17. 　24,985,473원 압류 춘천세무서 　2006. 5. 1. 임차권등기 배길준 　2006. 5. 1. 　전입 2003. 10. 20. 　확정 2003. 10. 20. 　임차내역 지하1층101호 공매의뢰 춘천세무서 (공매공고일 2006. 8. 10) 청구세금 　30,228,570원

　위 공매사건 물건번호는 춘천세무서에서 공매를 위임받아 자산관리공사가 세금 압류 공매절차를 진행한 사건이다. 공매사건은 국세징수법상 진행되는 절차로 용어 등이나 배분에서 경매절차와는 다소 차이가 있다.

　권리신고 및 배분신청기간도 경매와 같이 배당요구 종기일이 경매매각기일 전에 정해지는 것과는 달리 공매절차에서는 배분기일로부터 14일 이내에 배분포를 작성하게 되는데 이 배분표 작성 전까지 권리신고 및 배분요구하면 배분을 받을 수 있다. 배분절차를 살펴보면 다음 배분계산서에서 보는 바와 같이 배분금은 421,283,959원이다. 그리고 춘천세무서의 청구금액은 30,228,570원인데 이 중 법정기일이 2005.8.10.인 것이 26,079,900이고, 나머지 4,148,670원은 2006. 3. 31.이다. 이 밖에 동작구청이 재산세 411,620원을 교부청구하였는데 법정기일이 2006. 7. 10.이었다.

　　1순위_ ① 이경미 16,000,000원 +② 이순영 16,000,000원 + ③ 김수민 16,000,000원 + ④ 배길준 16,000,000원(최우선변제금 1순위)

　　2순위_ 동작구청 411,620원(당해세우선변제 1)

　　3순위_ 이경미 14,000,000원(우선변제 2)

　　4순위_ 배길준 4,000,000원(우선변제 3)

　　5순위_ 이순영 11,000,000원(우선변제 4)

　　6순위_ 김수민 19,000,000원(우선변제 5)

　　7순위_ 황순원 60,000,000원(우선변제 6)

　　8순위_ 춘천세무서 26,079,900원(우선변제 7)

　　9순위_ 로얄토토(주) 222,792,439원(우선변제 8)

따라서 낙찰자 인수금액이 없다. 여기서 임차인 모두가 배당받고 소멸되는 대상이며 낙찰자의 명도확인서가 있어야만 임차인이 배분금을 지급받을 수가 있어서 명도가 쉬웠던 공매사건이었다. 이는 필자가 직접 구입 매도한 사건으로 배길준을 제외한 모든 이들을 재계약해줌으로써 배분기일과 동시에 보증금 회수가 가능하여 큰 비용을 투자하지 않고 취득할 수 있었던 장점이 많은 물건이었고 개인 시행사들이 재개발을 추진하고 있는 지역으로 높은 기대수익을 얻을 수 있었던 물건이었다.

이 배분금을 가지고 배분계산서를 작성하면 다음과 같다.

배 분 계 산 서

<table>
<tr><td rowspan="2">체
납
자</td><td>성명</td><td>박 병 일</td><td>주민등록번호</td><td></td><td>사업자등록번호</td><td></td></tr>
<tr><td>주소</td><td colspan="5">서울 동작구 흑석동 ○○○–○ (5/8)</td></tr>
</table>

매각대금	금 430,090,000원정
예치이자	금 679,869원정
배분 할 금액	금 430,769,869원정
체납처분비	금 9,485,910원정
실제배분할금액	금 421,283,959원정
매각재산	서울 동작구 상도동 ○○○–○

채 권 자

성명	주소 또는 거소	채권금액
체납처분비		9,485,910원
이 경 미		30,000,000원
이 순 영		27,000,000원
김 수 민		35,000,000원
배 길 준		20,000,000원
동작구청		411,620원
황 순 원		60,000,000원
로얄토토(주)		361,260,190원
춘천세무서		30,228,570원

배분순위 및 금액

순위	성명	주민등록번호	금액	교부일	비고
0	체납처분비		9,485,910원		
2	동작구청		411,620원		
1,3	이 경 미		30,000,000원		
1,4	배 길 준		20,000,000원		
1,5	이 순 영		27,000,000원		
1,6	김 수 민		35,000,000원		
7	황 순 원		60,000,000원		
8	춘천세무서		26,079,900원		
9	로얄토토(주)		222,792,439원		
합계			421,283,959원		

기타

국세징수법 제38조의 규정에 의해 이를 교부한다.

2006.　　　12.　　　26.

한국자산관리공사 조세정리2부장 (인)

CHAPTER

5

공매물건 입찰 사례를 통한 권리분석과 배분표 작성방법

공매와 경매가 동시에 중복 진행되는 경우 공매절차에서 권리분석과 예상배분표를 작성하고 입찰에 참여하여 낙찰받은 사례 연구

이 물건은 유치권자가 양 절차에 권리신고를 하였으며, 가등기권자의 대위변제 여부와 임차인이 매각기일 이전에 배분요구하지 않았으나 배분표 작성 전까지 배분요구 여부 등에 대해서 연구해보기로 하자!

❖ 물건분석표

공매입찰물건 정보내역과 감정평가서, 각종 공부열람(등기부등본, 대장, 지적도, 토지이용계획확인원) 전입세대열람 등을 통하여 아래와 같은 공매물건지의 제반권리 등을 정리한다.

주소	면적 및 감정평가	최초공매가 및 공매가 진행과정	1) 임차인 조사내역 2) 기타 청구	등기부상 권리관계

서울시
서대문구
연희동
○○번지
노블레스빌
제1층
○○○호
다세대주택
 	
① 체납자겸
소유자: 양미
순
 	
② 공매위임
기관: 서울시
 	
③ 공매집행
기관: 한국자
산관리공사공
매1팀
 	
④ 관리번호:
2009-
16451-001
	대지
	   331㎡분의
	   84.043㎡
	
	집합건물
	전용면적
	106.93㎡
		최초공매가격
		   3억8,000만 원
		
		최저가
		1차
		   380,000,000원
		   유찰
		2차(10% 저감)
		   342,000,000원
		   유찰
		3차(10% 저감)
		   304,000,000원
		4차(10% 저감)
		   266,000,000원
		5차(10% 저감)
		   228,000,000원
		   낙찰
		   235,600,000원
		
		낙찰자 김수길(가명)
		〈2010. 05. 13〉
			1) 임차인 및 점유자
			① 양미순(가명)
			   전입 2009. 02. 17.
			   체납자겸 소유자
			(이 주택은 위층 관리비 관리
			하는 세대에 의하면 주인세대
			가 거주 중으로 확인됨.)
			② 이정진(가명)
			   전입 2009. 08. 21.
			   확정
			   배분요구 없음
			(권리신고 및 배분요구를 하지
			않은 것을 보거나 현장답사시
			관리비 담당세대의 답변 결과
			가족구성원일 가능성이 높다.
			어째든 대항력이 없어서 낙찰
			자의 인수금액은 없다)
			2) 기타 청구
			① 압류 서울시 서대문구
			ⓐ 당해세 재산세
			   357,000원
			ⓑ 취득세 법정기일
			   2008. 02. 10. 2,000만 원
			ⓒ 기타세금 법정기일
			   2008. 06. 25. 1,200만 원
				소유자 양미순(가명)
				
				근저당 인천수협
				   2008. 4. 4.
				   3억6천4백만 원
				〈배당요구청구채권
				   301,895,522원〉
				
				소유권이전 청구권가등기
				   김철희
				   2008. 4. 21.
				
				압류 서울시 서대문구
				   2008. 7. 4.
				
				임의경매개시결정
				   인천수협
				   2009. 8. 24
				
				공매 의뢰: 서울시
				   청구 32,000,000원
				〈공매의뢰2010. 1. 15〉
				〈공매공고2010. 2. 24〉

이 공매물건분석에서 유의할 점에 대해서 알아보자!

말소기준권리와 기준일자

이 공매물건은 자산관리공사가 서울시로부터 공매를 위임받아 매각한 공매물건으로 말소기준권리는 인천수협의 근저당권으로 2008. 04. 04.이 된다.

점유자의 권리신고 및 배분요구와 대항력 유무

임차인으로 예상되는 이정진은 권리신고 및 배분요구가 없으나 배분요구는 배분표 작성 전까지만 하면 되므로 진정한 임차인 인 경우 추후 배분표 작성 전까지 배분요구하여 배분절차에 참여가 가능할 것이다. 그러나 대항력이 없어서 미배분금이 발생하더라도 낙찰자의 인수가 아니다.

가등기권자의 대항력 유무와 대위변제 가능성

가등기권자 역시 말소기준권리보다 후순위로 소멸되나 인천수협의 채권액이 적은
경우에는 대위변제가 예상되나 채권액이 많으므로 대위변제는 발생되지 않을 것
으로 예상되며 왜냐하면 선순위 채권액이 주택시세를 초과하기 때문이다. 그러나
선순위의 말소기준권리의 채권액이 소액이고 그 다음 순위가 매매예약가등기인
경우에는 대위변제를 예상하여 입찰전이나 대금 납부 전에 확인하고 대금을 납부
해야 한다.

공매와 경매가 동시에 별다른 집행기관에서 별다른 매각절차로 진행된 경우

이 공매물건에서 또 하나 유의해야 되는 점은 공매와 경매가 동시에 별다른 집행기
관에서 별다른 매각절차로 진행되고 있다는 점이다. 이와 같이 동시에 공매와 경
매가 진행되는 경우 채권자 등은 별도의 권리신고 및 배분요구해야 모든 배분절차
에 참여가 가능하고, 어떤 집행기관의 매각절차에서도 낙찰자가 발생할 수 있으나
이들의 소유권 취득은 대금을 먼저 납부한 낙찰자가 소유권을 취득하고, 그 상대
방이 경매인 경우는 공매매각으로 인한 임의경매개시결정이 기각으로 경매절차가
종결되고 임의경매개시결정기입등기는 공매절차에서 촉탁으로 말소되게 된다. 그
러나 그 상대방이 공매인 경우 또한 경매절차와 같은 절차가 진행되는 데 공매절차
에서는 공매가 해제된 것으로 표시되고 공매절차가 종결된다.

　이 공매 물건 역시 자산관리공사가 2010. 05. 28. 경매중지요청서를 경매집행기관
에 제출한 것을 경매진행절차에서 문서/송달 내용 등을 통해서 확인할 수 있었다.

　이러한 문서를 송달 받으므로 인해서 경매절차는 기각으로 종결되었다.

　그리고 필자가 낙찰자가 대금나부 이후 등기부 등본을 열람하여 위와 같은 사실
등을 확인할 수 있었다.

유치권자에 대한 권리분석

유치권자의 채권액(금126,895,522원)은 공매개시(공매공고) 이전에 공매대상물건에서
발생된 채권이고 공매개시 전부터 점유를 하고 있었다면 낙찰자에게 대항력이 있

어서 낙찰자가 인수해야 될 것이다. 그러나 이 물건을 필자가 직접 방문하여 확인한 결과 점유자가 소유자 등이 점유하고 있었고 경매절차에서 채권자 인천수협이 2010. 02. 18. 유치권권리배제신청을 한 것과 유치채권액 자체가 베란다 철거 및 내부인테리어시설공사채권으로 공사비가 과다하게 책정되었다는 점, 경매절차에서 집행관 등의 현황조사시 이에 대한 언급이 없었다는 점, 그 밖에 판례를 살펴보면 경매절차 개시 가능성을 인식 후 대규모 공사대금채권에 대해 신의칙에 반한 것으로 유치권을 인정하지 않은 판례[대전고법2002나5475 판결] 등을 참고하면 이 유치권자는 낙찰자에게 대항력을 가지고 있는 정당한 유치권자로 인정받기가 쉽지 않을 것이 인정되고 인정된다고 하더라도 공사대금채권이 2,000만 원에서 3,000만 원에 해당될 것으로 판단되고 중요한 것은 공사한 근거를 어디를 보더라도 판단하기가 어려웠다는 점이다.

결론적으로 인정되기가 어려울 것이다. 그리고 유치채권액을 낙찰자가 인수하면 취득시 필요제비용(취득세와 등록세 등) 계산시에는 제외해서 계산하지만 양도시 양도소득세 계산시 취득가액에 포함하여 양도소득세를 계산하게 된다.

김 / 동 / 희 / 의 / 강 / 의 / 노 / 트

유치권 성립요건

매각 대상 물건에 대한 공사채권, 경매개시 가입등기 이전(공매 최초 공고일 이전)에 발생된 채권, 경매나 공매의 압류효력, 즉 경매개시기납 등기일 또는 공매 최초공고일 이전 부점유하고 있어야 유치권자로서 낙찰자에게 대항력이 발생된다. 그렇다고 하더라도 유치채권의 진정성 등은 법원소송등을 통하여 확인하는 절차가 요구될 것이다.

❖ 종합적인 물건분석과 권리분석 후 배분표 작성

이 공매물건은 연희동 주택가에 위치하고 대중교통이 편리하고 초등학교와 중학교 등의 학군이 우수하여 입주자 등이 선호하는 지역으로 낙찰받고 임대 또는 매도하기가 쉬운 지역에 해당된다. 특히 최초 분양가가 4억5,000만 원으로 현 시세는 3억8,000만 원에서 4억을 호가하고 있었으나 유치권 등과 부동산경기 하락 등의 요인으로 인한 매각가격이 저감된 것으로 판단된다. 매각대상 주택의 윗층 주택을 방문한 결과 그 주택은 방이 3개, 거실 1개, 욕실 2개, 드레스룸 1개가 있어서 실거주자에게는 상당히 좋은 환경이 될 수 있는 주택이었다. 임대금액은 1억5,000만 원 정도이고, 급매물로 매도하더라도 3억5,000만 원이면 충분이 매각이 가능한 금액으로 생각되었다. 이 물건에 대한 권리분석은 앞에서 살펴본 결과 낙차자에게 인수되는 권리는 없을 것으로 판단되고 설령 있다고 하더라도 2,000만 원에서 3,000만 원의 인수로 충분할 것으로 예상된다.

이 매각대금을 가지고 배분표를 작성해보자!

매각금액이 235,600,000원+매각대금이자 279,569원이고 공매비용이 7,111,969원으로 배분금은 228,767,600원이 된다. 이 금액을 가지고 배분 우선순위에 따라 배분하면 다음과 같다.

　1순위_ 서울시 서대문구 367,000원(당해세우선변제 1)

　2순위_ 서울시 서대문구 20,000,000원(취득)(조세채권의 우선변제 2)

　3순위_ 인천수협 208,400,600원(근저당권의 우선변제 3)

　으로 배분이 종결된다.

　점유자 이정진은 대항력이 없어서 배분관계와 상관없이 낙찰자의 인수는 없다. 그러나 유치권자는 형식상으로는 낙찰자의 부담으로 남는 것으로 판단되나 앞에서 유치권자에 대한 설명을 참고하여보면 채권자 인천수협이 유치권 권리배제신청과 점유를 하고 있지 않는다는 정황 등을 살펴보고 유치권자로 인정될 수가 없다고 보아야 한다.

압류공매절차에서는 배분표 작성 전까지 배분요구가 가능하므로 매각기일 이후 즉 낙찰받고 나서 배분요구하였다면 배분참여가 가능하다.

1순위_ 이정진 최우선변제금 1600만 원(최우선변제금 1등)

2순위_ ①당해세 367,000원과 ②취득세 2,000만 원 〉 ③ 인천수협 301,895,522원이고 ③ 〈 ④ 이정진 최우선변제금 400만 원인 관계에 있다.

③ 〉 ④이고, ③ 〈 ① · ②인 관계에 있다. 그리고 ④ 〉 ① · ②이고, ④ 〈 ③인 관계에 있다. 따라서 이들 상호간에는 배분순위가 고정되지 않고 채권자들 사이에 우열관계상대에 따라 변동하는 경우로서 1차로 안분배분하고 2차로 우선순위에 따라 순환흡수절차를 거치게 된다. 그런데 ① · ②는 ③보다 우선순위이고 ④보다는 후순위이므로 ① · ②를 단체로 묶어서 배분절차를 진행해도 무방할 것이므로 단체로 배분절차를 진행시키고 배분표 기재는 분리해서 기재하도록 한다. 왜냐하면 이들간의 우선순위는 당해세가 우선하기 때문이다.

1차 안분배분 절차

① · ② 서대문구 = 212,767,600 × 20,367,000/326,262,522 = 13,282,058원

③ 인천수협 = 212,767,600 × 301,895,522/326,262,522 = 196,876,997원

④ 이정진최우선변제금 = 212,767,600 × 4,000,000/326,262,522 = 2,608,545원

2차 흡수절차

① · ②=13,282,058원(1차 안분액)+7,084,942원(③에서 흡수)−1,391,455원(④에 흡수 당함)=18,975,545원

③=196,876,997원(1차 안분액)−7,084,942원(① · ②에흡수당함)+2,608,545원(④에서 흡수)=192,400,600원

④=2,608,545원(1차 안분액)−2,608,545원(③에 흡수당함)+1,391,455원(②에서만 흡수함 ∵ ①당해세가 선순위이므로)=1,391,455원

대항력 있는 임차인의 미배분금을 낙찰자가 인수하고 양도시 취득가액으로 인정받기 위한 방법

❖ 공매물건내역

주소	면적	공매가 진행과정	1) 임차인조사내역 2) 기타 청구	등기부상의 권리관계
경기 고양시 일산서구 일산동 972-○ 일산휴먼빌 2차 203동 000호 체납자겸 소유자: 박민석 공매위임기관: 고양세무서 공매집행기관: 자산관리공사	건물 84.9297㎡ 대지 11,470.7㎡ 분지 41.258㎡	감정가 320,000,000원 최저가 1차 320,000,000원 유찰 2차(10% 저감) 288,000,000원 유찰 3차(10% 저감) 256,000,000원 유찰 4차(10% 저감) 224,000,000원 유찰 5차(10% 저감) 192,000,000원 (2008. 11. 13) 낙찰 206,709,000원	1) 임차인내역 ① 명미순 　전입 2007. 05. 14. 　확정 2007. 05. 14. 　보증 110,000,000원 　배분 2) 기타청구 ① 일산서구청 　재산세 350,000원 　(법정 2008. 07. 10) 　취득세 1,880,000원 　(법정 2008. 01. 21) ② 고양세무서 　양도소득세 37,930,860원 　(법정 2006. 05. 31) 　부가세 57,060,000원 　(법정 2007. 04. 25) ③ 덕양구청 　재산세 570,000원 　(법정 2007. 07. 10) ④ 근로복지공단 　산재보험료 170만 원 　(납부기한 2007. 09. 30)	소유자 박민석 　2008. 01. 21. 근저당 국민은행 　2008. 01. 21. 　70,800,000원 압류 고양세무서 　2008. 01. 21. 압류 고양시일산서구청 　2008. 01. 22. 압류 고양시덕양구청 　2008. 01. 31. 압류 근로복지공단고양지사 　2008. 07. 07. 압류공매 고양세무서 　청구 94,990,860원 〈공매의뢰: 2008. 08. 10〉 〈공매공고: 2008. 09. 24〉

❖ 공매물건에 대한 분석 및 배분표 작성

이 공매물건은 자산관리공사가 고양세무서로부터 공매를 위임받아 매각한 공매물건으로 말소기준권리는 국민은행의 근저당권으로 2008. 01. 21.이 된다.

따라서 임차인 명미순은 대항력이 있어서 미배분금이 발생하면 낙찰자가 인수해야 한다.

그런데 이 공매사건에서는 고양세무서의 조세채권액의 법정기일이 빨라서 이보다 늦은 임차인의 확정일자 우선변제금도 전액 변제받지 못하고 임차인보다 후순위로서 말소기준권리가 되는 국민은행 근저당권자는 배분잔여금이 없어서 배분받지 못하고 소멸된다는 사실이다. 매각금액이 206,709,000원이고 공매비용이 6,499,903원이므로 배분금은 200,209,097원이다. 따라서 배분표를 작성해보면 다음과 같이 된다.

1순위_ 일산서구청 350,000원(당해세 우선변제 1)

2순위_ 고양세무서 37,930,860원(양도소득세)+57,060,000원(부가세)=94,990,860원(조세채권의 우선변제 2)

3순위_ 명미순 104,868,237원(확정일자 우선변제 3)

으로 배분이 종결되나 대항력 있는 임차인 명미순의 미배분금 5,131,763원은 낙찰자가 인수해야 한다. 따라서 낙찰자의 총 취득금액은 206,709,000원+인수금액 5,131,763원으로 211,840,763원이 된다. 그리고 위 배분 사례에서 살펴보아야 할 점은 ② 덕양구청의 재산세는 당해세가 아니므로 배분순위에서 법정기일에 따라 배분순위가 정해졌어야 하나 조세채권 상호간에는 법정기일에 의해서 우선순위가 정해지는 것이 아니라 압류선착주의를 적용받게 되어 고양세무서가 먼저 배분받게 된 것이다.

❖ 낙찰자의 인수금액 확인절차와 양도세 신고시 취득가액에 포함하기 위한 조건

낙찰자의 인수금액 확인절차

대항력 있는 임차인의 미배분금은 1차적으로 공매집행기관에서 발급한 배분표를 통하여 확인하고 2차적으로는 임대차계약서상에 배분금 표시사항 등을 보고 확인하면 된다. 이 차액이 낙찰자의 인수금액이다.

① 자산관리공사가 채권자에게 반환한 임대차계약서(종전 확정일자 임대차계약서)
공매 집행기관 등은 채권을 전액 배분받지 못한 채권자 등에게 채권원인증서에 배분금액을 표시하고 채권자 등에게 반환하게 된다. 따라서 채권자 등은 미배분금액에 대해서 이 채권원인증서를 가지고 또 다시 채무자에게 청구할 수 있다.
　그러나 이 공매사건에서 임차인은 대항력이 있어서 미배분금은 채무자가 부담하는 것이 아니라 낙찰자가 인수해야 된다.

양도세 신고시 취득가액에 포함하기 위한 조건

대항력 있는 임차인의 미배분금을 지급시에는 다음과 같은 임차보증금 인수확인서(인감증명서가 첨부된)를 받음과 동시에 앞의 ①에서 살펴본 임대차계약서(자산관리공사가 배분금을 표시하여 반환한 계약서)를 받아서 함께 보관하고 있다가 양도소득세신고 제출시 함께 제출하면 인수금액을 취득가액으로 인정받을 수 있다.

보 증 금 인 수 확 인 서

임차인 : 명 ○ ○(주민번호 : 000000-0000000)
주　소 : 일산 서구 일산동 97-31 외 51필지 일산 휴면빌라 ○○○동○○○호
매수자(낙찰자) : 박 ○ ○(주민번호 : 000000-0000000)
주　소 : 서울시 서초구 반포동 ○○번지 반포○○아파트 ○○○동○○○호

제　목 : 선순위 임차인 명○○ 미배분금 5,131,763원 지급에 관한 건

상기 선순위 임차인이 자산관리공사에서 배분금 104,868,237원을 배분받고 미배분금 5,131,763원
(총 임차보증금 110,000,000원-104,868,237원＝5,131,763원)은 상기 매수자(공매낙찰자)에게 지급
받았음을 확인합니다.

2009. 02. 01.

확인자 : 임차인 명 ○ ○ (인)
매수자(낙찰자) : 박 ○ ○ (인)

※ 위 미배분금 입금계좌 : 농협 000000-00-000000
　　　　　　　　　　　　예금주 명 ○ ○
　　　　　　　　　　　　Tel : 000-0000-0000
(단 위 확인서는 농협계좌에 입금과 동시에 효력이 발생합니다)

별첨 : 1. 인감증명서 1부

최선순위 전세권자가 매각 당시 배분요구 하지 않은 경우와 매각 이후에 배분요구한 경우의 사례분석

❖ 물건분석표

주소	면적	공매가 진행과정	1) 임차인조사내역 2) 기타 청구	등기부상의 권리관계
서울시 강남구 역삼동 642-○○ 외 4필지 성지하이츠 제2동제○○층 제○○○○호 체납자겸소유자: 이인구(가명) 공매위임관서: 강남세무서 공매집행기관: 자산관리공사	대지 5.31㎡지분 (총면적 1,481.3㎡) 건물 전유면적 41.58㎡ 공유면적 37.92㎡ (24평형) 사용 승인연도 1994. 5. 17.	감정가 200,000,000원 〈2009. 11. 16〉 최저가 1차 200,000,000원 유찰 2차(저감 10%) 180,000,000원 유찰(· · · 생략) 5차 (저감 10%) 120,000,000원 낙찰 127,338,000원 〈2010. 4. 15.〉 입찰자수 4명	1)임차인내역 (주)○○라이프 전세 보증금 55,000,000원 전세권설정등기일 1996. 3. 6. 배분신청 × 이 임차인은 최선순 위전세권자로 배분신 청을 하지 않고 대항 력을 주장하여 낙찰 자가 인수해야 됨. 2) 기타청구	소유자 ○○○ 2004. 9. 8. 전세권 (주)○○라이프 1996. 3. 6. 전세금 55,000,000원 범위 건물의 전부 존속기간 1997. 2. 28. 압류 강남세무서 2009. 6. 26. 압류공매: 강남세무서 소득세 및 기타세금 2억 원 (법정 2009. 7. 1.) (공매의뢰: 2009. 11. 15.) (공매공고: 2010. 1. 27.)

❖ 공매물건에 대한 권리분석 및 배분표 작성

이 공매대상물건은 자산관리공사에서 위임받아 공매절차를 진행한 공매물건으로 공매의뢰는 강남세무서가 위임한 물건이다.

　이 공매사건에서 말소기준권리는 전세권설정등기일인 1996. 3. 6일이 아니고 강남세무서 압류등기일이 된다.

그런데 최선순위전세권자인 (주)ㅇㅇ라이프는 대항력이 있어서 배분요구를 하면 배분받고 소멸되지만, 배분요구하지 않아서 낙찰자가 인수해야 된다.

이와 같이 최선순위전세권자는 배분요구하면 소멸되지만 배분요구를 하지 않으면 대항력을 주장하게 되어 낙찰자가 인수해야 된다.

따라서 부동산시세가 2억 정도인 점 등을 감안하여 126,809,800원에 응찰하였다.

선순위 전세권자를 인수하면 126,809,800원＋전세보증금 55,000,000원으로 실제 취득금액이 181,809,800원으로 부동산 시세대비 수익성이 높은 것은 아니지만 취득당시 소액투자가 가능하고 최선순위전세권자가 배분표작성 전까지 배분요구를 하면 전액 배분받을 수가 있어서 낙찰자의 부담에서 제외될 수 있는 길이 있다.

그러나 배분요구를 안한다면 181,809,800원에 취득하는 것이 되고, 배분요구를 하면 126,809,800원에 취득할 수 있을 것이기 때문이다.

이 물건은 4명의 입찰자가 참여하였는데 그 중에서 최고액입찰자(=낙찰자)는 127,338,000원에 응찰한 사람이 되었다.

배분금 계산

매각금액127,338,000원－공매비용3,750,000원＝123,588,000원(배분할 금액)

1순위_ 강남세무서 123,588,000원(우선변제금 1등)

낙찰자는 대항력 있는 최선순위전세권자의 전세보증금 55,000,000원을 인수해야 된다.

그러나 배분표 작성 전까지 최선순위전세권자가 배분요구를 한 경우의 배분표

1순위_ (주)ㅇㅇ라이프전세권자 55,000,000원(우선변제금 1등)

(전세권자의 우선변제금 효력발생시기가 1997. 2. 28.주간인 데 반해서 강남세무서는 가장 빠른 법정기일이 2009. 7. 1.이기 때문이다.)

2순위_ 강남세무서 68,588,000원(우선변제금 2등)

1/2지분을 압류공매로 낙찰받았다가 대위 변제와 선순위 임차인의 배분요구철회에 따라서 매각결정 취소를 요청한 사건사례

❖ 공매물건분석

주소	면적	공매가 진행과정	1) 임차인조사내역 2) 기타 청구	등기부상의 권리관계
서울시 영등포구 대림동 ○○-○ (다가구주택) 체납자겸 소유 자: 김석재 지 분 공매위임관서: 동작세무서 공매집행기관: 자산관리공사	대지 79㎡ (총면적 158㎡) 건물 175.61㎡ (총면적 351.22㎡) 미등기건물 5.82㎡ (총면적 11.64㎡) 대지건물 각각 1/2지분공매 다가구용주택 지하층 84.28㎡ (2가구) 1층 91.33㎡ (2가구) 3층 91.33㎡ (1가구) 옥탑 11.64㎡ (면적제외)	감정가 263,031,200원 2007. 1. 5. 최저가 1차 263,031,200원 유찰 2차(10% 저감) 236,728,080원 유찰 3차(10% 저감) 210,424,960원 유찰 4차(10% 저감) 184,121,840원 낙찰 192,090,000원 낙찰일시 2007. 3. 29.	1) 임차인 ① 구애순 전입 1996. 10. 9. 확정 1996. 10. 9. 배분신청 × 보증 55,000,000원 ② 김민수 전입 2002. 8. 08. 확정 2002. 7. 9. 배분신청 2007. 2. 21. 보증 45,000,000원 ③ 김승민 전입 2006. 4. 17. 확정 2006. 4. 17. 배분신청 07.3.5. 보증 58,000,000원 ④ 김현기 전입 2006. 4. 26. 확정 2006. 4. 26. 배분신청 2007. 2. 20. 보증 57,000,000원 ⑤ 김귀민 전입 2006. 10. 2. 확정 2006. 10. 2. 배분신청 2007. 3. 10. 보증 63,000,000원 ⑥ 김화수 전입 2006. 10. 4. 확정 2006. 10. 4. 배분신청 2007. 3. 15. 보증 42,000,000원	공유자 지분의 1/2 김석재 ×××-×××× 지분의 1/2 김순희 ×××-×××× 김석재지분압류 영등포구청 2003. 4. 10. 김석재지분가압류 김외심 2003. 10. 4. 20,000,000원 김석재지분강제경매 윤무근 2006. 9. 14. 86,000,000원 〈사건번호 2606타경29300〉 김석재지분압류 동작세무서 2006. 12. 22. 김석재지분 압류공매 동작세무서 청구 2,500만 원 법인세 1,000만 원 (법정 2006. 3. 31) 부가세 1,500만 원 (법정 2006. 7. 25) 〈공매의뢰 2006. 12. 10〉 〈공매공고 2007. 01. 31〉

❖ 공매물건에 대한 분석 및 배분표 작성

이 공매물건은 동작세무서에서 세금압류공매를 위임받아서 자산관리공사에서 압류공고 후 매각절차를 진행한 것이다. 이 공매지분은 김석재 지분으로 전체 지분 중 1/2지분이며 여기서 말소기준권리는 영등포구청으로 2003. 4. 10.이 된다. 이와 같이 지분공매나 지분경매에서는 그 지분안에 최선순위로 등기된 권리(근저당, 가압류, 압류, 담보가등기, 전세권[집합건물], 강제경매 개시결정기입동기) 등이 말소 기준권리가 될 수 있다. 따라서 구애순과 김민수는 대항력 있는 임차인인데 구애순은 배분요구를 하지 않았기 때문에 낙찰자가 인수해야 하고 김민수는 배분요구하여서 배분받고 소멸될 것이다.

말소기준권리인 영등포구청은 법정기일이 2002.9.10.로 재산세 65만 원이다.

배분금액이 (192,090,000원−557만 원 공매집행비용)186,520,000원이므로

배분표를 작성하면

1순위_ 영등포구청 650,000원(당해세 우선변제 1)

2순위_ 김민수 45,000,000원

3순위_ 동작세무서 법인세 10,000,000원

그러나 다음 4순위부터는 순위의 상호모순관계이므로 1차 안분배분하고 2차 흡수배분절차에 따라 배분하게 된다.

이들의 순위를 분석하여보면 다음과 같다.

① 가압류 김외심(2,000만 원)=② 김승민 확정일자(5,800만 원)이고, ①=③ 김현기 확정일자(5,700만 원)이고, ①=⑤ 강제경매 윤무근(8,600만 원)=⑥ 김귀민 확정일자(6,300만 원)이고, ①=⑤=⑦ 김화수 확정일자(4,200만 원)이고, ①<④번 동작세무서부가세(1,500만 원)인 관계에 있다.

② 김승민 확정일자는>③·④·⑤·⑥·⑦보다는 우선순위이고, ①번 가압류와는 동순위이다.

③ 김현기 확정일자는>④·⑤·⑥·⑦보다는 우선순위이고, ①번 가압류와는 동순위이고, ②번보다는 후순위이다.

④ 동작세무서 부가세(법정기일 2006. 7. 25. 1,500만 원)는<②·③번보다는 후순위
이나, ①·⑤·⑥·⑦보다는 선순위이다.

⑤ 강제경매신청압류권자 윤무근 ① 가압류와 ⑥·⑦ 확정일자와는 동순위이
고, ②·③·④보다는 후순위이다.

⑥ 김귀민 확정일자는>⑦보다는 우선순위이고, ① 가압류와 ⑤ 압류권자와는
동순위이고, ②·③·④보다는 후순위이다.

⑦ 김화수 확정일자는 ① 가압류·⑤ 강제경매압류권자와는 동순위이고, ②·
③·④·⑥보다는 후순위이다.

따라서 1차적으로 안분배분하고 2차적으로 순위에 따라 흡수배분절차를 거쳐야
한다.

① 가압류 김외심＝130,870,000원(배분잔여금)×$\frac{2,000만\ 원}{34,100만\ 원}$＝7,675,659.^{82}＝7,675,660원

② 김승민＝130,870,000원(배분잔여금)×$\frac{5,800만\ 원}{34,100만\ 원}$＝22,259,413.^{48}＝22,259,413원

③ 김현기＝130,870,000원(배분잔여금)×$\frac{5,700만\ 원}{34,100만\ 원}$＝21,875,630.^{49}＝21,875,631원

④ 동작세무서＝130,870,000원(배분잔여금)×$\frac{1,500만\ 원}{34,100만\ 원}$＝5,756,744.^{86}＝5,756,745원

⑤ 강제경매 윤무근＝130,870,000원(배분잔여금)×$\frac{8,600만\ 원}{34,100만\ 원}$＝33,005,337.^{24}＝
33,005,337원

⑥ 김귀민＝130,870,000원(배분잔여금)×$\frac{6,300만\ 원}{34,100만\ 원}$＝24,178,328.^{44}＝24,178,328원

⑦ 김화수＝130,870,000원(배분잔여금)×$\frac{4,200만\ 원}{34,100만\ 원}$＝16,118,885.^{63}＝16,118,886원

2차 흡수하는 순위는 우선순위인 ② 김승민부터 하게 되고 흡수순서는 제일 열
후한 순위에 있는 자부터 흡수한다.

후순위자 중에서 ③, ④, ⑤, ⑥, ⑦에서 ③ 김현기(2006. 4. 27. 오전 0시)>④ 동작
세무서(2006. 7. 25)>⑤ 강제경매압류권자(06.9.14)·⑥ 김귀민 확정일자 우선변제권
(2006. 10. 3. 오전 0시)·⑦ 김화수 확정일자 우선변제권(2006. 10. 5. 오전 0시)이므로 ⑤·
⑥·⑦은 동순위관계에 있으므로 1차적으로 ② 김승민은 안분부족액을 각 채권액
에 비례하여 안분흡수하고 2차로 ⑥은 ⑦보다 우선하므로 ⑦을 흡수한다.

② 김승민＝22,259,413원(1차 안분액)＋35,740,587원[⑤, ⑥, ⑦ 등이 동순위이므로 이들

의 배분금의 합계에서 공동흡수한다]＝5,800만 원(종결)

③ 김현기＝21,875,631원(1차 안분액)＋35,124,369원[⑤, ⑥, ⑦ 등이 동순위 관계에 있으므로 이들의 배분금의 합계에서 공동흡수한다]＝5,700만 원(종결)

따라서 ⑤＋⑥＋⑦ 등의 배분금잔여합계＝73,302,551원－35,740,587원(②에 흡수당함)－35,124,369원(③에 흡수당함)＝2,437,595원

④ 동작세무서＝5,756,745원(1차안분액)＋9,243,255원[(④는 ① 7,675,660원과 ⑤＋⑥＋⑦ 등의 배분금잔여합계＝2,437,595원보다 우선순위로 이들을 흡수할 수 있는데, 이들이 동순위로 각 채권액에 안분하여 흡수한다)(① 흡수 7,015,356원＋⑤ · ⑥ · ⑦ 등이 동순위로 공동흡수 2,227,899원]＝1,500만 원(종결)

① 김외심＝9,243,255원×$\frac{7,675,660}{10,113,255}$＝7,015,356원 따라서 배분잔여금＝660,304원(종결)

⑤＋⑥＋⑦＝9,243,255원×$\frac{2,437,595}{10,113,255}$＝2,227,899원 따라서 배분잔여금＝209,696원

따라서 ⑤, ⑥, ⑦의 배분잔여금 합계을 가지고 채권액에 따라 안분배분하면 다음과 같이 된다.

⑤ 윤무근＝209,696원(배분잔여금의 합계)×$\frac{33,005,337}{73,302,551}$＝94,418.^{09}＝94,418원(종결)

⑥ 김귀민＝209,696원(배분잔여금의 합계)×$\frac{24,178,328}{73,302,551}$＝69,166.^{74}＝69,167원

⑦ 김화수＝209,696원(배분잔여금의 합계)×$\frac{16,118,886}{73,302,551}$＝46,111.^{16}＝46,111원

그러나 ⑥ 김귀민＞⑦ 김화수이므로 김귀민의 안분부족액을 전액 흡수하게된다.

⑥ 김귀민＝69,167원(배분금)＋46,111원(⑦에서 흡수함)＝115,278원(종결)

⑦ 김화수＝46,111원(배분금)－46,111원(⑥에 흡수당함)＝0원(종결)

최종배분결과는,

ⓐ 영등포구청＝650,000원(1)

ⓑ 김민수＝4,500만 원(2)

ⓒ 동작세무서＝1,000만 원(3)＋1,500만 원(4-1)＝25,000,000원

ⓓ 가압류 김외심＝660,304원(4-1)

ⓔ 김승민＝58,000,000원(4-1)

ⓕ 김현기＝57,000,000원(4-1)

ⓖ 김귀민＝115,278원(4-1)

ⓗ 김화수＝0원

ⓘ 윤무근＝94,418원(4-1)

따라서 낙찰자는 배분요구하지 않은 선순위 임차인 구애순의 임차보증금을 매각대금 이외에 추가로 인수해야 한다.

✏️ 김 / 동 / 희 / 의 / 강 / 의 / 노 / 트

지분공매에서의 유의사항과 배당방법

1. 이와 같은 지분공매시 몇 가지 특이한 사항과 문제점 등을 이해할 수 있도록 설명하고 배분표 작성시에는 어떻게 되는가를 분석하면 다음과 같다.

① 선순위임차인(=대항력 있는 임차인)이 배분요구를 하지 아니하여 낙찰자가 인수해야 되는데 인수부분은 지분공매비율에 해당하는 1/2에 대한 보증금만 책임지면 된다. 만일 임차인 구애순 명도를 위하여 낙찰자가 전액지불하고 명도하였다면 나머지 공유지분권자에게 1/2에 해당하는 보증금을 구상권을 청구 할 수 있다고 본다.

② 전체지분에 대해서 권리를 행사할 수 있는 선순위채권자에게 김석재의 1/2지분 공매로 1/2만 배분하는 것이 아니라 앞에서와 같이 선순위채권자의 채권액이 전액 배분되므로 이로 인해 배분받지 못한 후순위채권자와 임차인 등은 1/2을 배분하였다면 받을 수 있는 금액한도 내에서 나머지 공유지분권자에게 대위행사를 청구할 수 있을 것이다. 이와같이 1/2지분 공매절차에서 전액 배분받은 경우 설정등기된 채권 전체가 소멸되는 것이 아니라 공매가 진행되었던 1/2지분만 말소되고 1/2지분은 저당권 일부 변경 등으로 나머지 지분에 변경등기 된다. 이는 채권자가 전액 배분받은 경우에도 공매가 진행된 1/2지분에 대해서만 공매집행기관이 촉탁으로 말소를 구할 수 있기 때문이다. 이경우 2가지 측면에서 살펴볼 수 있다.

하나는 대위행사를 할 수 있는 후순위채권자나 소유자(전 지분공매 소유자)가 있는 경우와 다른 하나는 대위행사를 할 수 있는 채권자 등이 없는 경우이다. 대위행사를 할 수 있는 경우는 후순위자를 위해서 말소시켜서는 안될 것이나 후순위채권자가 없는 경우는 나머지 지분권자가 채권이 소멸되었음을 원인으로 소멸청구를 할 수 있다고 본다.그리고 앞에서와 같이 선순위가압류 → 저당권부 채권 → 조세채권 또는 공과금이 있는 경우 순위가 상호모순관계에 있어서 안분하고 흡수하는 특수흡수절차를 거쳐야 한다.

③ 그러나 이는 저당권 등의 담보물권자(확정일자 우선변제권 포함) 등보다 선순위이거나 동순위인 경우 즉 선순위 가압류나 선순위압류채권과 전 소유자의 가압류·압류채권자만을 배당에서 참여시키는 것이지 저당권 등의 담보물권보다 후순위가압류·압류채권자 및 일반채권자(확정된 판결문이나 동증된 약속어음 등)등은 배분을 신청해도 배분절차에서 배제시키는 것을 원칙으로 한다. 이는 국세징수법절차에 의해서 진행되는 것이기 때문이다.배분잉여금이 있을 경우 배분잉여금은 소유자에게 배분되므로 배분잉여금에 대하여 또다시 가압류조치를 취해야 하는데 이와 같이 배분잉여금에 대하여 가압류하였다면 자산관리공사는 관할법원에 배분잉여금을 공탁하게 되고, 법원에서 채권금액에 따라서 배분하게 될 것이다.

2. 앞의 공매사건은 경매사건과 중복되어 공매와 경매가 각기 다른 집행절차에 따라 진행되었던 것이다.

이러한 경우 대처하는 방법에 대하여 설명하고자 한다.

① 공매와 경매가 동시에 진행되고 있다면 공매낙찰자도 있을 수 있고 경매낙찰자도 있을 수 있으나 누가 먼저 대금납부하고 소유권을 이전하느냐에 따라 우선권이 있고 대금납부 후 소유권이전하면 다른 상대방은 취소된다. 저자도 이러한 경험이 있는데 경매로 매각되고 2주가 지난 물건인데 정릉에 있는 빌라였다. 공매절차가 진행 중 이었던 것을 본인이 낙찰받고 익일 매각결정서를 수령하여 즉시 잔금을 납부하였다. 따라서 경매절차는 취소되었는데 이러한 경우 경매는 기각으로 처리된다.

② 공매와 경매가 동시 진행될 경우 경매개시 기입등기일 기준으로 개시일 이후 전입자에 대한 판단은 공매에서도 준용되어 경매개시 기입등기일 이후에 전입자는 소액임차인으로서 우선변제금을 받을 수 없다는 것이 대법원 판례이다. 물론 공매가 먼저 진행된 경우의 기준은 공매공고일이 된다.

❖ 낙찰 이후의 진행과정과 대위변제로 인한 매각결정취소 요청

이 공매물건에서 강제경매기입등기일이 2006. 9. 14.이고 이 기일 이후 전입한 김화수와 김귀민은 소액임차인이었어도 최우선변제대상이 아니었을 것이다. 그러나 필자가 낙찰받고 난 다음 임차인들을 만나보고 계약서를 작성한 중개업자를 만나 이야기를 해본 결과 진정한 임차인이었다. 따라서 임차인 등이 중개업자를 상대로 손해배상청구소송을 한다고 하고 있었으나 1/2지분 공매이므로 여기서 배분을 받지 못한 부분은 공동임대인(=공동채무자) 나머지 공유지분권자 김순희가 책임지기에 충분한 금액이 있으니(채권의 불가분성으로 인하여 공동책임이 있다) 걱정 안 해도 된다는 말을 전하고 왔다. 이 공매사건은 필자가 낙찰받고서 선순위인 구애순임차인을 만나서 배분요구하도록 독려했으나 배분요구를 하지 않겠다고 하여 뜻을 이루지 못했다. 입찰 시에는 인수하는 금액으로 27,500,000원을 계산하였으나 방문 결과 임차보증금 증액으로 대항력 있는 보증금은 5,000만 원으로 1/2인 2,500만 원만 인수하면 되었다.

추후 알게 된 사실이지만 나머지 공유지분권자인 김순희가 김석재 지분의 채권 등을 대위변제하려고 준비 중이었다.

이러한 계획이 진행되어 말소기준권리인 영등포구청과 가압류권자, 강제경매신청자의 채권이 대위변제되고 주인과 친분이 있는 선순위 임차인 김민수가 배분요구철회에 따라 부득이 매각결정취소요청을 하게 되었고 입찰보증금을 2007. 4. 16. 돌려받았던 사건이다.

이와 같이 대위변제로 낙찰자인수금액이 증가되거나 배분요구한 선순위임차인이 대금 납부 전(공매에서) 배분요구를 철회함에 따라 낙찰자인수금의 증가를 가져오는 경우는 매각결정에 대한 취소요청을 할 수가 있다.

경매에서는 배당요구철회는 배당요구 종기까지 가능한 일일 것이다. 그러나 자산관리공사(KAMCO)에서도 2009년도부터는 선순위 임차인 등의 배분요구철회기간을 매각기일 이전까지만 허용되는 것으로 변경되었다.

자산관리공사 세금 압류공매 1/2지분과 나머지 1/2지분의 법원경매가 동시에 진행된 경우 배분사례

1/2은 자산관리공사 압류공매(물건관리번호 2005-21048-001 이철민[가명] 지분), 1/2은 법원경매(고양지원 2006타경10848 이철수[가명] 지분)가 동시에 진행되는 경우 에서 배분사례를 연구하여보자.

이 공매사건은 필자가 낙찰받아서 소유권이전등기하고 고양지원의 경매절차에서 공유자로서 우선매수청구한 사건이다. 이 등기부를 열람해보면 알 수 있듯이 주식회사 에임피앤디가 시행하여 아파트부지로 개발 중인 지역으로 공매로 1/2 매수하여 공유자 우선매수 신청한 사례이다.

이와 같은 공유지분에 있어서 전체지분에 설정되 저당권이나 임차인 등은 유사 공동저당권의 지위에 놓이게 된다.

❖ 공매물건내역분석

주소	면적	공매가 진행과정	1) 임차인조사내역 2) 기타 청구	등기부상의 권리관계
경기도 고양시 일산서구 일산동 ○○○-○번지 체납자 겸 소유자: 이철민 1/2지분 압류공매 공매위임관서: 인천광역시 공매집행기관: 자산관리공사	대지 122㎡ 중 이철민지분 61㎡ 건물 44.05㎡ 중 이철민지분 22.025㎡	감정가 183,000,000원 최저가 1차 183,000,000원 유찰 1 (공매는 최초 감정가에서 10%씩 계속 저감한다) 2차(10% 저감) 164,700,000원 유찰 3차(10% 저감) 146,400,000원 유찰 4차(10% 저감) 128,100,000원 유찰 5차(10% 저감) 109,800,000원 낙찰 125,090,000원 낙찰자 (주) 대산투자 〈2006. 3. 22〉	1) 임차인 주변일대가 재개발을 위하여 폐가옥 상태임따라서 임차인 없음 2) 기타청구 ① 인천광역시 취득세 (법정 2004. 11. 30) 2,850만 원 ② 의정부세무서 상속세 (법정 2005. 3. 30) 1,450만 원 ③ 북인천세무서 재산세 (법정 2005. 7. 10) 64만 원 ④ 부천세무서 재산세 (법정 2005. 7. 10) 25만 원 〈①~④는 당해세가 아닌 일반 조세채권임〉	공유자 지분의 1/2 　이철수 　610140-1○○○○○○ 공유자 지분의 1/2 　이철민 　590430-1○○○○○○ • 근저당 농업협동조합 (전체지분)2004. 12. 31. 104,000,000원 • 이철민지분압류인천광역시 2005. 4. 6. • 이철민지분압류의정부세무서 2005. 5. 23. • 이철민지분압류북인천세무서 2005. 10. 31. 　이철수지분 강제경매신청 신희경 2005. 10. 31. 　(강제경매 2005-25898) 　이철수지분압류 고양세무서 2005. 11. 8. 　이철수 지분압류 동수원세무서 2005. 11. 11. 　이철수 지분압류 의정부세무서 2005. 12. 12. • 이철민 지분압류 부천세무서 2006. 2. 20. • 이철민 지분가압류 농협 2006. 2. 24. 31,402,543원 • 이철민 지분가압류 농협 2006. 3. 20. 6,022,462원 • 압류공매 : 인천광역시청구 2,850만 원 〈공매의뢰 2005. 11. 20〉 〈공매공고 2006. 1. 18〉 〈공매지분: 이철민지분〉

❖ 공매물건에 대한 분석 및 배분표 작성

이 공매사건에서 말소기준권리는 근저당권 농업협동조합인데 이는 전체지분에 대해 근저당 설정한 것인 데 반하여 압류공매는 이철민 지분인 1/2이고 나머지 1/2지분권자인 이철수 지분은 강제경매가 진행되고 있는 것을 알 수 있을 것이다. 이러한 경우 농협은 근저당권을 각 지분권자에 대해 공동저당권자와 같이 볼 수 있다. 따라서 선순위로 진행된 매각절차(선행된 공매 또는 경매절차)에서 전액 우선변제받고 그 매각대상 지분공매(경매) 후순위채권자 등은 나머지 지분매각절차에서 동시매각 시 배분받을 수 있었던 금액을 한도로 하여 이철수 지분 경매절차에서 대위행사(농협저당권 49,632,557원에 대해)를 청구하여 후순위채권자 등의 채권을 만족시킬 수 있을 것이다.

　따라서 위 공매사례를 가지고 배분표를 작성하면, 배분액이 123,340,000원이므로

　1순위_ 인천광역시 28,500,000원(우선변제 1)

　2순위_ 농협근저당 94,840,000원(우선변제 2)으로 배분 종결된다.

　이와 같이 지분공매 또는 지분경매절차에서 선순위담보물권자 등이 1/2지분 압류공매매각대금 또는 1/2지분경매매각절차에서 전액 배분 요구를 하는 경우 선순위채권자 등은 배분액이 남아 있는 한 우선적으로 채권전액을 우선배분 받을 수 있다.

　따라서 선순위채권자 등은 자신의 채권액을 우선변제 받고, 배분받지 못한 채권액이 있는 경우 나머지 지분권자로부터 권리를 주장할 수 있다. 그러나 선순위근저당권자와 선순위임차인 등이 전액 배분받았다면 그 권리는 소멸될 것이다.

　이때 소멸되는 근저당권은 법원이나 자산관리공사로서는 지분경매나 지분공매된 지분에 대해서만 말소를 촉탁하게 되고 나머지 지분권자에 존재하는 근저당권은 나머지 공유자들이 채권액이 부존재함을 이유로 말소신청을 해야 말소가 이루어질 것이다.

　그러나 이 사건과 같이 지분공매된 후순위채권자와 소유자(전 지분공매소유자) 등은 선순위저당권자가 지분공매에 해당하는 채권만 회수하였더라면 배분받을 수

있었던 금액(즉 49,632,557원)에 대해 선순위채권자가 지분공매에서 전액 배분받음으로써 배분받지 못한 금액을 한도로 하여 후순위채권자와 소유자 등이 나머지 지분권 경매매각대금에서 대위권을 행사할 수 있다고 본다. 후순위 채권자와 소유자 간의 대위청구 순위는 후순위채권자→소유자 순이 된다.

따라서 나머지 지분, 즉 이철수 지분이 경매로 매각시 선순위 근저당권자가 이철민 지분에서 배분받지 못한 채권 9,160,000원은 선순위 농협근저당권자가 먼저 배분받고, 나머지 49,632,557원은 후순위채권자와 소유자 등이 대위권을 행사하게 된다.

김 / 동 / 희 /의 / 강 /의 /노 / 트

공유물 전체가 동시매각시 일부 지분에 다른 채권자가 있거나 유사공동저당권자가 있는 경우 배당방법

공매물건 분석 및 배분

이철민 지분(1/2)	이철수 지분(1/2)
123,340,000원(공매비용 공제 후 배분금액)	123,340,000원(공매비용 공제 후 배분금액)
1. 인천광역시 28,500,000원 2. 농협공동저당 104,000,000원 3. 의정부세무서 14,500,000원 4. 북인천세무서 640,000원 5. 부천세무서 250,000원 (4, 5는 재산세지만 당해세가 아니므로 일반조세 채권으로 압류선착주의만 적용함)	× 2. 농협공동저당 104,000,000원 　　:　　　　: (후순위채권자 등이 모두 농협저당권보다 후순위인 경우)

이 주택에서 2개 지분 모두가 같은 금액으로 매각되고 공매비용은 제외 후 금액이 각 123,340,000원인 경우,

1. 이철민 지분에서는 1순위로 인천광역시 28,500,000원 배당받는다.

2. 농협공동저당권의 채권액 104,000,000원은 이철민 지분에 대한 공매대가는 94,840,000원(123,340,000원−28,500,000원)이고, 이철수 지분에 대한 공매대가는 123,340,000원이다.

농협공동저당권이 ① 이철민 지분에 대한 안분금액=$104,000,000 \times \frac{94,840,000}{218,180,000}$ =45,207,443원

② 이철수 지분에 대한 안분금액=$104,000,000 \times \frac{123,340,000}{218,180,000}$ =58,792,557원

3. 의정부세무서가 이철민 지분에서 14,500,000원

4. 북인천세무서가 이철민 지분에서 640,000원

5. 부천세무서가 이철민 지분에서 250,000

6. 체납자 겸 소유자 이철민이 34,242,557원이 된다.

그런데 이철민 지분이 먼저 매각되어서 공동저당권자 농협이 이철민 지분에서 우선 변제받아서 후순위채권자의 대위행사가 예상된다.

그러면 이철수 지분 매각절차에서 후순위채권자의 대위행사 청구금액을 알아보면 1차로 공동저당권자 농협이 미배당금 9,160,000원은 우선변제받고 즉 58,792,557원-9,160,000원(농협)=49,632,557원-14,500,000원(의정부세무서)-640,000원(북인천세무서)-250,000원(부천세무서)-체납자(소유자) 34,242,557원 순으로 대위하여 청구하게 된다.

압류공매절차에서 토지와 건물을 공동저당권 설정 후 구 건물을 멸실시키고 새 건물을 신축한 경우

압류공매절차에서 토지와 건물을 공동저당권 설정 후 → 건물만 멸실시키고 → 건물을 신축한 경우, 주택임차인을 토지매각대금에서 최우선변제금은 우선하여 변제받을 수 있으나 법정지상권은 성립되지 않는다. 압류공매절차에서 선순위임차인이 배분 요구를 한 경우 → 전액 배분 받을 수 있는 선순위 임차인은 낙찰자의 명도확인서가 요하고 일부 배당받고 낙찰자인수금액이 있는 임차인은 명도확인서 없이 배분금을 수령할 수 있다.

　압류공매에서 전세권이나 저당권이 아래 공매사건과 같이 가압류·압류된 경우 → 조세채권의 압류는 직접 배분하고 잔액이 있을 경우 저당권자에게 배분한다. 그러나 개인의 저당권에 대한 가압류는 직접 배분하지 않고 법원에 공탁되는 사례이다.

❖ 공매물건분석

상기 입찰물건정보내역과 감정평가서, 각종 공부열람(등기부등본, 대장, 지적도, 토지이용계획확인원 등), 전입세대열람을 통하여 아래와 같은 공매대상건의 제반권리 등을 정리하면 된다.

주소	면적	공매가 진행과정	1) 임차인조사내역 2) 기타 청구	토지등기부상의 권리관계	등기부상의 권리관계
경기도 성남시 수정구 태평동 0000번지 〈다가구주택〉	대지 67.1㎡ 2층 다가구주택 1층 37.62㎡ 2층 30.02㎡ 지층 35.91㎡ (성남시 태평동 재개발 예정지구)	감정가 133,691,060원 대지 86,559,000원 〈64.74554%〉 건물 47,132,060원 〈35.25446%〉 〈2006. 2. 3.〉 최저가 1차 133,692,000원 낙찰 156,790,000원 〈2006. 5. 11.〉	1) 임차인내역 ① 유승민 　전입 1995. 9. 7. 　확정 2003. 7. 4. 　배분신청 0 　보증1,500만 원 　지하층 일부 ② 송민석 　전입 1994. 11. 3. 　확정 2005. 10. 12. 　배분신청 0 　보증2,500만 원 　1층 전체 ③ 이호철 　전입 2001. 5. 7. 　확정 2005. 11. 5. 　배분 0 　보증1,000만 원 　지하층 일부 ④ 이종복 　전입 1994. 11. 3. 　확정 2001. 4. 13. 　배분 0 　보증3,000만 원 ⑤ 이인규 　전입 2003. 9. 2. 　확정 × 　배분 × 　보증 × (전입만 해놓고 점유하지 아니함) ⑥ 김윤희 　전입 2006. 3. 7. 　확정 × 　배분신청 × 　보증 × (경매기입등기일 후 전입, 공매공고일 2006. 4. 5.이므로 공매공고일 이후 전입한 자) 2) 기타청구내역 ① 압류근로복지공 (납부기한 2001. 12. 30.) 137만 원 ② 압류 성남세무서 부가세 (법정기일 2002. 1. 25.) 345만 원 법인세 (법정기일 2002. 3. 31.) 7,740,150원 ③ 압류 성남시 수정구청 재산세 (법정기일 2002. 9. 10.) 154천원	소유자 이재민 1989. 5. 26 근저당 대우전자 1990. 9. 28. 45,000,000원 근저당 대우전자 1993. 2. 23. 20,000,000원 ① 가압류 기술신용 보증기금 1998. 12. 11. 43,500,000원 ② 가압류 대우전자 2001. 4. 30. 70,000,000원 ③ 가압류 태평낙원 새마을금고 2001. 11. 20. 35,459,256원 ④ 가압류 기술신용 보증기금 2001. 12. 7. 29,700,000원 ⑤ 가압류 국민은행 2001. 12. 11. 7,418,146원 ⑥ 압류 근로복지공단 2002. 5. 9. ⑦ 압류 성남세무서 2002. 7. 18. ⑧ 압류 성남시 수정구청 2003. 5. 13. ⑨ 가압류 성남낙원새마을금고 2005. 11. 9. 70,105,876원 ⑩ 강제경매신청 성남낙원새마을금고 청구금액 30,417,406원 2006. 1. 10. 압류공매신청자 성남세무서〈공매공고일 2006년 4월 5일〉	근저당 대우전자 1990.9.28. 45,000,000원 근저당 대우전자 1993.2.21. 20,000,000원 (건물멸실로 근저당권 공동소멸) 건물소유권 보존등기 이재민 1994.1.15.(건물신축) ① 가압류 좌동 ② 가압류 좌동 ③ 가압류 좌동 ④ 가압류 좌동 ⑤ 가압류 좌동 ⑥ 압류 좌동 ⑦ 압류 좌동 ⑧ 압류 좌동 ⑨ 가압류 좌동 ⑩ 강제경매신청 좌동 ⑪ 전세권 이종복주택 2층 전체 공동전세 토지부분 2001. 4. 13. 전세금 3,000만 원 ⑪-1 전세권부채권가압류 태평낙원새마을금고 2002. 11. 26. 금 4,148,734원 ⑪-2 전세권부채권가압류 서울 보증보험 2004. 8. 2. 금 3,003,367원 ⑪-3 전세권부채권가압류 성남낙원새마을금고 2006. 1. 25. 금 3,289,230원 ⑫ 주택임차권 손민석주택 1층 전부전입 1994.10.28. 점유개시 1998. 5. 13. 확정일자 × 2005. 10. 12.

토지와 건물 공동저당권 설정 후 → 건물을 멸실시키고 → 건물을 신축한 경우

1. 토지저당권자가 토지만을 경매 신청한 경우 위 지상주택의 임차인은 토지매각대금에서 최우선변제금을 우선하여 배당받을 수 있다. 이러한 기준은 토지저당권자가 저당권 설정 당시 건물이 존재하였더라면 최우선변제금을 인정해야 한다는 것이 대법원 판례이다. 그러나 나대지상에서 저당권 설정 후 신축된 건물의 임차인에 대해서는 최우선변제금은 인정하지 않는다. 어쨌든 위와 같이 공동저당권 설정 후 건물을 멸실하고 신축한 경우라면 공매나 경매로 토지를 낙찰받은 자에게 건물의 법정지상권이 성립되지 않는다. 이는 건물만 경매가 진행되어 낙찰받을 경우에도 인정되지 않는다. 또한 나대지상에서 저당권 설정 후 건물을 신축한 경우에도 마찬가지이다.

2. 토지저당권자가 일괄경매 신청한 경우도 1.과 같이 저당권 설정당시 건물이 존재하였다면 토지매각대금에서 최우선변제금을 우선하여 변제받을 수 있고 토지저당권자는 토지매각대금에서만 배당받고 건물채권자들은 건물매각대금에서만 우선순위에 따라 배당받을 수 있다. 그러나 대항요건과 확정일자를 갖춘 임차인이라면 임대차보호법상 보호를 받아서 최우선변제금을 토지 · 건물 매각대금에서 우선변제받고 나서 선순위 토지저당권자들의 배당금을 제외하고 토지매각대금에 배당잔여가 있는 경우 확정일자에 의한 우선순위에 따라 토지 · 건물매각대금 전체 금액에서 배당받을 수 있을 것이다. 이와 같이 토지와 건물 저당권자가 다른 경우도 마찬가지이다.

❖ 공매물건에 대한 분석 및 배당표 작성

이 공매사건은 토지와 건물에 근저당권자 대우전자가 공동저당 설정하였는데 소유자 이재민이 건물을 멸실하여 건물에 설정된 근저당권이 말소된 사례이다. 그 후 건물을 신축하여 주택임차인들에게 임대한 사항이다. 이와 같이 근저당권과 동시에 지상권을 설정하지 않은 경우가 많은데 이 경우 건물소유자가 구 건물을 멸실하고 신축하는데 근저당권자의 동의가 필요하지 않는다. 여기서 말소기준권리는 토지는 대우전자로 1990. 9. 28.이고 건물은 가압류권자 기술신용보증기금으로 1998. 12. 11.이다. 이와 같이 대지와 건물의 말소기준권리가 상이한 경우 주택임차인의 대항력은 주택의 말소기준권리를 갖고 한다는 사실을 이해해야 한다. 그러면 배분표를 작성하기 전에 앞의 김동희 강의노트 내용을 참조하면 이해가 쉬울 것이다.

배당표 작성

배당금액(156,790,000원 – 공매집행비용 1,650,000원)은 155,140,000원이므로 여기서 감정평가액 133,691,060원, 대지 86,559,000원(64.74554%), 건물 47,132,060원(35.25446%)이다. 따라서 감정평가액에 대한 각 대지 · 건물이 차지하는 비율을 배분금액에 곱하여 대지배분금과 건물배분금을 다음과 같이 계산하면 된다.

순위	채권자(총배당금 155,140,000원)	대지(배분금 100,446,231원) (64.74554%)	건물(배분금 54,693,769원) (35.25446%)
1순위	① 유승민　　　5,000,000원 ② 이호철　　　5,000,000원 (최우선변제금 1)(1,500/500만 원)	3,237,277원 3,237,277원	1,762,723원 1,762,723원
2순위	대우전자　　　45,000,000원 대우전자　　　20,000,000원	45,000,000원 20,000,000원	
※ 선순위 채권액 공제 후 대지와 건물의 공매대가를 다시 계산하여 보고 그에 따른 배분비율을 정한다. 잔여배분금합계 : 80,140,000원		대지공매대가= 28,971,677 배분비율(36.15133%)	건물공매대가= 51,168,323원 배분비율(63.84867%)
3순위	① 유승민　　　10,000,000원 ② 이호철　　　5,000,000원 ③ 송민석　　　16,000,000원 ④ 이종복　　　16,000,000원 ─(최우선변제금) (4,000/1,600만 원)	3,615,133원 1,807,567원 5,784,213원 5,784,213원	6,384,867원 3,192,433원 10,215,787원 10,215,787원
4순위	성남시수정구청 당해세　154,000원	55,673원	98,327원

주임법 시행령 부칙 제2조에서 담보물권은 확정일자를 기준으로 하지 않고, 저당권, 담보가등기권, 전세권 등으로만 판단해서 소액보증금중 일정액을 우선변제받게 배당하되 확정일자는 확정일자한정설만 적용하여 배당한 사례이다.

  1순위_ ① 유승민 5,000,000원(최우선변제 1)

  ② 이호철 5,000,000원(최우선변제 2)─최우선변제금의 지급기준은 대우전자 근저당권이므로 서울시·직할시 이외의 지역은 보증금 1,500만 원 이하인 경우 500만 원을 우선변제받는다.

  2순위_ 대우전자 45,000,000원 ┐ ─(우선변제 1)
          20,000,000원 ┘ 지방세, 당해세는 1996. 1. 1. 시행에 따라 대우전자근저당권이 우선한다.
토지에만 설정된 저당권이므로 토지매각대금에서만 우선변제받는다.

  3순위_ ① 유승민 1,000만 원 + ② 이호철 500만 원 + ③ 송민석 1,600만 원

  ④ 이종복 1,600만 원(최우선변제 2)─이와 같이 선순위 담보물권(근저당, 담보가등기, 전세권 등)을 우선 배당 후 더 이상 담보물권 등이 없는 경우 배분시점을 기준으로 현행 임대차보호법상 소액보증금 중 일정액을 우선변제 받게 된다는 사실이다.

  그리고 확정일자는 앞의 담보물권자보다 선순위이거나 동순위인 경우는 이들 담보권에 우선하지 못하는 소액 임차인에 대해서 우선하나 이들보다 후순위인 확정일자는 후순위로 보게 된다는 내용은 이미 여러 번 기술한 바 있다. 그리고 유의할 점은 2001. 9. 15. 이후부터는 성남시도 과밀억제권에 포함되어 4,000만 원 이하인 경우 1,600만 원을 우선변제받게 되었다는 사실이다.

  4순위_ 수정구 당해세(재산세) 154,000원(당해세 우선변제 2)

  5순위_ ①~⑨는 순위가 상호모순되어 1차적으로 안분배당하고 흡수하는 특수흡수배당절차를 거쳐야 한다. 여기서 후순위 가압류권자인 성남낙원새마을금고(2005. 11. 9. 가압류)와 강제경매신청자 성남낙원새마을금고는 저당권 등의 담보물권(확정일자 우선변제권 포함)보다 후순위로 압류공매절차에서는 배당에서 제외시킨다. 저당권 등의 담보물권보다 선순위이거나 동순위인 경우에만 참가가 가능하다. 이와 같이 압류공매의 경우 후순위 가압류권자와 후순위 강제경매신청채권자, 일반

채권자등은 배당에 참여시키지 않고 배당에서 배제시킨다. 후순위채권자들이 배당을 받으려면 배당잉여금에 가압류하여 받을 수밖에 없다. 이는 세금압류공매가 국세징수법절차에 따라 진행되기 때문이다.

따라서 5순위의 ①~⑨ 채권자들을 정리하면 다음과 같이 된다.

① 가압류 기술신용보증기금 1998. 12. 11.(43,500,000원)

② 확정일자임차인(전세권자)이종복 2001. 4. 13. 확정일자 효력발생일(14,000,000원)

③ 성남세무서[(법정기일 2002. 1. 25) 3,450,000원＋(법정기일 2002. 3. 31)7,740,150원]
＝11,190,150원(조세채권은 공과금 및 일반채권에 우선한다)

④ 근로복지공단_ 납부기일 2001. 12. 30.(1,370,000원)(공과금은 일반채권에 우선한다)

⑤ 가압류 대우전자_ 2001. 4. 30.(70,000,000원)

⑥ 가압류 태평낙원새마을금고_ 2001. 11. 20.(35,459,256원)

⑦ 가압류 기술신용보증_ 2001. 12. 7.(29,700,000원)

⑧ 가압류 국민은행_ 2001. 12. 11.(7,418,146원)

⑨ 송민석 확정일자 우선변제권_ 2005. 10. 12.(9,000,000원)

①~⑨의 순위들을 정리하면,

①은 ①＝②＝⑤＝⑥＝⑦＝⑧＝⑨이고, ①＜③, ④인 관계에 있다.

②는 ②＞③, ④, ⑤, ⑥, ⑦, ⑧, ⑨이고, ②＝①인 관계에 있다.

③은 ③＞①, ④, ⑤, ⑥, ⑦, ⑧, ⑨이고, ③＜②인 관계에 있다.

④는 ④＞①, ⑤, ⑥, ⑦, ⑧, ⑨이고, ④＜②, ③인 관계에 있다.

⑨는 ⑨＝①＝⑤＝⑥＝⑦＝⑧이고, ⑨＜②, ③, ④인 관계에 있다.

이와 같이 순위가 상호모순관계에 있다.

첫째_ 1차 안분배당(배당잔여금이 32,986,000원이므로)

① 가압류 기술신용＝$32,986,000 \times \dfrac{43,500,000}{221,637,552} = 6,474,043$원

② 이종복 확정일자 우선변제권＝$32,986,000 \times \dfrac{14,000,000}{221,637,552} = 2,083,600$원

③ 성남세무서＝$32,986,000 \times \dfrac{11,100,150}{221,637,552} = 1,665,414$원

④ 근로복지공단 = $32{,}986{,}000 \times \dfrac{1{,}370{,}000}{221{,}637{,}552} = 203{,}895$ 원

⑤ 가압류 대우전자 = $32{,}986{,}000 \times \dfrac{70{,}000{,}000}{221{,}637{,}552} = 10{,}418{,}000$ 원

⑥ 가압류 태평낙원 = $32{,}986{,}000 \times \dfrac{35{,}459{,}256}{221{,}637{,}552} = 5{,}277{,}350$ 원

⑦ 가압류 기술신용 = $32{,}986{,}000 \times \dfrac{29{,}700{,}000}{221{,}637{,}552} = 4{,}420{,}209$ 원

⑧ 가압류 국민은행 = $32{,}986{,}000 \times \dfrac{7{,}418{,}146}{221{,}637{,}552} = 1{,}104{,}032$ 원

⑨ 송민석 확정일자 = $32{,}986{,}000 \times \dfrac{9{,}000{,}000}{221{,}637{,}552} = 1{,}339{,}457$ 원

둘째_ 흡수배당순서(순위의 상호모순관계로 특수흡수배당절차를 거친다)

① 흡수할 자가 수인인 경우 선순위자가 먼저 흡수하고 나서 그 다음 순위자가 흡수한다.

② 흡수당할 자가 수인인 경우 제일 후순위자부터 먼저 흡수당하고 그 다음 순위가 흡수당한다.

③ 흡수당했던 자가 흡수할 때에는 흡수당한 부분은 공제한 나머지만 흡수한다. 이는 흡수당한 부분은 일단 배당받은 것으로 본다.

2차 흡수배당순서,

② 이종복은 후순위자 ③~⑨보다 우선순위이므로 이들을 흡수할 수 있다. 이때 흡수당하는 순서는 ⑤, ⑥, ⑦, ⑧, ⑨(이들은 제일 열후한 순위이고 동순위이므로 먼저 흡수당하고) → ④ → ③ 순서로 흡수당한다. 반면 흡수할 수있는 우선 순위는 ② → ③ → ④순이 되므로 ②가 먼저 흡수하게 된다.

② 이종복확정일자 우선변제권자(전세권자) = $2{,}083{,}600$ 원(1차 안분액) + $11{,}916{,}400$ 원(⑤, ⑥, ⑦, ⑧, ⑨가 동순위이므로 공동흡수) = $14{,}000{,}000$ 원(종결)

따라서 ⑤, ⑥, ⑦, ⑧, ⑨의 배당잔여금은

⑤ 대우전자 = $11{,}916{,}400$ 원 $\times \dfrac{10{,}418{,}000}{22{,}559{,}048} = 5{,}503{,}116$ 원(②에 흡수당함)

따라서 배당잔여금 = $4{,}914{,}884$ 원

⑥ 태평낙원새마을 = $11{,}916{,}400$ 원 $\times \dfrac{15{,}277{,}350}{22{,}559{,}048} = 2{,}787{,}663$ 원(②에 흡수당함)

따라서 배당잔여금=2,489,687원

⑦ 기술신용보증=11,916,400원 $\times \dfrac{4,420,209}{22,559,048}$ =2,334,894원(②에 흡수당함)

따라서 배당잔여금=2,085,315원

⑧ 국민은행=11,916,400원 $\times \dfrac{1,104,032}{22,559,048}$ =583,184원(②에 흡수당함)

따라서 배당잔여금=520,848원

⑨ 송민석 확정일자=11,916,400원 $\times \dfrac{1,339,457}{22,559,048}$ =707,543원(②에 흡수당함)

따라서 배당잔여금=631,914원

③ 성남세무서=1,665,414원(1차 안분액)+9,524,736원[(①가압류6,474,043원+⑤·⑥·⑦·⑧·⑨10,642,648원)에서 흡수]=11,190,150원(종결)

④ 근로복지공단=203,895원(1차 안분액)+1,166,105원[(①가압류6,474,043원+⑤·⑥·⑦·⑧·⑨10,642,648원)-9,524,736원(③에 흡수당함)=7,591,955원에서흡수]=1,370,000원(종결)

위와 같이 ③, ④는 ①, ⑤, ⑥, ⑦, ⑧, ⑨보다 선순위로 흡수할 수 있는데 이들이 모두 동순위로 공동흡수당하고, 다음과 같이 배당잔여금액만을 가지고 동순위로서 안분배당하게 된다.

따라서 배당잔여금은[(①가압류6,474,043원+⑤·⑥·⑦·⑧·⑨10,642,648원)-9,524,736원(③에 흡수당함)=7,591,955원-1,166,105원(④에 흡수당함)]=6,425,850원이므로 이 배당잔여금을 가지고 각 1차 안분액 또는 안분잔여액에 따라 안분배당하면,

① 기술신용=6,425,850 $\times \dfrac{6,474,043}{17,116,691}$ =2,430,448.10=2,430,448원(종결)

⑤ 대우전자=6,425,850 $\times \dfrac{4,914,884}{17,116,691}$ =1,845,117.57=1,845,118원(종결)

⑥ 태평낙원새마을=6,425,850 $\times \dfrac{2,489,687}{17,116,691}$ =934,664.01=934,664원(종결)

⑦ 기술신용보증=6,425,850 $\times \dfrac{2,085,315}{17,116,691}$ =782,857원(종결)

⑧ 국민은행=6,425,850 $\times \dfrac{520,848}{17,116,691}$ =195,533.76=195,534원(종결)

⑨ 송민석 확정일자=6,425,850 $\times \dfrac{631,914}{17,116,691}$ =237,229.53=237,229원(종결)

❖ 선순위임차인(대항력 있는 임차인)의 미배분금이 있는 경우 낙찰자 인수금액 처리방법과 전액 배분받는 임차인 등이 재계약하는 경우의 처리방법

앞의 배분 결과로 선순위임차인 이종복과 유승민은 전액 배분받았으나 송민석의 미배분금 8,762,771원은 낙찰자가 인수하므로 실제 총구입비는 156,790,000원＋8,762,771원＝165,552,771원이 된다. 이때 인수금액은 추후 매각시 첨부하여 취득비용으로 계산해야 양도세를 절세할 수 있다. 전세보증금 중 인수금액을 지급하였다는 증빙서류를 잘 보관해야 한다. 그리고 전액 배분받은 이종복과 유승민은 낙찰자의 명도확인서를 요하고, 전액 배분받지 못한 송민석은 명도확인서 없이 배분받을 수 있다. 선순위임차인 이종복과 유승민은 전액 배분받을 수 있어서 계약금을 받고 재계약하고 명도확인서를 작성하여 주었고 이때 재계약 당시 계약잔금은 배분금 수령하여 입금하기로 계약서를 작성하였다. 따라서 임차인 이종복과 유승민은 배분금 수령금액으로 계약잔금을 입금하여주었던 사례이다.

　이처럼 임차인 등이 배분금을 직접 수령하여 입금하는 경우도 있으나 이종복, 유승민과 같은 기존임차인 등과 재계약시 배분금 수령을 이종복과 유승민의 위임장과 배분금지급동의서(인감증명서 별첨)를 받아 낙찰자가 직접 수령할 수 있다.

공매로 진행되는 물건에서 임차인의 주민등록을 공무원이 직권말소하여 대항요건이 상실된 경우의 배당사례와 대응방법

자산관리공사 압류공매절차에서 최우선변제금대상인 후순위임차인이 아파트의 일부를 임차하여 점유하고 있었으나 임차인이 사업상 일본에 자주 왕래하면서 일정기간 일본에 거주시에 발생한 것으로 공무원이 직권말소한 실제 사례이다.

❖ 공매물건분석

주소	면적	공매가 진행과정	1) 임차인조사내역 2) 기타 청구	등기부상의 권리관계
경기도 김포시 장기동 ○○○ 청송마을 제210동 제4층 제○○○호	대지 46.14지분 (총면적 92333.3㎡) 건물 84.281㎡ (33평형)	감정가 225,000,000원 〈2005. 10. 31.〉 최저가 1차 225,000,000원 유찰 저감 10% 2차 202,500,000원 유찰 저감 10% 3차 180,000,000원 낙찰 188,070,000원 〈2006. 1. 12.〉	1) 임차인내역 아파트 방 2개 주인점유아파트 방 1개 임차인점유 ① 최숙자 　전입　　× 　확정　　× 　배분신청 × 입찰당시 임차인전입자 없었음소유자만 전입되어 있었음 ※ 주민등록 공무원직권말소 공매공고일 이후인 낙찰 받고 나서 주민등록 말소회복정정 후 배분요구하여 소액보증금 중 일정액 배분 받을 수 있었음. 말소 전의 주민등록 　전입일자 2004. 6. 15 　확정일자　× 　배분요구　○ 　보증 10,000,000원 2) 기타청구 ① 압류 근로복지공단 (납부기일 2004. 1. 1.~2005. 3. 31.) 1,780,000원 ② 압류 서인천세무서부가세 17,495,300원 (2004. 4. 5.~2004. 10. 25.)	소유자 이도명 2004. 5. 20. 근저당서울축산업협동조합 2004. 5. 20. 200,000,000원 압류 서인천세무서 2005. 4. 27. 가압류 현대캐피탈 2005. 8. 3. 3,309,509원 임의경매신청 서울축산업협동조합 2005. 10. 18. (부천지원 2005타경35924) 청구금액 172,785,309원 압류 근로복지공단 2005. 11. 8. 공매신청자 서인천세무서 공매공고일 2005. 11. 23.

❖ 공매물건에 대한 분석 및 배분표 작성

이 공매대상물건은 자산관리공사에서 진행한 공매물건으로 공매신청은 서인천세무서가 위임한 물건이다. 말소기준권리는 근저당권자 서울축산업협동조합으로 2004. 5. 20.이고 주민센터에서 전입세대열람결과 소유자(채무자)만 전입되어 있어서 이러한 사실만 믿고 임차인이 없는 것으로 보고 입찰에 참여하였다. 그러나 낙찰받아서 명도하기 위해 공매대상물건지를 방문시 새로운 사실을 알게 되었다. 임차인 최숙자가 점유하고 있었으며 주민등록이 말소된 사실조차 모르고 있었던 것이다. 일본에 장기출장이 잦은 관계로 거주하지 않는 것으로 오인하여 주민센터 공무원이 주민등록을 직권말소시킴에 따라 대항력이 상실되었다. 법적으로야 대항력 없는 임차인이지만 대화가 잘 되겠는가? 이러한 사실 등을 임차인이 1차적으로 낙찰자인 본인과 자산관리공사 배분팀과 상의하였고, 일본에서 일정기간 거주하였던 사실을 대사관에서 증명서를 발급받아서 주민센터의 말소를 정정하고 나서야 배분신청에 참여하여 임차보증금 1,000만 원을 소액보증금 중 일정액으로 전액 배분 받을 수 있었다. 자산관리공사의 권리 신고 및 배분 요구는 낙찰자가 낙찰받고 대금 납부 후 14일 이내인 배분표 작성 전까지만 배분요구하면 배분절차에 참여할 수 있다. 그리고 공무원의 실수로 말소된 경우 말소를 정정 신청하여 말소가 회복되면 말소 전 당시로 소급하여 대항력이 존속한다는 것이 대법원 판례이다. 그렇다면 대항력 있는 임차인인 경우 낙찰자가 보증금을 인수하게 되는데 이러한 경우는 공매나 경매집행기관에 낙찰자 과실 없는 매각대금의 증가로 인한 손실에 따라서 대금납부 전인 경우에는 매각결정 취소 신청을 할 수 있고 대금납부 이후인 경우는 매매계약을 해제신청하거나 매각대금의 감액을 청구할 수 있을 것이다.

  배당표를 작성하여보면 배분금은 (188,070,000원 − 공매집행비용 1,750,000원) 186,320,000원이므로,

  1순위_ 최숙자 10,000,000원(최우선변제금1)

  2순위_ 서울축산업협동조합 172,785,309원

3순위_ 서인천세무서 3,534,691원(조세채권은 공과금 및 기타 일반채권에 항상 우선하기 때문)

따라서 낙찰자는 인수금액이 없었으며 이 공매사건은 경매사건과 중복되어 서로 다른 집행절차에 따라 진행되었으나 공매로 낙찰받아 먼저 잔금을 납부함에 따라 경매가 취소되었는데 이때 경매사건을 확인하면 알 수 있듯이 기각으로 처리된다.

그리고 최숙자는 배분받으려면 명도확인서가 필요했고 이에 따라 명도와 동시에 명도확인서를 작성해주었고 이로 인해서 임차인에게는 많은 도움이 되었으리라 생각된다.

임의경매와 강제경매가 중복되어 진행되는 과정에서 압류공매가 추가로 진행되는 경우의 배당사례

임의경매개시 기입등기 후(2006. 7. 27.)→ 강제경매기입등기 후(2006. 11. 3.) → 압류공매가 진행된 경우(2007. 4. 11.)에 있어서 압류공매로 낙찰받은 자가 먼저 대금 납부함으로 인해서 임의경매와 강제경매가 기각된 경우 배당표 작성사례

❖ 공매물건분석

주소	면적	공매가 진행과정	1) 임차인조사내역 2) 기타 청구	등기부상의 권리관계
경기도 김포시 풍무동 ○○○ 외 1필지 양도마을 제211동 제○○○호 ○○아파트	대지 50.798㎡ (총면적 84,738.4㎡) 건물 108.6㎡ (42평형)	감정가 370,000,000원 〈2007. 3. 23.〉 최저가 1차 370,000,000원 유찰 10% 저감 2차 333,000,000원 유찰 10% 저감 3차 296,000,000원 유찰 4차 259,000,000원 낙찰 281,809,000원 〈2007. 6. 7.〉	1) 임차인 ① 이인기 전입 2006. 3. 30. 확정 × 배분신청 ○ 보증 6,000,000원/ 월세 600,000원 2) 기타청구 ① 임의경매 국민은행 청구일자 2006. 7. 21. (사건접수) 청구금액 137,015,464원 ② 강제경매 기술신용보증기금 청구일자 2006. 11. 3. 청구금액 201,360,446원 ③ 압류 서울시 양천구청 (법정기일 2006. 7. 10.) 재산세 787,000원 (법정기일 2006. 5. 31.) 취득세 6,894,500원	소유자 황성민 2002. 9. 30. 근저당 국민은행 2002. 8. 27. 91,000,000원 근저당 국민은행 2002. 9. 30. 65,000,000원 임의경매 국민은행 인천지방법원 부천지원 (2006타경20967) 2006. 7. 27. 강제경매 기술신용보증기금 인천지방법원 부천지원 (2006타경29186) 2006. 11. 3. 가압류 신용보증기금 2006. 11. 3. 1,659,164,995원 압류 서울시 양천구청 2006. 11. 27. 압류공매 서울시 양천구청 〈공매공고일 2007. 4. 11.〉

❖ 공매물건에 대한 분석 및 배당표 작성

이 공매사건은 서울시 양천구청에서 위임한 공매사건으로 말소기준권리가 국민은행이었다. 그런데 국민은행이 2006. 7. 27. 임의경매기입등기 후 경매가 진행되는 과정이었고, 중복경매로 강제경매가 기술신용보증기금이 신청하여 2006. 11. 3. 기입등기되어 국민은행 임의경매절차에서 참여하고 있는 중이었는데 서울시 양천구청이 공매를 신청하여 공매가 진행되었고 이에 따라 낙찰받은 사건이었는데, 공매낙찰로서 임의경매신청권자 국민은행과 강제경매신청권자가 배당에 참여하고 소멸되어 임의경매와 강제경매가 기각되었음을 등기부를 통하여 확인할 수 있었다.

임차인 이인기는 후순위임차인으로 낙찰받고서 방문하였을 경우 배분신청을 하지 않은 상태인데 저자가 배분 신청하도록 하여서 배분받을 수 있었고 이에 따라서 명도가 쉽게 이루어진 사건이다.

배당금이 (281,809,000원-공매집행비용 2,780,000원)279,029,000원이므로,

1순위_ 이인기 6,000,000원(최우선변제 1)

2순위_ 국민은행 137,015,464원(우선변제 1)(양천구청 재산세는 당해부동산에 대한 당해세에 해당되지 않기 때문)

3순위_ 서울시 양천구청 7,681,500원(우선변제 2)(조세채권은 공과금 및 일반채권에 항상 우선한다)

그리고 배분잔여금 128,332,036원은 강제경매신청자나 가압류권자에게 배당되지 않고 체납자(채무자) 황성민에게 배당될 것이다. 압류공매배분절차에서는 후순위 가압류·강제경매신청(압류)채권자들은 배분절차에 참여할 수 없다. 따라서 강제경매신청자와 가압류권자 신용보증기금은 배분잉여금에 가압류하여서 받아갈 수밖에는 없다. 채권자 등이 배분잉여금에 대해서 가압류가 이루어지면 자산관리공사는 배분잉여금을 법원에 공탁함으로써 책임을 면하게 된다.

법원에 공탁된 금액은 채권자들이 본안 소송을 제기하여 판결을 득해서 추심할 수 있을 것이고 이들은 채권이므로 채권금액에 따라서 안분하여 배분될 것이다.

그러나 이 사건이 경매사건이었다면 배당이 4순위에서 강제경매신청자와 가압류권자가 안분배당하여 다음과 같이 배당된다.

① 기술신용보증기금 $= 128,332,036 \times \dfrac{1,659,164,995원}{1,860,525,441원} = 13,889,085원$

② 신용보증기금 $= 128,332,036 \times \dfrac{201,360,446원}{1,860,525,441원} = 114,442,951원$이 될 것이다.

그러나 압류공매에서는 전 소유자 가압류와 선순위가압류는 이 배당사례와 같이 우선 배당하거나(전 소유자의 가압류의 경우) 동순위로 안분배당한다. 참고로 임차인 이인기가 필자가 낙찰받고서 배분신청하도록 하여 배분금 600만 원을 배분받을 수 있었는데 압류공매는 경매와 같이 배당요구 종기일이 특별히 정해져있지 않다.

공매는 낙찰자가 대금 납부하면 30일 이내에 배분기일을 정하게 되는데 그 배분기일로부터 14일 이내에(배분표 작성 전까지만) 배분요구하면 배분 받을 수 있다.

따라서 아파트 명도가 쉽게 끝날 수 있었던 물건이었다.

압류공매절차에서 농지 구입시 토지거래허가와 농지취득자격증명에 관한 설명사례

❖ 농지 및 토지거래허가제도와 농지취득자격증명

농지

전·답 또는 과수원 등이 있는데 법적 지목 여부와 관계없이 실제 농작물의 경작 또는 다년생 식물재배지로 이용되는 토지의 부지와 고정식 온실, 버섯재배사, 비닐하우스와 그 부속시설 농막 또는 간이퇴비장 등 시설의 부지를 말하고 이러한 농지의 소유와 보전에 관하여는 농지법이 적용된다.

토지거래허가제도(농지와 임야의 토지거래허가)

토지거래허가구역에 해당되는 지역의 농지나 임야의 경우 토지거래허가를 다음과 같이 일정 면적초과시 토지에 관한 소유권, 지상권을 유상으로 이전 또는 설정하는 계약을 하는 경우에는 관할 시장·군수의 허가를 받아야 소유권이전등기를 할 수 있다.

① 토지거래허가대상 면적도시지역으로는 ⓐ 주거지역 180㎡ 이상, ⓑ 상업지역 200㎡ 이상, ⓒ 공업지역 660㎡ 이상, ⓓ 녹지지역 100㎡ 이상, ⓔ 용도 미지정 구역 90㎡ 이상비도시지역으로는 ⓐ 농지 500㎡ 이상, ⓑ 임야 1,000㎡ 이상, ⓒ 기타(대지, 잡종지, 공장용지 등)는 250㎡ 이상으로 한다.

② 토지거래허가 기준

  ⓐ 농지

    ㉠ 농지농지원부 소유자: 관할 거주지의 토지취득자(전세대원 거주요건 불필요)

    ㉡ 신규 영농인: 농지를 구입하는 곳이 토지거래허가구역이 아니면 누구나 읍, 면, 동사무소에서 농지취득자격증명을 발급받아 소유권이전등기를 할 수 있고 거주지와 농지에 대한 통작거리 제한도 없다. 그러나 토지거래 허가구역 내에서는 전세대원이 6개월 이상 실거주시 해당 시·군·구 토지취득이 가능하며 거주지와 농지에 연접한 시·군·구에 거주할 경우 토지소재지에서 20㎞ 이내에 위치해야 취득이 가능한 통작거리 제한이 있다. 비영농인일 경우 양도세 중과세 대상인지 여부는 시·군·구 연접지역에 있으면서 실제 영농행위를 하였는가가 중요한 영향을 미친다. 1년에 30일 이상 영농행위를 해야만 중과세대상에서 제외될 수 있다.

  ⓑ 대지: 주거 및 이용목적만 뚜렷하면 누구나 취득 가능

  ⓒ 임야: 취득하려는 토지의 시·군에 6개월 이상 전세대원이 실거주시 취득 가능(산림경영계획서 제출)

  ⓓ 공장용지: 공장설립허가를 득하면 토지거래허가를 받은 것으로 본다. 이용목적만 적합하면 취득이 가능하다.

③ 토지거래허가대상과 전매제한

신규 영농인이 토지거래허가를 받기 위해서는 해당 시·군·구에서 세대원 전원이 6개월 이상 실거주 시에로 직접농지를 경작하는 자이어야 하므로 주말체험영농의 목적으로 하는 자는 허가를 받을 수 없다. 그리고 토지거래허가를 받아서 구입한 토지는 전매제한이 있는데 농지는 2년, 임야는 3년, 개발산업 토지는 4년, 기타 5년의 의무기간을 두고 있다.

④ 양도세 60% 중과대상과 통작거리 20㎞ 제한에 대한 설명

비거주 영농인의 비사업용 농지로 중과되는 중과양도세 60%는 거주요건과 통학거리 등만을 가지고 결정하는 것이 아니고 실제 영농하였는가가 중요하고 실제 영농행위를 하고 이를 증명할 수 있는 사유들이 있다면 중과대상이 아니고 일반세율이나 감면대상이 된다. 그렇다고 하더라도 1,000㎡ 미만의 주말영농체험용농지는 중과대상에서 제외된다.

그러나 비거주 영농인에 대한 양도세 60% 중과제도가 2012. 12. 31까지 한시적으로 폐지되어 이 기한까지 취득 또는 양도하는 경우에는 일반세율만 적용받게 되겠지만 장기보유 특별공제는 받을 수 없다는 점 등을 유의하면 될 것이다.

⑤ 토지거래허가가 필요 없는 경우

ⓐ 대가성이 없는 상속·증여받은 경우

ⓑ 허가대상면적 미만의 토지거래

ⓒ 토지거래허가구역 내의 토지라 하더라도 민사집행법에 의한 경매절차 또는 국세징수법상 진행되는 공매절차를 통하여 취득한 경우에는 토지거래허가를 받을 필요가 없으나 농지취득자격증명은 받아야 한다(국토법 제121조 제2항의 규정에 의해 토지거래허가제에 관한 규정을 적용하지 않는다).

농지취득자격증명

① 농지취득자격증명 대상면적

매매나 경매로 농지 즉 논·밭·과수원 등을 취득하고자 하는 도시인 또는 비영농인은 그 농지면적을 1,000㎡ 이상 되어야 하고 농지취득자격증명을 받아야 한다. 1,000㎡ 미만인 경우는 농지취득자격발급대상이 되지 않는다. 그러나 기존의 농지 소유자라면 공매나 경매로 취득하는 면적을 포함하여 1,000㎡를 초과하면 농지취득자격증명을 받을 수 있는데 이때 보유하고 있는 농지가 단지 토지등기부등본상의 소유자로 등재된 경우만은 안 되며 농지원부에 등재되어 있는 경우에만 포함된다. 단, 주말체험, 영농용도일 경우는 1,000㎡ 미만인 경우에도 농지취득자격증명을 취득할 수 있는데 이때 1,000㎡는 세대원 모두를

합산한 면적을 말한다.

② 관할 발급관청과 경매집행법원의 농지에 대한 해석 차이

토지는 그 법적지목 여하에도 불구하고 실제의 토지현상이 농작물의 경작 또는 다년생식물재배지로 이용되는 토지를 말한다. 그런데 이러한 의미를 법원과 농지취득발급대상 시·군청이 농지에 대한 해석이 약간의 차이가 있다. 관할허가관청은 위와 같은 경우에 발급해주고 있으나 지목이 농지이더라도 현황이 주거지거나 공장용지를 사용할 경우 발급하여주지 않는다. 그러나 경매집행법원은 지적법상 농지이면 무조건 농지취득자격증명을 요청한다는 것이다. 이 경우 관할시, 구(동이 있는 구청)읍, 면사무서에 농지취득자격증명을 신청하면 발급대상이 아님을 확인시켜주는 증명서로 발급해주게 되므로 이를 법원이나 공매집행기관에 제출하면 된다. 따라서 입찰 전에 현장조사시 지목과 실제현상이 일치하는가를 확인할 필요가 있고 이에 대한 대비도 해야 문제가 없다. 농취증 면제에 대한 증명을 경매계에 제출하여 그 사실을 소명해야만 매각 불허가결정을 피할 수 있다.

③ 농지취득자격증명 신청방법

농업경영 목적으로 농지를 취득하는 경우에는 농지취득자격증명신청서와 농업경영계획서를 작성하여 시·구·읍·면장에게 증명발급(수수료 1,000원)을 신청하면 가능하고, 농업경영 이외의 목적으로 취득하는 경우 즉 시험, 연구, 실습용, 농지전용, 주말체험영농, 영농여건불리 농지 등으로 이용하고자 하는 경우에는 농지취득자격증명발급 신청시 농업경영계획서 제출의무가 면제된다. 첨부서류 등은 시·구·읍·면장과 유선통화를 통하여 확인하고 제출하는 방법이 좋다.

※ 농지법 시행령 제7조(농지취득자격증명의 발급)

※ 영농여건불리농지營農與件不利農地

최상단부부터 최하단부까지의 평균경사율이 15% 이상인 영농 여건이 불리한 농지로서, 예외적으로 비농업인이 소유할 수 있는 농지를 말한다[농지법 제6조 제2항 제9호의 2].

영농여건불리농지를 취득하려는 자는 농업경영계획서를 작성하지 않고도 소재지 관할 시장, 구청장, 읍장 또는 면장에게서 농지취득자격증명을 발급받을 수 있고[농지법 제8조], 농지를 임대하거나 사용대할 수 있다[농지법 제23조].

영농여건불리농지를 쉽게 찾아보는 방법은 2가지가 있다.

ⓐ 시, 군, 구청 홈페이지를 통한 확인방법

각 시, 군, 구청 홈페이지를 방문하여 고시공고란에서 검색어를 영농여건불리공고로 검색하면 영농여건불리농지에 해당하는 번지를 확인할 수 있다.

ⓑ 토지이용 계획확인원을 발급 받아보면 영농여건불리농지에 해당되는 농지인 경우 영농여건 불리농지로 기재되어 있으므로 확인이 가능하다.

❖ 공매물건내역분석

주소	면적	공매가 진행과정	1) 임차인조사내역 2) 기타 청구	등기부상의 권리관계
경기도 안산시 단원구 대부북동 ○○○-○○○ 〈답〉 체납자겸 소유자: 이준기 공매위임관서: 구로세무서 공매집행기관: 자산관리공사	답(논) 2,664 m²	감정가 186,480,000원 감정일시 2005. 7. 15. 최저가 1차 186,480,000원 유찰 2차(10% 저감) 167,832,000원 유찰 3차(10% 저감) 149,184,000원 유찰 4차(10% 저감) 130,536,000원 유찰 5차(10% 저감) 111,888,000원 유찰 6차 (10% 저감) 93,240,000원 낙찰 95,270,000원 〈2005. 10. 12〉	1) 임차인내역 없음 2) 기타청구 ① 금천세무서 증여세 (법정 2003. 5. 31) 15,109,000원 ② 금천구청 재산세 (법정 2003. 9. 10) 351,000원 ③ 구로세무서 • 부가세 25,743,300원 (법정 2004. 10. 25) • 법인세 41,903,000원 (법정 2004. 3. 31) ④ 근로복지공단 납부기한 2005. 1. 30. 175만 원 ⑤ 단원구청 교부청구 재산세 (법정 2004. 9. 10) 175,000원	소유자 이준기 근저당 중소기업은행 2003. 12. 8. 24,000,000원 중소기업은행 근저당권일부이전(일부대위변제) 변제자 신용보증기금 2005. 3. 25. 15,951,070원 압류 금천세무서 2004. 5. 11. 압류 금천구청 2004. 10. 5. 압류 구로세무서 2005. 5. 10. 압류 근로복지공단 서울관악지사 2005. 6. 24. 압류공매 구로세무서 청구 67,646,300원 〈공매의뢰 2005. 6. 20〉 〈공고일자 2005. 8. 10〉

❖ 공매물건에 대한 분석 및 배분표 작성

배분표를 작성하여보자.

배분금이 (95,270,000원−2,765,000원 공매집행비용)92,505,000원이므로

1순위_ 안산시 단원구청 175,000원(당해세 우선변제금 1)

2순위_ 금천세무서 15,109,000원(우선변제 2)(이 증여세는 당해세에 포함되지 아니한다. 증여세가 당해세가 되기 위해서는 증여대상이 공매물건이어야 하나 소유자 이준기가 이 공매물건을 증여받아서 소유권을 취득한 것이 아니기 때문).

3순위_ 금천구청 351,000원(우선변제 3)(이 재산세는 당해세가 아님. 당해 부동산에 관련된 재산세만 당해세가 된다)

4순위_ ① 중소기업은행 8,048,930원(우선변제 4) ② 신용보증기금 15,951,070원(우선변제 4)

5순위_ ① 구로세무서 법인세 $= 52,870,000 \times \dfrac{25,743,300}{67,646,300} = 20,120,070$원(우선변제 5)

② 구로세무서 부가세 $= 52,870,000 \times \dfrac{41,903,000}{67,646,300} = 32,749,930$원(우선변제 5)

으로 배분이 종결되며 ①, ②는 법정기일로는 차이가 있으나 일반조세채권은 당해세와 압류하지 않는 한 법정기일 선후와 관계없이 동순위로 안분배분 된다. 이는 같은 세무서일지라도 세목별로 구분할 필요가 있을 것 같아서 구분해본 것이다. 농지이므로 낙찰자에게 인수금액은 없다. 그러나 금년도 벼농사 수확에 대해 채무자 소유임을 이해해야 한다.

이 물건은 공매이므로 토지거래허가대상은 아니고 따라서 전매제한규정에도 포함되지 않는다. 전매제한은 토지거래 허가받은 농지에만 해당된다. 그러나 농지이고 1,000㎡ 이상이므로 농지취득자격증명을 받아야 한다. 따라서 농지취득자격증명을 받기 위해서 공매입찰에 들어가기 10일 전에 대부북동사무소에 방문하여 농지취득자격증명을 받을 수 있는지 확인하고 입찰에 들어간 사건이다.

공매는 경매와 달리 농지취득자격증명이 매각결정시에는 상관없이 대금 납부 후 소유권이전시 첨부해야만 소유권을 이전 받을 수 있다.

참고로 공매나 경매는 대금납부하면 소유권을 취득하게 되는 민법 187조의 규정을 적용받지만 최근 관례에 의하면 대금납부 이후 농취증을 발급받지 못해서 소유권 이전등기를 하지 못한 공매물건에서 전 소유자(체납자)가 제3자에게 매각한 행위를 원인무효로 보지 아니하고 제3자의 소유권을 인정해주는 관례가 있다.

즉 대금납부 이후라도 농취증을 발급받지 못하면 온전한 소유권을 인정하지 않는다는 관례로 이해하면 될 것이다.

공매물건이 임야인 경우의 투자사례

임야는 단기적인 투자로 수익성을 가져오기는 어렵지만 중장기적으로 투자를 한다면 많은 수익을 얻을 수 있는 좋은 기회가 되곤 한다. 특히 수도권이나 개발도시 주변에 도로주변이나 택지개발단지 내 우량한 매물을 구입한다면 장기적인 수익성이 예상된다.

1996년 임야매매증명제도가 폐지되고 1998년 토지거래허가구역이 거의 해제되면서 임야의 거래가 자유로워졌지만 아직까지도 활발하지는 않다. 그렇지만 투자자입장에서 보면 이때가 투자적기라고 볼 수 있으며 장기적으로 보면 반드시 매력이 있다고 할 것이다. 부동산의 투자심리가 확산되면 임야 또한 좋은 수익성을 만들어줄 수 있을 것이다.

중요한 것은 임야 그 자체로만 매매하는 것이 아니라 임야를 개발하는 방법으로 즉 형질변경 등을 하여 용도를 바꿀 수 있다면 더 큰 수익을 가져다줄 수 있을 것이고, 따라서 임야를 생각할 때 개발이 가능한지 임야에서 할 수 있는 행위가 무엇이 되는 가 등을 철저히 분석하는 것이 투자의 기본이라 할 것이다.

이러한 분석을 위하여 관할 시·군·구청에서 지적도, 토지대장, 토지이용계획확인원과 관할 공무원의 도시개발가능성, 개발행위제한 등을 분석하여 개발 가능한 것이 무엇인가를 터득하는 것이 우선순위일 것이다.

❖ 임지의 구분

보전임지

① 생산임지: 요존국유림, 채종림, 시험림, 임업진흥권역 등
② 공익임지: 보안림, 천연보호림, 휴양림, 사방지, 조수보호구역, 공원, 사찰림, 문화재 보호구역, 상수원보호구역, 개발제한구역, 보존녹지지역, 생태계보전지역 등

준보전임지

앞의 보전임지 이외의 산림

임지의 전용

① 임지를 타용도로 전용하고자 하는 경우에는 전용허가를 받아야 한다.
② 대체조림비 및 전용부담금전용허가(형질변경허가) 등을 받은 자는 대체조림비 및 전용부담금을 납부해야 한다.
   ※ 임야의 형질변경에 있어서도 산림법보다는 국토이용관리법 등 타법령과 자치단체 조례에 의한 저촉을 더 많이 받는다.

❖ 임지의 투자방법(공매나 경매로 구입시)

① 수도권(서울, 근교도시)에서 1시간 정도의 거리에 있는 곳
② 도로가 접한 남향이 최고지 임지이고 맹지인 경우는 주의해야 할 것이다.
③ 면적은 500평~2,000평 정도

④ 가격은 평당 5만~10만 원 정도대부분 가격이 저렴한 것을 원하고 있으나 전원주택이나 묘지로 활용하고자 하는 경우는 이 정도 이상 가격대이다.

⑤ 도시지역의 그린벨트 내 임야는 가급적 피하라. 형질변경이 불가하고 특히 묘지도 쓸 수 없다.

※ 보안림, 천연보호림 등 보존임지는 대부분 전용허가가 안 되니 공장 등 타용도로 사용하고자 하는 분들은 구입하지 않는 것이 좋다.

⑥ 농지처럼 농지취득자격증명이 필요 없지만 주소지가 임야소재지의 시·군·구 연접하여 있지 않으면 비사업용으로 분류되어 양도세가 장기보유특별공제혜택 없이 60%로 중과세될 수 있다는 점이다. 이는 비영농인 양도세와 나대지 비사업용과 같이 양도세가 60%가 중과세된다.

⑦ 임야는 경사도가 15% 이하인 경우가 좋다.

⑧ 묘지가 있는지 확인하고 이것이 차지하는 부분을 제외하고 개발사용이 가능한가를 분석해야 할 것이다.

⑨ 입목등기가 되어 있거나 명인방법에 의한 임목이 있는 경우도 주의해야 할 것이다.

⑩ 토지이용계획획인원을 발급받아서 용도지역을 확인하고 개발가능성 여부, 사용대상에 해당되는가를 알아보아야 한다.

❖ 임야와 농지(논, 밭, 과수원 등)에 대한 토지거래허가제도

① 토지거래허가구역에 해당되는 지역의 농지나 임야의 경우 토지거래허가를 아래와 같이 일정면적초과시 토지에 관한 소유권, 지상권을 유상으로 이전 또는 설정하는 계약을 하는 경우에는 관할 시장·군수의 허가를 받아야 소유권이전등기를 할 수 있다.

② 신규영농인이 토지거래허가를 받기위해서는 해당 시·군·구에서 세대원 전원이 6개월 이상 실거주시에만 가능하고 토지거래허가를 받아서 구입한 토지는

전매제한이 있는데 농지는 2년, 임야는 3년, 개발사업토지는 4년, 기타 5년의
의무기간을 두고 있다.

③ 실제로 영농하지 않는 영농인에게는 양도세가 60% 중과되는데 실제 영농하였
는가가 중요하고 실제 영농행위를 하고 이를 증명할 수 있는 사유들이 있다면
중과대상이 아니고 일반세율이나 감면대상이 된다.

그러나 양도세 60% 중과제도가 2012. 12. 31까지 한시적으로 폐지되었다는 것은
앞의 예제에서 이미 설명한 바 있다.

④ 토지거래허가대상 면적도시지역으로는 ⓐ 주거지역 180㎡ 이상, ⓑ 상업지역
200㎡ 이상, ⓒ 공업지역 660㎡ 이상, ⓓ 녹지지역 100㎡ 이상, ⓔ 용도 미지정
구역 90㎡ 이상비도시지역으로는 ⓐ 농지 500㎡ 이상, ⓑ 임야 1,000㎡ 이상, ⓒ
기타(대지, 잡종지, 공장용지 등)는 250㎡ 이상으로 한다.

❖ 압류공매에 있어서 임야가 1/3지분만 공매로 나온 경우

입찰물건내역

주소	면적	공매가 진행과정	1) 임차인조사내역 2) 기타 청구	등기부상의 권리관계
경기도 안산시 상록구 사사동 ○○○ 번지	임야 1,956.㎡ (총면적 5,870㎡) (총면적의 1/3지분인 김한기지분공매)	감정가 118,377,930원 최저가 1차 118,377,930원 유찰 10% 저감 2차 106,540,130원 유찰 10% 저감 3차 94,702,344원 유찰 4차 82,864,551원 유찰 5차 71,026,758원 낙찰 75,070,000원 〈2004. 10. 30.〉	1) 임차인내역 〈임차인관계 없음〉 2) 기타청구 ① 안산세무서 부가세 (법정 2002. 7. 25.) 7,890,000원 ② 국민건강보험 (납부기일 2002. 5. 31.) 2,540,000원 ③ 국민연금 (납부기일 2003. 12. 31.) 1,580,000원 ④ 상록구청 재산세 (법정 2003. 7. 10.) 250,000원	공유지분소유자 　이수진 1/3지분 　이한민 1/3지분 　김한기 1/3지분 근저당 광주농협 　2001. 5. 30. 4,500만 원 김한기지분압류 안산세무서 　2003. 4. 30. 김한기지분압류 상록구청 　2003. 10. 10. 김한기지분압류 국민건강보험료 　2003. 10. 30. 김한기지분가압류 이철민 　2004. 1. 10. 3,500만 원 김한기지분압류 국민연금 　2004. 3. 30. 압류공매 안산세무서 　〈공매공고 2004. 5. 15.〉

공매물건에 대한 분석 및 배당표 작성

이 공매사건은 전체면적 중에서 1/3 지분권자인 김한기 지분만 공매가 나온 것으로 말소기준권리는 광주농협이다.

배분순위에 따라 배분표를 작성하여보자.

배분금이 (75,070,000원−100만 원 공매비용)74,070,000원이므로,

1순위_ 상록구청 250,000원(당해세 우선변제 1)

2순위_ 광주농협 45,000,000원(우선변제 2)

3순위_ 안산세무서 7,890,000원(우선변제 3)(조세채권은 공과금 및 기타 채권에 우선한다)

4순위_ ① 국민건강보험 2,540,000원 +② 국민연금 1,580,000원(우선변제 5)

동순위배분 따라서 배분금액이 부족한 경우 납부기한과 상관없이 동순위로 안분배당한다. 그러나 공과금과 공과금 사이에 저당권 등의 담보물권이 있는 경우에는 납부기한을 기준으로 우선순위를 정한다. 이들은 조세채권과 같이 압류선착주의는 적용되지 않고 동순위이다.

예를 들어 갑 공과금 → 을 근저당 → 병 공과금 순위이면 1순위 갑 공과금(을 근저당보다 납부기한이 빠름), 2순위 병 근저당(병의 납부기한보다 빠름), 3순위 병 공과금 순이 된다.

다음 5순위로는 가압류권자 이철민이 16,810,000원을 배분받아야 하나 압류공매에 있어서는 국세징수법절차에 의해 진행되므로 후순위가압류권자는 배분절차에서 배제시킨다. 따라서 채무자 겸 소유자인 김한기에게 배분잉여금이 돌아가게 될 것이다. 그러면 가압류권자 이철민은 가압류권이 배분받지 못하고 소멸되므로 배분잉여금에 대해 또다시 가압류를 해야만 배분금이 소유자에게 돌아가지 아니하게 될 것이고 자산관리공사는 배분금 전액을 법원에 공탁함으로서 책임을 면하게 될 것이다. 법원은 공탁된 금액을 갖고 각 채권자들에게 배분하게 되고 잔여금이 있을 경우 소유자에게 지급할 것이다.

그러나 위 사건이 경매사건이었다면,

1순위_ 상록구청 250,000원

2순위_ 광주농협 4,500만 원

3순위_ 안산세무서 7,890,000원

4순위_ ① 국민건강보험 2,540,000원, ② 국민연금 1,580,000원

5순위_ 이철민 16,810,000원으로 배당이 종결될 것이다.

위와 같은 지분경매에 있어서 선순위저당권 등의 담보물권자(확정일자임차인 등)는 자기채권액 전액에 대해 우선변제받을 수 있고 후순위채권자 등은 단지 이로 인해 배당받지 못한 금액에 대해 나머지 공유지분권자 등에게 대위행사를 청구할 수 있을 뿐이다.

이러한 지분권자 공매나 경매절차에서 선순위채권자 광주농협이 전액 배당받으므로 인하여 배당받지 못한 금액의 한도 내에서만 나머지 공유지분권자에게 대위행사로 청구할 수 있을 것이다. 대위청구할 수 있는 금액은 전체지분매각시 배당받을 수 있는 금액을 한도로 후순위채권자 등이 청구할 수 있다.

김 / 동 / 희 / 의 / 강 / 의 / 노 / 트

지분공매에서 선순위저당권자의 말소와 대위청구금액 계산방법

① 이수진＝⅓×4,500만 원＝1,500만 원

② 이현민＝⅓×4,500만 원＝1,500만 원

③ 김한기＝⅓×4,500만 원＝1,500만 원으로 이와 같이 ①, ②, ③에 대한 공동저당권자는 동시매각시 즉 동시배당시에 김한기 지분에서 배당받을 수 있는 금액에 대해 이수진과 이한민 지분매각시 또는 소유자에게 각각 1,500만 원에 대해 대위행사를 청구할 수 있다고 보인다. 그리고 공매로 ⅓지분 매각시 광주농협근저당권은 김한기지분에 대해서만 근저당권이 말소되고 이수진과 이한민에 대한 근저당권 ⅔는 (일부 ⅓지분만 촉탁말소, 일부존속 ⅔) 변경등기되어 남게 된다. 이에 대해 후순위 채권자 등이 대위권을 청구할 수 있다고 본다. 이와 같이 일부 존속하는 3,000만 원에 대한 근저당권은 전액 배당받음으로써 채권액이 존재하지 않는 저당권으로 소유자 또는 소유자의 채권자 등이 말소를 청구할 수 있다고 보아지며 대위청구가 가능한 권리자 등이 있다면 이들 역시 대위권을 행사하려고 할 것이다.

지분공매에서 토지거래와 농지취득자격증명

일반매매 절차로 공유지분 중 일부 지분을 매수하는 경우 토지거래허가구역내에서는 허가가 이루어지지 않으나, 농지취득자격증명은 지분권리라 하더라도 발급 대상이 된다.

그러나 공매나 경매등으로 취득하는 경우에는 토지거래허가는 면제 대상이고 농지취득자격증명만 받으면 되는데 지분만 취득하는 경우에도 발급대상이 된다.

공매로 낙찰받고 나서 매각결정서 수령 후 대금 납부하기 전 채무자 요청으로 매각결정 취하에 동의해준 경우의 배분사례

❖ 공매물건분석

주소	면적	공매가 진행과정	1) 임차인조사내역 2) 기타 청구	등기부상의 권리관계
서울시 양천구 신정동 ○○○ 외 1필지 목동신시가지 아파트 제○○○○동 제12층 제○○○○호	대지 53.02㎡ (총면적 162,139,700㎡) 건물 70.73㎡ (아파트 27평형)	감정평가 700,000,000원 〈2007. 1. 26.〉 최저가 1차 700,000,000원 유찰 10% 저감 2차 630,000,000원 유찰 3차 560,000,000원 낙찰 565,090,000원 〈2007. 5. 17.〉	1) 임차인 ① 이승복전입 1990. 12. 10. 〈임차인이 아니고 소유자임〉 2) 기타청구 ① 양천구청 재산세 (법정 2004. 9. 10.) 780,000원 취득세 (법정 2005. 1. 31.) 4,879,000원	소유자 이승복 1990. 12. 5. 근저당 국민은행 2001. 4. 4. 141,000,000원 근저당 국민은행 2002. 5. 15. 48,000,000원 근저당 국민은행 2005. 1. 28. 65,000,000원 압류 서울시양천구청 2005. 8. 10. 가압류 국민은행 2006. 12. 13. 54,385,009원 압류공매신청 양천구청 (공매공고일 2007. 3. 28.)

❖ 공매물건에 대한 분석 및 배분표 작성

이 압류공매사건은 말소기준권리가 국민은행 2001. 4. 4.이다. 그러나 이 아파트에는 임차인이 없고 채무금액보다 배분잉여가 예상되는 것으로 나중에 알게 된 사실이지만 공매진행이 송달되지 않아 자산관리공사가 공시송달로 공매를 진행시킨 사건이었다. 압류조세채권금액도 소액으로 500여 만 원 정도였던 것으로 낙찰자가 방문시 아파트 소유자가 상당히 놀라는 모습이었다. 압류공매는 매각결정서 수령 후 취소하려면 낙찰자의 동의를 얻어서 체납자가 체납액을 상환 후 취소시킬 수 있는데 낙찰자의 동의가 없으면 스스로 취소할 수는 없는 것이다.

그러면 배분표를 작성하여보기로 하자.

배당금액이 (565,090,000원−공매집행비용 400만 원)561,090,000원이므로,

1순위_ 양천구청 780,000원(당해세 우선변제권 1)

2순위_ 국민은행 254,000,000원(우선변제권 2)

3순위_ 양천구청 4,879,000원(우선변제권 3)

배당잔여금이 301,431,000원은 체납자 겸 소유자에게 배분될 것이다.

압류공매의 매각절차에서 저당권부채권보다 후순위 가압류권자나 개인압류권자는 배분에서 배제시키는 것을 원칙으로 한다. 물론 선순위가압류나 전 소유자 가압류는 배분절차에 참여할 수 있다. 따라서 국민은행 가압류채권액은 배분잉여에 가압류할 수밖에 없고 그렇게 되면 자산관리공사는 법원에 공탁하게 되어서 국민은행이 본안 소송절차를 거쳐서 추심할 수 있다.

그러나 이 공매사건은 소유자가 매각결정 취소를 동의해달라고 요청하였으므로 서로 이익이 되는 점에서 합의하고 취하동의서를 작성해주었던 압류공매사건이었다.

지분압류공매절차에서 낙찰받은 후에 공유자 우선매수 신청이 있는 경우

❖ 공매물건분석

주소	면적	공매가 진행과정	1) 임차인조사내역 2) 기타 청구	등기부상의 권리관계
서울시 양천구 신정동 ○○○ ○ −○ 단독 주택	대지 91.2㎡ 주택 1층 52.44㎡ 2층 44.76㎡ 지층 48.24㎡ 〈재개발 예정지역〉 시세 평당 1,500 ~1,700만 원 (이용준지분만 압 류공매) *이용준 지분 대지 19,542 중의 91.2㎡ (14분의 3 지분) 건물 145.4㎡ 중의 27.24㎡(6분의 1 지분)	감정가 107,680,940원 (2007. 4. 05) 최저가 1차 107,680,940원 유찰 10% 저감 2차 96,913,000원 유찰 (···생략) 5차 64,609,000원 유찰 6차 53,841,000원 낙찰 67,208,000원 〈2007. 8. 30.〉 〈공유자우선매수청구〉 〈2007. 8. 30.〉	1) 임차인내역 ① 이철민 전입 2007. 5. 22. 확정 × 배분신청 ○ 보증 3,000,000원 ② 이만기 전입 1999. 2. 26. 확정 1999. 2. 26. 배분신청 ○ 보증 18,000,000원 2) 기타청구 ① 인천세무서 부가세 (법정 2000. 1. 25.~ 2000. 10. 25.) 청구액 18,720,450원	공유자 (건물) (토지) 지분1/6 지분3/14 이용준 ××××−×××× 지분1/6 지분5/14 김덕준 ××××−×××× 지분1/6 지분2/14 이영민 ××××−×××× 지분1/6 지분2/14 홍승민 ××××−×××× 지분1/6 지분2/14 홍계영 ××××−×××× 1991. 5. 27.(상속) 이용준지분압류 인천세무서 2001. 12. 12. 압류공매 인천세무서 (공매공고일 2007. 6. 20.)

앞의 공매사건에서 말소기준권리는 인천세무서의 압류로 2001. 12. 12.이다. 이는 이용준지분에 대한 공매로 낙찰되더라도 건물은 1/6지분, 대지는 3/14지분만 소유하게 되는 공유지분에 대해 공매가 진행되는 사건이다.

그래서 매각금액이 낮은 가격으로 단독으로 낙찰된 사건이다. 그러나 온전한 주택이었을 경우 평당 1,500~1,700만 원의 시세를 유지하는 재개발예정지역이었으므로 공유지분을 낙찰받더라도 투자에 대한 수익성이 예상되었다. 또한 이 주택은 2003년 12월 30일(2010. 7. 15. 부터는 권리산정기준일을 기준으로 한다) 이전에 분할된 주택이나 단독 · 다가구주택이 이와 같이 공동소유한 경우에 하나의 분양대상자격이 주어진다.

따라서 분양받을 경우 공동분양대상자가 되어 분양된 주택의 각 지분별로 공동소유자가 되기 때문에 기존 공유지분권자에게 매각하든가, 기존 공유지분권을 별도 매입하여 전체를 소유하든가 아니면 공동분양대상자로서 분양받고 제삼자에게 매각하여 지분비율에 따른 매각대금을 받을 것을 예상할 수 있다. 이 또한 협의가 안 될 경우 법원에 공유지분분할청구소송을 제기하여 경매매각대금에서 각 지분별로 분할할 수 있을 것이다. 따라서 어떠한 방법으로 진행하든 간에 낮은 가격으로 매수할 수만 있다면 좋은 투자가 될 것이다.

그러면 배분표를 작성하여보자.

배분금이 (67,208,000원－공매집행비용 200만 원)65,208,000원이므로

1순위_ ① 이철민 3,000,000원＋② 이만기 1,600만 원(최우선변제금 1)[(최우선변제금 지급기준이 되는 담보물권(저당권, 담보가등기, 전세권 등) 등이 없어서 배분시점을 기준으로 소액임차인을 계산하면 4,000만 원 이하인 경우 1,600만 원을 우선적으로 변제 받게 된다.)]

2순위_ 이만기 2,000,000원(우선변제금 1)

3순위_ 인천세무서 18,720,450원(우선변제금 2)

배분잔여금 25,487,550원은 채무자 겸 소유자인 이용준에게 배분되어야 할 것이다. 그러나 이 공매사건에서 공유지분권자들이 공유자우선매수청구권을 행사하여 낙찰자가 차순위 지위에 놓이게 되었고 다음과 같이 최고액입찰자지위 포기신고서를 제출하여 입찰보증금을 환급받은 경우이다. 참고로 지분권자의 물건이 공매나 경매가 진행되었다면 배분순위는 다음과 같다.

ⓐ 최우선변제금을 전액 최우선하여 배분받는다.

ⓑ 확정일자에 의한 우선변제금도 임차보증금전체금액에 대해 우선변제받고 근저당권이나 전세권 등도 우선순위에 따라 후순위채권자에 우선하여 전액 우선변제받을 수 있다.

ⓒ 이로 인해 받을 수 없는 후순위채권자들은 지분공매 또는 지분경매만큼 선순위채권자들이 배분을 받았다면 받을 수 있는 금액에 한도 내에서 나머지 공유자에게 대위행사를 할 수 있을 것이다.

주택 등 건축물에서 분양받을 수 있는 권리산정기준일

서울시 도시 및 주거환경정비조례[제2조 제11호, 제27조 제2항 2010.6.24.개정]
정비사업으로 인하여 주택 등 건축물을 공급하는 경우, 토지의 분할, 다가구주택의
다세대주택으로의 전환, 다세대주택 또는 공동주택의 신축 등의 행위를 한 자에 대
해 분양자격을 정하는 것으로서, 이 '권리산정기준일' 은 법 제50조에따라 정비사업
으로 인하여 주택 등 건축물을 공급하는 경우 법 제4조 제5항에 따른 정비계획의 고
시가 있은 날 또는 시장이 투기억제를 위해 기본계획 수립후 정비구역 지정 · 고시
전에 따로 정하는 날을 말한다(2010. 7. 15.신설). 이날을 기준으로 건축물을 분양받
을 권리를 정하는 사항이다.

이용기관 등의 재산공매절차와 실제 입찰 사례에서 낙찰받은 후의 계약체결 및 대금 납부 후 소유권이전등기까지

❖ 이용기관

이용기관에는 공공기관으로 국가기관(국유재산), 지방자치단체(시유재산, 군유재산, 구유재산), 국가 또는 지방자치단체가 출자·출연한 기관과 기타의 공공기관 등(공유재산)이 있으며 이러한 공공기관 등을 보면 행정자치부, 기획예산처, 기획재정부, 교육부, 정보통신부, 국가보훈처, 법원행정처, 국방부, 군수사령부 및 각 사령부, 조달청, 환경청, 통계청, 경찰청과 각 지방경찰서, 검찰청, 감사원 등의 중앙행정기관 및 이들 산하기관과 서울특별시와 각 도, 시·군·구 등의 지방자치단체 그리고 교육기관(초·중·고·대학교 등), 한국전력공사, 한국철도공사, 한국가스공사, 국립공원관리공단, 중앙전파관리소, 우체국, 수도사업소, 시설관리공단 등 약 1만 이상의 공공기관 등이 온비드 사이트를 이용하여 보유 중이거나 관리 중인 재산을 매각 또는 대부절차를 진행하고 있다.

❖ 이용기관재산에 대한 매각 또는 대부방법

이용기관 등이 자산관리공사 온비드사이트에 자신의 정보를 제공하기 위하여 이용기관 회원 가입 후 온비드사이트의 전자처분시스템을 이용하여 보유 또는 관리 중인 재산과 물품의 관리·처분을 위한 입찰공고를 등록하고, 전자입찰을 통해서 이용기관 재산에 대한 매각 또는 대부(임대)절차로 자산관리공사에 입찰등록수수료(1건당 5,000원)와 낙찰수수료(1억 이상~10억미만은 200,000원)를 지급하고 직접 매각 또는

대부(임대)하는 이용기관재산의 매각 또는 대부가 있다

이러한 이용기관 등의 매각재산으로는 아파트 · 다세대 · 연립주택 · 단독(다가구) 주택 · 상가 · 오피스텔 · 공장 · 토지 · 자동차 · 기계 · 골프회원권 · 유가증권 · 동물 · 기타 불용품 등의 매각이 대상이 되는 공매물건이 있고, 대부재산은 아파트 · 토지 · 지하철상가 · 학교매점운영권 · 주차장운영권 · 기타 시설 등이 있다.

이용기관재산의 입찰 또는 유찰계약(수의계약)

공개경쟁 입찰방식에 의한 매각방식이 원칙으로 하고 있지만 각 기관별로 정한 방법에 따라서 일정 횟수 이상 입찰자가 없어서 유찰되는 경우 유찰계약(수의계약)방식으로도 매각할 수 있다.

수의계약은 입찰을 실시해도 매각되지 않는 경우 전 회차 공매조건 이상으로 다음 공매공고 전까지 할 수 있다. 보통의 경우 2회에 거쳐 유효한 입찰이 성립되지 않은 경우 종전 공매조건(종전 최저매각금액) 이상으로 수의계약을 할 수 있는 제도이다. 수의계약 절차는 수의계약 체결요청서 제출 및 매매가격의 10% 이상 계약보증금을 납부하면 되는데 경합이 있는 경우 지명경쟁입찰에 의하며 통보 후 10일 이내에 계약을 체결하면 된다.

공고방법과 감정평가에 따른 최초 매각예정가격 결정

① 공고방법

이용기관에 따라 차이가 있으나 온비드사이트에 전자공고만으로 공고하는 이용기관이 대부분이나 전자공고 · 신문공고 · 자체홈페이지 등에 공고를 병행하는 이용기관 등이 있다. 실무적으로 이용기관 등의 공고는 온비드사이트에서만 공고하는 것으로 공매절차를 진행하고 있는 실정이다.

② 감정평가에 따른 최초 매각예정가격 결정

2개 이상의 감정평가기관의 평가액을 산술평균하여 최초 매각예정가격으로 정하여 매각하는 것이 대부분이나 이용기관에 따라 다르게 평가할 수도 있다.

즉, 500만 원 이상은 2개 이상의 감정평가기관, 500만 원 이하인 경우는 1개의 감정평가기관에서 평가한 금액을 가지고 매각금액으로 정할 수도 있다.

실무상으로는 2개 이상의 감정평가기관의 평가액으로 계산한 산술평균금액으로 최초매각예정금액을 정하고 있으나 이용기관에 따라서 감정평가비용까지 계산하여 최초매각예정금액으로 하는 경우도 있고, 그 밖에 감정가액이 시세보다 많은 차이를 보이면 이 금액에 시가를 반영하여 최초매각예정금액을 정하여 매각하기도 한다.

입찰기간, 개찰일시 및 개찰장소

① 입찰기간: 이용기관에 따라 7일~30일 이내의 기간이 주어진다.

② 개찰일시: 입찰기간 익일 또는 일정기일 이후로 이용기관이 정한 기일에 개찰함

③ 개찰장소: 이용기관의 회계과 입찰집행관 PC 또는 재무과 입찰집행관 PC

입찰보증금 및 최고액입찰자(낙찰자) 결정방법

① 입찰보증금 및 납부방법

입찰참가자는 입찰금액의 10% 이상의 입찰보증금을 납부(보증금액은 이용기관에 따라 다소 차이가 있음)해야 한다. 그러나 이용기관에 따라서 입찰시에 5%의 입찰보증금으로 매각하는 이용기관 등이 있을 수 있는데 이러한 경우는 10일 이내 계약체결시에 나머지 5%를 추가 납부하여 계약금을 10%로 하고 있다. 납부계좌는 입찰자에게 온비드상 입찰화면에서 부여된 가상계좌(신한위탁 또는 농협위탁계좌)에 보증금을 전자입찰서 접수마감일시까지 납부해야 한다.

② 최고액입찰자(낙찰자) 결정방법

입찰은 2인 이상 유효한 입찰로 성립 유효한 입찰로서 예정가격 이상 최고액입찰자를 낙찰자로 결정하고, 최고액입찰자가 2인 이상 동가인 때에는 온비드에 의한 무작위 추첨으로 최고액입찰자를 결정하게 된다.

계약체결방법과 대금 납부 후 소유권이전 방법

계약체결방법과 부동산 실거래가 신고

① 계약체결기간: 낙찰일로부터 10일 이내(이용기관에 따라 5일에서 10일 정도 주어짐)

② 계약금: 계약체결시 매매금액의 10% 납부

③ 계약체결장소: 이용기관의 회계과 또는 재무과 사무실에서 계약체결

④ 구비서류

⑤ 부동산 실거래신고

    ⓐ 공인중개사의 업무 및 부동산 실거래신고에 관한 법률 제27조에 의거 거래 당사자(매도인 및 매수인), 중개업자는 계약체결일로부터 60일 이내에 부동산 소재지 관할 시장·군수·구청장에게 공동으로 신고해야 한다(※ 중개업자의 중개거래인 경우 반드시 중개업자가 신고해야 한다). 미신고시 취득세의 3배 또는 500만 원 이하 과태료가 부과된다. 특히 주택투기과열지구(서초·강남·송파구) 내에 있는 주택은 15일 이내에 실거래신고를 해야 하는데 이 지역에서 15일 이내에 신고대상이 되는 주택은 아파트에 한정된다. 나머지는 60일 이내에 신고하면 된다.

    ⓑ 주택거래신고지역 내 주택인 경우에도 신고대상이 아닌 사례[국토해양부 고시 2009-719호]

    법원경매로 취득하는 경우, 체납압류부동산을 공매로 취득하는 경우, 다만 압류재산매각 이외에 국유재산이나 수탁재산 또는 다른 재산 등을 자산관리공사에 위탁하여 온비드사이트를 통해 공매매각하는 경우와 이용기관 등의 재산 공매절차에서 낙찰받은 경우는 계약 체결일로부터 60일 이내에 실거래 신고해야 된다. 이 밖에 신탁회사 또는 개인 사기관 등의 공매로 취득하는 경우로 주택거래신고대상이 된다.

매각대금 납부방법: 현금 또는 자기앞 수표로 우리시 시금고에 납부

① 계약금: 계약체결시 매매금액의 10% 납부

② 잔금: 계약체결일로부터 60일 이내(이용기관에 따라 다소 차이가 있을 수 있음) 납부지연시 이용기관 등의 지연이자율 등을 가산하여 납부해야 한다.

❖ 양천구청 소유재산을 온비드를 이용하여 매각한 양천구의 구유재산공매

온비드 공매입찰절차에서 낙찰받고 ⇒ 계약체결에서 대금 납부 후 소유권이전절차는 양천구재무과에서 진행하게 된다.

공매물건내역

주소	면적	공매가 진행과정	1) 임차인 및 점유자 내역 2) 입찰집행기관 내역	등기부상의 권리관계
서울시 양천구 신정동 296-148	대지 271㎡ 건물 380.17㎡ (건물내역) 철근콘크리트조 평옥개 3층 근린공공시설 1층 108.10㎡ 2층 108.10㎡ 3층 108.10㎡ 옥탑 23.14㎡ 창고 23.80㎡ 비상정호실8.93㎡ 용도:1층–파출소 2층·3층–독서실	매각금액 1,303,442,000원 최저가 1차 1,303,442,000원 ① 기간입찰 (2010. 05. 19. 10:00 ~ 2010. 05. 31. 16:00까지) ② 개찰일시 (2010. 06. 01. 10:00) ③ 개찰장소(양천구청 재무과 입찰집행관 PC) ④ 입찰방식: ⓐ 입찰보증금은 매수금액의 10%의 입찰보증금을 납부, ⓑ 1인 이상 입찰시 유효한 입찰성립 ⓒ 2회이상 입찰서 제출 불가	1) 임차인 및 점유자 내역 (명도책임이 매수인으로 되어 있으나 구 신정2동 청사로 현재 사용하지 않는 공실 상태임) 2) 입찰집행기관 내역 ① 입찰집행기관: 양천구 ② 담당자: 재무과재산관리/ 최○○. ③ 연락처: 02–2620–3215	소유자 양천구 토지 소유권이전 1988. 10. 28. 〈등기원인: 승계취득〉 건물 보존등기 1992. 12. 10. 건물 소유권이전 1989. 10. 19. 〈등기원인: 승계취득〉 구유재산공매신청 양천구 〈공매공고일 2010. 05. 19〉 〈물건관리번호:2010–0512–001505〉

공매물건에 대한 분석

이 공매물건은 양천구 보유 구유재산으로 양천구가 자산관리공사의 온비드사이트를 이용하여 공매매각절차를 진행하는 것으로 공매물건을 취득하는 과정에서 권리분석은 그다지 문제가 되지 않는다. 입찰대상물건에서 건물인도 책임은 매수자의 책임이나 이 표현은 법원경매나 압류재산공매절차에서 점유자가 점유를 이전하지 않으면 매수자가 강제집행절차를 해야 하는 것이 아니고 일반적인 문제에 있어서의 책임을 다루고 있는 것으로 대부분의 경우 건물인도는 이용기관 등이 해결하는 것이 대부분이다. 특히 이 물건도 양천구 보유재산으로 건물을 공실상태에서 시건장치를 하고 나서 공매를 진행한 것으로 낙찰자는 건물인도에 대해서는 문제가 없는 물건이었다.

다만 모든 부동산이 다 그러하겠지만 물건분석이 중요하다. 부동산의 가치와 이 부동산을 취득하여 어떠한 용도로 사용하여 투자수익을 올릴 것인가가 중요하다고 본다. 따라서 부동산의 가치와 사용가치만 잘 판단하고 투자하게 된다면 많은 수익을 기대할 수 있는 좋은 위치에 있다고 본다. 그래서 이 공매물건은 단독입찰인데도 불구하고 사용가치가 높아서 높은 가격인 1,583,250,100원에 낙찰된 것으로 판단된다.

낙찰(최고액 입찰자) 이후의 절차

낙찰받고 나서 계약체결방법

① 계약체결기간: 낙찰자 결정일로부터 10일 이내에 계약을 체결해야 한다.
따라서 2010. 06. 01. 10:00~2010. 06. 10. 18:00까지 계약을 체결해야 한다.
② 계약보증금: 입찰보증금으로 대체
③ 계약체결장소: 양천구청 재무과사무실에서 계약체결
④ 구비서류
⑤ 계약 미처리시 처리: 계약체결 기한내 계약을 체결하지 않은 때에는 낙찰은 무효로 입찰보증금은 우리구에 귀속됨

매각대금 납부방법: 현금 또는 자기앞 수표로 우리시 시금고에 납부

① 계약금: 계약체결시 매매금액의 10% 납부(계약보증금은 낙찰자의 입찰보증금으로 일괄대체)
② 잔금 계약체결일로부터 60일 이내에 일시에 납부
③ 연체시 처리
ⓐ「공유재산 및 물품관리법」제80조 규정에 의한 연체료 납부
ⓑ 계약일 부터 6개월 경과시까지 잔금을 납부하지 않을 경우 해약조치하고, 계

약보증금은 우리구에 귀속됨.

소유권이전 등기방법

소유권이전은 매각대금 완납 후 매수자의 신청에 의거 소유권이전 서류를 교부하되, 소유권이전에 따른 일체의 비용은 낙찰자가 부담하며 낙찰자 이외의 자에게 소유권이전은 불가하다.

신탁회사 등에 관한 공매

신탁업무란 자산관리, 자금관리, 부동산금융상품, 신탁상품(토지신탁, 담보신탁, 관리신탁, 처분신탁, 투자자문, 대리사무, 분양관리신탁, 국 · 공유지신탁, 프로젝트대출) 등을 주요업무로 한다. 이 중에서 신탁회사에서 공매하는 것은 담보신탁 물건과 처분신탁 물건 등이 있는데대부분이 담보신탁된 물건으로 이 부분에 대해서만 중점적으로 이해하면 될 것으로 본다.

❖ 담보신탁절차도

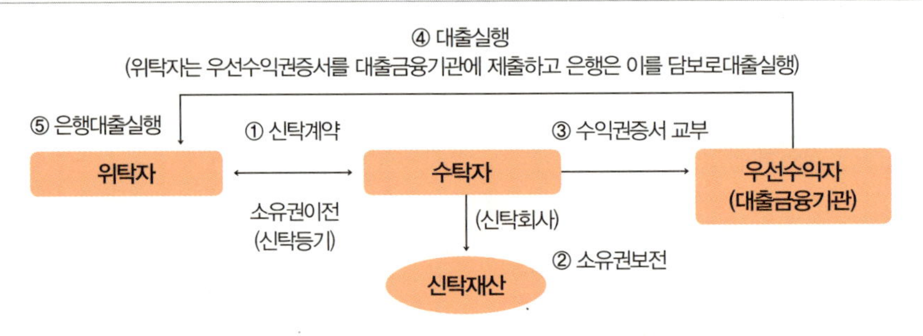

실무에서는 위탁자(채무자)가 대출금융기관(우선수익자)에 담보신탁 대출을 요청시 대출금융기관이 담보감정을 통하여 평가액의 50~60%의 수익권증서를 기 약정된 신탁회사에 요청하게 되면 위탁자와 수탁자 간의 신탁계약을 체결하는 절차로 이어진다.

❖ 신탁재산의 반환 및 공매실행

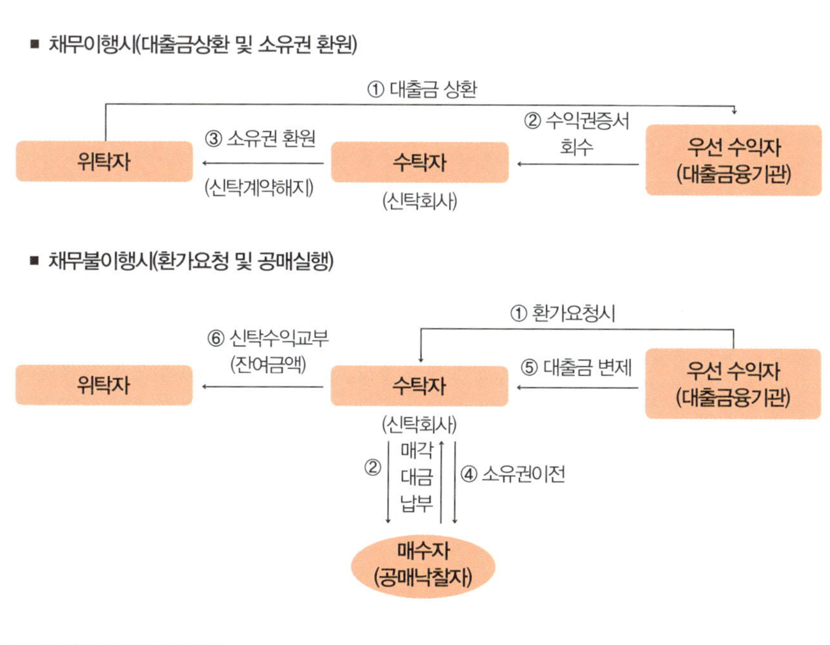

※ (2)에서 공매실행 후 배분잉여금이 있는 경우 위탁자에게 지급해야 한다. 따라서 위탁자에게 받을 채권이 있는 자 등은 배분잉여금에 대해서 가압류(압류)할 수 있다.

❖ 신탁공매 진행절차

신탁회사 등의 사기관 공매(즉 신탁회사, 일반금융기관, 정부공공기관, 일반개인기업 등이 자체공매 실시하는 경우) 등의 공매절차는 민사집행법에 따르는 법원경매와 국세징수법에 따르는 공매절차에 비교하면 단순한 절차에 의해 진행된다. 그렇다고 하더라도 넓은 틀에서 보면 같은 방법이고 협의부분에서 약간의 공매집행기관별로 차이가 있다. 매각방식이나 매각장소, 계약체결방법 및 체결기간, 첨부서류 등의 각 기관별로 차이가 있을 뿐 기본절차는 법으로 정해져 있는 방식을 취하고 있다. 이 매각조건에 대해서는 공고문을 참조하면 된다.

❖ 공매매각대금에서 배당우선순위 결정과 임대차계약서 작성방법 및 유의사항

공매매각대금에서 배분우선순위 결정

0순위 신탁비용(신탁부동산 관리비, 신탁보수[신탁수수료 등], 공매집행비용)

1순위 신탁등기 이전의 소액보증금 중 일정액

2순위 신탁등기 이전의 임차보증금(최우선변제금 제외)과 등기된 채권자 (근저당, 전세권, 가압류, 압류 등)

3순위 신탁회사에게 반환의무가 있는 임차보증금 중 2순위, 3순위에 해당되지 않는 것.

임대차계약에서 위탁자의 요청으로 우선수익자의 동의를 거쳐 신탁회사(수탁자)를 임대인으로 계약한 경우 또는 위탁자가 임대인인 경우로수탁자와 우선수익자의 동의를 거쳐 계약한 경우

4순위 우선수익자의 채권(이들 간의신탁계약서 원부에 우선순위가 기재됨): 우선수익자(대출금융기관)의 우선순위는 신탁계약서에서 정한 우선순위에 의해서 결정되는데 이러한 내용을 이해하기 위해서 공매물건에 대한 신탁계약서 원본을 법원등기과

또는 등기소에서 발급받아 확인할 수 있다.

5순위 매각잔여금이 있는 경우 위탁자에게 교부한다.

✏ 김 / 동 / 희 / 의 / 강 / 의 / 노 / 트

신탁회사 공매의 배분 우선순위 결정

1. 입찰시 및 배당절차에서 유의사항

신탁회사 등의 공매 진행절차는 진행하는 기관에 따라 다소 차이가 있다. 이러한 차이는 공고문에 기재되어 있는데 특히 배당순위 결정방법에서 앞의 배당우선 순위와 같이 배당하기도 하지만 대부분의 신탁기관 등은 기본적으로 선순위채권자(신탁등기 전에 대항력을 갖춘 임차인 또는 등기된 선순위채권자 등)가 있으면 낙찰자 인수조건으로 매각하는 경우가 대부분이고, 신탁회사(수탁자)가 임대인으로 계약한 임차인도 낙찰자 인수조건 또는 승계조건으로 매각하거나 매각금액에서 그 부분(임차보증금 인수금액)만큼 금액을 감액해 주기도 하는 매각조건으로 공매가 진행되므로 공고문에 기재된 내용을 숙지하고 적절하게 대응할 필요가 있어서 유의해야 된다. 대부분은 신탁등기 전 선순위채권자 등을 소멸시키고 신탁등기하고 우선수익자 등이 위탁자에게 대출하는 경우가 대부분이나 간혹 소멸하지 않고 신탁등기 전의 임차인이나 채권자 등이 존재하는 경우도 신탁등기를 하는 경우가 있을 수 있으니 입찰 참여시 이러한 점 등과 공매매각대금에서 선 배당으로 소멸여부 또는 낙찰자의 부담여부 등을 확인하고 입찰에 참여하면 될 것이다.

2. 신탁계약서 원부 제22조【처분대금 등 정산방법】

① 수탁자가 신탁부동산을 환가하여 정산하는 경우의 충당순서

ⓐ 부동산 관리 및 공매절차 비용, 수탁자가 수취할 보수(신탁보수 및 대리사무보수)

ⓑ 처분대금 수납시까지 고지된 재산세 등 당해세

ⓒ 제4호 규정에 의한 근저당권자 등에 우선하는 임대차보증금

ⓓ 신탁설정 전 근저당권자의 채권(채권최고액 범위 내)

ⓔ 법률상 대항력있는 임차인의 임대차보증금 ⓕ 우선수익자의 채권

ⓖ 순차 변제하고 잔여액이 있을 경우 그 잔여액은 수익자에게 지급

담보신탁등기 된 부동산(주택)에서 임대차계약서 작성방법과 유의사항

담보신탁등기 된 주택에 임대차를 작성하는 방법에는 위탁자가 임대인으로 하여 임대차를 작성할 수도 있고 수탁자를 임대인으로 임대차를 작성할 수도 있는데 법상으로는 어떠한 절차를 거쳐도 유효한 계약절차라고 볼 수 있다. 다만 위탁자를 임대인으로 계약서를 작성시에는 우선수익자와 수탁자의 동의를 거쳐서 임대차계약서를 작성해야 임차인의 지위를 보다 안전하게 지킬 수 있다. 왜냐하면 우선수익자와 수탁자의 동의를 얻지못한 임대차로는 이들에게 대항하지 못한다는 것이 신탁원부 제9조【신탁부동산의 보전관리 등】제2항 위탁자는 수탁자의 사전 승낙이 없는 경우에는 신탁부동산에 대해 임대차 등 권리의 설정 또는 그 현상을 변경하는 등의 방법으로 신탁부동산의 가치를 저감하는 행위를 하여서는 아니 된다.

제10조【임대차 등】제3항 신탁기간 등 임대차 계약기간 만료 도래 또는 임대차계약을 해지하는 경우 이에 따른 임대차 보증금 등 반환채무는 위탁자가 부담하며, 새로운 임대차계약은 수탁자 명의로 행한다.

제4항 3항의 규정에 불구하고 위탁자가 임의로 체결한 임대차계약은 이로써 수탁자에게 그 효력을 주장하지 못한다. 이 밖에도 특약사항 제6조 임대차업무내용에도 기재되어 있다. 이 신탁원부는 계약당사자에 따라 그 내용을 달리하나 대부분 이와 같이 형식으로 작성하고 있어서 이미 작성된 신탁원부 중의 일부 내용을 이해를 돕기위해서 기재한 것이지 모두가 이와 같이 작성되는 것은 아니라는 점이다.

따라서 이러한 내용 등을 종합해보면 신탁등기 된 주택에 임대차계약을 체결할 경우 다음과 같은 절차로 진행하는 것이 임차인의 지위를 안전하게 확보할 수 있을 것으로 판단된다.

① 임대차계약은 위탁자와 계약을 체결하는 것보다는 수탁자(신탁회사)를 임대인으로 계약을 체결하는 것이 안전하다고 판단된다.

② 수탁자(신탁회사)는 위탁자의 요청으로 담보신탁등기 된 부동산을 임대차계약서를 작성하는 경우 사전에 수익권증서를 담보로 위탁자에게 대출한 금융기관(우선수익자) 등에 동의를 얻어서 계약서를 작성하고 신탁계약서 임차보증금은 수탁자(신

탁회사)의 법인계좌로 이체받아 보관해야 한다. 즉, 수탁자와 위탁자가 1차로 협의를 거쳐서 협의가 이루어지면 2차적으로 수익권증서를 담보로 대출한 금융기관 등에 수탁회사가 동의를 얻는 절차가 진행되고 동의가 이루어지면 수탁자가 임대차계약서를 작성할 수 있다.

↓ 미리 알아두기

신탁계약서 특약사항

제3조【신탁부동산의 관리】(이 내용은 기 작성된 신탁원부 내용 중 일부를 기술한 내용임)

① 수탁자는 신탁관련 업무수행과 관련된 주요사항을 '우선수익자'와 협의해 수행하기로 한다.

② 수탁자는 등기부등본상의 소유권관리와 우선수익자의 요청에 따른 처분업무 등을 수행하며, 이외 신탁부동산의 현실적 점유, 유지, 관리, 분양 및 임대업무 등 실질적 관리는 위탁자가 자기 책임과 부담으로 처리한다.

③ 위탁자는 신탁기간 중 신탁부동산의 가치를 저감시킬 수 있는 행위를 할 시에는 사전에 '우선수익자'의 동의를 받아 수탁자에게 협조요청 하기로 한다.

③ ②와 같이 임대차계약서를 작성하면 임대차계약이 유효하게 성립되는데 임차인의 입장에서는 임차보증금이 신탁회사의 계좌에 보관되어 있으므로 언제든지 계약이 해지되면 보관금을 반환받을 수 있어서 안전하다는 것이지 신탁등기 된 부동산의 공매대금에서 순위에 따른 배당은 선순위 수익권증서를 담보로 대출한 금융기관들이 많아서 배당잉여금이 있기란 어려울 것이다. 그런데 임차보증금을 우선수익자, 위탁자, 수탁자간의 협의해 수탁자의 법인계좌에 보관하지 않고 최선순위 우선수익자의 대출금을 우선 상환하기도 하니 이러한 내용 등은 사전에 수탁자와 임대차계약서 작성시 숙지 즉 신탁회사가 보관하는가 또는 최선순위 우선수익자의 대출금 변제 여부 등을 확인할 필요가 있다. 어쨌든 담보신탁등기 된 부동산을 임차할 경우 반드시 신탁회사와 직접 계약을 해야만 안전할 것이다. 이러한 경우만이 임차보증금을 안전하게 보장받을 수 있다.

❖ 한국토지신탁공매절차에서 공매로 낙찰받고 점유자를 명도한 경우의 배당사례

공매물건분석

주소	면적	공매가 진행과정	1) 임차인조사내역 2) 기타 청구	등기부상의 권리관계
서울시 강남구 논현동 ○○○-○ 외 1필지 논현동 연립주택 제4층 제○○○호 (일명 하나센스빌 ○○○호) 채무자겸 위탁자 : 이수자 공매집행기관 : (주)한국토지신탁	대지 45.37㎡ (총면적 407.4㎡) 건물 철근콘크리트 전용면적 79.62㎡ (31평형 연립주택)	감정가 336,000,000원 (이 감정가가 최초 분양가격임) 최저가 1차 336,000,000원 유찰 10% 저감 2차 302,400,000원 유찰 10% 저감 ···중간 생략 7차 178,564,176원 유찰 10% 저감 8차 160,707,758원 낙 찰 160,800,000원 +부가세 8,040,000원=168,840,000원 〈2006. 7. 7〉	1) 임차인 ① 이수자 전입 2003. 10. 5. 확정 × 배분요구 × 보증금 × 이수자는 임차인이 아니고 전 소유자로 (주)금오건영에 매각한 전 소유자로 보증금 없이 월세만 지급하면서 점유자였음. 따라서 매각시에는 명도하여 주기로 함.	소유자 이수자 2003. 9. 29. 소유자 (주)금오건영 2004. 5. 12. 소유권이전수탁자 (주)한국토지신탁 2004. 9. 17. 공매집행기관 (주)한국토지신탁 〈공매공고 2006.2.20〉 〈공매첫매각기일 2006. 4. 10〉

공매물건에 대한 권리분석 및 배당표 작성

이러한 신탁회사의 공매물건은 임차인 등을 인수조건으로 매각하지 않는 한 낙찰자의 인수책임은 아니라고 할 수 있으나 신탁회사 공고문을 살펴보면 대부분이 매수자가 임차인과 그 밖의 점유자 및 제한권리 등을 모두 매수자의 책임으로 하는 것으로 공고를 하고 있다는 점에서 전입세대를 열람하여 대항력 있는 임차인은 물론이고 대항력이 없는 임차인도 그 명도책임 등과 점유자의 내역을 자세히 살펴보고서 입찰에 참여해야 된다. 이 매각조건에서도 명도는 낙찰자 책임이었다. 이 공매사건도 점유자 이수자는 전 소유자로 위탁자 (주)금오건영과 임대차계약서를 작성한 선순위임차인지 여부를 자세히 모르는 상황이므로 입찰에 참여하지 못하고 낙찰가격이 이와 같이 낮은 가격으로 이루어진 것 같다. 신탁등기 되기 전 전입한 대항력 있는 임차인이라면 낙찰자가 인수할 수도 있기 때문이다. 입찰 당시 수탁자인 (주)한국토지신탁에서도 위탁자 (주)금오건영의 말만 믿고 무상거주라고 하였으나 실제 임차인이었다면 대항력 있는 임차인으로서 문제가 발생할 수 있을 것이다. 전소유자의 임차인의 대항력 발생은 (주)금오건영소유권이전일 2004. 5. 12. 익일인 5. 13. 오전 0시인데 수탁자의 소유권이전일은 2004. 9. 17.이므로 충분한 문제가 될 수 있기 때문이다. 그러나 수탁자가 소유권이전일 이후에 전입하였다면 대항력 없는 임차인이다. 어쨌든 낙찰받고 나서 점유자 이수자를 만나서 대화를 나눈 결과 임차인이 아닌 것은 사실이었다. 따라서 이사비용을 주는 조건으로 명도에 관한 협의가 이루어진 사건이지만 실제 선순위임차인이었다면 잔금 납부 전 이를 이유로 한 법적대응을 할 생각까지 하였으나 문제가 없었던 공매사건이었다. 이러한 문제가 발생한다면 이를 대응하기 위해서 공매나 경매에서 낙찰을 받았을 경우 잔금 납부 전에 충분한 시간을 갖고 점유자를 방문하여 실제상황을 확인하는 것이 중요하다. 필자는 권리분석의 99% 입찰 전에 이루어지지만 나머지 1% 대금 납부전 매각대상 물건지를 방문하여 얻을 수 있다고 본다. 모든 문제 등을 직접 점검하는 것이 중요하지 다른 분들의 말만 믿고서 기다리다가 잔금 납부하였다면 법적소송에 휘말릴 수 있고 이에 따라서 금전적인 손실이 크게 발생될 수도 있다.

따라서 낙찰받은 후 빠른 시일 내에 점유자를 만나서 점유자 등의 사항을 파악하는 것이 중요하다.

배당금이 (160,800,000원－공매집행비용 1,500,000원)＝159,300,000원이므로,

1순위_ (주)한국토지신탁 159,300,000원(우선변제금 1)

수탁자 (주)한국토지신탁은 신탁계약서에 따라 위탁자 (주)금오건영과의 사이에서 신탁회사 관리비ㆍ신탁수수료 및 위탁자의 은행대출금 등을 공제한 후 잉여금이 있는 경우 이 잉여금을 위탁자에게 지급할 것이 예상된다.

이러한 공매는 낙찰받은 후 5일 이내에 본 계약을 체결하는 것이 대부분이며 이 신탁공매 역시 5일 이내에 계약체결을 하지 않으면 입찰보증금은 몰수될 수 있다.

이런한 내용을 이해하기 위해서 '신탁물건공매(입찰)공고'와 공매낙찰 후 5일 이내에 작성한 '부동산매매계약서'를 첨부하였다.

신탁물건 공매(입찰)공고

1. 공매대상물건

구 분	소 재 지	지목(구조)	면적(㎡)	비 고
건물	서울 강남구 논현동 ○○○-○, ○○○-○○ 제4층 ○○○호	철근콘크리트구조	79.62	

2. 회차별 공매예정가격, 공매일시 및 접수기한

회차	강남구 논현동 공매예정가격(원)	공매일시	접수기한
1차	336,000,000	2006.4.10.14:00	2006. 4.10. 12:00
2차	302,400,000	2006.4.17.14:00	2006. 4.17. 12:00
3차	272,160,000	2006.4.24.14:00	2006. 4.24. 12:00
4차	244,944,000	2006.5. 3.14:00	2006. 5. 3. 12:00

3. 공매 장소 : 당사 10층 부동산유통센터(공매접수는 14층 신탁사업1팀에서 함)

4. 공매방법 : 일반경쟁입찰(단독응찰도 유효)

　①각 공매물건당(원주 금대리, 강남구 논현동 각각) 공매예정가격 이상 최고가 응찰자에게 낙찰

　②최고가 응찰자가 2인 이상인 경우에는 즉시 재입찰하여 최고가격입찰자를 낙찰자로 결정

　③유찰시 다음 공매시까지 본 회차 공매조건으로 수의계약할 수 있음.

5. 입찰보증금 : 응찰가격의 5% 이상(입찰결과 유찰자의 입찰보증금은 이자 없이 3일 이내 반환함)

6. 계약체결 : 낙찰일로부터 5일 이내에 매매계약을 체결해야 하며, 낙찰자가 기한 내 매매계약을 체결하지 않을 경우 낙찰은 무효로 하고 입찰보증금은 당사에 귀속됨.

7. 대금 납부기간 및 방법(60일 내 완납)

　- 계약금 : 계약체결시 매매대금의 10% 이상 납부(입찰보증금 포함)

　- 중도금 : 계약체결일로부터 30일 이내 40% 이상 납부

　- 잔금 : 계약체결일로부터 60일 이내 잔금 납부

8. 입찰신청서류(①～⑥항은 생략)

　⑥입찰보증금 납부영수증(입찰예정금액에 대한 5% 이상의 금액을 접수 기한 마감시까지 아래의 당사계좌로 예치해야 함)

　※ 국민은행 계좌번호 : 529404-01-104353　예금주 : (주)한국토지신탁

9. 기타사항

　- 본 물건에 대한 인도일 이후에 발생한 제세공과금은 매수자 부담임.

　- 입찰에 응할 시에는 공매공고 및 입찰유의서, 계약조건 등 필요한 사항을 사전숙지 후 응찰하기 바람.

　- 본 공매계획은 입찰전까지 당사 사정에 의해 변경 또는 취소될 수 있음.

10. 기타 자세한 사항은 당사 부동산금융사업처 신탁사업1팀(02-3451-1167)으로 문의하기 바란다.

2006. 3. 29

한 국 토 지 신 탁

부 동 산 매 매 계 약 서

부동산의 표시: 부동산목록 별첨
위 부동산을 매매함에 있어 매도인 주식회사 한국토지신탁(이하 "갑"이라 함)과 매수인 ○ ○ ○(이하 "을"이라
함)은 다음과 같이 매매계약을 체결한다.

– 다　음 –

제1조 (매매대금) 위 부동산을 매매함에 있어 매매대금은 금 일억육천팔십만 원정(₩160,800,000–)(부가세별
도)으로 한다.
제2조 (대금지급시기)
　①을은 제1조의 매매대금을 다음과 같이 갑의 예금통장에 입금(국민은행 529401–01–104353 예금주:
　　(주)한국토지신탁)하기로 한다.
　　1. 계약금 금 일천육백팔십만 원정(₩16,080,000–)은 2006년 7월 7일에 지급
　　2. 중도금 금 육천사백삼십이만 원정(₩64,320,000–)은 2006년 8월 6일까지 지급
　　3. 잔대금 금 팔천사십만 원정(₩80,400,000–) 및 부가가치세 금 팔백사만 원정(₩8,040,000–)은 2006
　　　년 9월 5일까지 지급
　②을이 제1항에서 정한 기일에 중도금 및 잔대금을 납부하지 아니할 때에는 그 다음 날로부터 지연금에 대
　　해 환가처분의뢰 금융기관의 신탁계정대출 연체이율을 적용한 지연손해금을 갑에게 가산지급하기로 하
　　되, 30일 이상 연체한 때에는 갑은 계약을 해제할 수 있다.
제3조 (소유권이전)

〈∼ 이하 계약서 생략〉

배당에 관한 대법원 판례 및 법령에 관한 설명

❖ 배당에 관한 대법원 판례 및 법령에 관한 설명

지면 관계로 타이틀만 기재하고 법률규정 및 판례해설 본문 내용은 생략했으니 본문 내용이 필요하신 분들은 다음 카페에서 책 이름을 검색하면 다운받아서 참고하시기 바란다.

- 공매경매와 부동산투자분석(CAfe.nAver.Com/pAuCtion)
- 공매전문옥션(CAfe.nAver.Com/PAuCtion)

1 연금보험료와 산재보험료 상호간에 압류선착주의가 적용되는지[선고 2004다44384 판결]

2 당초 저당권자와 일부대위변제자 사이의 우열(＝근저당권자 우선)과 근저당권의 우선변제(＝잔존채무전액)[2001다2426배당이의]

3 선순위저당권자가 배당의 기초가 된 채권계산서에 기재되지 않은 다른 채권으로 배당받을 수 있는지[선고 98단7179 배당이의]

4 경매신청 후 취하하면 채무확정의 효과가 번복되는지[선고 2001다73022 판결 배당이의]

5 제3취득자의 담보한도[71마251 결정 경매개시결정이의기각결정에 대한 재항고]

6 근저당등기(2000. 10. 14. 및 2001. 1. 19.), 연금압류등기(2001. 4. 21, 납기는 2000. 4. 10.～2000. 7. 10.), 조세압류등기(2001. 5. 9, 법정기일 2001. 1. 25.～2001. 10. 10.)순일 때의 배당(＝비례안분배당 후 흡수)[대법원 2003다27481 판결 배당이의]

7 근저당등기(2001. 9. 7.) 후 연금압류등기(2002. 9. 30.)가 경료된 경우 납기가 1998년～2000. 6. 16.까지인 연금보험료가 위 근저당에 우선하는지[대법 2005다24394 판결 배당이의]

8 청구이의의 소와 집행비용[선고 91다41620 판결 청구이의]

9 가압류에서 본압류(강제경매)로 이행된 경우 가압류집행비용이 그 경매절차에서 우선변제되는 집행비용에 포함되는지 여부[선고 2006다35223 판결 제3자 이의]

10 강제경매의 청구확장과 배당요구[83마393 결정 강제경매개시결정취소]

11 임의경매 도중 채무자겸 설정자의 변제와 집행비용[선고 80다2712 판결 가등기 말소등기]

12 임의경매 도중 물상보증인의 변제와 집행비용[선고 74다998 판결 근저당권 설정등기말소]

13 배당요구 종기가 지난 후에 교부청구한 국세채권[선고 99다22311](부당이득금반환)

14 경매기입등기 후 가압류한 자의 배당요구시 배당요구 종기까지 등기를 경료해야 하는지[선고 2003다27696 판결]

15 경매기입등기 후 조세압류등기한 자의 교부청구 여부[2002다22212 판결 배당이의]

16 후순위 저당권자의 선순위임금채권대위시 배당요구 종기시까지 배당요구[선고 2000다32475 판결]

17 후순위저당권자가 가압류등기한 임금채권을 대위할 경우 피보전채권이 최우선임금채권임을 소명해야 할 종기(=배당표확정 전까지): 대법원 2003. 2. 14. [선고 2002다54073 판결 배당이의]

18 근로자의 적법한 배당요구가 있은 후 배당요구 종기가 지나서 근로복지공단이 그 임금을 대위변제한 경우 배당 가부(=可): 2005. 1. 14. [선고 2003다31282 판결 배당이의]

19 임차권등기를 경료한 임차인의 배당요구[2005다33039 판결 배당이의]

20 경매도중 소유권이 이전된 경우(=취득자에게 잉여금 교부)[90다카2403 결정 제3자이의]

21 제3취득자의 범위[2004다36604 판결 배당이의]

22 소액임차인 우선변제권의 요건 구비(=경락기일)[선고 95다44597 판결 배당이의]

23 재경매가 실시된 경우 소액임차인의 요건의 구비종기(=대금 납부된 최종경락일)[선고 2000다61466 판결 배당이의]

24 토지·건물 경매에서 건물만 취하한 경우 대지매각대금에서 소액임차인 배당 가능 여부[선고 96다7595 판결 배당이의]

25 토지 저당 후 건물이 신축된 경우 토지만의 경매에서 소액임차인 배당가능 여

부(=불가)[선고 99다25532 판결]

26 공매와 경매가 경합한 상태에서 공매로 매각된 경우에도 소액임차인은 경매기입등기 전에 대항요건을 구비해야 하는지[선고 2003다65940 판결 배당이의]

27 가장임차인 기존채권회수가 주목적인 경우 소액임차인(=보호불가)[2001다14733 판결]

28 가장임차인이 아닌 경우(공사대금채권과 대여금채권 합계액을 임차보증금으로 전환): [2004. 7. 22. 선고 2003도6412 판결 사기·상해]

29 최우선임금채권의 행사방법(=배당요구) 및 규정신설 전의 저당권에 우선하는지 [97다카13155]

30 최종 3월분의 임금의 의미[선고 2001다83838 판결 배당이의]

31 후순위 저당권자의 최우선임금대위 및 배당한도[선고 2002다48399 판결 배당이의]

32 선박임의경매에서 선박우선특권과 최우선임금의 우열(=임금우선)[2004다26799 판결]

33 경매기입등기 후 조세(증여세)압류등기를 한 경우 배당(=배당요구 종기일까지 교부청구)(선고 2000다21154 판결 배당이의)

34 경매 도중 소유권이 이전된 경우 전 소유자에 대한 조세(양도소득세와 가산금, 양도 전에 압류하지 아니함)의 배당[선고 98다24396 판결 부당이득금반환]

35 취득세의 법정기일과 근저당권 설정일자가 같은 날일 경우(=조세가 우선)[선고 2000다44355 판결]

36 가산세채권(취득세의 가산세)과 근저당권(1995. 10. 20)의 우열[=근저당권 설정 당시의 지방세법에 의한 가산세 자체의 법정기일(납세고지서 발송일)과 설정일자를 비교하여 결정][2001다10076 판결]

37 저당부동산이 상속된 후 상속인이 체납한 조세(당해세 포함)와 저당권(=저당권이 우선)[선고 2005다13257 판결 배당이의]

38 저당권 설정자의 상속인에게 부과된 상속세(=당해세 아님=근저당이 우선)(1995. 4. 7. 선고 94다11835 판결 부당이득금)

39 등기원인이 증여로 소유권이전 등기된 후 설정된 근저당과 증여세(＝당해세이므로 근저당보다 우선)[대법원 2001. 1. 30. 선고 2000다47972 판결 배당이의]

40 지방세당해세의 범위 및 종합소득세(＝한정적 당해세)와 도시계획세(＝당해세)[2000다58088]

41 소방공동시설세(＝지방세당해세)[대법 2001다74018 판결 배당이의 판시사항]

42 조세압류의 효력 및 조세압류 후에 설정된 근저당권과 새로 발생한 조세와의 우열(＝설정일자와 법정기일 비교)[2003두6115 판결 공매대금배분처분취소]

43 조세압류가 있고 청구액을 달리한 수개의 교부청구를 한 경우 배당한도(＝압류등기상의 청구액)[선고 2001다11055 판결 배당이의]

44 공매절차에서 조세, 저당권, 조세 순일 경우 압류선착주의의 적용방법(＝먼저 법정기일과 설정일자 선후로 순위 결정·배분하고, 그 다음에 압류선착주의에 따라 조세 사이의 우열 결정)[대법원 2005. 11. 24. 선고 2005두9088 판결 배분처분취소]

45 가압류 후 소유권이전, 그 후 제3취득자의 채권자가 신청한 경매절차에서 가압류권자의 우선권의 유무와 한도(＝가압류청구금액 내에서 우선권有) 및 제3취득자의 채권자가 가압류청구금액을 넘는 매각대금에서 배당받을 수 있는지 여부(＝적극)[선고 2006다19986 판결 배당이의]

46 가압류 후 소유권이전 그 후의 본압류 경매절차에서 현 소유자의 채권자가 가압류청구금액을 넘는 부분에 대해 배당받을 수 있는지[선고 2003다40637 판결 배당이의]

47 물상보증인의 면책적 채무인수 시 피담보채권(＝인수된 채무만 담보)[대법98다40657 판결]

48 제3자가 연대채무자로서 중첩적채무인수를 하고 근저당변경의 부기등기를 한 경우 피담보채무(＝당초채무자가 부담한 채무만 담보)[대법원 1994.12.13. 선고 94다18157 판결 배당이의]

49 선순위저당권의 피담보채권 확정시기(＝경락대금 완납시)[대법 99다26085 판결 배당이의]

50 청구금액에 원금과 지연이자를 합산한 금액으로 기재한 신청저당권자가 경락

기일 후에 다시 늘어난 지연이자를 그 청구금액에 추가하여 채권계산서를 제출한 경우 추가부분을 배당받을 수 있는지(=소극)[2001. 3. 23. 선고 99다11526 판결 배당이의]

51 근저당의 채권최고액을 초과하는 채권으로 배당받기위한 요건 및 후순위가압류권자가 있는 경우의 배당[대법 97다28216 판결 배당이의]

52 토지별도등기(저당권) 있는 구분건물 경매에서의 배당(=유사 공동저당) 및 토지상 후순위저당권자의 대위가부(=적극)[2004. 11. 26. 선고 2004다46502] (선순위저당권자를 대위하여 청구)

53 전유부분만에 설정된 저당권의 효력범위[대법 2001다22604 판결 부당이득금반환]

54 대지권의 사후취득 약정 있는 구분건물만에 설정된 저당권의 실행으로 경락받은 경락인이 대지사용권을 취득하는지(=적극) 및 분양자에 대지권등기의 직접청구(=적극)[2004.7.8. 선고 2002다40210 판결 대지권의 표시 등기절차이행]

55 수분양자 소유의 전유부분에 대한 경매절차에서의 경락인은 구 수분양자가 분양대금을 완납하지 못했더라도 대지사용권을 취득하는지 여부(=적극) 및 대지권등기의 순차청구 또는 직접청구 가부(=적극)와 분양대금 미납의 동시이행항변 가부(=적극)[2004다58611 판결 소유권이전등기]

56 공동저당의 동시배당시 토지·건물상의 권리가 다른 경우 배당표 작성방법(토지와 건물 배당표를 각각 따로 작성)[2001다66291 판결 배당이의]

57 수인의 물상보증인이 제공한 공동저당의 목적물 중 일부가 먼저 경매된 경우 물상보증인의 변제자 대위와 후순위저당권의 물상대위에 관한 법리[2001다21854 판결 근저당말소등기의 회복등기절차이행청구]

58 채무자부동산(배당받지 못한 후순위자 있음)이 공담관계의 물상보증인부동산보다 먼저 경매가 진행된 경우 후순위채권자의 대위가부[95마500결정, 경매신청각하결정]

59 전유부분만에 전세권의 효력이 대지사용권에 미치는지 여부 및 그 시점(=대지사용권이 성립한 때)[2001다68389 판결 배당이의]

60 전세권자 겸 임차인의 전세권설정계약서를 임대차계약서로 볼 수 있는지 및

등기필증에 찍힌 접수일자가 확정일자에 해당하는지[2001다51725 판결 구상금]

61 전세권자 겸 임차인의 권리[93다39676 판결 건물명도]

62 순위가 다른 수개의 전세권의 점유부분이 각기 다른 경우 선순위 전세권이 경락으로 소멸하면 후순위전세권자도 소멸하는지[98다50896 판결 배당이의]

63 대법원 2004. 12. 24. 선고 2004다52798 판결(배당이의)[공보물 게재]

저당목적물의 소실로 저당권 설정자가 취득하게 된 화재보험계약상의 보험금청구권에 대해 저당권자가 물상대위권을 행사할 수 있는지 여부(적극)

64 대법원 2006. 2. 10. 선고 2005다21166 판결(배당이의)

65 대법원 2006. 10. 26. 선고 2006다2920 판결(배당이의)

66 대법원 2007. 6. 28. 선고 2004다69741 판결(배당이의)

    ① 전세권과 임대차의 법적 성질

    ② 주택임차인이 그 지위를 강화하고자 별도로 전세권설정등기를 마친 경우, 주택임차인이 주택임대차보호법 제3조 제1항의 대항요건을 상실하면 이미 취득한 주택임대차보호법상의 대항력 및 우선변제권을 상실하는지 여부(적극)

67 대법원 2007.6.21. 선고 2004다26133 전원합의체 판결(배당이의)

    ① 주택임대차 성립 당시 임대인의 소유였던 대지가 타인에게 양도되어 임차주택과 대지의 소유자가 서로 달라지게 된 경우, 임차인이 대지의 환가대금에 대해 우선변제권을 행사할 수 있는지 여부(적극)

68 대법원 2007. 6. 14. 선고 2007다17475 판결(배당이의)

주택임대차보호법상 우선변제의 요건인 주택의 인도와 주민등록의 존속기간의 종기(=민사집행법상 배당요구의 종기)

69 대법원 2008. 6. 26. 선고 2006다1930 판결(배당이의)

배당요구 당시 근로계약관계가 이미 종료한 경우, 구 근로기준법상 우선변제특권이 인정되는 임금 채권의 범위

70 대구지방법원 2008. 7. 1. 선고 2008나137 판결(배당이의)

부동산가압류 결정을 받은 채권자가 배당요구의 종기까지 가압류기입등기를 하고 배당요구도 하였으나 가압류 결정은 배당요구 종기 후에 채무자에게 송달된 경우,

배당요구의 적법 여부(적법)

71 광주지방법원 2008. 6. 4. 선고 2007가단92273 판결(배당이의)

근저당권이 설정된 후 근린생활시설에서 주택으로 무단 용도변경된 건물의 임차인에게 주택임대차보호법상 소액임차인의 우선변제권을 인정한 사례

72 서울지방법원북부지원 2001. 5. 24. 선고 2001가단11748 판결(배당이의)

조세채권자가 경매절차에서 경락기일 이전에 경락기일까지의 체납지방세에 대한 가산금 및 중가산금을 확정하여 교부청구한 후, 배당기일 이전에 경락기일이후부터 배당기일까지의 중가산금을 확정하여 다시 교부청구를 하는 것이 허용되는지 여부(소극)

73 서울지방법원 2000. 12. 6. 선고 2000나47230 판결(배당이의)

부동산경매사건에서 배당을 실시함에 있어 지방세채권의 법정기일과 근저당권의 설정일이 같은 경우에도 지방세채권을 우선해야 하는지 여부(적극)

74 대전지방법원공주지원 2001. 6. 7. 선고 2001가단54 판결(배당이의)

　　① 포괄근저당과 저당권의 유용문제

　　② 근저당권의 피담보채무액의 확정시기

75 서울중앙지방법원 2005. 3. 17. 선고 2004가합65614 판결(배당이의)

76 인천지방법원 2004. 12. 14. 선고 2004가합8803 판결(배당이의)

　　① 부가가치세 채권과 전세권에 의해 담보된 채권사이의 배당우선순위 판단기준

　　② 신고납세방식의 조세채권과 담보권사이의 우열에 관한 기준시기를 그 신고일로 정한 국세기본법

77 서울서부지방법원 2007. 6. 5. 선고 2006가단87708 판결(배당이의)

　　① 배당요구 철회 제한의 내용과 취지

78 대법원 2006. 1. 13. 선고 2005다64002 판결(배당이의)

79 대법원 2003. 7. 11. 선고 2001다83777 판결(배당이의)

80 대법원 2005. 10. 7. 선고 2005다24394 판결(배당이의)

국민건강보험법 시행일 전에 납부기한이 도래한 연금보험료 등과 저당권 등에 의해 담보되는 채권 사이의 우선관계

81 대법원 2003.3.28. 선고 2002다13539 판결(배당이의)

① 저당권자의 물상대위권 행사 방법과 그 시한 및 이를 제한하는 취지

② 배당요구의 종기가 지난 후 물상대위에 기한 채권압류 및 전부명령이 제3채무자에게 송달된 경우 물상대위권자가 배당절차에서 우선변제를 받을 수 있는지 여부(소극)

82 대법원 2003. 3. 14. 선고 2003다2109 판결(배당이의)

① 근저당권 설정계약서가 부동문자로 인쇄된 일반거래약관의 형태를 취한 경우, 포괄적으로 기재된 피담보채무의 범위에 관한 해석방법

② 주택건설사업시행자가 국민주택기금을 대출받으면서 체결한 근저당권 설정계약서에 '포괄근보증'이라는 근저당권 설정자의 자필기재가 있으나, 그 피담보채무의 범위에 사업시행자가 그 후 별도로 대출받은 운전자금 채무는 포함되지 않는다고 한 사례

83 대법원 2003. 1. 24. 선고 2002다63732 판결(배당이의)

신고납세방식의 지방세에 대한 과세관청의 증액결정처분에 의해 증액된 세금과 근저당권에 의해 담보된 채권간의 우선순위 기준일(=증액된 세금의 납세고지서 발송일)

84 광주지방법원순천지원 2003. 7. 4. 선고 2002가합770 판결(배당이의)

① 국민건강보험, 국민연금보험, 고용보험 등에 가입되어 있지 않고 근로소득세를 납부하지 않은 경우에도 근로기준법상 근로자에 해당하는지 여부(적극)

② 근로복지공단이 하수급인을 대신하여 근로자들에게 미지급 임금을 체당금으로 지급한 경우, 원수급인에게만 미지급 임금청구권을 대위할 수 있는지 여부(소극)

85 대구지방법원 2004. 3. 31. 선고 2003가단134010 판결(배당이의)

임대차관계가 지속되는 동안 임대차보증금의 증감·변동이 있는 경우, 소액임차인에 해당하는지 여부의 판단 기준(배당시의 임대차보증금)

86 대법원 2000. 7. 4. 선고 98다62961 판결(배당이의)

① 수용되는 토지에 대해 가압류가 집행되어 있는 경우, 토지의 수용으로 그 가압류의 효력이 소멸되는지 여부(적극) 및 수용되는 토지에 대한 가압류가 그

수용보상금 청구권에 당연히 전이되어 효력이 미치는지 여부(소극)

② 토지의 수용으로 그 토지에 관한 모든 법적인 제한이 소멸되고 완전한 소유
권을 원시취득하는 것을 규정한 토지수용법 제67조 제1항이 헌법상의 평등
권을 침해하는 것인지 여부(소극)

87 대법원 2001. 3. 27. 선고 98다4552 판결(배당이의)

대항력과 우선변제권을 겸유하고 있는 임차인이 배당요구를 하였으나 보증금 전
액을 배당받지 못한 경우, 후행 경매절차서 우선변제권에 의한 배당을 받을 수 있
는지 여부(소극)

88 대법원 2001. 10. 30. 선고 2001다39657 판결(배당이의)

미등기주택의 소액임차인이 그 대지의 경락대금에 대해 우선변제권을 행사할 수
있기 위한 요건

89 대법원 2002. 5. 14. 선고 2002다4870 판결(배당이의)

근로기준법상 우선변제 청구권 있는 임금채권자가 경매절차개시 전에 경매목적부
동산을 가압류하였으나 경락시까지 우선권 있는 임금채권임을 소명하지 않은 경
우, 배당표 확정 전까지 가압류청구채권이 우선권 있는 임금채권임을 입증하면 우
선 배당을 받을 수 있는지 여부(적극)

90 대출해주는 은행에서 조사를 나왔을 때 임대차계약을 체결하거나 보증금을 지
급한바 없을 뿐만 아니라 향후 임차보증금에 대한 권리를 주장하지 않겠다는 확인
서를 직접 작성하여준 경우 이를 은행이 믿고 대출하였다.